吉林大学考古学院系列教材

吉林大学"十四五"规划教材

# 宋辽金元考古

冯恩学　主编

吉林大学出版社

·长春·

图书在版编目（CIP）数据

宋辽金元考古 / 冯恩学主编. —— 长春：吉林大学
出版社, 2023.8
吉林大学考古学院系列教材
ISBN 978-7-5768-1911-3

Ⅰ. ①宋… Ⅱ. ①冯… Ⅲ. ①文物 – 考古 – 中国 – 辽
宋金元时代 – 高等学校 – 教材 Ⅳ. ①K871

中国国家版本馆CIP数据核字(2023)第137629号

书　　　名：宋辽金元考古
　　　　　　SONG-LIAO-JIN-YUAN KAOGU

作　　　者：冯恩学
策划编辑：代景丽
责任编辑：代景丽
责任校对：单海霞
装帧设计：刘　瑜
出版发行：吉林大学出版社
社　　　址：长春市人民大街4059号
邮政编码：130021
发行电话：0431-89580028/29/21
网　　　址：http://www.jlup.com.cn
电子邮箱：jldxcbs@sina.com
印　　　刷：吉林省优视印务有限公司
开　　　本：787mm×1092mm　　1/16
印　　　张：37.25
字　　　数：640千字
版　　　次：2023年8月　第1版
印　　　次：2023年8月　第1次
书　　　号：ISBN 978-7-5768-1911-3
定　　　价：98.00元

彩页一

1. 辽代白釉黑彩羊鹿犬纹梅瓶（辽宁康平辽墓出土）
2. 北宋珍珠地剔花枕（观台窑址出土）
3. 北宋酱釉斗笠碗（当阳峪窑址出土）
4. 北宋羽毛纹白唇绞胎钵（当阳峪窑址出土）
5. 金代红绿彩菩萨骑狮坐像（峰峰矿区临水出土）
6. 辽代白釉鸡冠壶（海力板辽墓出土）

1

2

3

4

1. 元代龙泉窑白胎青釉舟形砚滴（浙江省博物馆藏）
2. 南宋龙泉窑黑胎青釉双凤耳瓶（国家博物馆藏）
3. 北宋汝窑天青釉长颈折肩瓶（河南宝丰县清凉寺窑址出土）
4. 南宋修内司窑粉青釉盘（杭州老虎洞窑址出土）

# 彩页三

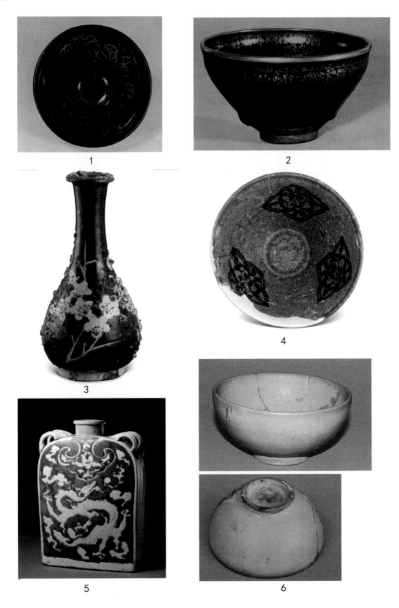

1. 建窑曜变盏（日本静嘉堂藏）
2. 建窑宋代油滴束口盏（大阪市立东洋陶瓷美术馆藏）
3. 吉州窑南宋剪纸剔花长颈瓶（东昌路遗址出土）
4. 吉州窑南宋剪纸贴花盏（东昌路遗址出土）
5. 元代釉里红龙纹四系扁壶（故宫博物院藏）
6. 金代钧釉瓷碗（北京金山墓出土）

1. 北宋熙宁二年（1069）铭文青白瓷黑褐彩佛像（潮州羊皮岗出土）
2. 北宋耀州窑刻花盖盏［北宋大观二年（1108）蓝田吕氏家族墓地M7（吕倩蓉墓）］
3. 元代青花大碗（土耳其托普卡帕皇宫藏）
4. 元代青花高足杯（赤峰市林西县窖藏出土）
5. 元代龙纹圣旨金筒（索伦河谷出土）

# 序　言

　　本教材面向大学本科生阐述宋元时期考古基本知识和考古资料呈现的宋元社会文化特点。宋辽金元考古，简称宋元考古，属于历史考古中的晚段考古，时间大致从公元916—1368年。学习宋元考古，要从微观材料入手，抓住特征；也要有宏观视野，了解历史发展的大背景。

　　宋元时期长达452年，是以北方少数民族建立王朝为主的时代，是中华文化演变过程中多元文化碰撞与融合最激烈的时代。契丹建立的辽朝（907—1125）雄踞东北、燕云十六州和蒙古高原，党项族建立西夏（1038—1227）占据西北。中原是五代时期（后梁、后唐、后晋、后汉和后周，年代在907—960），后唐、后晋、后汉都是西北沙陀人建立的政权。南方是十国时期（902—979），西南还有大理国（937—1253）等。赵匡胤建北宋（960—1127），统一南方和中原。澶渊之盟辽宋结束军事对抗，进入百年和平往来时期。女真阿骨打灭辽，建立金朝（1115—1234），占据辽旧地和中原。南宋（1127—1279）退居到淮河以南。五代两宋与辽金西夏的三百余年对峙是中国历史上的第二个南北朝时期。蒙古族人忽必烈建立的大一统的元朝（1271—1368），把蒙古高原、新疆沙漠、西藏青藏高原都纳入了元的疆域版图，为现今中国版图奠定了基础。忽必烈迎八思巴为帝师，喇嘛教开始风靡全国，八宝纹盛行。多元历史特点决定考古文化的多元性，少数民族文化上升为国俗，多民族文化融合与相互认同意识得到空前发展，这方面在墓葬遗存上表现最明显。宋元时期多种多样文化注入汉族为主体的文化中，对中华文化的发展起到了重要作用。少数民族建立的王朝提升了少数民族在汉族人心目中的地位，文化相互认知度增加，不同谱系文化的涵化与融合形成你中有我、我中有你的局面。宋元时期多元文化铸就中华文化广阔的胸襟，增强了其生命力，色彩更加斑斓。

各朝帝王来自不同的民族，有着不同的文化背景，但是各朝都城遗迹呈现一脉承续特点，是中华文脉主轴熔炉特征的重要体现。宋元时代是一个征战与碰撞、稳定与发展交织并存的时代，遍布各地的城址是社会动荡与稳定平衡结果的历史沉淀物，城址是国家管理网络的节点遗迹，又承载独自历史记忆，很多城址与重大历史事件关联。而我们对宋元城址考古与保护工作的重视程度还远远不够。

宋元墓葬资料丰富，搭建时空框架体系，可多侧面反映社会结构、特点与变迁。

宋元官营生产与私营生产并驾齐驱，商品贸易发达。瓷窑业得到广泛发展，瓷器已经成为千家万户普遍使用的商品，成为城址、遗址考古遗存断代的基本工具，陶瓷考古占有特别重要的地位。

宋元文献史料多而详细，仍然矗立的宋元塔寺建筑众多，墓志碑刻等纪年资料的普遍发现，宋元古画真迹所呈现出的社会生活场景，都使得研究人员对考古资料的解读更容易贴近历史真实，更加细腻深入。

这一时期陆上的沙漠丝绸之路和草原丝绸之路交流繁盛。辽末契丹人耶律大石西奔建立西辽，称霸中亚，对中亚历史格局变动起到推动效应，威名远播东欧，至今俄语中的"中国"一词的发音仍是"契丹"的转音。蒙古族人建立的四大汗国，把东方文明与地中海文明连接起来，为中华文化发展注入新的活力。元朝时来自西亚、中亚的色目人开始担任官职，考古发现的元代秤砣、令牌上频频出现的波斯文，伊斯兰文化的审美观也被广泛接受，翠兰釉在建筑装饰和瓷器上渐渐增多，元青花瓷器广泛流行于国内外。波斯人赛典赤·赡思丁出任云南行省平章政事，死后被追封为咸阳王，伊尔汗国宰相拉施特主编的世界著名的历史学著作《史集》和依据意大利商人马可·波罗狱中口述撰写的《马可·波罗游记》的面世，向西方揭开了东方帝国的神秘面纱，也成为中国人研究蒙元历史的重要著作。

以瓷器为主要货物的航海贸易早在8世纪已经延伸到非洲的肯尼亚，以转口贸易的方式到达东非。宋元时期海上陶瓷之路的贸易量大增，贸易促使航海直达的领域变得更加广阔，沿线国家也开始以瓷器代称中国。元代汪大渊航海旅行，向西到达了非洲，向南到达澳大利亚，撰写了《岛夷志略》介绍所见风貌。这一时期的陆域与水域对外联系空前加大，中国对世界、世界对中国的认识与交流迈上一个新的历史台阶。

宋元考古各类遗存纵横关系交织。按照断代编排次序讲授，能体现文化整体面貌；按照类别编排次序讲授，能突出前后连贯性，各有所长。作为本科生教材，内容简明扼要，便于初学者入门，资料介绍按照精讲与扩展两个原则编排，精讲部分是重点，便于学生理解和尽快记住特点，进行要点归纳。扩展部分仅做简单介绍。受容量所限，减掉学术史部分。考虑到教材容量要求和具有大量彩图的PPT课件的互补性，插图尽量少而精。

考古简报和论文中实际使用的考古术语用词多样复杂，适用不同的语境，本教材不求统一，尽量沿用原文用词。对定名不准或错误者，给予适当名称或更正。

本教材是吉林大学"十四五"规划教材，考古学院"双一流"建设教材。2021年10月接受任务开始编写，2023年1月定稿。一年多来，全体编写人员在疫情期间，克服困难，按时完成编写任务。编写时间短促，存在较多不足，期待读者批评指正。

本教材主编冯恩学，副主编陈章龙、武松。

教材以我的宋元考古讲义为基础扩充而成。博士生罗智文撰写了第1、3、4、11、12章的文稿，山东大学教师陈章龙撰写第6章、第13章第1节文稿。其余部分文稿主要由我撰写，教师武松，博士生张凯、赵东海、谷峤和硕士生韦之昊也帮助撰写了部分文稿。教师赵里萌，研究生王司晨、李鹏、刘一凝、李晓杰、高铷婧、王春委、郑良萱、刘晓敏、邵睦骞、张雅婷、海日、刘玉洁等参与了编写工作。博士生刘琪负责全部书稿的编排、插图、彩页制作组织工作。我和武松对书稿进行了修改审定。彭善国、陈俊达、曹彩霞审阅了校对稿，提出了宝贵的修改意见。复旦大学教师吴敬、河北省文物考古研究院张春长、山西大学教师郝军军、沈阳市文物考古研究所林栋为本书提供了资料，吉林大学出版社代景丽编辑精心组织校对工作，使本教材能按计划出版。在此一并表示感谢！

冯恩学

2023年7月12日

# 目 录

第一章　两宋城址

# 第一节　宋代都城址

北宋有东京开封府、西京洛阳府、南京归德府及北京大名府四京，其中开封与洛阳考古工作较多，商丘旧城（即归德府城）在明代被黄河淹没，遗迹深埋于地下，近年仅有零星考古工作，情况不明，大名府旧城在明初被废弃，现存遗迹较为完整，但考古工作较少。

南宋时北方失陷于金人之手，朝廷先后于建康府（今南京）、越州（今绍兴）等地驻跸，最后于绍兴八年（1138）确定于临安府（今杭州）建都。杭州近年城市考古工作较多。

## 一、北宋东京城

北宋都城东京城，又称汴梁城，位于今河南省开封市。东京有四大河流：蔡河、五丈河、金水河、汴河。汴河是战国时魏惠王所开的鸿沟，隋炀帝所开的通济渠。如果从中国古代都城发展的历史中观察，北宋东京都城的建立标志着陕西西安作为千年以上中国政治经济中心的地位结束，标志着中国政治经济中心由关中平原东移到黄河下游平原经济发达、交通便利的地区，具有划时代的意义。

### （一）东京城的布局

城址布局是城市考古最基本的课题。历史上非常有名的北宋东京城的布局是什么样的？《事林广记》后集卷六①中记载了城的平面图，是三个正方形的城层层相套，很规矩（图1-1）。但考古勘探确定的平面图（图1-2）却不规矩，纠正了以往对东京城布局的错误认知。

---

① （宋）陈元靓. 事林广记 [G] //续修四库全书1218 子部·类书类. 上海：上海古籍出版社，1996：343.

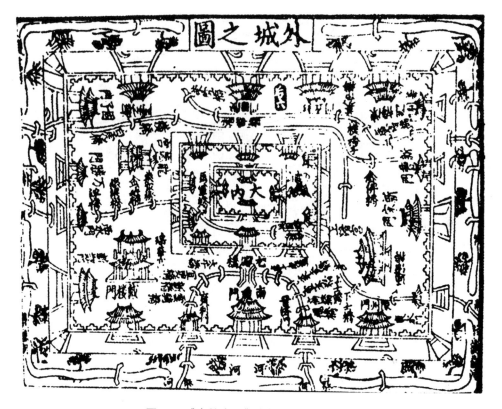

**图1-1　《事林广记》中的宋东京外城图**

1981年河南省文物研究所等单位组成宋城考古队，开始对东京城进行勘探和发掘，对开封城平面进行初步复原。[①]宋城考古面临三个方面困难。①北宋开封城址距地表8米以下。北宋文化层距地表8～10米，城墙距地表3～9米。仅明清两代黄河泛滥形成的淤沙堆积就厚达5～6米。②地下水位较高，发掘和钻探都很困难。③内城遗址地处今开封市区，勘探工作只能利用断续的稀少空地进行。勘探的主要方法是：使用电阻率法开展物探，使用SH30-2型小型工程地质钻机进行钻探，有机会就试掘。

---

① 开封宋城考古队. 北宋东京外城的初步勘探与试掘[J]. 文物, 1992(12)；刘春迎. 北宋东京城研究[M].
北京：科学出版社, 2004：98.

**图1-2　北宋东京城平面复原示意图①**

北宋开封城是在唐、五代旧城基础上扩建而成。由外城、内城、宫城（大内）相套组成。

1. 外城

又称罗城、新城。后周显德五年（958）建成，宋神宗熙宁八年至元丰元年（1075—1078）重修后"城周五十里百六十五步"。勘探出的城墙为平行四边形。东墙长7660米，西墙长7590米，南墙长6990米，北墙长6940米，周长29180米，折合宋里52里。大体与宋神宗扩建后周长50里165步相合。在西墙南段打一条探沟试掘，获知墙底宽34.2米，顶宽4米，残高8.7米。上部收分很大。使用红褐色土夯筑，分里外3层：里层19米宽，中层8米宽，外层6米宽。

外城的城门记载有21座（含水门）。发现5处瓮城、5处缺口，可能是城门

---

① 改绘自见董新林. 辽上京规制和北宋东京模式[J]. 考古, 2019（5）.

所在。瓮城门与城门的布局形式有两种。第一种是直门两重形式。如南薰门、新郑门（顺天门）、永泰门、新宋门的瓮城呈长方形，瓮城门与城门呈直线对应，与《东京梦华录》记"直门两重"相一致。直门两重是正门形制，是为皇帝御驾直行设计的。第二种是屈曲开门形式。如万胜门和新曹门的瓮城呈半圆形，瓮城门位于瓮城的右侧，与《东京梦华录》记"屈曲开门"相符。屈曲开门是侧门形制，利于防守。

2012—2017年对新郑门（顺天门）遗址进行了大规模的调查勘探，并对主城门区域进行了考古发掘。主城门平面呈长方形，为一门三道布局，主门道宽8米，两侧门道宽5.6米。主城门南北面宽54.2米，东西进深23.8米，由墩台、门道、隔墙、马道组成。主城门修建在夯土上，夯土基础分为上、下两层，下层为瓦渣基础，厚0.5～0.8米；上层为黏土夯，厚1～1.3米。在铺设好的夯土基础上划定出墩台、门道、隔墙、马道等不同的区域，然后将墩台、隔墙、马道等需要承重的区域下挖成倒梯形的基础槽，再在基础槽内用瓦片和黏土交替夯筑填充。墩台位于南北两端，平面皆成长方形，大小一致，南北长13米，东西进深23.8米。门道被两道隔墙分割为中门道和南、北门道三部分。中门道基础部分被元代下切的道路打破并破坏殆尽，南门道仅存夯土基础，北门道南北宽5.3米，东西进深23.8米，西口进深4米处发现有门限槽遗迹。在北门道与北墩台交界处，有一条宽约0.7米的夯土带。在北门道与北隔墙交界处，即北门道的南侧有一条宽约0.7米、深0.2米的凹槽，可能是北门道南、北两侧用于放置地栿石的条形坑槽。在主城门内（东）侧、北墩台北侧清理出一处马道，应为顺天门北马道。北马道宽5.6米，发掘长度为10.8米，经钻探，确定其总长度约26米。城墙西侧与墩台交接处的主墙体拐角处有砖墙遗迹，平面呈"L"形。[①]

2. 内城

内城利用了唐代汴州城，经修补增筑而成，故又称旧城。《宋会要辑稿·方域》载："旧城，周回二十里一百五十五步，即唐汴州城。"[②]入宋以后，对内城屡有修补增筑。金兵攻占开封后，内城遭到较大破坏。开封城是金的

① 参见河南省文物考古研究院, 开封市文物考古研究所, 城市考古与保护国家文物局重点科研基地. 河南开封北宋东京城顺天门遗址2012—2017年勘探发掘简报［J］. 华夏考古, 2019（1）.

② （清）徐松. 宋会要辑稿15［M］. 刘琳, 刁忠民, 舒大刚, 尹波, 等, 校点. 上海: 上海古籍出版社, 2014: 9265.

南京城，金朝末年（宣宗时）术虎高琪又将内城向南北扩展，形成现存的明清开封城城墙基础。

据勘探得知，内城略呈正方形。中轴线是御街，在中山路，与现代开封城的中轴线一致。东墙、西墙与明清东西城墙基本重叠。东墙探孔部分的城墙残高8.2米，底部垫有30厘米的砖瓦层。南墙探出长度2100米，残高0.6~1.8米，残宽3~10米。北墙探出长度1400米，残高0.5~1.2米。周长11550米，折合宋里20.63里，与记载中的20里155步吻合。

内城城门记载有10座。发现城门2座。朱雀门缺口宽约150米，位于南墙中部与御街遗址交叉处。汴河西角门子遗址分布在汴河故道与西墙交叉处。

北墙发掘了一个探方T1，据T1剖面图可知，北宋的土墙之上是金代皇宫北墙，再上是明代土墙。宋墙之下还有土墙，可能是唐汴州城墙。

### 3. 宫城与疑似皇城

宫城是在原宣武军节度使治所的基础上改建而成的。宣武军节度使治所初建时周长四里，北宋建国时于建隆三年（962）对宫城进行扩建，周长五里。

宫城记载有7门，正南门为宣德门，其两边东为左掖门，西为右掖门，东西墙上对开东华门、西华门，北墙正中为拱宸门。东华门之北还有一个别门。四角建有角楼，高数十丈。宫城内的宫殿安排是仿唐洛阳的宫殿修建的。

20世纪90年代以前，人们认为宫城又称皇城，是一道城墙。文献记载，多指出宫城周回五里。《宋会要辑稿·方域》载："大内，据阙城之西北。宫城周回五里……国朝建隆三年五月诏广城，命有司画洛阳宫殿，按图以修之。"[1]孟元老《东京梦华录》记载的也是宫城五里。陈元靓《事林广记》后集卷六《东京外城之图》上也只画出了一重宫城。

《宣和遗事》前集载"（徽宗）宣童贯、蔡京，值好景良辰，命高俅、杨戬向九里十三步皇城，无日不歌欢作乐"[2]，于是20世纪90年代初又有学者提出了九里皇城说，认为宫城、皇城的概念是有差别的。[3]九里似指皇城而五里指宫城。

考古勘察结果宫城为长方形，四墙全长2521米左右，按一宋里约合559.872

① （清）徐松.宋会要辑稿15[M].刘琳，刁忠民，舒大刚，尹波，等，校点.上海：上海古籍出版社，2014：9266.

② （宋）佚名.宣和遗事[M].程有庆，程毅中，点校.南京：江苏古籍出版社，1993：8.

③ 参见田凯.北宋开封皇宫考辨[J].中原文物，1990（4）.

米计算，此长度与文献记载的（大内）"周回五里"大体相合。东西墙长690米，南北墙长570米。城墙宽8～12米，残高4米多。分三段夯筑。上段是一层碎砖碎瓦与一层夯土交替的夯筑层。中段是0.6米的青砖层。下段是黄沙，上有0.4米的夯土层。

宫城记载有7门，考古已找到宣德门、拱宸门遗址，位于墙的中位。

在宫城内发现凸字形大型夯土建筑台基，东西宽80米，南北最大进深60米，高6米。四壁用青砖包砌。四周还有宽10米、长近千米的包砖夯土廊屋。发掘者称之为"龙庭大殿"。1996年配合明午门遗址东部的拆迁工程进行勘探，在新街口距地表4.5米、6.3米和8.2米处发现了三层建筑遗迹。[①]4.5米深处的门址，东西宽70米，南北进深50米，地层中出土绿琉璃瓦块等，是周王府紫禁城正门的午门遗址。6.3米的基址，应是金皇城午门遗址。8.2米处的建筑基址，可能是皇城的正南门。

皇城的东西墙未发现，有学者据文献记载皇城东西跨度为四坊，推测的坊长为310米，则四坊加上中心御街（宽200步，一步等于五尺，宋代每尺约30厘米）约宽1570米。这样皇城周长近5000米，与《新刊大宋宣和遗事》所记的九里十三步大体相符。

目前，关于宫、皇城是一城还是两城的问题仍未搞清。主要的分歧在于有学者认为新街口的门址就是宋皇城的门，但此门在文献上并无记载。也有人认为该门址是金海陵王扩建宫城以后的金代午门遗址。

4. 街道与桥梁

东京御街4条，通达外城门的城门是瓮城门与城门直对，属于"直门两重"类型。《东京梦华录》卷一"东都外城"载："东京外城……城门皆瓮城三层，屈曲开门，唯南薰门、新郑门、新宋门、封丘门，皆直门两重，盖此系四正门，皆留御路故也。"[②]中轴线大街俗称天街，即从宫城的宣德门到外城的南薰门，《东京梦华录》载广二百步。横街2条。大内前横街，贯通开远门、阊阖门、望春门和含辉门，与之平行的一条横贯顺天、宜秋、丽景、朝阳四门。经过开封府、相国寺到丽景门，也是东西御街。纵街与御街平行，大内东边有一条纵街，

---

① 参见开封宋城考古队. 明周王府紫禁城的初步勘探与发掘 [J]. 文物, 1999（12）.

② （宋）孟元老. 东京梦华录笺注 [M]. 伊永文, 笺注. 北京: 中华书局, 2007: 1.

从通天门经景龙门到横街。

州桥又名天汉桥，位于汴河与御街交叉处，是全城的水陆交通中心。在1984年勘探、2018—2022年发掘中，在汴河河道两岸发现有宋代大型浮雕石壁，其上雕刻有海马、仙鹤、祥云等。宋代砖桥残迹之上有明代的石拱桥。

龙津桥。1989年勘探蔡河时，在蔡河与御街交汇处发现了龙津桥。

1993—1996年在外城西勘探出金明池的范围，以及湖中的水心岛、水心五殿的位置。

开封城内仍存留北宋建的铁塔和繁塔，有开封府题名记碑和嘉祐石经残石。开封府题名记碑刻有历任开封府知府的题名和任职年月。嘉祐石经是立于东京太学里的石碑，当时刻有《周易》《孝经》《礼记》《尚书》《周礼》《诗经》《春秋》《论语》《孟子》等九部经典。现存《周易》《尚书》《礼记》《孝经》等残石。铁塔是皇祐元年（1049）兴建，13层楼阁式砖塔，褐色琉璃砖贴面，酷似铁色，故名"铁塔"，内部有台阶可登临。

**（二）城址复原的主要参考资料**

《宋史·地理志》《宋会要辑稿·方域》、孟元老《东京梦华录》等文献是复原开封城的重要参考资料。孟元老初居汴梁京城，入南宋时，写出了昔日汴京城繁华风貌的著作《东京梦华录》。该书被誉为"立体的清明上河图"，是研究汴京城和宋人生活的必读之作。

元代刻本《事林广记》中有宋汴京城的平面图，这只是个示意图，与考古勘查的出入很大。但这幅平面图基本上反映出东京城的布局特点。

传世的东京开封的景物风俗画较多，如宋徽宗《瑞鹤图》、张择端《金明池争标图》。其中价值最高的当首推张择端《清明上河图》。对当时汴河上的风景人物进行了细致描绘，具有重要价值，但是他是以清明时节的东京汴河的繁荣景象为题材进行的艺术创作，属于胸中丘壑，非实景写真。要使用清明上河图，应该了解以下三个问题。

第一，创作时间。传世本的构图笔法分两个系统，每个系统中的各本也不完全相同。由于各本所画的景物差别较大，利用《清明上河图》研究古代的社会生活必须考察该本的创作时代。有关张择端的史料在宋代文献中没有任何记载，对其记述的历史文献是来自《石渠宝笈三编》中收录的清明上河图跋文。这是金代人张著写的跋："翰林张择端，字正道，东武人也。幼读书，游学于京师，后习绘事，本工其界画，尤嗜于舟车市桥郭径，别成家数也。"根据学者研究，创作时间有北宋末和金初两说。若为北宋末创作，创作意图属于盛世之图。若为金代创作，则是留恋京都昔日繁荣之图。

第二，真迹存亡。明初詹景凤所著《东图玄览》载，张择端的真迹原存于严嵩手中，在严嵩被抄家时，此画被收入宫中。嘉靖年间被一个小太监启箱偷出，正巧，遇到人来，就把图藏在水沟石缝内，当天下大雨，连下两天，水涨浸没石缝，水退后取出时，画已烂掉。[①]徐邦达认为，这是东厂司礼监太监冯保从宫中获得真迹后，故意制造烟幕，说真迹已毁掉，以小太监为替罪羊了事。因为《清明上河图》上有万历六年（1578）冯保的跋文，冯保提道，他侍御皇帝左右时，看到这幅图后，怦然心动，"虽有隋珠和璧不足云贵，诚希世之珍欤，宜珍藏之"[②]。

第三，谁是真迹。《清明上河图》存世的本子很多，只有其中一幅题"清明易简图"，其余均题为"清明上河图"。据那志良介绍[③]，台北"故宫"藏7本，美国纽约大都会美术馆藏3本，美国芝加哥孟义君私人收藏1本，北京故宫藏1本（1946年长春收集），计12本。关于何为真迹，共有三说：①徐邦达认为北京故宫藏的"宝笈三编"本是真的；②刘渊临认为台北故宫博物院藏的《清明易简图》是真的；③董作宾认为芝加哥孟氏收藏的秘府本，有元代秘府印，是真迹。若从城门建筑、虹桥看，故宫收藏者为真迹。例如，故宫博物院收藏本的城门是过梁式建筑，与敦煌唐代壁画中的城门建筑门相同。清院本（现藏台北"故宫"）《清明上河图》中的城门是圆形拱门，砖石结构，为明清式门建筑式样。故宫博物院收藏本的汴河上的虹桥是用巨木搭设而成，与《东京梦华录》卷二《河道》中记东水门外七里的虹桥相同，与"其桥无柱，皆以巨木虚架"相符。其他诸本都是石桥。芝加哥孟氏收藏的秘府本上的店铺市招有"官窑瓷器"，实际上宋代官窑瓷器是不能在市场上买卖的。故宫收藏本中的市面招牌手工业冠以姓氏，符合宋代习惯，其他本无此特点，如"孙羊店""杨家应症""刘家上

---

① （明）詹景凤.东图玄览；詹氏性理小辨（书画部分）[M].上海：上海书画出版社，2020：57.
② 参见徐邦达.清明上河图的初步研究[J].故宫博物院院刊，1958（1）.
③ 那志良.清明上河图（第二版）[M].台北：台北故宫博物院，1994：1.

色沉檀拣香""十千脚店""正店"。诸本比较,故宫博物院藏本应是张择端真迹,或至少是最忠实原作的摹本。

**(三)北宋东京城的特点**

东京城与以往都城相比有四个重要特点。

第一,三重城相套的布局。宫城位于中央,突出了宫城地位,是皇权至上思想在都城设计中的反映。

第二,开放式的街巷制度代替了封闭式的里坊制度。城市的景观、管理市民的制度、城市的生活方式都发生了重要改变。汉唐的都城居民区采用里坊制度。汉唐的里是封闭式的,四面有高墙围起来,呈方形或长方形。小里有两门,大里有四门。里的中心是十字街交叉处,设置街鼓。下边又有小十字街,将坊分成十六小块,从大街上只能看到森严的坊墙。门有专人把守,早开晚闭。只有高官的宅子可以当街开门,称之为"第"。到晚唐时开始出现侵街的现象,临街开门。汉唐的"市"也有围墙,白天在"市"进行贸易活动。

开封的行政区划是开封府辖开封县和祥符县(以中轴天街—宫城为界,东开封、西祥符)。县下有厢,内城四厢,外城四厢,城外九厢。厢下为坊。共有121坊,97750户,50万人口。

坊已不是隋唐时期那种封闭的坊了。宋代由于适应商业发展的需要,里坊制度崩溃。民宅形式是在大街之间等距离排列着东西向的胡同,民宅当街开门,出入自由,这在《清明上河图》上可以清楚地看到,居民区与商业区连成一片。

第三,商贸活动分散于全城各地,还出现了早市与夜市和专业性的集市,商业繁荣。这与唐代长安城商贸集中于东西两市完全不同。唐中期以后东、西市附近的一些街道开始成为交换的场所,并且出现了夜市,但这些变化都处于萌芽状态,市还是主要的交易场所。

北宋东京则出现了多处贸易中心和多种形式的贸易场所,如"街市"、沿河岸的行市。瓦子(文艺娱乐场所)也出现在人流多的街上、河边。

《东京梦华录》中记录了东京城出现了各类专业性的集市,如牛市、马市、沿街的街市、沿河发展起沿河街的集市。《清明上河图》描绘了汴河两岸城内外的街市繁华景象。

第四,四大河流(五丈河、金水河、蔡河、汴河)进出京城,东京对河流漕运进行了充分利用，这是古代都城所罕见的。汴河"江淮扁舟，四时上下，昼夜不绝"，对河流漕运的利用奠定了东京城"富甲天下"的基础。这些变化，是宋代商品经济发展繁荣的结果。中国古代文化发展的轨迹到北宋达到新高峰。宋代两个突出社会现象：军事上的软弱，不断失利；经济上的飞速发展。私营手工业、商业的繁荣，使旧有的城市管理制度、格局被淘汰，发展起适应经济发展的新制度。

## 二、北宋洛阳城

唐末战乱之后，长安、洛阳均遭到毁灭性的破坏，昔日的辉煌已一去不复返了，其中以长安为甚。五代伊始，朱温建立梁朝，史称"后梁"。代替了唐朝，把国都选择在汴州开封，不过在开封建都是草创阶段，朱温在以开封为东都的同时，又以洛阳为西都，长期驻跸于此，所以洛阳仍保持陪都的地位。后唐之时，以洛阳为首都。五代中的晋、汉、周三代，依照后梁制度称开封、洛阳为东西两京，北宋继之，因而洛阳即北宋的西京，在唐代洛阳城的基础之上兴建。[①]

### （一）北宋洛阳宫城、皇城

韩建华认为，宋初西京宫城、皇城呈"回"字形布局，即宫城平面呈倒"凸"字形，包括隋唐洛阳城的大内和东、西隔城。皇城平面呈方形，包括隋唐宫城的东西夹城、玄武城以及皇城，这与《河南志》"宋西京城图"中宫城与皇城布局相同。宋徽宗时首先是宫城南墙发生变化。原隋唐东、西隔城的南墙向南移75米，与大内南墙处于同一条东西向直线，且唐代玄武城东西1390米的部分纳入了宫城范围，宫城北扩使宫城北墙与皇城北墙重合，皇城北侧大部分纳入宫城。[②]

宫城中轴线东西两侧有东、西廊。宫城大内的宫殿建筑东疏西密。大型复合宫殿建筑群是北宋西京宫城建筑的重要特征。每组宫殿建筑群由主殿、配殿、千步廊、回廊和天井组成。如1984—1995年在隋唐洛阳城大内西区中部一号发掘区发现的北宋建筑遗址，发掘出基址的部分遗迹，形制布局尚不完整。基址坐北朝南，发掘部分东西长39.1米，南北宽30.4米，残高0.3～0.8米。

① 参见周宝珠.北宋时期的西京洛阳[J].史学月刊，2001（4）.
② 参见韩建华.试论北宋西京洛阳宫城、皇城的布局及其演变[J].考古，2016（11）.

基址由主殿、回廊、廊道、天井和踏步组成。主殿位于基址北部,基础夯筑,夯土红褐色,内含大量红烧土颗粒、白灰墙皮和炭灰。夯土厚0.3~0.8米。主殿面上清理出东西向8排、南北向10列共计47个磉墩。主殿与回廊间有南北向廊道相连。主殿有晚期改建的痕迹,主殿南侧的天井和廊道有拆除改建痕迹。[①]

### (二)洛阳宋代衙署庭院遗址

隋唐洛阳城东城是重要的衙署区。1992年在隋唐洛阳东城中部略偏东南,即今洛阳市老城区中州路南、乡范街东、西大街北的范围内发掘出了宋代衙署庭院遗址。发掘区内遗迹现象丰富,有廊庑、殿亭、花圃和花榭、水池、四通八达的砖石道路以及交互相通的明暗水道等。

宋代衙署庭院遗址布局巧妙,营建讲究。园内殿、廊回环,亭榭居中,曲径朱栏;砖石道路,四通八达;明暗水道,交互相通;亭、路、楼、池有机地结合在一起。遗址建于北宋晚期,据出土瓷器判断,毁于金代晚期。遗址内出土有大量宋代建筑构件,瓦当以龙纹、菊花纹、牡丹纹、兽面纹为主,其中包括一块重复利用的漏泽园砖。瓷器数量较多,以宋、金豫西地区窑口(临汝窑青釉瓷器及化妆白瓷、黑釉瓷)为主,兼有金代耀州窑、当阳峪窑、定窑瓷器。[②]

## 三、南宋临安城

杭州城始建于隋代开皇九年(589),唐代杭州基本承袭隋朝旧制。吴越国钱氏定为都城,经几次扩建,周垣达到七十里。北宋时成为东南重镇。1129年宋高宗南渡,下诏以杭州州治为行宫,升杭州为临安府,南宋绍兴八年(1138)正式将其定为都城。元世祖至元十三年(1276)元军攻占临安,改南宋宫殿为寺庙。元代禁止天下修城以示统一,临安城逐渐被居民所平。

1983年开始对临安城址进行考古勘查和发掘。已探出皇城的北城墙、东城

---

① 中国社会科学院考古研究所. 隋唐洛阳城:1959—2001年考古发掘报告 [M]. 北京:文物出版社,2014:532-552.

② 中国社会科学院考古研究所. 隋唐洛阳城:1959—2001年考古发掘报告 [M]. 北京:文物出版社,2014:313-340.

墙、太庙遗址、衙署、官窑等重要遗迹。[①]

### （一）布局

外城和皇城（又称宫城、大内）两层布局（图1-3）。

**图1-3　临安城平面示意图**

（依据杜正贤《南宋都城临安研究——以考古为中心》插图合并改绘）

临安城位于西湖和钱塘江之间狭窄之地，由于地势的关系，外城城垣呈腰鼓形。南部是丘陵地带，建有宫城。北部是水网地带，北部平原为居民坊市区，市肆遍布。形成"南宫北市"的布局特点。

皇城范围基本呈不规则长方形，东西直线距离最长800米，南北直线距离最

---

① 杜正贤.南宋都城临安研究——以考古为中心[M].上海：上海古籍出版社，2016：5.

长600米。南城墙夯土墙，长600米，宽9～14米，与宋城路平行，后转向西，随山势修建，外侧有护城壕。北城墙沿着山脊走，找到710米长，宽11米，内侧面残留包砌的石块，西端向南折，东端与东墙连接。东城墙向东弧凸，找到部分夯土墙体，长390米，宽8～12米。西城墙找到南端和北端部分的夯土墙，北端与北墙呈直角，南端找到100米夯土墙，内侧残留包砖，与南墙呈直角。中段，调查队认为可能是借用山的峭壁为墙，发现一处岩石，上题刻"白玉宫墙"。在《咸淳临安志》的外城图和内城图两幅图中，虽然大内宫城的形状不一样，一窄一宽，但是西侧城墙位置都是空缺，并画出高山耸立，故可以确定西墙是山险墙的判断是可信的。

皇城旱门5座，水门2座。旱门有南门丽正门，北门和宁门，东华门，西华门，东便门。南北门是北宋修建的门，南宋改造。其余三门是南宋开辟的新门。丽正门，1996年发掘，三门道。主道中央宽3.16米，辅道宽2.5米，立砖砌筑路面。和宁门，1987年发掘600平方米。只揭露御道，立砖砌筑路面，确定了位置，结构不知。西部南端墙体有18米的夯土墙缺口，定为西华门址。东华门位置未确定。

南宋的皇城，围绕着馒头山，利用自然地形布置宫殿、园林和亭阁。南部是外朝的大庆殿和垂拱殿；东北是东宫所在；北部是次要的宫殿、寝殿、后宫及园囿。基本符合"前朝后寝"的惯例。

皇城南门丽正门名为正门，但只在行郊祀大礼时才经此门。和宁门名义上是后门，实际上却是主要的正门，因为临安整个城市的主体部分，包括主要的衙署都在皇城以北。此与北宋东京城的布局方向正好相反。由于皇城位于整个临安城的南端，御街也是由南向北延伸。御街以和宁门为起点，向北经过朝天门，略向西折，接着又一直向北，经过众安桥、观桥，到万岁桥，再折向西，直到新庄桥和中正桥，全长13500尺，铺石板路面。御街不仅是临安城的中轴线，从和宁门到朝天门这一段还具有外朝的性质，是元正、冬至大朝会时会集排班之所。

中央官署都集中设在大内和宁门以北御街两侧，成为政治统治的核心。

官署与居民的坊巷间杂。例如，三省六部、枢密院等在和宁门外面。其他官署则相对分散地分布于民居之间，礼制性的建筑也不能像北宋东京城那样在御街两侧对称设置。

外城城墙已经探明。1995年发掘段的夯土城墙外包砖。外城旱城门13座、水门5座。城内的主街是中心御街（今中山路）。城内的河渠很多，有盐运河、茅山河、市河、清湖河、青山河、菜市河、下湖河等。有四条大的横街，横街间是东西向小巷，构成了纵街横巷、水陆并行的街网布局。钱塘门遗址于2008年进行了考古发掘。该遗址位于西湖东岸北部，今湖滨路与环城西路相接处，距西湖东岸约90米。发现南宋钱塘门的门道侧壁、门道、城墙夯土等遗存。[①]美国华盛顿福瑞尔美术馆藏《西湖清趣图》有城门，为复原城门建筑外形为过梁式城门提供了可靠参考[②]。门道路面用立砖铺平，路面两侧铺石面，未发现大型柱础石，可推知在贴夯土墙壁下位置卧铺木地栿。木地栿上插立排叉木柱。

临安城是在与金朝对峙的情况下成为南宋朝廷"行在所"的。统治者始终希望恢复祖先的基业，至少在名义上仍坚持以北宋东京城为国都的观念，故而定都临安以后虽然兴建皇城，设立了各种衙署和礼制性建筑，但城市的基本结构并没有大的改变。

### （二）"北内"（德寿宫）遗址

宋高宗晚年将皇位禅让于孝宗，在收回的秦桧府第基础上修建了德寿宫，作为自己的太上皇宫殿，此即史书所谓"北内"之由来。1189年孝宗禅位光宗后退居北内，改德寿宫名为重华宫。宁宗皇帝为奉养他的祖母宪圣太后，将重华宫改为慈福宫；因侍奉寿成皇太后，又将其改名寿慈宫。北内作为南宋皇城组成部分的历史至咸淳四年（1268）结束。这一年，宋度宗将北内时一半营建为道宫，名为宗阳宫。其规模宏大，面积达到16万平方米。

德寿宫遗址最早发现于1985年，该年在中河东岸发现了一条长百余米的砖铺道路，两旁有砖砌排水沟。此后对德寿宫遗址进行过数次发掘。2001年发现了德寿宫南宫墙、东宫墙遗迹以及夯土台基、过道、廊、散水、门道等宫内建筑遗迹。2005—2006年发现了西宫墙、便门、水渠、水池、水井、道路等。

### （三）建筑群基址

杭州城经历了三十余年的考古工作，发掘了较多的重要建筑基址，如临安府衙署府治与府学遗址[③]、太庙遗址、恭圣仁烈皇后宅遗址等。

---

① 参看杜正贤.南宋都城临安研究——以考古为中心[M].上海：上海古籍出版社，2016.

② 参见郑嘉励.《西湖清趣图》所绘为宋末之西湖[J].杭州文博，2014（1）.

③ 参见杭州市文物考古所.杭州南宋临安府衙署遗址[J].文物，2002（10）.

1. 临安府治遗址，位于清波北门的荷花池头。史载临安府治所原在凤凰山之右，当作行宫后迁到清波门北，原为寺庙之址。2000年发掘了一部分，揭露南宋遗迹有书院厅堂、西厢房、庭院、天井和东回廊、七边形水井等。其中西厢房位于书院厅堂的西侧，总长度超过68米，它的中段与书院厅堂紧贴并设门相通，北段与南段的前方都有压栏

图1-4　临安府衙署遗址出土的莲花瓦当

石并与书院厅堂的前后压栏石相连。书院厅堂的北面是天井，南面是庭院。在庭院西侧排水沟的北端，还有七边形水井。在南宋层的上面叠压着元、明代建筑遗址。发掘出土了大量的南宋遗物，有木质仕女像、建筑构件（图1-4）、弩石和瓷器碎片，瓷器器型有粉盒、碗、盘、碟、灯盏等。

2. 临安府学遗址，位于杭州碑林（今杭州孔庙）西侧的新民村一带，距河坊街约220米。2003年7—10月，荷花池头（新民村）旧城改造工程，发现了南宋至清代的建筑遗址。南宋时期的建筑遗迹主要叠压在第4层和第5层下。7号房址包括夯土台基、砖铺路面、廊道、甬道、散水、窨井及排水暗沟等遗迹。夯土台基发现两处，分布在廊道的北侧和西侧。廊道残长13.2米，宽3.1米。廊内地面为长方砖墁地，廊道的砖铺地面下另有两层铺砖，砖面均有残损，两层砖面之间铺有一层厚约3~6厘米的黄黏土。甬道北接廊道，南连砖铺地面，北部与6号房址路面相连。路面主体以长方砖横向侧砌而成，中间高，两侧低，路面磨损明显，两侧各以相同规格的一列长方砖横向侧砌包边。路面西侧中部有一方形石材，边长32厘米，略低于路面。

第4层和第5层还出土了大量瓷片，包括南宋景德镇窑、闽清义窑青白瓷，龙泉窑青瓷等。另外在元明地层中还发现了被改造成柱础石的南宋题名碑刻。

3. 太庙遗址，位于现在的杭州市区，东侧为中山南路，北侧为察院前巷，南侧和西侧为太庙巷，太庙巷因南宋太庙而得名，一直沿用至今。南宋太庙绍兴

五年（1135）建成，至南宋晚期度宗时期一共供奉十四位皇帝，南宋朝廷对太庙的祭祀礼仪十分重视，每年的四孟（每个季度第一个月）和冬季的最后一个月都要举行朝飨太庙之礼。而且南宋朝廷每逢重大事件皇帝都要到太庙亲自主持祭礼，登基、久旱无雨、久雨成灾、地震、钱塘江潮患，等等。1995年进行了第一次发掘，1997年底至1998年2月又进行了第二次发掘。南宋遗迹多数叠压于第4层下，属于南宋太庙遗址的有太庙东围墙遗迹（Q1），东门门址（M1），房址（F4、F5），室外砖铺地面（D1、D2、D3），砖铺道路遗迹（L5），排水设施（S1、G1、G2）以及砖砌结构（Z1）等。东围墙（Q1）基础宽1.9米，墙体内外两侧各缩进0.1米，宽1.7米。砌法：先于地面开挖1.9米基槽，基槽内填土夯实后，先用条石平置为基础，再在其上以规则条石错缝平砌。南宋地层遗物包括大量瓷器，其中主要为景德镇青白瓷、定窑白瓷、龙泉窑青瓷和少量黑瓷。[1]

4. 皇后宅院遗址。恭圣仁烈皇后杨氏是宋宁宗的皇后，1224年，宁宗驾崩，史弥远联同杨皇后假传遗诏，废太子赵竑，立赵昀为新帝，即宋理宗。1232年薨，谥曰恭圣仁烈皇后。恭圣仁烈皇后逝世后其宅邸曾作为"杨郡王府"，其位置据《咸淳临安志》卷二十二"山川一"记载："浅山，在漾沙坑，今杨郡王府前对山。有大佛寺、七官宅、新粮料院。"[2]

2001年5—9月，杭州市文物考古所对吴庄基建工地进行了抢救性考古发掘，发现了南宋时代的园林建筑遗迹。此次发现的南宋建筑遗迹位置和《咸淳临安志》所附南宋皇城图、京城图上恭圣仁烈皇后宅的位置相符。从出土遗迹的规模和出土遗物的质量，确定这组遗迹应是南宋恭圣仁烈皇后宅遗址的一部分。遗址地层共有4层，④层以下为南宋遗迹。

发现5处房址（F1～F5），F1位于庭院南端，F4位于庭院北端，F2、F3分别位于庭院东、西侧，F5位于F1南侧偏东。以揭露面积较大的F1为例，F1上部建筑破坏殆尽，存留凸字形台基，台基上有柱础和柱础坑等遗迹。根据柱础排列可确定为面阔7间，进深3间，通面阔30.1米，通进深9.56米。

庭院为由F1～F4环绕而成的封闭式庭院，南北长26.65米，东西宽17.2米，面积

---

① 参看杭州市文物考古所. 南宋太庙遗址［M］. 北京：文物出版社, 2007.

② （宋）潜说友. 咸淳临安志［G］//杭州全书杭州文献集成 第41册. 杭州：浙江古籍出版社, 2017: 269.

约400平方米，地面铺砖，庭院中部有水池，水池与4号房址间有假山，庭院四周有砖砌散水。

宅邸第4层及水池中出土了大量陶建筑构件及瓷器，建筑构件包括檐头板瓦、花卉纹瓦当及筒瓦、板瓦等，第4层出土了定窑白瓷、龙泉窑青瓷、景德镇窑青白瓷及福建地区窑口烧制的黑瓷残片，水池遗址中出土了大量定窑白瓷、龙泉窑青瓷、南宋官窑青瓷，少量高丽镶嵌青瓷、磁州窑系白瓷及一件汝窑青瓷梅瓶残片。其中出土的高丽镶嵌青瓷绝对年代在13世纪前期，是我国境内年代较早的出土实例。[①]

### （四）南宋御街遗址

南宋御街南起皇城北门（即和宁门），北达景灵宫，纵贯临安城南北。不仅是城市规划、空间布局的中轴线，南宋御街的发掘主要有四次，第一次在杭州卷烟厂，1988年发掘；第二次在太庙巷，1995年、1997年发掘；第三次在严官巷，2004年发掘；第四次在中山中路，2008年发掘。

杭州卷烟厂发现的御街遗迹主要有石板道路遗迹L1，砖砌道路遗迹L2、L3、L4、L5。L1路面主体用紫砂岩石板铺筑而成，道路东边以砖石混合结构包边。路基厚25～60厘米，用红褐色土和灰砂石分层夯筑，致密坚硬。石板砌筑的道路L1应为南宋晚期或者更早的御街，元代继续沿用。L2和L3，正对南宋皇城北门和宁门，且其西侧又发现南宋三省六部官署遗迹，与文献记载的南宋御街最南端的一段的位置正好吻合，应该是南宋时临近皇城和宁门的一段御街，年代为南宋早中期。

杭州卷烟厂南宋御街遗址还出土了大量瓷片，包括越窑、景德镇窑、闽清义窑、杭州天目窑青白瓷，龙泉窑、福建地区仿龙泉青瓷，建窑、东张窑黑釉瓷等。[②]

### （五）临安城特点

1.临安城是南宋的都城，高宗给其定位"行在所"，为临时安居之都，城市规划建设不拘泥于正都礼制规划要求，因地制宜，经济适用的灵活性原则成为城市建设的主导，使其城市格局为都城史上特殊之例。

---

① 参见杭州市文物考古所.南宋恭圣仁烈皇后宅遗址［M］.北京：文物出版社，2008.

② 参见杭州市文物考古所.南宋御街遗址［M］.北京：文物出版社，2013.

2. 临安城是两重城，外城因地势所限呈狭长的腰鼓形，内城居于南部山丘地带高处，市肆官署和宗庙建筑集中在北部平原水网地带，形成南宫北市的特点。

3. 皇城夯土墙不是封闭的，西城墙中部是山险墙，即利用削壁为"白玉宫墙"。南门丽正门、北门和宁门是利用旧城门，东华门、东便门、西华门是新增加的城门。

4. 属于山城，城内西部和中部是山岭，建筑稀少，主要宫殿建筑集中在东部山麓狭窄区域，受地域所限，加之行在临安之意，正殿建筑一殿多用，采用交替挂换牌匾办法进行。

5. 从皇城北门到供奉先帝御容的景灵宫的主干大街是御街。

6. 高宗退位后居住的德寿宫位于皇城之北，形成北内。

# 第二节　宋代地方城址

宋代以后北方中原地区和南方的城，大部分在原地延续至今，形成重叠型城址，不利于开展考古工作，西北、西南地区有一些防御性质的城址保存较好。

古城的布局复原通常利用如下方法：充分利用文献图画资料（地方志中较详细），以现存的古迹保留的街名、店铺名为点，可以肯定的旧街道为线（需要配以必要的钻探、物探和发掘），排除后代改建的变异，基本可以复原古城平面布局。[①]

宋代的地方州、县城址类型以平面布局而论，主要有两种类型。

一种是沿用唐城旧制或唐时兴建的城，即里坊制布局城。主要见于中原等北方地区，如北宋博州城，在山东省聊城县旧城，始建于北宋熙宁三年（1070）。方形，四门，周长七里多，相当于唐代中型州城，以十字街分城内为四坊，东北坊内还有区划为16个小区的痕迹。解放前的旧图、县志、杂记、口碑资料尚清晰可辨。衙署区位于城内西北坊中（这是唐代洛阳都城和地方城的制度，宫殿或衙署位于城西北）。另如山西岚县旧城，北宋绍圣三年（1096）

---

① 宿白. 隋唐城址类型初探（提纲）[C]//魏晋南北朝唐宋考古文稿辑丛. 北京: 文物出版社, 2011: 63-69.

·19·

建，方形，三门，周长四里，十字街分城内为四区，衙署在西北坊中。

另一种是宋代开始出现的长巷布局城。南方常见，可能与南北商品发展程度不同有关。[①] 长巷布局的城始于北宋都城开封，地方城的代表是平江府城（今苏州旧城）。现有平江府图碑（图1-5）藏于苏州博物馆。高2.76米，宽1.415米，平江图边框高2.03米，宽1.39米，顶上正中有碑额"平江图"三字。据图，宋时平江有外城、子城两重城墙。外城呈南北长的矩形，城内外均有壕，北、南、西三面各一城门，东面二门。每门均水门、陆门并列，除南门外均无城楼。各城门均不相对，无穿城直街。街道均取南北或东西正方向，呈丁字或十字相交。北半部为居住区，采取街南北向与巷东西向的布置。街巷多与河并行，组成水陆交通网。街之河多居中，路在两旁；巷之河在南，路在河北，故住宅多面街背河。城的南半部官署、学校、寺观较多。全城共有357座

**图1-5　平江府图碑拓片**

桥，65座跨街而建的牌坊。子城在城内中部，内为府衙，仅南、西两面有城门。南门以内于轴线上建府衙，前设厅，后为"王"字形平面的宅堂。两侧为府属各厅。苏州在唐时为东南大城市，建有60里坊，390座桥，以都市繁华、河网纵横著称。南宋建炎四年（1130），金军夷平坊市。绍兴以后陆续修复。该碑是南宋理宗绍定二年（1229）郡守李寿朋重整坊市后所刻。城北居住区小巷横列，除有河道外，与元、明北京的胡同极相似，跨街建坊也与明清城市相同。因此，它是研究里坊制度废除后宋代城市规划新发展的重要史料之一，图中所示的子城府衙也是了解宋代衙城形制的珍贵史料，图中的玄妙观三清殿、报恩寺塔、罗汉院双塔、瑞光塔等至今尚存。这是现存宋代城图最详细者。

---

① 　参看杨宽. 中国古代都城制度史研究［M］. 上海：上海古籍出版社，1993.

## 一、北方的宋代城址

北方中原地区已发掘的宋代城址数量极少，由于古今叠压，多数为局部发掘。如河北巨鹿故城遗址、陕西富平银沟遗址、山西永济蒲州城遗址、垣曲古城遗址、绛州县衙遗址、河北正定开元寺南广场遗址、山东济南按察司街遗址等。

### （一）巨鹿古城遗址

位于河北巨鹿县，宋大观二年（1108）被黄河水淹没。1918年当地人打井的时候发现瓷器，次年巨鹿县大旱，大量瓷器被盗掘，随后流散到国内外市场上。天津博物院派人调查，搜集一批古陶瓷，1923年编纂《巨鹿宋器丛录》一书。1921年7月国立历史博物馆在城内三明寺附近发掘两处房屋遗址，出土白釉、绿釉、黑釉瓷器，"长命富贵"款铜镜，"崇宁通宝"铜钱，铜釜等遗物，因出土碗底多有"董""王"二字，因

**图1-6　传巨鹿古城出土磁州窑瓷器**
1. 白地黑花龙纹梅瓶　2. 黑釉撇口碗
3. 白釉划花叶形瓷枕

此推测该遗址为董、王二家宅邸。2018年对巨鹿古城湾子村、明清南门西侧等地点又进行了发掘。巨鹿城出土的瓷器以磁州窑为主（图1-6）[①]。

### （二）开元寺南广场遗址

遗址位于河北正定开元寺以南，为唐以后镇州、真（正）定府城的一部分。2016年11月至2017年4月进行了考古发掘，发掘面积1035平方米。主要发现开元寺建筑遗迹、晚唐五代时期镇州子城城墙、唐五代宋金至明清时期居民生活遗存。现公布的宋（金）代遗迹包括房址F1及F5。

F1清理部分南北长6米，东西宽4.5米，门向不明。该房址是地面式建筑，上

---

① 参看巨鹿宋城文化研究会.巨鹿宋城出土文物图册[M].内部资料,2019.

部破坏严重，仅残留墙基与室内踩踏面部分。墙基用残砖和土坯砌筑而成，室内的踩踏面十分坚硬，表明房址使用时间较长。室内偏东部有一处灶址。房址内出土有一组与医药有关的陶瓷器，包括一件绿釉陶枕，可能是脉枕，另有白釉绿彩小执壶及瓷盒，黑釉小瓷臼及砂锅，可能与药剂的加工与存储有关。

F5南北残长10.7～11.11米、东西残宽3.5～5.14米、残高0.05～0.75米。地面式建筑，坐西朝东，面阔三间，建筑址内有四处堆积，其中一处堆积出土32件可复原器物，大部为瓷器，器物摆放规整。F5内出土大量瓷器，以井陉窑瓷器为主，多为白釉，两件筒状熏炉独具特色，黑釉点褐彩、白釉点彩瓷器及酱釉"官"字梅瓶亦有井陉窑特征。另有几件定窑白瓷及景德镇窑青白釉瓷器。发掘者认为其年代为金代。[1]

## 二、西北宋夏边境堡寨

宋代西北地区由于受到党项（西夏）政权的压力，在我国西北河东路西北部（麟府路、岚石路西部）、永兴军路北部（鄜延路、环庆路）及秦凤路（泾原路、秦凤路、熙河路）[2]地区修筑了大量的堡寨。其分布于东北至内蒙古准格尔旗东南部，西南至青海西宁市、贵德县境内，现存至少在300座以上。现将有代表性的几座城寨遗址介绍如下。

### （一）内蒙古准格尔旗丰州、永安寨、保宁寨遗址

969年，藏才族首领王甲归附北宋，宋朝任命王甲之子王承美担任丰州衙内指挥使，丰州建制出现。1129年，丰州被金朝占领，到1146年金朝又将丰州赐予西夏，自此西夏一直管理丰州。北宋后期丰州辖永安、保宁寨。今天的准格尔旗西南部纳日松镇为北宋丰州故地，其地有二长渠、古城梁、古城渠三座古城。

二长渠古城平面呈狭长的横目字形，由东、中、西三个小城组成，三小城平面均为不规则长条形，东西相连。东西全长约850米，南北宽约90～170米。西

---

① 参见河北省文物考古研究院. 河北正定开元寺南遗址金代房址（F5）发掘简报［J］. 文物，2022（4）.

② 宋代"路"级行政区划的划分标准可依安抚司路、转运司路、提点刑狱司路等分为多种，西北地区还设置了因军事而出现的帅司路，就西北地区而言，按照安抚司路有河东路（麟州、府州、丰州及晋宁军）、永兴军路、秦凤路三路，按帅司路有麟府路、岚石路（晋宁军西部）、鄜延路、环庆路、泾原路、秦凤路、熙河路七路。

城北墙、中城南墙开门，瓮城为方形，东城北墙亦开门，瓮城则为马蹄形。中城南墙、西城北墙上分别筑有2座、1座半圆形马面。城内可采集到北宋介休窑、定窑细白瓷，晋中地区窑口粗白瓷、白釉赭彩瓷，景德镇窑青白瓷，耀州窑青瓷，建窑黑瓷残片。

古城梁古城由东、西两个小城构成，两城相接，均略呈长方形，城垣东西长310米，南北宽280米，周长约1020米，西城东南侧嵌套一方形小城，西城西墙城门较为清晰，瓮城为方形。

古城渠古城平面呈不规则四边形，东墙长103米，南墙长270米，西墙长99米，北墙长244米，面积约1.6万平方米，北墙开门，瓮城为方形，东墙中部筑有一座半圆形马面。以上两座城址采集遗物种类与二长渠古城种类接近。学者认为以上三座城址分别为丰州、保宁寨、永安寨。[①]

**（二）陕西定边石城子城址**

位于定边县樊学乡城子梁村北一里的向阳山坡上，建于宋代，1987年陕西省文物普查队发现。古城址东临深壑，北依山峁，北高南低，平面略呈梯形，面积约14万平方米。城垣夯层厚8～17厘米，南、北开门，设瓮城，为马蹄形。石涝河绕城西南而过。山顶修建有圆锥形烽火台。城北50米处山峁上，挖掘有纵横交错、面积约6万平方米的壕堑防御工事。壕堑深2～6米、宽10米。工事中部有南北向高墙，居高临下，攻守皆宜。城内曾出土耀州窑印花瓷片及直领单耳鼓腹带流黑瓷罐等遗物。[②]现可采集到少量耀州窑瓷片及黑釉瓷片。据考证该城址为北宋环州所辖朱台堡，建于1113年，其北部的防御工事即《宋史》中记载的蕤毛嘴。[③]

**（三）甘肃会宁郭蛤蟆城址**

位于会宁县城北90千米的郭城驿镇，北宋元符二年（1099）建会川城，金太宗天会五年（1127）金占领此城，仍沿用会川城。1183年金会州（今甘肃靖远县城）为西夏占领，州治迁于此，称会州城。1236年会州守将郭虾蟆坚守州城，于此殉难，城遂废弃。平面呈长方形，西半部为祖厉河冲毁。城址防御设施复

---

① 参见张文平，甄自明.内蒙古自治区境内唯一的一组北宋遗存——鄂尔多斯市准格尔旗北宋丰州城及其防御体系[J].草原文物，2018（2）.

② 《陕西省志·文物志》编纂委员会.陕西省志·文物志[M].西安：三秦出版社，1995：58-59.

③ 钟子俊，黄龙程.定边古城堡[M].西安：陕西人民出版社，2019：17-25.

杂，由内城墙、外城墙、羊马墙、瓮城和3条壕堑构成（图1-7）。内城有南北两城门，南北相距443米。内城墙外有马面和角楼。外城墙与内城墙相距10～12米。外城墙的内侧有马面，与内城墙马面交错分布。内城墙外没有城壕。外城墙有一条城壕环绕，羊马墙外有两条城壕环绕。内城墙、外城墙、羊马墙皆为夯土修筑，高度依次递减。北城墙东侧有2处马面。城址中出土了大量的瓷器，包括宋、金耀州窑青瓷，北宋景德镇窑青白瓷，金代霍州窑白瓷及不明窑口黑瓷等。另外还出土了兽面纹、嫔伽纹瓦当及陶人像（"磨喝乐"①）等。②

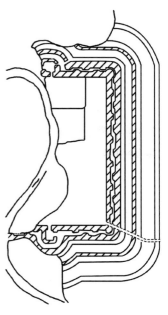

图1-7　郭蛤蟆城址平面图

**（四）甘肃兰州夏官营城址**

城址位于兰州市榆中县夏官营镇。城墙长宽各约300米，基本呈正方形，方向315°。墙垣夯土版筑，残高4～10米，基宽8～12米，顶宽2～4米，夯层厚0.1～0.14米。城东、南、西三面外有护城沟，西、东、南辟门，西门、南门外有瓮城，西门瓮城保存较好，平面近似方形，城墙上有马面及角台。2011年发掘，出土北宋铜钱、铁钱、陶罐、花卉纹瓦当、板瓦，北宋耀州窑青瓷残片及不明窑口白釉、白地黑花、黑釉、棕黄釉瓷器。出土瓷器与会川城遗址出土的瓷器相似，亦为北宋城址。③

## 三、南方的宋代城址

南方地区发掘的宋代地方州、县城址尚有一定数量，系统发掘的典型代表

---

① 磨喝乐是宋代七夕供奉的一种土泥塑造的孩儿形偶像，常见于宋代遗址中。其名称来自佛教中的大黑天摩诃歌罗，其祈子宜男之意应该源于佛教中的鬼子母信仰，其艺术表现形式当受佛教中的化生童子的影响。参见孙发成. 宋代的"磨喝乐"信仰及其形象——兼论宋孩儿枕与"磨喝乐"的渊源[J]. 民俗研究，2014（1）.

② 参见定西地区博物馆. 金代会州城遗址试掘简报[J]. 陇右文博，1997（2）.

③ 参见甘肃省文物考古研究所. 甘肃榆中夏官营古城遗址发掘简报[J]. 文博，2019（6）.

如湖北蕲春罗州城遗址、湖北巴东旧县坪遗址及江苏扬州城遗址等。另外在四川成都，湖北襄阳，江苏镇江，浙江宁波、嘉兴，福建泉州，广东广州等重要古今叠压城市均有一定的考古工作。如成都江南馆街遗址、天府广场东南遗址，襄阳运动路遗址，镇江宋元粮仓遗址，宁波永丰库遗址南宋遗存，嘉兴子城遗址，泉州清净寺遗址，广州南越王宫遗址宋代遗存等。

### （一）扬州城遗址

遗址位于今江苏省扬州市境内，古运河流经遗址的东部和南部。遗址可分为蜀岗古代城址、蜀岗下城址两大部分。就其历时性而言，唐宋时期的扬州城范围覆盖蜀岗上下，明清时期的扬州城退缩至蜀岗下唐宋城的东南隅，宋城在唐城范围内，而明清城则在宋大城范围之内。蜀岗古代城址位于北部地势较高的蜀岗上，始于战国乃至春秋时期，历经两汉、六朝、隋唐至南宋晚期，保存状态较好，基本未被开发，宋堡城及宝祐城位于此处。蜀岗下城址被叠压在扬州城区下，肇始于隋唐而沿用至明清，宋大城及夹城位于此处（图1-8）。

宋大城就唐罗城东南隅修筑而成，故其东门、南门和南水门与唐罗城东门、南门有关联；宋大城西墙和北墙同期所建，其时代为五代后周至南宋。1127年9月，扬州知府吕颐浩奉命修治城池，并改州治衙门为临时行宫。为了提高城门的防御性能，此时的宋大城西门、北门皆开始增建瓮城。南宋中期前后，宋大城东门外才增筑瓮城。1175年郭棣知扬州，因蜀岗上之堡城"凭

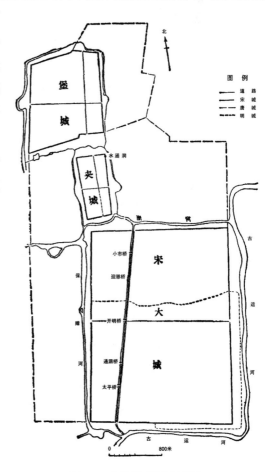

**图1-8 宋代扬州城范围图**

高临下，四面险固"，遂修缮借以防范金兵。而夹城为崔与之在南宋宁宗嘉定年间（1208—1224）所修。南宋宝祐年间（1253—1258），"贾似道修筑堡城，包平山堂城"，取宋堡城西半筑城并包平山堂城，南宋末年李庭芝"筑大城包平山堂"，至此扬州城才形成了由大城、夹城、宝祐城构成的三城格局。

宝祐城西城门外挡水坝位于蜀岗古代城址西城墙中部，2013至2014年发掘。挡水坝由挡水墙、边壁及其摆手构成，挡水墙位于挡水坝中部，砖石结构，南北两侧有挡水坡面，自下而上由基础部分（木质地钉、衬底石条或砌砖）、砖砌坡面挡水墙、顶部石条等几部分构成。挡水墙东西向横架在南北向边壁之间，两边壁及其摆手的平面形状似"〕〔"形。边壁及其摆手的面砖多为整砖，填砖多为残砖。有的面砖上模印有"大使府造""武锋军""宁淮军""扬州""镇江都统司前军""涟水军"等铭文。发掘出土了大量瓷器，以南宋末期吉州窑、东张窑黑釉瓷、景德镇窑青白瓷、龙泉窑青瓷为主。

宋大城北门和北水门遗址位于今江苏扬州市区北部的凤凰街和漕（潮）河路交叉口南侧，2003年4月发现。2003年至2007年发掘。

宋大城北门遗址位于扬州市城区北部，由主城门、瓮城、水门三部分组成。主城门处的遗迹大致可分为门道边壁、道路和门限石三类。从遗迹之间的叠压关系来看，主城门的门道边壁可分为Ⅰ～Ⅲ期，主城门内的道路可分为Ⅰ～Ⅳ期，以属于南宋时期的第Ⅱ期边壁和第Ⅰ期道路保存较为完整。道路路面的横截面略呈拱形，即《营造法式》中所谓之"虹面"。路面两边为砖铺排水沟。瓮城位于主城门北侧，由东墙、北墙和西墙合围而成，其遗存大致可分为瓮城城墙、瓮城门、出城露道、瓮城内铺砖地面四类。

2004年春对北水门遗址北段进行了发掘，在南北长约21米、东西宽约12.5米的范围内，揭露出来的遗迹现象主要有主城墙、东西两石壁和东壁滑槽、门道北段、北部东西两摆手、护岸木桩、地钉、木板等。2007年主要对北水门遗址的南段进行了发掘，清理出了水门南段的东侧摆手，并解剖发掘了水门衬底及河床下的堆积。发掘出土了宋嘉定六年（1213）的"重修北水门石碑"及大量元、明陶瓷器、铜钱、铜镜等遗物。[①]

---

① 参看中国社会科学院考古研究所，南京博物院，扬州市文物考古研究所. 扬州城遗址考古发掘报告：1999—2013年 [M]. 北京：科学出版社，2015.

**（二）蕲春罗州城遗址**

遗址位于蕲春县城西北2.5千米处，为西汉至1263年间蕲春地区的地方行政中心，宋代蕲州的治所，2001年发掘。城墙分为两重，第二重城为唐宋遗迹，围套在第一重城之外，平面呈不规则长方形，东西宽约950米，南北长约1350米，总面积约1.3平方千米（图1-9）。城内发现宋代灰坑。宋代遗物以瓷器为大宗，景德镇窑瓷器数量较大，器型有碗、盘、瓶等，年代横跨两宋，另有北宋耀州窑青釉瓷，吉州窑黑釉瓷，武汉湖泗窑青白釉瓷，南宋龙泉窑青瓷，建窑黑釉兔毫瓷，吉州窑黑釉玳瑁斑、白地黑花瓷，金代定窑白瓷等瓷器。[①]另外第二重城垣城内采集到大量的南宋嘉定五年（1212）、嘉定十四年（1221）的铭文城砖。[②]

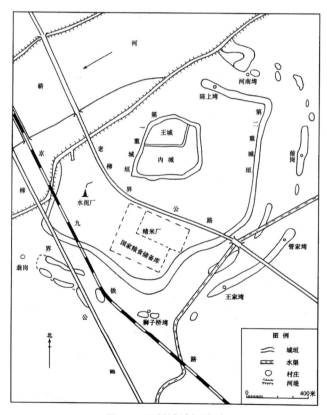

**图1-9 罗州城城垣遗址**

---

① 黄冈市博物馆、湖北省文物总店.蕲春罗州城：2001年发掘报告[M].北京：科学出版社，2007：161-252.

② 参见黄冈市博物馆.1993年蕲春罗州城宋代城垣发掘简报[J].江汉考古，1997（1）.

### （三）巴东旧县坪遗址

遗址位于湖北巴东县东瀼口镇旧县坪村一带，为六朝至宋代的巴东县城遗址。2001年因三峡水利工程建设揭露全部城区。该城地处三峡之巫峡与西陵峡之间的宽谷地带。该城没有城墙，是特殊的县城形制。

巴东旧县坪共发现宋代街巷遗迹72条，其中东区18条，西区54条。其整体布局是由中部一条横贯东西的主干道将整个城区串联起来，再由六条上山、下江的纵向街道与之相交形成城区纵横街道的主框架，并将城内分为不同的功能小区。

仓储遗迹位于庙宇区北部的台地上，是西区最高、最平的台地。

官署区建筑遗迹位于遗址的中部，以大型建筑院落式组群（西）F8为中心，另包括（西）F55、（西）F57、（西）F59、（西）F90、（西）F93五处单体建筑遗迹，使用时期跨越北宋至南宋晚期。

城址中出土了大量的宋代瓷器，包括两宋时期的景德镇窑青白瓷，建窑、吉州窑黑釉瓷，琉璃厂窑、邛窑白釉彩绘瓷，北宋临汝窑青釉瓷，吉州窑绿釉瓷，密县窑白釉珍珠地划花瓷，南宋涂山窑黑釉瓷，吉州窑白地黑花瓷，金代定窑、新密窑沟窑、钧窑瓷器等。另外还出土了兽面纹、花卉纹瓦当、滴水、垂尖华头板瓦，套兽、凤鸟残片及琉璃花卉纹瓦当等遗物。[①]

## 四、四川南宋山城

1235年，蒙古宗王阔端领兵征伐南宋四川地区，使得四川地区民不聊生，从而导致了大量山城的出现。在余玠入蜀以前，四川军民已陆续采取结寨筑城，搬迁府州治所的形式，抗击蒙古军进攻。1243年春，权兵部侍郎、四川安抚制置使兼知重庆府余玠到蜀赴任。余玠入蜀后，首先设招贤馆于府衙之侧，贴出招贤榜，以广揽人才，集思广益。由播州冉琎、冉璞兄弟建议，利用四川的天然地理环境，修筑山城堡垒，移州郡治于其上，以抵抗蒙古骑兵的冲突。余玠报请理宗批准，以冉琎权发遣合州，冉璞权通判州事，负责筑城徙治之事。在余玠的主持规划下，先后建立了青居、大获、钓鱼、云顶、天生等一系列山城。余玠又移金

① 国务院三峡工程建设委员会办公室, 国家文物局.巴东旧县坪 [M] . 北京: 科学出版社, 2010: 153-718.

州都统司于大获城，以护蜀口；移沔州都统司于青居城，兴元都统司原驻合州旧城，现移守钓鱼城，共备内水；移利州都统司于云顶，以备外水。在四川境内的岷江、沱江、涪江、嘉陵江、长江及通江、南江、巴河、渠江等流域，均先后建有山城，从而在四川境内布下了许多战斗据点，以屯兵、积粮、保民、战守；各据点之间相互声援，又以各通航河流或官道为联络线，点线结合，构成了一个完整的山城防御体系。①

南宋晚期四川地区的山城按照南宋时期的行政级别可以划分为制司、路、府州军监、县四级。依据其所在的地理形势可以将其划分为四类：山顶类型，是最常见的地理类型，可更进一步划分为平顶型、斜顶型、凸顶型，代表性城池为白帝城；半岛类型，修筑于江河交汇或拐弯处形成的半岛形的山嘴上，代表性城池为神臂城；岛洲类型，修筑于江心的规模较大的岛、洲上，数量较少，只有忠县皇华城和江安三江碛两座；复合类型，分为两小类：山顶城加半岛郭和山坡城加半岛城，代表性城池为钓鱼城。②

**（一）白帝城**

遗址位于奉节新县城以东10千米。有狭义和广义两种，狭义的白帝城是指白帝山上之城，广义的白帝城是南宋夔州守军将夔州迁置的白帝城，该白帝城无疑包括了相连的瞿塘城（子阳城、赤甲城）。狭义的白帝城位于伸入长江的白帝山上，仅有马岭一线与北岸鸡公山（赤甲山）相连，整个白帝山就好似夔门前的一座孤岛一样。早在汉晋时期，白帝山周边就修筑有夯土的城墙，以后历代都有增修补筑。南宋晚期将夔州城从瀼西东迁至先前的白帝城旧城后，又完善了城防设施。

白帝城遗址的考古工作始于20世纪70年代，1998—2005年，为配合三峡文物保护，对白帝城遗址位于淹没区的白帝山和马岭进行了大面积揭露。2013年对遗址开展了调查、测绘工作，重点对子阳城与下关城之间的城壕、下关城大北门及小北门遗址进行了发掘，提出南宋白帝城为连环城、城中城、卫城、一字城、烽燧、锁江铁柱等组成的复杂格局，主体为三城相连的连环城，自上而下即自北

---

① 胡昭曦.宋蒙（元）关系史［M］.成都：四川大学出版社，1992：148-152.

② 参见孙华.宋元四川山城的类型——兼谈川渝山城堡寨调研应注意的问题［J］.西华师范大学学报（哲学社会科学版），2015（2）.

至南称为子阳城、下关城、白帝城。2017年白帝城遗址开展了考古调查和发掘工作。本次工作采取重点突破、多点解剖的方式，以城防、路网和水网系统为重点，力图解决城池格局。田野调查自2月中旬开始，至3月初结束，从攻防的角度开展线性调查，发现蒙古军陆路进攻的鸡公山北麓沿线分布有黑岩头、鸡公山等防御据点，而遗址周边沿江分布的擂鼓台城址、白蜡坪城址、宝塔坪遗址、瞿塘关烽燧等寨堡和设施则以水路防御为主，确认南宋白帝城在主体城址之外存在一套城外的水路和陆路协防体系。[①]

### （二）神臂城

遗址位于四川省泸州市合江县老泸村神臂山上，西距泸州市区20千米。1243年，四川制置使余玠命领安抚使行州事的曹致大在神臂山修建神臂城，并且迁泸州治所于此。神臂城在建造时，充分利用神臂山的特殊地形，用城墙、陡崖构成了周长约3400米的主城墙，并在西门、东门、猫嘴岩等地修筑了耳城，增强了局部防御能力，现存宋代城墙1700余米，主要分布于东门一带，小南门、神臂门及西门附近亦有部分段状城墙遗迹分布。城门4座，分别为神臂门（又称定远门、南门）、西门（含内西门、外西门）、东门和小南门，其中小南门仅存遗址，其余3处城门均有后世重修迹象。另据调查，在黄泥巴坡顶部、黄桷树地、南子湾、外耳城四处可能存在城门，至少有关卡存在。城墙上发现3处半圆形敌台，1处花瓣形敌台，1处方形敌台，1处利用拐角砌筑的敌台和2处梯形墩台。一字城墙发现2道，均位于城南区域，两道城墙与崖壁、江岸围合成一字城。一字城北端与神臂城崖壁相接，南端延伸至长江边上。自然绝壁、一字城墙与长江四面围合而成的一字城，不但增加了南门的防御纵深，也有效阻断了敌人在神臂山南面的横向交通。两道一字城墙均采用丁砌筑法，楔形城墙石，规格统一，形制规整，倾斜明显。神臂门附近有利用自然台地包砌而成的炮台。[②]

### （三）钓鱼城

遗址位于重庆合川以东5千米的嘉陵江边。四川制置副使彭大雅修筑重庆城

---

① 参见重庆市文化遗产研究院, 奉节县文物管理所. 重庆奉节白帝城遗址2017年度发掘简报［J］. 江汉考古, 2018（S1）.

② 参见蒋晓春, 林邱. 泸州神臂城宋代城防设施调查简报［J］. 西华师范大学学报（哲学社会科学版）, 2017（4）；蒋晓春, 林邱. 宋代泸州神臂城城防体系分析［J］. 中国国家博物馆馆刊, 2017（9）.

时，就派太尉甘闰于钓鱼山筑寨，作合州官民避蒙古兵锋之所和重庆屏障。1243年四川制置使兼重庆知府余玠筑城钓鱼山，迁合州及石照县治所于其上，屯兵积粮，以抗蒙古。公元1243年到1279年，钓鱼城军民在守将王坚、张珏的率领下坚守城池，抵抗蒙元军队的进犯，甚至使大蒙古国大汗蒙哥折戟于此。南宋祥兴二年（1279）正月，合州举城降元，元兵拆毁城垣及军事设施，徙官民还合州旧城。

钓鱼城累经三次修筑（图1-10），建成沿城一圈与直贯嘉陵江的高二三丈不等的石砌城墙8千米许，城墙的修筑体现出依山就势、据险设防的筑城原则。凭借陡峭的山崖峭壁，环山城墙总体上按一重布防，但在地势略低的东、南部地段，为加强整个城池的纵深防卫能力，修筑了内外两重城墙，构成局部的二重防线。城墙随山势起伏，墙顶为石砌的跑马道。沿城墙置8道城门，分别是城南的始关门、护国门、小东门，城东的东新门、青华门，城西的镇西门、奇胜门，城北的出奇门。每座城门均为一道设防，居高临下，没有设置瓮城，各城门皆由两层石拱券结构的门洞组成，可较好对付火器的攻击。另外钓鱼城灵活利用自然山形变化设置了两处藏兵运兵的暗门，一处位于护国门城楼上沿着城墙跑马道向东行100米左右，在左侧石基下的飞檐洞。飞檐洞最初只是山顶石岩上的一个裂缝，因建城时在裂口上面修筑城墙和跑马道，从而在墙下形成了一个幽深的、巨石夹峙的石洞，以此石洞作为钓鱼城的出城暗门，位置十分隐蔽，出去时还需要用绳索攀岩而下。另一处位于新东门左侧100米左右的城墙脚下的皇洞，和飞檐洞一样，也作为十分险要的暗门运用。钓鱼城分别建有伸入嘉陵江中的南北两道一字城。南一字城城墙始建于小东门城墙处，北一字城城墙起于出奇门，向江边延伸。南北一字城以东的城墙都筑于悬崖峭壁之上，以西则三面环水。北一字城已毁，现存南一字城城墙遗址，从城南峭壁下至嘉陵江心，长约1千米，残墙平均高约5米，底宽约4米，外侧陡直，难于攀登。内侧墙身有部分呈阶梯状，可供守城士兵上下。[①]另外在钓鱼城西部的二级阶地上的范家堰发现了南宋晚期的衙署遗址，由公廨区、园林区构成，包括房址38处，格局完整，规模宏大，其中出土了大量的景德镇窑青白瓷、龙泉窑青瓷、磁峰窑白瓷等，其中的一件绿釉鼓状

---

① 参见谢璇. 钓鱼城山地城池构筑特征［J］. 广州大学学报（自然科学版），2007（3）.

绣墩较为罕见。[①]另外，在钓鱼城遗址的古地道遗址及范家堰遗址，以及白帝城遗址皆出土了铁质球形火雷，在白帝城还发现了火雷范及烧范窑炉，为早期火器的罕见遗存。[②]

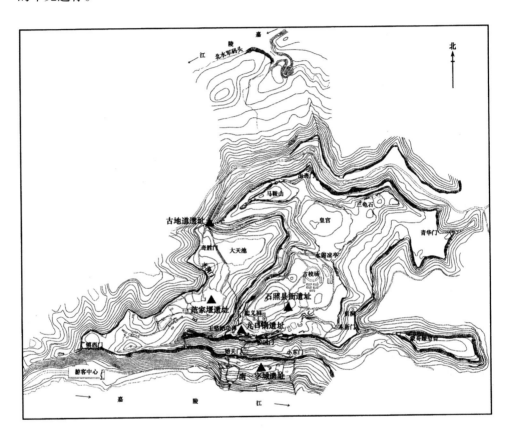

**图1-10　钓鱼城遗址发掘遗址示意图**

---

① 重庆市文物考古研究院. 范家堰遗址发掘简报［C］//钓鱼城遗址考古报告集. 北京: 科学出版社, 2022: 249-321.

② 袁东山, 胡立敏. 重庆出土南宋球形火雷的初步研究［C］//钓鱼城遗址考古报告集. 北京: 科学出版社, 2022: 338-347.

第二章 辽代城址

辽朝（907—1125）是与五代、北宋并立的统治中国北部的封建王朝。相传"有神人乘白马，自马盂山浮土河（今老哈河）而东，有天女驾青牛车由平地松林泛潢河（今西拉木伦河）而下。至木叶山，二水合流，相遇为配偶，生八子。其后族属渐盛，分为八部"。这位骑白马的仙人就是契丹的第一位可汗——奇首可汗，公元907年，辽太祖耶律阿保机统一契丹各部称汗，国号"契丹"，916年始建年号，947年定国号为"辽"，983年曾复更名"契丹"，1066年恢复国号"辽"，1125年为金国所灭。辽亡后，耶律大石西迁建立西辽，1218年被蒙古汗国所灭。

辽代城址按照隶属和功能大致可分为四类：第一类为京城，辽有五京，即上京临潢府、中京大定府、东京辽阳府［天显三年（929）称南京，天显十三年（939）称东京］、南京（燕京）析津府、西京大同府。五京由皇帝或亲王主之，后三城沿用旧城。第二类为奉陵邑城，即为奉祀和守卫皇帝陵墓设立的城，典型代表为祖州、庆州城址等。第三类为隶属国家的地方城，级别有府、州、县城，即国家地方行政州县管理机构所在地，如黄龙府城（吉林省农安古城城址）、长春州城（吉林省城四家子城址）、泰州城（黑龙江省泰来县塔子城址）等。第四类为头下军州城，即大贵族的私城，如豪州城（辽宁省彰武小南洼城址）。《辽史·地理志》记载："头下军州，皆诸王、外戚、大臣及诸部从征俘掠，或置生口，各团集建州县以居之。横帐诸王、国舅、公主许创立州城，自余不得建城郭。"①从考古调查的情况来看，辽代头下军州多数分布于辽宁西部和内蒙古东南部的辽代统治核心地区。这些头下军州有大有小，大的头下军州城的周长在4000米左右，小的约为1000米。第五类为规模很小的边防城和堡寨，周长多在1000米以下。

---

① （元）脱脱，等. 辽史2[M]. 北京：中华书局，2016：506. 后文所引《辽史》均来自此版本，不再一一标注。

# 第一节　辽上京与辽中京城

## 一、辽上京

辽上京位于内蒙古巴林左旗林东镇南，城址位于群山环抱的冲积平原上，是契丹王族迭剌部的领地，也是耶律阿保机四时捺钵之西楼地，阿保机在此射箭选址建立龙眉宫。神册三年（918）辽太祖在龙眉宫之地建城，名曰皇都。辽灭渤海之后，国土扩大，国家大业已经稳固，经济有了新的发展，皇都城规模较小，所以太祖天显元年（926）在皇都兴建宫室，扩展郛郭。至天显十三年（938）更名为上京，设立临潢府。

1920年法国神父闵宣化到林东一带调查，发现了上京城址，发表《东蒙古辽代旧城探考记》[①]一书。日本学者也多次调查上京，并在上京城内开掘过。1962年6—9月，内蒙古文物工作队进行了科学调查、勘探和试掘。[②]20世纪90年代末中国社会科学院考古研究所和内蒙古文物考古研究所联合发掘上京城，目前主要对宫城及皇城的遗迹进行发掘，提高了对皇城和宫城的布局和改建的认识。[③]

### （一）辽上京城的形制布局

1.城址遗迹布局

地面现存皇城和汉城城墙，勘探和发掘确认了皇城内的宫城（图2-1）。

---

① 参看［法］闵宣化，等.东蒙古辽代旧城探考记［M］.冯承钧，译.北京：中华书局，2004.

② 内蒙古文物考古研究所.辽上京城址勘查报告［C］//内蒙古文物考古文集（第一辑）.北京：中国大百科全书出版社，1994：510-536；张郁.辽上京城址勘查琐议［C］//内蒙古文物考古文集（第二辑）.北京：中国大百科全书出版社，1997：525-530.

③ 参见董新林.辽上京城址考古发掘和研究新识［J］.北方文物，2008（2）；董新林.辽上京规制和北宋东京模式［J］.考古，2019（5）.

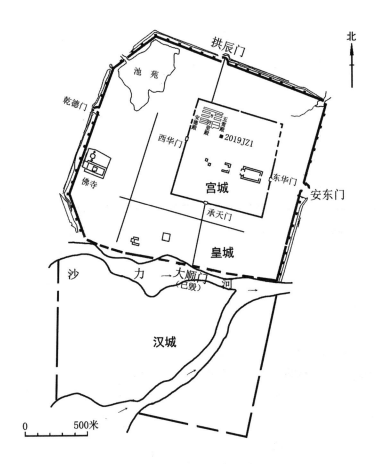

**图2-1　辽上京城址勘测现存遗迹平面图**

（据1962年勘测汉城图和2019年发掘简报皇城宫城图合并绘制）

2. 史料记载的辽上京城布局

皇城加汉城的外周长实测（除去共用的城墙）8838.63米，约合17里，与《辽史·地理志》记载的外郭城27里相差甚远，有无外郭城成为辽上京布局的悬案，存在多种推测。

王明荪提出"上京为北皇城、南汉城相联之城形，其外当有郓郭之外城，而皇城内又有宫城，亦是三重城之形态"。[①]

————————

① 参见王明荪.辽上京中京与渤海上京唐宋都城之都市形态[J].兴大历史学报，2006（17）.

《辽史·地理志》载："上京，太祖创业之地……平渤海归，乃展郛郭。"①古代外围的大城称为郛、郛郭、外城，辽上京有外郭城。"于内城东南隅建天雄寺。"因《辽史·地理志》记载八作司和天雄寺对峙，都在皇城，所以张郁认为把皇城称为内城，是有外郭城的证据之一。②

《辽史·天祚皇帝纪》载："金主亲攻上京，克外郛。"③

《金史·太祖纪》载："上亲临城……克其外城。"④

《辽史·地理志》描述上京城是："城高二丈，不设敌楼，幅员二十七里。门，东曰迎春，曰雁儿；南曰顺阳（校勘记：大典作顺归。），曰南福；西曰金凤，曰西雁儿。其北谓之皇城，高三丈，有楼橹。门，东曰安东，南曰大顺，西曰乾德，北曰拱辰。中有大内。内南门曰承天，有楼阁；东门曰东华，西曰西华。此通内出入之所。正南街东，留守司衙，次盐铁司，次南门，龙寺街。南曰临潢府，其侧临潢县。县西南崇孝寺，承天皇后建。寺西长泰县，又西天长观。西南国子监，监北孔子庙，庙东节义寺。又西北安国寺，太宗所建。寺东齐天皇后故宅，宅东有元妃宅，即法天皇后所建也。其南具圣尼寺，绫锦院、内省司、麹院、赡国、省司二仓，皆在大内西南。八作司与天雄寺对。南城谓之汉城，南当横街，各有楼对峙，下列井肆。东门之北潞县，又东南兴仁县。南门之东回鹘营，回鹘商贩留居上京，置营居之。西南同文驿，诸国信使居之。驿西南临潢驿，以待夏国使。驿西福先寺。寺西宣化县，西南定霸县，县西保和县。西门之北易俗县，县东迁辽县。"⑤《辽史·地理志》记载辽上京城外郭城很大，周长27里，东、南、西墙各开两门，北墙是否有门失载。郭城内有南北双城，北皇城东、西、南、北各一门，与现存城门遗迹相符。南汉城有南门、东门、西门各一门，是三个城门。皇城内有大内城（宫城），东、南、西各一门，与现在勘测有三门相符。若按照常理推理，外郭城把皇城和汉城圈在内，皇城是主城，但

① （元）脱脱，等. 辽史［M］. 北京：中华书局，2016：498.

② 张郁. 辽上京城址勘查琐议［C］//内蒙古文物考古文集（第二辑）. 北京：中国大百科全书出版社，1997：525-530.

③ （元）脱脱，等. 辽史［M］. 北京：中华书局，2016：379.

④ （元）脱脱，等. 金史1［M］. 北京：中华书局，1975：34.

⑤ （元）脱脱，等. 辽史2［M］. 北京：中华书局，2016：499.

是，现在没有找到对应的任何遗迹，史料的记载存疑。

《旧五代史》卷一百三十七载："城南别作一城，以实汉人，名曰汉城。"[①]

北宋大中祥符九年（1016）《薛映记》[②]记载："又四十里至上京临潢府。自过崇信馆即契丹旧境，盖其南皆奚地也。入西门，门曰金德，内有临潢馆。子城东门曰顺阳。入门北行至景福门，又至承天门，内有昭德、宣政二殿，皆东向，其毡庐亦皆东向。"临潢馆即《辽史·地理志》中汉城西南角的临潢驿，薛映作为使臣入驻之地。薛映没有记入外郭城门，似乎汉城外没有外郭城。汉城又称为子城，汉城的北门名景福门。由汉城入宫城必经过皇城的大顺门，却没有提及，因此有两种可能。

第一种可能是汉城的北门就是皇城的南门大顺门，景福门是汉城的南门被误记为北门。外郭城南城墙的南福门，应该是在景福门之南得名。

第二种可能，若此处景福门不是皇城南门（大顺门）之误，则汉城有单独的北墙和城门，汉城与皇城位置关系是"吕"字形。

主持1962年勘察工作的张郁认为得到疑似皇城外有外郭城的遗迹的多条线索，但是当时没有把郭城列入工作计划而深入勘探，所以不能肯定是城圈的遗迹。在后续的研究中他认为："根据勘测，汉城北边的宽度大于皇城南墙150米，皇、汉两城之间横隔的皇城南墙与汉城东西两城北端没有连接关系，汉城东西两墙的间距比皇城宽，且向皇城的外围展开，呈环抱形势，隔河向北延伸，与皇城东西两侧的外郭有连接趋势。"以此他把汉城视为郭郭的一部分，汉城南墙有2城门。[③]这种复原有合理性，也与薛映的未记先入外郭城门相符。若汉城东西墙北端与郭城墙相连接，不应该忽略的事实是，汉城的北端如果不是封闭的，就不能称为"其南为汉城"，或"别作一城"，故汉城北边必定是封闭的，只能有一条单独与皇城南墙平行的城墙，与薛映所记汉城北门是景福门吻合。若如此，辽上京的外郭城是"日"字形。此种复原也有令人困惑的疑问，《辽史·地

① （宋）薛居正，等.旧五代史6[M].北京：中华书局，2015：2132.

② （北宋）薛映.薛映记[M]//赵永春，辑注.奉使辽金行程录.北京：商务印书馆，2017：30-31.

③ 张郁.辽上京城址勘查琐议[C]//内蒙古文物考古文集（第二辑）.北京：中国大百科全书出版社，1997：525-530.

理志》记载的外郭城的东西城门的名称和薛映所记汉城东西城门的名称不相符合，难以合而为一。

依今日遗迹为准，认为辽上京是双城制日字形布局，郛郭城是汉城，宫城是子城[①]。

总之，辽上京城的历史文献记载的布局与目前了解的遗迹布局存在难以解释通的矛盾，未来对汉城每面墙的断口进行考古工作确定是单门还是双门，对解决汉城是否是郛郭问题能够起到推动作用。

**（二）皇城**

1. 形状与规模

皇城位于北部，为六边形，周长6486.3米，合13里。东墙长1492.3米；北墙长1513.4米；西北斜折墙长430.3米；西墙长1072.6米；西南斜折墙长358.1米；南墙推测长度1619.6米。

2. 城墙与城门

皇城城墙夯土修筑，分主墙和后补墙。主墙基宽15米，残高8.5米。有马面、角楼。现存马面45个，间距110米左右，马面依主墙而建，外凸12米，宽26米，夯土筑。城墙外还有宽14米的护城壕。辽史记载皇城城门有4个，分别为安东门、大顺门、乾德门、拱辰门。大顺门已被白音戈洛河（沙力河）冲毁。现存的3个城门都有瓮城，门宽5米。地面可见建筑台基土包、院落墙土垄众多（图2-2）。

**图2-2　辽上京皇城与宫城地面遗迹现状（从东向西拍摄）**

① 李作智.论辽上京城的形制[C]//中国考古学会第五次年会论文集（1985）.北京:文物出版社,1988:128-134.

### 3. 西门（乾德门）

西门（乾德门）位于皇城西墙的中部偏北，由城门和瓮城组成。城门墩台及城门外侧的瓮城格局保存情况较好。城门遗址由南北两侧的夯土墩台、单门道及路面和内侧的登临马道等组成。根据门道内外倒塌的砖瓦堆积推测，城门之上原应有城楼建筑。根据发掘资料可知，城门至少经过三次大规模营建。第一次和第二次营建城门的规模较大，墩台范围较清楚，进深约29米。其中第二次营建的城门门道方向为东偏南19°。门道夯土基槽深约3米。门道基础保存完好。门道南北两侧尚存较为完整的石地栿，其上残存木地栿，木地栿卯口上立木排叉柱。石地栿东西总长19.9米，门道宽（地栿石之间距离）约6.2米。门道内发现有多层路面，中部保存有较好的石门限，北侧有一块完好的门砧石，原来应设双扇版门。门道内中部略高，两端略低。城门北墩台（南墩台未发掘）内侧发现登临马道。第三次营建的城门规模体量明显变小，门道方向也略有改变，约为东偏南21°。墩台四角均发现安置石角柱的槽石，其中西北角的石角柱尚存，收分斜率与墩台墙面相同。北墩台保存较完整，东西长19.9米，（西壁）南北宽8.73米。墩台西壁底部在夯土上铺条石，其上包砖。门道中部残存一段木门限，其北侧存一门砧石，原来应设双扇版门。门道基础南侧被现代道路破坏，仅残存北侧的部分石地栿，及其上的木地栿和排叉柱遗痕。根据发掘资料推定，第一、二次营建的城门属于辽代，第三次营建的城门属于金代。

瓮城遗址平面呈马蹄形，东西内长约26.4米，南北内宽约22.8米。瓮城墙经过三次大规模营造。瓮城门有一个门道，朝南，位置有一次大的变化。瓮城始建应与城门第一次营建大体同时，墙体宽8～10米。瓮城城门位于南侧，宽约5.84米，南北进深约8米。门道基础为在石柱础上放木地栿，上立排叉柱。夯土壁面有木板护墙残迹。第二次修筑瓮城，当与城门第三次营建时间相当。[①]

### 4. 东门（安东门）

东门（安东门）位于皇城东墙的中部，由瓮城和城门组成。东门为木过梁式城门，南北宽23.7米（两侧立壁间的距离），由两侧墩台、南隔墙、北隔墙和三个门道组成，每个门道宽约4.5米。门道内残存烧毁的木构梁柱等遗物。门道

---

① 参见内蒙古自治区文物考古研究所. 2011年内蒙古自治区文物考古研究所考古发现综述[J]. 草原文物，2012（1）.

基础做法为石地栿做底，上垫木地栿，其上立排叉柱。金朝占据辽上京后，继续使用皇城东门，但封堵了南北两侧的门道，仅中间门道继续使用。这反映了从辽代都城到金代地方城的城门形制规模的沿革。[①]

5.皇城西南的西山坡佛寺遗址

西山坡是皇城西南的一处自然高地和皇城的制高点，早年勘探报告推测是日月宫，考古发掘确认是佛寺。山坡上有三组东向的建筑基址群，其中北组有三座六角形塔基基址（图2-3）。中间最大的塔基（YT1）建在高大台基上，是有木构回廊的六角形砖构佛塔。辽代始建，至少经过两次大规模修筑，金代以后才逐渐废弃。后室内中央铺砖地面上残存八角形石经幢残件一个（图2-4）。附近还有戴璎珞佛装的石雕像、仰莲石雕残块等。依据在回廊中清理出的倒塌泥塑残像（图2-5）、成串铜钱和磨损严重的铺砖地面可知，木构回廊内布设有大小泥塑像，且曾有信徒活动。[②]

图2-3　西山坡塔基

①　董新林,陈永志,汪盈,等.辽上京城址首次确认曾有东向轴线[N].中国文物报,2016-05-06(8).

②　参见中国社会科学院考古研究所内蒙古第二工作队,内蒙古文物考古研究所.内蒙古巴林左旗辽上京皇城西山坡佛寺遗址考古获重大发现[J].考古,2013(1).

图2-4 西山坡塔基（YT1）出土石经幢

图2-5 西山坡塔基发现佛教造像的现场

（三）宫城

宫城位于皇城中部偏东，平面略呈长方形，南北长约770米、东西宽约740米，总面积约占皇城面积的五分之一。东墙和西墙中部各一门，南墙中部偏西有南门，北墙没有发现城门。

1. 城墙

宫城北墙和西墙由夯土主墙和两侧的附属堆积组成。主墙为较纯净的深黄色夯土，底宽2.5～2.9米、残高0.3～1.4米，其下筑有2～3层基槽。宫城南墙仅见夯土主墙，灰褐色夯土，包含少量陶瓷片、瓦片等遗物，底宽6～6.85米、残高1.1～2米。其下亦筑有基槽，包含遗物较多。[①]

宫城北墙和西墙的主墙夯土较为纯净，仅发现极少的箆点纹陶片。宫城墙直接修筑于次生土之上。其中北墙中段的探沟中，发现城墙下叠压的灰沟G3，出土一些有特色的建筑构件，包括宽边轮乳丁纹的瓦当，带有箆点纹或“之”字纹的瓦片，衔接痕迹明显、制作较粗糙的滴水等。这些遗物不见于辽祖陵遗址，在辽上京遗址也是首次发现。此外G3还发现一些箆点纹陶片，风格与契丹建国前后的墓葬中出土陶器近似。现存宫城北墙和西墙夯土的始建年代应为辽代早期。

宫城南墙探查处墙体及基槽的夯土中，包含杂物较多。其中位于南墙中部的9号探沟（TG9）的夯土出土定窑芒口瓷片，简报认为南墙（至少中部）修筑时间是不早于辽圣宗开泰年间。辽代宫城墙在金代逐渐被破坏，直至毁弃。从已揭露的几处探沟可见，有较多金代的小型房址、灰坑等打破或叠压于辽代宫城墙及其废弃堆积之上。这表明辽上京城到金代虽然仍在沿用，但在城市格局上已发生了较大变化。

2. 东门（东华门）

辽上京宫城东门（东华门）是一座东向的殿堂式城门。城门建筑的台基呈长方形，南北面阔31.2米、东西进深13.1米，占地面积408.72平方米。城门遗址由夯土台基及其基槽、磉墩和东侧慢道等几部分构成。城门建筑的柱网结构仍较清楚，面阔共七间，其中居中五间的进深为等距的两间，即《营造法式》所载“分心槽”地盘布局。当心间、次间和稍间面阔基本相等，尽间面阔较小。推测当心间和两侧稍间外有慢道，即共有三间作为出入通行门道（图2-6）。宫城

---

① 参见中国社会科学院考古研究所内蒙古第二工作队，内蒙古文物考古研究所. 内蒙古巴林左旗辽上京宫城城墙2014年发掘简报［J］. 考古，2015（12）.

东门遗址是在生土上始建。在东门遗址的所有夯土及磲墩遗迹中，未见晚于辽代的遗物，夯土、磲墩中出土的少量陶片和砖瓦、瓦当残块基本均属于辽代早期（图2-7）。由此可以初步推断，宫城东门应是辽上京城营建之初的较早建筑之一，其上叠压金代道路及灰坑，在金代道路形成之前，辽代宫城城门已经遭到了严重破坏。不仅城门建筑的倒塌堆积被移除无存，而且高于当时地面以上的夯土台基也大体被铲平。因此，辽上京宫城东门的毁弃时代应为金朝占领上京时。①

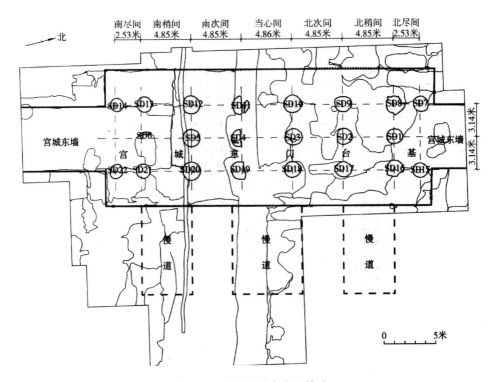

图2-6　辽上京宫城东华门基址

①　参见中国社会科学院考古研究所内蒙古第二工作队，内蒙古文物考古研究所. 内蒙古巴林左旗辽上京宫城东门遗址发掘简报[J]. 考古，2017(6).

**图2-7 辽上京宫城东华门出土遗物**

1. 篦点纹陶片 2、3. 瓦当

### 3. 南门（承天门）

辽上京宫城南门位于宫城南墙中部略偏西，2013年发掘的宫城南门大街贯穿其中。宫城南门遗址由东、西两侧的墩台，中间的单门道和登临墩台的内侧（北侧）马道三部分组成。辽代宫城南门有两期大规模的营建过程，其中第二期有三次较大的修建行为。

第一期，在辽代宫城南门始建时，并未营建墩台式城门。而是先下槽夯筑城门的门道基础，预留城门位置。其后，再下基槽并夯筑城门两侧的宫城南墙，以城墙缺口作为城门门道。门道路面为褐灰色沙石路面。门道南部尚存两道车辙痕迹，车辙中心间距为1.4米。在门道中央位置（紧邻石门限南侧）发现一个埋藏坑（编号H109），南北长0.6米、东西宽0.55米，叠压于LM3下，打破夯4。坑内发现两副基本完整的狗骨和两个羊头骨。二犬侧卧，头部向南呈交首状，身体沿坑边呈半蜷曲状，将两个羊头围合在中间（图2-8，下）。第一期门址中发现较多陶建筑构件，包括较完整的鸱吻（图2-9）。

**图2-8　承天门遗址发掘现场与祭祀坑**

　　第二期，加筑墩台和门楼。第二期至少有三次较大的改建行为。第一次改建，宫城南门经过一段时间的使用之后，进行了大规模改建，加筑夯土墩台和木构门楼。此次改建保留门道位置及宽度未变，在缺口处的宫城南墙的南、北两侧挖基槽，并加筑墩台夯土。墩台边壁抹一层黄泥，墩台外为黄泥地面。在墩台北部东、西两侧加筑马道。增设墩台和木构门楼，与《辽史》所载"内南门曰承天，有楼阁"相符（图2-8，上）。

**图2-9 承天门出土鸱吻下部**

宫城南门遗址是一座单门道过梁式门址，方向为15°，与辽代宫城南墙一致。城门遗迹包括东、西两侧的夯土墩台，中间的单门道，登临墩台的内侧（北侧）马道和宫城南墙等四个部分。宫城南门墩台为夯土包砖，整体为长方形。西墩台南北总进深11.8米、东西总宽6.7米、残高2.1～3.3米。东墩台形制结构与西墩台大体相仿。根据已揭露遗迹进行对称复原，可推知墩台总面阔为20.6米、总进深为11.8米。中部设单门道，宽度（按东西两侧墩台土衬石间距计算）为7.8米。马道紧贴城墙北侧而建，与墩台夯土相连，外壁包砖，东西长约10米、南北宽1.2～1.5米、残高1.2米。

《辽史·地理志》："太宗援立晋，遣宰相冯道、刘昫等持节，具卤簿、法服至此，册上太宗及应天皇后尊号。太宗诏蕃部并依汉制，御开皇殿，辟承天门受礼，因改皇都为上京。"[①]汉俗宫殿建筑南向为正，皇帝面南背北，南门是正门。耶律德光在举行接受皇帝册号时，为了体现是汉人之皇帝，按照汉俗礼制，让持奉封册的后晋使从正南门入，以南门为正，在开皇殿接受册号。"辟承天门受礼"，南门仅一门道，也不存在扩开门的可能，从文献推测皇都宫城可能本无南北门，只有东西门，为了接受册封，才开辟南门，形成东、西、南三门。在接受册封大礼时以南门为正门，并命名为"承天门"，寓意为接受册封为帝是承接天帝之旨意，重在获得汉人民众的接受顺从，达到辽国长治久安目的。南门址门限外正中的双犬双羊头祭祀坑，应该与开辟南门迎接帝后册封重大事件有密

---

① （元）脱脱，等.辽史2[M].北京：中华书局，2016：498-499.

切关联。

外国来使驻足在汉城西南部的同文驿、临潢驿，各国使臣从承天门入宫城，表明辽代中后期接待宋使时以南门为正门，宫城有三座门，只有南门有楼阁，是正门的体现。考古发掘揭示开辟南门时没有门楼，后增加门楼，应该是在澶渊之盟之后，作为接待北宋等来使外宾礼仪门进行形象升级的结果。南墙中部探沟（TG9）夯土出土北宋定窑芒口瓷片确定的修建年代不早于辽圣宗开泰年间，可能是在南门升级改造时把附近的墙体一并进行重新夯筑。

辽代宫城南门和宫城南墙在金代早期应已遭破坏。可见金朝占领辽上京城以后，对城市格局进行了较大规模的改变。只有南门大街一直沿用到金代晚期。

4. 一号建筑基址

2019年发掘的一号建筑基址（2019JZ1）位于宫城中部偏西，东向中轴线以北的高地上（图2-1）。可分为早期基址和晚期基址。[①]

早期基址是辽上京宫城内的一座大型殿址，坐西朝东，方向106°。夯土台基近正方形，南北面阔50.6米、东西进深50.4米。台基高1.96米，四壁包砖。台基东部中央设有向外凸出的长方形月台。台基上为土木结构建筑，面阔九间，进深八间，副阶周匝。柱网通面阔为44.92米、通进深为39.18米，当心间面阔4.72米（图2-10）。殿身外墙为夯土墙，墙体厚1.56～1.7米，外壁涂抹红色墙皮，内壁涂抹白灰墙皮。东面正中辟门。建筑墙内南北长33.25米、东西宽28.54米。殿内满布柱网，设有夯土隔墙和木质隔断等设施。室内地面为经过特殊处理的白色硬壳踩踏面，室外副阶地面铺砖。

早期基址建成后在辽代经历了长期使用和多次修建。在叠压早期基址的堆积和晚于早期基址的遗迹中，出现金代铜钱和瓦当等遗物，可知早期基址的废弃年代为金代。

早期基址位于宫城东向中轴线以北的自然高地上，是辽上京宫城内制高点之一，位置非常重要。台基平面为方形，殿内柱网布局密集，且通过隔断形成开敞和封闭的不同空间，可能是具有特殊使用功能的皇家建筑。建筑构件都是陶

---

① 中国社会科学院考古研究所内蒙古第二工作队，内蒙古自治区文物考古研究所. 内蒙古巴林左旗辽上京宫城建筑基址2019年发掘简报［J］. 考古，2020（8）.

质，有陶瓦当、陶鸱尾。有石碑残件，上有"兵""圣"字样。

晚期基址是一座南向建筑基址，方向为196°。下层台基范围较大，西侧和南侧边界不详。上层台基东西长19.61米、南北宽约17米、残高0.61米。台基四壁包砖，南侧中央设置"五瓣蝉翅"慢道。殿身面阔三间、进深三间。晚期基址是在辽代东向宫殿彻底废弃后，利用旧址重新营建的南向建筑。基址堆积中出土的兽面瓦当和大定通宝铜钱等都是典型的金代遗物。此建筑内废弃堆积中发现有佛教石造像、仿铜陶礼器和具有特色的绿釉陶器残片等遗物，说明此基址可能是具有宗教或礼制等特殊性质的建筑。

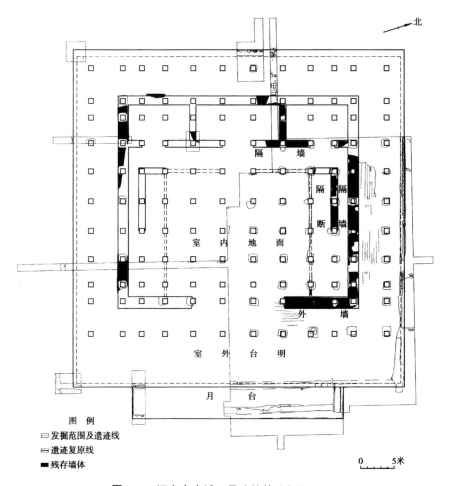

图2-10　辽上京宫城一号建筑基址复原平面图

### （四）开皇殿址

在宫城西北部，现存高大整齐的一组南向建筑址，在航拍片上仍然清晰可见（图2-2）。1962年勘探编为15号的台基为正殿基址，在其后有一个长方形台基，在其前左右两翼整齐分布两列各4座台基。钻探台基上是1米的堆积层，其下是砖铺地面，砖面下是夯土台基，2.5米到达生土。《辽上京城址勘察报告》认为"太宗诏蕃部并依汉制，御开皇殿，辟承天门受礼"，按照汉制，皇帝上朝，举行重大典礼，应该面南背北，所以这所宫城内唯一的一组南向大型宫殿建筑群正殿有可能是开皇殿。

### （五）汉城

《旧五代史》："城南别作一城，以实汉人，名曰汉城。"城址略呈方形，城墙被白音戈洛河（沙力河）河水冲毁，破坏严重。城内所见遗址残余痕迹较少。夯土墙，基部宽12米。1962年时，残高2～4米。东墙长1290米，西墙长1220米，南墙长1610米，三面共长4120米。防御设施简单，没有马面、瓮城设施。西门宽10米，有石条、石础，其余门地表遗迹不明。[①]《辽史·地理志》"南当横街，各有楼对峙，下列井肆。"汉城内南部有横街，与通南北门的纵街构成十字街布局。横街与西门、东门相通，成为最主要的繁华大街。横街没有位于中部，而是位于南部，意味着东面的顺阳门和西侧的金德门位置靠近南墙。

### （六）辽上京城的特点

1. 皇城东西向为中轴线，皇城南北的墙体大致对称分布；偏南的东向为正向，东门为正门，符合契丹俗东向拜日之传统居住习俗，这是初建皇都之制，皇帝出入走东门正中门道，臣民走两侧门道。

2. 宫城布局为国俗与汉俗并存的二元式，以国俗为主。

第一，东向瓦顶建筑与毡帐共存。城内发现多组宫殿建筑基址，以东向为多。东部有大片空地，是布置东向毡帐之地，是契丹国俗。北宋早期薛映出使辽国，记"又至承天门，内有昭德、宣政二殿，皆东向，其毡庐亦皆东向"。北侧高地1号宫殿建筑发掘证实是东向建筑。

第二，东向正向与南向正向共存。开皇殿为南向建筑，后开辟南门，以南

---

① 内蒙古文物考古研究所. 辽上京城址勘查报告 [C]//内蒙古文物考古文集（第一辑）. 北京：中国大百科全书出版社，1994：510-536.

门为接受后晋使册封之正门、北宋来使的礼仪之门，是更名上京开启之制。

3. 汉城在皇城之南，与皇城构成"日"字形格局。皇城有马面，汉城无马面，重点防御在皇城，汉城附属于皇城。辽上京皇城和宫城呈"回"字形布局，皇城和汉城呈"日"字形布局，构成上京规制。[①]

辽上京城是辽太祖在创业之地修建的大型都城，是契丹民族建立帝国的重要标志，是契丹汉化发展的里程碑。辽上京是契丹民族（国俗）文化与汉文化结合的产物，其布局与功能的划分具有独特性，在中国古代都城中别具一格。

## 二、辽中京

辽代中京大定府故址，位于赤峰宁城县天义镇老哈河冲积平原上，辽亡后，金设北京路，元代设大宁路，明设大宁卫，永乐元年（1403）撤卫而荒废。现存地面可见的城墙等遗迹是不同时期形成的。

### （一）中京城修建历史背景

圣宗耶律隆绪及母萧太后，在统和二十二年（1004）与北宋订立澶渊之盟，辽国进入和平建设时期。"圣宗常过七金山土河（今老哈河）之滨，南望云气，有郛郭楼阙之状，因议建都。"[②]这里土地肥沃，地近中原，宜于与中原交通往来，所以选此建新都。统和二十五年（1007）圣宗择燕蓟工匠在奚王牙帐之地仿北宋开封城修建规模较大的都城。

### （二）布局

1958年至1960年进行发掘、钻探。通过发掘，认识了辽中京城的总体布局。[③]

1. 城分三重（图2-11），外城、皇城和宫城，三城相套。这是仿照北宋东京城。内城和外城都有马面，外城的马面小。

2. 外城东西宽4200米，南北长3500米，周长约合30里。朱夏门到阳德门的

---

① 参见董新林. 辽上京规制和北宋东京模式［J］. 考古, 2019（5）.

② （元）脱脱, 等. 辽史2［M］. 北京: 中华书局, 2016: 545.

③ 参见辽中京发掘委员会. 辽中京城址发掘的重要收获［J］. 文物, 1961（9）；苏赫. 辽中京［J］. 文物通讯, 1979（7）.

大道宽64米，长1400米，路的两侧有石板砌成及木板铺盖的排水沟，这和北宋东京御街两侧有"砖石甃砌御沟水两道"（《东京梦华录》卷二《御街》）基本相同。

外城大街两侧南北向的廊舍建筑遗址，位于皇城阳德门南约500米处，在外郭城南门朱夏门到阳德门间大道的两侧约20米。在发掘区内共发现东西向的夯土台基十三排，每排有四个楔形夯土台，每个夯土台平面作正方形，剖面呈楔形，上端长宽各约1米，深0.7米，下端长宽各约0.7米。每排四个楔形夯土台的距离，当中两个相距3.8米，东西两侧的两个各相距1.6米。附近还发现有移动过位置的石柱础五个，长宽各约40厘米，厚约25厘米。整个建筑遗址的内地面全部夯实。在发掘区外还有与这十三排夯土台基相连的许多排夯土台基，未能全部发掘，可知它原是一处南北向的长廊式建筑，是模仿当时北宋城市中流行的"市廊"的形式。

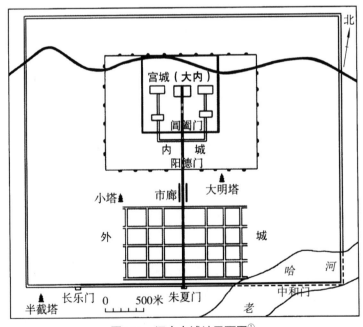

图2-11 辽中京城址平面图①

外城南部两侧有南北向路各3条、东西向路5条，宽4~15米，对称布局，在中心大路两侧还发现有坊墙，因此这里应有对称布局的坊。从整条大道两侧的经

---

① 中国大百科全书·文物博物馆卷 [M].北京：中国大百科全书出版社，1993：315.

路三条和纬路五条相互作"井"字形的交叉情况来看，大道东西两侧，当各有三列直排的坊，每列应有四坊，共十二坊，东西两侧共二十四坊。据路振《乘轺录》记载，宋使辽记："自朱夏门入，街道阔百余步，东西有廊舍，约三百间，居民列廛肆庑下。街东西各三坊，坊门相对，虏以卒守坊门，持梃击民，不令出观，徐视坊门，坊中阒地，民之观者无多……街道东西，并无居民，但有短墙，以障空地耳。闾阖门楼有五凤，状如京师，大约制度卑陋。"①

3. 皇城在外城的正中偏北地方，东西两面各距外城约1000米，南面距外城约1400米，北面距外城约500米。皇城作横阔的长方形，东西宽约2000米，南北长约1500米。残高5米，基宽13米，内城墙上每隔100米有一个马面。

4. 宫城在皇城正中偏北，仅筑有东、南、西三面的墙，其北墙即是皇城的北墙，每面长约1000米，四角有角楼基址。

从皇城南门阳德门向北到宫城南门闾阖门，有宽约40米的大道，长约500米，约近一里之数，与路振所说符合。

**（三）中京城的历史地位和特点**

1. 中京城是辽代中期修筑的都城，形制模仿北宋东京城，三重相套，形状规整，是北宋文化对辽国文化影响的重要体现，表现出汉文化的强大影响力。但是根据北宋使臣出使中京的记录，中京仍然有很多空地，"街道东西，并无居民，但有短墙，以障空地耳"。

2. 辽中京在修建上仍然带有浓厚的唐代里坊制的遗风，也有专门的集市。

3. 辽中京修建后外城主要是实以汉民，因此在城市管理和修建上体现出对外城汉民严格监管的理念。

**（四）中京大明塔**

中京大塔位于宁城辽中京故城内东南角，俗称大明塔，建于辽代中期。中京大塔为八角十三级密檐式砖塔，高80.22米，塔基底径48.6米，塔体直径34米。高度上该塔仅次于山西汾阳文峰塔（84.97米）、河北定县的料敌塔（建于北宋，11层，高83.7米）和陕西泾阳的崇文塔（明代修建，13层，83.218米），为全国第四高塔。

---

① （北宋）路振.乘轺录［M］//赵永春，辑注.奉使辽金行程录 增订本.北京:商务印书馆,2017:18.

塔座为须弥座，上部砌出仰莲瓣，清代改筑，成为每边宽14米、高17米的直壁。塔身第一层每面镶嵌浮雕造像，正中镶成起券佛龛，龛内莲座上趺坐佛像，姿势各不相同，佛像两侧为菩萨、力士像，塑像之上砌出华盖，两侧上方各有飞天一对。浮雕刀法简练，线条流畅，形象庄严，是辽代雕塑艺术中的佳作。每面的转角柱都砌成塔形，上刻塔铭及佛名。

此塔始建于辽代中期，传为感圣寺内的佛舍利塔，今塔前尚有旧寺遗迹可寻。经历代修缮，塔刹及塔座已失原貌，塔上第一层南面尚有清咸丰四年（1854）重修时的蒙古文题记，是现存辽塔中最大的一座。[①]

# 第二节　奉陵邑城

## 一、祖州城

祖州城城址位于巴林左旗石房子村，东距上京五十里。这是皇室家族世居之地，阿保机及其四辈先祖都出生在这里，故名祖州。

《辽史·地理志》记载："祖州，天成军，上，节度。本辽右八部世没里地。太祖秋猎多于此，始置西楼。后因建城，号祖州。以高祖昭烈皇帝、曾祖庄敬皇帝、祖考简献皇帝、皇考宣简皇帝所生之地，故名。城高二丈，无敌棚，幅员九里。门，东曰望京，南曰大夏，西曰液山，北曰兴国。西北隅有内城。殿两明，奉安祖考御容；曰二仪，以白金铸太祖像；曰黑龙，曰清秘，各有太祖微时兵仗器物及服御皮毳之类，存之以示后嗣，使勿忘本。内南门曰兴圣，凡三门，上有楼阁，东西有角楼。东为州廨及诸官廨舍，绫锦院，班院祗候蕃、汉、渤海三百人，供给内府取索。"[②]

城址由外城和内城构成。外城平面为五边形，四门各有瓮城。城北部有内城，内城前有一横街。横街前有一宽纵街。东有长霸县，西为咸宁县。内城后部

① 参见内蒙古文物考古研究所, 宁城县博物馆. 辽中京大塔基座覆土发掘简报[J]. 内蒙古文物考古, 1991(1).
② （元）脱脱, 等. 辽史2[M]. 北京: 中华书局, 2016: 500.

有供奉四世先祖的两明殿。再后是供奉太祖阿保机的二仪殿，前部有东西两个长殿（图2-12）。

石室在城西北部，紧邻内城西墙。前部有墙与外城隔开，后部有门与内城相通。由七块重达几十吨重的花岗石拼制而成，坐落在巨大的夯土台基上。顶石重量达45吨。石料从三十里外的地方开采而来。其功用众说不一，有牢狱说、祭祀祖室说、西楼说、祭日说、辽太祖停尸处等多种说法。太祖停灵石之说可能性最大。

祖州城布局特征：南半部是两个县治和守陵百姓居住生活区，所以建筑密集。这里人员复杂而杂乱，所以以宽阔的横街将其与北部区分开。北半部分三个区：中区是祭祀宫殿区；东区是祖州的衙署区，有官署驻所，以及仓库和皇家纺织厂；西区封闭而安静，有宫殿建筑和巨大的石室，空地较多，可立毡帐，可能是皇帝祭祀时的临时驻地与祭祀区。

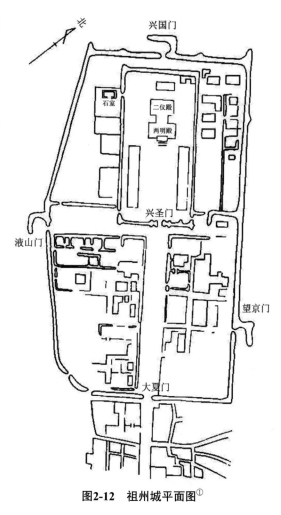

**图2-12　祖州城平面图**①

## 二、怀州城

辽怀州城是辽太宗耶律德光怀陵的奉陵邑，穆宗也葬在怀陵。城址在今巴林

---

① 参见（日）岛田正郎. 祖州城·内蒙古满其格山辽代古城址的考古学历史学发掘调查报告 [M]. 李彦朴, 鞠冰梅, 陈立乾, 译; 李俊义, 王玉亭, 边秀丽, 校注. 呼和浩特: 内蒙古大学出版社, 2016.

右旗岗根苏木境内，筑于床金河、后朴河汇合的三角地带，扼守怀陵南口通道。

城为方形，正南北向，周长4里，有角楼，无马面。城墙夯筑，除西墙被河水冲刷外，其余保存较好，残高2~4米。城设南北二门，四角建有角楼。城内西部尚存两组大型宫殿建筑遗址。北墙外侧有大片居住址，分布密集。房址规模不大，还有一处夯土台基。[①]

城内出土了大陶瓮和大长颈瓶。陶器上有压印篦纹、鹿纹、水字、钱纹。火候高，是实用器。穆宗酷爱酒，曾经造大酒瓶，刻鹿纹，储藏酒以祭祀天。[②]

## 三、显州与乾州城

显州与乾州城皆位于辽宁北镇市内。显州城在东，地面仍残留一段夯土城墙，城内辽塔仍矗立。乾州城在西，位于北镇庙前，地面已经没有遗迹可寻。2013年在北镇修整街道时发现大量辽代篦纹陶片，考古发掘揭露一段北城墙基，夯土墙，城内堆积很薄，证实为乾州城的位置。

人皇王耶律倍的显陵、辽景宗耶律贤的乾陵分别位于二道沟和三道沟，陵区相连。显州先修建，占据最好的位置，是显陵奉陵邑。乾陵在显陵之东，乾州城却位于显州之西，相距5~6里。呈现出陵与奉陵邑的连线不是平行线，而是X线的特殊现象。盖因修建乾州已经没有武力守护陵寝安全的必要，而是萧太后为了辽朝陵寝礼制的需要。

## 四、庆州城

庆州城为安葬圣宗、兴宗、道宗三代皇帝永庆陵、永兴陵、永福陵（统称为庆陵）的奉陵邑，庆州城遗址位于今巴林右旗索博日嘎苏木（乡）。圣宗耶律隆绪于统和八年（990）秋在此打猎，爱其山川秀丽建城号庆州，并告其子孙"吾万岁后当葬此"。圣宗死后，兴宗耶律宗真遵其遗嘱，于景福元年（1031）

---

①  参见张松柏.辽怀州怀陵调查记[J].内蒙古文物考古，1984（3）.

②  参见韩仁信，青格勒.辽怀州城址出土窖藏陶器[J].内蒙古文物考古，1984（3）.

将圣宗葬于庆云山，同年庆州城也充为奉陵邑，此后庆州城逐年增建，规模日大，成为辽代重要的城镇。《金史·地理志上》记载："（庆州）城中有辽行宫，比他州为富庶。"[1]

辽亡后被金占据，曾延用为庆州，金太宗天会八年（1130）改为庆民县，金熙宗皇统三年（1143）废，从此庆州城成为废墟。

庆州城为正南北方向，由"回"字形套置的内外两座长方形城组成。外城南北长1700米，东西宽1550米，周长约6.5千米。外城城墙多已不存，在1975年黑白航片上，可隐约看到外城墙（图2-13）。

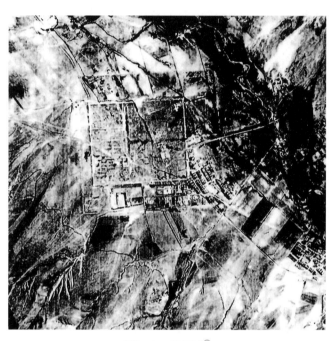

图2-13 庆州城[2]

内城位于外城中部偏北，保存较为完整。南北长1150米，东西宽950米，周长约4千米。内城四面正中设东、西、南、北四座城门，门两侧均有高大的土堆，似设有门楼。城门各有方形瓮城，南北长约30米，东西长约22米。内城墙每隔约百米设有一马面。城墙、马面、瓮城均为夯筑。庆州内城东北小城为金代所建。

内城西北部有砖塔，名"释迦如来舍利塔"。因塔身白色，故称"白塔"。据塔刹基座内出土的砖碑（建塔碑）记载，白塔为辽兴宗耶律宗真之生母"章圣皇太后"特建。始建于辽重熙十六年（1047），竣工于重熙十八年

① （元）脱脱，等. 金史2［M］. 北京：中华书局，1975：562.

② 中国历史博物馆遥感与航空摄影考古中心，内蒙古自治区文物考古研究所. 内蒙古东南部航空摄影考古报告［M］. 北京：科学出版社，2002：124-133.

（1049），距今970多年。庆州白塔为八角七层砖木结构楼阁式塔，塔体总高73.27米，塔刹高14.29米。塔的外观整体洁白如玉，挺拔秀美。塔上7层共设假门28个，每门两旁都有天王浮雕一尊，全塔共有天王浮雕56尊。塔体浮雕精美，内容丰富，被誉为辽代塔寺艺术的精华。[①]

1988—1992年，对庆州塔进行了维修，从塔刹相轮樘等处发现了600余件辽代佛教秘藏的文物，有雕版印刷佛经及形制多样、造型优美、彩绘华丽的内藏雕版印刷陀罗尼经卷的木质法舍利塔109座，以及大量的供器。[②]

# 第三节　地方行政府州城

## 一、黄龙府城

辽初期黄龙府在吉林市区的扶余城[③]，因太祖灭渤海攻占渤海上京城后，回师扶余城外病逝而改称黄龙府。辽代中晚期的黄龙府城即农安古城址。农安古城位于农安县县城的城区东部，地处伊通河左岸台地之上，城西有密檐式砖塔一座。该城原属荒野型遗址，清末开放蒙荒，始在城内新设农安县治，于辽金城基上新建城墙，至20世纪50年代城垣尚在，现仅存东墙。由1968年卫星照片复原可得，农安古城平面呈平行四边形，方向195°。根据卫星照片估测，西墙长约1176米，北墙长约1174米，东墙长约1157米，南墙长约1150米，周长约4657米。1953年对农安辽塔进行修复时，在天宫内出土辽代铜佛一尊、北宋当阳峪窑绞胎瓷盒一件及瓷香炉、木盒、银盒、布包等遗物。2017年农安古城街改造时，出土大量陶瓷标本，包括辽代篦点纹陶片、缸瓦窑化妆白瓷及龙泉务窑细白瓷，以及金代

---

① 参见张汉君.辽庆州释迦佛舍利塔营造历史及其建筑构制[J].文物,1994(12).

② 参见德新,张汉君,韩仁信.内蒙古巴林右旗庆州白塔发现辽代佛教文物[J].文物,1994(12)；巴林右旗博物馆.庆州释迦佛舍利塔发现的辽代珍贵文物[J].内蒙古社会科学（文史哲版）,1994(4).

③ 参见冯恩学,赵东海.扶余府城与黄龙府城的城址变迁[J].中国历史地理论丛,2022(3).

江官屯窑化妆白瓷、定窑白瓷、耀州窑青瓷及山西地区窑口黑釉油滴盏。①

## 二、长春州城（城四家子城址）

城四家子古城位于吉林省白城市洮北区德顺蒙古族乡古城村。古城坐落在洮儿河北岸，平面呈平行四边形，略有倾斜，西南部靠近河湾处向外凸出。城址朝向东南，方向147°。据文物普查实测，周长为5748米。城墙夯筑，底宽20~27米，均高5米，外设城壕两重。设角台、马面，马面残存约27座，城址开四门，东西门位置偏南。外设瓮城，北、东瓮城门右开，南瓮城门左开，西瓮城门直开。2013—2016年发掘北门、城内建筑址、陶窑、街道、城北之外的墓葬。中轴线北部的土包，发掘确认有两层大型建筑遗址，下层建筑为辽代晚期佛寺兴教院大殿，出有带墨书"大安八年""大安九年"的瓦（图2-14），上层建筑年代为金代。②

1　　　　　　　　2　　　　　　　　3

**图2-14　城四家子城址出土的文字瓦**

① 赵里萌,武松,孟庆旭.农安古城的调查及相关问题研究[C]//边疆考古研究(第31辑).北京:科学出版社,2022:81-99.

② 参见吉林省文物考古研究所,白城市文物保护管理所,白城市博物馆.吉林白城城四家子城址建筑台基发掘简报[J].文物,2016(9).

辽圣宗时期开始把春捺钵地点转移并固定在洮儿河下游、松花江与嫩江交汇地带，兴宗时期建长春州。《辽史·圣宗纪》载辽圣宗太平二年（1022）如长春州。《辽史·兴宗纪》载，辽兴宗重熙八年（1039）"十一月……己酉，城长春"。《辽史·地理志》"上京道"记载："长春州，韶阳军，下，节度。本鸭子河春猎之地。兴宗重熙八年（1039）置。隶延庆宫，兵事隶东北路统军司。统县一：长春县。本混同江地。燕蓟犯罪者流配于此。"[①]城四家子古城为辽代长春州，城内还有长春县。金代早期为长春县，隶属肇州，后迁泰州至此。城内有辽帝行宫。古城曾经出土一块金代纳粮铭文砖，上有"寅字号窖一坐成黄粟二佰五十□/系泰州长春县户百姓刘玮泰□"等刻字。[②]

## 三、青陶勒盖古城、和日木·登吉古城

20世纪中叶以来，蒙古国辽代城址的考古工作陆续开展，包括青陶勒盖古城、和日木·登吉古城、额古勒格特和日木古城、巴闰和日木古城、祖恩和日木古城在内的一系列城址的调查发掘工作相继进行。其中青陶勒盖古城、和日木·登吉古城的工作开展较多，资料也相对丰富。

### （一）青陶勒盖古城

青陶勒盖古城位于蒙古国中北部布尔干省达新齐楞苏木，东距乌兰巴托市约200千米，城址东北25千米处为土拉河（即土剌河、图拉河），向西25公里处为哈尔布哈河，两河在城址北部38千米处汇合。自2004年起，蒙古和俄罗斯考古队对青陶勒盖古城开展进一步考古发掘，发现了类别丰富的遗迹和遗物，成为蒙古国近些年来契丹考古研究领域中的重要收获之一。[③]

城址方向为南北向，南北长1260米、东西宽680米，平面呈长方形，分南北两区。此城共5座城门，城门外均有瓮城，四墙均有马面，四角各设角楼。城内有纵横道路（图2-15）。城内发掘出房址，火炕用石板平铺成炕面，用条石砌

---

① （元）脱脱，等. 辽史2[M]. 北京: 中华书局, 2016: 503.

② 参见宋德辉. 城四家子古城为辽代长春州金代新泰州[J]. 北方文物, 2009（2）.

③ 巴图. 蒙古国辽代城址的初步研究[D]. 长春: 吉林大学, 2012; 宋国栋. 蒙古国青陶勒盖古城研究[D]. 呼和浩特: 内蒙古大学, 2009.

筑炕沿（图2-16）。出土有铁甲、铁箭镞、陶瓷器、骨刷、嘎拉哈等遗物（图2-17）。

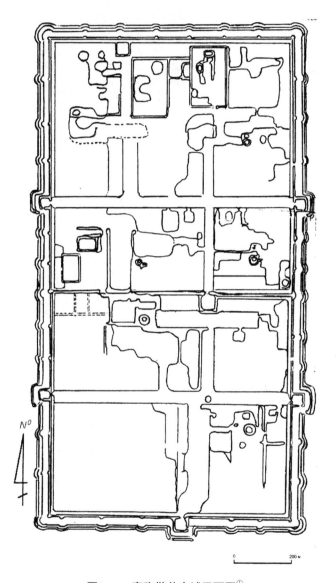

**图2-15 青陶勒盖古城平面图**[①]

① Н. Н. Крадин. Киданьский город Чинтолгой-балгас [М]. Москва: Издательская фирма ВосточнаялитератураРАН, 2011: 27.

陶瓷器遗物种类丰富。陶器有夹砂大口罐、篦纹灰陶鸡腿坛、篦纹灰陶长颈壶、卷沿盆等。瓷器有黑釉鸡腿坛、青瓷碗、白瓷碗、白瓷羊、白瓷抱犬人像等（图2-17）。城址内还发现少量回鹘文化的陶器（图2-18）。

青陶勒盖古城是土拉河流域城垣范围最大的边防城，在政治和军事层面上应具有重要地位，关于该城址的性质学界尚有争论，最早提出的观点认为其是回鹘时期的可敦城（回鹘语称可汗妻子为可敦）、辽代的镇州城①，该观点得到蒙古与俄罗斯考古队及部分学者的沿用。②《辽史》中记载"镇州，建安军，节度。本

**图2-16 青陶勒盖古城房址内的火炕**

古可敦城。统和二十二年皇太妃奏置。选诸部族二万余骑充屯军，专捍御室韦、羽厥等国，凡有征讨，不得抽移。渤海、女直、汉人配流之家七百余户，分居镇、防、维三州、东南至上京三千余里"③，青陶勒盖古城较大的规模、与回鹘时期城址相类的特点及距辽上京约三千里的距离成为此说的主要依据。21世纪初有学者提出新的认识，宋国栋根据城址规模及城内发现的铁甲、铁镞等认为城址具备大量驻军的条件，为辽代招州城。④巴图又论证青陶勒盖古城没有发现回鹘

① X.佩尔列.蒙古人民共和国境内的契丹古城古村遗址（十至十二世纪初）[G]//文物考古参考资料（第一期）.呼和浩特：内蒙古自治区文物考古研究所编印内部资料，1979.

② 参见陈得芝.辽代的西北路招讨司[J].元史及北方民族史研究集刊，1978（2）；白石典之.在蒙古国的辽代遗址研究现状[C]//中国多文字时代的历史文献研究.北京：社会科学文献出版社，2010.

③ （元）脱脱，等.辽史2[M].北京：中华书局，2016：509.

④ 宋国栋.蒙古国青陶勒盖古城研究[D].呼和浩特：内蒙古大学，2009.

时期遗物、城内没有扩建痕迹、城址营建技术与回鹘时期不同等依据，认为其是辽代新建的边防城。[1]

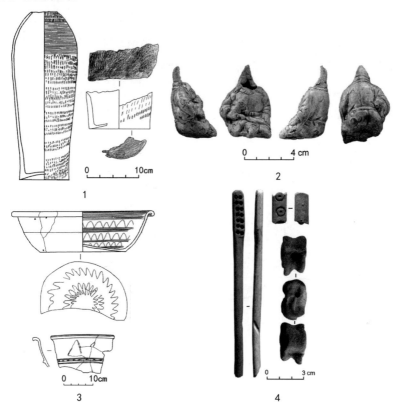

**图2-17 青陶勒盖古城出土契丹文化器物**

1. 篦纹灰陶鸡腿坛　2. 白瓷抱犬人像　3. 水波纹敞口盆　4. 骨器

**图2-18 青陶勒盖古城出土回鹘文化陶器**

---

[1]　参见巴图. 蒙古国辽代城址的初步研究 [D]. 长春: 吉林大学, 2012; 冯恩学. 蒙古国出土金微州都督仆固墓志考研 [J]. 文物, 2014 (5).

### （二）和日木·登吉古城

蒙古国于2002至2003年在土拉河及其支流流域考古调查期间，新发现了和日木·登吉等八座契丹时期城址，丰富了蒙古国契丹时期考古工作材料。[①]和日木·登吉古城遗址位于蒙古国中央省扎马尔苏木西南22千米处的土拉河北岸，西南距青陶勒盖古城35千米，遗址由一座主城和5座附城组成（图2-19）。

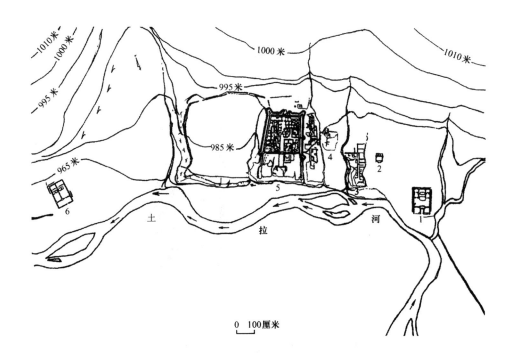

图2-19　和日木·登吉古城遗址平面图

主城（编号为第5城）位于附城中央，发现有土筑城墙，是遗址中规模最大的城址。城址结构上可分为东北、东南、西部三区。东部北城，西墙360米、北墙310米、南墙380米、东墙330米，整体近方形。东部南城，西墙200米，北墙即北城的南城墙，长380米，东墙长230米，南侧没有城墙。西城北墙780米、西墙760米、南墙640米。东北、东南两城由一道东西向隔墙划分，隔墙中心有大型城

① A. Ochir, A. Enkhtor. 和日木·登吉古城[C]//边疆考古研究（第5辑）. 滕铭予, 译. 北京: 科学出版社, 2007: 187-194.

门址。东部两区外侧有护城壕和附属建筑基址，西区内有大型土台。附城规模普遍偏小。

在和日木·登吉古城进行调查工作时，工作人员采集到大量砖、瓦、车轴套（铜）及残破的石器。

和日木·登吉古城遗址占地面积与青陶勒盖古城相当，同样是土拉河流域重要的城址，但城址性质尚存在不同看法。一种观点在判定青陶勒盖古城为辽镇州城的基础上认为其为防州城或维州城[①]；另一种观点是依据文献、城址扩建痕迹及城墙营建技术等，认为和日木·登吉古城为回鹘可敦城、辽镇州城[②]。

# 第四节　新疆西辽古城

## 一、也迷里古城（西辽王城）

西辽（1124—1218）是中国历史上由契丹族在新疆和中亚地区建立的政权，突厥语和西方史籍称之为"哈剌契丹"。历三世三帝两后，享国94年。其建立者是辽朝开国皇帝耶律阿保机的八世孙耶律大石。1124年耶律大石称王，向北到达漠北的可敦城，建立根据地。1130年，辽耶律大石杀青牛白马祭天地、祖宗，越金山（阿尔泰山）进入翼只水即额尔齐斯河至也迷里河（额敏河）一带，修筑也迷里城池。1132年，耶律大石登基称帝，号"葛尔罕"，群臣又尊汉号为"天佑皇帝"，建元延庆，西辽正式建立。随后耶律大石向西域、漠北、中亚等地区扩张，建都于虎思斡鲁朵。在1141年卡特万之战击败塞尔柱帝国联军后称霸中亚，

①　A. Ochir, A. Enkhtor. 和日木·登吉古城［C］//边疆考古研究（第5辑）. 滕铭予, 译. 北京: 科学出版社, 2007: 187-194.

②　参见宋国栋. 辽代镇州城地理位置考辨［J］. 内蒙古社会科学（汉文版）, 2017（1）; 巴图. 蒙古国辽代城址的初步研究［D］. 长春: 吉林大学, 2012; 冯恩学认为, 和日木·登吉曾为回鹘三位可敦的娘家城, 与文献记载镇州城"本古可敦城"相符, 为真正的镇州城, 参见冯恩学. 蒙古国出土金微州都督仆固墓志考研［J］. 文物, 2014（5）.

威名远播至欧洲。

也迷里古城遗址位于新疆额敏县额敏镇至杰勒阿尕什乡公路的南面，在也木勒牧场场部东2.5千米处，距县城7.5千米，海拔565.6米。蒙元时期曾一度是窝阔台汗国的都城。

古城遗址长2000米，宽1800米，面积约3.6平方千米，遗址高出平地3~4米，额敏河在古城遗址西北侧不远处流淌，地势舒展，水源充足，它的东南面是吾尔喀夏尔山。

2014年发掘B区房址19座（F3~F21），灰坑86座（H66~H151），窑址12座（Y6~Y17），灶坑16处（Z1~Z16）。出土的遗物有陶、瓷、铁、铜、骨角、玻璃等质料的器物及陶瓷碎片、动物骨骼等，可复原小件器物400余件。根据发现的遗迹形制特征特别是形式多样大小不一的灶坑和出土数量较多的各类铜铁器，以及在灰坑内出土的大量半球形铁锭、切割后的铜片废料，初步推断遗址为一处铜铁器制作加工遗址。

12座窑址，多为小型竖穴式，壁面烧结程度不高。单室窑9座，组合窑3座，前者的地下部分在20厘米以上，窑外部多有残存土坯环绕，似为镶坑。后者单个窑室体量偏小。[①]

## 二、达勒特古城（孛罗城）

达勒特古城遗址位于新疆博乐市达勒特镇破城子村北缘，东距博乐27千米。古城分内城、外城和外延三部分，环河岸分布。

遗址总面积达250万平方米。内城呈方形，坐落在现存遗址的西北部，城墙边长100米，瓮城门东向，城墙残高2米左右，土夯筑，四面墙体外侧皆筑有马面。外城仅存南墙和西墙部分残垣。在外延的南面、西面曾出土大批珍贵文物，包括元代的瓷器和大批察合台汗国时期的钱币。古城墙西面墙脚下，有烟火熏黑的灶台，陶制的涵管可能是城市下水管道。

从2016年至今，新疆文物考古研究所联合博尔塔拉蒙古自治州、博乐市两

---

① 参见吴山. 2014年新疆塔城额敏县也木勒遗址的发掘[D]. 西安: 西北大学, 2015.

级文物部门对古城遗址进行考古发掘,累计发掘面积近5600平方米,清理城门、房址、灶址、井、灰坑、窑址、墓葬等遗迹550余处,出土陶瓷器、钱币、金属器、玉石、骨角牙器等各类小件器物2700余件(组)。[①]判定其主要历经宋元时期喀喇汗王朝、西辽、察合台汗国等时段,应为西域名城"孛罗城"旧址所在。

---

① 李昊轩. 穿越700年的繁华 达勒特古城考古发掘工作正在进行时 [EB/OL]. (2022-9-9) [2023-3-11]. http://xj.cnr.cn/xjfw_1/hydt/20220909/t20220909_526004635.shtml.

第三章　金代城址与界壕

渤海国灭亡后，源于靺鞨族居住于白山黑水的女真人开始登上历史舞台。阿什河（女真语"安出虎水"）流域的女真完颜部强势崛起。1114年完颜阿骨打起兵反辽，建国号为金，1125年灭辽，同年攻宋。金初以安出虎水的皇帝寨为国都，后建会宁府，1138年升为上京，同时辽上京临潢府、中京大定府、南京（燕京）析津府、东京辽阳府、西京大同府均被沿用，改辽上京为北京。海陵王时迁都于燕京，改燕京为中都大兴府，并升开封为南京，重修宫阙，去临潢府"北京"号，改中京大定府为北京。1215年金中都被蒙古攻陷，金迁都于南京开封府，对开封城内城南、北进行了扩建，以为行在，并将洛阳升为中京，改为金昌府，大肆重修。金对北宋故地的地方城池少有兴置，考古发现只有延津沙门城址为金末新建的城址，为防御蒙古兴建的卫州新城。金代城池的兴建主要在东北地区，尤以"金源故地"，即黑龙江大部及吉林中部、西部部分地区为多，除少量州县城外，主要为中、小型的猛安谋克城，其形制较辽、北宋城址接近。

金末蒙古南下，女真人辽东宣抚使蒲鲜万奴叛金自立，建立东夏国，占据地域大致在今天的吉林省东南部、黑龙江省南部到俄罗斯的滨海边疆区和朝鲜东北部，利用和修建了一批山城以自固。

# 第一节　金上京与金中都城

## 一、金上京城

金上京城址（俗称"白城"）位于哈尔滨之南的阿城区东南2千米，松花江支流阿什河西岸平原。金上京是金朝早期都城，经历四代皇帝，历时38年后迁都到中都。《大金国志》卷三十三"燕京制度"载："国初无城郭，星散而居，呼曰皇帝寨、国相寨、太子庄，后升皇帝寨曰会宁府，建为上京。"[①]始建于金太宗天会二年（1124），后升为会宁府。天眷元年（1138）更名为上京。金熙宗皇

---

① （宋）宇文懋昭. 大金国志校证 [M]. 崔文印, 校证. 北京: 中华书局, 2011: 470.

统六年（1146）扩建定型。海陵王贞元元年（1153）迁都至中都，削上京之号，正隆二年（1157）毁上京宫殿及大族府邸。金世宗大定十三年（1173）复上京之号，大定二十一年（1181）陆续复宫殿和住宅。

金末，蒲鲜万奴叛乱曾经攻打上京。元代水达达万户府治所在金上京城，因此城中可发现部分元代遗物，如至元十五年（1278）铸"管水达达民户达鲁花赤之印"及元代龙泉窑、磁州窑、钧窑瓷片等。明清时期上京城被废弃，明代尚有"尚京城"地名，清雍正七年（1729）修建阿勒楚喀新城时，拆毁上京城墙砖砌城墙，导致上京城被进一步破坏。

自2013年以来，考古人员先后对金上京城城垣、南城南垣西门址、皇城东门址、皇城内建筑址及皇城外南侧大街道路系统开展考古发掘，[①]确认皇城的范围、建筑布局和特征，并首次从考古层位学上确认了城址的营建使用情况。

**（一）金上京城址布局**

金上京城外城由南北两城组成，平面呈曲尺形，内城（皇城）位于南城之内西北部。北城南北长1828米，东西宽1553米；南城东西长2148米，南北宽1523米。两城合计外围周长约11000米，即二十二里。城墙夯筑，残存马面，马面间距80～130米。腰垣无马面。城门以往能确认的是6座，根据2022年最新公布的勘察结果是12座门（图3-1）。南北二城的外垣周围和腰垣南侧，均有护城壕遗迹。

皇城位于南城西北部，南北长645米，东西宽500米，四面各一门。皇城中轴线为南偏西，与大城的中轴线不平行。皇城内布局大致可分为中部、东部和西部三个部分，中部主要为宫殿区建筑，东部和西部主要为官署和宗庙区。

金上京南城是主城，北城缺乏密集的大型建筑，有铁渣遗物分布，一般认为是平民居住，有手工业作坊。

在南城西门外300米有一人工形成的高包遗迹，传为太祖阿骨打初葬之陵，山丘状封土堆仍矗立地表，其顶有宁神殿址。在南城外之南3.5千米有郊坛遗迹，其东1千米为阿什河。遗存系人工夯筑的圆形土台（图3-2）。

---

① 参见黑龙江省文物考古研究所.哈尔滨市阿城区金上京皇城西部建筑址2015年发掘简报［J］.考古, 2017 （6）；黑龙江省文物考古研究所.哈尔滨市阿城区金上京南城南垣西门址发掘简报［J］.考古, 2019（5）；黑龙江省文物考古研究所.黑龙江哈尔滨市阿城区金上京城垣遗迹2013年发掘简报［J］.北方文物, 2021（6）.

在南城外正东3.5千米有朝日殿遗迹（图3-2）。

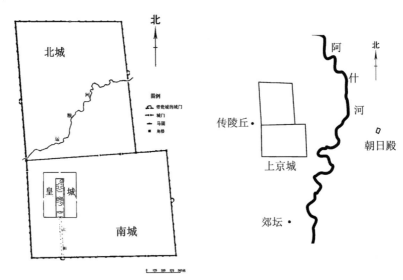

**图3-1　金上京城城址平面示意图**　　**图3-2　金上京城外遗迹分布平面示意图**

### （二）南城南墙正门

2014年对金上京南城南垣西门址进行了发掘。①金上京南城南垣西门址是金上京城保存最好的一座带瓮城的门址，由瓮城和门址两部分组成。经过勘探，瓮城平面大致呈"马蹄形"，东西内径长约50米、南北内径宽约20米。东南侧有一出口，为瓮城门。瓮城墙为夯土筑成，系平地起建。瓮城内和城门处发现多层路面，系不同阶段修补所遗留。城门址由单门道、路面和东西两侧的夯土城墙（墩台）组成。门道呈长方形，尚存有门砧石、石门限、石地栿。从门砧石的间距推测门道宽约6.5米、南北进深约20米。门道内的路面以花岗岩石板铺砌。城门墩台南北两面均用青砖砌筑包墙。瓮城门道南北宽度为4.5～5米、东西进深约为15米。瓮城内有守城人居住的房址。

### （三）皇城城门

金上京皇城正门——南门的墩台和隔墙，以及城门两侧局部城墙等夯土遗迹，地表清晰可见，但皇城其他三面城墙基本不见于地表。南门现存夯土遗迹高约7米，有3条门道，为正门之制。

───────────

① 参见黑龙江省文物考古研究所.哈尔滨市阿城区金上京南城南垣西门址发掘简报[J].考古,2019(5).

2020年考古勘探确认皇城城墙的走向，并发现皇城东、西门址和北门址。

2021年发掘了皇城"东门遗址"，确认了皇城东门的位置，了解到东门的形制结构。皇城东门属于断砌造的单门道城门，台基保存较好，台基上的城门建筑呈面阔3间，进深2间（图3-3），中间是门道。夯土台基两面高，中间低，与地面平齐，便于行车，古建学称为断砌造台基。断砌造单门道城门是宋金时期殿堂式城门一种新的特殊形式。

**图3-3　金上京遗址皇城东门址发掘区航拍（从东向西拍摄）**

### （四）皇城城内建筑遗址

皇城内中区，在中轴线上有5座宫殿址，仍高于现地表1～2米，其中第2座殿址面积最大，殿基平面呈"工"字形。在1至4殿址两侧有东西廊庑基址，各长约380米，宽10米。

2015年发掘了皇城西部建筑址，该遗迹属于中心宫殿区西侧的一处重要的附属建筑，也是上京城首次揭示的一处完整的带院落的建筑址。[①]

皇城西部建筑址是一座华丽建筑。中心建筑台基址，平面呈"十"字形，大致南北向。台基东西最长约41米、南北最宽约33米。台基表面较为平整，中部略高，向四周呈慢坡状，高约0.5～1.2米。台基边缘以砖包筑，为单砖横砌。台基上分布有36个磉墩，中部东西向四排，南北两侧每排最多有8个。台基北部凸出部分东西向有两排，南部凸出部分东西向有一排。台基的东、西、北部中间均有减柱现象。台基中部为一圈浅凹槽构成的圆形遗迹，南侧中间有一豁口，应为入口。其北部，东西向分布有4个稍小的磉墩。凹槽构成的圆形区域内明显高于

---

① 参见黑龙江省文物考古研究所. 哈尔滨市阿城区金上京皇城西部建筑址2015年发掘简报［J］. 考古，2017（6）.

周围台基面，其内铺砌有方砖。圆形区域东西长径约12米、南北短径约11.5米，南侧入口宽约3米，凹槽宽0.3米、深0.1米。从空间分布看，台基上形成五个区域。中央主体部分为主殿，呈圆形，南部为前厅，东、西两侧为挟屋，北部为后阁。南部前厅中央的前面有一慢坡状踏道与前院路面相连。沿踏道向南，与其相连的是一条宽3.4米的砖砌道路，该段路两侧的中部各有一用立砖围砌的方形圈，可能是两个花池。台基南部，前厅东、西两侧各有一用夯土筑成的角台，近方形。台基四周包砖外侧的地面部分为砖砌的散水。台基上分布有4个灶址，东、西挟屋南端对称分布各1个，后阁东北角分布1个，西挟屋东南角另有1个。台基上有3处排水槽（图3-4）。

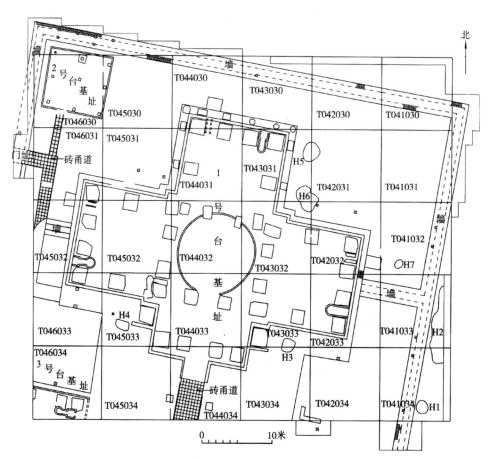

图3-4　2015年金上京皇城西区1号（中心）建筑址

2016—2017年发掘了皇城东部宫殿址，揭露了皇城内带有取暖设施的宫殿遗存组合及大规模廊庑建筑址，发现有早晚期建筑间的叠压关系。[①]

皇城东部建筑址体量较大，大致位于宫殿区第四殿址以东位置。在其西北部，与其西侧紧密衔接的为一组相对独立的小型建筑址，即1号台基址。该小型建筑址整体平面呈"T"形，由两部分夯土台基组成，北部台基呈东西向，南部台基呈南北向。南部夯土台基，与北部台基垂直分布，平面呈长方形，南北揭露长度约25.2米，东西宽21.6米，高0.5米。南部主体建筑台基，面阔3间，进深4间，内部减柱造，整体空间分隔成两部分，均为大开间。其中南部室内构筑有九条平行排列烟道，东西两侧有灶址相通，台基址的北端，与之相连的是一呈东西向的露台建筑。露台建筑平面呈长方形，东西长33米，南北宽11.8米。其东、西、北三面为慢坡状，至底部与砖砌路面衔接。从叠压的层位关系看，露台是属于后期增筑的一部分建筑，年代略晚于南部的主体建筑（图3-5）。

图3-5　金上京皇城东区建筑址台基

### （五）出土遗物

金上京遗址发掘过程中还出土了数千件文物，其中大量为陶制、石质类建筑构件，其中带龙纹图案的瓦当、滴水和脊兽等最为典型。此外，金上京遗址还

---

① 赵永军, 刘阳. 黑龙江金上京遗址考古发掘获得新成果——全面揭示皇城东部建筑基址布局 [N]. 中国文物报, 2018-06-01（8）.

出土了一些陶器、瓷器、铜镜等金属器和石器等（图3-6）。瓷器以定窑白瓷产品为主，还有耀州窑的青瓷。

### （六）刘秀屯宫殿建筑遗址

2002年在对绥满公路进行基建考古时发现刘秀屯金代皇家建筑基址。刘秀屯建筑基址坐落于阿什河右岸约1千米，西距金上京会宁府3.6千米，东南距金代亚沟摩崖石刻8.5千米。经发掘与钻探得知，刘秀屯建筑基址朝向正东南，由主殿（前殿）、过廊、后殿、正门及回廊组成，占地面积5万余平方米。刘秀屯建筑基址的

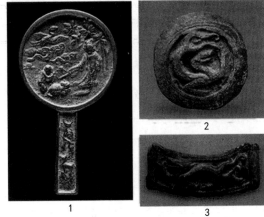

图3-6　金上京遗址发掘出土的遗物

1. 铜镜　2. 龙纹瓦当　3. 龙纹滴水

主殿面阔9间，进深5间，后来又钻探找到宫门。该殿气势宏大，朝向为东南方。据《金史》记载，太宗天会四年（1126）于上京皇城乾元殿"始朝日"，熙宗时期又建新殿郊祀祭日，即当此殿。《金史·礼志》金熙宗"天眷二年（1139），定朔望朝日仪。皇帝服靴袍，百官常服。有司设炉案、御褥位于所御殿前陛上，设百官褥位于殿门外，皆向日。宣徽使奏导皇帝至位，南向，再拜，上香，又再拜"[1]。实际观察，8点半到9点时日光投影与殿的朝向基本重合。所以确定金熙宗每月初一和十五的早上8点半到9点进行朝日望拜。[2]

### （七）金上京的特点

1. 金上京城外城由南北两城组成，平面呈曲尺形，受到辽上京城的影响。

2. 南城为主城，皇城位于南城之内西北部，构成"回"字形格局，宫殿建筑朝向是南偏西。城南设有郊坛，体现了汉式的文化传统。

3. 金上京有着形式特殊的宫殿建筑。皇城内西区1号建筑址呈十字形平面，中心是圆形，华丽新奇。南城外东侧设东南向的大型朝日殿，举行拜日礼仪。

金上京城址废弃后始终无大的人为扰动与破坏，较好地保留下了原有城市

① （元）脱脱，等. 金史3[M]. 北京: 中华书局, 1975: 722.

② 赵评春，等. 金上京及其朝日殿[N]. 中国文物报, 2003-01-24（7）.

规划格局的遗迹以及大量的各类建筑基址，是历代都城中保存最好的都城遗迹之一，具有原始真实性、完整性和唯一性。

## 二、金中都城

金中都城位于北京市旧城外廓城的西南部。唐代为幽州城。辽代改为燕京城，但只是利用唐城，没有改建。金太宗天会三年（1125），金灭辽，占领燕京城。海陵王时决定迁都到此，并进行扩建，重筑宫城。贞元元年（1153）宫城建完，从上京迁到燕京，更名为中都。1215年蒙古占领中都城，对其造成了严重的破坏。蒙元初期该城尚为燕京行尚书省的治所，元大都修建后逐渐废弃。

北京大学阎文儒1959年曾做过调查。1966年中国科学院考古研究所做过调查，1966年对外郭城城垣、宫城、宫殿和街道等遗迹进行了勘测。[①]

经勘查，中都外城西墙长4530米、东墙长4510米、南墙长4750米、北墙长4900米。“井”字形街道，中轴对称布局。中都外郭城的东南角在今永定门火车站西南的四路通，东北角在今宣武门内翠花街，西北角在今军事博物馆南皇亭子，西南角在今丰台区凤凰嘴村。凤凰嘴村南和马连道附近的地面上，尚保存有南垣和西垣的夯土残壁。外郭城东、西、南各开3个城门，北城垣据《金史》记载有4个城门，总计13个城门。

中都宫城位于外城中央偏西处，前朝是大安殿，遗址在今广安门外滨河南路西侧，经钻探得知面阔为11间，与文献记载相符。宫城正南门应天门、皇城正南门宣阳门和外郭城正南门丰宜门同在一条轴线上。丰宜门内大街、端礼门内大街、会城门内大街，以及丰宜门和端礼门之间东西向横排的街巷，都已被勘查出来。据考古复原研究，中都原属于辽南京城范围内的街道，仍保存着唐代里坊的形式，而金代新扩展的部分，则改变为沿大街两侧平行排列街巷的形式。辽南京城内的部分仍然保留唐代里坊的形式，而新扩建的部分采用街巷的形式，是金中都的规划特点（图3-7）。

---

① 阎文儒. 金中都[J]. 文物, 1959（9）；徐苹芳. 金中都遗址[M]//中国大百科全书·考古学. 北京: 中国大百科全书出版社, 1986: 238.

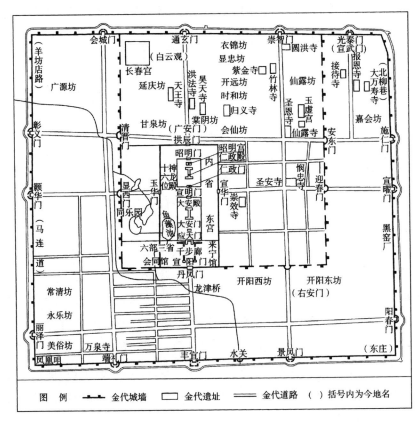

**图3-7　金中都城平面复原图①**

《大金国志·燕京制度》称金中都皇宫中"内殿凡九重，殿凡三十有六，楼阁倍之。正中位曰皇帝正位，后曰皇后正位。位之东曰内省，西曰十六位，乃妃嫔居之"②。金中都皇宫内的正殿是大安殿，在大安门内，即所谓皇帝正位，其地位相当于清北京故宫中的太和殿。金帝在此举行各种盛典。大安殿遗址在今北京西城区白纸坊西街与滨河西路交叉点处以西不远的大土台，这里残存着兽头形瓦当和各种直纹残砖，是金中都城范围内最大的一处遗址。

大安殿之北是常朝便殿仁政殿，乃辽南京旧殿。金帝平日在此上朝，召见群臣和外国使臣。东宫在大安殿东北，是皇太子居所，内有承华殿。

---

① 王巍.中国考古学大辞典[M].上海：上海辞书出版社，2014：480.

② （宋）宇文懋昭.大金国志校证[M].崔文印，校证.北京：中华书局，1986：470-471.

金中都皇城，没有找到城墙遗迹。

金中都水关遗址，位于北京市丰台区右安门外玉林小区，今凉水河以北50米处。南城墙的水关遗址全长43.4米，距离地表5.6米深。南城墙水关的排水洞，北侧钻探到古河道。水关遗址跨城墙而建，为木石结构，水流经水涵洞由北向南穿城而出，流入护城河。水口的"摆手"即城墙夯土，两侧有残余石壁。水涵洞地面铺石相连用铁银锭，已经丢失，遗留铁银锭榫。铺石外围边缘用长2米的木地钉固定（图3-8）[①]。

**图3-8 金中都水关遗址**

# 第二节 行宫和州城

## 一、金代行宫——太子城

太子城遗址位于河北省张家口市崇礼区四台嘴乡太子城村南，为2022年北京冬奥会场馆所在地。1978年发现，2008年、2016年两次勘探，2018—2020年

---

① 首都博物馆, 黑龙江省博物馆. 白山·黑水·海东青: 纪念金中都建都860周年特展 [M]. 北京: 文物出版社, 2013: 245.

发掘。①据考证，其为金章宗的行宫泰和宫。泰和宫始建于明昌六年（1195）前后，得名于皇都大内的泰和殿，泰和二年（1202）落成后更名庆宁宫，章宗曾两次驻夏于此，至宁元年（1213）因蒙古入侵毁于兵燹。

太子城遗址经勘探确认为一座平面为长方形的城址，南北400米、东西350米，方向158°，总面积14万平方米。现东、西、南三面城墙存有地下基址，北墙基址被河流破坏无存，残存三面墙体外均有壕沟，另钻探发现城址西墙有2道，东西间距50米。道路系统方面，钻探确认城内主街道基本呈"T"字形分布，有南门与西门各1座，门外均有瓮城。城内钻探共发现建筑基址28座，其中南北中轴线上有3组，分别为南部正对南门的9号基址，中部1、2、3号组成的中心基址群，北部25号基址，另东西向大街的南北两侧有大量建筑基址。

考古发掘确认太子城东、南、西内墙规模和形制相同，墙体宽2米，两侧包砖，内芯土石混筑，包砖内有木柱，间距约3米。西外墙为黄褐土夯筑，顶宽4～4.7米、底部最宽处6.4米，地下部分残高2.1米，两侧有河卵石护坡。城址南部开一门，有方形瓮城。

南门单门道，宽4米，底部用侧立砖与石板间隔垒砌，中部两端残有门砧石。门道两侧各有一长方形墩台，外侧包砖，内夯土。每个墩台内有6枚边长1.4～1.6米的方形磉墩，可知城址南门建筑布局为面阔3间，进深2间。瓮城位于南城门外，东西54米、南北38.5米。瓮城门位于瓮城南墙中心，与城址南门为一条直线，同为单门道，宽4米。

发掘了建筑址，其中9号建筑基址位于城址南区中部，南距南门68.7米，为太子城内单体面积最大、等级最高的建筑。基址平面长方形，南北29.2米、东西26.2米、残高0.35米。外侧包砖，内夯土，共发现南北4列共30枚边长1.8～2.1米的方形磉墩。通过解剖确认9号基址的营造可分为两期，第一期基址平面为方形，边长26.2米，共使用磉墩16枚，建筑布局为面阔3间，进深4间；第二期基址南扩3米成为长方形，新做磉墩14枚，同时利用第一期的6枚磉墩，建筑布局与第一期基本相同，仅北侧主殿面积增大。在基址东、西、北部分别有宽4米、4米、4.5米的台阶踏道通向基址顶部。

---

① 参见河北省文物研究所，等. 河北张家口市太子城金代城址［J］. 考古，2019（7）.

砖瓦沟窑址区位于太子城遗址西11千米处，面积约8万平方米，2019—2020年共清理窑炉35座、作坊2座、灰坑6个、灰沟2条、路1条。发掘确认砖瓦沟窑址区出土遗物与太子城遗址相同，是为建造太子城而专门设立的临时性御用窑场。窑炉多南北向，由工作坑、窑门、火膛、窑床、窑壁、烟囱等6部分组成。窑壁保存高度一般1.2～1.5米，窑顶均无存。烟囱位于窑室北端，共2个，东西并列，形制相同，与窑室通过"Y"形烟道相连。

太子城遗址出土遗物以各类泥质灰陶砖瓦、鸱吻、兽头、嫔伽、凤鸟等建筑构件为主，另有部分绿釉建筑构件、铜铁构件、陶瓷器、鎏金龙形饰等，其中青砖上多戳印"内""宫""官"款，部分鸱吻上有标识其位置、编号与等级的刻款。瓷器以定窑白瓷为主，发现刻有"尚食局"款瓷器22件，多为印花摩羯纹瓷碗。另有汝窑青瓷洗残底，类汝窑青瓷盒，磁州窑化妆白瓷片，大同地区窑口化妆白瓷碗（部分上有"官"字墨书），黑釉鸡腿瓶罐，黄釉陶、绿釉陶及钧釉瓷器残片等。铜器有坐龙、器座、铜镜等残件，部分铜制构件为黄铜（即古籍中记载的"鍮石"）制品。砖瓦沟遗址出土遗物与太子城相似，主体为各类砖瓦和建筑构件，其中有大量"内""宫""官"款砖，另出土刻"修内司"款的泥质灰陶脊饰1件。

## 二、塔虎城遗址

塔虎城位于吉林省松原市前郭尔罗斯蒙古族自治县八郎镇，是金代肇州城，辽代的出河店。出河店之战是女真反辽取得的第一次重大军事胜利，奠定了女真肇兴基业，金太宗时期为纪念出河店大捷设置肇州。

塔虎城平面近正方形，周长5213米，东墙1314米、南墙1278米、西墙1298米、北墙1323米。墙体夯筑。城墙上各有马面16个，呈半圆形，突出墙体外侧，马面之间间距55～79米，马面直径8～12米，高出城墙0.5～1.5米。角楼呈圆形，筑于城之四角，基部直径约40米，顶部直径近30米，高出城墙1米余。四门有半圆形瓮城。护城壕两道，中以土堤相隔。角楼处的护城壕为3道。东门外有一长约750米、宽约30米的古河道，应是东引嫩江水入护城壕之故道。

2000年吉林省文物考古研究所对南北公路沿线进行发掘，对城内古代道路进行了普遍钻探。①除在城墙内侧发现连续的顺城路之外，城内还钻探出纵贯南北的干道5条，横穿东西的干道6条。这些纵横交错的古代道路，将城内划分为42个区块。有两条道路（非干道）通达最西北角的区块，此区块被当地村民称为"金銮殿"，早年调查时发现过规模较大建筑台基，应是城市在使用时期级别较高的建筑。

2000年发掘出前郭塔虎城房屋、窖穴、窑址等遗迹，房址有方形、圆形、长排形等多种形式（图3-9）。共出土（含采集）遗物1000余件，以质地分类，有陶器、瓷器、釉陶器、骨（角、蚌）器、铜器、铁器、玉石器、玻璃（料）器、铜钱等（图3-10）。陶瓷器的数量最多，其中陶器300余件，瓷器500余件。陶器以金代大卷沿素面陶器为主。瓷器以金代为主，城市中心出土了较多的元代遗物，金代瓷器包括大量江官屯窑化妆白瓷，白地黑花瓷和黑、酱釉瓷器，定窑细白瓷及少量利州窑化妆白瓷，耀州窑青瓷，东沟窑青瓷和景德镇窑青白瓷。元代瓷器包括大量磁州窑白地黑花瓷和黑釉酱斑瓷、龙泉窑青瓷、钧釉瓷及少量利州窑双色釉瓷、三彩釉陶、高丽镶嵌青瓷等。

**图3-9　塔虎城房址（F126）**

---

① 参看吉林省文物考古研究所,吉林大学边疆考古研究中心. 前郭塔虎城: 2000年考古发掘报告［M］. 北京:科学出版社, 2017.

**图3-10　塔虎城出土遗物**

1.房脊兽头　2.兽面瓦当　3.泥质灰陶卷沿罐

## 三、康保西土城址

西土城城址位于河北省张家口市康保县最西南的二号卜乡西土城村。城址

北墙向北约2.8千米，南墙向南约1.2千米各有一处大盐淖。

城址平面大致呈马蹄形，南城墙基本为正东西向，北城墙明显外弧。城墙中心点合围距离约为3165米；现存半圆形马面27个，角台3个；明确的城门（南门）一处，可能的城门（西门）一处。城门向北有土路与西土城村连接，向南原有大道通向南侧盐淖（图3-11）。

城内现有地面遗迹

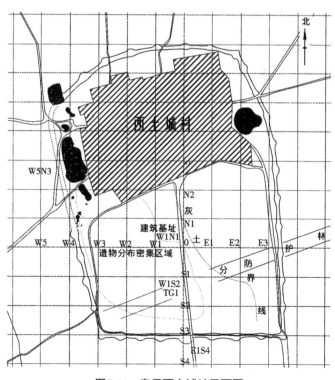

**图3-11　康保西土城址平面图**

一处，位于西土城村以南，南向土路以西区域。该区域内的北半部现有五处较明显的突起，高度0.8~1.4米不等，其中靠近南向土路的两处高地东西相连，东侧高地上分布有较密集的砖瓦、瓦当、滴水等建筑残件，当为建筑基址。

城内地表遗物数量多，种类十分丰富，除建筑材料外，还有瓷器、陶器残片，钱币，骨料及骨器，熔炼器及熔炼残渣，石料及石器和澄泥砚等。其中瓷器残片数量最多，主要包括定窑细白瓷（含一片"尚食局"款印花龙纹残片），大同地区窑口化妆白瓷、细白瓷以及窑变釉黑瓷（主要为茶盏）及少量霍州窑白瓷，疑似缸瓦窑化妆白瓷，耀州窑青瓷、绞胎瓷、绞釉瓷残片等，另外还可采集到大量的瓷骰、瓷棋子等。据考证，该城址可能是金代的抚州城。[①]

# 第三节　金界壕与东夏国南京城

## 一、金界壕（金长城）

金界壕是金国在北部地区修筑的防御蒙古南下的大型军事防御设施，由长城墙壕、城堡、关隘等组成（图3-12）。在《金史》中记载有界壕、壕堑、濠堑、壕垒、垣垒、垒堑、壕障、濠墙等多种名称，实质上是长城。金长城修筑分为两个阶段，分布地域也不同。

### （一）岭北长城

金早期修筑的一条单线长城，又有成吉思汗边墙、兀术长城等称呼。东端在大兴安岭之北端，从额尔古纳河向西延伸到俄罗斯外贝加尔南缘，再向西进入蒙古国，延伸到肯特山麓，全长大约700千米，我国境内满洲里约占六分之一。其特点是分布在平地草原上，外壕内墙，单墙单壕，边堡有方形城、圆形城和外圆内方城，具有当地土著民族建筑的特点。

---

① 参见河北师范大学历史文化学院考古学系，康保县文物保护管理所. 河北省康保县西土城城址考古调查简报[J]. 草原文物，2014（1）.

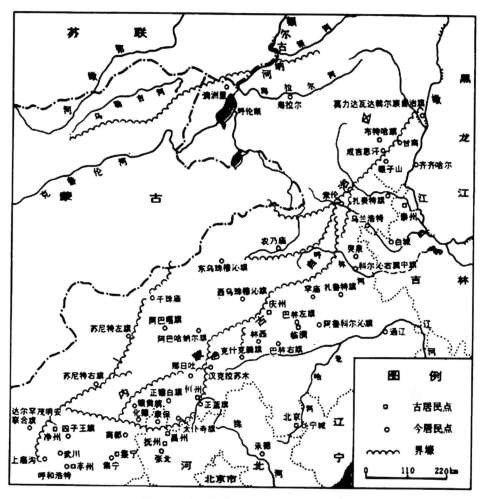

**图3-12　金界壕（金长城）分布示意图**[1]

黑龙江省考古所1975年考古普查调查后，徐俐力、张泰湘认为是"辽代边墙"[2]。冯永谦等重新调查，认为是金代长城，作用为防蒙古入侵，称"岭北长城"[3]。其主要证据有二：第一，在平原修建，外壕内墙，墙内侧间隔10～20千米有小型堡城，城内采集到白地黑花的瓷片，这些特点与金界壕相同；第二，在

① 李逸友.金代界壕遗迹[C]//中国大百科全书·考古学.北京：中国大百科全书出版社，1986：233.

② 参见徐俐力，张泰湘.辽代边墙考[J].北方文物，2003（1）.

③ 参见冯永谦，米文平.岭北长城考[J].辽海文物学刊，1990（1）.

波斯人拉施特撰写的《史集》中明确记载金朝皇帝在这个地域修筑了长城。"尊号为阿勒坛汗的乞台君主们,保卫自己的国家以防御蒙古、客列亦惕、乃蛮以及附近地区的游牧人,筑了一道城墙,一道城墙在蒙古语中称为兀惕古,突厥语则称为不儿忽儿合。"①成吉思汗曾多次穿越这道城墙。

### (二)嫩江到阴山的大青山多线长城

金代晚期,明昌年间和大安年间在北部修筑了横跨2500多千米的边堡长城。在金朝分别属于东北路、临潢路、西北路、西南路管辖修建。《金史·张万公传》载:"初,明昌间,有司建议,自西南、西北路,沿临潢达泰州,开筑壕堑以备大兵,役者三万人,连年未就。御史台言:'所开旋为风沙所平,无益于御侮,而徒劳民。'上因旱灾,问万公所由致。万公对以'劳民之久,恐伤和气,宜从御史台所言,罢之为便'。后丞相襄师还,卒为开筑,民甚苦之。"②

考古调查具体的主干路线是:从嫩江西岸扎兰屯的莫力达瓦达斡尔族自治旗尼尔基镇七家子村南的老龙头开始,向西经过齐齐哈尔市的甘南县、龙江县,到兴安盟的科右前旗满族屯乡分为南、北两线。南线从满族屯乡开始,向南入突泉县,西南经科右中旗、扎赉特旗、赤峰市阿鲁科尔沁旗,折向西经巴林左旗、巴林右旗、林西县、克什克腾旗,再折向西南入锡林郭勒盟正蓝旗,再西至乌兰察布市四子王旗查干敖包苏木与北线相连,经包头市达茂联合旗入呼和浩特市武川县上庙沟村止。

1981年发掘了霍林河矿区金界壕边堡。③边堡平面呈方形,大型边堡边长为120～200米,小型边堡边长为30～40米。大边堡周围附近有几个小边堡。带角楼和马面,边堡有东门,以户为居住单位,《金史》载"堡户三十"。有方形房子和圆形帐篷台基,夯土台基,台基中心有灶,说明是汉人、契丹人混合居住戍守。

金长城在地势较平坦之地修建,外壕内墙。重要地段挖筑双壕双墙连续并列,壕深加墙高至少超过4米,高的可达5米以上。墙体上筑有马面,高出墙身,伸出墙外,可使戍卒居高临下,利于射箭、加强防御。依据地区的战略重要性,配有单壕单墙、单壕双墙、双壕双墙等不同类型的防御设施。双壕双墙形制从内

---

① [波斯]拉施特. 史集[M]. 余大钧,周建奇,译. 北京: 商务印书馆, 1985: 229-230.

② (元)脱脱,等. 金史6[M]. 北京: 中华书局, 1975: 2103-2104.

③ 参见哲里木盟博物馆. 内蒙古霍林河矿区金代界壕边堡发掘报告[J]. 考古, 1984(2).

至外由主墙、内壕、副墙、外壕四部分组成，总宽最小处有30米，最大处达60米。每个壕沟的宽度不宜太大或太小，太小不能有效地阻止战马跨越，太大则使陷入壕沟内的战马容易腾跃出壕沟。在墙外置马面、烽燧，既有利于防守，又便于左右呼应支援。

## 二、东夏南京城

东夏（1215—1233）是13世纪时蒲鲜万奴建立的地方割据政权。蒲鲜万奴原为金朝辽东宣抚使，他于贞祐三年（1215）在咸平自立为天王，国号大真，年号天泰。1216年降于蒙古，1217年再度自立，国号东夏。势力最大时，西北至上京城（今黑龙江省阿城白城子），西南至婆速路（今辽宁省丹东九连城），东南到曷懒路（今朝鲜咸镜北道吉州）与恤品路（今俄罗斯滨海边疆区双城子）。东夏前期政治中心在咸平（今辽宁开原北），后移至南京（今吉林延边磨盘村山城），上京开元城在俄罗斯滨海边疆区的克拉斯诺亚尔斯克城，是新筑的山城。《元史》卷一五二《石抹阿辛传》记载："及从国王军征万奴，围南京，城坚如立铁，查刺命偏将先警其东北，亲奋长槊大呼，登西南角，摧其飞橹，手斩陴卒数十人，大军乘之，遂克南京。"[1]

东夏国都城南京城即磨盘村山城是我国唯一进行发掘的东夏国城址。磨盘村山城，原名城子山山城，坐落于吉林省延边朝鲜族自治州图们市。该城南高北低，城墙沿山脊、山腹修筑，平面呈阔叶状，周长4549米（图3-13）。城内采集到有"南京路勾当公事之印"等带文字遗

**图3-13 磨盘村山城遗址**

---

① （明）宋濂，等.元史12[M].北京：中华书局，1976：3603.

物。2013年开始至今进行连续的考古发掘。根据发掘成果可以确定城址修筑于渤海早期，晚期是东夏国的南京城。[①]

城址共发现城门7座，通过对城门和城墙发掘确定东夏时期对城门和城墙进行了维修和增建。东门有瓮城，平面近扇形，两处门道呈曲尺形分布，门道内发现早晚两期遗物。北门有瓮城，平面呈弓形，两处门道同向布置，均发现有保存相对完好的木质地栿，是过梁式门洞。门垛内侧有小型房址，出土遗物均为晚期遗存。早期为石墙，晚期利用早期墙体，在墙顶垒砌石块加高，并在两侧夯土加固。[②]

东区发掘的1号院落四周有土墙，呈方形。院落内有4座带火炕的小型房址，其中3座连排分布。在最低级台地上，分布着20余处圆坑，推测为干栏式活动平台的立柱坑。院墙内侧有宽约0.5米的排水明沟。院落内出土遗物包括大量陶器残片以及铁镰、铁铲等铁质工具，还出土了部分铁炼渣，推测该院落应为东夏国时期的一处铁器加工场所（图3-14）。

**图3-14  磨盘村山城1号院落遗迹分布**

---

① 参见冯恩学，侯璇.渤海国建国之地与国号变迁新识[J].北方文物，2022（1）.

② 吉林省文物考古研究所，等.吉林省图们市磨盘村山城2013—2015年发掘简报[C]//边疆考古研究（第24辑），北京：科学出版社，2018：53-72；吉林省文物考古研究所，等.吉林图们市磨盘村山城遗址2019年调查与发掘[J].考古，2023（1）.

　　中区建筑群有至少11座形制相同的大型建筑，对其中5座进行了发掘，均为密集础石型建筑，础石间距较小，建筑内出土了大量的青灰色建筑构件（瓦当、板瓦、筒瓦等）、铁器和铜钱。其中4号建筑基址地表可见近50厘米的炭化粮食堆积。在2号建筑基址出土一方铜印，正面边框内阳文"监支纳印"，钮右侧刻"天泰四年五月造"。结合印章官职、建筑特点和炭化粮食层的发现，推测中区建筑群应为东夏国时期重要的官方仓储机构所在。[①]

　　西区是居住区，有密集的房址。小型房址一般为半地穴式，多数呈圆角方形，边长在4～5米之间，内设火炕。

① 参见徐廷. 虚构的云顶天宫, 真实的东夏王国: 东夏国南京城故址探秘 [J]. 大众考古, 2020 (6).

# 第四章　西夏城址与西藏古格王国城

# 第一节　西夏城址

西夏（1038—1227）是中国历史上西北地区党项人建立的一个王朝，西夏人自称为大白高国。因为其前身定难军节度使统治中心位于夏州（今靖边统万城），且位于中原之西，所以汉人政权称之为西夏。早期与辽、北宋并立，后期与金并立。

982年定难军节度使李继捧族弟李继迁奔地斤泽，此后长期与北宋对峙，逐步攻占银、夏、绥、宥、静五州之地，至1002年攻陷北宋灵州，以为首都，李继迁子李德明于1020年将都城迁往兴州（今银川市），1033年李德明子李元昊升兴州为兴庆府，1038年李元昊正式建立西夏政权，直至1227年西夏灭亡，皆以此为都。

西夏的首都兴庆府，由于城市建设一直缺乏考古发掘，而其次级政治中心灵州（今吴忠古城村）则被黄河水冲毁，银川平原的城址完整者只有省嵬城址等少数几处。

党项政权建立后，一直面临着北宋的军事压力，因此在西夏南部临近北宋的边疆地区发现了大量的西夏城址，现今尚存数十处，另外在其北部临近鞑靼的边疆亦有部分古城存留，如黑水城城址（西夏黑水镇燕监军司）、察汗克日木城址（可能是西夏啰庞岭监军司）等。西夏城池大量为沿用型城址，新建城址亦有一定数量。形态主要有两种：一种是坡地城，主要为不规则形，多修建于河谷边的坡地、台地上，借用地势而建，形状多不规则，主要见于西夏的南部夏宋边境上；另一种为平地城，多为方形，多开一门，瓮城多为矩形，分布范围较为广泛。另外，在西夏北部边疆还保存有较多的小型障塞，部分系沿用汉代长城障塞。

## 一、西夏北疆城址

### （一）黑水城城址

黑水城，属古居延地区，位于内蒙古额济纳旗达来呼布镇东南25千米的荒漠地带，蒙古语称"哈拉浩特"。黑水城南临干涸的额济纳河河床。额济纳河古称"弱水"或"黑水"。1908年和1909年俄国探险家柯兹洛夫、1914年英国人斯坦因、1927—1931年中瑞西北考察团先后在这里考察、测绘和发掘，遗址出土大量珍贵文书和文物。其中柯兹洛夫所获最为丰富，主要是西夏文和汉文文书。1972—1979年，甘肃省文物部门在发掘居延地区汉代城障、烽燧遗址的同时，多次到黑水城一带进行踏勘。1983年和1984年，内蒙古文物部门两次在这里进行考古发掘，总发掘面积11000平方米，清理出房屋基址287间（所），出土了大量珍贵的文书、文物，并获得了难得的城市建筑资料。[①]

黑水城平面布局略呈方形，东西长421米、南北宽374米。四周城垣保存较好，基宽12.5米、顶宽4米左右，平均高度达10米以上。东西两墙置城门，东门偏北，西门偏南，相错而设。城门外皆有方形瓮城，门皆南开，以避风沙。城墙四角增加厚度，筑有向外突出的圆形角台。城墙顶部外缘建有女墙，系用土坯砌成，没有垛口。墙体夯筑，夯层明显，墙内尚存木骨夹棍。城垣外有马面二十个，马面作方形，有收分。城内至今仍存断垣残壁，范围约略可辨。现已探明，城内主要大街，东西向的有四条，南北向的有六条。大街两侧多为店铺和民居，还查清了元代总管府、广积仓的位置。佛寺遗址散见于城中，清真寺与墓地分布于城外西南。另外，在城垣西墙北端和西北角台上，建有五座喇嘛塔，在城中心建有三座佛塔，在城外西北隅有佛塔群，在南城外有佛塔一座，总计二十余座。这些大小不同、残损程度不一的佛塔，使古城更为雄伟壮观（图4-1）。

过去认为，这就是西夏黑水城故址。但考古发现证明，现在的城是叠压在一起的大小两座城址，大城并非西夏黑水城，而是元亦集乃路故城，而东北隅的小城才是西夏黑水城址。小城东北两面墙体被压在大城城垣之下，修筑大城时作为基础使用。而西南两面墙体，则被元代居民改造利用，分解为不相连属的数段。其上的建筑，被柯兹洛夫称为"高台建筑"。小城平面呈方形，边长238米，墙基宽9.3米。城墙平地筑起，墙土系由别处运来，夯筑结实，夯层清楚。小城南墙中段，尚有小城城门、瓮城遗迹。瓮城方形，门向东开。综合上述现象，西夏黑水城平面呈正方形，正南设城门，有瓮城、马面、角台等设施。利

---

① 　参见内蒙古文物考古研究所，阿拉善盟文物工作站. 内蒙古黑城考古发掘纪要[J]. 文物, 1987（7）.

用额济纳河为天然屏障，未设护城壕。这种设置具有明显的军事性质。

历次对黑水城的考古调查和发掘，出土了大量的文书和文物（图4-2）。1909年，柯兹洛夫在城外西北被称为"图书馆"的一座墓塔内，发现了大量西夏文书，其中有西夏文、汉文文书近五百种，绘画三百余幅等，内容十分丰富。这大量的文书，是继殷墟甲骨、敦煌遗书之后的又一次重大考古发现。这项空前的内涵极其丰富的重大考古发现，为西夏研究开辟了新纪元。

1983年和1984年，内蒙古文物考古研究所在城内发掘，出土的多为元代遗物，有建筑材料、生产工具、武器、日常生活用品、文具玩具、鞋帽服饰、钱币印章、宗教用品等，具有重要研究价值。[①]

图4-1　远眺黑水城　　　　图4-2　黑水城出土西夏双头佛像

## （二）察汗克日木城址

察汗克日木城址位于阿拉善左旗巴彦诺日公苏木沙日布拉格嘎查西北的盐碱滩中。城址平面为平行四边形，近似矩形，东西长260米，南北宽250米，周长1020米，城墙上现看不出马面及角台的遗迹，南墙中部开城门，外有矩形瓮城，城门朝向不清，城墙外有两重城壕，另外在第二重城壕37～47米外尚有第三重城

① 牛达生.西夏遗迹［M］.北京:文物出版社，2007: 109-112.

壕，为西夏城址中仅见者，城内可采集到西夏黑瓷残片。该城址据考证为啰庞岭监军司所在地。[①]

## 二、西夏南疆城址

### （一）定边转咀城址

转咀城址又称荞麦城，位于陕西省定边县姬塬镇转咀村北。城址位于环江支流东川（归德川）上游十字河的东岸台地上，北约五千米即为明代的饶阳水堡遗址。城址平面呈不规则梯形，西墙北段被十字河冲毁，城垣复原长1433米，东墙292米，西墙复原长488米，南墙263米，北墙390米。东、西墙上各残存3处马面，间距不规则。东墙南端开城门，有矩形瓮城，城门东向，瓮城门南向。东南、西南城角有角台，城墙外有城壕，现西南角保存较好。城内遗物有大量瓦片，可采集到垂尖华头板瓦及兽头残片，另散见大量兽骨及少量瓷片、铁器片，有北宋耀州窑青瓷片、细白瓷片及茶叶末釉梅瓶残片。该城址考证为西夏虾蟆寨所在地，虾蟆寨在《武经总要》及《宋史》中均有记载，为控扼归德川的要塞，也是宋、夏和市贸易的贸易点。[②]

**图4-3　靖远三角城平面照片**

### （二）靖远三角城址

城址位于甘肃省靖远县三滩镇中一村南500米的黄河西岸，东南倚黄河。城址平面为不规则四边形，近似三角形（图4-3），西城墙长400米、北城墙长210米，东、南两面的城墙沿崖壁边的自然走向所

① 参见邓文韬. 西夏啰庞岭监军司再考——从四库底本《续资治通鉴长编》出发的考察[C]//西夏学（总第22辑）. 兰州: 甘肃文化出版社, 2021: 78-87; 张多勇. 西夏监军司遗址及军事布局[M]. 北京: 中华书局, 2022: 445-446.

② 钟子俊, 黄龙程. 定边古城堡[M]. 西安: 陕西人民出版社, 2019: 84-95.

筑，长380米。城墙夯土版筑，西、北侧有马面，其中西墙4处，北墙3处，距离分布不规则，西北、西南城角有角台。城门在北城墙西侧，有瓮城，瓮城平面为矩形，城门北向，瓮城门东向。采集有灰陶片、残砖瓦等。

该城址在康熙《靖远卫志》中即有记载："在北二十里河北山上，古河西羌人所居，掘地每有铜钱，亦有用瓷罐、铜器盛贮者。"为西夏城址，可能与渡口有关。[①]

## 三、省嵬城址

省嵬城址位于宁夏石嘴山市惠农区省嵬村南。省嵬城初称"信嵬"，《经世大典》及《元一统志》中即有记载，明张雨《边政考》对省嵬城记载较为详细，清陈履中《西夏志》等著作记载其为西夏城址。1965—1966年对省嵬城进行了试掘工作，确定为西夏城址。

古城垣呈方形，城墙为夯土筑成，东、南两城墙保存较差，唯西、北两城墙保存较好，高2～4米不等，北城墙上残存有马面九处及东北角台一处。从保存较好的西、北两城墙延亘未有缺口的情况看，似乎没有城门。总边长2358米，北墙588米，南墙587米，东墙593米，西墙590米。南城门址距城西南墙角（以门中算起）294.95米，经发掘只有一个门道，宽4.1米、长13.4米。门洞两侧铺一层不甚规整的长条石块作为基座。从未经扰乱的门址东侧看，在基座上共有四个圆形的石柱础，但都在石门槛的南端。基座上用夯土筑成门洞的两壁，外面未用砖包。门道中有一道石门槛，用较规整的条石制成。石门槛两端各有一个石门枕，长方形，一角作抹角，上面有一沟槽，似安门框的地方，沟槽的北面有一半圆形的孔，是承门枢的轴孔。发掘时在门两侧发现有斜立着的经火烧过的木柱，此外在门道的填土中发现大量的木炭和烧结块。

城址内出土大量遗物，包括大量钱币，多为北宋铜钱，有少量唐钱，两枚南宋建炎元宝及一枚金正隆元宝。城址中还出土了大量西夏瓷器，其中一件髡发人头像具有代表性[②]。

---

① 国家文物局. 中国文物地图集·甘肃分册（下）[M]. 北京: 测绘出版社, 2011: 85.

② 参见宁夏回族自治区展览馆. 宁夏石咀山市西夏城址试掘[J]. 考古, 1981（1）.

# 第二节　大理国阳苴咩城和西藏古格王国城

## 一、阳苴咩城

阳苴咩城是唐代南诏国的都城，唐大历十四年（779），异牟寻即位后，由太和城迁都至此。公元937年段思平建立大理国后，仍以此为国都。1253年，元灭大理国后，阳苴咩城虽不再为都，但仍为一方重镇而规模依旧。明洪武十五年（1382）另筑新大理府城，阳苴咩城渐废。

阳苴咩城（也叫羊苴咩城），位于云南省大理市苍山中和峰山脚下的平缓地带。西依苍山，东临洱海，地势西高东低，南北有三条溪水从西向东平行流淌。西侧凭借山险阻隔不筑城墙，城北墙保留一段，长达1000米，顺着梅溪水南岸沿着地势起伏而走。其余城墙尚未发现，推侧南城墙也是沿着南侧的溪水河北岸修筑，但是南侧有绿玉溪和龙溪两条河，目前还未能确定是沿着哪一条溪水修筑城墙。

云南省文物考古研究所2004—2005年对城址部分地段进行了考古发掘。揭露的北城墙是就地取材，用石块和土夯筑而成。在滇藏公路以西840米处有一段高出地面二米多的段落分层较为清晰可辨，顶部为后期覆盖的杂草土层，下有厚20厘米淡黄色土，其下有夯土层几层，每层厚6～12厘米不等。又下为沙土填充之卵石，厚约1～1.2米。再下为夯筑土四层，每层16～20厘米。再下是约与河床平面平为石块和沙土的原状土层。此段残墙厚度约9～10.5米，另测其余数段厚度尺寸相近，估计其设计控制厚度为9米以上。有几段濒临流水的墙段，外壁用较大的石块砌了一层，其内用杂石和沙土夯筑，做法与上述典型段相同。清理了沟、路、石墙、古河岸、水井、灰坑等，出土筒瓦、板瓦、瓦当、滴水等建筑用品，有字瓦、佛像残片，大量本地窑瓷片、釉陶及外来青花以及人为加工废弃的动物骨骼，还有一明代晚期的铜香炉。[①]

---

① 云南省文物考古研究所.大理阳苴咩城遗址大凤公路沿线考古发掘简报［M］//大理丛书·考古文物篇：卷六.昆明：云南民族出版社，2009.

## 二、西藏古格王国古城

古格故城遗址坐落在现西藏自治区阿里地区札达县扎布让村外2千米处，是古格王国（10世纪中叶—17世纪中叶）都城的遗址。[①]遗址东西约600米，南北约1200米，总面积约720000平方米，地势南高北低。1985年考察中，共调查登记房屋遗迹445座、窑洞879孔、碉堡58座、暗道4条、各类佛塔28座、洞葬1处，新发现武器库1座、石锅库1座、大小粮仓11座、供佛洞窟4座、壁葬1处、木棺土葬1处。采集、清理、出土大批生活用具、生产工具、兵器和佛教艺术品。

建筑遗存主要分布在遗址西南部主体土山的东、北两侧山腰和山顶台地上，东、北两面的缓坡地带和那布沟东侧的土梁上也有建筑遗存散布，土山西侧建筑遗存较少。遗址内的建筑大多受到程度不同的损坏，房屋中保存较好的只有5座佛教殿堂，殿堂的柱子、梁架、屋顶等基本完好，其余的王宫、议事厅、民居、僧舍、仓库、碉堡等均成残垣断壁。窑洞的保存现状略好，虽有坍塌、剥落、淤堵，但大多数还基本保持原有形制。佛塔只有3座保存稍好，其余均破坏惨重，仅余塔座或基座。各类墙体中保存较好的为Ⅸ区的塔墙、玛尼墙，其他区的玛尼墙、防卫墙多已呈断断续续的残墙。

王宫建筑位于古格故城遗址所在的土山顶部，也是故城遗址的最高地。古格王国的王宫即修建于此，台地整个平面略呈"S"形，很不规整，南北长约210米，东西最宽处78米多，最窄处仅17米，面积约7150平方米（图4-4）。四周边沿为悬崖峭壁。除南端是人工有意挖断了唯一与南面山峦很窄的一条连接处外，其余三面均为自然形成的断崖，只有通过两条陡峭的暗道，才能上至山顶宫城。四周边沿处用土坯砌筑城墙保护。

整个遗址共有窑洞879孔。窑洞多选择不同台地的较高崖面掏挖，门前稍加整修，形成面积不大的平台或过往道路。往往数个或十数个窑洞成组排列在同一崖面上，上下错落数排，若阶梯状。门向不定，随崖面弯曲回转而变化。窑洞类型较为复杂，以窑洞的室数多寡，有单室、双室、三室、四室、五室之分；以窑洞的平面形状，有正方形、长方形、刀把形、圆形、椭圆形、不规则形之分；以

---

[①]　参看西藏自治区文物管理委员会. 古格故城 [M]. 北京: 文物出版社, 1991.

窑洞的用途，有王宫、民居、仓库、作坊、议事厅、供佛洞、地牢之分。

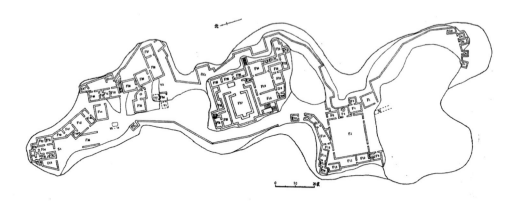

**图4-4　古格故城王宫区建筑群总平面图**

故城的军事设施主要是碉堡和防卫墙，一些建筑的底层也在墙壁上开设箭孔，兼作暗堡。防卫墙除外围的几段，通常连接在碉堡与碉堡之间，与碉堡紧密结合，占据最佳防守地形，构成了故城严密的防御体系。58座碉堡，均分布在各区地势险要的小山包或悬崖上，居高临下，可对周围地区进行有效的监视和防卫。碉堡平面形制有方形、矩形、圆形等，层数一至三层不等，四周墙壁上开有窄条状或三角状的箭孔。多为石砌基础，土坯砌筑墙体或夯土筑墙。碉堡现均已残，大多仅余一二层墙体，但基本形制尚可看清。在整个防卫体系中，防卫墙的设置大致分为三层，外层没有形成全封闭防线，只是依地形据守东、北、西南三个重要方向；中层是防卫体系的重点，较为复杂，重重设防，尤其在土山西北部多达五重，上下联系，互相呼应；内层为全封闭防线，固守故城核心。

遗址有主干道1条、支道十数条、暗道4条，承担原城堡与外界的联系以及城堡各区之间的联系，大致形成一个内外沟通的交通联系网络。

# 第五章　元代城址

元朝始于元太祖成吉思汗建立蒙古汗国。考古研究通常把元世祖忽必烈正式建立元朝之前称为蒙古汗国时期，把蒙古汗国时期和元朝合称为蒙元时期。1206年铁木真统一蒙古草原各部，建立大蒙古国，上尊号为"成吉思汗"，其后于1211年攻打金朝，直至其子窝阔台即位后的1234年才攻占了金朝全境。1235年，窝阔台征讨南宋，1260年忽必烈在开平府（上都）即大汗位，建年号中统。1271年忽必烈废除"蒙古"号，取《易经》"大哉乾元"之义，定国号"大元"。1276年，攻陷南宋都城临安，1279年消灭南宋的最后抵抗力量，统一全国。元世祖于至元元年（1264）前，主要任用军民合一的汉人（含契丹、女真）世袭长官，即世侯管理地方民政，及至后期则以任用蒙古人、色目人达鲁花赤及汉人、南人长官掌管民政，因此对中原、南方地区缺乏建设，甚至为消解南人反抗拆毁了南方部分城池的城郭。因此元朝主要的城郭建设集中于蒙古高原及周边地区，以都城及藩王、汪古部城池为主，另外在西北地区还有一些藩王修建的城池。

# 第一节　元代都城

大蒙古帝国建立后，初只有大汗驻跸地，并无正式都城。窝阔台即位后才在蒙古高原的传统政治中心——鄂尔浑河流域修建了哈剌和林城作为首都。1256年，忽必烈兴建开平府，并于1263年将其改名为上都，中统五年（1264），改燕京为中都，至元四年（1267）北京的大都建成，至此，以大都为正都，上都为夏都，两都制正式确立。元武宗海山即位后，兴建元中都，但不久后即被废弃，元朝都城的格局由此确定。

## 一、哈剌和林城

哈剌和林，蒙古语为"黑色石头"。该城位于杭爱山麓，鄂尔浑河上游的东岸。

1235年，蒙古国的第二代大汗——成吉思汗的三儿子窝阔台，在这里建造了宏伟壮观的哈剌和林城堡，这是蒙古族在漠北发祥之地修建的早期都城。1368年，大都被明军攻克后，元朝皇帝迁往哈剌和林，北元政权以之为首都。1370年明军攻克哈剌和林，哈剌和林基本被毁灭。后虽重建，但是蒙古诸部分崩离析，哈剌和林也逐渐没落。

城址地势西南高东北低，平面呈不规则的长方形，南北约2500米，东西约1300米。周围有土墙，四面设城门（图5-1）。在城西南部发现宫殿址，宫殿围墙呈不规则方形，长255米，宽220～255米，内有5个台基。中央台基高约2米，上有大型殿址，面积为55米×45米，有人根据花岗石柱础的位置，推定殿内共有75根木柱。[①]地面铺设绿琉

**图5-1　哈剌和林城址EDM图**

（来自蒙德联合哈剌和林考古队）

璃方砖。在殿南面发现用花岗岩石板砌成的门址。周围4个台基的建筑都面向中央大殿，类似唐宋宫殿的布局。一般认为这群宫殿建筑系1235年窝阔台所建之万安宫。1256年建兴元阁，现在额尔德尼召内仍有1346年所刻"重修兴元阁记"碑。该阁铺砖为绿琉璃砖，地层中发现12世纪末至13世纪初佛教彩绘壁画遗迹。城中央为商业和手工业区，建筑遗存集中在东西、南北两条大道附近，发现炼铁炉和陶窑等手工作坊，出土大量铁农具（犁、铧、镰）、武器及生铁锅等。城址内出土大量北宋、金、元代钱币，钧窑、磁州窑、大同地区窑口、龙泉窑、景德

---

① 参见白石典之,张文平,译.蒙古帝国首都哈剌和林的城市平面图[J].内蒙古文物考古,1999(2).

镇窑瓷器，以及汉式铜镜、砖瓦等。

现在哈剌和林城址上还保留着1583年修筑的喇嘛教佛寺——额尔德尼召，召墙为带有马面的城墙形制，马面上修喇嘛塔，召内有三座横向排布大殿，琉璃瓦铺顶，有1583年的汉、蒙古文题记，可知仍为初建遗留。

## 二、元上都

元上都城位于内蒙古自治区正蓝旗五一牧场的滦河支流闪电河北岸，当地称"兆奈曼苏默"，蒙古语为"108庙"之意。1251年，蒙哥汗在漠北即位后，命其弟忽必烈总领"漠南汉地军国庶事"。忽必烈即由漠北南下，驻帐于桓州与抚州之间的金莲川，"征天下名士而用之"，建立了蒙古历史上著名的"金莲川幕府"。元宪宗五年（1255），蒙哥汗又将属桓州管辖的金莲川之地赐封给忽必烈。次年，忽必烈命刘秉忠在桓州东、滦河北"选地建城郭，三年建成"，初名开平府。1260年4月，忽必烈在此继汗位，开平遂成为临时都城。中统四年（1263）"升开平府为上都"，亦称上京和滦京，元上都正式成为元朝都城。自忽必烈始，元朝的历代皇帝都实行两都巡幸制，每年农历四月至九月，元朝皇帝都在元上都避暑和处理政务。至正十八年（1358），红巾军破头潘、关先生、沙刘二等北伐元军，经山西出塞，"掠大同、兴和塞外诸郡"，攻克上都，焚毁宫阙。至明初，上都宫殿、衙署大部被废毁，明初置开平卫于上都城，重建了城门及部分衙署，宣德五年（1430）迁开平卫于独石口，上都城废。

新中国成立前日本人曾对元上都进行过发掘和勘查。20世纪50年代，内蒙古文物工作队的张郁调查和勘测了元上都遗址。1973年秋，内蒙古大学历史系贾洲杰、周清澍、周良霄、李逸友等一行，赴元上都遗址进行了调查和测绘。1993年6—7月，在对元上都进行重点调查和小型试掘的基础上，又进行了测绘。1998年之后陆续开展对元上都城内外遗迹、周边地带的墓葬祭祀遗迹的考古发掘。[①]

### （一）元上都的平面布局

元上都城垣的建筑分为内外三重，中央为宫城。围绕宫城之外为皇城，外城墙包围皇城西、北两面（图5-2）。以元上都宫城正北中央大殿和宫城南门至

---

① 参看魏坚. 元上都 [M]. 北京：中国大百科全书出版社，2008.

皇城南门为南北中轴线，测得元上都城南北方向与真子午线平行，为0°。

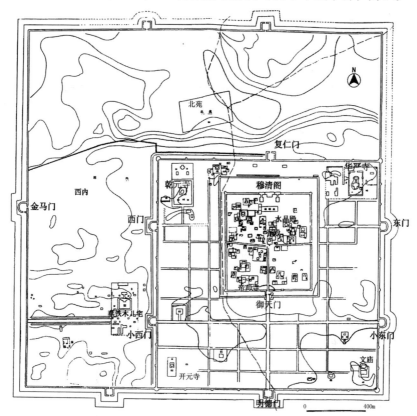

**图5-2　元上都城平面图**

1. 外城

外城是夯土城，在皇城外围扩建而成，围绕于皇城之西、北两面，整体形状成曲尺形。东墙接皇城东墙北端向北延伸，长815米，南墙接皇城南墙西端向西修筑，长820米，北墙和西墙均长2220米。这样，元上都全城外观基本呈正方形，除东墙长2225米外，其余三墙皆长2220米。外城城墙均为黄土夯筑，夯层厚约20厘米，夯实程度不如皇城。城墙底基宽10米，顶宽2米，残高约为3～6米。墙体无马面、角楼等军事性附属设施。围绕外城四周有护城河。

外城共有四门。北墙两门，南墙一门，外筑长方形瓮城，形状同于皇城之南北瓮城，一般南北长60米，东西宽50米，瓮城门为南、北向直开；西墙中部一门，外筑马蹄形瓮城，南北长60米，东西宽55米，瓮城门折向南开（形状与皇城东西门瓮城相同）。经对外城北墙西侧城门址的解剖得知，门道宽10.8米，门道两端的夯土墙上贴一排由圆木一破为二的桦木板，厚约3～4厘米，此应为修筑墙体时的护板。瓮城的城门均用石块封堵。

皇城南侧西门外通向西墙的大街用河卵石铺垫。外城的西南部有纵横交错的街道和整齐的院落遗址。在与南门相对处及其东侧，为两条南北向的大街。建筑遗址一般分布在靠近街道的地方。这些院落均是房屋临街，院落在后，应是当时上都城内的商业区。皇城南侧西门外与卵石路之间，有一处较大的院落，内有石砌的方形台基和分布前后的房舍，横跨在路之南北（测绘54号）。在西南部分布有较多的洼地和水坑。

### 2. 皇城

皇城是石城，城墙夯土芯外包石墙皮。近方形，四墙长度不等。东墙长1410米，西墙长1415米，南墙长1400米，北墙长1395米。现存高度多在6～7米，顶宽约5米。元代诗人有"往年饮马滦河秋，滦水斜抱石城流""山拥石城月上迟，大安阁前清暑时"的诗句咏叹元上都。

皇城城垣有六门。开平城时期的平面设计仅有宫城和皇城两重，皇城筑有高大坚固的角楼、马面和瓮城门，应当是全城防御的重点区域。

皇城的街道宽窄不等，主次分明，且结合地形，基本做到相互对称。城内以正对南门的一条宽25米的南街为中心，左右各有一条15米宽的大街，南北贯穿全城。宫城南面的一条东西向宽25米的大街直通皇城南面的东西二门。皇城内的官署和庙宇等建筑较多。在东西两侧临街巷内可以看到20余处较大的位于高台上的官署和庭院遗址。

### 3. 宫城

宫城是砖城，夯土墙芯外包砖墙皮。墙基宽10米，残高约5米，顶宽近5米。东墙长605米，西墙长605.5米，北墙长542.5米，南墙长542米。

宫城设有三门，分别位于宫城东、西、南三墙之中部，门外不设瓮城。宫城内的街道主要为三门相对的丁字大街。元代咏上都诗作中有"东华西华南御天，三门相望凤池连"[①]的诗句，明确指出相望之三门的名字。

---

① （元）周伯琦. 是年五月，扈从上京，宫学纪事，绝句二十首 [M] // 杨富有. 元代上都诗歌选注. 北京: 中国书籍出版社，2018: 413.

宫城内宫殿和院落基址星罗棋布，南北中轴线两侧，随形就势，分布有并不对称的大型建筑基址40余处。在宫城正中三街相对之处，是大安阁。

大安阁、穆清阁和水晶殿等为主体的建筑群。大安阁是元上都最重要的宫殿，元世祖、成宗、武宗、天顺帝、文宗、顺帝即位时的"忽里台"典礼是在此召开的。元灭南宋后，南宋幼主被送到上都，"世祖御大安阁受朝降"。大安阁木料来源于北宋开封城内的熙春阁，虞集《跋大安阁图》记载："取故宋熙春阁材于汴，稍损益之，以为此阁，名曰大安。"1996年和1997年两次对1号建筑基址发掘，其上层堆积为明清时期的喇嘛庙，下层是方形建筑基址，即大安阁的台基下部。大安阁台基四角有汉白玉雕刻龙纹柱（见封面龙纹），台基被破坏，柱础石已经不是原位。地基的边缘平铺石条，东西宽36.5米。根据部分揭露的东边地基和钻探等迹象推测南北长度也在36米左右。地基的东侧和西南角处，有成排的木柱地钉。拉施特《史集》记载大安阁，当时的人们把草地中间的湖水排干，并用石头、石灰、碎砖等材料填平，熔了很多锡加固。"在升起达一人之高后，再在上面铺上石板，……在那石板上面，建造了一座中国风格的宫殿。"[1]转角用雕龙石柱（见封面）。

穆清阁又称穆清殿。宫城北墙正中位置有一台基平面呈"凹"字形，夯土台基与城墙连为一体，外包青砖。中间大殿呈"凸"字形，两端为向前突出的对称的建筑呈"阙式建筑"形式，为宫城内最大建筑——穆清阁。穆清阁遗址现存台基高约8米，东西宽137米，南北长67米，总面积9180平方米。其上建有大殿与东、西两翼的配殿。东翼顶部的考古发掘，探明基址顶部曾有大型木结构建筑（图5-3）。《析津志辑佚》载："至正年间，今上新盖穆清阁与大安相对，阁之两陲俱有殿，特出层霄，冠于前古。下亦三面别有殿，北有山子殿，上位每于中秋于此阁燕赏乐，如环佩隐隐然在九霄之上，着意听之，杳不可得，是为天下第一胜景。盖其地势抱皇城，缔构非凡故耳。然入八月，则琼楼玉宇，高处不胜寒矣。"[2]

香殿。《元典章·工部二》载："大安阁后香殿内有时分……"[3]，是专为

① ［波斯］拉施特. 史集［M］. 余大钧，周建奇，译. 北京：商务印书馆，1985：325.

② （元）熊梦祥. 北京图书馆善本组，辑. 析津志辑佚［M］. 北京：北京古籍出版社，1983：221.

③ 元典章 大元圣政国朝典章4［M］. 陈高华，等，点校. 天津：天津古籍出版社；北京：中华书局，2011：1979-1980.

天子敬香拜佛的地方，故称香殿。

图5-3　元上都穆青阁台基

### （二）元上都城的特点

元上都的修建虽然体现了一定的中原都城特点，但是仍然具有很强的离宫别苑性质。外城土城、皇城石城、宫城砖城三重城墙外观面貌各异。行政中心的大安阁，是多层建筑的楼阁，非传统"正衙"的单层宫殿体建筑，是历代都城中最为独特者。宫城不设北门，在北门位置修建高大雄伟的穆清阁。大安阁和穆清阁高度远远超过城墙，可以观望金莲川风景，是满足元朝帝王酷爱草原意愿的体现。其他宫殿建筑自由安排，并不对称，而且在宫城四角修建角楼，特别注重对宫城的防护。在皇城之西部留有空地，作为安置皇帝大帐之所，形成"西内"，体现了元朝皇帝游牧文化的特色。多数居民区和工商业区都集中在城外，这些现象集中反映了元上都城并未作为经济、商业中心，而是作为宫殿和堡垒建设。

### （三）城外羊群庙祭祀址

遗址位于锡林郭勒盟正蓝旗羊群庙乡奎树沟村北0.5千米的山湾缓坡地带（当地称石人湾），1992年发掘部分遗迹。遗址分布在一列大致东北—西南走向的山脚下，地势背西向东，开阔平整。发掘了4座祭祀址，从南向北依次排列，最小间距350米，最大间距900米。每处祭址由汉白玉石雕像、祭台、石围墙组成。[①]

祭台为夯筑方形，最大的1号祭台边长8.75米，残高1.25米，系用夯土外边用砖墙砌筑。2号祭台边长7～7.5米，残高2.17米，以石块和土夯筑而成，外包砖

---

① 魏坚，李兴盛. 正蓝旗羊群庙元代祭祀遗址及墓葬[M]//元上都（上）. 北京: 中国大百科全书出版社，2008: 692-708.

框。2号址的祭台和雕像的四角还发现了较大的基石，可能原有亭式的建筑以护祭台和石像（图5-4）。

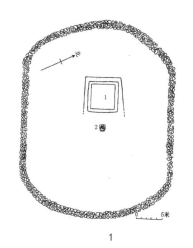 

1 2

**图5-4 羊群庙祭祀址**

1.羊群庙2号祭祀遗址石围墙 2.羊群庙2号祭祀遗址全景

祭台前正中都有一个汉白玉石人像，头部皆被破坏，都是坐于交椅上，左手放于腿上，右手握杯于胸，残高1.3～1.55米。1号和3号址的石像衣服有龙纹，其中1号像是五爪龙，为皇帝龙袍（图5-5）。2号像衣服是缠枝花，故可知其身份为皇王宗室。在雕像两侧都有墙基发现。

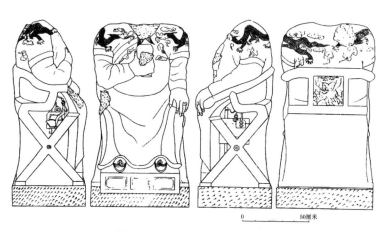

**图5-5 羊群庙1号龙袍石人像**

石围墙南北两面作平行直线，东西呈弧形。东西长约40米，南北宽约30米，墙宽1.5米，残高0.7米以下。

羊群庙祭祀址是元朝皇室祭祀祖先的遗址，元朝帝王死后归葬于发祥祖地肯特山一带，在上都一带又设祭祀址进行遥祭。

## 三、元大都

元大都位于今北京市内。始建于元世祖至元四年（1267），由刘秉忠负责规划设计，至元十一年（1274）建成宫城，至元十三年（1276）建成大城。到至元二十二年（1285）时，大都的大内宫殿、宫城城墙、太液池西岸的太子府（隆福宫）、中书省、枢密院、御史台等官署，以及都城城墙、金水河、钟鼓楼、寺庙等重要建筑陆续竣工（图5-6）。同年，发布了令旧城（金中都故城）居民迁入新都的诏书。

元大都考古从20世纪30年代开始，主要以文献记录和现存遗迹进行平面复原，1964—1974年又进行试掘和勘察，并对平面布局做了新的复原。[①]发掘了一些建筑遗迹，如和义门瓮城城楼、太平庄北的一段城墙[②]，后英房胡同的大型住宅、水涵洞、排水沟、库房建筑等，对了解元代建筑有重要意义[③]。1969年在拆除西直门箭楼时发现了压在明代箭楼之内的和义门瓮城门址，门洞内有至正十八年（1358）的题记，而文献也记载元顺帝在1359年下诏修建大都瓮城，可见实际修建在1358年就已开始。门楼已被拆除，仅存墩台和门洞，门洞长9.92米，宽4.62米，为拱券式门洞，4层砖券。主城门未发掘，肃清门、光熙门的勘探发现了大量木炭屑和烧土，推测是过梁式城门。

元大都布局特点大致有以下几点。

1. 大都城外城是夯土墙，南北长约7600米、东西宽约6700米，东南西三面

---

① 参见中国科学院考古研究所元大都考古队，北京市文物管理处元大都考古队. 元大都的勘查和发掘[J]. 考古，1972（1）.

② 参见中国科学院考古研究所元大都考古队，北京市文物管理处元大都考古队. 北京西绦胡同和后桃园的元代居住遗址[J]. 考古，1973（5）.

③ 参见中国科学院考古研究所元大都考古队，北京文物管理处元大都考古队. 北京后英房元代居住遗址[J]. 考古，1972（6）.

均开三门，北开二门。规模庞大，是当时的国际大都市。

2. 纵贯宫城中央的南北大路是元大都的中轴线，宽82米。经证实元大都中轴线与明清北京城中轴线重合，中轴线与子午线不重合，略有偏离，偏离目的是使其北端指向元上都，是两都存在内在联系的体现。

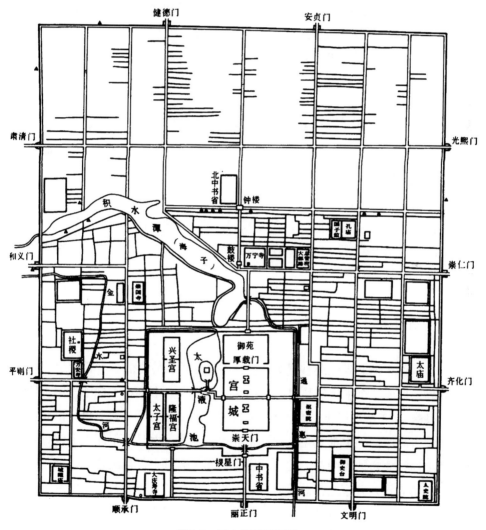

**图5-6 元大都城平面图**

3. 平面为长方形，外城、内城、宫城三城相套——沿用了北宋开封城的布局特点。

4. 在南北向的主干大街的东西两侧，等距离地排列着东西向胡同，形成整齐的街网布局。对胡同的勘察结果：大街宽35米（街主路宽25米，两侧有排水沟，沟外小路宽2.5米），胡同宽7～9米。元代的街道仍然被明清北京城大量沿用。如从光熙门大街至北顺城街之间，排列东西向胡同22条。这与今天北京城从朝阳门到东直门之间排列22条东西向胡同是相同的。唐的里坊制度在元代彻底消失了。

5. 太庙居左，社稷坛居右，符合周礼"左祖右社"的规定。

6. 各类建筑遵循等级差异。宫城为第一等，兴圣宫、隆福宫、太子宫为第二等，是宫城的二分之一，太庙、社稷坛、中书省、大都路总管府、寺庙等是第三等，约占宫城的四分之一。

7. 宫苑用水系统和漕运系统分开。前者路线是金水河—太液池—通惠河，沿岸发展为风景区。后者是高梁河—海子（积水潭）—通惠河。与大运河相连，沿岸发展为商业区。

8. 宫城内主要建筑是前殿后阁布局：前朝是大明殿，后寝是延春阁。

明代皇宫向前移动，所以，元宫城东西墙与明故宫东西墙位置重合，南门在明清故宫的太和殿下，大明殿在乾清宫等后三殿下（乾清宫、交泰殿、坤宁宫），延春阁在景山下。

## 四、元中都

元中都位于河北省张北县馒头营乡，中都在野狐岭之北。野狐岭是燕山与阴山的分界，形成一个平坦的从草原通达北京的谷口。中都在大德十一年（1307）修建，只修建4年就被停止。大德十一年（1307）夏五月元成宗去世，征战在外的海山从蒙古高原回到上都，在上都宣布继承皇帝位，六月甲午即决定建行宫于旺兀察都之地，立宫阙为中都。至大元年（1308）七月中都宫阙建成，该月壬戌，"立中都留守司兼开宁路都总管府"。至大四年（1311）正月庚辰元武宗去世，其弟元仁宗爱育黎拔力八达即位，正月壬子即"罢城中都"，二月甲寅，"还中都所占民田"，中都修建工程停止，四月癸亥"罢中都留守司，复置隆兴路总管府，凡创置司存悉罢之"，有关中都的各种机构被撤销，中都恢复原有的建制。然其后元中都宫阙仍被沿用，至天历二年（1329）元明宗即位后，被其弟元文宗毒杀于元中都城，因此元中都被冷落。从考古发现看，元中都的宫殿和城门都有灰，说明最后毁于火灾，火灾是元末红巾军起义于1358年占领中都时所为。从中都兴废可以看出，武宗海山修建新都的目的是摆脱上都和大都的旧势力。

元中都因为政权更迭而遭冷落后，在史学界又一度因为编史人失之考证而有误传。清乾隆年间，黄可润修编《口北三厅志》，在"山川·炭山"中误将"白城子"与"北羊城"（穴牲畜交易场所）联系起来。后来，民国二十三年（1934）许闻诗编《张北县志》在"北羊城"条目下有"在第一区，县城北三十里白城子村，内有皇城，外有大城……"的记录。《察哈尔省通志》沿用许的说法，将白城子误定为北羊城，这个错误影响一直延续到1986年。一位中学老师写文章论证是元中都。河北省文物研究所从1998年开始进行了勘探发掘。[①]

元中都城墙由内向外由宫城、皇城、郭城（外城）三重城墙相套而成。外城墙地面已经看不到。在魏家房村西南300米可见内外两周相套的城墙，内周即为宫城。平面呈南北长方形，城墙可分作上、下两部分。上层墙体是民国十五年（1926）依宫城城墙遗址原基所夯筑的围寨，其墙体与下层截然分开，城墙东、南、西、北四墙分别为603米、542米、608米、548米，周长2301米，其四面正中均有城门（图5-7）。

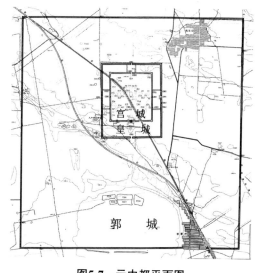

**图5-7　元中都平面图**

宫城西南角台，位于元中都宫城的西南角隅，是西南角楼下部的台基基址。角台呈曲尺三出阙形，主体为正方形，向东、向北经三次缩折后分别与宫城南墙和西墙墙体连接。内部为夯土台，夯土台外侧用砖墁面，角台的内外每个角上均有方形石柱，石柱均为素面（图5-8）。

---

① 参看河北省文物研究所. 元中都: 1998—2003年发掘报告 [M]. 北京: 文物出版社, 2012.

1                               2

**图5-8 元中都西南角台图**

1. 宫城西南角台外侧    2. 宫城西南角台西侧

宫城南门为三观两阙三门道过梁式，东西通长87.68米，总体结构为中部的三个门道，两侧的两个墩台，连接墩台与阙台的两个行廊台基，两个阙台，门道间的两道隔墙，一座门内的矩形广场以及东、西侧的登城马道等。

皇城城墙土垄高出地表0.5～1米，周长3406.64米。在宫城和皇城的城墙之间，东、北、西三面（简称皇城东区、北区、西区）各有两道隔墙将每面皇城区域分为三段。皇城南门有三个门道，现保存城门两端门墙及门道之间隔墙下部墙体、门砧石、戗柱柱础石及将军石等。

皇城外有外郭城，均经钻探证实，墙体在平地起建，没有基槽。从城墙设置方面证明了其由三套墙构成的都城规格。四墙长度分别为：东墙2964米、西墙2964米、南墙2881米、北墙2906米。

宫城内共有建筑遗迹32处，编号为F1～F32（图5-9）。其中F1台基位居宫城中心，宫城四门与之相对，1999年至2001年对一号殿址（即F1）进行发掘。一号殿址整体为"工"字形，整个台基地面以下是夯实的大型长方形基槽，在掺有小石块的夯土基面上高出两层台基，上面的两层台基逐层收退，均方砖铺面，台基周壁砌砖，向外的转角处基槽内留有大致扁方形的玄武岩角柱基石（土衬石），土衬石上立雕花汉白玉角柱，上层台面发现保留两个汉白玉方形柱础，直径1米以上，覆盆雕饰宝装莲花。在寝殿和夹室墙壁基槽内共发现有六个玄武岩柱础，台基外侧地面铺砌方砖，并由台基向外渐低，利于向外散水，共七条上殿通道。一号殿址台基平面呈"土"字形，其上建筑应为工字殿，台基北侧没有上殿通道，说明很有可能宫殿没有后门（北门），这可能和坝上地区夏季凉爽、冬季寒冷的气候有关。在台基上出土了69件较为完整的汉白玉台沿螭首及1件角部螭首（图5-10）。台基还发现了石质的阿拉伯六六幻方，方形，长14.5～14.7厘米，高15.2厘米，从中间劈裂成上下两片，底面粘白灰，上面有方格，格内斜刻古阿拉伯数字（图5-11）。

元中都城址为规整的三重城，呈"回"字形套合形式，模仿元大都，宫城内建筑台基呈中轴对称式布局，主体宫殿为工字殿，体现了中国古代都城传统。皇城狭小，宫城设立三级转折的华丽角楼，体现了中都特色。建筑夯土台基的转角加高大的方石柱，是模仿元上都大安阁的台基做法。宫城主殿台基放置阿拉伯幻方，又是效仿了安西王府城王宫建筑习俗，反映了阿拉伯文化也被元代宫廷所接受。

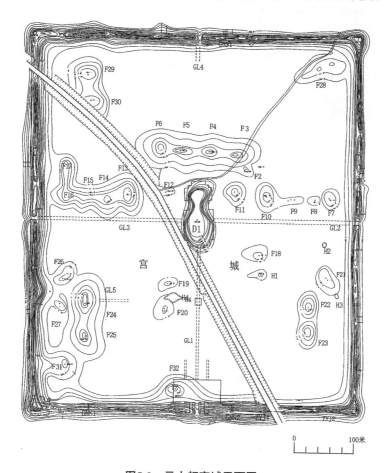

**图5-9　元中都宫城平面图**

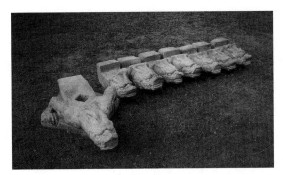

**图5-10 元中都一号台基出土的白石螭首**

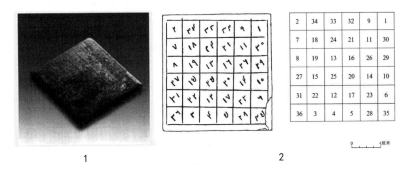

1                                    2

**图5-11 元中都一号宫殿出土六六幻方及释文**

1.宫城一号殿址出土六六幻方　　2.宫城一号殿址出土六六幻方及释文

# 第二节 元代地方城址

　　元代多沿用旧城。新建的地方城址，一部分仍为单重城垣的普通城池。另一部分则为具有皇室、勋贵宫殿、驻跸地性质的多重城垣城址，可以细分为两类。一类为宫城在北，南部为投下民户居住的城池，如开城安西王府，另外西安的安西王府也可认为是此类形制，即安西路城（西安城）为投下百姓城，安西王府城为宫城。肃南皇城则较为独特，皇城在南，投下城则在北。另一类城则为宫城在正中，其外为百姓居住的外城，如应昌路城址及黑山头城址。以上几种城池的出现，与元代皇室、勋贵与投下百姓的人身依附关系相关。值得注意的是，部分元代城址的角台为圆形，是判断元代城址的重要特征。

## 一、集宁路古城

集宁路古城位于内蒙古自治区察哈尔右翼前旗巴音塔拉镇土城子村。古城建于金章宗明昌三年（1192），原系金代集宁县，为西京路大同府抚州属邑。元代初年，升为集宁路，属中书省管辖，下辖集宁一县。

1976年、1977年发现2个窖藏。2002—2005年，考古人员曾对古城进行考古发掘，发现大量金、元时期的瓷器。[①] 2011年再次发掘。城内曾有皇庆元年（1312）所立集宁文宣王庙学碑。[②]

古城平面呈长方形，南北长940米，东西宽640米。古城东、北墙保存较好，宽5~6米，残高0.5~2.5米。西、南墙破坏严重，已模糊不清。东、西墙各设一门，东门位于东城墙北段，外置方形瓮城。西门设在西城墙中段，外置马蹄形瓮城。南门情况不详。城内道路六纵七横，将古城分为31个单元，城内北部正中有一大型的建筑台基，台基南部为市肆遗址（图5-12），城外西侧有一条南北向的道路直通西门瓮城。城内地层堆积东浅西深，文化层厚1.5~5米。遗迹丰富，有大量的房址、灰坑（窖穴）、水井、道路、墓葬（包括瓮棺葬）、窖藏等，遗迹间叠压打破关系较为复杂。元末窖藏出土瓷器最引人注目，有景德镇青花瓷、釉里红瓷器[③]等珍贵瓷器（图5-13）。1976年发现的窖藏内出土一批珍贵的织金锦丝织品，一件织物上有墨书"集宁路达鲁花赤总管府"。达鲁花赤是元代地方设置的最高军政长官的称呼。一个被面长204厘米，宽118厘米，纹饰特殊。被面花纹是以龟背纹做衬底纹，团花内是蓝色底上有背对背回首相望的鹰首狮身的格里芬，四周边缘是金线织花和彩线织成的蓝色花枝，具有明显的外来艺术风格（图5-13，7）。[④]

---

① 参见陈永志.发掘集宁路元代城址及第三批窖藏[J].文物天地，2004（3）.

② 参见李兴盛，张涛.元代集宁路文宣王庙学碑[J].内蒙古文物考古，2007（2）.

③ 参看陈永志.内蒙古集宁古城遗址出土瓷器[M].北京：文物出版社，2004.

④ 塔拉.相映成辉—草原丝绸之路文物精华[M].呼和浩特：内蒙古人民出版社，2014：226.

图5-12　集宁路古城市肆遗址街道与房屋

图5-13　集宁路遗址出土瓷器和织金锦被面

1.青花云凤纹高足杯　2.青花杯　3.釉里红玉壶春瓶　4.高丽青瓷龙首龟身砚滴

5.青釉印花花口盘　6.青白釉刻花莲花纹盘　7.织金锦被面上的图案

## 二、安西王府城遗址

### （一）西安安西王府城

在今西安城东北3千米平坦的龙首原东去之余脉处，当地居民称为"达王殿""斡耳朵"。因为基建破坏了建筑台基，1956—1957年进行了调查。[①]地表只看到北城墙。经过钻探确定城为方形夯土城，东西墙长603米，南墙长542米，北墙长534米，周长2282米。有4个角楼，3座城门（图5-14）。宫殿台基位于城中央，高出地表2～3米，南北长185米，东西宽90米。经过勘探推测台基原本的高度在5米左右，用黄土层和瓦砾层相间隔交替夯筑而成。地面有黄釉琉璃瓦、龙纹瓦当、雕刻的石狮子等残件。在被破坏的台基上发现4个铁板制作的阿拉伯幻方（图5-15），基建队上交1块，合计5块。幻方长14.2厘米，厚1.5厘米，放在两片组合石函夹层内，底层石有十字型刻沟，幻方放在十字交叉处。4个幻方处于同一水平层。

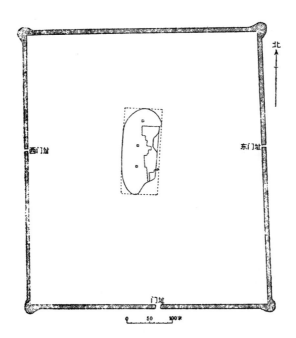

**图5-14　西安安西王府城平面图（有口处为幻方出土地）**

---

[①]　参见马得志.西安元代安西王府勘查记[J].考古，1960（5）.

图5-15　安西王府城出土阿拉伯六六幻方

元世祖忽必烈正妻第三子忙哥剌被封为安西王。其子阿难答继承安西王爵位。据《元史》卷一百零八"诸王表"载："至元十年诏安西王益封秦王，别赐金印，其府在长安者为安西，在六盘者为开成，皆听为宫邸。"[①]忙哥剌至元九年（1272）封安西王，出镇长安，阿难答至元十七年（1280）袭封安西王，因争夺皇位在大德十一年（1307）被诛。此城应该修建在1272—1307年之间。

夏鼐对这些幻方进行了考证。[②]忙哥剌改信回教，或有回教亲信，其子阿难答被回教徒抚养大，信奉回教。幻方上的数字字体接近10世纪时的阿拉伯数字。幻方也叫纵横图，纵、横、斜的数字和都是111，有着神秘的气息，放在基础内是奠基时用于压胜和辟邪，保证建筑物的安全。

## 三、开城安西王府

开城安西王府位于宁夏回族自治区固原市开城镇，是元世祖忽必烈三子安西王忙哥剌在"六盘"的避暑府邸，也是西北地区行政中枢，毁于成宗大德十年（1306）开成路大地震。其主要遗迹有开城长虫梁的宫殿遗址、开城村古城址、黑刺沟窑址、北家山及瓦渣梁建筑基址，以及海家沟、贺家湾一带的平民墓地。[③]

长虫梁城址平面呈"凸"字形，由主城和瓮城两部分构成，坐北朝南，主

---

① （明）宋濂. 元史9[M]. 北京: 中华书局, 1976: 2736.

② 参见夏鼐. 元安西王府址和阿拉伯数码幻方[J]. 考古, 1960（5）.

③ 参见王仁芳, 马天行. 开城安西王府2015—2016年考古新发现[J]. 西夏研究, 2017（3）.

城平面长方形，东墙475米，西墙454米，北墙341米，南墙328米。[1]主城4个角台平面均呈曲尺形，角台外侧的一边都是折拐两次收进与城垣墙体相连，似所谓的两出阙结构，每次折收长一般3米左右，唯东北角台第一次和第二次折收长度分别为7.5和5米。角台均以浅黄色土夯筑，土质较细，少含杂质。主城墙垣东、西、南三面辟门。东门位于东墙南段，门道南北两侧外部有凸出墙体的门阙形制。瓮城平面长方形，其规制相对主城很小，处于主城南墙中部外、围护主城南门，由东、西、南三面墙垣构成，在南面墙的中部正对主城南门位置开瓮城南门，其门道东西宽约13米。

主城内北部分布5处夯土基址，其中规模最大的中央夯土基址处在城内南北中轴线上，中央夯土基址东西两翼各有一处夯土基址，中央夯土基址的西北和东北两侧各有一处小型夯土基址，亦大体沿城内南北中轴线对称分布。中央夯土基址平面为"工"字形，南北总长约116米，东西宽51～54米，中部最窄处也近22米，基址规模蔚然宏大。城址内出土黄、绿、白诸釉色板瓦、筒瓦残片，黄釉龙纹瓦当、滴水残块，石刻花纹残块，以及青石质台沿螭首等。

## 四、肃南皇城

肃南皇城城址位于甘肃省张掖市肃南裕固族自治县皇城镇政府东侧2千米处，根据所处方位分为北、南两座城址。城址修建于一片肥美的草原之上，为元代永昌王家族的驻跸地。[2]

北城城址方向基本为正南北向，平面近似长方形，东墙长411米、南墙长414米、西墙长378米、北墙长369米。城墙夯筑。城墙外侧筑有2道城壕。城西北角有高大的圆形角台基址。北墙西部、西墙南部、南墙西部副墙现存各1个马面，马面宽约27米，进深约8米。东、西、南墙中部现各存一门，门外筑方形瓮城。城内被"十"字形街道分作4个类似坊的区域，其中西北、西南、东南皆筑有坊墙。东北角由于筑有小城，东北坊西墙已不存，仅南墙存有一段残迹。

南城城址平面呈方形，东墙长302米、南墙长335米、西墙长307米、北墙长

① 参见王仁芳. 宁夏固原开城安西王府长虫梁城址[J]. 大众考古, 2017(10).

② 参见周雪乔. 甘肃肃南皇城城址调查与初步研究[J]. 兰州大学学报(社会科学版), 2019(1).

334米。城墙夯筑，城墙外侧筑有2道规模齐整的城壕。城墙四角各有一座凸出的圆形角台基址。北墙、西墙、南墙各附筑有5个马面，东墙因中部设门，故仅有4个马面。东门门道门外筑方形瓮城。瓮城门向南开。城内地势较为平坦，建筑布局秩序井然，被两道南北向隔墙划分为东、西、中三部分。中央区域最宽约123米，最北处为一纵向大型"工"字形宫殿基址，南北长65米，东西宽27米。台基南部为一平面近似方形的基址，上有莲花纹石雕柱础及黄釉琉璃瓦残片等，北部则为一横长方形基址，台基最南端稍内收，呈坡状，应为踏道遗迹。台基南侧32米处有一道东西向的土垄，应为廊道遗迹，中部有缺口。土垄两端各有一南北向长条形建筑基址，或为东、西偏殿遗迹。沿城内南北向中轴线向南55米处有一道东西向隔墙，隔墙北侧的这一区域可以称之为宫殿区，隔墙南侧的小片区域地势平坦，无建筑痕迹，西部区域宽约90米，靠北处有一道高大的东西向隔墙，隔墙南侧有一较高的长方形台基，其上散布有黄釉琉璃瓦、砖等残片。东部区域宽约95米，其北部和中央偏南处有一些较矮的建筑基址，地表分布有陶瓷瓮、缸等残片。

## 五、黑山头城址

城址位于内蒙古自治区呼伦贝尔市额尔古纳市黑山头镇得尔布尔河南岸、根河北岸古城村。据推测可能为成吉思汗之弟拙赤哈撒儿及其家庭所建。城址有内、外两重。外城呈方形，四边城墙长度不等，东城墙592米，南城墙578米，西城墙598米，北城墙587米，周长2.35千米，占地面积约346290平方米。城墙外有护城壕。四面均设城门。门外附设马蹄形瓮城。城墙外侧每隔约100米有一马面。城墙拐角处有高大的角楼突出于墙垣之外。内城位于外城中间偏西偏北部，呈长方形，南北长167米，东西宽113米，周长560米，占地面积为18871平方米。墙外亦有壕。设东西两座小门。南面设正门。南门外23米处设影壁墙。内城中间偏北有大型宫殿遗址一处。遗址南北长67米，东西宽31米，残高2.3米，整个建筑呈"工"字形，建筑基址内花岗岩圆形覆盆柱础排列有序，间距4米。遗址中，黄、绿琉璃瓦残片、青砖残片俯首可见，还发现过龙纹瓦当和造型精美、色泽鲜艳的绿釉覆盆建筑饰件。

## 六、应昌路故城

应昌路故城位于赤峰市克什克腾旗达日罕乌拉苏木多若诺日嘎查西，东北距达里诺尔约2千米。城址建于1271年，为弘吉剌部首领鲁王及其妻子鲁国大长公主所居，1370年元顺帝病逝于此，1372年明军李文忠部攻占此地，不久放弃，北元时期被废弃。1957年，李逸友对应昌路故城进行了调查。[①]

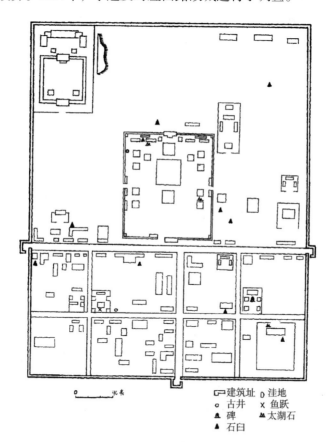

| | | |
|---|---|---|
| ⊏⊐ 建筑址 | ⊓ 洼地 | |
| ○ 古井 | ✗ 鱼跃 | |
| ▲ 碑 | ▲ 太湖石 | |
| ▲ 石臼 | | |

**图5-16　应昌路古城平面图**

应昌路故城由内城、外城及关厢地区组成，保存较为完整（图5-16）。外城平面呈长方形，夯筑城墙，南北长800米，东西宽650米。设有东、西、南三门，

---

① 参见李逸友.元应昌路故城调查记［J］.考古，1961（10）.

均有方形瓮城。城内较为平坦，建筑遗迹明显，街道坊市清晰可辨。城内南部是市坊，八条街道十字相交，将城内南部划分为八个街区。长街两侧有市肆建筑，在东门内路南的街区东南隅有一组较大建筑物，四周有墙，残高约1米，平面约为长方形，中部有墙，把建筑群分为东西两部分。在东部一大建筑址前，有汉白玉石碑一块，无碑首及龟趺，仅存碑身，上刻加封孔子制诏文。西部主要建筑之西南侧，亦有汉白玉石碑一块，下半部埋入土内，上为螭首，篆刻"应昌路兴建儒学记"，碑文已模糊不清。其旁尚有石狮一对，已被捣毁，高约1.3米。由此可见，此组建筑物为儒学遗址。

在城内东西横街之北，南北长街之北端，有一大型建筑群。四周有院墙围绕，长约300米、宽约200米。南面正中开大门，门前尚有台阶痕迹并有残石狮一对。进大门向北为一大型建筑，基高约3米，台基之南部有凸出之台阶。台上建一面阔、进深各五间之大型建筑物，规模宏大，其础距南北1.8米、东西1.3米，全殿长、阔约30米，柱础直径约1.5米，屋内中央减柱4根。另在北墙外正中加有两个圆形小石柱础，可能为加筑之过道门，便与后院相通，此建筑物为全院内之最宏伟者，可能为当时之主要殿堂。此殿以北为一略低于它的方形夯土台基，长宽仅6.7米，上有石柱础四个，为一方亭类建筑物。再北为另一方形台基，高约2米，柱础全为汉白玉石质，面阔、进深三间，正中只减两柱，室内之两柱础为圆形，与四周之方形石柱础不同，因系室内之物，故加工细琢，此建筑物之柱础石，为全城中石质最佳者，在此建筑址发现有绿琉璃瓦残片等物，可见为当时最富丽的建筑。此组建筑群，气派宏伟，规模宏大，位于全城之正中，足见为全城最高统治者所居。应昌路为鲁国大长公主所建，此当为其居住所，即鲁王府故址。

古城之西南土岗上，有藏式佛塔一座，全高约10米。下部基座全为石条堆砌，四角原有立雕之狮头，现已残毁。塔顶为砖砌，十三相轮较为粗壮，原有铜刹顶已失去，这座残塔亦应为元代遗迹。

## 七、元代汪古部城址

汪古部是辽金元时期活动于内蒙古阴山及周围地区的一个部族。辽、宋时人称汪古部为"白达达"或"白鞑靼"。汪古之名始于金末，在汉文史籍中有汪古、汪古惕、雍古、雍古多、永古、汪骨、旺古、瓮古、王孤等几种不同的译写，汪古部以所居的瓮衮（汪古）山为该部族的名称。

阴山汪古部部族的组成可分为四大系统：①天德军丰州的汪古是沙陀后裔，世代为汪古部首领，并与成吉思汗家族世代联姻；②净州天山的马氏汪古，源自西域回鹘；③云中塞上的赵氏汪古，源自突厥；④耶律氏汪古，源自突厥。[①]

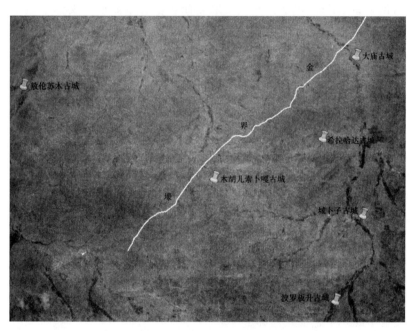

**图5-17　敖伦苏木城、木胡儿索卜嘎城与金界壕位置关系图**

汪古部早在元代之前就已迁居于阴山南北一带，多信奉基督教聂斯托利派（即景教），汪古部金代有四千帐。南宋赵珙《蒙鞑备录》称之为白鞑靼。"（金）章宗又以为患，乃筑新长城在静州之北"。[②]汪古部被金朝用于把守界壕，成吉思汗攻金前，与汪古部交好，后来汪古部首领阿剌兀思投靠蒙古，引蒙古军过界壕。《驸马高唐忠献王碑》载"天兵下中原，忠武为向导，南出界垣"[③]。忠武是阿剌兀思的谥号。成吉思汗因此约与世婚，结为按打忽达（蒙古

---

① 盖山林.阴山汪古[M].呼和浩特：内蒙古人民出版社，1991：5-20.

② （南宋）赵珙.蒙鞑备录[M]//全宋笔记（第七编）.郑州：大象出版社，2016：108.

③ （元）苏天爵.元文类[M].上海：上海古籍出版社，1993：281.

语、亲家兄弟），把三女儿阿剌海公主下嫁给他，自此汪古部首领娶皇室公主16位。被封为王，势力极大，统辖阴山南部丰州、东胜州、云内州、集宁路及阴山以北的大片区域。因此这一区域内多有汪古部兴建的城址，部分城址沿用北魏、辽金城址，亦有部分新建城址。

### （一）敖伦苏木城址（赵王城）

汪古部的首府即今达尔罕茂明安联合旗敖伦苏木城址，又称"赵王城"，因汪古部首领赵王世居之地而得名。位于旗政府所在地百灵庙镇之北。古城东依黑山，南临艾不盖河，该河辽金元时期称为黑水。古城平面呈长方形，坐北朝南，正方向为北偏西45°，东墙长568米、西墙长586米、南墙长955米、北墙长975米（图5-18）。城墙为黄土夯筑而成，基宽约3米，残高最高达2.5米左右。四墙各开一门，外加筑方形瓮城。城墙四角有角台残迹。城址内街道布局整齐、宽阔，目前初步确定的街道有三横四纵。街道两侧可见大量的院落址和建筑台基。城址中部靠近南墙处有一处大院落，东西长287米，南北宽220米，东墙开门。院内西侧另有一处南北长130米、东西宽98米的小型院落，其内有一组高约3米的建筑基址，著名的"王傅德风堂碑记"石刻即发现于此。上述大院落即应为赵王府所在。城内东北隅的高台建筑，被多数学者认定为罗马教堂遗址。此外，城内还有多处景教教堂遗址。有明清时期的喇嘛教寺庙建在元代的建筑遗迹之上。古城外东北部不远处，有若干土包连成一片，为一处关厢居民区。

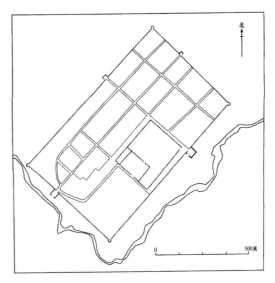

**图5-18　敖伦苏木古城平面图**

古城内散布的遗物非常丰富，砖瓦、陶瓷片随处可见，以前发现的大件器物有汉白玉双龙碑额、景教墓顶石、石棺板、花纹贴面砖和石狮子头等。

### （二）木胡儿索卜嘎城址（按打堡子城）

古城位于达尔罕茂明安联合旗额尔敦敖包苏木，北距金界壕 5 千米。城址位于草原丘陵中，城外西、北两侧有河流经过，西北部峰峦起伏，四周视野开阔，是通往北方草原的战略要地，筑城于此可北扼界壕，控制南北交通。

古城平面呈方形，1984年调查确认是朝东南，纠正以往测得城朝向的错误。[①]东墙长566米，南墙长567米，西墙长554米，北墙长约552米。东门是正门，北门瓮城之西边加筑一个高大的敌台，与防守界壕有关（图5-19）。从南门往北有一条直通的南北向街道，东门与这条南北向街道之间有一条曲尺形街道相通，街道两侧分布有多处建筑遗迹。城内西北部的一处建筑基址，边长约30米，残高5～6米，

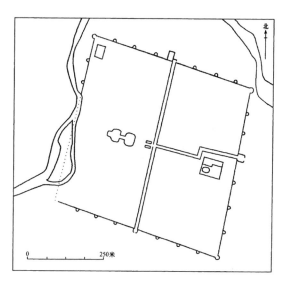

**图5-19 木胡儿索卜嘎古城平面图**

上面曾发现雕刻十字架的石块和残砖等，应为一处景教教堂遗迹。这些建筑基址周围散布有兽面纹瓦当、重唇板瓦、滴水、花纹砖、石磨和石臼等遗物。

从南门外向南通有一条街道，街道两侧分布大量的建筑遗迹，为关厢居民区。关厢区地表散布有石磨、石臼、石碌碡和陶瓷片等，其中瓷片有白瓷、黑釉剔花瓷和龙泉青瓷等。

该城有金代遗物，是金代修建，元代沿用。依据魏坚、周雪乔的考证，黑水是阿剌兀思部的牧场领地，汪古部是游牧部落，没有城，金代因为守卫界壕修建了此边堡城，阿剌海公主下嫁后因为结为"按打忽达"，称为"按打堡子"。敖伦苏木城位于界壕之外，是元代在黑水之阳修筑的黑水新城，成为汪古部的首府。

---

① 魏坚, 周雪乔. 汪古部"按打堡子"及诸城址考辨 [C] //边疆考古研究（第15辑）. 北京: 科学出版社, 2014: 211-225.

第六章　两宋墓葬

# 第一节  北宋帝陵

## 一、北宋帝陵的营建

北宋帝陵位于河南省巩义市西南部，南依嵩山北麓，北傍伊洛河水的黄土岗地，自然地势呈南高北低、东穹西垂状。陵区以今芝田镇（宋永安县治）为中心，东西长约13千米，南北宽约12千米（图6-1）。东距北宋东京约122千米，西距北宋西京城（今洛阳市）约55千米。

北宋皇陵的营建始于宋太祖改卜其父赵弘殷的安陵，据《宋会要辑稿》载："（安陵）在开封府开封县，今奉先资福禅院即其地。乾德二年，改卜于河南府巩县。"[①]至此宋陵丧礼制度与陵寝制度开始创立。自乾德二年（964）至北宋灭亡，此地共计埋葬有七个皇帝和被追封的太祖之父赵弘殷（宣祖），即"七帝八陵"。按埋藏时间先后顺序，此八陵依次为宋宣祖永安陵、宋太祖永昌陵、宋太宗永熙陵、宋真宗永定陵、宋仁宗永昭陵、宋英宗永厚陵、宋神宗永裕陵和宋哲宗永泰陵（表6-1），同时祔葬有二十二个皇后，以及上千座皇室陪葬墓，形成了一个庞大的宋代陵墓群。

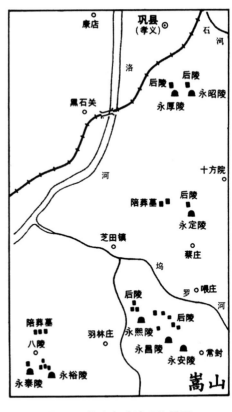

图6-1  北宋皇陵地理位置图

---

① （清）徐松. 宋会要辑稿1[M]. 刘琳，刁忠民，舒大刚，等，校点. 上海：上海古籍出版社，2014：1.

表6-1　北宋皇帝陵一览表

| 陵名 | 庙号 | 名讳 |
|------|------|------|
| 永安陵 | 宋宣祖 | 赵弘殷 |
| 永昌陵 | 宋太祖 | 赵匡胤 |
| 永熙陵 | 宋太宗 | 赵光义 |
| 永定陵 | 宋真宗 | 赵　恒 |
| 永昭陵 | 宋仁宗 | 赵　祯 |
| 永厚陵 | 宋英宗 | 赵　曙 |
| 永裕陵 | 宋神宗 | 赵　顼 |
| 永泰陵 | 宋哲宗 | 赵　煦 |

　　北宋王朝共历九帝，其中宋徽宗赵佶和宋钦宗赵桓于靖康二年（1127）被金人所俘，囚于五国城（今黑龙江省依兰县）。徽宗崩于绍兴五年（1135），初葬五国城，绍兴十二年（1142）金人将徽宗遗骨送还，南宋王朝将其葬于会稽上亭乡，在巩义陵区也建一衣冠冢，陵名为永佑陵。钦宗崩于绍兴三十一年（1161），直到金大定十一年（1171），金以一品礼葬钦宗于巩洛之原，陵名为永献陵。如加上此二陵，又有"八帝九陵"和"九帝十陵"之说。

　　北宋九位皇帝所册立（包括薨后追封）的皇后，计有二十九位之多。其中，有二十二位皇后祔葬于巩义北宋皇帝陵区。由于宋代实行帝后同茔合葬制，除最初埋葬的昭宪杜太后与宣祖赵弘殷合葬于永安陵外，其他皇后皆单独起陵于帝陵的西北隅，与帝陵同处一兆域之内。

　　北宋诸帝、后陵中，八座皇帝陵保存完好，皇后陵地面现存十八座。依据帝系先后和各陵的分布位置，可划分为西村、蔡庄、孝义和八陵四个陵区（图6-2），受宋皇室堪舆观点影响，因在某一地点已无适合坟穴，故在大的陵区范围内另选合适的葬地而形成。

　　其中，西村陵区有永安、永昌、永熙三陵，永安陵祔葬4座后陵，永昌陵有2座祔葬后陵，永熙陵祔葬3座后陵。

　　蔡庄陵区有永定一陵，祔葬3座后陵。

　　孝义陵区有永昭、永厚二陵，各祔葬1座后陵。

　　八陵陵区有永裕、永泰二陵，永裕陵祔葬4座后陵，永泰陵祔葬1座后陵，徽宗的永佑陵和钦宗的永献陵也应属于此区。

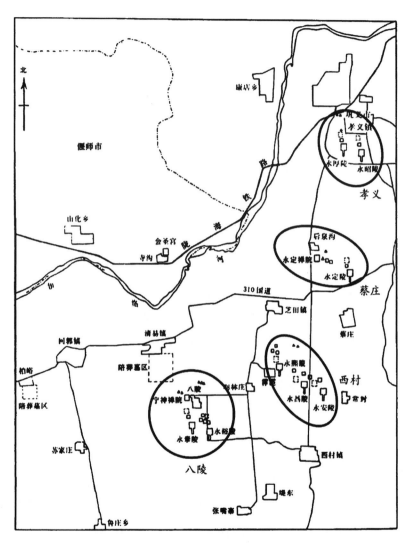

图6-2　北宋皇陵陵墓分布图

## 二、宋陵的破坏与考古工作

北宋早、中期，由于国力强盛，皇陵除设奉陵邑专门管理、供奉外，公卿每年还要定期巡陵，甚至几位皇帝还先后亲自祭陵。宋朝后期，内忧外患加剧，巡陵制度流于形式。北宋灭亡，皇陵遭到严重破坏，据《宋史》卷四七五《刘豫传》记："时河、淮、陕西、山东皆驻北军，麟（刘豫子）籍乡兵十余万为皇子府十三军。分置河南、汴京淘沙官，两京冢墓发掘殆尽。"①至元朝时，除石雕外一切地面建筑均被破坏，陵区被"尽犁为墟"。明清重视北宋皇陵的保护，将陵区土地划为官地，禁止采樵和种植农作物，并不时派遣官员祭祀，树碑以示纪念，一定程度上保护了陵园建筑物和神道石雕像。

对宋陵的考古工作约始于20世纪初。20世纪50年代末至60年代初，郭湖生等人曾两次到巩县调查。20世纪70年代后期到80年代初，巩县文保所对宋陵进行了细致的调查。1984年10月，河南省文物考古所对元德李后陵进行了抢救性发掘。②此外，还陆续发掘了三座亲王陪葬墓，也有学者从盗洞钻进过永熙陵地宫和永厚陵所祔葬的宣仁圣烈高皇后陵的玄室内调查。1992年至1995年，河南省文物考古研究所等单位为配合宋陵保护规划的编制，对宋陵进行了大规模的调查、试掘和文物建档工作，并对宋真宗永定陵上宫进行了勘察试掘，发掘了永定禅院，此后出版《北宋皇陵》③。1995—1998年，对宋仁宗永昭陵的上宫进行了发掘并复原。④2001年，在巩义市清中村南地新发现了一尊石虎，并在附近发掘清理出大量的砖、瓦、瓷器残片⑤，其中不少还印有"官"字款。调查者又研究了早年移入此村中的四尊石刻，认为这里可能是钦宗永献陵或徽宗的衣冠冢永佑陵，这也是首次发现此二陵的迹象。

## 三、北宋皇陵的建制

北宋皇陵诸陵园建制相同，在平面布局上整齐划一，皆由上宫、下宫、皇后陵和陪葬墓组成。诸陵虽同处于一个大的区域中，但各有兆域，祔葬墓和陪葬墓一般位于帝陵西北，以距离帝陵的远近别尊卑之序。帝、后陵上宫均以陵台为主体，四周围护神墙，神墙四隅建有角阙，每面正中开门，门侧设有阙台，门外各列石狮一对。在南神门外的神道两侧，东、西对称排列着象征仪仗的石雕像，

---

① 　（元）脱脱，等. 宋史39[M]. 北京: 中华书局, 1977: 13796.

② 　参见河南省文物研究所，巩县文物保管所. 宋太宗元德李后陵发掘报告[J]. 华夏考古, 1988(3).

③ 　参看河南省文物考古研究所. 北宋皇陵[M]. 郑州: 中州古籍出版社, 1997.

④ 　孙新民，郭培育. 宋仁宗永昭陵上宫遗址[C]//中国考古学年鉴(1998). 北京: 文物出版社, 2000: 170-171.

⑤ 　参见蔡全法. 巩义发现北宋石刻[J]. 中原文物, 2003(5).

再南设置有两个乳台，最南端入口处为一对鹊台。这种陵园布局大体因袭唐代皇陵制度，与"积土为冢"的唐高祖献陵、唐敬宗庄陵、唐武宗端陵和唐僖宗靖陵四陵相仿。[①]但因宋帝生前不预造陵，死后又受"七月葬期"的限制，陵园规模远不如唐陵。而由于政治、经济、文化存在差异，且宋朝受阴阳堪舆方面的影响较深，北宋皇陵陵园在建制上独具特色。现以保存较为完好的太宗永熙陵为例进行介绍。

宋太宗永熙陵位于巩义西村陵区，坐落在宋太祖永昌陵的西北部，由上宫、下宫、元德李皇后陵、明德李皇后陵和章穆郭皇后陵组成，陪葬墓现已无存（图6-3）。陵区南北长1300米、东西宽约400米。在北宋帝陵中，永熙陵上宫保存最好，建筑台基地面皆存，尤其是神道石雕像完整无缺。

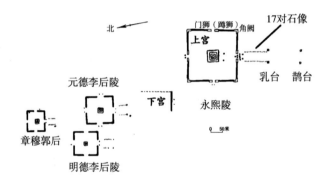

图6-3　永熙陵平面复原图

### （一）兆域

兆域，又称茔域，是各陵周围的"篱寨"或"封堠界"，作为域界、域标。兆域内有帝陵、后陵、陪葬的宗室和重臣的墓葬。据郑刚中《西征道里记》载"昭陵因平冈，种柏成道，道旁不垣而周以枳橘"[②]。可知，兆域周界没有墙垣，以栽植的棘、枳橘或土堆、土台围成。目前，考古调查尚未发现兆域的遗迹。

### （二）上宫

上宫，即陵垣（神墙）以内的部分，包括神道石刻（图6-4）。神墙用夯土

---

① 参看刘庆柱，李毓芳.陕西唐陵调查报告［C］//考古学集刊（第5集）.北京：中国社会科学出版社，1987.

② （宋）郑刚中.西征道里记［M］.北京：中华书局，1985：3.

筑成，正方形，四隅有角阙，四面各设一门；东门、西门、北门之外各设石雕蹲狮一对。南门为正门，门内置石雕宫人一对，门外置武士一对、奔狮一对。南神门外为神道，其构成自南往北依次为鹊台一对，乳台一对，乳台到南神门间为神

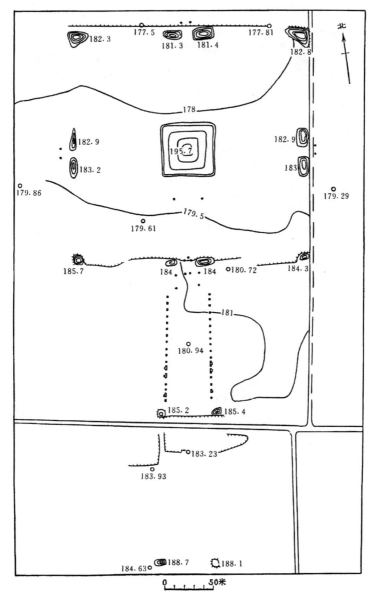

**图6-4　永熙陵上宫实测图**

道石刻，神道石刻由南向北依次为望柱1对、象与驯象人各1对、瑞禽石屏1对、角端1对、石马2对、控马官4对、石虎2对、石羊2对、客使3对、文武官各2对、上马石1对（图6-5）。此外，在一些帝、后陵和陪陵墓的神墙以外四周，地下约1米左右也发现了多件生肖石刻（图6-6）。

图6-5　永熙陵东列石雕像

1　　　　　　　2　　　　　　　3　　　　　　　4

图6-6　生肖石刻

1.石狗（永定陵）　2.石兔（昭怀刘皇后陵）

3.石鼠（钦圣宪肃向皇后陵）　4.石牛（钦圣宪肃向皇后陵）

陵台居上宫中心，用夯土筑城，呈方形覆斗状。《宋朝事实》卷十三记英宗永厚陵："陵台三层，高五十三尺，上宫方百五十步。"①而永定陵陵台经过

① （宋）李攸.宋朝事实（1~3册）[M].北京：中华书局，1985：210.

试掘，陵台夯土由下至上内收两层，加上顶部平台共三层台阶。底部两层包砖，外用红粉设色，最上一层为覆斗形，不包砖，在土上直接涂红粉，与文献记载相吻合，可证宋陵陵台规制。

### （三）下宫

下宫，亦称寝宫，位于上宫西北，源于秦汉时于陵设寝的"寝"，是作为侍奉墓主魂灵日常起居之所和陈设死者衣冠并进行日常祭祀的场所，《宋史》载"周制有庙有寝，以象人君前有朝后有寝也。庙藏木主，寝藏衣冠"[①]。北宋下宫是一组独立的组群式建筑，"宫有正殿，置龙辂，后置御座。影殿置御容，东幄卧神帛，后置御衣数事。斋殿旁皆守陵宫人所居，其东有浣濯院，有南厨、厨南陵使廨舍，殿西使副廨舍"[②]。《宋会要辑稿》礼二九之二七记"（太宗）今请灵驾先于上宫神墙外壬地新建下宫奉安"，可知下宫的位置在"壬地"。经调查，永安、永昌、永熙三陵的下宫位于祔葬后陵之南，另外五陵则位于后陵之北，但都在帝陵西北，合于壬地，各陵的下宫均已毁坏。

### （四）祔葬后陵及陪葬墓

北宋后妃政治地位提高，政治势力在封建礼法上获得承认，反映在陵寝制度上表现为皇后单独起陵。巩义宋陵有22座后陵，陵园建制与帝陵相同，仅在规模上略逊于帝陵。宋代实行帝后"同茔合葬"制，后陵祔葬于帝陵兆域之内的西北隅，坐北朝南，地势南高北低，且一般不设陵名，统一称"园陵"。

皇室陪葬墓均埋藏于皇后陵的西北部，葬期没有严格的限制，往往集中成批安葬，实行夫妻同穴合葬制，20世纪60年代初清理的魏王赵頵夫妇合葬墓[③]，即先葬魏王赵頵，十余年后其妻越国夫人才与之合葬便可印证这一点。

### （五）地宫

宋陵地宫，又称玄室或皇堂。由于没有发掘过，故情况不清。1985年河南省文物研究所抢救性发掘了宋太宗元德李皇后的墓室，由此可窥后陵地宫的概貌（图6-7）。

---

① （元）脱脱，等.宋史11[M].北京：中华书局，1977：3569.

② （宋）李攸.宋朝事实（1~3册）[M].北京：中华书局，1985：210.

③ 参见周到.宋魏王赵頵夫妻合葬墓[J].考古，1964（7）.

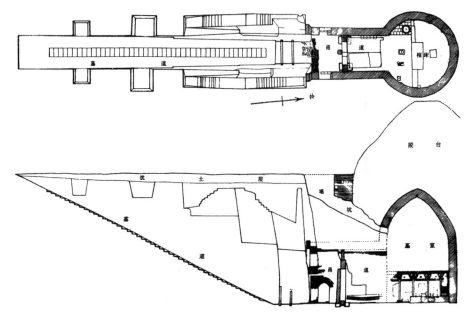

图6-7　宋太宗元德李皇后陵地宫平、剖面图

　　元德李后陵位于永熙陵上宫西北，其鹊台位置南接永熙陵下宫遗址。墓系仿木结构砖砌单室墓，由墓道、甬道和墓室三部分组成。

　　墓道位于陵台南部正中，南北水平长34米，分为南、北两段，南段呈斜坡式，南宽北窄，在墓道中部自上而下挖有土台阶，北段与甬道底部相平。

　　甬道北连墓室，砖券拱形顶，两壁用平砖顺砌。墓门位于甬道中部稍偏南，青石质，表面磨光，门扉正面线刻有守门武士像（图6-8），背面雕有仿木构门撑装饰。

　　墓室为近圆形的多边形，直径7.95米，高12.26米，墓顶作穹窿状，绘有楼阁与星象图，墓壁用平砖砌筑，周壁砌抹角倚柱10根，柱间连以阑额，柱头置有仿木建筑的单昂四铺作斗拱。自斗拱以上砖砌椽及望板两重，再上砖雕有屋檐瓦当及重唇板瓦。屋檐以上砌砖逐层内收至顶部。环绕墓壁的砖砌立柱之间有11个壁面，砖雕有桌、椅、衣架和门窗等装饰（图6-9）。墓室后部有前档为须弥座式的棺床，棺床前档雕有减地浅浮雕的花卉纹。李后陵多次被盗，但仍出土了玉册、瓷器等遗物，其中残玉谥册36片、玉哀册41片、越窑青瓷3件（图6-10）、定窑白瓷37件，不少器物的圈足内阴刻有"官"字款（图6-11）。

**图6-8 元德李皇后陵石墓门画像拓本**

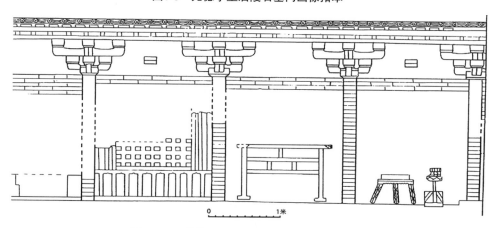

**图6-9 元德李皇后陵墓室展开图（东半部）**

此外，在宋陵区还发现了魏王赵頵夫妇合葬墓、燕王赵颢墓、兖王赵俊墓，均是宋英宗永厚陵的陪葬墓。其中燕王墓为上下两层，上层为砖筑，墓室平面呈圆形，穹窿顶，直径近8米，高约6米，下层为石砌，墓室平面呈方形，建于上层墓室内中部。

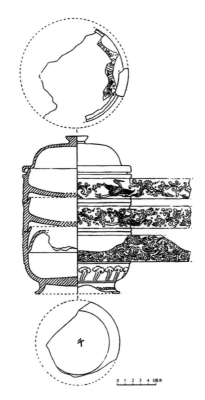

图6-10 元德李皇后陵越瓷套盒

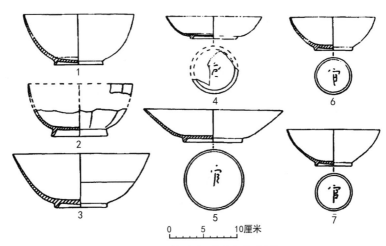

图6-11 元德李皇后陵定窑瓷器

1-3、6、7.碗 4、5.盘

### （六）宋陵石刻

宋陵各陵石像数量、种类、分布方式整齐划一，是陵墓墓仪制度的重要内容。北宋帝陵地面遗存石像也昭示着宋陵昔日的帝王气魄，反映了北宋时期一百多年石刻艺术的发展与变化，表现了北宋时期文化艺术的繁荣景象。

唐代乾陵石雕已形成一套较为完整规范的制度，宋陵的石雕建制正是在此基础上变更、发展而来的。与唐陵相比，宋陵石刻数量较多，种类上也有创新，增设象与驯象人、虎、羊、客使、镇陵将军、宫人、内侍，角端代替飞马，组合与布局更加符合统治阶级神圣威严和牢固统治的需要。同时，宋代客使（图6-12）列入定制，服装容貌也以现实人物为基础，显示当时中外交往的频繁。

**图6-12　北宋陵的客使像**

1—3.永熙陵客使　4、5.永定陵客使　6.永厚陵客使　7.永裕陵客使

8.永泰陵客使　9.永昌陵客使　10.永昭陵客使

根据宋陵石刻的发展变化，大体可将其分为三期。

1.早期：永安陵、永昌陵、永熙陵和永定陵

造型风格方面追求粗壮稳固的豪迈气势，具体表现在人物类雕像头大颈

短，面部丰腴，身材浑实，袍服衣纹刻画较浅；动物类雕像躯体庞大，刻工精细，角端、走狮作昂首弓背状，动感十足；望柱的柱身粗大，收刹不明显，柱顶宝珠呈桃形；象背上的鞑褥和武士绣抱肚上均浮雕有怪兽；上马石两侧刻天马。

2. 中期：永昭陵、永厚陵及祔葬后陵

石雕形体由早期的粗壮雄伟趋向挺拔秀美，具体表现在人物类均为长方脸，颈部明显加长，头与身高比例比较匀称，袍服衣纹近似弯钩状，线条加宽并加深；动物类雕像简洁严谨，角端和走狮胸前突，背平直，与早期相比缺乏力度；望柱较细长，收刹明显，柱顶宝珠由桃形变成尖圆形；象背鞑褥两侧各浮雕一只小熊；上马石花纹作浅浮雕云龙纹。

3. 晚期：永裕陵、永泰陵及祔葬后陵

石刻普遍变得更为修长，具体表现在人物类脸形瘦长，长颈，削肩，袍服衣纹作弧线条，刻纹更宽、更深；动物类雕像突出其形态的同时，更能注意神韵的表达；望柱柱身瘦长，宝顶也与柱身一致做成八棱形；上马石四面均浮雕云龙，姿态各异，形象异常生动。

**（七）宋陵的附属建筑**

北宋皇陵区内除了帝陵兆域内的各种建筑，还有一些附属建筑。

1. 禅院

北宋皇陵的四个陵区附近均设有一寺院，专为帝后荐福。据敕住宁神法照大师碑碑文记载："本朝建寺，追奉陵寝，以昭圣孝，讲诵有常，负荐无已。盖两汉以孝纪号，本朝以孝为德。"[1]可知北宋在皇陵区建立禅寺，除为先代帝王"荐在天之福"外，还承担了推行孝道的职责。

据史料记载，北宋朝廷专为皇陵设置的寺院有四处。永安陵、永昌陵、永熙陵设永昌院；永定陵设永定院；永昭陵、永厚陵设昭孝禅院；永裕陵、永泰陵设宁神禅院。在陵区附近还有永安院（永安寺）和净惠罗汉院等寺院。

永定禅院[2]，与永定陵上、下宫同时兴建于乾兴元年（1022），是专门为宋真宗永定陵修建的皇家寺院。位置在今芝田镇后泉沟村西，又称"丁香寺"，

---

① 刘莲青, 张仲友, 纂修. 巩县志 民国十八年本[M]. 巩县志编纂委员会, 1989: 327.

② 河南省文物考古研究所. 北宋皇陵[M]. 郑州: 中州古籍出版社, 1997: 414-440.

1995年，为配合巩义市基础建设，对永定禅院进行了局部钻探和发掘。

2. 陵邑[①]

北宋乾德二年（964）改卜安陵于巩县，以"巩县令"兼任"安陵台令"，掌陵寝公事。真宗景德四年（1007）下诏特建永安县，以"充奉山陵"，"克奉陵寝"。且永安县内设有行宫，专供皇帝祭陵时下榻。徽宗政和三年（1113），又将永安县升为永安军。

3. 采石场

北宋皇陵采石场位于今河南洛阳市偃师区大口镇白瑶村，东距宋陵区25千米，调查发现谷壁上布满昔日留下的采石面和采石坑，并存留一些半成品和废石料，表明应是先在石场做成半成品，再运往陵区雕刻细部。[②]

4. 砖瓦窑场[③]

1994年，在巩义市第二电厂扩建工程中发现一处大型宋代砖瓦窑遗址，共清理宋代砖瓦窑13座，出土了包括印有"定陵官"和"官"字的陶建筑构件。

5. 会圣宫[④]

会圣宫是仿汉代"原庙"之制而建，宫内相继陈列太祖、太宗、真宗、仁宗、英宗等帝的御容，建于天圣八年（1030）孟春，遗址位于今洛阳市偃师区山化镇寺沟村凤台山上，现仅存石碑、石柱及大量的砖瓦残件。

## 四、北宋皇陵特点[⑤]

### （一）陵园位于山阴，地势南高北低

与历代帝陵居高临下、背山面水相反，北宋皇陵皆葬于嵩山少室山脉之阴，北依伊洛河，面山背水。从鹊台、乳台至上宫宫城逐渐斜降，使中心建筑陵台位于全陵的低凹处，各陵从南到北都有数米至十余米的落差，成为中国古代陵

① 河南省文物考古研究所. 北宋皇陵［M］. 郑州: 中州古籍出版社, 1997: 440-441.

② 参见中国社会科学院考古研究所洛阳汉魏故城考古队, 偃师县文物管理委员会. 河南巩县宋陵采石场调查记［J］. 考古, 1984 (11).

③ 河南省文物考古研究所. 北宋皇陵［M］. 郑州: 中州古籍出版社, 1997: 444-445.

④ 河南省文物考古研究所. 北宋皇陵［M］. 郑州: 中州古籍出版社, 1997: 445.

⑤ 河南省文物考古研究所. 北宋皇陵［M］. 郑州: 中州古籍出版社, 1997: 448-451.

寝建筑史上的孤例。

北宋时期盛行阴阳堪舆术，宋仁宗时编纂官修阴阳术书《地理新书》[①]，专叙阴阳宅地之选择和埋葬习俗。《地理新书》将人的姓氏分为宫、商、角、徵、羽五音，分别与阴阳五行中的土、金、木、火、水相对应。而北宋皇帝的赵姓属角音，对应木行，木主东方，阳气在东，赵姓在阴阳地理上是东高西下

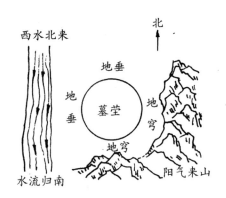

图6-13　角姓木行所利地理形势

为最佳，南高北低亦好。因此，巩义皇陵陵园这种东南仰高、西北低垂，东南依山、西北傍水的地貌特征，正与角姓木行所利的地理形势相符（图6-13），而与汉唐以来帝陵都要建在高爽之地的传统相违。

**（二）下宫选择吉地，建于帝陵西北**

北宋皇陵下宫皆建于上宫的西北部，应是北宋王朝信奉阴阳堪舆，按照经书来选择吉地的结果。

《地理新书》卷七谓五音各有五向，对于角音：大利向（最吉）为壬向，安坟坐丙穴；小利向（次吉）为丙向，安坟在壬穴；自如向（再次吉）为庚向，安坟坐甲穴；粗通向（不佳）为乙向；凶败向（最凶）为甲向，不宜安坟穴。可知，角姓埋葬方位利于壬向、丙向，以丙地、壬地为佳（图6-14）。因此，北宋皇陵在陵园布局上不仅将下宫建于帝陵上宫的

图6-14　《地理新书·角姓贯鱼葬图解》

西北部，且皇后陵、陪葬墓和寺院均位于帝陵上宫的西北部。同一个陵区内，晚建的皇帝陵都位于早建的皇帝陵西北，同一个兆域内，晚建的皇后陵也都在早建的皇后陵西北，即由东南（丙地）向西北（壬地）依次排列（图6-15）。

---

① 参看(北宋)王洙, 等.地理新书校理[M].（金）毕履道, 张谦校, 金身佳, 整理.湘潭:湘潭大学出版社, 2012.

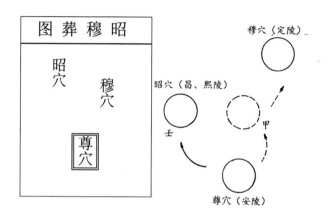

图6-15　《地理新书·昭穆葬图》及永安、永昌（熙）、永定陵之昭穆方位关系分析

### （三）帝后同茔合葬，皇后单独起陵

北宋诸陵中除宣祖赵弘殷与昭宪杜太后同陵外，其余帝、后皆为"同茔合葬"制。皇后单独起陵，祔葬于帝陵西北。同时，北宋不仅以数个皇后（包括死后追封）合祔一陵，而且不按辈分，早薨皇后也可祔葬先辈帝陵旁。后陵一般不另起陵名，统一称"园陵"，但临朝听政的太皇太后和皇太后园陵则称"山陵"，与帝陵同，侧面反映了北宋时期后妃政治地位的提高。

### （四）石雕制度进一步规范

北宋诸陵的石雕像数目确定，排列有序，制度严格，除陵园上宫的四神门外各置一对石狮，其余石雕像均置于陵前，并集中排列在神道两侧，且不同类目前后安置顺序统一，与唐代帝陵石雕像数目和陈放位置缺乏定式相区别。

### （五）阙台设于门侧，三层陵台施色

北宋皇陵将阙台设于神门两侧，与宫城四周的神墙连成一体，永定陵上宫的试掘表明北宋皇陵门阙阙台与乳台相同，为夯土筑成，外表包砖，台基平面呈双重"凸"字形。陵台夯土由下至上内收两阶，加上顶部平面呈三层台阶状。其中，底部两层在夯土表面包砌青砖，砖外粉饰有红灰，顶部夯土呈覆斗状，不包砖而直接在夯土表面粉刷红灰。这种在陵台表面"涂丹"的做法，似为北宋皇陵所首创，为唐陵及唐以前皇陵所不见。

### （六）设陵邑，建禅院

唐陵无陵邑，宋于景德四年（1007）特建永安镇为永安县，以其税役"充

奉山陵"。在宋陵四个陵区旁设有皇家禅院，均位于陵区西北部。计有永昌禅院、永定禅院、昭孝禅院和宁神禅院，为陵墓主人魂灵诵经。

### （七）宋陵的规模不如唐陵宏伟

按北宋的制度，皇帝在位不营"寿陵"，崩后才营陵，并限定"七月葬期"；皇后葬期一般只有三至五月。并且，帝后陵都是平地起陵，不似唐昭陵、乾陵依山为陵，工程规模都小于唐陵。

# 第二节　南宋帝陵

## 一、南宋帝陵的兴建、破坏

宋六陵位于绍兴市越城区富盛镇宝山南麓，北为宝山（雾连山），南为新妇尖山，中为山丘起伏的谷地（图6-16）。南宋时期在此地营建了七帝、七后攒宫，形成了规模可观的陵区。平陶公路横贯而过，将陵区分作南、北两区，今人常以南陵、北陵称之。

绍兴元年（1131），哲宗昭慈皇后孟氏崩，高宗以太后遗诰，据《建炎以来朝野杂记》载："（修建陵墓）权宜择地攒殡（停放灵柩或把灵柩送到墓地），候军事宁息，归葬陵园，梓宫取周于身，以为它日迁奉之便。"在会稽山上亭乡权殡，待收复中原后归葬巩洛。因此，孟太后临时安厝处名"攒宫"，葬地在今浙江绍兴东南皋埠镇宝山（亦名攒宫山），南宋皇陵兆域建造由此开始。

此后，南宋诸帝、后崩，皆即宝山而权攒，浅葬于此，攒宫加陵号，计有高宗永思陵、孝宗永阜陵、光宗永崇陵、宁宗永茂陵、理宗永穆陵、度宗永绍陵，俗称"宋六陵"。据《康熙志图》（图6-16），南区包括永思陵、永阜陵、永崇陵、永茂陵四座陵，称为南陵，其中高宗、孝宗、宁宗的三陵各祔葬一后陵。北区则有永穆陵、永绍陵二陵，称北陵。此外，北区还有归葬的徽宗永佑陵和韦后（显仁）攒宫。学者根据地面遗迹做了陵墓分布的复原图（图6-17）[1]。

---

① 参见郑嘉励. 南宋六陵诸攒宫方位的复原意见[J]. 考古与文物, 2008（4）.

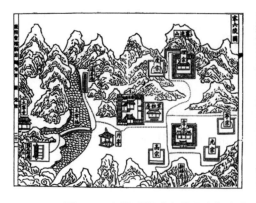

图6-16　康熙时期《会稽县志》卷首《宋六陵图》及改绘的《宋六陵图》

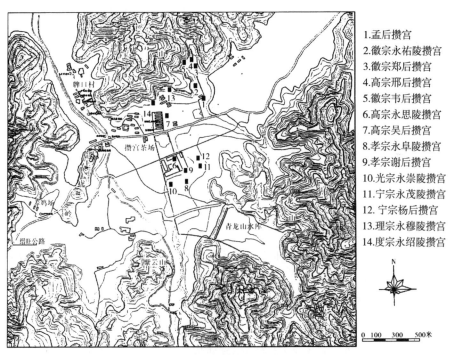

1. 孟后攒宫
2. 徽宗永祐陵攒宫
3. 徽宗郑后攒宫
4. 高宗邢后攒宫
5. 徽宗韦后攒宫
6. 高宗永思陵攒宫
7. 高宗吴后攒宫
8. 孝宗永阜陵攒宫
9. 孝宗谢后攒宫
10. 光宗永崇陵攒宫
11. 宁宗永茂陵攒宫
12. 宁宗杨后攒宫
13. 理宗永穆陵攒宫
14. 度宗永绍陵攒宫

图6-17　宋六陵诸攒宫方位复原图

陵区整体"东南仰高、西北低垂",是"国音"所利的地势,据《云麓漫钞》载:"今绍兴攒宫朝向,正与永安诸陵相似,盖取其协于音利。有上皇山新妇尖,隆祐(孟皇后)攒宫正在其下。"[1]显示了南宋在丧葬理念上继承北宋制

① (宋)赵彦卫.云麓漫钞[M].傅根清,点校.北京:中华书局,1996:150.

度，以证明南宋政权的合法性，但后期因受西北部地势北高南低的影响，严重与"国音"相违，由"角音大利向"向"角音小利向"转化。

元至元十五年（1278），江南释教总摄杨琏真珈将六陵全部盗挖并彻底破坏，废陵毁尸。据《癸辛杂识》别集上"杨髡发陵"载"先发宁宗、理宗、度宗、杨后四陵，……事竟，罗铣买棺制衣收殓，大恸垂绝，乡里皆为之感泣"，"复发掘徽、钦、高、孝、光五帝陵，孟、韦、吴、谢四后陵。……罗陵使亦如前棺殓，后悉从火化。"[①]

明洪武三年（1370），明太祖诏令归葬理宗顶骨，并以浙江献上的《绍兴诸陵图》为本，各陵重树碑石。经明初修葺，《万历会稽县志》记录：诸陵仅存封树，唯孝、理二陵献殿三间，缭以周垣，理宗陵有顶骨碑亭。宰牲房一所，斋宿房一所。

2012年，开始对宋六陵陵区开展系统的考古工作。2018年，正式启动了宋六陵一号陵园的考古发掘工作。

## 二、南宋帝陵的建制

南宋陵寝建筑仍沿袭北宋旧制，设有上宫、下宫和地宫，薄土浅葬，目的是有朝一日收复故土归葬巩义陵园，为权殡之计，故建造较简单，称为"攒宫"。攒宫的建筑大体依北宋陵制度并加以简化，无陵台、象生、神墙，也无墓室，只是将棺筑于石作大匣，称"石藏子"。在攒宫上直接盖献殿，石藏子压在下边，从外观上看不出陵的样子，而与殿相似。

据南宋周必大《思陵录》记载，南宋帝陵为分离式的上、下宫布局。上宫为陵寝所在，中轴线主体建筑由外往里依次为棂星门、门殿、享殿、龟头殿、龟头皇堂石藏子。此外，还有外篱寨、里篱砖墙、火窑子和土地庙等。下宫又称神御殿，为日常享祭的场所，设有棂星门、门殿、火窑子、前殿、后殿、东西两廊、神厨、换衣厅、神游亭等。据《宋会要辑稿》礼三〇记载，"攒宫修奉司言：今来修奉攒宫所有下宫俟标定上宫地段毕，依永阜陵礼例于上宫之后随地修

---

① （宋）周密. 癸辛杂识[M]. 王根林，校点. 上海：上海古籍出版社，2012: 151.

盖"①。可见，下宫是在上宫之后，即位于上宫之北，出于遵循"五音姓利"的考虑，南宋诸陵下宫仍应在上宫西北部。上、下宫之外，还有"神围"，即界墙。而上宫龟头殿下的"皇堂石藏子"即陵园核心——主墓室所在。据《宋会要辑稿》礼三七记载，"攒宫石藏，利害至重……谨别彩画石藏图子一本，兼照得厢壁离石藏外五尺，别置石壁一重，中间用胶土打筑，与石藏一平，虽工力倍增，恐可御湿"②，可知主墓室结构应为竖穴土圹双重石椁墓。墓上无封土，而代之以龟头殿（图6-18）。皇后祔葬于帝陵，减帝陵一等，不分置上、下宫。

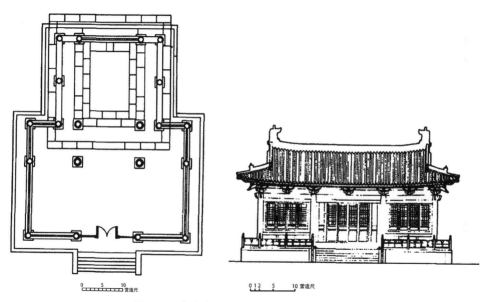

**图6-18　高宗永思陵上宫龟头殿复原示意图**

2018年浙江绍兴宋六陵陵园遗址的发掘基本揭示出了某帝陵上宫的主体建筑结构③（图6-19）。陵园的平面呈正方形，上宫由享殿与龟头殿石藏、门殿、垣墙等主要部分组成。四边围墙遗址基本完整。享殿与龟头殿台基连为一体，呈"凸"字形布局，位于陵园遗址的中部略偏南处。享殿柱网结构完整，三个开间。龟头殿遗迹墓圹西南角发现一石板应为"石藏子"外椁壁——擗土石。墓穴

---

① （清）徐松. 宋会要辑稿3［M］. 刘琳, 刁忠民, 舒大刚, 等, 校点. 上海: 上海古籍出版社, 2014: 1401.

② （清）徐松. 宋会要辑稿3［M］. 刘琳, 刁忠民, 舒大刚, 等, 校点. 上海: 上海古籍出版社, 2014: 1569.

③ 参见浙江省文物考古研究所, 绍兴市文物考古研究所. 浙江绍兴宋六陵陵园遗址2018年考古发掘简报［J］. 考古与文物, 2021（1）.

位于上宫的中心，与北垣墙之间无大型建筑，整体的结构布局与北宋皇陵的上宫基本一致，只是用龟头殿代替了墓上陵台。由此可知，这实际上是一座基本遵循北宋帝陵祖制建造的南宋帝陵上宫或后陵，为探索南宋帝后陵寝制度的演变轨迹及历时性变化结果提供了重要依据。

由于破坏严重，除文献外，对于南宋陵墓地宫目前没有直接的资料可供研究，因此只能借鉴元末农民起义领袖吴王张士诚之母曹氏墓的相关材料来管窥南宋帝、后陵石藏的大致形制，推测南宋帝陵地宫的详细面貌。

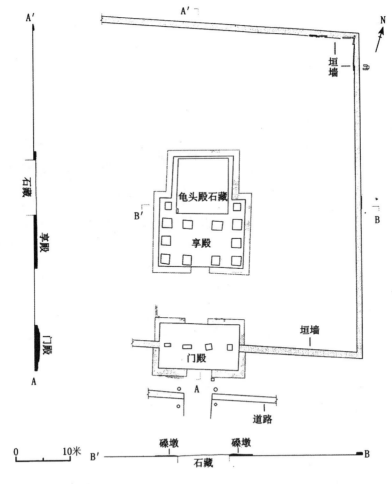

图6-19　浙江绍兴宋六陵一号陵园平、剖面图

　　1964年7月，苏州市文物保管委员会对张士诚母曹氏墓进行了发掘[①]，发现其葬制依宋陵之制。墓室的四周用"三合土浇浆"、石板、青砖护固五层，由外及里：第一层用石板竖身叠放六层，各层石板上亦凿有对称双圆孔，双孔内安圆木，彼此贯穿；第二层为"三合土浇浆"和碎石，复用不规则石板顺身平叠四层，顶与外层高齐平；第三层为砖墙，砖作一顺一丁平砌；第四层为石灰和黄土，似经过夯实，其上叠放石板作横列式；第五层为石灰浇浆。墓圹处于这样层层坚固严密的保护层内，作正方形，无墓道和墓门，长、宽3.79米，用大青石板构筑而成，四壁由纵横四整块组成，圹顶两整块作顺放，圹底铺方金砖，方砖下铺石灰浇浆和碎石。圹内置棺椁两具，分靠东西两边，两椁间留有空隙，在椁的后端叠砌一青砖墙，由脚而上渐次伸出，至中途复渐次递收，当系楔紧两木椁之用。由于椁内填满石灰包，具有一定的防腐性能，因此椁木保存良好（图6-20）。

　　因此，有学者推测南宋帝陵的攒宫与曹氏墓大致相同，可能也是一个封闭的"石藏子"。另外，据文献记载，南宋陵较曹氏墓更为考究和严密，在厢壁之上还铺有一层柏木板，其上才是盖顶石，石上再铺砖，直铺到与地面平（图6-21）。

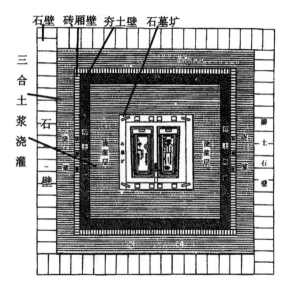

图6-20　吴张士诚母曹氏墓平、剖面图

---

①　参见苏州市文物保管委员会, 苏州博物馆. 苏州吴张士诚母曹氏墓清理简报 [J]. 考古, 1965（6）.

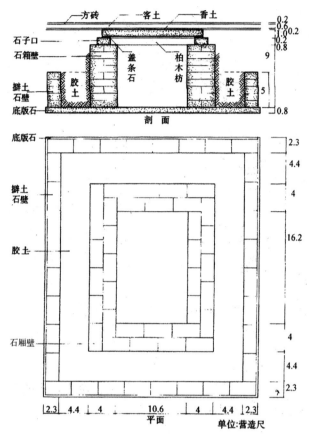

图6-21　高宗永思陵石藏子复原示意图

## 三、南宋皇陵的特点

1. 南宋皇陵的各种制度具有临时性，是权攒；加之陵域迫狭，不及伊洛平原广阔，因此与北宋帝陵相比，大部分地面建筑被削减，只留下上宫献殿和下宫。地下玄宫也大大简化，不讲究墓室的深度，只保留北宋后期出现的石藏。从外观看，南宋陵不像陵墓，而像单体的楼阁建筑。

2. 南宋皇陵可能继续遵循北宋以来形成的制度。从重新编订的南宋陵位次看，仍讲究五音姓利说，遵从"国音"安穴。

3. 南宋皇陵尽管具有特定的历史背景对其建制的影响，但其产生的社会影响是深远的，如南宋时江南和岭南地区广泛出现的藏尸风习，应该是受到了宋陵相当大的影响。南宋诸陵的形式及设施，也成为明清陵建筑中的方城明楼之始。

### 四、浙江绍兴兰若寺墓地

2016年12月底，考古队在浙江省绍兴市兰若寺水库北岸、皇坟山南麓确认一处南宋时期墓地——兰若寺墓地[①]，墓地由风水环境、墓园、坟寺等组成，是我国发现的南宋时期规模最大、格局最完整的高等级墓地。兰若寺墓园至少由四级大台地构成，所有台地皆可见大面积人工夯筑的迹象，墓园依据地势，东部宽、西部窄，部分附属建筑布置于东侧宽阔区域内。从园内的建筑特征看，可分为上下两部分，第一级台地为"下园区"，推测可能是与南宋帝陵单独建设的用于日常祭享和守陵人居住的"下宫"具有相似意义的院落建筑区；第二至第四级台地为"上园区"，应是专门用于祭祀的高等级建筑区与主墓分布区。

## 第三节 北方宋墓

### 一、北方宋墓概述

#### （一）基本特点

北方主要是指秦岭—淮河一线以北地区。从目前考古材料看，北方地区宋墓数量丰富，形制多样，可分为砖室墓、石室墓、土洞墓、竖穴土坑墓等。砖室墓分形制简单的砖室墓、雕砖壁画墓。类屋式墓[②]为北方宋墓的基本形式。高官

---

① 参见黄昊德，罗汝鹏．浙江绍兴兰若寺墓地 [J]．大众考古，2018 (5)．

② 董新林在《辽代墓葬形制与分期略论》(《考古》2004年第8期) 中首次使用类屋式墓和类椁式墓的概念，比较合理。用砖石构筑墓室的墓，在大类归属上基本可以分为有墓道墓门的类屋式墓，或称屋式墓；没有墓道墓门的类椁式墓，或称椁式墓。宋元考古资料和论文中对墓的名称使用复杂多样，并不统一，本书在具体墓例介绍中仍使用原始资料的名称。

及其家族墓和平民富户墓在装饰上存在不同的取向。由于品官墓受制度的约束，墓葬形制简单，墓内一般没有雕砖壁画装饰。平民富户阶层则流行仿木构雕砖壁画墓，晚期尤盛。墓室的仿木构建筑越来越发达。有的墓葬壁画中的主要部分也用砖雕，以突出重点。装饰彩画发达，描绘细腻。壁画内容以家内生活为主，流行夫妇对坐、伎乐演奏、梳妆、妇人启门、行孝故事等。一些墓仅雕出或绘出桌椅、灯架、剪刀、熨斗等，没有人物出场。有些墓还有杂剧乐舞雕砖。竖穴土坑墓多为零散发现，北宋官府所建的漏泽园墓葬，可见相对集中的竖穴土坑墓。

墓葬以尸骨葬为主，少数是火葬。主体为木质棺具，绝大多数木质棺具已经朽烂不存。石棺具少量发现，在河南出土过几件雕刻精美图案的石棺，其中政和七年（1117）的乐重进石棺雕刻图最丰富，有散乐、备酒、备茶、二十四孝、天女散花等。[①]

北方宋墓随葬品很少，尤其京城周围地区明显。唐墓、五代墓和辽墓都随葬品多，北宋变少，人们的丧葬观念已发生了变化。随葬品主要有铜钱、瓷器、俑、买地券、墓志、铜器、金银器等。铜钱和瓷器较普遍，俑、铜器、金银器很少见。墓志使用《政和五礼新仪》有载："九品以下无。"关于品官墓志的规定在北方地区，尤其是京畿一带执行较为严格。

**（二）分期**

第一期：北宋开国至宋仁宗天圣年以前（960—1022）。

这一时期报道的墓葬不多，在山西发现了使用土洞墓的品官墓，复杂的仿木结构和壁面装饰没有开始流行，仅仅在一些高等级的墓葬中使用了仿木结构，一些土洞墓和长方形砖室墓中使用了简单的壁画。比如西安发现的乾德五年（967）的品官墓，吕远墓[②]就是一座方形土洞墓；山西太原小井峪清理的上百座土洞墓[③]，既有平民，也有使用墓志的读书人和商人。可见北宋早期的土洞墓及使用者在很大程度上还是继承了唐代这一地区使用土洞墓的习俗。

---

① 参见李献奇, 王丽玲. 河南洛宁北宋乐重进画像石棺[J]. 文物, 1993（5）.

② 魏遂志. 西安市东郊后晋北宋墓[C]//中国考古学年鉴（1987）. 北京: 文物出版社, 1988: 269-270.

③ 参见解希恭. 太原小井峪宋、明墓第一次发掘记[J]. 考古, 1963（5）; 代尊德. 太原小井峪宋墓第二次发掘记[J]. 考古, 1963（5）.

第二期：宋仁宗天圣年间至宋神宗时期（1023—1085）。

土洞墓开始随葬品逐渐减少。品官墓基本没有发现仿木构建筑，平民的小型砖室墓中开始出现仿木结构，墓室多数为方形或圆形，但斗栱都比较简单。砖雕内容比较简单，壁面多为家具等生活常见用具。神宗后期开始出现夫妇对坐、伎乐、家居场面的装饰，多数采用彩绘壁画形式。

第三期：宋哲宗至北宋末（1086—1127）。

墓葬发现数量多，仿木结构雕砖壁画砖室墓大量流行，平面多为六角形、八角形和方形。仿木斗栱越来越复杂，壁面装饰题材丰富，有的墓葬壁画中的主要部分也用砖雕，以突出重点。装饰彩画发达，描绘细腻。主体壁画内容以家内生活为主。一些墓仅雕出或绘出桌椅、灯架、剪刀、熨斗等，没有人物出场。有些墓还有杂剧乐舞雕砖。

## 二、河南地区北宋墓

东京都城附近的河南地区宋墓，在北宋黄河流域的墓葬中占有重要地位。墓葬类型有砖室墓、石室墓、土洞墓和土坑墓四类。墓室一般由墓道、墓门、甬道和墓室组成。墓室平面有圆形、方形、六角形和八角形。

### （一）白沙宋墓

1951—1952年修建白沙水库时发现并发掘三座雕砖壁画宋墓。宿白编写的《白沙宋墓》[①]采用建筑学和文献考证的方法对三座墓进行了详细解读，1957年出版后成为研习宋元考古的经典之作。

三座墓都是仿木结构建筑的雕砖壁画墓，1号墓（M1）为双室墓。2号墓（M2）、3号墓（M3）为单室墓。1号墓壁画最精美，据墓内墙上的题记，该墓墓主赵大翁，为地主兼商人，下葬年代为哲宗元符二年（1099）。

1号墓（M1）是前后两室的雕砖壁画墓，墓道5.75米，墓门前平地长1.93米，墓室通长7.26米，其中甬道1.26米、前室1.84米、过道1.2米、后室每面宽1.26～1.3米（图6-22）。

墓门为砖雕仿木构，包括门框、铺作、屋檐三部分（图6-23）。宋元时期把

---

① 参看宿白. 白沙宋墓 [M]. 北京：文物出版社，1957.

斗拱称为铺作，根据位置又分为柱头铺作、补间铺作、转角铺作。补间铺作是在两柱之间的斗拱，下面接平板枋和额枋，而不是柱子的顶端，屋顶的大面积荷载只依靠柱头斗拱来传递是不够的，需要用柱间斗拱将一部分荷载先传递到枋上，然后传递到柱子上（图6-24）。

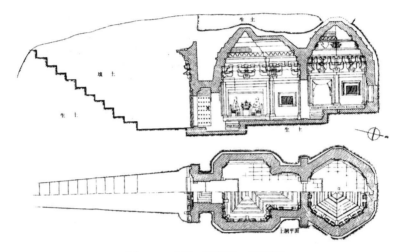

图6-22　白沙1号墓平、剖面图

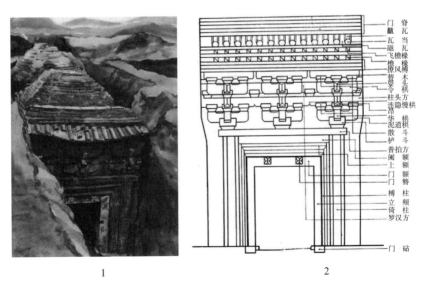

1　　　　　　　　　　　　　2

图6-23　白沙1号墓墓门

1.白沙1号墓墓门砖雕仿木结构门楼　2.白沙1号墓墓门仿木结构门楼线图与构件名称

墓室平面为前室方形，后室六角形（或称为六边形）。前室和过道的顶部是"丁"字形宝盖盝顶（盝顶，像盝盒的顶部，即上为长方形平面，四周接梯形斜面）（图6-25）。后室顶部是截头六瓣攒尖顶（攒尖顶为锥形）。

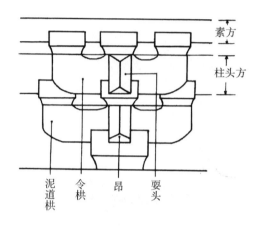

图6-24　白沙1号墓前室补间铺作　　图6-25　白沙1号墓前室、过道顶——丁字盝顶

墓内装饰豪华烦琐。墓顶与墓室斗拱部分为砖雕砌筑，上敷彩绘。彩画属于宋《营造法式》卷十四"彩画制度"中的"五彩遍装"（使用赭红、青、白、淡黄、墨绿五色），这是高等级的装饰，比碾玉装（蓝、绿为主调）等级高（图6-26）[①]。

图6-26　五彩遍装

1.白沙1号墓前室西北壁上部建筑上的五彩遍装　2.《营造法式》五彩遍装

---

① 　（宋）李诫.营造法式[M].卷十四.彩画作制度.重庆：重庆出版社，2018：10.

　　墓门内有甬道，甬道两壁是纳贡图（图6-27），仿木构双扇门开启，扛钱贯（一千个铜钱穿成一串称一贯）、抱筒、抱酒瓶者拥挤着进门缴纳，鞍马表示人们远道而来。

图6-27　白沙1号墓甬道纳贡图

　　前室西壁是夫妇对坐图，男女主人和桌椅及桌上注壶托盏用砖雕，其余用彩绘。男主人穿窄袖圆领团衫，女子着对襟的背子（图6-28）。东壁为散乐图，皆为彩绘（图6-29）。乐队分2组，北组5人，均为女装，乐器有琵琶、排箫、箫、笙。南组5人，4人男装戴弯脚幞头，1人女装，乐器有大鼓、拍板、腰鼓、笛、箫。乐队排列成弧形，中心有1人做舞蹈状。

图6-28　白沙1号墓前室西壁壁画

**图6-29 白沙1号墓前室东壁壁画**

男女对坐或对坐宴饮的场景，在北方地区宋金元墓葬中较为常见，对于其含义，目前主要有以下几种观点。

（1）宿白在研究白沙宋墓壁画时，根据罗烨《醉翁谈录》壬集卷一记载："因遣彩云更探消息，忽至一巷，睹一宅，稍壮丽，门前挂斑竹帘儿，厅前歌舞，厅上会宴。彩云感旧泣下曰：我秀才娘子向日常有此会，谁知今日穷苦如此……遂问青衣，此是谁家。青衣曰：此张解元宅……常开芳宴，表夫妻相爱耳。"①首次提出该壁画场景表现的为"开芳宴"场景。②此图与记载相合。

（2）秦大树认为在墓葬中出现伎乐场面，唐代即已开始，宋金元时期则在平民墓中大大流行，标示着这种演乐从宫廷正规的丧礼中转而被民间广泛吸收，是为了达成"乐丧"和"愉尸"。伎乐不仅在丧礼中使用，也被装饰在了墓内壁画内，且大量出现在墓主人夫妇对坐题材的对壁。③因此认为是祭祀图。

（3）薛豫晓对宋金墓中"开芳宴"图像的解释结合"夫妇恩爱"与"子孙供奉"两种观点，且子孙对祖先的纪念只算是体现家庭幸福、夫妇恩爱的附加意义。④

（4）易晴以登封黑山沟宋墓为例，认为"夫妇对坐图"具有"魂主"功

① （宋）罗烨. 醉翁谈录［M］. 上海：古典文学出版社，1957：102.

② 宿白. 白沙宋墓［M］. 北京：文物出版社，2002：48.

③ 秦大树. 宋元明考古［M］. 北京：文物出版社，2004：147.

④ 参见薛豫晓. 宋辽金元墓葬中"开芳宴"图象研究［D］. 成都：四川大学，2007.

能，起到祭祀作用。①

（5）李清泉指出一桌二椅夫妇对坐图"表达了对死者灵魂的供奉"②。

南壁门口两侧画门卫和在北壁门口兵器架，架上有骨朵、戟、弓箭等。兵器架反映了当时庄园有武装守护，没有等级意义。骨朵，像花骨朵的长柄兵器（图6-30）。"骨朵"一词是北方对花苞蕾称呼的土语，东北至今民间土语仍有"花骨朵""葱骨朵"称呼，故宿白释其名为"因形而呼之"是正确的。骨朵源于北方史前的石首穿木柄工具，因木柄烂掉，考古只发现圆形石首，称为"棍棒头"，主要用于敲砸。契丹渔猎生活仍使用，并把其木柄加长成为兵器，攻击力度

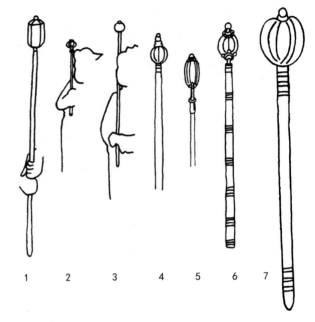

**图6-30 骨朵**
1. 白沙1号墓前室南壁壁画中的骨朵
2. 河南安阳王用墓壁画中的骨朵
3. 日本大阪山中商会所藏宋墓壁画中的骨朵
4. 内蒙古林东辽庆陵东陵壁画中的骨朵
5. 宋人《却坐图》中的骨朵
6. 《武经总要·器图》中的蒜头骨朵
7. 《燕北录》骨朵附图

超过棍和鞭，攻击范围大于锤，比锤使用灵活。骨朵形态类似传统的杖，轻便易擎持，也被广泛用于仪仗，契丹还用之做惩罚的刑具。契丹强盛而传入五代十国，后流行于宋元明清。有人说源于马鞭之类是误释。

后室西南壁壁画是女主人梳妆图（图6-31），东南壁是男女内侍收拾管理家内财物的壁画，可称为内侍备财物图（图6-32）。后室北壁是雕砖的双扇大门和

---

① 易晴. 河南登封黑山沟北宋砖雕壁画墓图像构成研究[D]. 北京: 中央美术学院, 2007: 43.

② 参见李清泉. "一堂家庆"的新意象——宋金时期的墓主夫妇像与唐宋墓葬风气之变[J]. 美术学报, 2013（2）.

门框，门框上装饰有门簪（图6-33），两侧东北壁和西北壁是雕砖窗户和高架的灯。窗户为破子棂窗（窗户的竖木条叫棂，把直棂即方木条对角破开两半的棂叫破子棂，截面方形变为三角形能增加透光量）。

图6-31　白沙1号墓后室西南壁壁画

图6-32　白沙1号墓后室东南壁壁画

**图6-33　白沙1号墓后室北壁下部壁画**

后室北壁的双扇大门开启一条缝，有一女子正在做进门之态，报告定名为"妇人启门"，并作了寓意和美学上的一些考证。关于启门图，目前学术界主要有以下几种观点。

（1）从启门人身份角度看，有些学者认为妇人代表了墓主人生前的侍女或侍妾，如刘毅提出"启门的青年女子代表了墓主生前的侍女姬妾之属"[①]，反映了别葬的妾希望灵魂能够来到丈夫的归宿地。闫丽娟认为启门图的含义主要有两种，从妇人的身份来说一种是侍女，其目的是服侍墓主人的正常生活状态；一种不是专门用来服侍的侍女，其目的主要是表达墓室到此未到尽头，门内还有庭院或房屋之类。[②]此外，还有学者根据具体墓葬中的启门图对启门人的身份进行推测，如郑绍宗认为宣化辽墓启门图的妇女的身份有两种可能，一种是属于侍女之

---

① 刘毅. 妇人启门墓饰含义管见［N］. 中国文物报，1993-05-06（3）.
② 参见闫丽娟. 试论宋辽金元时期"妇人启门图"［D］. 太原：山西大学，2013.

类的，为仆役；另一种是属于姬妾之类的，为婢妾。<sup>①</sup>王秋华在描述叶茂台M7石棺的启门图时说："其妇人的身份应是内宅中的内侍，内侍启门是在迎接主人的归来……因此，墓中的绘画雕刻都有一个共同的目的，即保卫、护送、接引墓主人升入天堂。"<sup>②</sup>

（2）从其象征意义看，主要有三种观点。一是反映墓主人的现世生活，表示墓室空间上的拓展，宿白最早对启门图进行专门性研究，认为启门图表达了"墓室至此并未到尽头之意"<sup>③</sup>；二是认为启门图意在表现一天中的时序活动，此观点以李清泉为代表，认为宣化辽墓东西相对两侧壁的启门图"应是分别表现晨起开门和日暮关门的"<sup>④</sup>；三是认为启门图代表了生死之界，罗森（Jessica Rawson）提出，半启之门反映了辽宋时期人们对来世理解的变化，似乎要表明"由它可以进入生者的世界，也可以进入死者的世界"<sup>⑤</sup>。

（3）从民俗学角度看，梁白泉认为启门图反映了世俗人们对神仙道术的追求和死者对墓地安全的考虑，并指出启门图可以从文学的角度与《莺莺传》相联系。<sup>⑥</sup>

（4）从美术史角度看，郑滦明认为宣化辽墓壁画中的启门图"已成为一种装饰，失去了本来意义"<sup>⑦</sup>。后来郑岩也提出"妇人启门图本身就是一种纯粹的装饰手法，并不一定全都有某个故事或某种含义寓于其中"<sup>⑧</sup>。

（5）从堪舆学说的角度看，易晴认为启门妇人作为"阴"的某种象征符号，是施阴惠的表征，同时暗含人们祈求生化的美好愿望。<sup>⑨</sup>

（6）冯恩学对启门图进行了详细的分类。从设计意图角度分析，认为启门图只是利用侍婢出入门来表现家的兴旺，没有固定统一的含义；从艺术角度分

① 河北省文物研究所. 宣化辽墓壁画 [M]. 北京：文物出版社，2001：19.

② 王秋华. 惊世叶茂台 [M]. 天津：百花文艺出版社，2002：108.

③ 宿白. 白沙宋墓 [M]. 北京：文物出版社，2002：54-55.

④ 参见李清泉. 宣化辽代壁画墓设计中的时间与空间观念 [J]. 美术学报，2005（2）.

⑤ JESSICA RAWSON. *Changes in the Representation of Life and the Afterlife as Illustrated by the Contents of Tombs of the Tang and Sung Periods* [C] //*Arts of the Sung and Yuan*. New York: Department of Asia Art, Metropolitan Museum of Art, 1996:23-43.

⑥ 参见梁白泉. 墓饰"妇人启门"含义蠡测 [J]. 艺术学界，2011（2）.

⑦ 参见郑滦明. 宣化辽墓"妇人启门"壁画小考 [J]. 文物春秋，1995（2）.

⑧ 参见郑岩. 民间艺术二题 [J]. 民俗研究，1995（2）.

⑨ 参见易晴. 试析宋金中原北方地区砖室墓中"妇人启门"图像 [J]. 美术学研究，2011（1）.

析，变静为动，给人留下想象空间。①

从墓葬装饰设计视角分析，白沙1号墓（M1）的设计空间划分为五段。第一段：墓门——家宅的总体象征。第二段：墓门到前室门的甬道段——院外产业的象征，通过各类产业者纳贡租表现。第三段：前室和过道——前厅堂屋，墓主人在此进行主要日常生活和接受供奉。这段空间是画面布局的中心。第四段：后室之前半部分——后寝内室，包括后半部分的两个灯具，主人在内寝起居生活和收藏贵重衣物财宝。第五段：后室之后半部分——后院或其他房屋的象征，按照房屋的外观设计，表示建筑尚未到头，还有库房或其他房间。

从墓葬等级的视角分析，北宋时期建筑、家具等有严格的等级规定。《宋史·舆服志》载："（天圣）九年禁京城造朱红器皿……（景祐三年诏）屋宇非邸店、楼阁临街市之处，毋得为四铺作、闹斗八；非品官勿得起门屋；非宫室、寺观勿得彩绘栋宇……凡器用毋得表里朱漆。"②"凡民庶家，不得施重栱、藻井及五色文采为饰，仍不得四铺飞檐。"③这组墓葬既砖砌或彩绘朱漆家具，又起砌门楼、飞檐、四铺作等，僭越了等级。在白沙宋墓、柿庄宋墓、平山宋墓、甘肃王家新窑宋墓等均有这种情况，说明在北宋晚期一些建筑等级制度被一般地主突破是普遍现象。汉、唐贵族墓葬中装饰的伎乐歌舞场面，在北宋已成为平民富户墓中常见的内容，这是一个时代的变化，它标志着士族势力的解体和新兴市民阶层的崛起。④

葬具与人骨。有木质小棺，棺木已朽无，尚存灰和棺钉。发现2具人骨，头西向，二次葬。

随葬品。很少。有白瓷碗两件、买地券（砖雕）一件、铜钱一枚（绍圣元宝），铁器（已锈，器形不可辨的铁块）。铁猪的简化物，以压龙。《大唐新语》卷十三"记异第二十九"载："平地之下一丈二尺为土界，又一丈二尺为水界，各有龙守之。土龙六年而一暴，水龙十二年而一暴。"⑤

① 参见冯恩学. 辽墓启门图之探讨 [J]. 北方文物, 2005（4）.

② （元）脱脱, 等. 宋史 [M]. 北京: 中华书局, 1977: 3575.

③ （元）脱脱, 等. 宋史 [M]. 北京: 中华书局, 1977: 3600.

④ 参见廖奔. 宋金元仿木结构砖雕墓及其乐舞装饰 [J]. 文物, 2000（5）.

⑤ （唐）刘肃, 等. 大唐新语 外五种 [M]. 恒鹤, 等, 校点. 上海: 上海古籍出版社, 2012: 108.

买地券是墓主人占有阴宅地权凭证，起到保护阴宅安全的作用。文字格式基本固定，"用钱九千九百九十九买阴宅地"，地界流行"东至青龙，西至白虎，南至朱雀，北至玄武"，还要刻上买卖宅地的证明神灵，别的人鬼不能侵犯占用，或有违犯则阴间的各种神鬼阡陌将军之类则按约保护，惩治侵犯者。结尾有"急急如律令"等道家符令的常用语，可知买地券属于道教文化镇墓之物。

### （二）司村宋墓

1981年在河南荥阳司村发掘一座砖雕壁画墓。[①]墓道为竖井式，深4.35米，单室，墓室平面呈六角形。墓室顶为攒尖顶，底部每面宽1.25米，转角处有砖砌的立柱和斗拱（图6-34）。西北壁砌一桌两椅，北壁砌双扇门（图6-35）。墓室北部是棺床，上陈骨架2具，头西脚东。

墓顶壁画分五层构图，底层是十九行孝图，其上是十二时辰神，再往上是花卉图案。

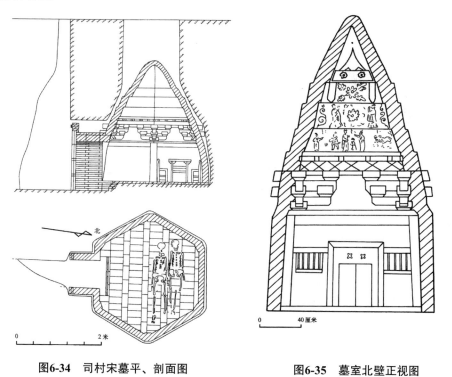

図6-34　司村宋墓平、剖面图　　　　　図6-35　墓室北壁正视图

---

① 郑州市文物考古研究所. 郑州宋金壁画墓［M］. 北京: 科学出版社, 2005: 17.

十九幅行孝图，高24厘米，为一周连续且自成体系的画卷，各幅图之间并无间隔，每幅都有墨书榜题"××行孝"。从南壁起顺时针依次是：元觉行孝、姜诗行孝、郯子行孝（图6-36）、老莱子行孝、田真行孝、韩伯俞行孝（图6-37）、董永行孝、舜子行孝、鲍山行孝（图6-38）、曾参行孝、闵子骞行孝、王祥行孝（图6-39）、孟宗行孝、丁栏行孝、鲁义姑行孝、刘殷行孝（图6-40）、陆绩行孝、郭巨行孝、王武行孝。

**图6-36** 司村宋墓南壁壁画（临摹）行孝图（一）
1.元觉行孝　2.姜诗行孝　3.郯子行孝

**图6-37** 司村宋墓西南壁壁画（临摹）行孝图（二）
1.老莱子行孝　2.田真行孝　3.韩伯俞行孝

**图6-38** 司村宋墓西北壁壁画（临摹）行孝图（三）
1.董永行孝　2.舜子行孝　3.鲍山行孝

**图6-39　司村宋墓北壁壁画（临摹）行孝图（四）**
1.曾参行孝　2.闵子行孝　3.王祥行孝

**图6-40　司村宋墓东北壁壁画（临摹）行孝图（五）**
1.孟宗行孝　2.丁栏行孝　3.鲁义姑行孝　4.刘殷行孝

以上行孝图在后世广泛流传，至元代郭居敬编录的《二十四孝》时有十二幅画中所表现的人物故事与二十四孝事迹基本相合。《二十四孝》全名《全相二十四孝诗选》，是元代郭居敬编录，一说是其弟郭守正，一说是郭居业。由历代二十四孝悌故事组成，由于后来的印本大都配以图画，故又称《二十四孝图》。为中国古代宣扬儒家思想及孝道的通俗读物。《二十四孝》的故事大都取材于西汉经学家刘向编辑的《孝子传》，也有一些故事取材于《艺文类聚》《太平御览》等书籍。

在孝悌故事壁画的上面，每壁各有两个十二时神相对而立，身着广袖官服，双手持笏值班，祥云伴随（图6-41）。

**图6-41　司村宋墓十二时神（临摹）**

### （三）河南登封黑山沟宋代壁画墓

该墓为仿木结构砖砌单室墓[①]，由墓道、墓门、甬道、墓室组成，深5米。墓道位于甬道南端，墓门砌有砖雕门楼，高1.2米、宽0.65米。其上绘有壁画，已毁。墓门内为甬道，砖券拱顶，两壁及顶涂有白灰。封门砖砌了内、外两层，墙厚0.7米、高1.3米。其中外层在墓门口，为青砖平铺斜砌；内层在甬道内，为纵砖侧立（图6-42）。

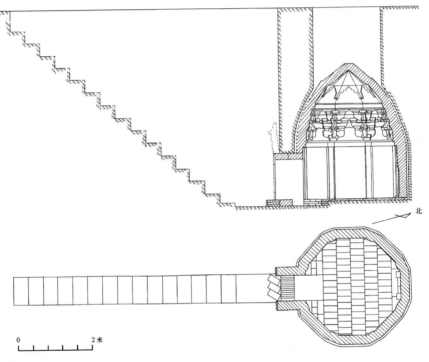

**图6-42　河南登封黑山沟宋代壁画墓平、剖面图**

墓室平面呈八角形，每边长0.8米、直径2.45米、通高3.3米。棺床高于甬道底0.15米，平面呈"凹"字形，青砖铺就。墓室各壁均砌成仿木结构，自上而下分为三部分。其中墙壁各角均砌出抹角倚柱，无柱础，柱高1.35米，柱间砌阑额和普柏枋。墓室墙壁绘有壁画，北壁用砖砌筑假门，上饰2个长方形门簪，门上绘有卷起的竹帘。在中部转角处柱头上，砌有8个单抄单昂五铺作斗拱，令拱上

---

① 参见郑州市文物考古研究所, 登封市文物局. 河南登封黑山沟宋代壁画墓[J]. 文物, 2001（10）.

有替木、撩檐枋，拱眼壁上为8幅独立的壁画。顶部为八角攒尖顶，其下部用砖砌出垂花饰。斗拱与垂花饰之间还有8幅壁画（图6-43）。

**图6-43　黑山沟宋墓壁画展开示意图**

墓室各壁均在地仗上绘出壁画，墓顶、建筑构件则直接在白灰层上绘出图案。墓室内壁画计22幅，自下而上可分为三部分。

第一部分是墓室墙壁绘画，内容主要是反映墓主人的日常生活场景。壁画高1.35米、宽0.8米。西南壁为备宴图，西壁为伎乐图，西北壁为宴饮图，东北壁为育儿图，东壁为侍寝图，东南壁为侍洗图。

第二部分是拱眼壁的壁画，行孝图八幅，其中三幅旁边方框有题记，可以隐约看到"王相""王武子""丁兰"字样。墓室自南壁顺时针至东南壁依次装饰"王衷闻雷泣墓""参母啮指，参心痛，负薪而归""王武子妻行孝""董永行孝，卖身葬父""丁兰刻木，事亲行孝""王相（祥）卧冰求鲤""孟宗哭竹生笋""郭巨埋儿得金"等故事。

第三部分是墓顶壁画，为菩萨、道士、仙人之类。西壁，五彩祥云中端坐一菩萨，头戴花冠，有头光和背光，衣饰璎珞。西北壁，壁画上部残缺。祥云之上有男女二人，均拱手而立。北壁，云中有方形宅院一座，正面门楼三座，正门尤大，掖门稍小。东北壁，云中站立两个仙女。东壁，云中立道士二人，双手击钹。东南壁，云中站立两位道姑，均云髻簪花，身着交领宽袖道袍，下束长裙，双手持幡。南壁，祥云上有拱桥一座，桥上立仙女二人，均手持招魂幡。

因墓室被扰，骨架保存不完整。墓室内发现有青瓷碗片。在墓室中出土一块朱书带字砖，上写"今记绍圣肆年十二月二十九日"。墓中出土石质买地券一块，方形，长39厘米、宽38厘米、厚10厘米。上刻券文，共17竖行，256字。

### （四）河南新密市五虎庙冯京墓

冯京墓是一座类椁式并列石室墓，由墓道和石墓室两部分组成。[①]墓道位于墓室南面，墓道呈斜坡状，长10.6米、上口宽2.3米，底略内收，宽2米，接近墓室处深3.84米，口与墓圹同宽。未设墓门，墓室是四室并列，各室隔墙中部下方留有0.6米×0.5米的孔道联通，石墓墙上用青石盖顶。盖顶石为长方形，分四排，每排七块。每个墓室葬一人，每个墓顶都有石墓志（图6-44）。根据墓志判断，第一室是正妻王氏，第二室是冯京，第三室是继室富氏，第四室是另一个富氏。

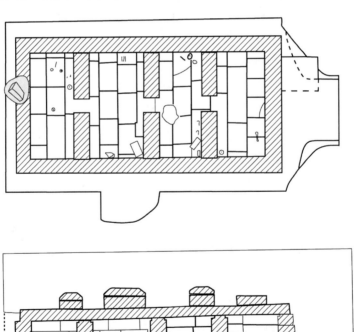

**图6-44 冯京墓平、剖面图**

---

① 参见河南省文物研究所,密县文物保管所.密县五虎庙北宋冯京夫妇合葬墓[J].中原文物,1987(4).

因墓葬被盗和灌水淤积，墓室内淤土甚多，骨架和遗物扰乱极为严重，葬具葬式都已无法考察，在各室仅见有不少散乱的铁棺钉和棺木朽灰。随葬物品大部分被盗走，所留少量器物多成碎片，复原成形的瓷器26件，陶器4件，石器5件，骨器1件，铁器1件，铜镜1件，铜钱194枚。

根据墓志记载，墓主冯京是北宋枢密副使。冯京（1021—1094），字当世，宋代宜山龙水（今广西宜州）人，还有两种说法是藤州镡津（今广西藤县）凤乡人或鄂州江夏（今湖北咸宁）人。墓葬形制为南方流行，与祖籍有关。冯京历经仁、英、神、哲宗四朝，在1048年8月至1049年3月举行的乡试、会试、殿试中，他连中解元、会元、状元，在古代13位"三科状元"中名气较大。时任朝廷宰相见冯京才华横溢，先后将两位千金嫁给他为妻，留下了"两娶宰相女，三魁天下元"的千古佳话。

### （五）洛阳涧河两岸土洞墓

1957年，在洛阳涧河两岸清理了60余座小型宋墓[①]，27座保存比较完整。在这之中靴子形墓最多，共17座。均土洞墓室，土坑竖穴墓道。墓道长1.9米，愈近墓室愈宽，最窄处0.46米，最宽处0.8米；穹窿顶，墓室长2.2米、宽0.8～1.26米、深3.54米。有的墓道比墓室深0.2～0.3米。部分土洞墓以小砖平砌或侧砌封门，墓内有棺钉和板灰痕迹。仅1座土洞墓为正方形墓室，洞顶已塌，墓道宽0.94米，墓室长3.2米、宽2.98米、深8米。墓向正南北，墓主头向西，有板灰痕迹（图6-45）。长方形土坑墓较少，共9座。长2.2米、宽0.68米、深3米。墓口距地表1～1.5米，有的墓底的宽度比墓口窄些。发现有铁棺钉。墓向以西北向的较多。

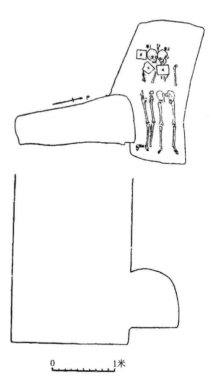

图6-45　洛阳3120号墓平、剖面图

---

① 参见何凤桐.洛阳涧河两岸宋墓清理记［J］.考古,1959（9）.

墓内出土物都很少，最多的一墓只有9件。最常见的殉葬品有灰陶小罐、黑釉双耳罐和小瓷碗。

### （六）北宋陕州漏泽园

北宋陕州漏泽园墓地，是官府修筑的自家无力安葬者的墓地[1]，位于三门峡上村岭西端南侧向阳村东，西距陕州故城2千米。三门峡文物工作队先后清理小型土坑墓849座，总面积达3800平方米。墓葬形制简单，葬具均为陶罐，部分墓葬未使用葬具。葬式十分复杂，有仰身、侧身、俯身各式，且均有直肢与屈肢之分。

《北宋陕州漏泽园》报告中的墓志铭中记载被葬者有士兵。士兵、军人之所以被葬进漏泽园，是由于在北宋末期强制征兵和招收流民、逃兵的做法特别盛行，在百姓成为士兵的过程中，失去血亲的人们又由国家负责安葬，国家将流民编入军籍的同时也负责安葬这些流民。

修建漏泽园制度产生于宋神宗元丰年间，官府出资收集骨骸，用火葬然后掩埋，记录死者姓名、籍贯、死亡日期或是送来人名等信息，并有规律地刻写区域座次的编号。河南、陕西、江苏、河北、四川等也有发现。

## 三、陕西地区

陕西地区宋墓类型主要有砖室墓和土洞墓。砖室墓中以仿木构建筑墓为多。墓葬平面形制以方形为主，还有长方形、六角形、八角形等形制。丹凤县商雒镇宋墓为前后双室，前室六边形，两边各辟两个方形侧室，后室方形的砖室墓[2]；延川县北宋墓为八角形砖室墓；韩城盘乐村宋墓为长方形砖室墓；洛川土基镇宋墓为方形砖室墓；陕西蓝田北宋吕氏家族墓为土洞墓。

### （一）陕西蓝田北宋吕氏家族墓园[3]

北宋吕大临著有《考古图记》，记述了宋代所见三代礼器文物。其家族墓地因为被盗不断，难以守护，在2008—2011年进行发掘。家族墓园主要由墓园兆

①　参见三门峡市文物工作队.北宋陕州漏泽园[M].北京：文物出版社，1999.

②　参见陕西省文物管理委员会.陕西丹凤县商雒镇宋墓清理简报[J].文物参考资料，1956（12）.

③　参见陕西省考古研究院.陕西蓝田县五里头北宋吕氏家族墓地[J].考古，2010（8）.

沟、墓葬群、家庙遗址、神道四部分组成。兆沟是整座墓园的边沿与护卫设施，自东、西、北三面环绕墓园，墓园面积约138000平方米。墓葬群分布于墓园北部，家庙置于墓园南部入口内，神道位居墓园中轴线上，北端直达主墓葬，南端与家庙主殿北门相接，将墓葬群与家庙连为一体（图6-46）。

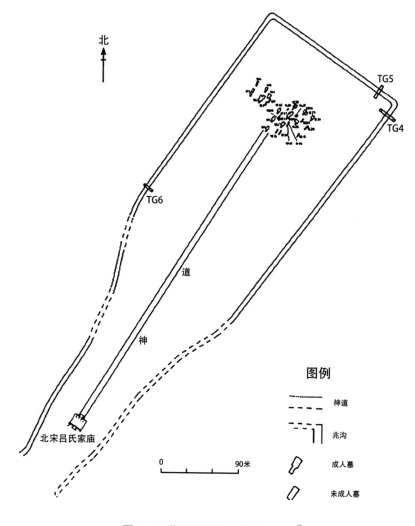

**图6-46　蓝田吕氏家族墓园平面图**①

---

① 参看陕西省考古研究院, 西安市文物保护考古研究院, 陕西历史博物馆. 蓝田吕氏家族墓园（四）[M]. 北京: 文物出版社, 2018.

墓葬群居园内北部正中，共计29座。成人墓葬20座，婴幼儿墓葬9座，深8.5～15.5米，均为竖穴墓道、平顶或拱顶土洞墓室。成人墓葬可分为五种形制：单室、前后双室、并列双室、主室带侧室、单前室双后室。以M2为代表的单前室双后室形制最具特色（图6-47）。

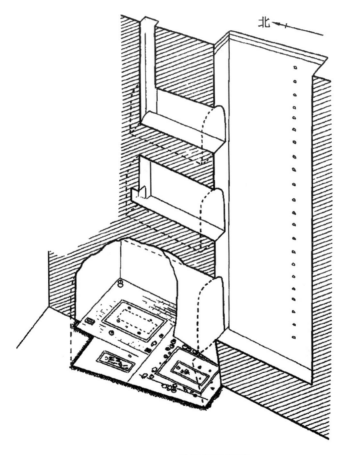

**图6-47 M2三维透视示意图**

出土遗物共计600余件（组），包括陶、瓷、石、铜、铁、锡、金、银、漆、骨、珠贝类，皆为实用器。瓷器数量较多，以陕西铜川耀州窑青釉瓷为主，兼有定窑、建窑、景德镇湖田窑产品（图6-48）。共计出土砖、石墓志铭24方。

**图6-48　吕氏家族墓地出土遗物**

1.青釉刻花牡丹纹碗　2.白釉六曲葵瓣纹温碗　3.青釉刻花瓜棱腹钵

4.石执壶　5.青白釉瓜棱腹执壶　6.青釉刻花渣斗　7.青白釉托杯

8.青釉刻花牡丹纹盖碗　9.黑釉金兔毫盏　10.石质俏色风字形砚台

　　吕氏家族墓地是目前发现保存最完整的北宋家族墓地，有29座墓葬，东、西、北三面环绕兆沟，家庙遗址处于墓葬群中轴线南端500米处。墓葬在纵向与横向排列上都遵循一定规则。墓葬布局呈马蹄状，最南端为最高辈分的吕通墓，其次为两个儿子吕英与吕蕡墓，第三排为"大"字辈孙辈成员，为一字排开的七座墓葬，包括吕大临等兄弟。第四排为"山"字辈重孙墓葬。第五代成员仅一位，即吕大防孙女吕倩容，其为未出阁女子且早亡，生前深得祖父钟爱，故破例葬于大防墓上土层中。蓝田吕氏家族墓地中共埋葬五代人，使用时间为宋神宗熙宁七年（1074）至宋徽宗政和六年（1116）。

　　出土墓志内容丰富，为研究北宋官制、科考制度、家族成员葬制以及河南汲郡吕氏家族起源、分支、途迁和定居陕西蓝田后的家族发展谱系和延续脉络提供了珍贵资料。通过对墓志的初步研究，首先明确了吕氏先祖为殷人姜尚，封地汲郡，国号吕。太公归周改封齐，吕通墓志云："其子孙入齐者姜氏，留汲者为吕氏。"五代时同为一祖，后派而为三，号三院吕氏，后周广顺侍

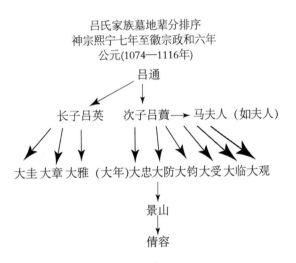

图6-49　蓝田吕氏家族墓地辈分谱系图

郎院之首吕咸林乃吕通祖父，由出土墓志记载所排列出的蓝田吕氏家族谱系表则更加完整详细。根据出土墓志，排列出蓝田北宋中、晚期吕氏家族墓地辈分谱系（见图6-49）。

**（二）陕西兴平西郊宋墓**

　　兴平西郊宋墓是一座仿木构的砖室墓[①]（图6-50）。墓室长方形，南北长3.48米、东西宽2.7米、高1.8米，方砖铺地，东西北三壁最下面用单砖平砌两

①　参见陕西省文物管理委员会.陕西兴平县西郊清理宋墓一座 [J] . 文物, 1959（2）.

层，再往上向内凹进2厘米，成束腰状，
束腰部分雕刻有花纹装饰，束腰上面又
用单砖平砌两层，再上各有倚柱八个，
分隔成七段，中间一段为一小龛，龛左
右相隔的一段有门两扇，半开着，其余
各段都满雕各种美丽的花纹。柱头上各
有斗拱一朵，挑檐砖上用砖做出瓦檐。
瓦檐之上用长方形砖平卧砌成券洞式的
墓顶。

　　墓室的东西壁小龛内有戴官帽的坐
俑三个，北壁小龛内有六个坐俑和一个
立俑（图6-51）。其他器物分布在墓室
的北部。根据出土的天禧通宝、淳化通
宝推测为北宋时期墓。

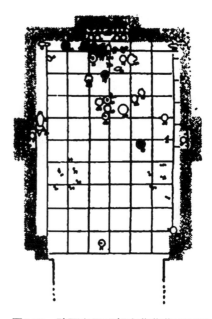

图6-50　陕西兴平西郊宋墓墓葬平面图

图6-51　陕西兴平西郊宋墓墓葬北壁

### 四、山西地区

山西地区墓葬类型主要为方形砖室墓，还有少量石室墓和土洞墓。本区墓葬形制主要为方形、八角形砖室墓，还有少量圆形、六角形等形制。汾阳北偏城宋墓为八角形墓，墓壁装饰有男女墓主人图、仕女图、瑞兽纹饰图等。长治故县村一号和二号墓为方形带小龛的砖室墓；长治壶关南村宋墓为方形带耳室的砖室墓；长治西白兔村宋墓为方形带耳室的石室墓；太原小井峪M38为六角形的砖室墓；太原小井峪M69为圆形砖室墓。山西汾阳东龙观宋金墓地为土洞墓。

### （一）山西汾阳东龙观宋墓[①]

山西汾阳东龙观发掘的27座宋金墓葬划分为两个家族墓地，北边以M48为中心，依次有M1及排列有序的一批土洞墓；南边以M2为中心，依次有M2、M5、M4、M6等。依据墓葬形制以及对出土买地券和随葬品的分析，M48为北宋晚期，M2为金代早期。这些家族墓地墓葬排列有序，墓室形制基本相同或呈现年代先后的规律性发展，出土的文字资料可以明确墓主身份、墓主与其他家族成员的关系以及家族墓地的营建情况。

四十八号墓（08FXM48）是一座中型砖砌八角形单室墓，穹窿顶，由墓道、墓门、甬道、墓室组成，墓室方向85°，墓道为长条形阶梯状，位于墓室东侧。墓道西宽东窄，中部平面略向南弧，口底同宽，直壁壁面较整齐。

墓门为条砖垒砌的拱形门，表面抹白灰，条砖封门，从底向上，第一、三层左斜，第二、四层右斜，其余随意堆砌，后用一块大石板砌于墓门外。石板长1.3米、宽0.68米、厚0.08米。甬道长0.66米，条砖错缝垒砌，两壁表面抹灰，弧顶未抹灰，距墓底0.98米起券，甬道地面铺方砖。

墓圹表面呈圆形，墓室为仿木建筑结构，平面八角形，方砖铺地。砖室内设较矮棺床。棺床高0.1米，墓壁条形砖垒砌且装饰砖雕，墓顶先用12层条砖叠砌，再用17层子母砖叠涩成圆顶，方砖盖顶。墓室长2.76米、宽2.7米、高4.6米（图6-52）。

---

① 参见山西省考古研究所, 汾阳市文物旅游局. 2008年山西汾阳东龙观宋金墓地发掘简报[J]. 文物, 2010（2）.

**图6-52 山西汾阳东龙观宋墓M48墓室结构**

墓室以条砖垒砌，除墓门（东壁）及东南壁之外，其余六壁均砌有砖雕，表面施彩。东南壁用黑色绘制，壁画内容为尺子、剪子、熨斗、注子等日常生活用品。南壁白灰抹底，砖雕大门，门表面施红彩，黑彩画门钉3排，每排8个，第二排下面有门环左右各一，门头上砖雕门簪3个，表面施红彩，西南壁砖雕直棂窗，表面施红彩，周边施白彩，西壁、北壁装饰同南壁，西北壁同西南壁。东北壁砖雕灯台、灯座，表面涂黑色，八壁间均有表面施黑色的立柱一根。

墓壁上方有斗拱8朵，均为一斗三升四铺作，上有较小的翼形拱。斗拱表面施红彩，白色镶边，拱眼壁内用墨色画牡丹花。[①]

四十八号墓出土遗物主要包括陶、瓷器两类。陶器共六件，主要为罐、魂瓶。瓷器种类较多，有白釉碗、白瓷碗、葵口盘、印花小碗、黄绿彩方枕、灰釉小罐等（图6-53）。

---

① 参见山西省考古研究所, 汾阳市文物旅游局.2008年山西汾阳东龙观宋金墓地发掘简报 [J]. 文物, 2010（2）.

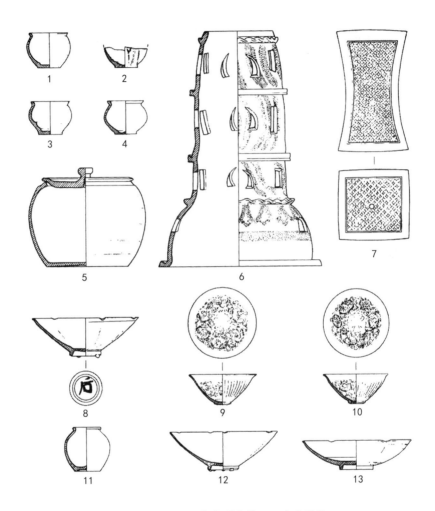

**图6-53 山西汾阳东龙观宋墓M48出土遗物**

1—4.陶罐 5.陶盖罐 6.陶魂瓶 7.瓷亚腰方枕 8.白瓷碗

9、10.瓷印花小碗 11.灰釉小罐 12.白釉碗 13.白瓷盘

## （二）山西壶关下好牢宋墓[①]

壶关下好牢宋墓为仿木建筑结构砖室墓，墓顶穹窿形，墓室近方形，东西宽2.2米、南北长2.3米、内顶高3.9米。墓室内下部砌有须弥座台基，台高0.36

---

① 参见长治市博物馆.山西壶关下好牢宋墓[J].文物，2002（5）.

米，束腰部用砖分隔。南壁正中为墓门门洞，门高1.25米、宽0.7米，拱券式。北壁中部为耳室门洞，拱券式。室内砌有棺床。棺床边用条砖砌出须弥座式，边缘雕仰莲花边。东西壁结构基本相同。中间砌拱形耳室门洞。室内设棺床，形制与北壁同。两壁斗拱结构相同（图6-54）。

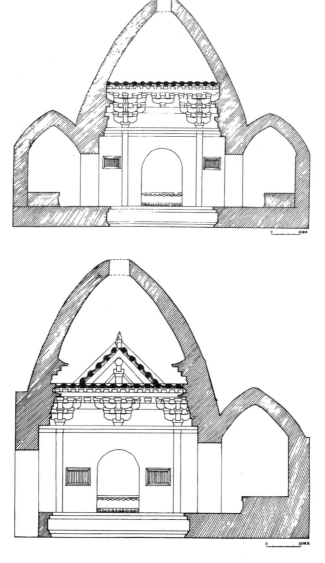

**图6-54　山西壶关下好牢宋墓墓室正、侧剖面图**

北壁耳室内绘一幅水墨山峦图。东壁、西壁耳室正中亦画水墨山峦图（图6-55）。

**图6-55 山西壶关下好牢宋墓北壁耳室山峦图**

墓室南壁门两侧各砌一武士。左部上砌砖雕二块，为曹娥图和闵子骞图。右部砌砖雕一块，为王祥图。北壁门洞两侧各镶砌一侍女。左部砌砖雕一块，为鲁义姑图。右部为丁兰图。东壁墓门两侧左右各砌砖雕三块，左侧刘明达图、曾参图、姜诗妻图，右侧郭巨图、王武子妻图和元角图。西壁左右各砌砖雕三块，左侧董永图、鲍山图和舜子图，右侧陆绩图、刘殷图和田真图。

**（三）长治西白兔村宋墓①**

墓为仿木建筑结构石室墓。整个墓室全用砂石经整形雕作后垒砌而成。墓室平面近方形。东西1.85米、南北2.09米。墓室残高2.83米。墓室平面砌有束腰须弥座，座高0.44米（图6-56）。

南壁设有墓门，门用条石垒砌成券洞式拱形门，门高0.93米、宽0.60米、深0.49米。北壁正中砌有耳室，耳室门高0.62米、宽0.56米、进深2.12米。耳室两侧各砌一直棂窗，窗高0.62米、宽0.56米。东壁砌一个耳室，门高0.62米、宽0.46米。两侧砌有对称的破子棂窗各一扇。西壁砌两个耳室，形制相同。门高0.62

---

① 王进先. 长治市西白兔村宋代壁画墓发掘简报 [C] // 山西省考古学会论文集（三）. 太原: 山西古籍出版社, 2000: 131-137.

米、宽0.54米、深0.64米。两室之间用石板相隔。中部雕一破子棂窗。窗形制与其他各壁窗相同。

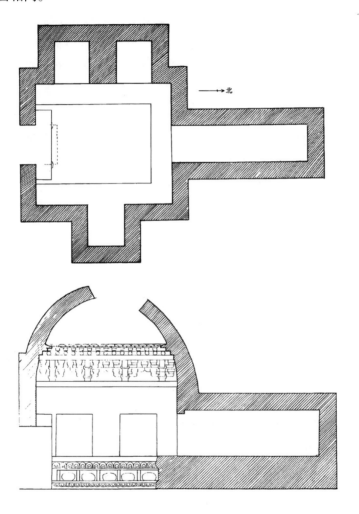

**图6-56　长治西白兔村宋墓平、剖面图**

墓室四壁均雕有仿木斗拱结构。斗拱为四铺作。做法为须弥座上四壁间均不设柱，而东北壁面转角雕一龙头伸出。墓室券顶部砌法为东西面各用一半圆形石头竖立相对称，东绘青龙，西绘白虎。南北两面用条石垒砌，上绘有"二十八宿星象图"。墓室内四壁均施彩画与壁画，南壁与北壁为行孝图。东壁与西壁内容相同，中绘有供养飞天图，耳室门两侧绘侍仆等。

## 五、河北地区

河北地区宋墓墓葬类型有砖室墓、石室墓、土洞墓和土坑墓，以砖室墓为主。墓室形制，平面大多为圆形，也有六边形、八角形等形制。临城岗西村宋墓为圆形砖室墓，平山县两岔M7[①]为八角形砖室墓，邢台宋墓有竖穴土坑墓与竖井墓道土洞墓等。

### （一）河北平山县两岔宋墓

7座墓葬按时间早晚南北排列，应是北宋晚期的一处家族墓地（图6-57）。其中M4是石筑穹窿顶墓葬，其余为仿木构雕砖壁画墓。皆单室墓，墓室平面形状不统一，有圆形、六角形、八角形。墓室内壁画有熨斗、剪刀、门窗、一桌两椅图。随葬品有铜镜、瓷器。以M1和M4为例。

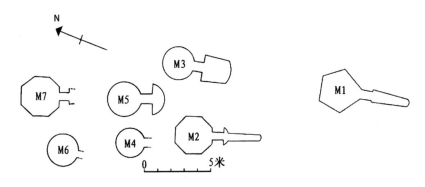

**图6-57　河北平山两岔宋墓墓葬分布图**

M1，台阶式墓道，仿木构门楼。墓室平面六角形，南北长3.17米、东西宽3.26米、壁高1.82米（图6-58）。墓室内有壁画。西南壁主体是内层一只大虎，外层一只大狗，上有祥云，前后有花卉，后侧还有一位仕女托桃。西北壁有一桌二椅，简化的开芳宴图，没有人物（图6-59）。东南壁破坏甚多，下脚有祥云，主体是牛，有荷花。综合分析不是四神，有两种可能：一是生肖，因为有祥云围绕；二是野外山景。棺床两侧之上有桌椅图。

---

① 参见河北省文物研究所.河北平山县两岔宋墓[J].考古，2000（9）.

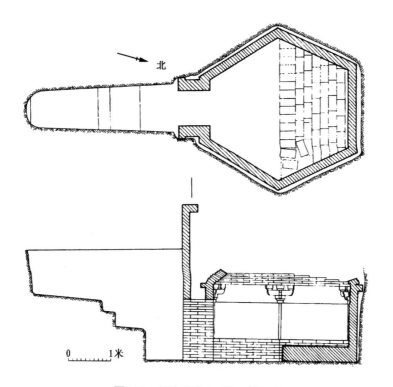

图6-58 平山两岔M1平、剖面图

图6-59 平山两岔M1西南、西北壁壁画展开图

M4，方向160°。墓道在墓室南，墓门由石块垒砌封门，甬道为平顶过洞式，长0.55米、宽0.65米、高0.75米。圆形穹窿顶墓室，直径2.25米，通高1.83米（图6-60）。墓室西部有半圆形尸床，正面用石块砌筑，内填沙土。骨架已被扰乱。

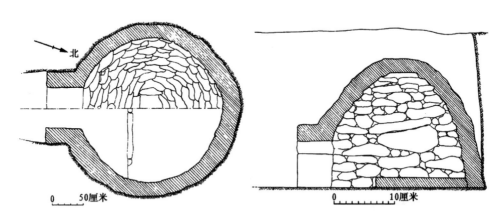

图6-60　平山两岔M4平（俯、仰视）、剖面图

## 六、山东地区

山东地区墓葬类型包括砖室墓、石室墓和土洞墓。墓葬平面形制以圆形为主，还有方形和八角形等形制。本区砖室墓装饰内容较为简单，以仿木构建筑装饰为主。招远市磁口村宋墓①，为八角形石室墓。济南山大南校区宋墓②、济南青龙桥宋墓③为圆形单室的砖室墓。章丘女郎山M75④为圆形多室的砖室墓。嘉祥钓鱼山二号墓⑤为方形三层结构的石室墓。

### （一）山东莱州南五里村宋代壁画墓⑥

墓葬为仿木建筑的单室砖室墓，坐北朝南，方向190°，由墓道、墓门、封

---

① 参见侯建业，杨文玉，王春启. 山东招远县发现宋墓[J]. 考古, 1995（1）.

② 参见济南市博物馆，济南市考古所. 济南市宋金砖雕壁画墓[J]. 文物, 2008（8）.

③ 参见济南发现带壁画的宋墓[J]. 文物参考资料, 1960（2）.

④ 济青公路文物考古队绣惠分队. 章丘女郎山宋金元明壁画墓的发掘[C]//山东省文物考古研究所. 济青高级公路章丘工段考古发掘报告. 济南：齐鲁书社, 1993：180-183.

⑤ 参见山东嘉祥县文管所. 山东嘉祥县钓鱼山发现两座宋墓[J]. 考古, 1986（9）.

⑥ 参见烟台市博物馆. 山东莱州南五里村宋代壁画墓发掘简报[J]. 文物, 2016（2）.

门、甬道和墓室组成（图6-61）。

　　根据头骨均位于墓室偏西，肢骨位于墓室偏东的情况分析，墓主或为头西脚东。

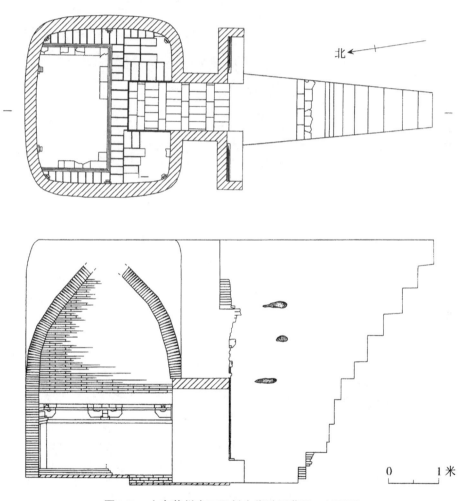

北 ←

0　　　1米

**图6-61　山东莱州南五里村宋代壁画墓平、剖面图**

　　墓室东壁壁面分南北两部分（图6-63），南侧为备宴图（图6-63，1），北侧为青龙（图6-63，2）。南壁，甬道口东侧为侍女图。甬道两壁绘有壁画，其中东壁有墨书墓志（图6-62），西壁有墨书题记、纪年。

1

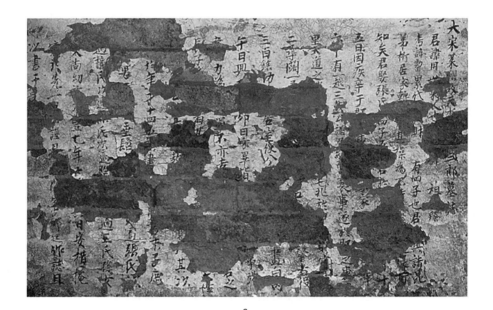

2

图6-62　莱州南五里村宋墓墓室甬道及墨书墓志

1.南壁甬道口上部　2.甬道东壁墨书墓志

1

2

**图6-63　莱州南五里村宋墓墓室东壁壁画**

1.墓室东壁壁画（整体）　2.墓室东壁青龙

西壁分南北两部分（图6-64）。南侧为散乐图（图6-64，1），北侧为白虎
（图6-64，2），画面表现的是女乐伎演奏的场景。

1

2

**图6-64　莱州南五里村宋墓墓室西壁壁画**

1.墓室西壁壁画（整体）　2.墓室西壁白虎

北壁壁面有墨书题词。仿木建筑皆在表面用单墨线随形勾绘轮廓图案，地填彩。拱间除北壁中部绘一力士外（图6-65，1），均绘黄地青晕牡丹图案（图6-65，2）。

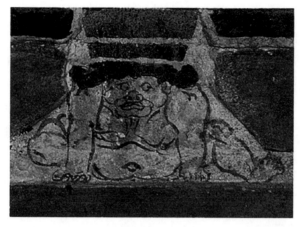

1

2

**图6-65　莱州南五里村宋墓墓室北壁壁画**

1.拱间力士　2.拱间牡丹

出土器物较少，主要有瓷碗1件、陶缸2件、铜钱15枚，另在墓道填土内发现少量陶瓷残片。

**（二）济南长清崮云湖宋墓M1**[①]

济南市考古研究所在长清区崮云湖抢救性发掘了三座宋代石室墓，出土墓志2合、各类随葬器物30余件。

M1穹窿顶石室墓，方向197°，由墓门、甬道、墓室组成。墓道南端存阶梯

---

① 参见济南市考古研究所.山东济南长清崮云湖宋墓发掘简报［J］.文物,2016（2）.

式墓道4级，以下为斜坡直至墓门，长3.6米，宽1.3～1.6米，最深1.92米。墓道北端为石砌墓门，门外有两侧立柱和中间封门石。三块封门石立砌在立柱之内。两门柱外侧紧贴墓道，用不规则的石块以及青砖砌出立墙。墓门由两扇门扉、一块门楣石组成。门楣石有凹槽，门扉有门轴，上端插入门楣石凹槽，下端插入铺地石的凹槽内。墓门内是甬道。甬道长度即为主室的厚度。上部为券顶，由14块楔形砖组成。墓室为圆形石穹窿顶，由大小不一的石块层层平砌而成，由下向上逐渐内收。

石棺床上放置两具木棺，两棺均东西向。骨架头向西，侧身屈肢。

## 七、甘宁地区

本区主要为北宋政府所辖秦凤路之西宁州、兰州、熙州等地。甘肃南部（兰州周边及其以南大部）均属于秦凤路。甘肃的平凉、庆阳的少部分地区属于永兴军路。主要为今天甘肃省东部的庆阳、平凉、天水、定西以及宁夏南部的固原等市及其部分区域。

甘宁地区墓葬类型主要为砖室墓，平面形制以方形为主。宁夏泾源宋墓和宁夏隆德县宋墓[①]为并列方形双室墓；甘肃环县宋墓[②]和临夏县宋墓[③]均为方形砖室墓。

### （一）甘肃天水市王家新窑宋代雕砖墓[④]

墓室内题记"大观四年"（1110）。长方形彩绘雕砖墓，墓葬坐东朝西，由墓门和墓室组成，方向340°。墓室平面近方形，长2.6米、宽2.58米、高4.1米（图6-66）。

墓室内没有发现人骨和葬具。随葬品已经被扰动，具体位置不清。

---

① 参见宁夏回族自治区博物馆.宁夏回族自治区文物考古工作的主要收获[J].文物，1978（8）.

② 参见张亚萍.甘肃环县宋代彩绘砖雕墓[J].文博，2003（3）.

③ 参见临夏回族自治州博物馆.甘肃临夏县宋墓清理简报[J].陇右文物，2002（1）.

④ 参见甘肃省文物考古研究所.甘肃天水市王家新窑宋代雕砖墓[J].考古，2002（11）.

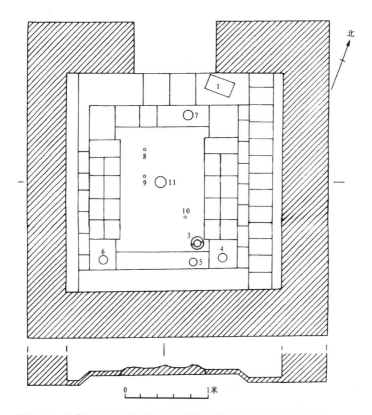

**图6-66　甘肃天水市王家新窑宋代雕砖墓墓葬平面图及墓底剖面图**

1. 纪年砖　2. 豆绿釉瓷注壶，出于东壁上层建筑南次间窗下　3. 橙黄釉瓷注壶

4. 豆绿釉瓷碗　5. 酱釉瓷碗　6、7. 灰陶罐　8—10. 铜钱　11. 铜镜

　　墓室内四壁均为彩绘雕砖。壁面分为三层仿木构建筑，甚为特殊。四壁建筑都是由须弥基座和上、下两层仿木结构的楼阁式建筑共三部分组成，即墓壁最下部砌为须弥基座，基座之上有上、下两层仿木结构的楼阁式建筑。其中，下层建筑主体为半门、格子槅扇，以及妇人启门图等；上层建筑主要表现墓主人开芳宴、散乐图和妇人启门等雕砖题材，以及歇山顶仿木构建筑等。

**（二）宁夏泾源宋墓[①]**

　　此墓建筑形制为一个略呈方形的墓坑，墓坑中砌筑左右二墓室，其间以小券门相通。墓门方向110°。两个墓室均为长方形。长2.6米、宽1.15米（图

---

① 　参见宁夏博物馆考古组. 宁夏泾源宋墓出土一批精美雕砖［J］. 文物，1981（3）.

6-67）。左右两室各置一棺，夫妇合葬。墓壁的中部以门为中心，两旁各镶嵌窗子、侍女、男仆、马等六块方形雕砖（图6-68）。

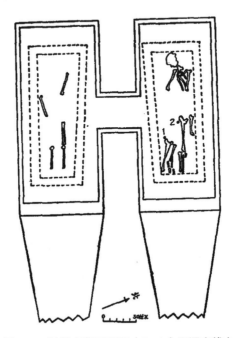

图6-67　泾源宋墓平面图（1、2太平通宝钱）

图6-68　泾源宋墓左室右壁、后壁、左壁立视图

墓内随葬品被盗掘，唯墓室墙壁上镶嵌的大部分雕砖还保存完好。雕砖分长条形和方形两种。长条形雕砖，分别镶砌在两个墓室下部的须弥座束腰部位，共32块。砖雕壁画采用减地雕刻法，内容多为单个的家畜、家禽、瑞鸟、神兽，

如鸡、鸭、鹅、猪、牛、羊、狗、鹿等（图6-69，3）。另有两幅推磨图（图6-69，1）和碓米图（图6-69，2）。

方形雕砖共29块，其中门、窗13块。门只在方砖上划一十字交叉的直线表示。窗子分别雕出柿蒂方格眼、簇四毬纹、交脚龟纹三种图案（图6-69，5）。其余16块，一块雕高木方桌，桌上置有两个高足茶盏和水果等物，桌子两侧各雕一把靠背高木椅（图6-69，4）。其余方砖，除带鞍具的马、裸马及骆驼外，还有各种形态的男女侍仆和担物者。

**图6-69　泾源宋墓雕砖**

1.推磨图　2.碓米图　3.家猪图

4.一桌二椅图　5.龟背纹图

# 第四节　南方宋墓

南方地区宋代墓葬与北方墓葬相比较，大致有以下特点：墓葬形制以类椁式墓为主流，川贵地区类屋式墓相对较多，个别墓还使用壁画雕刻装饰。墓室平面以长方形、方形、船形为基本形态，基本不见六角形、八角形。流行夫妻同穴异藏之俗，即一个土坑竖穴墓坑内，并列两个或三个墓室，有的中间隔墙，有小孔洞相通。注重墓葬密封防腐防潮，墓穴普遍较北方的宋墓要小，多数是仅能容枢。由于墓葬注重密闭防腐，能保留下纺织品、漆木器，甚至是经书、文书、尸体等都有发现。随葬品种类多，瓷器、陶器、铜镜、铜钱、金银器、衣物、漆器等均有发现。道教镇墓安魂之物、谷仓罐等占有突出地位。墓志在非品官墓的平民墓也有出土，等级制度约束没有中原严格。

## 一、成都及其周边地区

### （一）墓葬形制

本地区目前报道的宋代墓葬以砖室墓最多，石室墓较少。

砖室墓，墓室主体用砖砌成，根据墓室主体结构的差异可分为大中型砖室墓、小型砖室墓和双层砖室墓。大中型砖室墓，长2米以上，宽多在1米以上，墓底铺砖，多为券顶。墓室分为单室和双室，并列双室之间有过洞相通。如博瑞M28[①]（图6-70，1）、青龙村M2[②]、二仙桥M1[③]（图6-70，2）。小型砖室墓，墓室长度多在1.5米以内，宽不到1米，墓室分为单室和双室，并列双室之间有过道相通。目前发现的此类墓葬均有火葬迹象，如金鱼村M3[④]、石墙村M5[⑤]（图6-71，1）。双层墓，上层券顶，中间以条石相隔，下室为棺室，此类墓葬目前报道的较少，但均为合葬墓，如成都宋京墓[⑥]（图6-71，2）。

石室墓，墓室主体由规整的条石或石板砌成，无仿木结构形制，可分为三种。

（1）无墓门、肋拱和壁龛，仅为简单的石圹。目前仅见双室墓，如蒲江1982BDM1、M2[⑦]。

---

① 成都市文物考古工作队. 成都博瑞"都市花园"汉、宋墓葬发掘报告［C］//成都考古发现（2001）. 北京: 科学出版社, 2003: 120-162, 524-527.

② 朱章义, 刘雨茂, 毛求学. 成都市龙泉驿区青龙村宋墓发掘简报［C］//成都考古发现（1999）. 北京: 科学出版社, 2001: 278-294, 331-332.

③ 王仲雄, 王军. 成都市二仙桥南宋墓发掘简报［C］//成都考古发现（1999）. 北京: 科学出版社, 2001: 211-224, 327-330.

④ 参见成都市文物考古工作队. 四川成都市西郊金鱼村南宋砖室火葬墓［J］. 考古, 1997（10）.

⑤ 张擎. 成都市高新区石墙村宋墓发掘简报［C］//成都考古发现（1999）. 北京: 科学出版社, 2001: 252-259.

⑥ 参见成都市文物考古研究所. 四川成都北宋宋京夫妇墓［J］. 文物, 2006（12）.

⑦ 参见四川省文物管理委员会. 四川省蒲江县发现两座宋墓［J］. 考古与文物, 1986（5）.

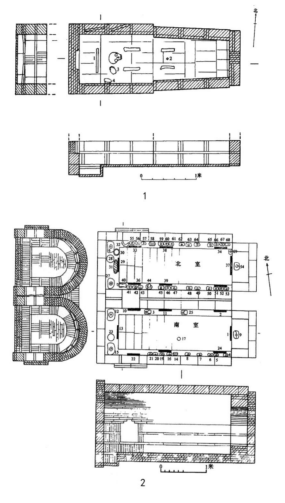

**图6-70　成都及其周边地区墓葬形制（一）**

1.博瑞M28平、剖面图　2.二仙桥M1平、剖面图

（2）大中型石室墓，有墓门，墓室内有壁龛。墓室有单室和双室之分，如邛崃北宋墓[1]、新津邓双乡M1[2]。

---

[1]　参见邛崃县文物管理所.邛崃县北宋墓清理简报［J］.四川文物，1985（3）.

[2]　成都市文物考古研究所，新津县文物管理所.新津县邓双乡北宋石室墓发掘简报［C］//成都考古发现（2002）.北京：科学出版社，2004：384-401，451.

（3）小型石室墓，有墓门，长宽均在1米左右，墓室内均有火葬的迹象。墓室有单室和双室之分，如洪河大道M2[①]、双流华阳镇M16[②]。

1

2

**图6-71　成都及其周边地区墓葬形制（二）**

1. 石墙村M5平、剖面图　2. 成都宋京墓

### （二）随葬品

本区宋代墓葬出土的随葬品主要有邛窑瓷器、陶俑、铜镜、买地券、镇墓券、墓志、铁钱、铜钱等，少见青白瓷、白瓷、漆器和金银器。

瓷器一般为褐色或紫红色硬胎，釉色为米黄、青、褐及其相近色，多数施釉不到底，并有流釉现象，部分器物为掩盖粗糙的胎质，在器胎表面肩腹部以上施一层白色化妆土。这些器物的胎釉特征与邛窑系瓷器十分接近，应是邛窑系产品。

俑种类繁多，有釉陶俑和三彩俑，每墓多者数十件，少者几件。俑种类包

---

① 成都市文物考古研究所，龙泉驿区文物保管所. 成都市龙泉驿区洪河大道南延线唐宋墓葬发掘简报[A]// 成都考古发现（2001）[C]. 北京：科学出版社，2003：163-177，528-531.

② 成都市文物考古研究所，双流县文物管理所. 成都市双流县华阳镇绿水康城小区发现一批砖室墓[G]// 成都考古发现（2003）. 北京：科学出版社，2005：347-396.

括文俑、武俑、男侍俑、女侍俑、鸡俑、狗俑、匍匐俑、人面蛇身俑、猪面人身俑、仰观俑、伏听俑、鼓俑、兽面俑等（表6-2、6-3）。

**表6-2 本区宋墓随葬品——人物俑、动物俑**

| 器物类型<br>年代分期 | | 文　俑 | | | 武俑 | 男侍俑 | 女侍俑 | 鸡俑 | 狗俑 |
|---|---|---|---|---|---|---|---|---|---|
| | | A型 | B型 | C型 | | | | | |
| 第一期 | 太祖<br>｜<br>真宗 | | | | | | | | |
| 第二期 | 早段 仁宗 | 1 | | | 8 | 11 | 14 | 17 | 20 |
| | 晚段 英宗<br>｜<br>钦宗 | 2 | 4 | 6 | 9 | 12 | 15 | 18 | 21 |
| 第三期 | 高宗<br>｜<br>卫王 | 3 | 5 | 7 | 10 | 13 | 16 | 19 | 22 |

1. AⅠ式文俑（保和乡M1：17） 2. AⅡ式文俑（三圣乡M1左：50） 3. AⅢ式文俑（二仙桥M1：56） 4. BⅠ式文俑（新津邓双乡M1西：8） 5. BⅡ式文俑（石墙村M5左：5） 6. CⅠ式文俑（海滨村M5：22） 7. CⅡ式文俑（石墙村M5右：16） 8. Ⅰ式武俑（保和乡M1：1） 9. Ⅱ式武俑（三圣乡M1左：44） 10. Ⅲ式武俑（石岭村M1：37） 11. Ⅰ式男侍俑（三圣乡M5：10） 12. Ⅱ式男侍俑（新津邓双乡M1西：25） 13. Ⅲ式男侍俑（二仙桥M1：48） 14. Ⅰ式女侍俑（保和乡M2：14） 15. Ⅱ式女侍俑（青龙乡海滨村M5：31） 16. Ⅲ式女待俑（二仙桥M1：63） 17. Ⅰ式鸡俑（保和乡M1：34） 18. Ⅱ式鸡俑（三圣乡M1左：3） 19. Ⅲ式鸡俑（三圣乡M7：18） 20. Ⅰ式狗俑（保和乡M1：43） 21. Ⅱ式狗俑（广汉雒城M1：21） 22. Ⅲ式狗俑（化成M5左：11）

表6-3　本区宋墓随葬品——神怪俑

| 器物类型<br>年代分期 | | 匍匐俑 | 人面蛇身俑 | 猪面俑 | 仰观俑 | 伏听俑 | 鼓俑 | 兽面足 |
|---|---|---|---|---|---|---|---|---|
| 第一期 | 太祖—真宗 | | | | | | | |
| 第二期 | 早段　仁宗 | 1 | | | 8 | 11 | | |
| | 晚段　英宗—钦宗 | 2 | 4 | 6 | 9 | 12 | 14 | 16 |
| 第三期 | 高宗—卫王 | 3 | 5 | 7 | 10 | 13 | 15 | 17 |

1. I 式匍匐俑（保和乡M1：7）　2. II 式匍匐俑（新津邓双乡M1西：26）　3. III 式匍匐俑（二仙桥M1：40）　4. I 式人面蛇身俑（张确夫妇幕）　5. II 式人面蛇身俑（二仙桥 M1：31）　6. I 式猪面俑（新津邓双乡M1西：11）　7. II 式猪面俑（石岭村M1：23）　8. I 式仰观俑（保和乡M2：26）　9. II 式仰观俑（新津邓双乡M1西：16）　10. III 式仰观俑（双流华阳M10西：3）　11. I 式伏听俑（保和乡M1：31）　12. II 式伏听俑（三圣乡M1左：47）　13. III 式伏听俑（二仙桥M1：25）　14. I 式鼓俑（三圣乡M1左：38）　15. II 式鼓俑（二仙桥M1：58）　16. I 式兽面足（三圣乡M1左：39）　17. II 式兽面足（化成M5左：5）

真文券与道教有着密切的关系，华盖宫文券和天帝敕告文券属于道教上清派，安（镇）墓真文券、消灾真文券属于道教灵宝派（图6-72）。北宋中期以后道教因素在墓葬中的流行可能与北宋时期道教的发展有很大关系，而北宋诸帝中又以真宗和徽宗尤甚。

1　　　　　　　　　　2

3　　　　　　　　　　4

**图6-72　本区宋墓随葬品——镇墓券**

1. 华盖宫文券（龙泉驿青龙村M2）

2. 天帝敕告文券（华阳三圣乡上河村M2）

3. 安（镇）墓真文券（成都九眼桥邓世英墓）

4. 消灾真文券（成都羊子山严世广墓）

## 二、以重庆—大足地区为中心的大巴山以南、乌江以北地区

本地区主要包括龙泉山以东、峡江地区以西、大巴山以南、乌江以北，中部为四川盆地腹心地区，外围多为山地。

### （一）墓葬形制

本地区的宋代墓葬以石室墓居多，崖墓次之。

石室墓，墓室主体由石质材料砌成，根据墓室结构的差异可分为两种。

（1）仿木结构画像石墓。墓室用条石砌筑，墓门外壁、墓室内壁雕刻仿木结构建筑和家居场景，斗拱多为一斗三升或简单的栌斗、散斗结构。墓室可分为单室及多室，如绵阳杨家墓[①]、华蓥安丙家族墓[②]、广元河西宋墓[③]（图6-73，1）、遵义杨粲墓[④]（图6-73，2）。

华蓥安丙家族墓由5座墓葬及墓前拜台、享堂、护坎等地面建筑遗迹组成，5座墓均位于墓地东部，坐东向西，从北至南依次排列（图6-74，1）。M2的主人为保宁节度使兼四川宣抚使安丙，M1为福国夫人李氏（图6-74，2）。均由墓道、墓门、墓室组成，墓室分为前室、中室和后室。墓室内雕刻大量人物、动物、花卉及仿木结构建筑图案，均施彩绘（图6-75）。

本区还发现少量砖室墓、石室火葬墓[⑤]和骨灰盒丛葬墓[⑥]。

（2）简单石圹墓。用规整的条石或石板构筑墓圹，墓室分为单室及双室，如渠县渠南乡宋墓[⑦]、资中谷田乡宋墓[⑧]。

崖墓分布在本地山区，墓室为方形或长方形，有些墓内雕刻有斗拱结构，如长宁M2[⑨]。

---

① 参见何志国. 四川绵阳杨家宋墓[J]. 考古与文物，1988（1）.

② 参看四川省文物考古研究院，广安市文物管理所，华蓥市文物管理所. 华蓥安丙墓[M]. 北京：文物出版社，2008.

③ 参见四川省博物馆，广元县文管所. 四川广元石刻宋墓清理简报[J]. 文物，1982（6）.

④ 参看贵州省博物馆考古研究所. 贵州田野考古四十年（1953～1993）[M]. 贵阳：贵州民族出版社，1993.

⑤ 参见马幸辛. 川东北历代古墓葬的调查研究[J]. 四川文物，2001（2）.

⑥ 参见刘光宝. 安县发现宋代骨灰盒丛葬墓[J]. 四川文物，1985（4）.

⑦ 参见王建纬. 渠县渠南乡宋墓出土文物[J]. 四川文物，1990（1）.

⑧ 参见孙晓明. 资中发现宋代石室墓[J]. 四川文物，1992（1）.

⑨ 参见王秦岭. 长宁县的宋代岩墓[J]. 四川文物，1984（3）.

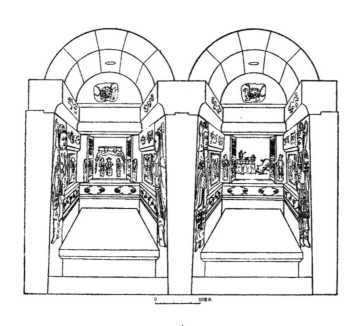

1

2

**图6-73　大巴山以南、乌江以北地区墓葬形制（一）**

1. 广元河西宋墓　2. 遵义杨粲墓

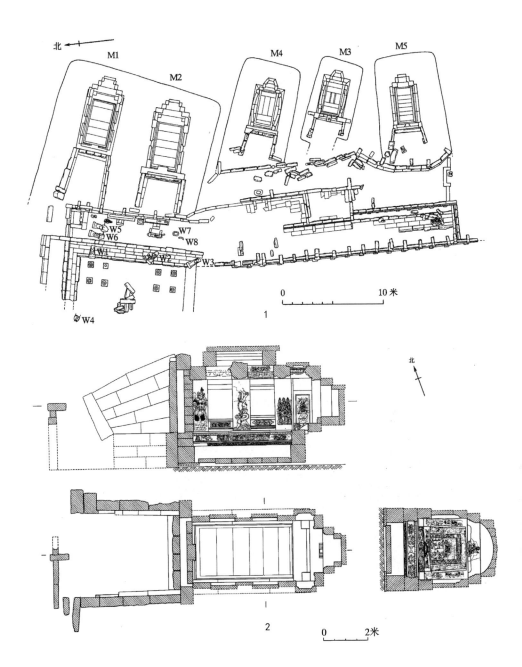

**图6-74 大巴山以南、乌江以北地区墓葬形制（二）**

1.安丙家族墓地平面图　2.安丙家族墓地M1平、剖面图

**图6-75　安丙夫人墓M1装饰图**

1、2.墓门两侧武士像　3.墓室后部过道伎乐像

4.墓内壁青龙　5.墓内壁白虎　6.墓内壁朱雀　7.墓内壁玄武

## （二）随葬品

本地区墓葬被盗严重，从随葬品组合来看，主要有邛窑瓷器、青白瓷、青瓷、白瓷、黑瓷、釉陶、俑等。

### （三）分期

本区纪年仿木结构画像石墓的年代多集中在南宋早中期，仅有大足地区报道有北宋中后期的同类墓葬，这是本区其他地方没有的。大足一直以石刻闻名，北宋中期仿木结构画像石墓出现在大足应是其石刻文化传统的体现。本书将这一区的宋代墓葬的形制发展分为四期。

第一期，北宋太宗至哲宗时期。可以明确为这一时期的墓葬不多，简单石圹单室墓应有使用。小型砖室墓虽然发现较少，但是在本地区各地应都有使用。

第二期，北宋徽宗到两宋之交。这一时期的墓葬形制除了沿用第一期的简单石圹单室墓外，新出现了仿木结构画像石墓和简单石圹双室墓。

第三期，南宋高宗后期到理宗前期。从墓葬特征来看，多数仿木结构画像石墓流行于这一时期，带有仿木结构的崖墓也应属于这一时期。此外，石室墓仍然被使用。

第四期，南宋理宗后期至南宋灭亡。从简单石圹单室墓使用的连续性来看，这类墓葬在这一时期依然使用。这一时期纪年仿木结构画像石墓少有报道，仅有的两座均发现于遵义地区，即宋代夔州路的播州地区，墓主人分别是杨粲和杨文。两人生前均为州土司，杨粲下葬于理宗后期，杨文则下葬于南宋最末期，前者墓室装饰复杂，后者墓室装饰极为简单。

### 三、峡江地区

本地区包括乌江的长江入口以东、宜昌以西的长江沿岸地区，沿江两岸为巫山山脉，是典型"两山夹一水"的地貌。

#### （一）墓葬形制

本地区宋代墓葬以土坑竖穴墓和土洞墓为主，有少量砖室墓、石室墓。

土坑竖穴墓，土圹内放置棺椁，根据形制差异可分为两种。

（1）单圹单棺。规模较小，有的墓底铺砖，长多在2～3米左右，宽多在1米以内，此类墓葬是峡江地区最常见的宋代墓葬。如秭归老坟园M24①、巴东西

---

① 黑龙江省文物考古研究所. 秭归老坟园墓群发掘报告［C］//湖北库区考古报告集（第三卷）. 北京：科学出版社，2006：46-76.

瀼口CM3[①]。

（2）"借墓为墓"。对早期古墓加以利用的一种墓葬形制，将墓坑建于早期砖（石）墓葬的墓室内或墓室上，有的还利用这些早期墓葬的砖块铺于墓室底部。如秭归老坟园M10（图6-76，1）。有的土坑墓在墓底铺有石灰以达到防潮的效果，如巫山麦沱M51、M52[②]。

土洞墓，半洞室，弧形顶，墓底呈斜坡状，有的有腰坑，有的墓口用石块封堵，均为单圹单棺，骨架头向墓口，有的在头骨旁放置一块板瓦。如秭归庙坪M78[③]（图6-76，2）。

砖室墓，墓室主体用砖砌成，可分为三种。

（1）长方形，无装饰，墓室分为单室或双室。如中堡岛M113[④]、秭归下尾子M2[⑤]。

（2）船形，带甬道，墓底铺砖，无装饰。如巴东孔包河2002M42[⑥]（图6-77，1）。

（3）长方形壁画墓。如秭归杨家沱M1[⑦]。

石室墓，墓室主体用石质材料砌成，可分为两种。

（1）墓室用石板或石块砌成，墓室内无装饰，有的后壁有龛。如忠县崖脚BM7。[⑧]

① 黑龙江省文物考古研究所. 巴东西瀼口墓群发掘报告 [C]//湖北库区考古报告集(第二卷). 北京: 科学出版社, 2005: 220-235.

② 参见重庆市文化局, 湖南省文物考古研究所, 巫山县文物管理所. 重庆巫山麦沱古墓群第二次发掘报告 [J]. 考古学报, 2005(2).

③ 湖北省文物事业管理局, 湖北省三峡工程移民局. 秭归庙坪 [M]. 北京: 科学出版社, 2003: 190-193.

④ 国家文物局三峡考古队. 朝天嘴与中堡岛 [M]. 北京: 文物出版社, 2001: 266-268.

⑤ 宜昌博物馆, 秭归屈原纪念馆. 秭归下尾子遗址发掘简报 [C]//湖北库区考古报告集(第一卷). 北京: 科学出版社, 2003: 292-301.

⑥ 湖北省文物考古研究所. 巴东孔包河墓地2002年发掘简报 [C]//湖北库区考古报告集(第三卷). 北京: 科学出版社, 2006: 363-378.

⑦ 湖北省文物考古研究所. 秭归杨家沱遗址发掘简报 [C]//湖北库区考古报告集(第二卷). 北京: 科学出版社, 2005: 433-435.

⑧ 北京大学考古文博学院三峡考古队, 重庆市忠县文物管理所. 忠县崖脚墓地发掘报告 [C]//重庆库区考古报告集(1998卷). 北京: 科学出版社, 2003: 679-734.

（2）墓室用石板或条石砌成简单的仿木结构，石板盖顶。如巫山瓦岗槽M18[①]（图6-77，2）。

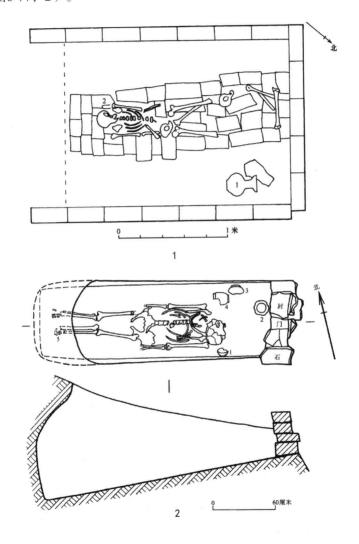

**图6-76　峡江地区墓葬形制（一）**

1. 秭归老坟园M10　2. 秭归庙坪M78

---

① 　南京博物院考古研究所, 重庆市博物馆, 巫山县文保所. 巫山瓦岗槽墓地发掘报告［C］//重庆库区考古报
告集（1998卷）. 北京: 科学出版社, 2003: 148-171.

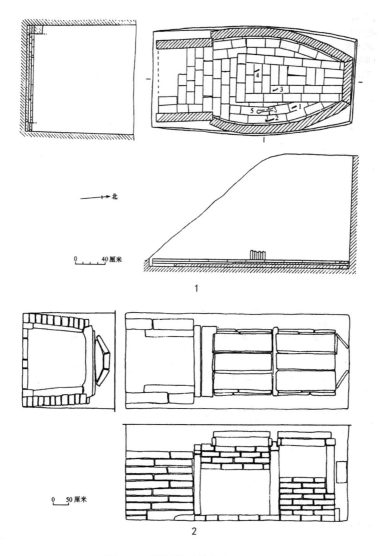

**图6-77　峡江地区墓葬形制（二）**

1. 巴东孔包河2002M42　2. 巫山瓦岗槽M18

　　此外，本地区的墓葬一直就有将棺木置于悬崖峭壁上的现象，目前有正式报道的相对较少，但其中肯定包含一些宋代墓葬。①

————————————

① 秦大树. 宋元明考古 [M]. 北京: 文物出版社, 2004: 156-157.

**（二）随葬品**

本地区宋墓出土的随葬品以青白瓷、青瓷和釉陶最为常见，另有少量白瓷、黑瓷、陶器、铜（铁）钱等，极少出土买地券或墓志。

本地区出土的釉陶多为红胎褐釉的器物，有的带化妆土，从胎釉特征上看，它们应是邛窑系产品。但是，这类器物与本地区出土的青白瓷等瓷器相比又较为原始。

**（三）分期**

第一期，北宋前期。墓葬形制主要为土坑竖穴墓和土洞墓，并有少量砖室墓和石室墓。随葬品中，碗盏类瓷器矮圈足者较多。

第二期，北宋中后期。墓葬形制基本延续了第一期的类型，偶见砖室墓，从船形砖室墓在长江中下游地区的流行年代来看，它在北宋时期应该都有使用。随葬品中，碗盏类瓷器的圈足增高，瓷器中有纹饰的器型增多。

第三期，北宋末期至南宋时期。这一时期基本延续了前一阶段的墓葬形制，土坑竖穴墓少见，新出现了少量的砖室壁画墓和仿木结构石室墓。随葬品中，青白瓷钵、瓶较多，青瓷器中碗盏类器型较少，釉陶器中罐类较多，其他器型少见。

## 四、长江下游地区

本书所指的长江下游地区，大致包括了大别山以东、武夷山—荡雁山以北、淮河以南的地区。本区内南部和西南部多山区和丘陵地带，中北部多平原。

**（一）墓葬形制**

本地区宋代墓葬以砖室墓和土坑竖穴墓为主，另有少量石室墓、砖石混筑墓和火葬墓。

砖室墓，墓室主体用砖砌成，使用木棺或棺椁套用。部分墓葬使用石灰、灰沙、水银等材料防腐、防潮，根据墓葬形制差异分为五种类型。

（1）长方形，有单室、双室并列、四室并列三种。如江苏金坛周瑀墓[①]（图6-78，1），该墓结构为长方形券顶砖室，券顶距地面2米，葬具为一棺一

---

① 参见镇江市博物馆，金坛县文管会．金坛南宋周瑀墓[J]．考古学报，1977（1）．

椁，棺下垫有两根枕木。该墓出土较多衣物丝织品。浙江金华郑刚中夫妇墓[①]，墓室用砖在基岩坑中砌筑，并列双室墓，双室均为前后室结构。

（2）船形，均为券顶，有单室和双室并列之分。如繁昌老坝冲M1[②]（图6-78，2），单室，后壁下部有一个小壁龛。

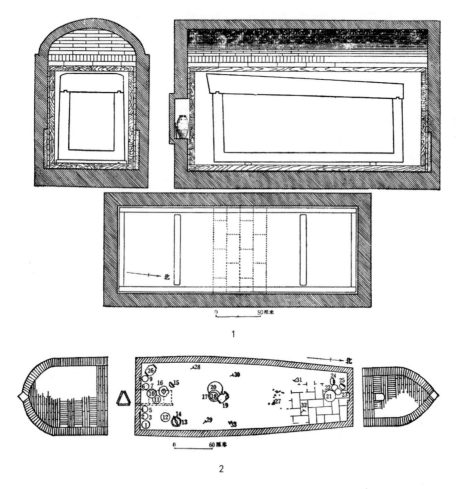

图6-78 长江下游地区墓葬形制（一）

1. 江苏金坛周瑀墓平、剖面图　2. 繁昌老坝冲M1

① 浙江省文物考古研究所,金华市金东区文物管理委员会. 金华南宋郑刚中墓[C]//浙江宋墓. 北京:科学出版社, 2009: 82-130.

② 参见繁昌县文物管理所. 安徽繁昌县老坝冲宋墓的发掘[J]. 考古, 1995(10).

（3）船形或椭圆形仿木结构砖室墓。如合肥西郊M1[①]（图6-79，1），墓室平面呈两头窄中间宽的船形，墓室内砌有立柱、斗拱等仿木结构。

（4）长方形壁画墓，有单室和并列三室之分。如淮安M1[②]（图6-79，2），单室，双棺，该墓东壁绘宴饮图，西壁绘梳妆图，北壁绘床榻，墓顶绘卷草、云纹。

（5）双层双室，双室无过洞相通。如上海张珪夫妇墓[③]，墓并不大，四壁都用砖砌，有上下两层，每层都分为两间。

土坑竖穴墓，使用木棺或棺椁套用，部分墓葬有防腐、防潮措施。根据墓葬形制可分三种。

（1）单圹单棺，有的墓底有腰坑。如江阴孙四娘子墓[④]（图6-79，3），此墓为浇浆木椁单穴墓，木椁外用浇浆固封，椁盖和浇浆体中夹有一层5～10厘米厚的白胶泥。出土较多木俑和经卷。

（2）单圹双棺或单圹三棺。如合肥马绍庭夫妇墓[⑤]（图6-79，4），该墓为长方形竖穴土坑墓，圹内并列放置两口棺木。

（3）并列单坑单棺，有双坑并列和三坑并列。如武进剑湖砖瓦厂M1、M2[⑥]。

石室墓，墓室主体由石质材料构建，可分为三种。

（1）前后双室。如怀宁龙王嘴宋墓[⑦]（图6-80，1），该墓后室有轴转墓门，后室左右两壁各有石柱，墓顶用石板封盖。

（2）带斜坡墓道的单室墓。如合肥包拯原葬墓（M8）及其妻子董氏原葬墓（M6）[⑧]（图6-80，2）。包拯原葬墓（M8）位于墓地中轴线的正北，墓道的南口

---

① 参见汪炜, 路文举. 合肥市西郊宋墓的清理[J]. 考古, 2006(6).

② 参见江苏省文物管理委员会, 南京博物院. 江苏淮安宋代壁画墓[J]. 文物, 1960(Z1).

③ 参见沈令昕, 谢稚柳. 上海西郊朱行乡发现宋墓[J]. 考古, 1959(2).

④ 参见苏州博物馆, 江阴县文化馆. 江阴北宋"瑞昌县君"孙四娘子墓[J]. 文物, 1982(12).

⑤ 参见合肥市文物管理处. 合肥北宋马绍庭夫妻合葬墓[J]. 文物, 1991(3).

⑥ 参见武进县博物馆. 江苏武进县剑湖砖瓦厂宋墓[J]. 考古, 1995(8).

⑦ 怀宁县文物管理所. 怀宁县洪铺镇龙王嘴宋墓清理简报[C]//文物研究(第12辑). 合肥: 黄山书社, 2000: 123-127.

⑧ 安徽省博物馆. 合肥东郊大兴集北宋包拯家族墓群发掘报告[C]//文物资料丛刊(3). 北京: 文物出版社, 1980: 154-178.

与董氏原葬墓（M6）的墓室北墙紧接。两座墓均为带斜坡墓道的石室墓，平面近方形。

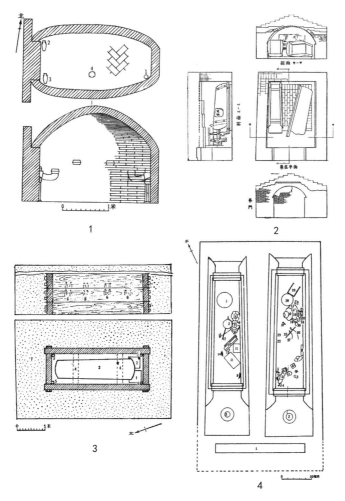

**图6-79　长江下游地区墓葬形制（二）**

1.合肥西郊M1　2.淮安M1　3.江阴孙四娘子墓　4.合肥马绍庭夫妇墓

（3）并列双室，券顶或石板盖顶，少数两室之间有过洞相通。如合肥包绶夫妇墓<sup>①</sup>（图6-81，1）。

---

① 安徽省博物馆.合肥东郊大兴集北宋包拯家族墓群发掘报告［C］//文物资料丛刊（3）.北京：文物出版社，1980：154-178.

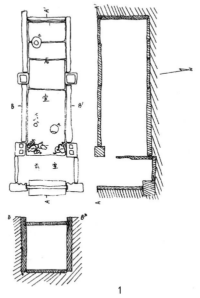

1

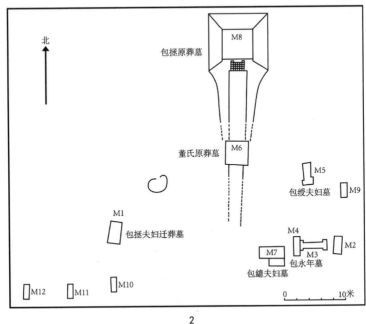

2

**图6-80　长江下游地区墓葬形制（三）**

1.怀宁龙王嘴宋墓　　2.合肥包拯家族墓地

砖石混筑墓发现较少，墓葬由外
到内为"土坑—石椁—砖室"结构，
均为夫妇墓，有的有壁龛、甬道和
墓门。如丹徒岳超夫妇三人合葬墓[①]
（图6-81，2），墓葬依山势凿穴而
建，砖石合砌，整个墓葬由墓道、照
壁、甬道和墓室等部分组成。墓室
为三室，中间为主墓室，左右设两侧
室，三间墓室均呈平面长方形。

火葬墓，目前报道的火葬墓很
少，可能与其规模较小难以保存有一
定关系。根据墓葬形制可分三种。

（1）砖砌墓室，并与尸骨墓
室并列，墓室长宽不到0.5米。

（2）单室砖室墓，长宽不到
0.5米，墓内可见骨屑。

（3）土坑墓，长宽均在0.5米
左右，墓底铺砖，砖上放置骨灰
盒，其旁放置若干陶罐。

本地区的各类墓葬中，除火葬
墓外，其他类型的墓葬中，常有发
现将石灰、糯米汁、泥沙、木炭或
是三合土填充在土圹与砖（石）圹
之间、砖（石）圹与木棺之间或木
椁与木棺之间。

**（二）随葬品**

长江下游地区宋代墓葬的随葬

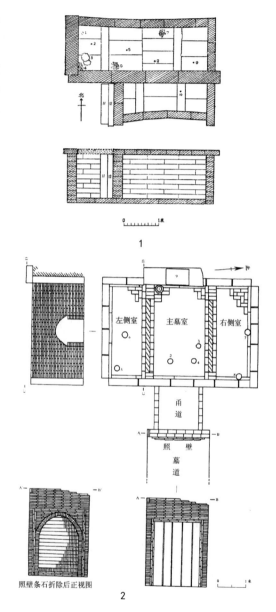

**图6-81　长江下游地区墓葬形制（四）**

1. 合肥包繶夫妇墓（M7）平、剖面图

2. 丹徒岳超夫妇三人合葬墓平、剖面图

---

① 参见镇江博物馆. 丹徒左湖南宋岳超墓发掘简报［J］. 东南文化, 2004（1）.

品十分丰富，以青白瓷居多，青瓷、白瓷和釉陶次之，再次为黑瓷、漆器、金银器、铜器、铜钱、铜镜，还有少量的俑、锡明器等。

（三）分期

第一期，北宋早期。墓葬形制主要有砖室墓和土坑竖穴墓。随葬品以青白瓷为主，碗盏类圈足普遍较矮。青瓷、白瓷、黑瓷都较少见，漆器、铜器也较少。

第二期，北宋中晚期。新出现石室墓，防腐、防潮措施逐渐普及，墓内四角放置铁牛或釉陶瓶。随葬品中，青白瓷器型增多，碗盏类圈足增高。白瓷多为定窑系产品，青瓷中出现了龙泉窑系、耀州窑系产品，出现了少量黑瓷，少数墓葬随葬木俑和瓷俑。釉陶瓶的器身逐渐增高。漆器、金银器、铜器由散件随葬发展为成套随葬，器型多与此时的瓷器较为接近。

第三期，南宋时期。砖石混筑墓也有发现，墓葬中防腐、防潮措施依然盛行。随葬品中不见俑，青白瓷较北宋时期大为减少。青瓷器较为发达，且多为龙泉窑系产品，定窑系白瓷仍有出土，黑瓷产品增多，釉陶瓶已完全发展为瘦高型，漆器、金银器和铜器基本都是成套随葬。

## 五、赣闽地区

江西在宋代属于江南西路大部及江南东路南部。福建在宋代属于福建路所辖。

（一）墓葬形制

本地区墓葬形制包括砖室墓、画像砖墓、石室墓、砖石混筑墓、土坑竖穴墓。多数墓葬属于没有墓道墓门的椁式墓，流行密封藏尸防腐习尚。

砖室墓，主体用砖砌成，分为无装饰砖室墓和画像砖墓两种。无壁画砖室墓平砌四壁，券顶或石板盖顶，有的墓底铺砖或石板，有的墓壁有龛。画像砖墓如北宋郭知章墓[①]，该墓砖圹已被破坏，但墓室内散落了若干块带有图案的雕砖，其图案大致有人物、四神、十二生肖等。

石室墓，主体用石材砌成，包括无装饰石室墓、石室壁画墓和画像石墓。无装饰石室墓，如江西南丰桑田宋墓[②]（图6-82，1），该墓为双室，整个墓室由

① 唐昌朴, 梁德光. 江西遂川发现北宋郭知章墓[C]//文物资料丛刊(6). 北京: 文物出版社, 1982: 175.

② 参见江西省文物工作队, 南丰县博物馆. 江西南丰县桑田宋墓[J]. 考古, 1988(4).

红砂条石垒砌而成，中间以砖墙相隔。出土遗物中包含大量瓷俑。石室壁画墓，如乐平礼林镇宋墓①（图6-82，2），该墓为长方形单室墓，南壁绘屏风，屏风上绘牡丹，其前绘交椅，两侧绘持扇女侍，东、西壁由北向南绘文、武官和男侍，均面向墓门。画像石墓，如樟树市画像石墓②，该墓为单室，东壁画像石已被破坏，西壁绘有墓主人筵席图，南、北壁上部分别绘白虎、青龙，其下方绘7人排列的道教教仪图。

砖石混筑墓，主体用石板和砖共同建造，可分为单室墓或多室并列墓。单室墓如江西德安周氏墓③（图6-83，1），该墓外层为长方形砖圹，砖圹内以石板搭成石椁，棺椁之间填石灰。出土遗物中有大批比较完整的丝织衣物，其中有裹脚布，是宋代流行女子裹脚习俗的证据资料（图6-84）。大衣，又称大袖、鹤袖。背子（褙子）对襟，两侧开衩到腋下，常有不同颜色的镶边。衫子，单层为衫，双层称夹衣，双层加棉为袄。衫子两侧不开叉或开小叉。

双室或三室墓如福州黄昇夫妇墓④（图6-83，2），墓室主体由外到内依次为"土圹—石椁—砖室—木棺"，墓室各层之间填充三合土、松香、白灰等防腐材料。出土丝织品数量多。福州茶园山许峻墓⑤，该墓为竖穴平顶三圹砖石结构，男圹居中，左右两圹为妻室。

此外，土坑竖穴墓在本地区报道的较少，多为单圹单棺。福建地区火葬墓数量较多。

**（二）随葬品**

本地区随葬品以瓷器为主，其中以青白瓷居多，兼有青瓷、白瓷、黑瓷，此外还有釉陶、瓷俑、石俑、铜钱、铜镜、墓志、买地券等。堆塑罐和堆塑瓶（俗称魂瓶、有龙虎缠绕者又被称为龙虎瓶）是本地区随葬品中特点较为鲜明的器物，属于明器，质地有青白瓷、釉陶。器表堆塑有龙虎、四神、十二生肖等神煞。长颈塔式盖类堆塑瓶逐渐由矮胖向瘦高发展（图6-85，1-4）。有的堆塑罐

① 参见江西省文物考古研究所, 乐平县文物陈列室. 江西乐平宋代壁画墓[J]. 文物, 1990(3).

② 参见江西省文物考古研究所, 樟树市博物馆. 江西樟树北宋道教画像石墓[J]. 江西文物, 1991(3).

③ 参看江西省文物考古研究所, 德安县博物馆. 江西德安南宋周氏墓清理简报[J]. 文物, 1990(9); 周迪人, 周旸, 杨明. 德安南宋周氏墓[M]. 南昌: 江西人民出版社, 1999.

④ 参看福建省博物馆. 福州南宋黄昇墓[M]. 北京: 文物出版社, 1982.

⑤ 参见福建省博物馆. 福州茶园山南宋许峻墓[J]. 文物, 1995(10).

的顶部做成仓形（图6-85，5-6）装饰仰莲保佑。王古山遗址M2出土的凹盖堆塑瓶的肩部还贴塑一莲瓣形门，门两侧饰有飞龙、动物、飞禽，人物等（图6-85，7）。俑在本地区墓葬中大量出现，江西地区流行各类瓷俑，福建地区流行各类石俑，造型与江西地区瓷俑相似。

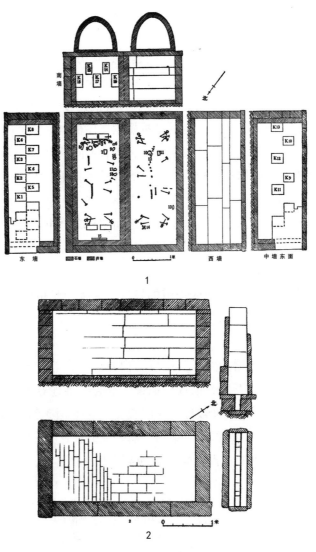

**图6-82　赣闽地区墓葬形制（一）**

1.江西南丰桑田宋墓平、剖面图　2.江西乐平礼林镇宋墓

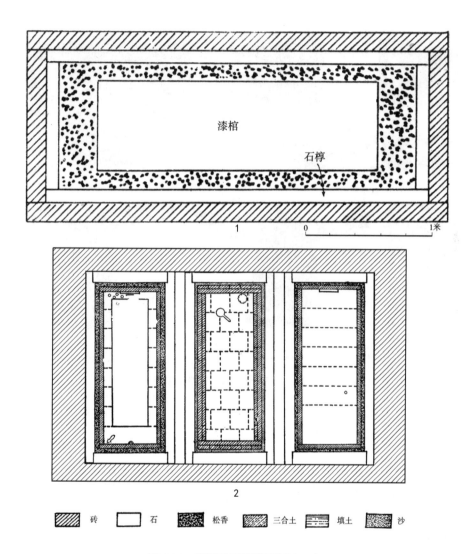

图6-83 赣闽地区墓葬形制（二）

1.江西德安周氏墓平面图 2.福州黄昇夫妇墓

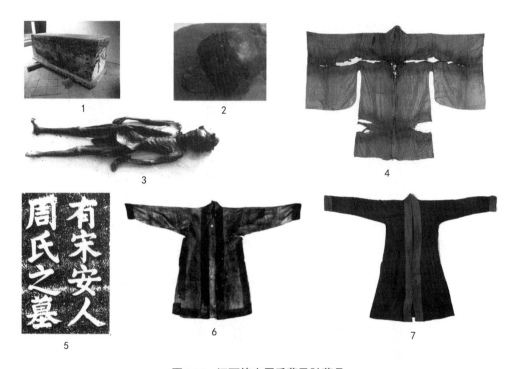

**图6-84 江西德安周氏墓及随葬品**

1.朱漆木棺 2.头饰细部 3.尸体保存情况 4.素罗大衣
5.墓志盖拓片 6.印金罗襟小袖罗背子 7.素罗窄袖衫子

### （三）分期

第一期，北宋早期，墓葬报道相对较少，墓葬形制主要有砖室墓和土坑竖穴墓。

随葬品中，江西地区青白瓷的器型不多，青瓷器很少见，基本不见白瓷、黑瓷和瓷俑。福建地区随葬品的器型较少，青瓷器相对较多，陶俑这一时期也有发现，釉陶器中谷仓的形态还较为简单。

第二期，北宋中晚期至南宋早期。各类墓葬类型都有发现，砖室墓居多，并出现了壁画墓、石室墓、砖石混筑墓和火葬墓。壁画墓较为兴盛。砖、石墓采用石灰、灰砂、三合土等防腐、防潮措施的现象增多。火葬墓一般都有砖砌墓圹和随葬品。随葬品中，江西地区青白瓷器型大为丰富，青瓷、白瓷、黑瓷也有一定数量的发现，随葬瓷俑的现象逐渐增多。福建随葬品中，青白瓷、青瓷的器型都非常丰富，青白瓷龙虎堆塑瓶这一时期有少量发现，釉陶器中，谷仓的制作较为复杂，且大量流行多角瓶。

**图6-85　江西、福建地区堆塑瓶**

1. 余江大中祥符四年（1011）李大郎墓　2. 抚州政和八年（1118）墓

3. 临川庆元四年（1198）朱济南夫妇墓　4. 南昌嘉定二年（1209）墓

5. 景德镇乾道九年（1173）汪澈墓　6. 鄱阳南宋绍定二年（1229）范氏墓

7. 江西新建王古山遗址M2

　　第三期，南宋中晚期，墓葬形制仍然以砖室墓居多，土坑竖穴墓仍然使用。石室墓、砖石混筑墓仍有发现。壁画墓这一时期呈衰退趋势。火葬墓形制比第二期简化，多数仅埋葬骨灰罐。随葬品中，江西地区青白瓷的器型有所减少，青瓷中龙泉窑系的瓷器发现较多。白瓷多数为定窑系产品。瓷俑仍然出土较多，堆塑瓶开始大量流行。福建地区随葬品，青白瓷、青瓷和釉陶的器型都比第二期有明显减少，但随葬龙虎堆塑瓶、石俑和铁牛的现象较多。

## 六、湖南、两广地区

### （一）墓葬形制

本地区目前报道的宋代墓葬资料相对较少。这一地区的宋代墓葬有砖室墓、石室墓、土坑竖穴墓和陶坛骨灰墓。

砖室墓，墓室主体用砖砌成，根据墓葬形制可分为三种。

（1）仅有砖砌墓室，单室或双室。如广东紫金城郊宋墓①、湖南资兴旧市M461②。

（2）由坟茔圈、地下墓室和地上假椁组成。坟茔圈由砖围砌，上部已残，直径3.5~10米不等，呈半封闭状向南开口，坟茔圈中央下挖一个长方形墓室置棺，填土与地面平齐后再建一个与地下墓室同方向、等大的砖（石）椁室。如番禺小陵山M2③（图6-86，1）。

（3）单层双室墓。如韶关S.S.G.-M13④（图6-86，2）。

石室墓，墓室主体用石质材料砌成。潮州刘景墓⑤（图6-87，1），墓室由一块花岗岩凿成，内置棺，石板盖顶，其上再铺石灰砂并再盖一层花岗岩石条，然后在墓上用条石围建一个椁室，最后用三合土、石灰砂和黄泥堆成坟丘，墓前还有一通明代重建的墓碑。湖南何家皂墓⑥，石圹主体由石板开槽衔接构成，石板连接处用石膏勾缝，石圹与木棺之间填满石膏。

骨灰陶坛墓，尸骨火化后放入陶制容器后再下葬，根据埋葬方式不同可分两种。

（1）无坟冢，仅埋葬陶坛。

（2）地面用灰沙板建有近似长方形的假椁，椁前用灰沙板砌一个祭台，椁的正面立碑封堵，墓碑的下方挖一个深坑放置装有骨灰的陶坛。如广州简家冈

① 参见广东省博物馆.广东紫金县宋墓出土石雕[J].考古，1984（6）.

② 参见湖南省博物馆.湖南资兴隋唐五代宋墓[J].考古，1990（3）.

③ 广州市文物考古研究所.番禺小谷围岛小陵山宋代家族墓[C]//羊城考古发现与研究（一）.北京：文物出版社，2002：278-293.

④ 参见广东省博物馆.广东韶关市郊古墓发掘报告[J].考古，1961（8）.

⑤ 参见广东省博物馆.广东潮州北宋刘景墓[J].考古，1963（9）.

⑥ 参见湖南省博物馆，衡阳市博物馆.衡阳县何家皂北宋墓[J].文物，1984（12）.

M1<sup>①</sup>（图6-87，2）。

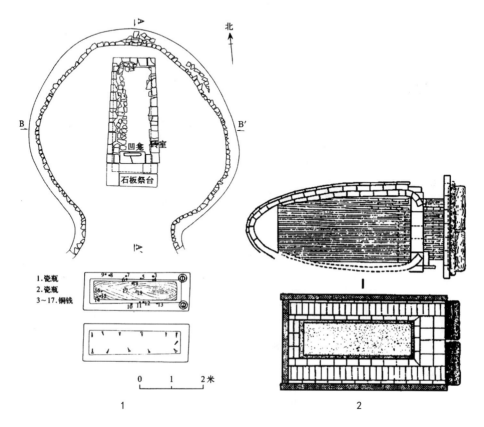

**图6-86　湖南、两广地区墓葬形制（一）**

1. 番禺小陵山M2　2. 韶关S.S.G.-M13

土坑竖穴墓。广东地区均为单圹单棺，如广东深圳咸头岭宋墓<sup>②</sup>。湖南地区土坑墓根据墓葬形制可分为三种。

（1）单人单圹墓，长2～4米，宽0.58～1.5米。

（2）双人单圹墓，墓底一端有头龛和生土二层台。

（3）小型圆形土坑竖穴墓。

---

① 参见广州市文物管理委员会.广州河南简家冈宋元墓发掘简报［J］.文物参考资料，1957（6）.

② 参见深圳博物馆.广东深圳宋墓清理简报［J］.考古，1990（2）.

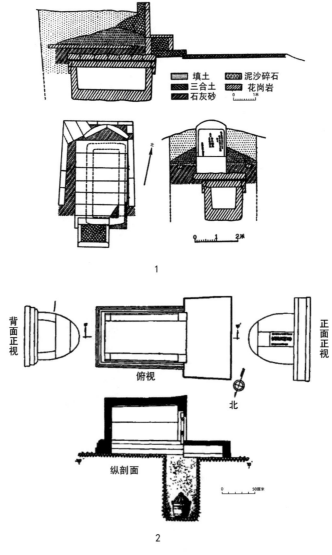

**图6-87 湖南、两广地区墓葬形制（二）**

1.潮州刘景墓 2.广州简家冈M1

**（二）随葬品**

本地区宋代墓葬的随葬品主要有瓷器、釉陶、石俑、陶器、铜钱、铜镜。湖南地区以陶盘口瓶最具特色，贯穿两宋时期（图6-88），两广地区有石俑和多角坛（图6-89）。

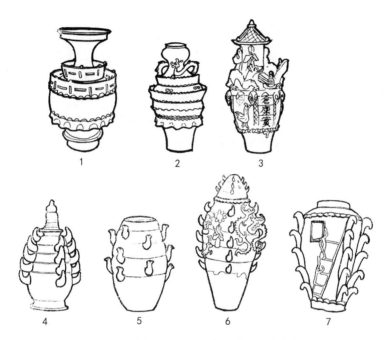

**图6-88　湖南地区陶盘口瓶、谷仓、多角坛**

1. 盘口瓶（长沙广场M30）　2. 罐形瓶（湘乡宏仓上M3）　3. "仓廪实"谷仓（长沙出土）

4. 多角坛（长沙近郊出土）　5. 多角坛（湘乡巴江出土）

6. 多角坛（湘乡桃林水库出土）　7. 多角坛（常德郊区出土）

1. 宋代前期　2. 宋代中期　3、4. 晚唐五代　5. 北宋　6、7. 宋代中晚期

## （三）分期

第一期，北宋时期。有砖室墓、石室墓和土坑竖穴墓。骨灰陶坛墓在北宋末期开始有少量发现。广东地区随葬品多为本地窑场所产的青白瓷系产品。湖南地区所有随葬品中，时代特征较为明显的陶盘口瓶，在这一时期从多道泥条堆纹发展到多种镂空装饰。

第二期，南宋时期。主要有砖室墓、石室墓、土坑竖穴墓、骨灰陶坛墓。随葬品中，这一时期出现了一些"湖州镜"。湖南地区的陶盘口瓶装饰工艺呈退化趋势，镂空少见，逐渐由明显的荷叶状条纹退化为简单的泥条波浪。

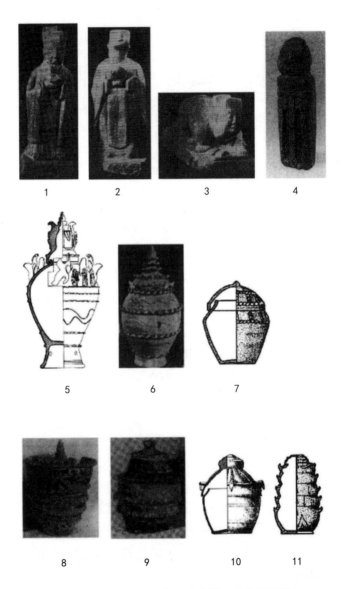

**图6-89 两广地区石俑、火葬罐、谷仓类明器**

1.生肖俑（紫金宋墓） 2.仰观俑（紫金宋墓） 3.匍匐俑（紫金宋墓）

4.武士俑（华侨小学M24） 5.陶坛（东莞篁村镇墓） 6.陶坛（紫金宋墓）

7.陶坛（佛山澜石M8） 8.陶坛（海康白沙乡M3） 9.陶坛（海康白沙乡M3）

10.陶坛（简家冈M1） 11.陶坛（佛山澜石M9）

# 第七章 辽代墓葬

# 第一节　辽代帝陵

辽代传九帝，历二百余年，陵墓分布有四处，陵园可分为两个类型。祖陵、怀陵属于深藏环形山谷型，显陵与乾陵、庆陵属于高居山坡台地型。

## 一、祖陵

辽代祖陵位于内蒙古自治区巴林左旗查干哈达苏木石房子嘎查西北的一个口袋形山谷中，辽太祖耶律阿保机与太祖应天皇后述律平的陵寝埋葬于此。以其地有祖山，为契丹始祖兴业之地，故名。祭拜祖陵在辽代政治生活中占有特殊地位。

新中国成立前，外国传教士对祖陵开展了部分考古调查工作。中国社科院考古研究所于2003—2004年、2007—2010年进行考古调查发掘，清理了陵园内一号陪葬墓、甲组建筑基址、二号建筑基址、三号建筑基址、四号建筑基址、黑龙门遗址（一号门址）、龟趺山建筑基址等（图7-1），取得了一系列重要的考古收获。[①]祖陵坐落于袋状山谷，谷口朝南偏东，谷口前有一矗立的孤山（漫岐嘎山）。辽祖陵选址特点是后有靠，侧有障，前有屏，近有水，可能是堪舆家所谓的龙脉之地。

谷内三面环山，峭壁难以攀登，山峰间低洼处（约30处），均以石块筑成石墙，在谷口两侧黛色岩峰耸立处（两壁相距80米）修筑陵门黑龙门，形成封闭的陵园。西坡有一条低矮的山梁从上向下延伸，把西坡分为内外两陵区。祖陵穴位于谷内西坡北部的内陵区，在第三岭（L3）东端，依山为陵，前半部有封土堆，后半部可能深入山体内，与《辽史·地理志》"太祖陵凿山为殿"相

---

① 参见董新林.辽祖陵陵寝制度初步研究[J].考古学报,2020（3）；参见：中国社会科学院考古研究所、内蒙古自治区文物考古研究所.辽祖陵—2003—2010年考古调查发掘报告[M].北京:文物出版社,2023.

符。神道两侧设置石像，除已经发现的卧犬和控犬人外，还发现一石翁仲。在南岭（L2）的东部发现了"南岭膳堂等建筑"，包括膳堂（以备时祭）、亭台类建筑。L2的东侧有一相对平坦的区域，上有平地起建的呈"品"字形格局的建筑，包括佛殿、休憩之所、生活住址。

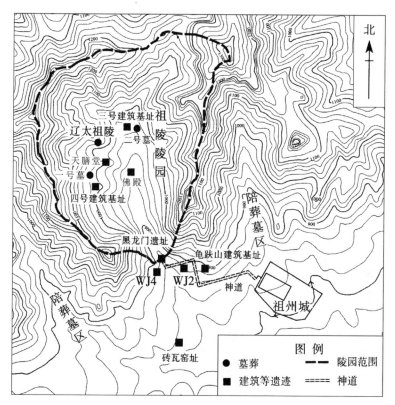

**图7-1 辽祖陵平面示意图**①

谷外也有祭祀性建筑遗迹。在祖陵外西侧，也有建筑基址，砖瓦残块非常丰富。附近还采集到一块残墓碑，存"……刘莫（寻）……葬依天城"的字样。与《辽史》"葬太祖皇帝于祖陵，置祖州天城军节度使以奉陵寝"的记载相印证。此墓或许是辽代以后的墓碑，"葬依天城"的"天城"应是祖陵当时的别名，形象表达了如山城的特点。

---

① 据《辽祖陵—2003-2010年考古调查发掘报告》相关插图改绘。

### （一）太祖纪功碑楼遗址①

太祖纪功碑楼遗址处于祖陵和祖州城之间的必经之路的龟趺山的小丘上，可以俯视祖州城。中心建筑基址（图7-2，2）坐北朝南，平面呈长方形，为面阔五间、进深三间的建筑。东西宽13.53米、南北进深9.83米。仅南侧正中有一个门址，门宽约4.1米，门两侧各有一个柱础残坑，地栿痕迹尚存。建筑基址四周的土墙为土坯垒砌，内外均在草拌泥上涂白灰面，建筑内地面铺有方砖。正中央有一长方形基址，上铺方砖，侧面为长方形砖包砌。基座上为一个巨大的石龟趺，石龟趺残长2.8米、宽2.1米、高1.06米，十分巨大，其上石碑被毁。采集到70余块契丹大字和汉字残碑石，其中契丹大字残碑石30余块。从采集的带字残石碑片看，一面为契丹文字，一面为汉文楷书，属于双语石碑（图7-2，1）。有"天赞五年""李胡王子""升天皇帝"以及东征渤海国等内容。与《辽史·地理志》记载："东偏有圣踪殿，立碑述太祖游猎之事。殿东有楼，立碑以纪太祖创业之功。皆在州西五里"②基本相符。有莲花瓦当、"王"字戳印板瓦。

**图7-2 太祖纪功碑楼遗址**

1.太祖纪功碑契丹大字拓片 2.龟趺山建筑基址全景

① 参见中国社会科学院考古研究所内蒙古第二工作队,内蒙古文物考古研究所.内蒙古巴林左旗辽代祖陵龟趺山建筑基址[J].考古,2011(8).

② （元）脱脱,等.辽史2[M].北京:中华书局,2016:501.

## （二）"黑龙门"遗址[①]

《辽史·地理志》记载："太祖陵凿山为殿，曰明殿。殿南岭有膳堂，以备时祭。门曰黑龙。"[②]谷口修筑陵墙，陵墙西部是谷沟，设有涵洞，东部设黑龙门供出入。门址由墩台、门道、慢道以及门楼建筑组成。三门道，中部的主门道和东门道保存较好。城门建筑从残存迹象看应是被火烧毁。门道均采用梁架结构，门道两侧先铺石地栿，再铺木地栿，中间有卯口，其上再插排叉柱。门道南侧有坡状慢道，中部与门道连接的慢道为矩形，两侧的慢道有折角护坡，整体呈五边形（图7-3），属于《营造法式》记述的"五瓣蝉翅"。东墩台上保存有石柱础、铺地砖，为进深三间、面阔三间的建筑。

**图7-3 黑龙门门道和入门前的五瓣蝉翅形慢道和墩台**

---

① 参见中国社会科学院考古研究所内蒙古第二工作队, 等. 内蒙古巴林左旗辽代祖陵陵园黑龙门址和四号建筑基址［J］. 考古, 2011（1）; 中国社会科学院考古研究所内蒙古第二工作队, 内蒙古自治区文物考古研究所. 辽祖陵黑龙门遗址发掘报告［J］. 考古学报, 2018（3）.

② （元）脱脱, 等. 辽史2［M］. 北京: 中华书局, 2016: 501.

### （三）一号陪葬墓[①]

一号陪葬墓（PM1）位于祖陵外陵区西坡，靠近山脊线（即南岭），与太祖陵仅一小山脊之隔。此墓属于凿山掏洞式的"依山为陵"类型的墓。墓道朝向东南，方向为118°。一号陪葬墓由墓道、墓门、前室、前甬道、中室、左耳室、右耳室、后甬道和后室组成（图7-4），全长50米。墓室内地面均铺有方砖。墓室内和墓道铺设有砖砌的排水设施。墓道口大底小，底部平缓。墓道两侧壁有包砖并涂刷白灰面，隐约可见有墨线勾勒的人物图像。墓道后部有仿木构建筑。前室平面为长方形，弧形券顶，东西进深8.85～9.05米、南北宽3.22～3.3米、内高2.72～2.84米。前甬道南北壁下部各有一个小壁龛，有壁画残迹。中室、后室和两个耳室均为圆角弧方形，穹窿顶。后室东西长6.85米、南北宽6.75米、残高约5.5米。棺床上原有小帐一类的葬具，包金木雕龙头构件。

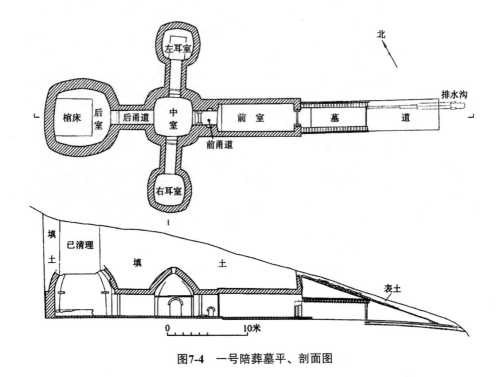

图7-4　一号陪葬墓平、剖面图

① 参见中国社会科学院考古研究所内蒙古第二工作队，内蒙古文物考古研究所. 内蒙古巴林左旗辽代祖陵一号陪葬墓[J]. 考古，2016（10）.

此墓被盗掘，清理出200多件（组）随葬器物。主要有鎏金银器、鎏金铜器、玻璃器、瓷器、玉器、琥珀等。其中较为重要的是"开元通宝"鎏金铜钱、鎏金双凤银饰件、镶宝石银饰件、玻璃碗、龙纹青釉瓷洗、双凤纹青釉瓷洗等，简报提出为耶律阿保机三子耶律李胡之墓。

### （四）四号建筑基址

在一号陪葬墓东南方的山岭上有一处高台建筑基址，属于一号陪葬墓的"献殿"，坐西朝东，台基进深24.7米、面阔23米，地面铺方砖，从柱础分布情况来看，面阔五间、进深五间。正中有一个东向的长方形内室，南北面阔6.6米、东西进深7.1米。在其南侧发现一个小坑（K1），出土了几件祭祀用器，铜器、瓷器和铁器。

### （五）甲组建筑基址

甲组建筑基址位于太祖陵玄宫的东南部，考古勘测结果显示，甲组建筑基址由三个单体建筑构成。限于规定的发掘面积，仅揭露了西侧和北侧的两个建筑基址，分别编号为J1基址和J2基址，出土物年代延续到金代。

J1基址坐北朝南，为高台夯土建筑，四边壁用长方形砖包砌，外侧涂抹白灰面。基址平面呈长方形，面阔三间，地面铺方砖。明柱础为雕花覆盆式，方形座边长近1米。发现了精美的石僧人像、残佛像、铁马镫和北宋铜钱等遗物。推测此基址属于与祭祀祖陵有关的陵寝建筑遗址。

J2基址坐北朝南，其主体是在砂岩土上直接垫黄土，地表铺方砖。为砖木结构，由东偏房、西正房两部分组成。东偏房（编号J2E1）为一单间，南北进深略长于西侧正房，破坏较严重。东偏房可分早、晚两期建筑。早期建筑南部被晚期地面破坏，北部为一个半地穴式建筑。半地穴建筑的南侧墙用石块垒砌，西南角有灶台，其火膛和烟道与西侧正房内的"火炕"相通，灶台北面和东面摆放有7件瓷或陶瓷，其中1件陶瓷内有一小陶罐和两枚铜钱。推测是厨房。晚期建筑较为简陋，地面已被破坏，不见铺地砖。

西正房（编号J2W1）门朝东，与东偏房相通。此建筑应为南向设窗，面阔三间，在正房南、西、北面都发现了砖石混筑的"火炕"面，宽约1.4米、高约0.3米，炕面原先涂抹有白灰。北炕下有3条烟道，西炕和南炕原为2条烟道，后局部增补了1条，在西北墙外有烟囱遗迹。在房屋的北侧和西侧还发现了3个明火坑，可能是后期补建。西正房内发现有镰、剪刀、锅、矛、锹、马镫等铁器，以及北宋铜钱等遗物，在南侧火道内清理出2件精美的铁刀。J2或许属于供祭祀祖陵的人员临时下榻之所。

## 二、怀陵

怀州城位于巴林右旗幸福乡岗岗庙村，怀陵位于怀州城北3千米的床金沟。1976年昭盟文物工作站苏赫、巴林右旗文物馆韩仁信发现了怀陵。同年进行勘测，1983年又进行复查。[①]1991年对怀陵4号、5号墓进行清理。

怀陵是辽太宗耶律德光的陵寝。辽太宗是辽太祖次子，于会同九年（946）率兵征讨后晋，兵临后晋国都汴梁（今河南开封市）城下，后晋皇帝石重贵及其母投降请罪。第二年正月耶律德光进入汴京城，改国号为"大辽"，改年号为"大同"，在班师回国途中，突犯重病，四月死于栾城杀胡林（今河北石家庄市栾城区）。耶律德光的遗体被运回契丹本土安葬，九月被葬在祖州城西约25千米的凤山，名为怀陵。

辽穆宗耶律璟是辽太宗长子，951年世宗被察割等人所杀，当时耶律璟随征在军中，诛杀察割，即帝位。耶律璟是中国历史上有名的昏君和暴君，在位的18年是辽朝政治的黑暗时期，应历十九年（969）二月，为近侍小哥等人所杀，附葬怀陵。

怀陵（图7-5）占据整个口袋型山谷。山谷谷口和山脊低矮处用石墙封堵，谷口也有墙。谷中部修一道墙，分成2个区。两座皇陵位于后区平坦之地，坐西朝东。南侧陵丘直径32米，高5.2米，陵前祭殿规模也大。北侧陵丘被破坏，形成直径27米，深2.1米的大坑。两者相距800米。

床金沟五号墓为砖木结构的多室壁画墓，由墓道、天井、前室、东耳室、西耳室和后室组成，墓室之间由甬道相连接，全长35.72米。后室底距地表深10.48米，前室带东、西耳室，横宽15.16米，方向140°。[②]

---

① 参见张松柏. 辽怀州怀陵调查记［J］. 内蒙古文物考古, 1984（3）.

② 参见内蒙古文物考古研究所. 巴林右旗床金沟5号辽墓发掘简报［J］. 文物, 2002（3）.

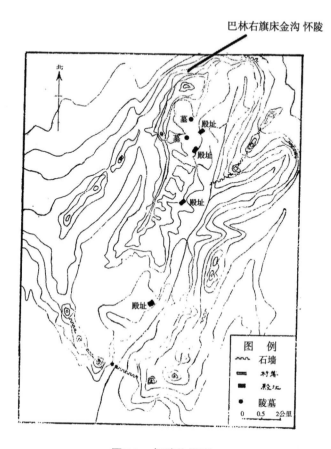

图7-5　怀陵位置图

墓道为阶梯式。每级台阶用长方形条砖顺长平铺两排，丁砌两层。墓道两侧壁向外倾斜，上宽下窄。天井为长方形庭院式，长4.88米、宽3.58～3.94米。墓门砖砌，拱形，宽1.83米、高2.9米，上筑歇山顶门楼，通高5.9米、宽4米，墓门底距地表深7.48米。

前室构筑特殊，为砖砌墓室内加一木构屋架。平面近似方形，攒尖顶。南北长3.38米、东西宽4米、高4.94米。立壁表面抹白灰，叠涩顶涂抹绿色颜料。前室地面四角砌有四个"L"形砖台，表面抹白灰，砖台上各承方形木柱。前室四壁抹白灰。地面铺方砖。东、西耳室建造于前室两侧，形制相同，平面呈圆角方形，券门，穹窿顶。东耳室长4.2米、宽4.06米、高4.32米；西耳室长4.2米、宽4.02米、高4.26米。

后甬道连接前后室，平面长方形，拱形顶。甬道中部设置一门框，将甬道分为前后两段。甬道侧壁及顶部抹白灰，前段两侧壁起券处各绘一只飞鹤。甬道侧壁还装有方形木柱，地面铺方砖。

后室即主室，券顶，平面呈圆形，直径5.3米、高7.68米。后室周壁涂刷白灰浆，地面铺方砖。铺地砖打平磨光，地面略高于甬道地面。后室内有砖砌尸床，尸床后边紧贴墓室壁，呈半圆弧形。尸床长4.28米、宽4.24米、高0.8米，占据后室约四分之三的面积。

床金沟五号墓的壁画分布于天井和前后甬道，面积约50平方米。在砖砌的墙壁上先抹一层白灰面，然后作画。天井壁画绘于南墙内外壁及东西壁，因水碱侵蚀，壁画漫漶不清。南墙外壁相对绘一门吏；南墙内壁相对各绘一组侍卫图，每组三人，均面门而立，两组人物穿戴打扮和手执物品基本相同。东壁绘制有仪仗、车舆。西壁绘制墓主随从和坐骑。甬道壁画绘于前甬道两侧壁的"圭"形壁龛和前、后甬道券顶两侧。前室壁龛内绘门神。前甬道券顶两侧绘有四只鹤，两两相对，展翅飞翔。后甬道券顶两侧各有一只鹤，呈展翅向外飞翔状。

此墓多次被盗，随葬品发现数量少，仅在后室淤土中发现一些打碎弃置的瓷器残片、玻璃器残片、鎏金铜丝网络残片、鸣镝和铜钱等。

床金沟4号墓为砖石结构双墓道多室壁画墓，由墓道、前室、东耳室、西耳室和后室组成（图7-6）。全长47.15米，方向154°。后室底部距地表9.85米。前室及东、西侧室横宽21.7米。垒砌时用红色黏土勾缝。墓道分南墓道和西墓道。南墓道为砖石结构，两壁垂直，内部没有填塞物。西侧墓道为漏斗形土圹结构，上宽下窄，两壁斜直。墓门石砌，宽1.18米、高1.48米、厚0.25米，顶部条石平砌叠涩内收通高2.45米。墓门用凿刻规整的石板封堵，外、内两面依稀可见墨线勾勒的红地黑、白彩绘制的龙、凤图案。石房置于主墓室正中，东西长3.85米、南北宽3.6米、高3.45米。用14块石板组装而成。后室（即主室）修建方法为：开挖墓圹→砌筑墓室→拼接石房→成层叠涩穹窿顶。先用未经修整的石块层叠围成方形墓圹，再用9块磨制精细的花岗岩石板砌筑后室。石房内出土完整石桌面2件、石桌腿残块16件、鎏金兽首石建筑残件2件，还凌乱堆放大量碎石块。在石房内原应放置石椁，并摆放了2张以上的石桌放置祭品。石房建成后，于北、东、西三面在石房顶上部、南端在后甬道垒砌石条顶上部起券，叠涩内收成一直径0.9米的圆孔，其上再用石板封顶。由于墓葬曾多次被盗，未发现葬具痕迹。在墓葬前室填土中发现部分人骨遗骸，仅余头骨及零散肋骨。在石门及石室内壁彩绘龙、凤及描金太阳形状的图案，这在以往辽墓墓室壁画中较为少见。随葬器物主要有瓷器、铜器、银器、铁器、石器。发掘简报认为该墓很可能是太宗耶律德光的陵寝[1]，也有人认为是贵族陪葬墓[2]。

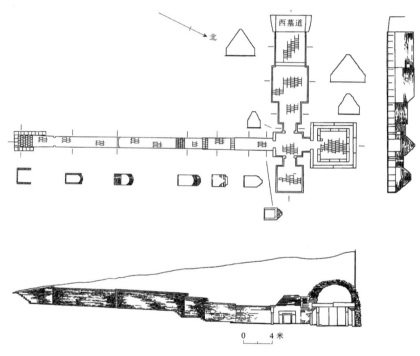

图7-6 床金沟4号墓平、剖面图

## 三、显陵与乾陵

### （一）历史记载

史载耶律倍葬于显陵，其子世宗被杀葬于显陵西山。辽景宗和萧太后萧燕燕葬在乾陵，韩德让陪葬在乾陵。天祚帝被俘去世也葬在乾陵。

① 参见内蒙古文物考古研究所.内蒙古巴林右旗床金沟4号辽墓发掘简报[J].文物,2017(9).
② 董新林.辽宋金元明清时期考古[C]//中国考古学年鉴(2018).北京:中国社会科学出版社,2020:107.

耶律倍是辽太宗的哥哥，太祖在位时，于916年立他为太子。耶律倍喜欢读书，能用汉文写诗作文，又爱好音乐，善于画画，信儒学，藏万卷书于医巫闾山绝顶望海堂，遗址仍在。926年正月太祖攻灭渤海国，设立东丹国（太祖建国以族名为国号"大契丹"，东丹国是东契丹国之意，太宗灭晋改国号"大辽"），任命耶律倍为东丹王，称"人皇王"，改年号为"甘露"。

926年7月太祖回师病死在扶余府①（吉林市东团山—南城子遗址，辽改为黄龙府），太后述律平扶次子耶律德光即位。耶律德光位居大元帅，手握重兵。耶律倍对述律太后说："大元帅众望所归，应该继位。"同年11月耶律德光继位为帝。耶律德光担心耶律倍仍会和他争夺皇位，就将他迁到东平府（今辽宁省辽阳市），派人监视。耶律倍乘船浮海逃到后唐的都城洛阳。他改名为李赞华，所绘《射骑图》收藏在台北故宫博物院。

936年4月，后唐的李从珂发动兵变攻陷了洛阳，夺取了帝位，并派人谋杀了闵帝李从厚。耶律倍反对李从珂篡位，又为其故国的利益考虑，便秘密派人送信给耶律德光，建议耶律德光迅速出兵攻伐后唐。11月，原后唐亲契丹的节度使石敬瑭统兵攻打李从珂。李从珂兵败，走投无路，决定自焚，这时忽然想到了耶律倍，马上派人去召他前来一起自焚。耶律倍拒绝前去，李从珂立刻派力士李彦坤赶到耶律倍的住处杀之。"敬瑭入洛，丧服临哭，以王礼权厝。后太宗改葬于医巫闾山，谥曰文武元皇王。世宗即位，谥让国皇帝，陵曰显陵。"②世宗在位5年，在36岁被刺杀，应历元年（951）葬于显陵西山。

辽景宗耶律贤为世宗次子，乃辽代第五位皇帝，景宗在位十四年，逝后葬于显陵旁，陵号乾陵。天禄五年（951），父母被耶律察割弑杀，耶律贤藏于积薪中，得以幸免，他身体多病，在位时军国大事委任萧皇后（萧绰，字燕燕）处理。景宗乾亨四年（982）九月驾崩，圣宗耶律隆绪年幼即位，萧太后依靠韩德让执政，辽国发展迅速。圣宗和萧太后亲征北宋，与宋真宗签订澶渊之盟闻名于史。在统和二十七年（1009）举柴册礼还政于圣宗，随后驾崩，葬乾陵。萧太后实际执政30余年，其间辽国国力达到鼎盛。

---

① 参见冯恩学, 赵东海. 扶余府城与黄龙府城的城址变迁[J]. 中国历史地理论丛, 2022（3）.

② （元）脱脱, 等. 辽史卷5[M]. 北京: 中华书局, 2016: 1335.

**（二）考古工作**

20世纪30年代，东北史学家金毓黻到医巫闾山实地踏查，他认为北镇琉璃寺遗址就是东丹王陵，记述有碑（碑今天已经不存）。[①]1970年北镇龙岗子村果园内意外发现两座大型辽墓，出土墓志证实北镇龙岗子村是辽代乾陵的陪葬墓区。1980年发现了新立辽代建筑遗址、琉璃寺西山遗址等。2012—2020年发现了偏坡寺、骆驼峰、坝墙子，对新立的乾陵寝殿建筑遗址、琉璃寺的显陵寝殿遗址、西山寝殿遗址和洪家街墓地、小河北墓地进行了考古发掘。[②]

**（三）显陵与乾陵布局特点**

1. 显陵与乾陵都位于辽宁北镇医巫闾山南坡相邻的两个大沟谷内前部的平坦台地上，显陵位于二道沟的琉璃寺遗址，乾陵位于三道沟新立遗址。[③]

2. 乾陵的陵穴位于台地上，发现2座皇陵级别的大墓，M2是景宗之墓，M1可能是晚于景宗20年下葬的萧太后墓。[④]M1墓圹全长83.7米，比M2全长44米大一倍，墓上没有封土。

3. 乾陵M2地宫墓道口前数米建有大型寝殿建筑，后下葬的M1墓圹距离寝殿仅1.5米，空间局促，这是墓上不起高大封土的原因。

4. 多年反复探寻都没有发现陵园墙体和门遗迹。

5. 陪葬墓在皇陵园之外，依家族墓地形式陪葬。韩德让家族墓地陪葬在乾陵之侧。[⑤]二道沟的龙岗墓地出土墓志显示是辽代显、乾二陵共用的陪葬墓地。

6. 陵园外的山顶和山下发现几处辽代寺庙摩崖造像遗迹。

**（四）寝殿的重要发现**

显陵寝殿位于琉璃寺遗址，主要建筑台基沿遗址纵向轴线对称分布。遗址

---

① 参见金毓黻. 东丹王陵考察记[J]. 满洲学报, 1934(3).

② 参见辽宁省文物考古研究所. 辽宁北镇市辽代帝陵2012—2013年考古调查与试掘[J]. 考古, 2016(10)；辽宁省文物考古研究所, 锦州市文物考古研究所, 北镇市文物处. 辽宁北镇市辽代耶律弘礼墓发掘简报[J]. 考古, 2018(4)；辽宁省文物考古研究院, 锦州市文物考古研究所, 北镇市文物管理处. 辽宁北镇市琉璃寺遗址2016—2017年发掘简报[J]. 考古, 2019(2)；辽宁省文物考古研究院, 锦州市文物考古研究所, 北镇市文物处. 辽宁省北镇市新立遗址一号基址2015—2018年发掘简报[J]. 考古, 2020(11).

③ 万雄飞在《医巫闾山辽代显、乾二陵考古学研究》中考证新立JZ1在辽代称为"玉殿"，遗址所在的北镇三道沟辽代原名为"酒谷"，后改称"圣谷"。

④ 参见万雄飞. 医巫闾山辽代显、乾二陵考古学研究[D]. 长春: 吉林大学, 2021.

⑤ 参见辽宁省文物考古研究院, 锦州市博物馆, 北镇市文物处. 辽宁北镇市辽代韩德让墓的发掘[J]. 考古, 2020(4).

中轴线上有两座主要建筑，呈前、后殿布局，编号为TJ1和TJ2。

出土遗物以建筑构件为主，有棕红色琉璃筒瓦、绿琉璃筒瓦和莲花瓦当、三彩兽头、陶板瓦、陶滴水、陶兽头等。琉璃瓦件胎体厚重，胎质细密，釉面光洁，烧成火候高，质量上佳。另外还出土了大量石质构件，有望柱、蜀柱、华板、地栿、螭首、狮首等（图7-7）。出土重瓣莲花瓦当、三角形龙纹滴水为辽金元代瓦件断代提供了新的标尺。

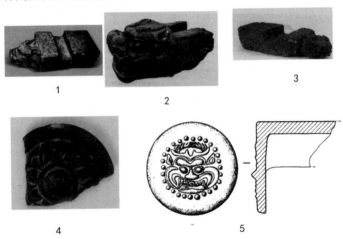

图7-7　医巫闾山辽显陵与乾陵出土建筑构件

1. 祭殿台基围栏的石螭首（琉璃寺遗址）　2. 排水渠道口的石螭首（新立遗址）

3. 祭殿台基围栏的石螭首（新立遗址）　4. 莲花瓦当（琉璃寺遗址）

5. 兽面瓦当（新立遗址）

乾陵M2墓穴之前有一个大型寝殿（新立JZ1），是由正殿、殿门和四周廊庑围合而成的封闭院落，建筑外部有环绕一周露明的排水道，整个建筑坐西北朝东南。绿色琉璃瓦顶，兽面瓦当、宽带形滴水、立凤鸟等。正殿出有汉白玉玉册残片。地面留有彩色水磨石，华丽异常。在南部有附属建筑遗址（新立JZ2），3座房址，使用灰陶质的建筑构件，包括莲瓣纹瓦当、六角星纹瓦当。

乾陵寝殿修筑较晚，建筑群雄伟瑰丽，但是在辽代政治地位还是显陵为高，遇到重大事件需要到显陵寝殿祭拜，向人皇王汇报请示神谕，即"有诏于显陵"。①

---

① 万雄飞、陈慧.《秦晋国妃墓志》"有诏于显陵"解读——兼谈辽代寝殿学士制度[C]//边疆考古研究（第19辑），北京：科学出版社，2016：257-261.

## 四、庆陵

### （一）发现与调查

庆陵于1913年由林西县知事王士仁发现，1914年被盗掘。1922年法国传教士凯文（R. P. L. Kervyn）挖掘庆陵的中陵，发现哀册。契丹文哀册的发现引起国际上东方学者们的"震惊"。1930年夏，当时热河省主席汤玉麟之子汤佐荣令一团士兵对庆陵的东陵和西陵进行大规模盗掘。东陵内发现了圣宗、仁德皇后、钦哀皇后的汉文哀册和契丹文哀册。汤佐荣用牛车把这些珍贵的哀册和其他随葬品偷运到承德。中陵因地下水深没有挖掘成功。

1930年10月，日本人鸟居龙藏到庆陵调查。由于汤佐荣盗掘后并未回填墓口，鸟居龙藏得以进入墓内，虽然随葬品已被洗劫一空，但东陵内的精美壁画仍在，人物图像上有契丹文榜题，鸟居龙藏拍摄了这些壁画，并在1931年的《国华》杂志上发表了部分照片。1931年日本东亚考古学会派遣的内蒙古调查团也到达庆陵。1933年10月鸟居龙藏再次调查庆陵。1936年鸟居龙藏发表了四大本的《考古学上所见之辽文化图谱》，其中刊布了当时拍摄的庆陵壁画照片。1934年日本人关野贞也到庆陵调查。1935年日满文化协会组织人员对庆陵进行调查和发掘，对东陵的壁画做了系统的照相和临摹。为了编写《庆陵》报告[①]，1939年又派田村实造、小林行雄等人到庆陵复查，重新掘开东陵进行实测、校核。

### （二）布局

庆陵是辽圣宗永庆陵、兴宗永兴陵、道宗永福陵的总称。位于内蒙古巴林右旗索博力嘎（白塔子）北约十五千米的王坟沟，辽庆州城北约10千米。陵址位于山凹深谷之内的山之南坡，三座陵东西排列，俗称东陵、中陵、西陵。陵之间相距2千米。沿山脊筑陵区的城墙，凹口筑墙封堵。陵区内依山地势修建有陵门、神道、祭祀殿堂等建筑，与乾陵布局相比，墓穴与祭殿之间空间距离加大（图7-8）。今天能见这些建筑的残基。神道皆东南向。

---

① 参看（日）田村实造，小林行雄. 庆陵［M］. 京都：京都大学文学部，1953；（日）田村实造. 庆陵的壁画［M］. 京都：同朋舍，1977.

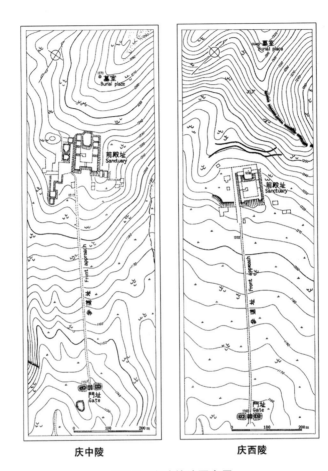

庆中陵　　　　　　　　庆西陵

**图7-8　庆陵的陵园布局**

圣宗秋天在此射猎，爱其奇秀，曰："吾万岁后，当葬此。"兴宗遵遗命，建永庆陵，有望仙殿、御容殿，置蕃汉守陵三千户。

墓内所出哀册为石质方形，与其他辽墓墓志形制相同，但皆自称哀册。有汉文和契丹文两种哀册，哀册盖上有龙纹。根据哀册可知，永庆陵是圣宗和仁德皇后、钦哀皇后的合葬墓。庆陵哀册现藏于辽宁省博物馆。

《庆陵》报告中确定东陵是永庆陵，中陵是永兴陵，西陵是永福陵，从东向西排列，影响很大，以后出版的所有书都是根据《庆陵》做出的推论。推论主要依据是：第一，1922年凯文所雇汉人助手从中陵抄出的契丹文哀册，经罗福颐、王静如释读，属兴宗及仁懿皇后；第二，1934年日本人大内健在西陵前殿址采集到朱书乾统三年铭文（1103）的筒瓦，据此推断西陵为道宗永福陵。

2000年发表的《辽庆陵又有新发现》，根据东陵1997年夏新发现的陪葬墓的墓志和哀册中"附葬于兴陵，礼也"的记载，推测东陵是兴宗的永兴陵，中陵是永庆陵，西陵是永福陵。①

### （三）地宫

庆云山下筑有通往陵园的神道，山脚筑有陵门。从陵门到陵墓，修有长1300米、宽3米的神道，神道两侧有望仙殿、御容殿等建筑遗址。地宫结构都是仿木结构的七室砖墓，三主室四侧室。东陵是圆形墓室，中陵和西陵是八边形墓室。

永庆陵为仿木结构的七室砖墓，墓内全长21.2米，最宽15.5米，最高约6.5米。前中后三主室，前室和中室有侧室。前室平面为长方形，券顶，其余各室均为圆形，穹窿顶，各室之间有券顶的甬道相连（图7-9）。陵寝由三层大青砖垒砌，内抹白灰，地面略向南倾，平铺打磨平整的方砖，下有排水系统。后室内有柏木组建的巨大椁室，各室间有通道相连，安有柏木大门。墓道两侧有大型出行图壁画。墓门门楼用雕砖砌成，瓦垄起伏、鸱吻高翘。墓室内通体彩绘壁画。

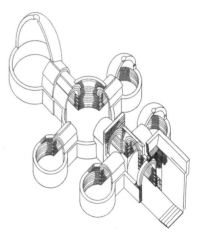

**图7-9　庆陵东陵地宫透视图**

墓道壁画在靠近墓门处，墓道两壁均有排列整齐面向墓室站立的契丹侍卫14人，有一马夫牵鞍辔俱全的马。近年还发现在墓道有高轮大车图像。这些图像是墓道仪仗出行图的一部分。

前室主要壁画是人物像。前室的前甬道两壁画门卫、侍卫人员立像，前室的前半部分画汉装的乐队人物，手拿乐器。前室的后半部分，东西甬道和左右侧室，都是大臣们的立像，有肖像之特点，在人物肩之上有榜题，契丹人物所代替真身的官僚的名字，笔法不一，可能是自书其名。②有的为汉臣，有的则是契丹

---

① 参见巴林右旗博物馆.辽庆陵又有重要发现[J].内蒙古文物考古，2000（2）.

② 参看（日）田村实造，小林行雄.庆陵：内蒙古辽代帝王陵及其壁画的考古学调查报告[M].李彦朴，等，译；李俊义，等，校注.呼和浩特：内蒙古大学出版社，2016.

装束。有的叉手而立，有的持表示身份的物品，如肩扛渔网，手臂挽巾。

中室主题壁画是四季山水风景，《庆陵》认为是四时捺钵图（图7-10）。辽皇帝四时游猎，避寒暑，四时各有行在所谓之捺钵。四时捺钵时，百官随行，处理重大政务。中室四时捺钵图以影作立柱相隔，立柱上绘有龙。

**图7-10　庆陵《四时山水图》壁画**

1.庆陵《四时山水图·春图》线描摹本　2.庆陵《四时山水图·夏图》线描摹本

3.庆陵《四时山水图·秋图》线描摹本　4.庆陵《四时山水图·冬图》线描摹本

### （四）东陵之陪葬墓

东陵发掘两个陪葬墓，位于东陵南偏西300米处，为多角形四室墓。

1号墓出土墓志《大辽赠秦魏国王墓铭》，墓主是耶律弘世，他是兴宗的幼子，道宗的弟弟，封秦越国王。大安三年（1087）死，"附葬于兴陵，礼也"。墓内有大量壁画。

2号墓主人是耶律弘本，他是兴宗的次子，乾统十年（1110）葬。墓室为八边形，墓室门位于南侧，占去一面，其余七个面均为彩绘壁画，其中正对墓门的东北、正北及西北三面壁画总长度为8.8米，高1.8米，均彩绘于木椁之上，画面是以十二棵神树图案为主题，在整个画面上用宽约10厘米的墨线将整幅图案等距竖行分隔成12个部分，每个部分正中绘有一棵神树（菩提树），同时由于所绘神树为12株，各用一条白色披帛垂挂装饰，可能表现墓主人信仰佛教一年12个月都虔诚不渝、始终如一的态度。而宝珠、火焰象征着蓬勃的生命力和佛光普照与佛法无边，白色的披帛则象征吉祥。

## 五、辽陵演变小结

辽陵是按照两个系列演变的。

祖陵效仿唐陵依山为陵，注重防盗，地宫继承晚唐五代割据首领流行的多室墓新风尚，创立了深藏环形山谷型的辽代陵园。环谷内狭窄，地宫位于西坡，墓门口东向，视野被临近的东山坡阻挡。

太宗怀陵，其子世宗修筑，太宗自选陵地，继承祖陵形制，但是地宫位置由陡峻的西坡移到平坦的台地，修建封土堆，凸显了陵丘。太宗子穆宗被部下杀害，附葬陵内。

太宗耶律德光将兄长耶律倍迁葬，按照人皇王的王级墓礼遇下葬，选择地点时考虑到耶律倍生前喜爱医巫闾山绝顶望海堂，把他安葬在主峰东侧深山内的山坡高台地，视野开阔，有享受风光之意。耶律倍子世宗登基追封其为让国皇帝，庙号义宗，开始修建皇帝陵寝建筑，形成了高居山坡台地型陵园。故世宗时两种陵园并存。

耶律倍之子世宗附葬在显陵之西山。世宗之子景宗安葬在显陵之东的乾陵。乾陵是萧太后执政时修建，继承显陵模式，寝殿紧临墓穴。

景宗之子圣宗射猎庆云山，爱其俊秀，自择陵地。其子兴宗在庆云山南麓修建永庆陵，仍遵循高居山坡台地型陵园模式，陵穴位于最高处，加长寝殿与陵穴之间距离，寝殿和陵门位于低处，陵穴处的视野更加开阔。永兴陵和永福陵按照永庆陵模式建造，只是地宫墓室由圆形转变成晚期流行的八边形。

# 第二节　契丹墓葬

## 一、早期契丹墓

### （一）早期契丹墓的特点

辽早期是太祖—景宗（907—982）时期。墓葬特征有如下几个方面。

（1）墓形制有砖室墓、石室墓和土坑墓。墓室平面有方形，也有圆形，少数墓为不规则形。在辽初已出现少量的仿木结构的砖室墓。

（2）在高等级墓中有复杂而华贵的装饰。辽太祖时期宝山墓室壁面已使用装饰精美的壁画。[①]耶律羽之墓还发现了使用琉璃装饰墓室四壁。[②]赤峰大营子驸马墓的主室四壁使用木护墙。[③]

（3）葬具复杂多样。常见棺具有木棺、石棺。宝山M1和M2有大型石房子（大型石椁），少数墓有木椁（小帐），如宝山M1、驸马墓、耶律羽之墓等发现木椁残件。在宝山2号墓发现了丝织品上有银丝网络的印痕，说明金属网络葬具在辽初就存在。石房子、小帐（房形木椁）[④]、石棺或木棺上也有彩绘壁画装

---

① 参见内蒙古文物考古研究所, 阿鲁科尔沁旗文物管理所. 内蒙古赤峰宝山辽壁画墓发掘简报［J］. 文物, 1998（1）.

② 参见内蒙古文物考古研究所, 赤峰市博物馆, 阿鲁科尔沁旗文物管理所. 辽耶律羽之墓发掘简报［J］. 文物, 1996（1）.

③ 参见前热河省博物馆筹备组. 赤峰县大营子辽墓发掘报告［J］. 考古学报, 1956（3）.

④ 参见蔡瑞珍. 试论辽墓房形木椁［J］. 北方文物, 2022（2）.

饰，如海力板墓[①]、吐尔基山墓木棺有彩绘[②]。宝山辽墓石房子的唐朝故事画，反映了中原文化对契丹贵族的深刻影响。克什克腾旗二八地M1[③]的石棺画再现了契丹游牧生活场景。

（4）早期随葬品丰富，种类多，以实用器随葬。马具与兵器常见，数量多。早期马具有多套，都具有实用之器。铁箭镞的式样繁多（如大横沟M1、沙子沟M1[④]），驸马墓出土马具8套、鸣镝30枚、铁镞20枚，没有铜箭头。低等级墓以陶器为主，或全为陶器，高等级墓中以瓷器为主，但也有陶质器皿。契丹特色的陶器是夹砂大口罐、泥质磨光的灰陶罐（壶）、篦纹陶壶、篦纹陶罐等。流行矮体肥胖鸡冠壶（图7-11，彩页一，6）和提梁鸡冠壶。瓷器品种单调。有穿带壶、鸡腿坛等游牧特色的瓷器。高等级墓中常有金银器，有的还有来自域外的玻璃器。太祖时期墓葬还未发现有墓志，但高等级墓有汉文题记。太宗时高等级契丹墓已使用墓志。

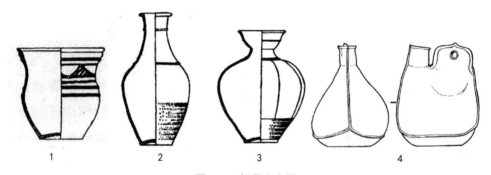

**图7-11　契丹陶瓷器**

1.夹砂大口罐（二林场墓）　2.泥质灰陶长颈壶（大横沟墓）

3.泥质灰陶瓜棱壶（沙子沟墓）　4.白瓷鸡冠壶（海力板墓）

### （二）典型墓葬

1. 宝山1号墓

宝山墓地位于阿鲁科尔沁旗，1993年发掘。按1号墓石房了内西壁左上角的

---

① 参见辽宁省文物考古研究所, 等. 阜新海力板辽墓[J]. 辽海文物学刊, 1991（1）.

② 参见内蒙古文物考古研究所. 内蒙古通辽市吐尔基山辽代墓葬[J]. 考古, 2004（7）.

③ 参见项春松. 克什克腾旗二八地一、二号辽墓[J]. 内蒙古文物考古, 1984（3）.

④ 参见敖汉旗文物管理所. 内蒙古敖汉旗沙子沟、大横沟辽墓[J]. 考古, 1987（10）.

墨书题记,墓主勤德年龄14岁,下葬于太祖天赞二年(923)。<sup>①</sup>

墓葬装饰仿木构建筑(图7-12)。全长22.5米,由墓道、门庭、墓门、甬道、墓室、石房组成。墓门砖砌,上筑歇山顶门楼,通高3.98米。甬道呈拱形。壁面及券顶施白灰,地面铺方砖。甬道内砌三重封门砖墙,并装有一道木门,现残存部分门栏及边框。墓室平面呈抹角方形,宽5.42米、进深5.84米、高5.3米。周壁及顶砖雕、影作仿木构,四角有彩绘半明柱,壁顶砌阑额一周。立柱与阑额顶部雕绘铺作,其中有柱头铺作、补间铺作。墓室内有壁画。四面是契丹人生活场景,有牵马图、侍从图、犬羊图、宴席桌图。顶部是火焰珠等。

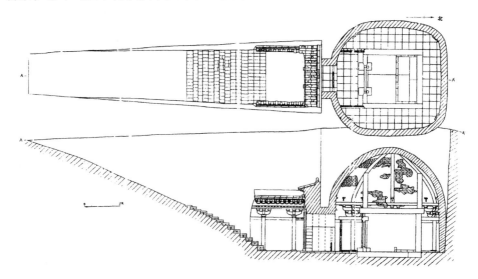

**图7-12 宝山1号墓平、剖面图**

石房长方形,建于墓室正中偏后,南北长3.7米、东西宽3.16米、高2.36米。以雕琢精细的整块石板组装而成,门正对墓道,地面铺石板。石房内外遍布绘画,色彩鲜艳。外壁南壁绘男女侍仆,其余三壁绘影作木构。内壁南壁门两侧绘男女侍从;北壁绘厅堂建筑,有桌子、高背椅子、盘子、案子;西壁绘高逸图,已经不清楚,大致有僧人、道者和儒者的高谈阔论;东壁绘汉武帝拜见西王母,左上部墨书"降真图",四仙女驾云,上墨书"西王母",汉武帝坐在云榻上,

---

① 参见内蒙古文物考古研究所,阿鲁科尔沁旗文物管理所.内蒙古赤峰宝山辽壁画墓发掘简报[J].文物,1998(1).

几案上有盖鼎、托盘，周边点缀山石、树木。

2. 宝山2号墓

2号墓出有契丹小字石碑，该文字的创制年代晚于契丹大字神册五年（920），大约在天显元年（926）稍前，由耶律阿保机弟迭剌（926年于东丹国左相任内病故）主持创制，晚于1号墓。墓形制和壁画风格与1号墓相同。

墓内也有石房，石房内紧贴后壁为砖砌尸床，尸骨被扰乱，为成年女性，残存木质构件，可能原先应有小帐。石房内南壁绘寄锦图和诗词题记。北壁绘杨贵妃教鹦鹉图[①]，墨书题诗为："雪衣丹觜（嘴）陇山禽，每受宫闱指教深。不向人前出凡语，声声皆是念经音。"

3. 耶律羽之墓

1992年7月，赤峰市阿鲁科尔沁旗朝克图山一座大型辽墓被盗，同年8至10月考古人员对其进行了抢救性发掘，墓主人为辽代早期东丹国左相耶律羽之，下葬于辽太宗会同五年（942）[②]。耶律羽之与耶律阿保机为堂兄弟，926年太祖灭渤海国后建立东丹国，任命长子耶律倍为人皇王、东丹国主，耶律羽之为右次相，是实际掌权者。太宗时任命羽之为左相，人皇王耶律倍出走后唐，耶律羽之成为东丹国的主政之人，死前一直兼任东京太傅。

墓全长32.5米，方向175°，由墓道、门庭、墓门、甬道、东西耳室和主室组成，砖、石混筑墓（图7-13）。主室呈方形，进深4.3米、宽4.06米、高4.05米，入口处建石门，其余为绿色琉璃砖砌，四壁至1.5米处收为四角攒尖顶。地面两层砖，底层以素面砖铺，表层以花纹砖铺地。主室北部和东部有琉璃砖尸床，原先罩有柏木小帐，发现两具散乱的尸骨。小帐彩绘中有十人乐舞，简报认为是渤海乐队，从衣服和舞姿可以确定是西域胡人表演胡腾。[③]

① 参见吴玉贵. 内蒙古赤峰宝山辽壁画墓"颂经"图略考[J]. 文物, 1999（2）.

② 参见内蒙古文物考古研究所, 赤峰市博物馆, 阿鲁科尔沁旗文物管理所. 辽耶律羽之墓发掘简报[J]. 文物, 1996（1）.

③ 冯恩学. 耶律羽之墓彩绘乐舞人物艺术形象的探讨[C]//边疆考古研究（第10辑）. 北京: 科学出版社, 2011: 349-356, 493-494.

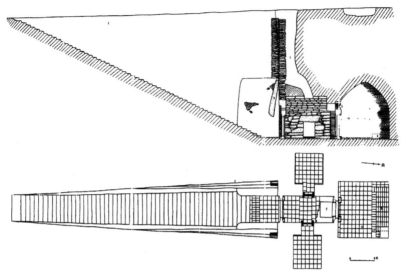

图7-13　耶律羽之墓平、剖面图

墓门表面遍施彩绘，两扇石门内面各绘一幅武士像。甬道壁画多已脱落，顶部残留有祥云、仙鹤。主室墓门内外皆有彩绘牡丹、团花、缠枝花、飞凤等。

随葬品丰富。有金银器、鎏金铜器、铁器、陶瓷器、木器、玛瑙、玉、水晶、琥珀首饰、丝织品、墓志。

4. 辽宁法库叶茂台7号墓[①]

四室砖室墓，由墓道、主室、前室、左右室组成。主室门外两侧和耳室门外两侧都绘有侍从。主室内有棺床小帐（图7-14，1），小帐右侧直棂窗背面绘骑猎图，小帐内横放一具雕刻精美的石棺（图7-14，2）。石棺上放着一个包裹，里面包有一个漆盆，盆里装满了日常生活用具。棺盖上还有一件金缕绣袍。棺内为一具老年妇女骨架，身穿十多件衣物，佩戴玛瑙、水晶、琉璃、金丝球等饰品。该墓年代在辽景宗时期。

石棺身四面雕四神，内壁有男女侍者图、妇女启门图、伎乐图。棺床小帐内的东西山墙板上原挂有两幅绢画——深山会棋图和郊原野趣图。[②]

小帐前面西南有木椅一张，椅上放有漆木双陆一副（图7-14，3）。小帐前

① 参见辽宁省博物馆发掘小组，辽宁铁岭地区文物组发掘小组. 法库叶茂台辽墓记略[J]. 文物，1975（12）.

② 参见杨仁恺. 叶茂台辽墓出土古画的时代及其它[J]. 文物，1975（12）.

面东南是一张小木桌，桌上置有漆勺、碗和绿玻璃方盘、玛瑙杯。桌下放两件瓷壶，其中一件壶口被蜂蜡封存，已经开裂，内有少量黄红色的液体，经过化验有微量乙醇。

东耳室随葬生活用具，有鸡冠壶2件（图7-14，5）、鸡腿坛2件、长颈壶2件、小口罐1件、长颈瓶1件。西耳室放置马具、武器和铁质工具。墓主是一位老年女性，仍有马具、鸡冠壶、武器随葬，体现了契丹贵族女子善于骑马射猎。

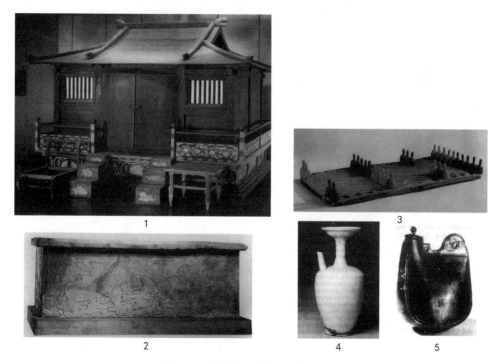

**图7-14 叶茂台M7出土小帐和器物**

1.棺床小帐和桌椅 2.彩绘雕刻石棺 3.双陆棋 4.白瓷盘口长颈壶 5.黑釉鸡冠壶

**5. 吐尔基山辽墓**[①]

吐尔基山辽墓位于通辽市科尔沁左翼后旗大吐尔基山东南麓的山坡上，2003年3月在吐尔基山石矿采石时被发现，没有被盗。

墓葬为石室墓，由墓道、墓门、甬道、墓室及左右耳室组成。墓向东南

---

① 参见内蒙古文物考古研究所.内蒙古通辽市吐尔基山辽代墓葬[J].考古，2004（7）.

115°。墓道为长斜坡墓道，长48米，两侧用石块垒砌，近墓门处的石块上有彩绘。墓门用巨石封堵。

墓室近正方形，叠涩顶，长3.92米、宽3.7米、高3.36米。墓室四壁应该都有壁画，大部分已经脱落，藻井直径约1.78米，上面绘有月亮及太阳图案，藻井中心有一个圆洞，应是镶嵌铜镜。

墓室内有须弥座彩绘棺床，有围栏，栏杆上有六只鎏金铜狮子，下部悬挂铜铃，上有一具彩棺，彩绘仙鹤、牡丹、祥云，部分贴金，四周悬挂铜铃，棺首有一个小门，两侧绘手持骨朵的契丹人，部分贴金。彩棺内还有内棺，正面有三个贴金龙纹图案，两侧各有一对贴金飞凤。棺内有一具女子骨架（30~35岁），头上戴有十字顶式的金帽和凤纹金下颌托，带状流苏散落头侧，下身衣服悬挂多枚圆形铜铃，与近代达斡尔萨满头饰和萨满服一致，是一位女性萨满，《辽史》称为巫[①]。棺内还发现了大量水银。墓主佩戴金属下颌托的习俗，在唐墓和北朝时代鲜卑墓都有发现，契丹源于鲜卑，应受其影响。金属质地下颌托习俗来源于西域，若向西溯源可以追到更早的欧洲。不同时代不同民族的信仰不同，丧葬观念不同，为墓主扣戴下颌托的寓意也有差异。吐尔基山辽墓金质下颌托制作精致美丽，在鱼子地上錾刻神形兼备的飞凤。

随葬品主要有金器、银器、漆器、铜器、玻璃器、丝织品、马具、号角、玉石玛瑙首饰等。出土金银器的錾花工艺和金花工艺接近唐代金银器。

## 二、中期契丹墓

### （一）中期契丹墓特点

从墓葬形制来看，墓葬的墓道多为阶梯状墓道，墓门多有封门石和封门砖，仿木结构砖雕门楼开始出现且日趋流行，在甬道部位开始出现对称的小龛，墓顶多为穹窿顶。大贵族墓多为砖砌多室墓，以后室为主。墓室以方形、圆形居多，少数墓为不规则形，晚段新出现多角形墓，最早的八角形墓是圣宗统和八年

---

① 如《辽史》卷五十三礼志："正旦，国俗以糯饭和白羊髓为饼，丸之若拳，每帐赐四十九枚。戊夜，各于帐内窗中掷丸于外。数偶，动乐，饮宴。数奇，令巫十有二人鸣铃，执箭，绕帐歌呼，帐内爆盐垆中，烧地拍鼠，谓之惊鬼，居七日乃出。"（元）脱脱，等.辽史3[M].北京：中华书局，2016：973.

（990）至太平元年（1021）下葬的萧和及其妻子秦国太妃合葬墓。一般贵族则多为单室墓。

墓葬装饰方面，开始出现砖雕仿木结构。在大型墓葬中，仿木结构以及使用柏木护墙（后室四壁围柏木板）的做法增多，并出现向中小型墓葬扩散的趋势。墓葬壁画继续发展，早期契丹墓中的故事画如宝山M1中的贵妃教鹦鹉图和寄锦图等已不见，壁画内容以反映游牧生活和家居生活为主，人物像居多。墓道两侧流行与出行有关的鞍马壁画，从而扩大了壁画的空间。

契丹大贵族墓中多砌有尸床，流行尸骨葬，头东脚西。金属葬具明显增多，金属质地的网络、面具和靴底等殓服开始组合出现。而一般贵族棺具较为简单，有石棺或木棺葬具。

大贵族墓中随葬品丰富，金银器、瓷器数量较多，陶器较少。较常见的瓷器组合为扁体划花驼峰式鸡冠壶、鸡腿坛和长颈瓶。与早期墓葬相比，中期契丹墓中的兵器数量减少，马具开始明器化，且这个时期贵族墓葬随葬的实用马具不再成套，只见部分部件，个别特例如陈国公主墓也只是随葬成套明器马具。一般贵族墓葬随葬品较早期也有所增加。

**（二）典型墓葬**

1. 陈国公主墓[①]

陈国公主墓位于内蒙古哲里木盟（今通辽市）奈曼旗青龙山镇北庙山的南坡。于1986年发掘，未被盗掘，随葬品精致丰富，共3227件，合计44组。出土墓志一合，志盖中央阴刻篆书"故陈国公主墓志铭"三行八字。由于公主的地位高于驸马，所以墓内只有公主的墓志，因此该墓被称为陈国公主墓。陈国公主墓是一座典型的辽代中期契丹贵族墓葬。据墓志记载，陈国公主是辽景宗次子秦晋国王耶律隆庆之女，正妃萧氏所生，卒于开泰七年（1018），年仅十八岁。驸马萧绍矩，泰宁军节度使、检校太师，其祖父为辽初重臣萧思温，景宗睿智皇后、圣宗之母萧燕燕是其姑母。

陈国公主墓为砖砌多室墓，由前室、东耳室、西耳室和后室组成，墓门外有天井和墓道，全长16米（图7-15）。

---

① 参看内蒙古自治区文物考古研究所, 哲里木盟博物馆. 辽陈国公主墓 [M]. 北京: 文物出版社, 1993.

墓门通高4.42米，后室内紧贴砖壁有柏木制成的木护壁，直达墓顶。正北壁地面上有砖砌尸床，尸床前有砖砌长方形供台。

在墓道、墓门和前室墙壁及券顶等处，均绘有壁画。墓道两壁绘有对称的侍从牵马图。在墓门的木门框上嵌装的半圆形木板上绘有花卉，门额两边立颊与券门顶之间绘缠枝牡丹。前室东壁东耳室门至后室之间绘男侍女仆各一人，均面向后室。靠近后室门的女仆，双手持巾；男侍立于女仆之后，髡发，双手捧一白色唾盂，正欲侍奉主人。西壁同样位置画手持骨朵侍卫二人。人物壁画上方均绘飘拂的祥云仙鹤，券顶涂深蓝色表示天空，其上满绘大小不等的白色圆点以示星辰。东壁之上券顶一侧绘一轮橙红色太阳，内用墨笔画一三足乌。与太阳相对西壁券顶绘一白色月亮，内用墨线绘一玉兔和桂树。后室有柏木护墙，没有壁画。

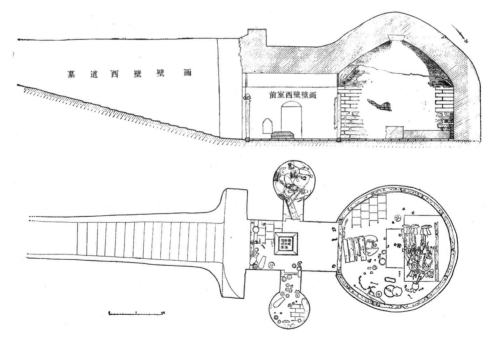

**图7-15 陈国公主墓平、剖面图**

公主与驸马的尸体直接陈放于尸床之上，头枕金花银枕，南侧为陈国公主，北侧为驸马萧绍矩。两人身着契丹贵族特有的金银殡葬服饰，殓服的穿戴方式大致相同。头部各置一件鎏金银冠，脸部佩戴金面具，脚穿金花银靴，全身罩银丝网络。戴琥珀璎珞，佩于胸前垂至腹部，腰部束带。双手均戴金戒指。两具尸体上原覆盖有丝织被衾一类物品，尸床上原来可能还有幔帐，但均已腐朽，仅存原来附缀其上的琥珀珠和流苏银坠散落在尸体周围。陈国公主头部上方的高翅鎏金银冠，冠筒较高，翅略高出冠筒，冠部中间錾刻火焰宝珠纹样，两侧各有一只长尾飞凤，饰有卷草纹、云纹等图案，冠顶立饰为元始天尊像。

驸马头部上方的鎏金银冠，由16片鎏金银片重叠组合而成。冠正面饰有对凤，周围缀以圆形冠饰22件，每个饰件上錾刻有凤、鸟、鹦鹉、鸿雁、火焰、花卉等不同的图案，内容十分丰富。位于冠前面最下方的云朵状银片，饰有道教的真武真人像，头戴莲花冠，长着胡须，着道袍，前有龟蛇相伴，上有仙鹤飞翔。宋人孟元老《东京梦华录》卷六载："正旦大朝会……大辽大使顶金冠，后檐尖长如大莲叶。"[①]所谓"尖长如大莲叶"不是指圆形荷叶，而是尖圆的莲花瓣，只是比普通莲花瓣大得多。若将驸马的鎏金银冠的后檐与上述记载对照，描述十分相符。萧绍矩时任节度使，与出使大宋的使官官阶接近。所以此冠很有可能就是孟元老记录的辽大使所戴的那类"金冠"。但孟元老所见的是实用冠，而墓中的银冠从其制作的角度来看，性质应为专为随葬而用的明器。既为明器，这两件鎏金银冠当为沟通人神、引导死者灵魂升入天界的宗教"神器"，而负责沟通和引导者就是冠上的两位道教神灵——元始天尊和真武。在这两位契丹皇族、后族的直系成员合葬墓中，以道教神灵元始天尊、真武为图案装饰的鎏金银冠的发现，足以表明道教信仰在辽契丹贵族当中具有相当大的影响。

陈国公主与驸马的面部均覆盖纯金面具，依生人面目特征打造，驸马面具边缘一周有26个孔，公主面具33孔，用银丝与尸体头部的银丝网络相联结（图7-16，1—4）。出土金属覆面的辽墓有30余座，出土覆面近50个，[②]材质有金、银、铜、鎏金银和鎏金铜等。目前发现辽墓金属覆面资料不早于辽圣宗时期。对于辽墓金属面具的来源，学者从不同角度进行了解读。有人认为是身份和地位的象征，是辽代封建制度确定后，等级观念在葬俗中的反映。[③]有学者认为辽代的覆面习俗起源于东胡旧俗，在发展过程中又受佛教影响，辽代晚期面具出现了近

① （宋）孟元老.东京梦华录笺注［M］.伊永文，笺注.北京：中华书局，2007：516.

② 郑承燕.辽代贵族丧葬制度研究［M］.北京：文物出版社，2014：132.

③ 参见刘冰.试论辽代葬俗中的金属面具及相关问题［J］.内蒙古文物考古，1994（1）.

似于佛面的情况。①也有学者认为契丹族覆面习俗的出现是萨满教灵魂观念的产物。②

尸体全身罩银丝网络，驸马身上的网络损毁严重，公主身上的一套网络基本保存完好。所谓网络，是用铜或银丝编缀而成的殓服，由头、胸背、左右臂、左右手、左右腿、左右足等部分分别制作，再串联组合而成。网络皆因人特制，与尸体的各个部位紧密贴合。这些金属网络往往穿于锦衣里边，几乎是贴身而穿，是契丹人用作防止尸体散乱的一种保护手段（图7-16，5）。契丹贵族对尸体的保护，除了采用网络、面具之外，还有许多方法。

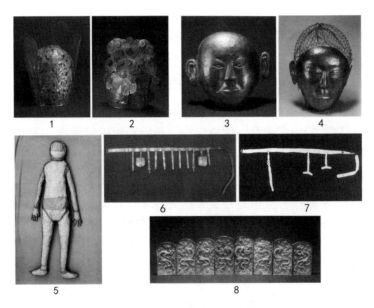

**图7-16 陈国公主墓出土的金属葬具**

1.公主冠 2.驸马冠 3.公主金面具 4.驸马金面具、银丝头网

5.公主银丝网络 6.金銙银鞓蹀躞带 7.银铜銙银鞓蹀躞带 8.金带銙

如文惟简在《虏廷事实》中所言："北人丧葬之礼，盖各不同。……惟契丹一种，特有异焉。"③与中原汉族和其他少数民族不同，契丹族有一套特殊的

---

① 参见刘冰.试论辽代葬俗中的金属面具及相关问题[J].内蒙古文物考古,1994(1).

② 参见郭淑云.北方丧葬面具与萨满教灵魂观念[J].北方文物,2005(1).

③ (宋)文惟简.虏庭事实[M]//(明)陶宗仪,等.说郛三种(第一册).上海:上海古籍出版社,1988:173.

尸体防腐处理办法，即使用香料、盐和白矾等物质处理尸体，以制作干尸。史载，大同元年（947），辽太宗耶律德光行至栾城，得疾，卒于杀胡林。"其富贵之家，人有亡者，以刃破腹，取其肠胃涤之，实以香药盐矾，五采缝之。又以尖苇筒刺于皮肤，沥其膏血且尽；用金银为面具，铜丝络其手足。耶律德光之死，盖用此法。"《契丹国志》卷三曰："国人剖其腹，实以盐数斗，载之北去，晋人谓之'帝羓'。"①《辽史拾遗》中引宋人刘跂《暇日记》曰："元祐七年（1092），贺正房使耶律迪卒于滑州。房人倒悬其尸，出滓秽口鼻中，又以笔管刺皮肤出水，以白矾涂尸令瘦，但令支骨以归。"②

除使用香料、盐、白矾等物质对死者尸体进行保护并制作干尸外，在近年来的辽墓发掘中，还发现不少墓葬使用水银作为保护尸体的手段。在建平辽墓尸床上，发现很多用于保护尸体的水银；内蒙古乌兰察布市豪欠营辽墓也发现使用水银的现象，墓中所出的女尸头戴鎏金铜覆面、全身着铜丝网络葬衣，出土时皮肤尚有弹性，女尸的胃区检验报告显示，尸体的砷含量严重超标；而通辽吐尔基山辽墓墓主人的胃部也发现有大量水银。水银有剧毒，能够破坏细菌和微生物赖以生存的微环境，起到尸体防腐的作用。

陈国公主墓共出土腰带5条（图7-16，6—8）。陈国公主腰部所束腰带为金銙丝带，带身丝质，已朽，仅存8件金銙。带上悬佩银鞘琥珀柄铁刀子、镂雕金荷包、八曲花式金盒、錾花金针筒、琥珀双鱼形盒各一件和工具形玉佩、动物形玉佩等。驸马腰部所束腰带为金銙银鞓蹀躞带，以薄银片代替革鞓。带身中部缀方形金带銙11件，前端缀方形金带扣并附有金带箍，后端缀桃形金带銙五件和圭形金铊尾一件。带身悬佩多种物件：右下腹垂有带银鞘的银刀子和玉柄银锥各一件，左下腹垂有带银鞘的银刀子、琥珀小瓶、琥珀双鱼形佩、琥珀鸳鸯各一件。孙机考证玉柄银锥是春捺钵使用的刺鹅锥。③

除墓主腰上各束一条腰带之外，墓中还出土铜銙银鞓蹀躞带、玉銙丝鞓蹀躞带和玉銙银带各一条，共五条，其中有四条为蹀躞带。蹀躞带即是带蹀躞的腰带，蹀躞是腰带带銙穿孔上引出的下垂小带。陈国公主墓中的腰带，有三条带身

---

① （宋）叶隆礼.契丹国志［M］.贾敬颜，林荣贵，点校.北京：中华书局，2014：46.

② （清）厉鹗.辽史拾遗［M］.丛书集成初编本.

③ 参见孙机.一枚辽代刺鹅锥［J］.文物，1987（11）.

是用银片制成，这种腰带显然不是实用品。它们与两具尸体上的冠、面具、网络、靴和枕等共同构成两套完整的特制葬服。

陈国公主墓因未被盗扰，所有器物皆基本保持其入殓时的位置和状态，展现了下葬时的原始布置情况，为研究契丹人的殓葬方式和丧葬习俗提供了不可多得的宝贵资料。其随葬器物的类别和摆放方式大体是前室放置墓志，左耳室放置陶瓷生活用具，右耳室放置马具和少量铁制工具，均是成套配置。后室配备金、银、漆、玉、玻璃等材质的饮食、盥洗用具和少量弓箭武器。

墓中出土瓷器共30件，包括了定窑、越窑、耀州窑系瓷器和辽本土瓷器，均为日常生活用具，大多出土于东耳室。其中定窑的为"官"字款莲纹白瓷盖罐。绿釉长颈瓶、茶绿釉牛腿瓶等，均为缸胎，为辽地本土烧制。

墓中出土了为数众多的金银饰品，如佩戴在公主胸前的镂孔小金球、腰部的镂花金荷包、两腕各一对的缠枝花纹、双龙纹金镯及指间的十一枚錾花金戒指等，皆为辽代文物中的精品。除身上佩戴的冠、带饰和金镯、金戒指等装饰品之外，墓中还出土了一批银质饮食器具，如金花银盒、金花银钵、银长盘、银壶、银盏托、银唾盂、银勺、小银罐等，均为实用器。

陈国公主墓中出土多件玉佩，有玉盒佩、玉组佩和圆雕玉佩。还出土风字形玉砚2件和玉水盂1件，似乎反映出陈国公主与驸马精通文墨。契丹族虽然有自己的文字，但是贵族妇女一般都精通汉文，富于文采者甚多。

陈国公主墓中还出土了少量木器，包括木鸡冠壶、木弓檠、木围棋子等。据《契丹国志》卷二十三记载："夏月以布易毡帐，籍草围棋、双陆，或深涧张鹰。"[①]可见围棋同射猎活动一样深受统治阶层的喜爱。

陈国公主墓中出土多件琥珀制品。公主、驸马两人双手各握有精美的琥珀握手，公主右手握圆雕盘龙，左手握高浮雕双凤。驸马右手握浮雕龙戏珠，左手握高浮雕莲花双鸟。辽琥珀握手使用并不普遍，除陈国公主墓之外，仅在辽中晚期科左中旗小努日木辽墓中有发现。公主、驸马每人戴两组琥珀璎珞。公主所戴璎珞由200余颗圆形琥珀珠及琥珀圆雕、玛瑙管、金丝球等物贯穿而成，内外两串，佩于项上，悬挂于胸前。驸马璎珞则由500余颗琥珀珠及精雕琥珀佩饰穿组

---

① （宋）叶隆礼.契丹国志[M].贾敬颜，林荣贵，点校.北京：中华书局，2014：253.

而成。该璎珞是辽代迄今所见最大的琥珀器。

　　陈国公主墓中还出土1件玛瑙碗和2件玛瑙盅。玛瑙碗发现于后室中部的錾花铜盆内。《辽史·逆臣传》记载："天禄五年七月，帝幸太液谷，留饮三日，察割谋乱不果。帝伐周，至详古山。太后与帝祭文献皇帝于行宫，群臣皆醉。察割归见寿安王，邀与语，王弗从。察割以谋告耶律盆都，盆都从之。是夕，同率兵入弑太后及帝，因僭位号。百官不从者，执其家属。至夜，阅内府物，见玛瑙碗，曰：'此希世宝，今为我有！'"[1]世宗在位五年即遭耶律察割叛变而被弑，耶律察割叛变之后面对内府玛瑙碗发出的"此希世宝，今为我有"的感慨，可见当时玛瑙碗确实属于珍贵宝物之列，即使社会上层贵族对其也不免起贪念。

　　辽代域外输入的玻璃制品最集中的一次发现莫过于陈国公主墓，墓中出土的7件精美的玻璃器，均放置于后室，包括1件乳钉纹高颈玻璃瓶、1件刻花高颈玻璃瓶、2件高颈玻璃瓶、2件带把玻璃杯和乳钉纹玻璃盘（图7-17），均来自中亚地区，属于伊斯兰玻璃器。[2]

　　陈国公主墓内随葬两套马具，有络头、衔、镳、缰、攀胸（也称胸带）、马镫、马鞍、障

**图7-17　陈国公主墓出土玻璃器**
1.乳钉纹高颈玻璃瓶　2.刻花高颈玻璃瓶　3.高颈玻璃瓶
4.带把玻璃杯　5.乳钉纹玻璃盘

泥、蹀躞带、鞴带，这是目前所见最完备的辽代契丹族马具（图7-18）。马具中马衔和镳为铁制，鎏金，一副为龙首镳，一副为凤首镳。两副马鞍均为柏木制

---

① （元）脱脱，等. 辽史5[M]. 北京：中华书局，2016：1650.
② 参见马文宽. 辽墓辽塔出土的伊斯兰玻璃——兼谈辽与伊斯兰世界的关系[J]. 考古，1994（8）.

作，保存基本完整。一副外侧镶包鎏金錾花银饰，另一副镶包贴金银饰，选料精良，做工考究。铜、铁马镫各一副，铜制马镫的镫鼻与镫体为分体制作，镫鼻和镫体连接后可以活动，左右旋转自如。络头、缰、攀胸、蹀躞带、鞦带等均用薄银片制作，带上均钉缀白玉圆雕兽形饰件。两副障泥也用薄银片制作，正面彩绘云凤纹。

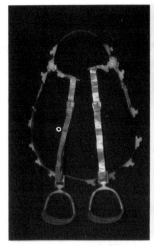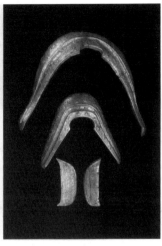

图7-18　陈国公主墓出土马具

《辽史·礼志五》公主下嫁仪规定，"自纳币（聘礼）至礼成，大略如纳后仪"。甚至连同公主死后的"拟送终之具，至覆尸仪物咸在"，且"赐其婿朝服、四时裘衣、鞍马，凡所须无不备。选皇族一人，送至其家"。陈国公主身份贵重，一切礼遇皆与帝女相同。可见公主与驸马的随葬殓服，如金花银冠、金面具、银丝网络、银枕、银靴等应均是公主的陪嫁品，而墓中的诸多随葬品精致细巧，非专门熟练制作此种特殊物品的能工巧匠难成其事，亦可能是在举行婚礼之时朝廷的御赐之物。

2. 辽宁阜新萧和夫妇墓①

关山辽墓群位于阜新蒙古族自治县大巴镇车新村北部的山洼内，共包括9座砖（石）室墓，分布在两个相邻山洼。东南的山洼名王坟沟，内有3座墓葬（M1—M3）；西北的山洼名马掌洼，内有6座墓葬（M4—M9）。萧和墓（M4）位于马掌洼西坡东南部，是关山辽墓群中规模最大、出土遗物最丰富的一座。

墓中出土的墓志为萧和的妻子晋国王妃秦国太妃的墓志。其中记载了萧和之妻秦国太妃的入葬时间为重熙十四年（1045），又明确指出秦国太妃下葬是

---

① 参看辽宁省文物考古研究所. 关山辽墓 [M]. 北京: 文物出版社, 2011.

"启先王之茔合祔"，可见萧和为早逝先葬，M4初葬时间应在萧和去世后不久。志文没有记载萧和逝于何年，只是称："（萧和）早伤歼夺，适议追崇，太平辛酉岁累赠至侍中兼中书令。"由此可知萧和至少在"太平辛酉岁"（1021）业已去世。墓志载萧和最小的女儿为"晋国夫人"，依《耶律元妻晋国夫人萧氏墓志》的记载推算，晋国夫人当生于998年。因此萧和去世的时间应在997—1021年期间，这也是M4的初葬时间，即统和十五年至太平元年。

萧和墓为一座砖石混筑的多室墓，全长30米，距地表最深达12米，由墓道、天井、墓门、甬道、左右耳室和主室六个部分组成。墓向120°。该墓取消前室，代之以甬道，并带有双耳室，各室均为八角形，表现出向晚期过渡的特点（图7-19）。

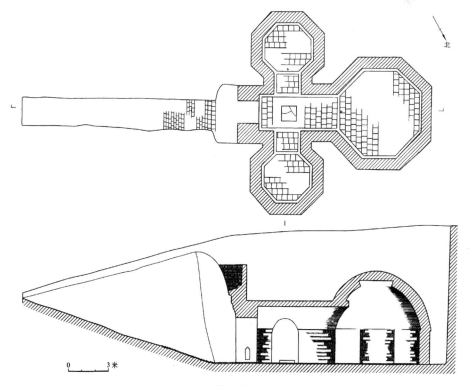

**图7-19　萧和墓平、剖面图**

在墓道两侧、天井两壁、墓门正面及过洞均绘有壁画。绘于墓道北壁的驼车出行图，是辽墓中现存最早的驼车出行图。

南壁绘汉人出行图，有14名汉官装束的人物，背景为类似门庭的建筑，前组6人，1、2号人物漫漶，3、4号人持节，5、6号人持剑，中间组4人分别持剑、扛伞、扛椅、拎链罐，后组4人分别为扛伞、牵马、持杆。

北壁绘契丹人出行图，14名契丹装束的人物，11人骑马，3人牵驼，背景也为门庭建筑，一组四人骑马，三个已不太清楚，4号人骑马持杆，二组五人后背均背一面小鼓，三组二人分别持鞭、腰间斜跨骨朵，四组三人牵引骆驼。

此墓多次被盗，最早应是被金人肆意盗掘的，盗洞大，南耳室几乎被砸坍塌，随葬品又被认为有打碎的迹象，且墓内的柏木护墙还有烧毁的迹象。随葬品多数出土于北耳室的淤土中，随葬品保存情况远不及陈国公主墓，经过初步修复的有40多件瓷器，还有一些铜铁器和玻璃器残件。

## 三、晚期契丹墓

### （一）晚期契丹墓特点概述

晚期契丹墓以砖室墓和石室墓居多，六角形和八角形砖室墓大量流行，方形墓室和圆形墓室仍然存在，个别墓为不规则形。前室退化，一般变为长方形券顶甬道；大部分墓葬没有天井或者从属于墓道，墓道靠近墓门处多铺有地砖，墓室内排水设施十分普遍。

墓室内多砖雕或影作仿木结构，大贵族墓出现结构复杂的仿木构门楼。如库伦1号墓的墓门斗拱还出现了斜华拱。高等级墓葬依然流行柏木护墙，柏木弧形护墙直到顶部，许多墓葬在耳室也使用，部分木护墙上有彩绘。墓葬壁画的布局格式基本固定，墓道流行绘制出行图与归来图，一般贵族墓中的出行图较简单，个别大贵族墓中的出行图规模宏大，如库伦1号墓和8号墓。此外，出行图中还增加了仪仗，特别是高等级契丹墓中，出行图人物众多，仪仗复杂，说明在辽代晚期契丹人的汉化程度在加强。墓室内壁画以家居生活为主，有备酒图、备茶图、备食图、宴饮图、屏风图、伎乐图、花卉图等。契丹髡发形式由早中期的散披式变成水缙式。

高等级墓葬中仍然大量使用金属葬具，大贵族墓中砖砌尸床的使用频率仍然很高，开始流行在棺床上安置木棺殓葬，但是规格较中期有所减小。

随葬品中马具的数量明显减少，兵器也已经很少见，甚至有些契丹墓已经不用马具和兵器随葬。另外，受"禁丧葬杀牛马及藏珍宝"政令的影响，中小型墓葬金银器的数量显著减少，而代之以三彩器和黄釉瓷器。晚期契丹墓流行随葬圆身高体的提梁式鸡冠壶，扁体鸡冠壶从随葬品中消失。沈阳市康平县M4为八角形墓室，年代应在辽代中晚期，出土有金面具、玻璃器等贵重器物，还发现一对梅瓶，一件是褐彩花卉纹，一件是羊犬鹿奔驰纹[①]（彩页一，1）。

**（二）典型墓葬**

1. 库伦辽墓群

库伦辽墓群位于内蒙古通辽市库伦旗前勿力布格村王坟梁，辽圣宗太平三年（1023）之后，这里属懿州辖区，是辽圣宗爱女越国公主的私城。越国公主下嫁国舅萧孝忠，此墓群推测是萧孝忠及其子孙的家族墓地。库伦辽墓群现已发掘8座大墓，均遭盗掘，随葬品所剩无几。但宏大精美的壁画是库伦辽墓群的重要收获，如一面镜子反映了辽代社会生活的多个侧面，是研究辽代文化弥足珍贵的材料。

库伦1号墓[②]是多室大墓。由墓道、天井、墓门、前室、南北耳室、后墓组成，全长33米（图7-20）。耳室六角形，主室八角形，均为叠涩穹窿顶，顶部正中有石板封盖，四周留有柏木护墙的槽。墓门为仿木结构门楼，四铺作斗拱，并有彩绘花草、飞凤等图案，墓门外侧壁有门神和侍女的壁画。天井南北两壁分四层作画，北壁自下而上第一层绘侍女四人，二层绘湖石牡丹，三层绘祥云，四层绘竹林仙鹤。天井南壁第一层绘男侍四人，靠近墓门处的侍从着汉装，其余三人着契丹装束。第二至四层壁画与北壁基本相同。墓道两壁绘有车马出行图、归来歇息图。

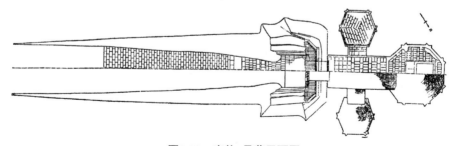

**图7-20 库伦1号墓平面图**

① 林栋. 辽代墓葬考古新发现与研究 [M]. 沈阳: 辽宁大学出版社, 2022: 8.

② 参看王建群, 陈相伟. 库伦辽代壁画墓 [M]. 北京: 文物出版社, 1989.

1号墓墓道的北壁绘出行图，描写的是墓主临出发之时紧张兴奋的场面，全长22米，共绘29人，前后连贯，气势恢宏（图7-21）。

**图7-21　库伦1号墓墓道壁画**

出行队伍壁画分为四组。从后向前，第一组为男主人上马前对留守家里的人做叮嘱。身旁有捧官帽人、捧笔墨砚台人、侍卫恭敬而立，马夫牵坐骑等候主人上马。第二组为女主人备车启程的画面。车后画二女子，头戴黑色瓜皮帽者为女主人，另一女子手执铜镜，为女主人整理妆容。车为轿形小车，高轮长辕，红柱支棚，周覆蓝色帷幕。车前三名男子准备引鹿驾辕。第三组为旗鼓仪仗，地面摆放着五个大鼓，四周有五根旗杆绑在一起。旗鼓旁边站立的五人排成两排，均着汉人装束。头戴黑色交脚幞头，着窄袖中单，圆领宽袖外袍，长裤，麻鞋，衣裙掖于带下。五人的仪态基本相同，均用左手握右手食指，双脚交叉站立，这是典型的汉人叉手礼。在五人身后有一髡发男子，手撑长杆而立。一人肩扛交椅，有一人扛伞，还有红色方形抬桌，桌上置一方斗。第四组为仪仗前的车骑前导，第一人双手横握长杆，似汉人而着契丹装。前面二人相对盘膝而坐，靠近墓道口的二人仅存衣角和靴帮。

旗鼓仪仗场景中所绘的"五旗五鼓"即辽代文献中常提到的"旗鼓"。林沄曾在《辽墓壁画研究两则》[①]中对辽代的旗鼓制度进行了详尽解读。辽建立国家后，旗鼓成为仪仗等级的标志物。辽朝还设立旗鼓拽剌详稳司，负责掌管国家旗鼓事物，主管该司的官员称"旗鼓拽剌详稳"，掌管旗鼓的官员叫旗鼓拽剌，拽剌为契丹语，意为"勇士"。旗鼓拽剌即为护卫执掌旗鼓的勇士。库伦1号墓壁画中站在旗鼓旁的5个汉人即是旗鼓拽剌，其后的契丹人是旗鼓主管。

旗鼓是古代指挥作战的号令工具，唐代对北方诸族的首领人物以赐旗鼓的方式来承认其权力。如《辽史·仪卫志四》记载："辽自大贺氏摩会受唐鼓纛之赐，是为国仗。"后来旗鼓便成为契丹各部共主的权力象征，《契丹国志》卷二十三："初契丹有八部，族之大者曰大贺氏。后分为八部，部之长号'大人'，而常推一人为王，建旗鼓，以统八部。每三年则以次相代……"[②]被代者则需要"传其旗鼓"，以表示权力的转移。

辽代皇帝的国仗为"十二神纛，十二旗，十二鼓"，可见辽帝的旗鼓仪仗为十二旗、十二鼓。旗鼓初为辽帝的仪仗，后对臣属也有赐旗鼓之举，《辽史·道宗本纪》载："为皇孙梁王设旗鼓拽剌六人卫护之"，说明耶律延禧在1080年被封梁王的同时，道宗还御赐其六旗六鼓，为半朝銮驾。可见辽代自天子到各级贵族的旗鼓数量有等级差别，库伦墓中的壁画所绘为五旗五鼓，可知墓主身份也很高，可能是丞相、国公级别。

现藏台北"故宫博物院"的《文姬归汉图》可作为另一印证。此画为北宋画家李唐（1066—1150）所绘，画中对匈奴人风俗与形象的表现均是仿照辽俗。图中多次出现旗鼓仪仗，尤其是卓帐停歇时，旗鼓立于帐外并摆在突出位置，应与辽代的旗鼓制度有关。

---

① 林沄. 辽墓壁画研究两则［C］//青果集——吉林大学考古专业成立二十周年考古论文集. 北京: 知识出版社, 1993: 391.

② （宋）叶隆礼. 契丹国志［M］. 贾敬颜, 林荣贵, 点校. 北京: 中华书局, 2014: 248.

　　墓道南壁绘归来图，长宽与北壁出行图相等，人物大小也与出行图略同，共计24人。描绘了主人出行归来途中休息时的场面。壁画内容可分为三组。第一组是车骑、仆从交谈休息的场景，共画十四人、两驼、一车。靠近天井处画两人，均髡发。第二组为仪仗。六人横排并列，面向墓道口，与北壁出行图中扛什物的仪仗人员相同。六人之前，置一红色抬桌，与出行图中的抬桌完全一样，上置方斗。第三组为前导，共画四人。一人两手平举一竿，竿头系小网。另一人右手执一棒，左手下指，与前一人相对。靠近墓道口处有两人相对跪坐，中间放一圆钵状物，人物已漫漶不清。

　　墓道壁画有两层，从外层的剥落处可见内层。内层壁画因未受填土污损，颜色鲜艳。据裸露部分推度，内容概与外层相同。可能是先葬之人下葬之时所绘，后葬之人在重启墓室时又重新绘画。

　　库伦6号墓[①]为大型砖石结构多室墓，由墓道、天井、墓门、甬道、南北耳室和主室七部分组成，全长22.4米（图7-22）。南北耳室构筑相同，平面六角形，主室八角形，均穹窿顶。耳室和主室四周均留有柏木护墙的槽。在甬道、墓门、天井和墓道两壁上均绘有壁画。甬道南北两壁各绘三人，北壁为女仆，南壁系男仆，皆侧身面向墓室恭谨而立，似在等候主人出行或归来。墓门的门额上绘舞乐图。从服饰和位置分析推测女子皆是仙女，该图是仙女舞乐图。墓道斜坡式，长12.5米。北壁绘出猎图，南壁是歇息图，再现契丹人狩猎的生活片段。两幅图中墓主人没有出场（图7-23）。

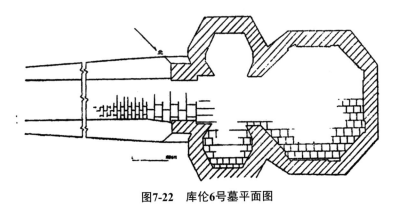

图7-22　库伦6号墓平面图

①　参见哲里木盟博物馆, 等. 库伦旗第五、六号辽墓 [J]. 内蒙古文物考古, 1982（2）.

**图7-23　库伦6号墓墓道壁画**

　　库伦7号墓壁画中扛伞的契丹人、侍卫人物精气神十足，展现了契丹人勇猛刚毅的性格，表现出辽代画师高超的绘画水平（图7-24）。

1                                    2

**图7-24　库伦7号墓壁画**

1.扛伞契丹人　2.举帽契丹人

### 2. 叶茂台萧义墓

萧义墓①位于辽宁省沈阳市法库县城西南45千米叶茂台西山南坡向阳处。墓葬早期多次被盗，仅存大型石棺、墓志和少量随葬品。据墓志记载墓主是辽代末期北府宰相萧义，萧义为辽太祖时首任宰相萧敌鲁的后人，该墓的下葬时间为1112年。

萧义墓为多角形多室墓，由墓道、天井、墓门、前室、东西耳室和主室组成，全长24米多（图7-25）。墓门为仿木建筑结构。前室为券顶，东西两壁辟有相对的券门各通耳室。耳室和主室的平面均为八角形，叠涩穹窿券顶，顶端以砖石封口。在主室与耳室均有排水设施。墓道、甬道和墓门两侧有壁画，但是脱落严重。

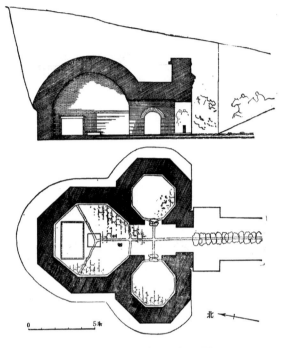

**图7-25　萧义墓平、剖面图**

墓道西侧为"出行图"，保存基本完好（图7-26）。出行图最前端绘有骑马并行的两名男侍，腰间系骨朵，其后徒步并行二位男侍，右者肩上扛着一把束在一起的大伞，左者双手拉一头黄色骆驼疾驰前行；骆驼后绘有一辆高轮大车，车棚前半部分平顶，后半部分庑殿顶，前后均有凉棚，另有一头白色骆驼在车辕之间行走。两头骆驼之间有两名骑马者，右者头戴圆顶凉帽，双手执缰绳；左者髡发，手拉辕驼。在辕驼左右各有一人徒步，均头戴黑帽，足蹬麻鞋，左者手执一柄大伞。车后亦有一女侍随行。此图构图严谨，以驼车为中心展开，描绘了墓主人外出时的一种仪仗形式。

---

① 参见温丽和. 辽宁法库县叶茂台辽肖义墓 [J]. 考古, 1989 (4).

**图7-26 萧义墓墓道西侧出行图**

墓道东侧为"归来图"，与西侧"出行图"的长宽大致相等。画面前部绘两名髡发男侍骑马前行，两人面面相对，呈边谈边行之态。在其后绘有一匹骆驼，背上驮着包裹。骆驼之后还绘有仆从若干，但因部分墙皮脱落，画面被损而不辨。

甬道两侧为武士和旗鼓图，两侧各绘一个戎装武士。西壁武士双手撑一把宝剑，身后绘三面鼓、两名旗鼓拽刺和旗帜飘带；东壁武士身后绘两面鼓、两名旗鼓拽刺和旗帜飘带。萧义墓与库伦1号墓一样也有五鼓，而萧义生前为北府宰相，这也印证了辽代契丹贵族宰相的一级仪仗应是五旗五鼓。

墓门两侧分绘与饮食内容相关的壁画。墓门西侧墙壁绘三名髡发男侍，其中两人站立，手捧盏托，托上有碗。身前绘一高桌，桌上有酒坛和盏托等饮食器具，另有一个包裹，似乎为主人准备路上用的食品。桌下另有一人，手执火筷，正蹲于火盆边拨弄炭火，火盆中有长颈瓶和小罐各一。墓门东侧绘两名男侍并立而站，右者双手捧一大碗，左者双手托一方盘，盘中放两碗，面向右者。两人身前的高桌上有执壶一柄和酒杯数枚，桌下有鸡腿坛两个。两人正在准备为主人备酒。

晚期契丹墓的壁画中常见饮食题材，如康营子辽墓[①]的甬道东、西两壁各绘有备酒图和备宴图。备酒图画面左侧为一面矮方桌，桌上摆放曲口托盘和葫芦形注壶，还有一大一小两件曲口碗。大碗可能是温碗，做温酒之用，小的应是曲口式酒杯，此三件器物为一套酒具。方桌右后方绘两名侍从和一条猎犬。备宴图中绘三名髡发男侍席地而坐，左起一男侍身前置一尊长颈瓶；中间的男侍手执长柄勺，在身前的提梁三足罐中做搅动状，似在调羹；最后一位男侍身前置一大三

---

① 参见昭乌达盟文物工作站.辽宁昭乌达地区发现的辽墓绘画资料[J].文物,1979(6).

足釜，正在烹煮肉食，釜中盛有畜头、大雁和蹄肘等。炊具前设有一矮桌，桌上置碗、碟等器皿。壁画中的桌子矮小、轻便，利于携带。三足炊器属于移动式炊具，可独立完成炊煮，且多带有提梁或器耳，方便搬运，符合契丹人野外宴饮的习俗和转徙随时的游牧生活。

# 第三节　辽代汉人墓葬

辽代汉人墓中一部分因出土有墓志，族属容易辨别。其余的辽代墓葬只能依据墓葬形制、壁画内容和随葬品等来辨别墓主族属，但问题在于部分汉人因久居辽地，长时间受到契丹文化的浸染，在墓葬等诸多方面早已与契丹人无异，加之一部分墓葬可能存在墓葬形制不明、无壁画或随葬品较少等情况，进一步增加了判断墓葬族属的难度，因此这方面的研究须格外谨慎。

目前考古发现的族属明确的辽代汉人墓主要集中发现在内蒙古赤峰、辽宁朝阳、北京、河北宣化和山西大同一带。墓葬形制包括砖室墓、石室墓、砖圹墓和土坑墓等。从墓葬形制、随葬品和墓志内容等来看，辽代汉人墓葬涵盖高级贵族、政府官员、地方豪强和普通平民等阶层。

## 一、保持汉文化传统的汉人壁画墓

以单室墓为主，前后双室墓、多室墓罕见。墓室平面早期是圆形或方形，晚期出现多角形，但是大同地区晚期仍流行圆形墓室。墓装饰以雕砖或影作仿木结构为主，壁画发达，壁画内容以家内生活为主，有简单的车和鞍马图，人物形象以汉人为主，髡发契丹人少量。随葬品以多件成套的灰陶明器为特色，也随葬实用器，但是缺乏高档的金银器、玉器，不见武器。佛教文化影响广泛，火葬流行。

### （一）赵德钧墓

赵德钧墓位于北京市南郊西马场洋桥村，为一座仿木构的砖室壁画墓。该墓分前中后三正室，每正室两侧各有一耳室，合计九室，规模宏大，为辽代汉人墓葬之最（图7-27）。所有墓室均呈圆形，且有仿木构结构的立柱、斗拱、直棂窗等，上施彩绘。墓内壁画多已损毁，残留有汉人厨娘做面食的场面。因遭多次盗掘，墓内出土遗物多残碎，包括陶器（片）、瓷器（片）、铁器、铜器、玉器以及谷物等，其中铜钱数量最多。从规模和各类遗物的出土位置来看，中心的正室最大，是放置棺木的主室，右后室存储谷物应为粮仓，左后室放置成箱的铜钱应为钱库。[①]1956年发掘出墓志铭1方，为"辽故卢龙军节度使太师中书令北平王赠齐王天水赵公夫人故魏国夫人赠秦国夫人种氏合祔墓志铭"。墓主赵德钧《旧五代史》有载，后唐时镇守幽州，被封为北平王，后与其子延寿被契丹人所擒。入辽后为幽州节度使，封燕王，为枢密使兼政事令。该墓的规模宏大，是其子赵延寿为满足其称帝的梦想而采取的一种僭越行为，同时也是当时特殊政治环境的产物。[②]

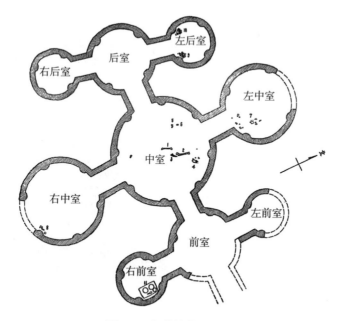

**图7-27 赵德钧墓平面图**

① 参见北京市文物工作队.北京南郊辽赵德钧墓[J].考古,1962（5）.

② 冯恩学.北京赵德钧墓——辽帝默许的"皇陵"[C]//庆祝张忠培先生八十岁论文集.北京:科学出版社,2014:547-553.

### （二）宣化辽墓①

河北省张家口市宣化区下八里村，1974年至1993年共发掘10座墓葬（M8为空墓），是汉人富户张氏家族和韩氏家族的墓地。九座墓葬均为砖雕壁画墓，按照墓室数量可分为单室和双室墓两大类，单室墓墓室呈圆形（张世本墓）和六角形（张恭诱墓），双室墓中的前室为方形或长方形，后室则包括圆形（张匡正墓、张文藻墓、M9）、六角形（张世古墓、韩师训墓）和八角形（M6）三种形制。根据出土的7合墓志可知，辈分最高的为清宁四年（1058）去世的张匡正，辈分最低的是天庆三年（1113）去世的张恭诱。除张世卿和韩师训外，其余纪年墓葬属于大安九年（1093）和天庆七年（1117）墓。②该墓地流行火葬，部分直接将骨灰置于真容偶像内，这与部分墓内出土的墨书陀罗尼经咒的木棺以及墓志所载其信仰佛教相符。随葬品包括灰陶明器、瓷器、铜器、铁器、木器、石器和其他质地的遗物。灰陶明器是辽代各区汉人墓普遍随葬的器物（图7-36）。

墓内壁画内容十分丰富，包括门卫、门神、备马、驼车、侍女挑灯、散乐、备茶、备经、启门、屏风、假窗、假门、仙鹤花卉、莲花藻井、星象图、三教会棋图、打鬼图等。张世卿墓顶星象图是首次在古墓中发现黄道十二宫与二十八星宿配合（图7-28），中外星图合璧，是宋辽时期中外文化交流的重要见证。③韩师训墓的壁画有驼车出行图、观舞图，观舞图取材于女主人闲时独自欣赏契丹

图7-28　宣化张世卿墓顶中外合璧星象图

---

① 参看河北省文物研究所.宣化辽墓——1974—1993年考古发掘报告[M].北京：文物出版社，2001.

② 河北省文物研究所.宣化辽墓——1974—1993年考古发掘报告[M].北京：文物出版社，2001：308.

③ 张家口市文物事业管理所，张家口市宣化区文物保管所.河北宣化下八里辽金壁画墓[J].文物，1990（10）.

人乐舞场景（图7-29、7-30），是辽代民族文化融合的表现。下八里Ⅱ区M2东南壁的出行图中鞍马旁的契丹人手拿马球杖，显示出唐代以来汉族马球在辽代仍然盛行（图7-31）。M3门卫图中的门卫特殊装束表现了夏季的炎热和胡人的习俗（图7-32）。M6前室西壁散乐图中表演者头戴花脚幞头，神情专注，奋力演奏的场面展示了辽代散乐的盛行（图7-33）。M7后室门上木堵板的三教会棋图（图7-35）比较特别，透露着佛道儒三教融合相处的社会氛围。张世卿墓志记载墓主人日日诵经不断，诵经需要饮茶润喉。挑灯图是女子左手端灯油碗，右手挑拨灯捻，油灯的灯捻芯在长时间点燃后烤焦变短，火苗变小变暗，需要挑拨加油。挑灯图暗示主人夜晚也在长时间诵经。M6备茶图中茶童在盒旁俯首瞌睡，M7备茶图中的茶童偷桃情节（图7-34），不是画师设计图案态度不严肃，而是以此茶童久等难耐情节赞颂主人深夜仍然虔诚勤奋诵经的人生追求。宣化壁画不仅画技高超，布局设计也甚精妙。

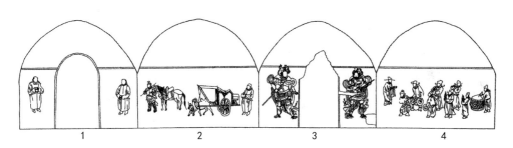

**图7-29　韩师训墓前室壁画展开图**

1.南壁　2.西壁　3.北壁　4.东壁

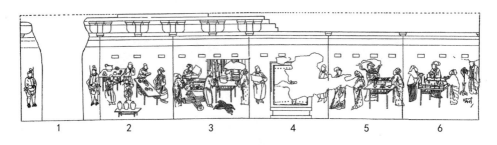

**图7-30　韩师训墓后室壁画展开图**

1.南壁　2.西南壁　3.西北壁　4.北壁　5.东北壁　6.东南壁

图7-31　下八里Ⅱ区M2东南壁打马球图

图7-32　下八里M3门卫图

图7-33　下八里M6前室西壁散乐图

图7-34　下八里M7前室备茶图

图7-35　下八里M7后室门上木堵板的三教会棋图

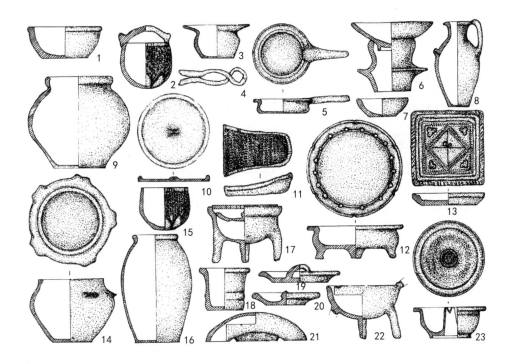

**图7-36　宣化下八里M5出土灰陶明器**

1. 盆　2. 提梁式柳斗　3. 盉　4. 剪　5. 熨斗　6. 盏托　7. 小碗（盉内存放）　8. 执壶

9. 罐　10. 镜　11. 箕　12. 炉　13. 方盘　14. 鋬耳罐　15. 无梁式柳斗　16. 罐

17. 鼎　18. 杯　19、20. 器盖　21. 鏊子　22. 镰斗　23. 灯

### （三）许从赟夫妇墓

许从赟夫妇墓位于大同市西南郊新添堡村南，该墓为一座单室砖墓，由墓道、墓门、甬道和墓室组成。墓门为彩绘仿木构砖雕结构，圆形墓室，穹窿顶（图7-37）。木棺置于墓室后部，棺内盛有大量骨灰。墓室四壁及墓顶均彩绘壁画，墓顶原应绘有星宿图案，惜大部已脱落。墓室四壁的上部为仿木结构的梁架、斗拱及屋檐，砖雕立柱6根，并用黑、红两种颜料绘制出颜色鲜艳的斗拱和替木等。墓室四壁下部彩绘侍女、侍者、砖雕假门、假窗和门吏等。随葬品数量较少，包括彩绘将军罐（塔式罐）、铁器、铜镜、残木俑、瓦当和墓志等。据墓志记载，该墓的年代为乾亨四年（982），墓主许从赟先仕后唐，入辽后任大同

军节度使，是该地区的最高长官。[①]

图7-37　许从赟墓墓门及墓室剖面图

## 二、高度契丹化的汉人壁画墓

墓主是汉人高官，流行多室墓，雕砖壁画装饰，壁画有大量的契丹人形象。尸骨葬，有的还有金属网络葬具。大量随葬实用器，有金银器等高档品。

### 1. 韩德让墓

韩德让墓（M4）位于辽宁锦州北镇市洪家街村西北的山坡上。该墓由墓道、天井、墓门、前后甬道、前室、主室及两个耳室组成，墓门为砖雕仿木建筑。墓室为前方后圆，两个耳室位于前室两侧，均呈圆形。除主室外，其余部分均残存彩绘壁画或地画。葬具为石棺，已残碎，另发现三具人骨个体。该墓多次被盗，随葬品包括陶器、瓷器、银器、铜器、铁器、玉器、石墓志、石器、玛瑙器、水晶器、绿松石器和玻璃器等。由该墓地出土的3合墓志可知，洪家街墓地为辽代著名大臣韩德让的家族墓地。[②]韩德让的身份比较特殊，官至南院枢

---

① 参见山西大学考古系，大同市博物馆.山西大同市辽代军节度使许从赟夫妇壁画墓[J].考古，2005（8）.

② 参见辽宁省文物考古研究院，锦州市博物馆，北镇市文物处.辽宁北镇市辽代韩德让墓的发掘[J].考古，2020（4）.

密使，身兼大丞相、政事令等职，长期辅佐萧太后执政，并被赐姓名"耶律隆运"，死后陪葬乾陵。

2. 耿延毅夫妇墓

耿延毅夫妇墓位于辽宁朝阳市姑营子村，该墓为一座双室砖墓，由墓道、天井、墓门、甬道和前后墓室组成。前后墓室均近方形，墓门两侧和前后室绘有壁画，以人物为主。后室砖棺床上设有木制方形椁室，置石棺一具，内有木棺，两具尸骨并列于石椁外南侧。随葬品包括陶器、瓷器、玻璃器、铁器、铜器、金银器、漆器、琥珀制品、石枕、木俑和服饰残片等。由墓志可知，耿延毅曾任左领军卫大将军，长宁军、昭德军节度使，户部史及太尉等职，卒于开泰八年（1019），次年与迁葬而来的妻子耶律氏合葬。①

---

① 　朝阳地区博物馆.辽宁朝阳姑营子辽耿氏墓发掘报告［C］//考古学集刊（第3集）.北京：社会科学出版社，1983：168-195.

第八章　金代墓葬

金代墓葬发现和报道的数量不多，类型多样，按照族属可分为女真人墓、汉人墓、契丹人墓。女真人墓具有自身特点，主要分布在东北地区和金中都（今北京），汉人墓和契丹人墓主体上继承了本地的辽墓或宋墓传统，每个区域这三个因素的组合构成了区域特征。区域特征与各区分期学者们有详细的研究。[①]

# 第一节　房山金陵

## 一、金陵的变迁历史

金代前三位皇帝（太祖、太宗、熙宗）去世后均埋葬在金上京。

海陵王完颜亮迁都到金中都后，责令司天台在中都附近寻找皇陵万吉之地，经过一年的选择，确定大房山云峰寺为皇陵中心之地。金贞元三年（1155）十一月，拆毁云峰寺，把始祖以下陵都迁到北京大房山兆域之内。

房山金陵遗址位于北京市西南大房山东麓。金陵的主陵区在九龙山（云峰山），位于房山区周口店镇龙门口村北山前台地上。九龙山北接连山顶，根据堪舆学理论，有明显的"行龙"痕迹。明天启年间为断"女真"龙脉，对金陵进行了毁灭性的破坏。

清朝满族是女真后裔，对金陵进行保护和祭祀，在太祖陵和世宗陵修建坟堆称为大宝顶和小宝顶，在宝顶前修建祭殿。《日下旧闻考》卷一三二记载："云峰山金帝陵，本朝顺治初，特设守陵五十户，每岁春秋致祭，享殿前碑亭恭勒世祖章皇帝御制碑文，圣祖仁皇帝御制碑文。乾隆十六年，皇上命葺金太祖、世宗二陵享殿及缭垣……"[②]

---

① 参看秦大树. 宋元明考古 [M]. 北京: 文物出版社, 2004; 郝军军. 金代墓葬的区域性及相关问题研究 [D]. 长春: 吉林大学, 2016.

② （清）于敏中. 日下旧闻考（第7册）[M]. 瞿宣颖, 点校. 北京: 北京出版社, 2018: 2118.

## 二、考古调查与发掘工作

金陵遗址的考古调查开始于20世纪50年代。1986—1988年、2001年北京市文物研究所分别对金陵遗址进行了考古调查，发现大量的建筑构件、神道以及一通金代睿宗墓碑。2002年对金陵遗址进行了考古勘察和试掘，用地质雷达电磁波遥感探寻地穴位置。基本确定了金陵的兆域范围（图8-1）、主陵区的布局，发掘了太祖睿陵墓穴，编辑出版了《北京金代皇陵》[①]。

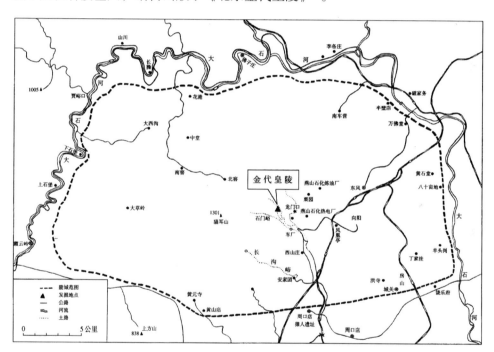

图8-1　金陵兆域图

## 三、房山金陵遗址的特点

根据《北京金代皇陵》报告书，房山金陵的特点可以简要归纳如下。

第一，金陵位于大房山东麓群山中，兆域面积大（60平方千米），兆域边

---

① 参看北京市文物研究所.北京金代皇陵[M].北京:文物出版社,2006.

界设置很多封堠（土堆）为界标，禁止射猎伐树等活动。界内有陵墓和陵园建筑，文献记载还有皇帝行宫、山神庙。

第二，金陵布局（图8-2）。（1）主陵区居中，位于九龙山环抱的山谷内正中舌形缓坡台地上，主陵区前仍存龙门口村地名。主陵区的原云峰寺正殿的位置上安葬太祖、太宗、世宗三位实权皇帝，两位过世皇父追尊皇帝。（2）主陵区西南距离龙门口村2.5千米石门峪内的北峪，是迁葬的金建国前始祖以下追封为帝的十帝陵区，现在称"十王坟"，发现有陵园墙和建筑构件。（3）主陵区之西隔一山岭的三盘山南的十字寺沟（金称鹿门谷）是"诸王兆域"，再往西是云峰山主峰（金又称茶楼顶，章宗建有行宫，金明昌五年的《灵峰寺碑》记茶楼顶"东临鹿门谷"）。以上是第四位皇帝海陵王最初规划，还在东南入口处修建行宫磐宁宫。（4）第五位皇帝世宗时安放二次迁葬的熙宗皇帝思陵于山阴之地的峨眉谷[①]，推测应该在云峰山岭之北侧，即主陵区之北。另又建坤厚陵，葬后妃，具体地点不明。（5）主陵区东侧柳家沟山谷，发现鸱吻、斗拱、台基等陵园建筑，柳家沟谷有可能是章宗皇帝道陵和其父裕陵的陵区，是第六位皇帝章宗开始兴建的陵园，有待发掘证实。[②]

第三，主陵区二阶台地上下相通的两个陵园。陵区前部以神道为中轴线，两侧对称布局，由石桥、神道、石踏道、台址（鹊台、乳台）、东西大殿构成。上下两个陵园各有石砌陵墙、祭殿。残留汉白玉质地的坐龙（图8-3，3）、鸱吻、兽头（图8-3，2）等构件。其主陵区的东侧大殿台基夯土中亦出土一件完好的青铜质地的童子像（图8-3，1），应该是有意放置的萨满教神偶。海陵王修建金睿陵，按照当时汉俗风水师指引选择龙脉葬地，按照儒家等级制度修建皇陵地面设施，同时女真萨满也参与了皇陵设计与祭祀仪式。陵区之外有拦截洪水的排水沟渠，俗称"龙须沟"。

第四，第一批迁葬皇陵居于高位，迁葬陵都是竖穴石椁墓，按照昭穆制度排列，帝后妃同穴，女真旧俗传统为主。

---

① 第三位皇帝完颜亶是太祖长孙，皇统九年（1149）被完颜亮杀，降为东昏王，迁葬到大房山诸王兆域的蓼香甸。世宗即位后恢复皇帝名誉，号熙宗，以葬地狭小改葬在峨眉谷。

② 连三顶（燕山石化东风街道果园）曾经遥感勘探出两处异常区，推测是裕陵和道陵，2001年复查勘探确认为砖窑厂。

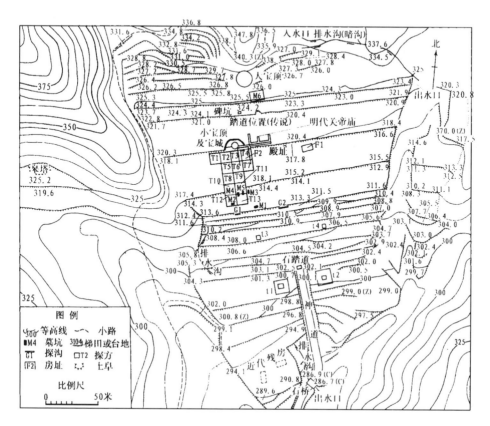

图8-2 房山金陵主陵区遗迹分布图

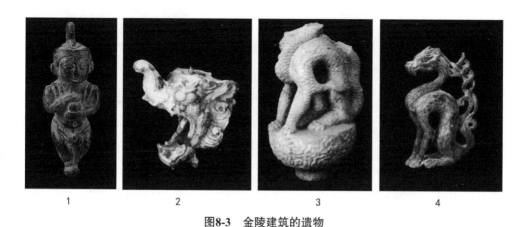

1      2      3      4

图8-3 金陵建筑的遗物

1.童子神偶   2.斜脊上的绿釉陶兽头   3.汉白玉坐龙   4.铜坐龙

第四代皇帝海陵王完颜亮修筑三座陵穴，太祖睿陵（M6）居中，太宗恭陵（M7）在东，追封为德宗的海陵王之父的顺陵（M8）在西，呈一排，间隔1.5米。墓穴前部有祭殿建筑址。金太祖睿陵（M6）坑口东西长13米、南北宽9～9.5米。太宗墓坑（M7）在太祖墓坑（M6）之东1.5米，勘探出坑长9米、宽7米，出有"皇帝""陵"碑石残块，是恭陵。M8在M6之西1.5米，勘探长7米、宽5米，是海陵王之父的金德宗之顺陵。

完颜亮迁都对历史贡献巨大，但是他性格残暴无道，大杀宗族，修建中都劳役重，民怨大。他大举进攻南宋，其嫡母皇太后劝他不能攻宋，他杀其母后，人心浮动。东京留守完颜雍在辽阳称帝，改元大定。完颜亮在进攻南宋时逼军渡江，不成则斩，被部下反杀。大定二年（1162）降封海陵郡王，葬在鹿门谷诸王兆域内，大定二十年（1180）又下诏降为庶人，称海陵庶人，迁墓到金陵西南40里。大定二十二年（1182），完颜雍将完颜亮的父亲德宗改为辽王，迁出顺陵。

金世宗完颜雍登基后将其父追封为睿宗，其陵为"景陵"，大定二年（1162）迁墓安置在房山金陵，在太祖陵之西侧10余米发现了"睿宗文武简肃皇帝之陵"碑（图8-4），碑后只有顺陵墓穴，可能世宗把顺陵迁出后，把其父又迁到顺陵旧坑内。遥感找到太祖睿陵东南50米有一个异常区，应该是一个墓穴，是否是从此迁出还不能确定。

图8-4 "睿宗文武简肃皇帝之陵"碑

M6的地宫经过发掘，为岩坑石椁墓。平面呈长方形，四壁为岩石凿穴而成。方向356°。口大底小，东壁略向内倾斜，其他三壁向外略有缓坡，坑口东西长13米、南北宽9～9.5米、深3.6～5.2米。坑底较平，坑口北部高，南部低，南北落差1.3米。墓室底部夯筑黄土，夯土厚2.5米、每夯层厚约0.2米。夯土以上平铺交错巨型石块，至墓口大约4层，共用石料200余块，每块重1吨，每层石块之间也用黄土夯实。最初发现时被当作蓄水池，确定坑口和大石块时定为祭祀坑，发掘确定为墓葬。

地宫内有4具石棺椁（图8-5）。M6-1、M6-2为青石椁，南北向放置于地宫西侧，身份不明。M6-3雕刻凤纹的汉白玉椁，是皇后。M6-4为雕龙纹汉白玉椁，是太祖皇帝阿骨打的椁。

**图8-5　M6石棺椁**

皇帝椁（M6-4）被砸毁，残留底部，长3.12米、宽1.35米。椁顶盖上面剔刻团龙纹，四坡面刻缠枝忍冬纹。椁身为长方形，仅保留东壁，其他三个壁均被砸毁，不似盗墓者所为。

皇后椁（M6-3）椁身长2.48米、宽1.2米、高1.52米。由整块汉白玉雕凿而成。石椁外壁四框用缠枝忍冬纹圈边，东西两侧挡板正中刻团凤纹及卷云纹，南北两壁中间刻双凤纹及卷云纹。外壁四周用松香匝敷。椁内壁均有泥金勾绘纹饰，前后两挡板是团凤纹，南北两壁皆为双凤纹，部分纹饰尚能看见金线的痕迹。石椁内放置红漆木棺一具。棺平面呈长方形，棺盖残落在棺内，长2.1米、宽0.75～0.78米、高0.68米。木棺外壁红漆，四角和中心有银片，其上鎏金錾刻凤鸟纹。棺内出土头骨及散乱的肢骨，头骨上戴金丝冠帽（图8-6，1），只保留金丝做的冠帽架，帽两侧有白玉喜鹊佩饰（图8-6，2）。

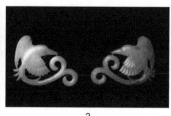

**图8-6　M6出土遗物**

1.皇后棺（M6-3）头骨和金帽架、玉喜鹊发现状态　2.皇后帽子上的一对玉喜鹊
3.皇妃棺（M6-1）出土的一对鹊捕鹅纹春水玉

其他棺内还发现春水玉佩（图8-6，3）、双天鹅衔花枝玉佩，都是冠帽上的佩饰。

第五，世宗兴陵居于主陵区低位，地宫是有墓道墓门的仿木构石室墓，汉化影响加深，祭殿位于地宫墓穴之上，又承"冢上作屋"的勿吉遗风。

章宗按照世宗遗嘱葬世宗在太祖之侧。2001年在太祖（M6）西南约70米发现金世宗之兴陵（M9）（图8-7）。石台阶墓道12米长，墓道两壁用石块垒砌石壁。台阶的台面石块接口有元宝形槽口，用铁水灌槽。墓门是大型仿木构石门楼（图8-8），两侧是汉白玉龙抱柱、斗拱和脊端兽头，推测可能是石室墓。墓门被毁，墓门外用木头封堵，木枋被火烧毁。墓室顶部坑规模不明，最上是夯土层和乱石层，之下是8层夯土和8层木炭，深8米铲到墓室的顶盖石板，未发掘。地宫是在发掘F2和F4时发现，地宫之上有祭殿，可知原本地宫之上没有封土堆。《金史·礼制》："天辅七年九月，太祖葬上京宫城之西南，建宁神殿于陵上。"[1]世宗兴陵延续了太祖初葬旧俗。

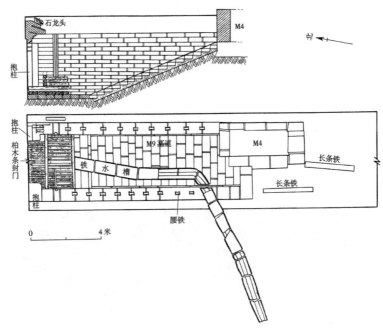

图8-7　兴陵（M9）墓道平、剖面图

① （元）脱脱. 金史3[M]. 北京: 中华书局, 1975: 727.

**图8-8　兴陵（M9）墓道与墓门上的仿木构石斗拱、石脊兽头、龙抱柱**

## 四、小墓

M1—M5位于神道西侧，睿陵M6西南的第4级台地上，南北向。均为长方形竖穴石圹墓。其中M1、M2、M3早在20世纪70年代平整土地时便遭到破坏和扰乱，墓内随葬品遗失，仅从当地农民手中收回一件"萧何月下追韩信"三彩瓷枕。

M5保存较好，四壁用花岗岩平铺垒砌，白灰墙。墓底用凹形石棺台，墓底有腰坑，圆形，内放一个磁州窑罐（高29厘米），内装铜钱1枚，上扣1个磁州窑碗。M5出土的"泰和重宝"，铸造于金章宗泰和四年（1204），M5的下葬年代应不早于1204年。M4打破皇陵M9墓道，可证其不是金代陪葬墓。

## 五、长沟峪石椁龙纹棺墓

位于金陵兆域内的凤凰山南麓，长沟峪北小断头峪西山坡上。[①]1974年煤矿盖楼施工发现，墓由五个石椁组成，应为一个大土坑墓，安葬5椁（图8-9）。

---

① 参见张先得，黄秀纯.北京市房山县发现石椁墓[J].文物，1977（6）.

三个为东西向，两个为南北向。石椁均由六块整青石板构筑，青石板两面磨光，厚10~15厘米。正中石椁长2.9米、宽1.38米、高1.26米。结构为墓坑底放石椁板，四框立于椁底板上，用单榫结合，椁盖板盖在上板。另外四个石椁形制基本相同。正中椁室置棺一具（图8-10），长2.20米、宽1.25米、高0.95米。棺外涂红漆并用银钉嵌錾花银片，组成棺前壁图案为四角卷叶纹。中嵌火焰宝珠，火焰上部用绿色织锦剪成圆片贴在红漆表面上，棺两侧为四角卷叶纹中嵌行龙及卷草，行龙上部也用绿色织锦剪成圆片贴在红漆表面上。所有图案边缘都以银钉钉合，显出银珠嵌边的效果。錾花工艺精美，图案造型浑厚有力。棺内器物有双股玉钗、玉镯、玉环、凤形玉耳坠（2件）、双鹤衔花枝玉逍遥、折枝花玉佩（2件）、竹枝节玉逍遥、政和通宝玉钱等玉器（图8-11）及丝织品残片，棺内有大量水银。

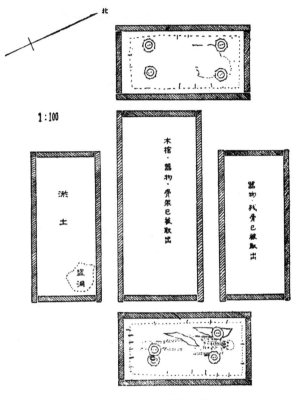

图8-9　长沟峪墓石椁分布图

图8-10　银饰红漆木棺复原图

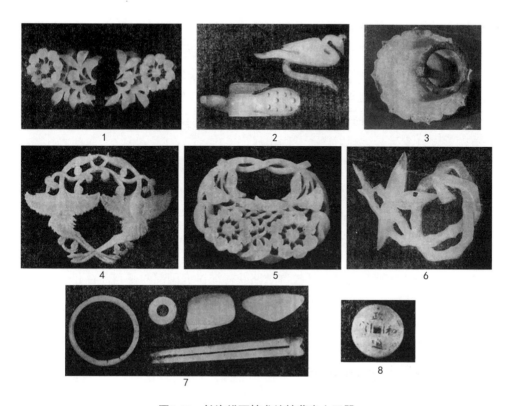

**图8-11　长沟峪石椁龙纹棺墓出土玉器**

1. 透雕折枝花玉饰　2. 凤形玉耳坠　3. 竹节形铁棺环

4. 透雕双鹤衔枝玉逍遥　5. 双折枝花玉逍遥　6. 竹枝节玉屏花

7. 双股玉钗、玉镯、玉环、长方形玉饰、三角形玉饰　8. 政和通宝玉钱

# 第二节　女真墓葬

## 一、黑龙江地区的女真墓葬

### （一）女真来源于黑水靺鞨

女真，《辽史》中写作"女直"。南宋陈准《北风扬沙录》记载："金国本名朱里真，番语舌音，讹为女真，或曰虑真，避契丹兴宗宗真名又曰女

直。"① 女真来自黑水靺鞨。目前很多涉及辽金历史和考古的论文、著作、科普展示作品等中，把女真与契丹的经济形态等同，称为游牧民族，这是错误的。游牧是指在半干旱草原地区转换牧场放牧，即文献常说的"逐水草而居"，牧畜群主要是羊群，羊是游牧人移动的粮仓。女真居住在白山黑水之间，土地肥沃，降雨充沛，森林发达，植被茂密，女真的主要经济形态是渔猎兼营的粗放农业。女真首领，皆自统兵，缓则射猎，急则出战。

完颜部不断吸收外来人，壮大起来。完颜部迁徙到安出虎水（今天的哈尔滨南的阿什河）定居，史称金源之地。金始祖函普，《金史》说自高丽来，最初迁徙到朝鲜半岛，又回流迁徙到安出虎水，加入完颜部，因成功调解部落矛盾为部落酋长，并娶完颜部落女为妻。传六世至景祖乌古乃时开始崛起，统一女真各部。辽国皇帝从五国部之东地区捕捉海东青，用于春捺钵等狩猎，通往五国部的交通道路称为"鹰路"。乌古乃控制鹰路获得征讨五国部的权利，吞并五国部。辽帝在嫩江与松花江交汇地带进行春捺钵，辽帝要求室韦和生女真各部酋长每年陪同辽帝春捺钵，目的是巡边威慑羁縻属部。女真酋长在长达百年陪同春捺钵过程中也养成了春水秋山的季节性射猎习惯，但与辽帝四时捺钵不同。酋长阿骨打在陪同辽帝过程中洞悉了辽军的组织运行特点和弱点，筹划起兵。天庆二年（1112）在"头鱼宴"上不肯为辽帝献舞。天庆四年（1114）以宁江州榷场贸易"打女真"、女真人以投靠契丹不归还为借口，发动突袭宁江州战，天庆十年（1120）攻克辽上京。1125年活捉天祚帝。乘胜南下，1127年灭北宋，迁宋徽宗、宋钦宗二帝到五国城。

辽金时期女真髡发，留脑后发，和满族发式有渊源关系（图8-12）。

**图8-12 金张瑀《文姬归汉图》中的女真髡发**

① （宋）文惟简.虏庭事实［M］∥（明）陶宗仪，等.说郛三种（第一册）.上海：上海古籍出版社，1988：453.

### （二）三江平原的女真墓

三江平原地区辽代五国部墓葬是从黑水靺鞨墓演变而来的[①]，这与文献记载女真的族源是靺鞨相吻合。根据绥滨中兴古城和奥里米古城周围发现的墓葬[②]（图8-13），可知到金代晚期三江平原仍保留土坑竖穴墓的传统，其他墓葬形制未传播到这里。墓坑有长方形和方形，木椁木棺葬具，有的墓是棺椁放入后火烧，属于火焚墓，保持靺鞨以来的传统。中兴古城的M5墓内殉葬马、狗。随葬品有鎏金银鞍饰、铁锅、桦树皮桶、水晶和玉石的嘎拉哈、秋山玉、玉兔、金列鞢、金花，陶器有瓜棱壶、卷沿罐，瓷器有定窑、耀州窑、景德镇的青白瓷等。

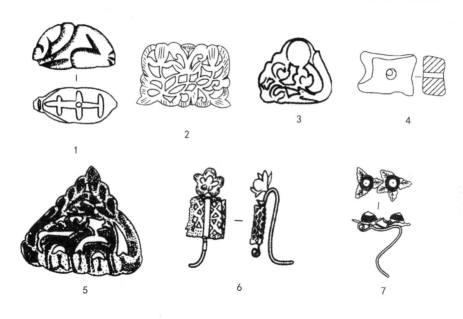

**图8-13　奥里米墓地出土器物**

1.玉兔　2.透雕玉牌　3.枝花玉饰　4.嘎拉哈　5.秋山玉　6、7.金耳钉（铛）

---

[①]　冯恩学.辽代的女真文化[C]//边疆考古研究（第18辑）.北京:科学出版社,2015:265-282.

[②]　参见黑龙江省文物考古队工作队.黑龙江畔绥滨中兴古城和金代墓群[J].文物,1977(4);黑龙江省文物考古队工作队.松花江下游奥里米古城及其周围的金代墓群[J].文物,1977(4);方明达,王志国.绥滨县奥里米辽金墓葬抢救性发掘[J].北方文物,1999(2).

## 二、金上京地区女真墓

### （一）辽末金早期的女真墓

金上京附近的辽末金初墓地有双城村墓群[①]、新香坊"王子坟"墓群等。[②]

双城村金墓群（距离金上京东1.5千米）1980年发现清理，是土坑木质葬具墓。出土兵器（铁刀和箭镞），有室外使用的多种形制三高足的铁锅（图8-14，4、5）、提梁铁锅（图8-14，3、6）。有金代流行的梁穿马镫（图8-14，7），大环镳的马衔（图8-14，2）；也有辽代流行的柄穿马镫（图8-14，8），显示年代可以早到辽末。有3件鹘捕鹅纹铜带具（图8-14，1），这是金代考古迄今为止发现的唯一的一批鹘捕鹅纹铜带具，带具表面浮雕一只展翅飞翔的天鹅，一只海东青扑落在天鹅的头部，猛啄天鹅的头颅，天鹅长12.9厘米，海东青长2.6厘米。海东青是一种体小而勇健的隼鹰，在《金史》和《辽史》等史书中常写作"鹘"。《金史·舆服志》记载金帝春水时穿着服装特点"其春水之服则多鹘捕鹅"。鹘捕鹅装饰的流行，应该在阿骨打灭辽之后独立开展春水活动时兴起，所以，墓地的年代下限延伸到金早期。器物群组合反映狩猎生活占据重要地位的特点。

新香坊"王子坟"墓群发掘16座墓，有土坑墓、石椁墓、砖室墓。地面有石羊石虎，已经丢失。出土器物300件，仅公布M4、M5、M6三座墓，墓形制不明。玉器、金银器数量多，精美豪华。篦纹凹底罐保留辽代篦纹陶特征，马具饰龙纹应该出现在阿骨打称帝之后，其墓年代可能在金建国初期。在德惠市揽头窝棚金代遗址出土的1件大陶瓮上也有稀疏的篦纹，稀疏篦纹在松花江流域结束时间可以延续到金代。

出土器物有银骨朵、铁矛头、梁穿马镫、大环的马衔镳、三高足铁锅、三叉提梁吊锅、金帽顶饰、金锁链佩铃、金指环、金镶玉耳坠、金耳钉（铛）、银扳耳洗、银药壶、素面长颈陶壶、稀疏篦纹凹底陶罐（图8-15）。特别是龙纹金马鞍和玉铰具显示为完颜部皇族成员（包括驸马）身份，刀形后鞍翅上使用吊环代替辽代的穿孔体现了女真马具的特色。金玉装饰品体现女真贵族的特色。

① 参见阎景全.黑龙江省阿城市双城村金墓群出土文物整理报告[J].北方文物，1990（2）.
② 参见黑龙江省博物馆.哈尔滨新香坊墓地出土的金代文物[J].北方文物，2007（3）.

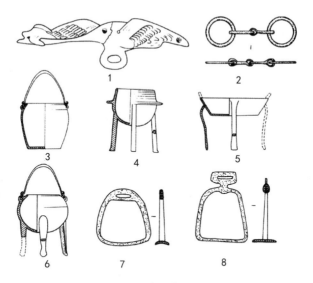

**图8-14　双城村墓群出土器物**

1.鹘捕鹅纹铜带具　2.铁马衔　3—6.铁锅　7—8.马镫

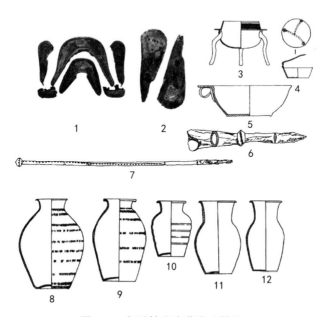

**图8-15　新香坊女真墓出土器物**

1. 银边鎏金铜鞍饰　2. 鎏金银鞍饰　3. 三足锅　4. 吊锅　5. 银质扳耳洗

6. 矛　7. 银骨朵　8. Ⅰ式篦纹罐　9. Ⅱ式篦纹罐　10. 罐　11、12. 长颈罐

### （二）晚期女真墓

土坑石椁墓是金朝女真贵族具有特色的墓葬形制[①]。在竖穴土坑（个别是岩坑）中放置用整石雕凿成石椁，或用大石板拼砌成的石椁。椁内置棺（木棺或石棺），漆木棺上流行贴挂银质的花纹饰片。随葬品以墓主随身穿戴之物为主，其他很少。穿戴丝织物以齐国王墓发现最多，帽冠常有花鸟纹玉佩、环、成对金环或玉环，反映了女真贵族流行的帽饰特点。

齐国王墓位于黑龙江省哈尔滨市阿城区巨源乡城子村村西的岗地上，墓没有被盗，保存完整。墓葬的形制为土坑竖穴石椁木棺墓（图8-16）。长方形墓穴的南壁中部突出部分为生土二层台，使其整体平面呈"凸"字形。墓穴底部经过夯实，夯窝清晰可见。其中部放置一长方形大石椁，在大石椁和二层台中间还置有一长方

**图8-16 齐国王墓棺椁**

形小石椁。大石椁四壁由4块完整的花岗岩石板组成，以半榫卯结构相连接；椁盖、椁底用3块花岗岩石板对称平铺而成；凡石板连接处，都用白膏泥勾缝密封。在石椁的4个角上，均用残布纹瓦掺杂白膏泥封砌。石椁外壁加工简略，粗糙不平，而内壁则修凿平整并刻有菱形纹饰图案，其南北两侧的图案为两行上下交错排列的菱形纹，东西两侧的图案为单排相连的长菱形纹。底板下置有4根垫木，间距大致相等。

石椁内置放一具长方形红漆木棺，长2.21米、宽1.26米、高0.9米。8个角均用银片镶饰，木棺的外壁也有银片装饰物。两侧装有2个对称的铁棺环。木棺还包裹绢布，其上有团龙卷草纹织金，现保存下来的仅有少量残片。在棺盖板的中

---

① 参见秦大树. 金墓概述 [J]. 辽海文物学刊, 1988（2）；刘晓东. 试论金代女真贵族墓葬的类型及演变 [J]. 辽海文物学刊, 1991（1）.

部置放一件银质冥牌。在小石椁内仅发现少量残木和碎骨。木棺内葬有一男一女，木棺内四壁上围罩有鸳鸯纹织金绸帷幔。仰身直肢，男左女右，头西脚东。男性60岁左右，女性40岁。二人身着多层各式服装，男着8层17件，女着9层16件，由于采用整棺运回室内形式开棺，衣服提取较好，形状完整，成为研究金代服饰主要资料[①]（图8-17）。男女都戴耳钉，男子耳钉的铛是圆形，女子耳钉的铛是三角花形。据此墓资料可知女真男子也戴耳饰，这也是效仿契丹男子戴耳饰习俗。

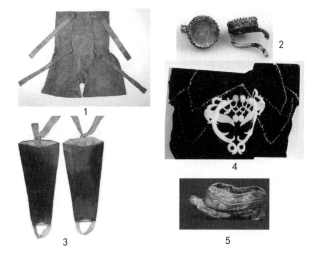

**图8-17 齐国王墓出土器物**

1. 男短裤　2. 男耳钉　3. 男吊敦

4. 女子帽冠后的玉佩　5. 女鞋

木质房券，横置于棺内枕后，券文上端在男墓主一侧。房券整体呈长方形，上部抹角，正面墨书"太尉仪同三司事齐国王"，背面墨书"房一坐"。墓内出土遗物多为丝织品和佩饰，其他随葬品（除木棺上的银质冥牌和木棺内木质房券外）均是墓主生前随身使用之物，有藤杖、玉具剑、筷子。

没有使用墓志，墓主身份根据银质冥牌上压印有"太尉开府仪同三司事齐国王"、木质房券正面墨书"太尉仪同三司事齐国王"考证。据《金史》记载受封为"齐国王"的有4人，但既有"齐国王"封号，又"进拜太尉"的，只有完颜晏。太宗天会初年（1123），完颜晏曾率军北定乌底改（黑龙江下游地区，今俄罗斯境内），据《金史·完颜晏传》记载，"师还，授左监门卫上将军，为广宁尹，入为吏、礼两部尚书"。海陵王南迁，晏留守上京五年，这期间"累封豫王、许王，又改越王。贞元初，进封齐"。"正隆二年（1157），例削王爵，改

---

① 参看赵评春, 迟本毅. 金代服饰——金齐国王墓出土服饰研究［M］. 北京: 文物出版社, 1998.

西京留守。未几，为临潢尹，遂致仕，还居会宁。"世宗即位，召晏入见，"即拜左丞相……兼都元帅"。大定二年（1162）正月，世宗祭山陵，遂"进拜太尉。复致仕，还乡里。是岁，薨"。[①]

## 三、吉林完颜希尹家族墓地

完颜希尹本名兀室，因为希望成为贤相伊尹而改名。他是金朝起兵建国的主要谋士和领兵将领，战功卓著，官至尚书、左丞相兼侍中。由于金兀术串通皇后裴满氏进谗言，于金天眷三年（1140）被金熙宗所杀，之后被平反昭雪。他借鉴汉字偏旁和契丹字，创立女真文字，称为女真大字。

完颜希尹家族墓地位于吉林市舒兰市小城镇的山南坡。共分五个墓区。完颜希尹家族墓地还埋葬着其父完颜欢都、其弟完颜谋演、其孙完颜守道等人。1979—1980年考古调查确定五个墓区，发掘了部分墓葬。[②]

希尹墓（M1）在2墓区山坡的脊梁线上，位置最高（图8-18），神道前部有神道碑和碑亭遗址，从前向后是柱、虎、羊、人各一对（图8-19）。碑已经毁掉，拓片存世。金代神道碑还发现2例，长春石碑岭的完颜娄室墓前有碑残块，俄罗斯乌苏里斯克双城子（金代恤品路城）有完颜忠神道碑[③]（图8-20）。墓前石像生其他墓都有，在长春和哈尔滨也有很多发现，风格一致。文东武西，文臣执笏板恭立，武将叉手悬剑（图8-21），羊和虎造型粗简。

M1在伪满时期被日本人挖掘，后又被盗，形制破坏严重，属于砖圹石椁墓。1980年发掘土坑边长5米，坑内地面铺砖，有2套葬具，中间是砖砌圹，外边长2.92米、宽1.76米，墙砖最高保存11层。砖圹内有3块大石板，散乱，上面最大的一块是长2.3米、宽1.14米，应该是壁石或顶盖。底下2块方形石板，南石残，北石长1.38米、宽1.1米，应该是石椁底板，木棺不存。砖圹外南侧有一石板，应该是石椁的前挡石。主砖圹向西2.6米有一小砖圹，保留5层砖，紧贴砖圹内壁放

---

① （元）脱脱. 金史5[M]. 北京：中华书局，1975：1673-1674.

② 参见庞志国. 1979—1980年间完颜希尹家族墓地的调查与发掘[J]. 东北史地，2010（4）；顾聆博. 完颜希尹家族墓地研究[D].长春：吉林大学，2012.

③ 参见林沄. 完颜忠神道碑再考[J]. 北方文物，1992（4）.

一小石函（长1.02米、宽0.68米、高0.62米），应该是火葬。

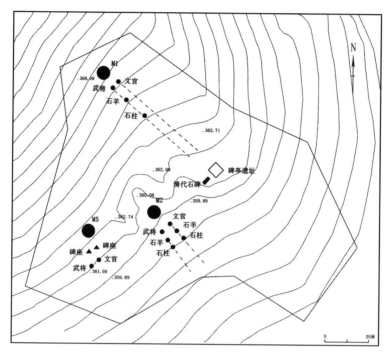

**图8-18　完颜希尹家族墓地第二墓区测绘图**[①]

墓地内其他墓区也有砖圹石椁墓，与江西德安南宋周氏墓相同。《松漠纪闻》的作者洪皓是南宋尚书，出使金国议和被扣留，宗翰许官被拒绝欲斩，希尹爱其才，把他流放冷山十五年，在其家教八子等女真贵族子弟。洪皓是江西人，把南宋墓葬形制传给希尹家族。完颜希尹协助金熙宗制定礼仪、制度时，多与洪皓一起商议。

**图8-19　1980年完颜希尹墓发掘现场**

---

①　本图系2011年吉林大学复查时绘制。

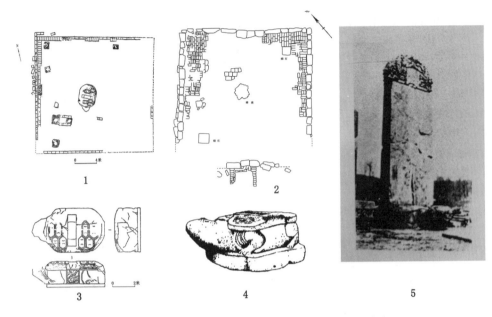

**图8-20 完颜希尹、完颜娄室、完颜忠墓地神道碑遗迹**

1.长春市近郊完颜娄室墓地碑亭遗址　2.舒兰市小城子完颜希尹家族墓地碑亭遗址

3.长春市近郊完颜娄室墓地龟趺　4.完颜忠墓地龟趺[①]

5.完颜希尹神道碑未被毁坏前形制

第二墓区M2是带墓道的石室墓（图
8-22）。石室的封顶石雕刻出庑殿顶形，有五脊
和瓦垄，颇为特殊。墓室内有火葬小石函5具，
定窑瓷碗和梅瓶、蜡台等（图8-23，1—3），墓
室正中发现一块铁买地券，发掘时被误认为是皇
帝赐给希尹的免死铁券而断为希尹墓[②]，此说流
传较广，直到2009年才被意识到是铁买地券之
误[③]。M3出土了2件春水玉，左右可以对合，应
是穿帽带之物，其粗犷风格可以作为金代春水玉

**图8-21 完颜希尹家族墓地第五
墓区完颜欢都墓武将**

---

① 图片来自林沄《完颜忠神道碑再考》一文。

② 参见陈相伟.完颜希尹家族墓地的调查和发掘[J].博物馆研究,1990(3).

③ 冯恩学.对完颜希尹墓地出土"铁券"性质的新认识[C]//边疆考古研究（第9辑）.北京:科学出版社,
2010:207-211.

标准器，故宫收藏的鹰鹅肥壮精致的春水玉是元代之物<sup></sup>①（图8-23，4—6）。

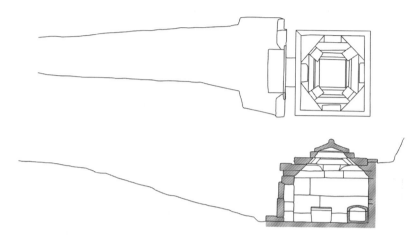

**图8-22 完颜希尹家族墓地第二墓区M2平、剖面图**

**图8-23 完颜希尹家族墓地第二墓区出土器物**

1.瓷碗 2.瓷瓶 3.铜烛台 4.鹘攫天鹅春水玉 5.玉环 6.玉饰

---

① 宋佳.金代玉器的考古学研究［D］.长春：吉林大学，2014.

## 四、辽西的契丹遗民墓

在赤峰市敖汉旗老虎沟发掘的是金代大定十年（1170）下葬的契丹人墓葬。[①]墓主是辽代契丹人，降金，官职为博州防御使。仍恪守辽代旧俗，八角形砖室墓，直径4米。石棺，有铜丝网络。随葬品有白瓷、饰件。汉白玉墓志是迄今发现数字最多的契丹小字墓志，下葬时距金朝废除契丹小字仅有21年。

## 五、北京地区金墓

北京地区金代墓葬的形制主要有砖石混筑墓、土圹石椁墓、土圹砖室墓以及土坑墓等四大类型，其中以砖室墓和石椁墓的数量居多，前者以圆形为主，后者以长方形居多。圆形单室砖墓是金代前期主要的墓葬形制，到了金代中期贞元、正隆、大定年间，石椁墓成为主流，且墓主大多是女真贵族。土坑墓发现数量较少，在金代初年至中晚期一直存在。[②]

圆形单室砖墓一般是砖筑墓室砌在土坑内，由墓道、墓门、甬道和墓室等部分组成，顶部多为穹窿顶，底部有的铺砖，放置棺床。根据残留棺板以及板灰等推测，葬具有木棺、木匣。仅有石景山八角村一例可能为瓮棺葬，该墓虽为圆形单室墓，但是圆形墓壁却被六根砖砌的内凸立柱分成了六格，与六角形墓葬颇为相似，可能代表了"六合"的意义。六格中除正南被封门洞立砖占去外，顺时针方向排列有侍寝图、备茶图、备宴图、散乐图、侍洗图等精美壁画。圆形砖室墓的葬式多为火葬。

八角形砖室墓见于延庆张山营晏家堡村吕氏墓。墓室四周砖雕斗拱立柱，墓室内壁原绘有壁画，甬道及墓壁残存4幅壁画，分别描绘出行仪仗、侍女、鼓乐等内容。室内填土中发现烧骨，应是采用火葬方式。墓志盖阴刻"故吕夫人墓志"，四边刻人身兽头的十二属相，四角为云纹图案。

土坑单层石椁墓以乌古论窝论家族墓地为代表。位于北京丰台区王佐镇，1980年发掘。有4座墓，分别为窝论夫妇墓、子辈元忠夫妇墓和其他2座墓。窝

---

① 参见朱志民.内蒙古敖汉旗老虎沟金代博州防御使墓[J].考古,1995（9）.

② 参见丁利娜.北京地区金代墓葬概述[J].文物春秋,2009（4）.

论夫妇墓是大定二十四年（1184）右丞相元忠迁葬之墓。元忠于泰和元年（1201）去世，大安元年（1209）鲁国大长公主去世与夫合葬。乌古论元忠墓使用汉白玉制作椁和棺，石椁由六块石板组成。墓地出土一批玉佩、玉棋子、鸡腿瓶、墓志等遗物。窝论墓出土的耀州窑月白釉单耳洗2件（图8-24）和刻花碗，成为研究耀州窑月白釉瓷器断代的重要标尺。

**图8-24　窝论墓出土的月白釉单耳洗**

双重石椁墓见于石景山鲁谷金墓M35，其外椁由5块青石板组成，未见底板，椁壁以榫卯结构相连接；内椁的椁盖为覆斗形，椁身由一整块青石凿成，素面。椁内上层放置一块长方形织物，织物下是经火化的骨灰和木炭，其周围有木板灰和漆痕，推测是用于盛放骨灰的木棺。骨灰下面放置有铜钱，南侧随葬5件形制相同的双系白釉瓷罐和1件八棱双系青釉瓶。椁内底部东侧有一块鹅卵石。墓志一合，青石质，出土时放置于外椁盖上方。

土坑石椁墓有墓主为汉族者。如北京通州区三间房M1墓主人石宗璧，曾官定威将军，正五品；M2为其妻墓，其妻为女真贵族，志文载"公聚纥石烈氏，封武威县君"，系金朝统治阶层的重要氏族之一。此外，还有房山沙窝村"忠显校尉班"墓、东城区磁器口"修武校尉吕恭"墓等。

# 第二节　金代汉人墓

## 一、旧辽地区的汉人金墓

原辽国地域内汉人墓有砖室墓、土坑墓、土洞墓三种，土洞墓仅见于大同地区。该时期火葬和尸骨葬都流行。从文化渊源角度分析，大致可以分为三种类型。

第一种是保持辽时汉人墓的特色。主要为金代早期，如宣化下八里的金代墓（M3），基本上沿用了辽代当地汉人墓的形式，以壁画装饰为主。辽西有的墓还保留木护墙、铜面具等契丹传统，保留辽代发达的灰陶明器和实用陶瓷器、铁锅等传统。金代瓷器、钱币、墓志等文字资料成为断代的主要依据。

第二种是在辽代汉人墓基础上又向前发展，形成新的特色。如西京大同地区的金代汉人墓，改变辽时圆形墓室做法，皆为方形砖室墓，穹窿顶。雕砖仿木构，壁面壁画是主要装饰，壁画内容变简单，后壁侍寝图的屏风变成花窗，左右壁流行备宴、备茶酒图，徐龟墓还有辽墓壁画风格的出行图①。灰陶明器和瓷器、铁锅等均有发现（图8-25，图8-26）。

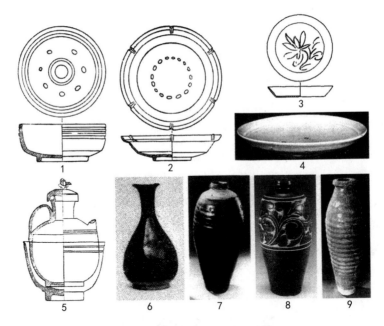

**图8-25 大同地区金墓出土瓷器**

1、2、5、7、9. 大同云中大学M1 3. 大同金代徐龟墓

4. 河北蔚县天德二年（1150）墓 6. 大同十里铺M11 8. 大同市西环路M6

---

① 参见大同市博物馆. 山西大同市金代徐龟墓［J］. 考古, 2004（9）.

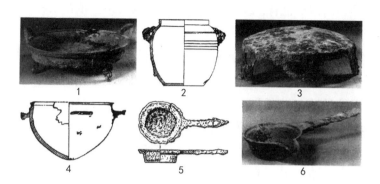

**图8-26 大同地区金墓出土铁器**

1、3、6.云中大学M1 2、4.云中大学M2 5.徐龟墓

阎德源墓[①]位于大同西郊。方形单室砖墓，长3.12米，宽3.11米。仿木构，有简单的斗拱。顶中心是莲花图案，中心有铜镜一面。后部是棺床，上放一木椁，一木棺。内有一老年男性，头西脚东，头枕汉白玉枕，面覆盖罗纱一块。出土90多件文物。竹胎漆器镶银扣，漆盒内有5方印章。地桌、炕桌、椅子、围栏床等一批木家具为研究宋元时期家具提供了实物标本，墓志题为西京玉虚观宗主大师阎公墓志，记载墓主人是道士，葬于金大定三十年（1190）正月。该墓在左右壁下树立大型木屏风代替壁画，是特殊做法。

第三种是受到女真贵族墓的影响，出现新形式，使用土坑石椁墓，这在北京地区尤为多。

## 二、旧宋地区的金代汉人墓

旧宋地区，开封为金的南京，受女真上层不用雕砖壁画墓的新时尚冲击大，雕砖壁画墓数量锐减，装饰也简单。关中、晋南地区则没有受到冲击，后者汉人的雕砖壁画墓到金代空前发展，达到了墓葬使用雕砖艺术的历史高峰。其内容丰富，为研究金代下层的平民住宅和生活提供了丰富形象的实例资料。

### （一）山西中南部的雕砖壁画墓

墓葬形制一般是单室墓，个别墓为前后双室墓。墓室平面方形最多，八边

---

① 参见大同市博物馆.大同金代阎德源墓发掘简报［J］.文物,1978（4）.

形次之，圆形、六边形也有，顶部流行八角叠涩攒尖顶。依据墓葬装饰手法可以大致分为两种类型。

一种是以雕砖装饰为主，或全部使用雕砖的墓，雕砖上彩绘。另一种是以彩绘壁画为主的墓。

1.砖雕为主的墓

砖雕包括生活砖雕和建筑砖雕。生活雕砖有夫妇观戏（夫妇并坐、夫妇对坐、杂剧、百戏）、侍奉类（侍者、备食、备茶等）、行孝图等内容。夫妇并坐或对坐图，具有双重寓意，主人接受供奉，又享受戏曲生活。墓内壁画，由于立体感的仿木构建筑发达，特别是门窗多，使得墓壁的主要壁面能够施壁画的面积减少，拱眼壁之间、梁枋上壁画发达。

建筑雕砖主要特点可以概括为以下几点。

A.仿木构和家具雕砖技法追求立体真实感和细部逼真效果。

B.仿木构建筑布局设计以庭院式模式为主，即利用外观门窗屋顶等象征手法，把狭小单室装饰成四合院或重重院落的豪宅大院。

C.房屋建筑底部增加须弥座，可能是从辽金砖筑佛塔仿木构须弥座装饰借用而来，如锦州辽塔有双层须弥座（图8-27）①，非写实刻画墓主家房宅，而是赋予墓室西天乐土之意。须弥座上下层叠涩常饰莲花瓣，束腰上有力士柱和壶门内展现灵兽、吉祥花、竹马婴戏等。

D.墓顶斗拱的特点是四铺作或五铺作盛行，斜华拱（40°～60°

**图8-27 锦州市内辽塔双层仿木构须弥座**

斜出）流行，是对现实建筑的模仿。有的墓把横弯拱雕刻成云形或花形，暗示天国的神秘美丽。斗拱繁杂华丽，令人眼花缭乱。

金代乐舞砖雕技法由浅浮雕改为半圆雕或全圆雕，半圆雕的浮雕突起通常

---

① 须弥座来源于佛教须弥山，须弥山是承载佛教宇宙观的灵山。

也很高，有时仅人物背部连在砖面上一点。砖雕的制法大约是在模制基础上再用刀具进行细部加工。金代乐舞雕砖形象与北宋末比稍显粗拙，显然系民间工匠的创造，已经不是依据范画而是直接从舞台演出汲取素材，然而人物造型、情态、气质诸方面都更加生动传神。晋南地区由于金代砖雕墓葬的盛行，已经开始成批模制乐舞角色，该地区不同的墓穴中有重复出现相同乐舞砖雕人物的现象，说明烧造作坊也对乐舞雕砖进行批量生产，以满足当地修砌墓葬的需要。金代晋南墓葬中乐舞砖雕的普及、工艺的定型化和雕造技巧的提高、批量生产等特点，应该是民间需求量增加的结果。

墓内流行尸骨丛葬，基本不见棺椁葬具，随葬品很少，甚至有的墓只有一两件粗瓷碗。

下面介绍以砖雕为主的典型墓葬。

（1）稷山金墓

山西雕砖墓发现很多，稷山金墓对理解宋金元时期雕砖壁画内容具有典型意义，马村墓群原地建设了博物馆。

稷山县发现的金代雕砖壁画墓群[①]，分布在马村、化峪、苗圃三地。皆方形单室墓，墓室边长在2.5米左右，高在3.5～5米之间。墓道多数偏于东边，形成刀形平面（图8-28）。只马村M3和M8的墓道位于南面正中，其棺床是"凹"字形和位于后半

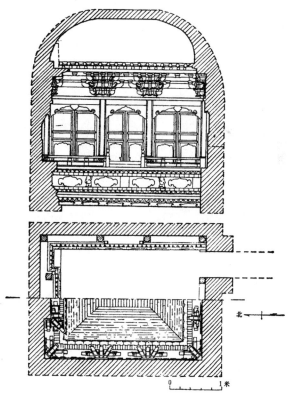

**图8-28 稷山马村M2平面、仰视、剖面图**

① 参见山西省考古研究所. 山西稷山金墓发掘简报［J］. 文物, 1983（1）.

部的长方形。其余墓则棺床位于墓室西部。墓室四壁全部用仿木构雕砖进行装饰。四面由四座房屋的外檐建筑构成前厅后堂、左右厢房的四合院。四面的建筑由基座、柱额、斗拱、屋檐、墓顶构成。墓门为圆洞形，门上有门楼。基座是上下两层须弥座，叠涩有莲花瓣（图8-29），束腰部分有壸门，壸门之间有力士柱或云盘线柱分隔，壸门内雕有牡丹、莲花、天马、仙鹿、狮子等仙花灵兽。柱额一般是每面面阔三间，檐柱十二根。斗拱和其上的勾头滴水花纹细致，形象逼真，气势雄伟。

**图8-29 稷山马村M8的庭院式仿木构建筑与墓主并坐**

多数墓在南壁砌出戏台，上有杂剧演出雕砖（图8-30）。杂剧演出中，有的墓还有乐队伴奏，是研究中国戏曲史珍贵的资料。据杨富斗等考证[①]，这批杂剧人物有"副净""副末""末泥""装旦"等角色，表演时以"副净""副末"为主角，故其居于舞台中间。宋元杂剧是以民间百姓熟悉的事物为题材，念唱应对都以滑稽为特色，深受人们欢迎，故发展为戏剧。晋南金墓戏台和角色的雕砖为戏剧史研究提供了重要实证资料。

---

① 参见杨富斗, 杨及耕. 金墓砖雕丛探[J]. 文物季刊, 1997（4）.

**图8-30　稷山M4南壁戏台与须弥座**

马村M4出土了二十四孝泥塑，形象生动传神。每个故事还有编号，可见是专门为M4而设计。这是墓葬中行孝故事题材中唯一的立体泥塑，四壁回廊下自东壁南角按逆时针方向依次为：舜耕历山、陆绩怀橘、郯子鹿乳奉亲、曹娥哭江寻父、郭巨埋儿孝母、王祥卧冰求鲤、刘殷哭泽生堇、杨香打虎救父、赵孝宗舍己救弟、闵损单衣顺母、鲁义姑舍子救侄、董永卖身葬父、鲍出贼营救母、田氏兄弟哭活紫荆等。

稷山金墓多数葬式不明，从保存下来的M4、M5、M8看，为夫妻妾合葬。未使用棺，墓主人直接放在木床上。床下有大量煤炭。随葬物贫乏，瓷碗均出在门楼上下，或盖内，内有油渣，是灯碗，有的碗是黑釉开砂圈。另有铜簪、铜钱。铜钱为宋钱。

在马村M7北壁嵌一块砖刻小碑，铭曰"段楫预修墓记"，有"至大金大定二十一年辛丑六十四载矣。修墓于母亲坟之下位"，可知此墓年代在金代早中期。"修此穴以为后代子孙祭祀之所"，点出墓穴具有祭祀场地功能。

调查者在该地区收集到几块雕砖，记载马村段家在金代是中医世家。砖Ⅰ顶侧面竖排刻有《段祖善铭》："孝养家，食养生，戏养神。"砖Ⅰ右侧面竖排刻有《段祖伦铭》："和家，睦邻，容人。"砖Ⅱ左侧面竖排刻有《段祖医铭》："万物有吉也有凶，万物有凶亦有吉；万药养人亦伤人，万药救人亦毒人；人食五谷染百病，世间万物可疗疾。"有学者将其与壁面装饰设计联系起来，称之为"三善文化"[1]。善孝养家对应行孝图流行。善食养生对应宴饮、备食备茶备酒等。善戏养神对应杂剧演出。稷山金墓雕砖三善文化资料，对理解宋元时期墓葬装饰流行题材的设计目的、地主庄园的生活，都具有重要的意义。墓葬是阴宅，是墓主人生活在另一个世界的家，在视死如生的观念下，人们把墓主生前生活最看重或当时认为最重要的内容移植到墓内，希望墓主继续过着前世一样的生活。

（2）侯马董氏墓

侯马董氏墓包括大安二年（1210）董玘坚墓和明昌七年（1196）董海墓。[2]

董玘坚墓平面方形，墓顶为八角形藻井。四壁满砌雕砖，为南廊北堂、东西厢房的四合院。北壁雕堂屋三间，明间设曲足花桌，上置牡丹花盆，桌两旁坐墓主人夫妇，男主人手持念珠，女主人手拿经卷。两次间各立屏风，并有侍童侍女（图8-31）。东西两壁雕六扇格子门，障水板上雕花卉人物。南壁墓门两侧各立一"镇宅狮子"。四壁上部皆砌垂花廊，廊上列斗拱。北壁正中的两朵斗拱之

图8-31　董玘坚墓北壁雕砖男女主人

间，砌有山花向前的小戏台一座，台有五个涂彩的杂剧砖俑排成一列，正在作场。

董海墓是前后两个方形墓室的双室墓（图8-32）。前室后壁门上有匾额"庆阴堂"。由前室通行后室的单檐歇山式门楼左侧砖柱上，有一篇刻文题记：

"上判交百姓忙种区田，每一亩要一千五百区，每区打约一升，本家刷到物四百石。时明昌柒年捌月□日入功。自年前十月有至到六月十九日得雨，米麦

---

① 参见田建文，李永敏. 马村砖雕墓与段氏刻铭砖［J］. 文物世界，2005（1）.

② 山西省文管会侯马工作站. 侯马金代董氏墓介绍［J］. 文物，1959（6）. 山西省考古研究所侯马工作站. 侯马102号金墓［J］. 文物季刊，1997（4）.

计价二百五十，到二十二日种下秋田，每亩收谷一石，菉豆每亩一石，枣约五
分。又差官遍行刷物。"

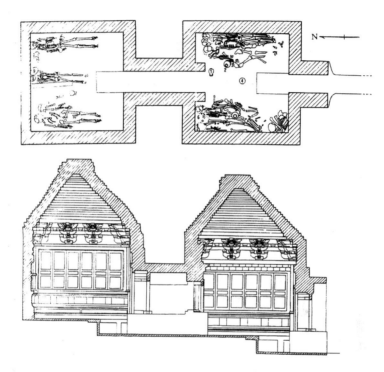

**图8-32　董海墓平、剖面图**

区田是把田分成一块一块或一行一行，把作物种植在带状低畦或方形浅穴
的小区内的一种农作法。这种农作法是为了在干旱地区蓄水保墒，区内深耕细作
以便干旱年也能有收成。金朝章宗在明昌年间开始推行区田法，这个题记证明
史载的真实性，也记录了长达8个月不下雨的灾年干旱。刻文"本家刷到物四百
石"似为当时官府向董海家所征收到的粮食的总数字，而这个数字的得来，像是
由区种的亩数多寡来决定的。按每一亩要一千五百区，每区打一升，那么，四百
石应折合区田二十七亩。《金史·食货志》："遂勅令农田百亩以上，如濒河易
得水之地，须区种三十亩。"①根据这个规定，董海家居于侯马附近之风上（即今
汾上）村，其地傍浍河，水利较便，种区田近三十亩，可知其家大概拥有土地百

---

① （元）脱脱. 金史4［M］. 北京：中华书局，1975：1124.

亩左右，是一个小地主，难怪对金朝廷"又差官遍行刷物"表示不满。[①]

后室正壁是夫妇对坐图，与宋金墓同类图相比，设计颇为特殊（图8-33）。男主人手持一碗，桌下有两个鸡腿坛，一立一倒。正壁夫妇对坐图主要意涵表示接受祭祀的墓主所在，却雕刻一横卧倒在地上的鸡腿坛，一定有特殊意义。鸡腿瓶是储酒器，上粗下细便于抱着行走，工匠设计横卧倒地鸡腿坛和男主人端碗，男主人已经喝空一坛酒，还没有醉态，表示男主人有着惊人酒量和平时喜爱喝酒。须弥座上的力士形象与宁夏的西夏陵碑亭的人形座造型类似，有着紧密联系。

图8-33　董海墓墓室北壁夫妇对坐图

2. 彩绘壁画为主的墓

下面介绍彩绘壁画为主的典型墓葬。

（1）汾阳东龙观墓地[②]

2008年发掘，M5砖砌八角形墓，北壁是一男二女主人并坐图，男主人居中手捻串珠，女主人袖手，坐于桌后，桌面两侧是男女侍童。西北壁是厨房备食图，上部有"香积厨"匾。东北壁是备茶图，上有"茶酒位"匾。右侧人手持一茶筅（板刷）搅拌擦茶盏内壁之沫渣（图8-34），是宋元时期点茶过程中备茶水的一个环节，因为碾碎的茶末点沸水后需要搅拌。这种茶筅（板刷）在日本仍在使用。

西壁壁画中绘有换钞图，柜台内男子记账登记，女子正拿着一贯铜钱，一男子在柜台栅栏窗口拿着一张纸币做交易状。墓主人家开有钱庄，是晋商，墓内画此，意在彼岸还开钱庄。钱庄柜台图还见于孝义下吐京承安三年（1198）墓[③]。下

① 杨富斗. 金朝推行区田法管见[C]//纪念陈述先生逝世三周年论文集：辽金西夏史研究. 天津：天津古籍出版社，1997：148.

② 山西省考古研究所，汾阳市文物旅游局，汾阳市博物馆. 汾阳东龙观宋金壁画墓[M]. 北京：文物出版社，2012：80.

③ 参见山西省文物管理委员会，山西省考古研究所. 山西孝义下吐京和梁庄金、元墓发掘简报[J]. 考古，1960（7）.

吐京墓拱券有汾州城砖匠史贵的墨书题记，似有广告之意。

**图8-34 东龙观M5壁画备茶图**

M5外发现一块明堂。明堂又称地心，是祭祀后土诸神的地方，按照五音下葬法下葬时，先在墓地确定明堂位置，在明堂内安放买地券和祭祀用品，如酒肉、茅草纸等，以明堂为基点确定墓穴的位置。M5明堂位于墓道前端左侧，是一小土坑，最上方覆盖方砖1块，为"买地券"，字面向下；其下是明堂砖（画明堂茔地图）一块，字面向上，其上朱砂书写有地心、八卦、天干、地支及尊穴、次穴、卑穴的位置（图8-35，1）；最下方为1件陶罐，即为象征明堂的标志，陶罐内经过清理发现有澄泥砚1块、泥钱100余枚、已炭化的墨块1块（图8-35，2）。墓地还出土一块残的明堂砖。郝军军复原了两组墓葬与明堂的位置关系[①]（图8-36）。

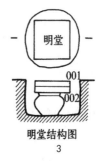

1 | 2 | 3

**图8-35 东龙观发现的明堂砖与明堂遗迹**

1.明堂砖 2、3.明堂遗迹

---

① 郝军军.金代墓葬的区域性及相关问题研究［D］.长春：吉林大学，2016：364.

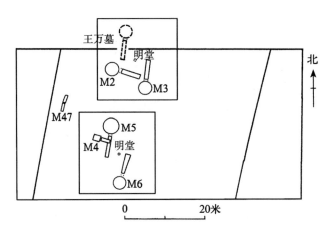

图8-36　东龙观墓地明堂与墓葬位置复原图

（2）侯马牛村金墓

M1，北壁龛内雕刻男主人袖手端坐在桌后，桌上有碗和食物，门两侧上端挂有"香花供养"位牌[①]，位牌形状为莲花座荷叶顶，与齐国王墓出土冥牌造型相同（图8-37），点明此类壁画或桌椅代表供养之位，设计用意是受祭供养。宋元墓内简化的一桌二椅，也具有供养灵位的功能。

（3）长治市屯留县李高乡宋村金代壁画墓[②]

该墓四壁都有题记，为天会十三年（1135）。墓室长2.4～2.29米。墓室内壁面雕砌出仿木

图8-37　侯马牛村M1北壁供养图

---

① 参见山西省考古研究所侯马工作站. 侯马两座金代纪年墓发掘报告 [J]. 文物季刊, 1996 (3).

② 参见长治市博物馆, 山西省考古研究所. 山西屯留宋村金代壁画墓 [J]. 文物, 2003 (3).

构两层楼阁形式。四壁都有壁画。男女主人对坐图，后设屏风。东西壁假门两侧绘家内生活：淘洗、灶台、担水、做针线活、喂马等。中层绘行孝故事24幅，每壁6幅。墓室门两侧绘门神，再外是牵马人、犁杖等。

### （二）冀豫鲁与关中地区金墓

金墓与元墓的差别不大，20世纪时很多没有纪年的墓难以区分，因而把元墓定为金墓，随着资料的积累逐渐更正了一些墓的年代为元代。

这一区域以砖室墓为主，也有石室墓、土洞墓。圆形墓、方形墓、八边形、六边形墓都有，基本是单室墓，个别是双室墓。土坑石椁墓也有发现。

下面以山东高唐虞寅墓为代表进行介绍。

此墓为圆形仿木构单室墓，直径5米①。壁画十二幅，以甬道至门为中线，分成左右对称布局（图8-38）。每组壁画间以外凸的立柱相隔。立柱上绘云朵图案。北壁是砖砌彩绘假门楼，上有云鹤飞翔，左右有侍者恭立。西北和东北有古钱纹图案的大窗户。东北窗户外是一桌一椅一屏风，表示主人之位，象征厅堂。西北窗户下是一个大的矮足柜，上写"金银钱帛×"，是财宝之柜，象征钱宝库房，旁后有床帐侍女，表示寝室。再往外绘车与牛、马夫牵鞍马、侍卫等院落内的景物，也有灯檠与侍女表示室内。墓志记墓主虞寅，是信武将军、骑都尉，从五品官员，属于下层官吏，承安二年（1197）去世下葬。墓内人物多，每个人有墨书榜题，马夫和侍卫的题记是人名"高进""赵仲""刘景和"，侍女和乐人的题记是"买到家僮寿儿""买到家奴×安""买到家婢重福"。这为史料记载宋元时期买卖人口为奴婢提供了考古证据。墓葬题记给予我们启示：宋元雕砖壁画墓中的生活图中的人物是有具体所指，不是向壁虚构的。

土洞墓以西安地区为多，山西、河南都有。关中地区的土洞墓是竖井墓道，有的有甬道，单人葬和多人葬，头朝里。河南发现少量土洞墓规模较小，单室，竖井式墓道，墓主骨架头朝外（图8-39），头前摆放供奉的瓷器。有少量的铜镜、簪子、铜钱等随葬。郑州中博M9出土的金托玛瑙饰，显示土洞墓的墓主也有富豪。

---

① 参见聊城地区博物馆.山东高唐金代虞寅墓发掘简报［J］.文物,1982（1）.

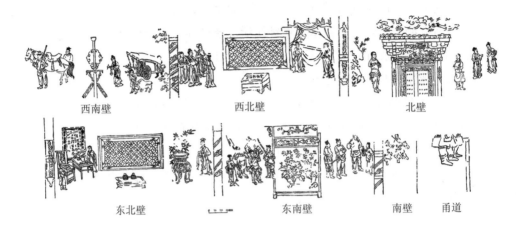

西南壁　　　　　　西北壁　　　　　　北壁

东北壁　　　　　　东南壁　　　　南壁　　甬道

图8-38　山东虞寅墓雕砖壁画展开图

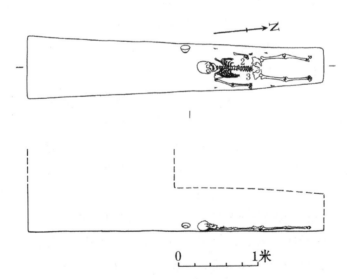

图8-39　郑州中博M13土洞墓

1960年发掘的河北省井陉柿庄9座壁画墓，时代在北宋到金代。其中6号墓的壁画有妇女熨练场面，反映了古代妇女纺织做衣服的劳作场景片段，这是古墓壁画中十分罕见的珍品之作。[①]

————————

① 参见河北省文化局文物工作队. 河北井陉县柿庄宋墓发掘报告［J］. 考古学报, 1962（2）.

　　磁州窑附近的金墓出土的磁州窑瓷器较多，其中最著名的是童子钓鱼枕和红绿彩童子像（图8-40）。

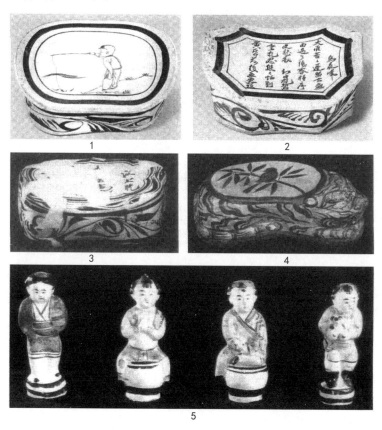

**图8-40　河北南部金墓出土的磁州窑器物**

1.邢台曹演庄墓　　2.邯郸市龙城小区M14　　3.邯山区北张庄村M7

4.涉县南岗金墓　　5.邯郸峰峰矿区崔仙奴墓

第九章　西夏墓葬

# 第一节　西夏陵

## 一、西夏陵地理位置

　　西夏陵位于宁夏回族自治区银川市西35千米的泉齐沟南，地处贺兰山中段东麓（图9-1）。陵区地貌为山前洪积扇，地势平坦开阔，西高东低，海拔高度1130～1200米。陵区之西是高峻挺拔的贺兰山，东面近与都城兴庆府相依，远有黄河之水相济，陵居高临下，俯视整个银川平原。西夏陵南起贺兰山榆树沟，北迄泉齐沟，东至西干渠，西抵贺兰山下，东西宽4千米，南北长10千米有余，总面积近50平方千米。

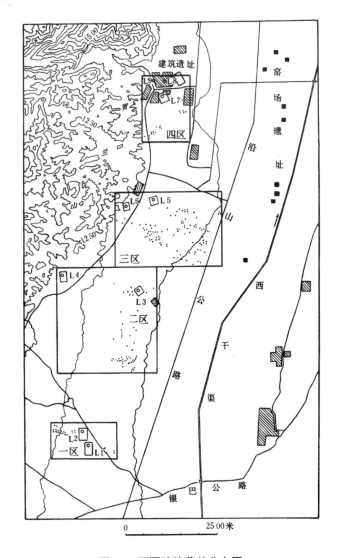

图9-1　西夏陵陵墓总分布图

## 二、考古调查工作

西夏陵的考古调查与发掘工作开始于20世纪70年代初期。大体可分为三个阶段。

第一阶段：20世纪70年代，工作的重点是考古发掘。1972—1975年，对6号陵（原编号为8号陵）的墓室、东西碑亭、内城南门门址[①]和7号陵东西两座碑亭以及M78、M79、M182（原编号M108）[②]三座陪葬墓进行了发掘。1976年发掘了三座窑址，包括一座石灰窑和两座砖瓦窑。1977年，发掘了陪葬墓M177（原编号M101）和5号陵东西碑亭及献殿遗址。在开展发掘的同时，还对陵区进行了多次调查，发现的陵墓由15座增加到70多座，后又增加到近百座。

第二阶段：20世纪80年代至90年代初，工作的重点是对西夏陵进行系统的调查与测绘，同时也进行了部分发掘工作。1986年、1987年两次对陵区北端一处建筑遗址进行了调查和发掘，揭露面积4400平方米（约占总面积的8%）。[③]1987年发掘3号陵东碑亭。1987年、1990年、1991年连续三次对陵区进行了全面系统的调查与测绘，共发现帝陵9座、陪葬墓206座。绘制了西夏陵陵墓总分布图、区域分布图，以及帝陵和典型陪葬墓平、剖面图50余幅，并对陵区所有陵墓重新进行了统一编号。

第三阶段：2000年以后进行保护性地面清理和发掘。对西夏陵的调查测绘主要进行了三方面工作：对西夏陵区的帝王陵墓、陪葬墓分布状况进行了分区；摸清了西夏陵区墓葬的“家底”，经过调查，西夏陵区分布有9座帝陵，207座陪葬墓；明确了帝王墓与陪葬的形制、布局、坐向、筑法等状况。对西夏陵园北端建筑遗址、3号陵东西碑亭的发掘以及对3号陵地面遗址进行的全面清理工作，均是这一时期较有影响的田野工作。此外，也有不少新发现，如出土了大量“迦陵频伽”，引起学术界高度关注，河西走廊地区发现的西夏墓葬也值得关注。[④]

---

① 参见宁夏回族自治区博物馆.西夏八号陵发掘简报[J].文物,1978(8).

② 参见宁夏回族自治区博物馆.西夏陵区一〇八号墓发掘简报[J].文物,1978(8).

③ 参见宁夏文物考古研究所.西夏陵园北端建筑遗址发掘简报[J].文物,1988(9).

④ 杨蕤.百年西夏考古的回顾与思考[N].中国社会科学报,2022-06-02(004).

### 三、西夏陵的面貌

西夏陵区选取在兴庆府西贺兰山东麓，一是由兴庆府的地理环境所限。贺兰山东麓地势较高，地表多为山前洪积堆积，结构紧密，承载力强，水位偏低，非常适宜深挖墓穴，且距都城也较近。二是由于当时阴阳堪舆思想的盛行，择山水形势吉地而安葬死者。[①]

陵区近距山麓，地势较高，地基良好；背风向阳，年降水量少，山洪频率低；面向银川平原，视野开阔，黄河绕平原东南。[②]陵区所在地段的贺兰山麓有四条大的沟谷，从南向北依次为榆树沟、山嘴沟、甘沟、泉齐沟。由于洪水长期冲刷，在山前形成了四个自然区域。据此地形地貌西夏陵的所有陵墓自南而北分布在四个自然区域内。

陵区内共有9座帝陵、207座陪葬墓。按陵墓的自然分布，从南至北分为四个陵区：一区位于陵区最南端，有帝陵2座，即1号陵和2号陵，发现陪葬墓62座；二区在一区北，有帝陵2座，即3号陵和4号陵，发现陪葬墓65座；三区在二区之北，有帝陵2座，即5号陵和6号陵，发现陪葬墓108座；四区在陵区最北，有帝陵3座，即7号陵、8号陵和9号陵，发现陪葬墓18座。陵区的中部东侧和北端各有一处建筑遗址，东部边缘是陵区窑场所在，曾发现砖瓦、石灰窑址十多处。

成吉思汗先后六次进攻西夏。1226年，成吉思汗开始了对西夏的最后征服。蒙古军兵分两路，一路由西域东进，沿途攻下沙州、肃州、甘州等；一路由成吉思汗亲自率领，取道贺兰山，攻下灵州等地后，直取中兴府。蒙古军的进攻，遭到了西夏人的拼死抵抗。蒙古军进军甘州时，久攻不下，遣使劝降，西夏守将36人杀使者及自己的家小，以死相拼，城破后全部壮烈牺牲。蒙古军付出的代价亦极其惨重。在强烈的复仇心理的驱使下，蒙古军对俘获的西夏百姓进行了屠杀。1227年6月，西夏末帝弹尽粮绝之下，皇帝献物请降，西夏就此灭亡。此次战争，贺兰山下是蒙夏交战的重要战场，成吉思汗与西夏将领阿沙敢不战于贺兰山下。战争必然给西夏陵带来严重破坏。战败之后，西夏陵更是在劫难逃。西夏陵那些至今仍未填平的巨大盗坑和被砸碎的墓碑说明，蒙古军对西夏陵的破坏

① 宁夏文物考古研究所,银川西夏陵区管理处.西夏六号陵[M].北京:科学出版社,2013:1-3.

② 参见韩小忙.西夏陵在中国古代陵寝制度发展史上的地位[J].宁夏社会科学,1993(6).

是有组织、有目的的大规模行动，目的亦不仅在于获得"金银财宝"，而是要捣毁西夏祖坟。

西夏诸陵主人的身份判定问题仍然没有全部完成。陵区出土很多汉文和西夏文的碑残块，成为判定主人身份的主要依据。学者们对陵墓主人继续进行探讨推测，结论多样，没有达成共识。孙昌盛考证6号陵和7号陵有直接证据，即6号陵是太宗李德明之嘉陵，7号陵是仁宗嵬名仁孝之寿陵，并在此基础上对各陵的归属进行了重新排列。[①]岳键认为6号陵为崇宗嵬名乾顺之显陵，并对其他陵主进行了相应排列。[②]王昌丰从陵区各帝陵的形制变化入手确定了各陵的先后关系，并且提出并非所有陵主都葬在这一陵区，9号陵也并非帝陵，据此重新排列了8座帝陵的对应陵主。[③]

## 四、陵园布局

陵园分为内外城式和无外城式两种类型。西夏陵的陵园建筑由陵城、月城（瓮城）、碑亭、鹊台、外城几部分组成，基本结构呈"凸"字形。

### （一）内外城式陵园

又依外城形制的不同分为封闭式外城、马蹄形外城和附有瓮城的外城三种形式。

1. 封闭式外城，即在前述基本结构的基础上，于陵园的外围增筑了长方形封闭式外城，将除角台以外的所有建筑都围在外城之内。外城仅南面开门。角台紧依外城，北面两座在外城的两角，南面两座约当外城三分之一处，位置与月城相对。该形制陵园的特点是布局紧凑、严谨。1号、2号、7号陵即属此类形制。

2. 马蹄形外城，在基本结构的基础上加筑一道马蹄形外城。外城仅西、北、东三面有墙垣，南面敞开，东西两面墙垣至月城处中止。月城以南的碑亭、鹊台等建筑不在外城之内。北面两座角台在茔域的两角，南面两座角台与外城前端齐平。角台距外城较远。此类形制的陵园其特点是突出了前部气势，而整个陵

---

① 参见孙昌盛.西夏六号陵陵主考[J].西夏研究，2012（3）.

② 参见岳键.西夏陵相关问题新考[J].宁夏师范学院学报，2016（2）.

③ 王昌丰.西夏陵区帝陵陵主新探[C]//西夏学（总第十四辑）.兰州：甘肃文化出版社，2017：234-245.

园又不失严谨。6号陵（图9-2）即属此类形制。

**图9-2　6号陵（全景）**

3. 附有瓮城的外城，在基本结构的基础上在陵城外增筑一道外城。外城南面呈开口式，余三面正对陵城城门处向外凸出，形成一长方形瓮城。角台的位置在茔域最外围的四角，距外城较远。属这类形式的陵园只有5号陵。

**（二）无外城式陵园**

最外围是标志茔域作用的角台。在角台划定的范围内，自南而北依次排列着东西对称的鹊台、碑亭以及月城、陵城。月城只有三面墙垣，北面依陵城而筑，平面近似于"凸"字形。月城南面正中开门，并建有左右门阙。陵城四面各开一门，每门建左右门阙，四隅各建有角阙。献殿在陵城南面稍偏西处。墓道偏离中轴线而居于西侧，其内填土高出地面，形似鱼脊，故俗称鱼脊梁。陵台在内城北面中轴线西侧。陵台前10米左右的地下是墓室。此类形制的陵园的特点是茔域开阔，视野宽广。西夏陵的3号、4号陵即属这种形式。

## 五、陵园举例

### （一）1号陵的遗迹

1号陵位于西夏陵区最南面（图9-3），南距银巴公路1.5千米，西临贺兰山榆树沟，距山口约5千米。1号陵所在区域地势开阔平坦，海拔高度1172～1177米。陵园属封闭式外城结构，茔域面积8万平方米，方向175°。

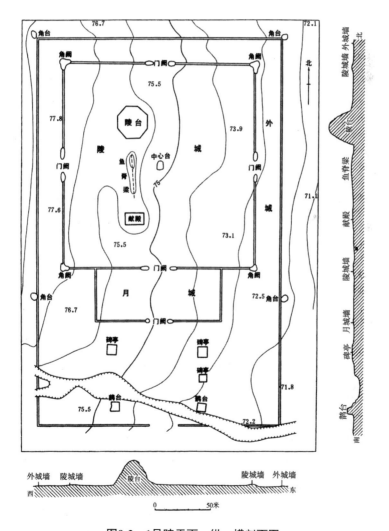

图9-3　1号陵平面、纵、横剖面图

角台4座，东北角台和西北角台分别在外城的两角。东南角台和西南角台约在外城东西两面的三分之一处，距外城约0.5米，距外城前端110米。4座角台的相互间距均为225米。4座角台皆仅存夯土基座，保存基本完好。基座大体呈覆斗形，底边长6米、顶边长4米、高5米。

外城长方形，长340米、宽224米。南面正中开口，为门址，门道宽35米，外城已全部倒塌，仅存底部，呈土埂状，墙垣中心部分为夯土，两侧成槽状，并散有较多的砾石。墙基宽1.8米、高0.3~0.4米。

鹊台位于外城内最南面，陵园中轴线两侧，东西对称，两鹊台间距70米，外侧距外城分别为15米、14米。鹊台仅存夯土基座。覆斗形，底边长8米、顶边长6米、高6米。顶部有砖瓦遗物。两鹊台间有一条洪水沟斜穿而过，最深处近2米。在洪水沟的断壁上可见到西鹊台下地层堆积情况。第一层为倒塌的夯土堆积，厚约0.3米。第二层为原始地面，以赭红泥浆抹成，厚0.01米。泥皮下为一层黄土，纯净，厚0.2米，系人工铺垫而成。第三层，洪水堆积，呈层理状，主要为砾石。

碑亭3座，两大一小。两座大碑亭分列于中轴线两侧，东西对称，间距70米，距鹊台40米。两亭外侧距外城65米，距月城21米。小碑亭，位于中轴线东侧、东碑亭与东鹊台之间，与东碑亭、东鹊台间距分别为12.6米、20米。三座碑亭现各存一方形夯土台基。大碑亭台基边长10米、高2.3米。小碑亭边长7.4米、高1.6米。台基四周呈缓坡状，表面密布瓦砾、石雕等遗物。

月城呈横长方形，仅东、南、西三面有墙垣，北面依陵城城墙而筑（月城北墙即陵城南墙），东西115米，南北47米。南墙正中设门，两侧尚存门阙遗迹，门道宽16米。月城城墙以黄土砾石板筑而成，已倒塌成土埂状。唯两门阙因用夯土加宽仍有少部分遗存。门阙基宽3米、残长2.5米、残高1.8米。墙基宽2米，略高出地面，门阙周围及墙基两侧散落大量残砖碎瓦。有条砖、板瓦、筒瓦、滴水、瓦当等。在月城内隐约可见6条东西向的条形遗迹，宽约4米。月城神道两侧的条形遗迹间距35米，余4条等距离分布，间距约8米。月城内曾发现过石像生残块。估计此条形遗迹原可能为列置石像生的夯土台。

陵城呈长方形，长180米、宽176米。陵城南墙距外城137米。余三面距外城22米。陵城城墙以黄土砾石板筑而成，四面正中各存门址一座，每门建左右门阙，现尚存夯土遗迹，城四隅各有角阙遗址一处。陵城城墙已全部倒塌成土埂状，高1米左右，墙基宽约2.5米。

门阙每阙由夯土筑成。南门阙，板筑遗迹不明显，残长6米，高2～3.75米。门道宽12米。

角阙基座为一曲尺形夯土台。四座角阙保存情况不大相同。西南角阙，西面一段残长4.4米，南面一段残长6.6米、高4.5米。

献殿在陵城南面偏西处，正对鱼脊梁和陵台。献殿东、南、西三面距陵城分别为102米、35米、55米。

陵塔（陵台）在陵城北面偏西处，是砖木结构塔式建筑。建筑内为一实心夯土台，外呈八棱锥形，底部平面长径16米、短径14米，八边每边长12米。上部层层内收，陵台周身残留的柱孔，建筑周围散落和出土的鸱吻、兽头、滴水、瓦当等遗物揭示出建筑的檐上原饰有滴水、瓦当、兽头等各种装饰材料。

**（二）3号陵的遗迹**[①]

3号陵（图9-4）位于二区东北面，南距1号、2号陵3500米，西距四号陵（山脚下）2000米。周围地势开阔平坦，海拔高度1161～1165米，方向135°，茔域面积15万余平方米，属于无外城式结构。

3号陵是诸陵园中保存最好的一座，鹊台、陵台基本完好，陵城城墙、门阙、角阙亦大部尚存。

角台：位于茔域最外围的四角。北门两座斜距陵城两角100米，间距280米。南面两座与鹊台大体成一线，间距410米。角台的南北距离亦为410米。四座角台平面组成一南宽北窄的梯形。3号陵角台有3座已经完全倾圮，唯西北角台尚存。角台基座呈圆锥形，底径5米，高7米左右。台身上部急收，顶部呈圆形攒尖式。角台周围散见砖瓦遗物。

鹊台：位于陵园最南面，于中轴线两侧对称排列。两鹊台间距75米，距两侧角台各165米。鹊台的夯土基座呈圆柱形，上部内收，顶部外层已遭破坏，其原来形制不明。鹊台底径8米，高7米。

---

① 宁夏文物考古研究所. 西夏陵——中国田野考古报告[M]. 北京：东方出版社，1995：19-23.

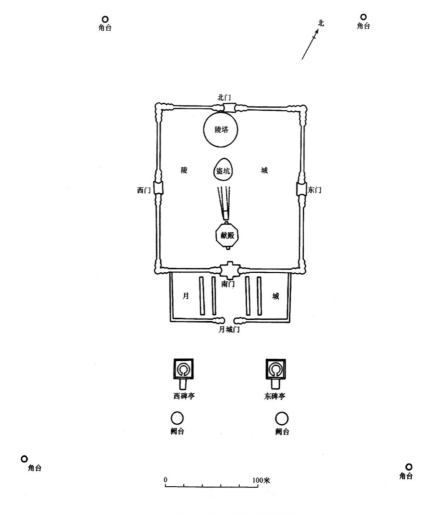

**图9-4  3号陵平面、纵、横剖面图**

碑亭：两座，位于中轴线两侧，东西对称，间距80米，分别距鹊台34米，距月城37米。3号陵碑亭台基高大，显得十分突出。

东碑亭（图9-5）：台基呈圆角方形，四壁呈三级台阶式。台基底边长21.5米，顶边长15.5米，高2.35米。四壁台阶以绳纹砖包砌，石灰勾缝，局部砖尚存。台基上发现一圆形建筑基址，直径13.4米，由内、外两部分组成。内部，直径7.5米，以方砖铺饰，磨砖对缝十分平整。在该部分的东西轴线上，发现三个人像石座（位置未被扰动）。外部呈环状，宽2.85米。发现有条砖垒砌的遗迹数处，最宽一处残存4砖。底层砖垒砌方向错乱不一，上层砖向心排列，其内壁以白灰涂敷，有内外两层。在上述基址之外的台基表面，亦以方砖铺饰，砖大部已被揭去，仅存痕迹。在台基的南门正中有斜坡式踏道一处，宽10米、长10.5米，坡度10°。踏道表面凹凸不平，未发现铺地砖遗迹。在踏道的堆积内发现大量石刻残块，形象不可辨。

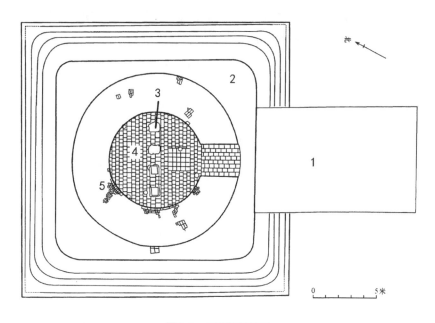

**图9-5　3号陵碑东厅**

碑亭遗址的倒塌堆积厚约0.8米，主要为各种建筑材料、人像石雕残块、残碑块，另外还有瓷片，残朽的铜、铁器残片，泥塑像残块及白灰皮、木炭等。建筑材料以条砖、绳纹砖、素面方砖、花纹方砖为大宗，另有部分琉璃装饰物，多形制不可辨。出土的瓦、瓦当、滴水数量很少。出土残碑共360余块，大部分为素面残块。均为西夏文，有大小两种字体（图9-6）。

**图9-6　西夏文碑拓片**

月城：长方形，东西相距120米，南北相距52米。月城墙已全部倒塌，墙基宽约2米，两门阙只有少部基础尚存。每阙由三板夯土组成，长12米、基宽3.5米、高0.7米，周围散落砖瓦遗物。

陵城：长方形，长179米、宽166米。城墙夯土形制十分奇特，板筑墙体每板连接处均向内凹，使墙的外轮廓呈连弧状。城墙大部保存尚好。墙基宽3米。东、西、北三面门阙保存基本完好，南门西门阙已倒塌。每门阙由三个圆锥形夯土基座组成，三个基座的规模渐次减小。角阙的形制与门阙类似，由5个圆锥形夯土基座组成一曲尺形角阙，中间一个基座规模最大，两侧的两个规模渐次变小。四座角阙均保存完好。

献殿：位于陵城南面偏西处，正对鱼脊梁和陵台。距陵城东、南、北三面距离分别为71.5米、63米、30米。台基呈圆形，直径20米、高0.7米。其上建筑无存。台基四周呈缓坡状，地面密布一层瓦砾。鱼脊梁的两端正对献殿和陵台，方向130°，由北向南渐窄而低。最高处2.6米、残长45米。鱼脊梁北端被盗坑破坏。

地宫形制：由墓道和墓室组成。墓道朝南，方向145°，墓室在墓道北端。墓道封土呈鱼脊梁状，墓道深约20米。墓室被盗，有一椭圆形大盗坑，对盗坑两侧宽5~15米、高2~3米的盗掘土堆进行了局部清理，发现一些铁铠甲片、鎏金铜扣、铜镜残片和瓷器残片。

陵塔（陵台）：位于陵城背面，中轴线西侧。东、北、西三面距陵城分别为73米、10米、50米。陵台与鱼脊梁、献殿形成一条轴线，方向130°，偏离中轴线居于西侧。陵台现存一八棱锥形夯土台，底部每边长14米、高21米。陵台八面七级，上面三层每层台阶处都残留有一层厚厚的瓦砾堆积。陵台周身每层都有成排的柱孔，排列不甚规律。

### （三）6号陵地宫

6号王陵被推定为西夏中期崇宗嵬名乾顺（1085—1139）的显陵（图9-7）。为斜坡墓道多室土洞墓。该墓的用木现象出现在墓道、甬道、墓室多处。墓道底坡两侧的壁面中设有对称的洞眼，两眼之间原安装椽木，形成椽木踏道。洞眼内现残留朽木。甬道门主要是用大小不等的圆柱封堵，再敷以木板和石板，有的圆木高达4米。墓室分为主室和东西侧室，主室和东配室间过道的东北、东南二转角处残留有竖立的木柱。两侧室壁面均用木板护墙，有的壁面上发现了护墙板的痕迹。

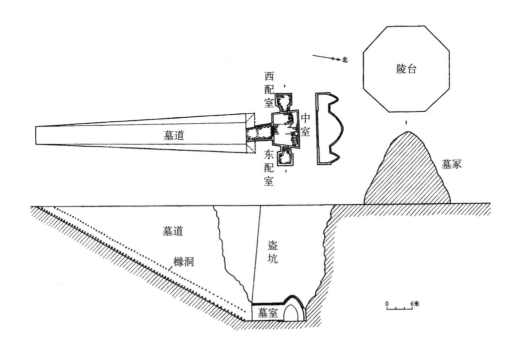

**图9-7　西夏6号陵地宫平、剖面图与陵塔位置图**

## 六、陪葬墓

陪葬墓一般为爵高位重的皇亲国戚或贵族官僚。每座帝陵的陪葬墓多寡不等，规模比帝陵小得多。形制多样，有一域双墓丛葬式、一域多墓丛葬式（包括一域三墓、一域四墓等）、联域并穴丛葬式等。一般大中型陪葬墓以黄土、砾石混合夯筑或分层夯筑；中小型墓则原地起土为丘，略加夯筑，再以石灰封抹；小型墓多为原地起土为丘，然后分层垒砌石块。反映了西夏现实社会和丧葬制度的等级森严。

M182：位于第四陵区南部，阶梯墓道土洞墓。墓园由碑亭（一座）、墓城、门址、照壁、墓冢组成（图9-8）。墓园的西北面还筑有一道石坝。四周筑有夯土墙，南墙中部有一宽约3.25米的门道，外有一正方形的碑亭残基，边长10米。封土现残留一高约4.5米、直径5.6米圆形不规则锥体。墓道全长16.4米，填土呈鱼脊状。墓室呈抹角方形，边长4米，穹顶，高3.5米。

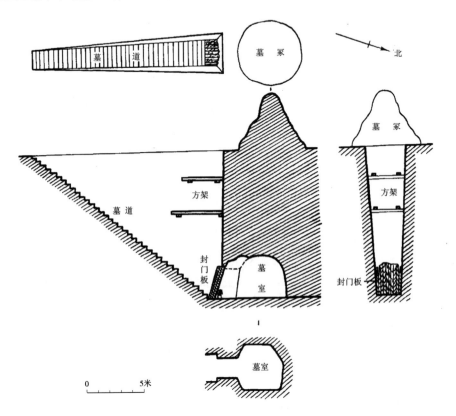

图9-8　M182墓冢、墓室、墓道平、剖面图

墓被盗，墓室内共发现人体骨架三具，发掘者认为三号人残骨架应为墓主人，一号、二号人骨架为遇难的盗墓者。随葬大量羊、鸡、鸭、牛、狗等家畜家禽的骨骼，石马、石狗各一件，开元通宝、祥符通宝等钱币，绿釉罐和白瓷碗残片，残碎铜片、铜块，残断银丝、银帽铁钉，丝织品残片等（图9-9）。据出土的残碑有"梁国正献王神道碑"等记载判断墓主人是西夏梁王正献王之墓，卒于正德三年（1129），为乾顺显陵的陪葬墓。①

---

① 宁夏文物考古研究所.西夏陵——中国田野考古报告［M］.北京：东方出版社，1995：75-77，136.

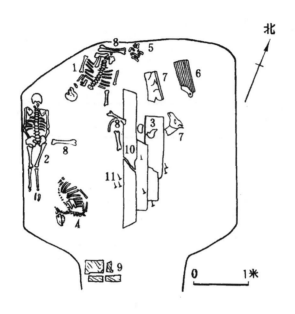

**图9-9　M182陪葬墓墓室平面图**

1.一号人骨架　2.二号人骨架　3.三号人残骨　4.完整幼羊骨架　5.鸡、鸭骨

6.石狗　7.石马　8.畜骨　9.残门　10.残棺板　11.棺钉

## 七、陵区北端建筑遗址

西夏陵区最北端有一处建筑遗址，于1972年调查中发现，1986—1987年进行考古发掘。遗址平面布局呈长方形，东西宽160米，南北长350米，总面积约56000平方米，方向164°。现存各类建筑遗迹数十处，遗迹残高1~2米，围墙、院落、殿堂等遗迹清晰可辨（图9-10）。遗址为一三进院落的建筑群体，从南向北依次为前院、中院、后院。遗址表面散布大量砖、瓦、滴水、脊兽等建筑材料，还出土碗、盘、瓶等瓷器残片和大量佛教泥塑残件。发掘者认为是西夏祖庙，遗址中出土的佛教文物与《元朝秘史》中西夏笃信佛教的记载相印证。①杨蕤从三尊小型残断的泥塑人像初步推断该人像反映了回鹘僧人的形象，指出此遗

---

① 参见宁夏文物考古研究所.西夏陵园北端建筑遗址发掘简报［J］.文物，1988（9）.

址应是一处类似佛寺性质的建筑①。

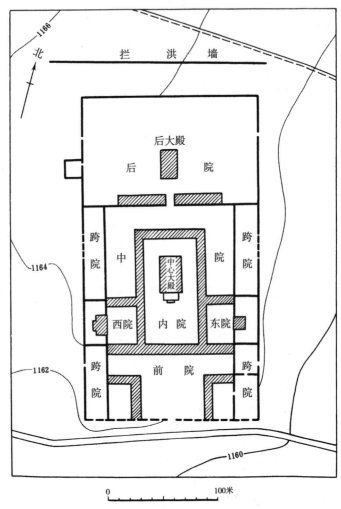

图9-10　西夏陵北端建筑遗址平面图

## 八、窑址

陵邑附近，分布在西干渠西岸及其东西两侧的自然岗丘上，由北向南分布

① 参见杨蕤.浅析西夏陵北端建筑遗址出土的泥塑人像[J].宁夏社会科学,2005(4).

着一系列西夏窑址，周围散布大量砖瓦残片。1976年，宁夏博物馆对其中的两座砖瓦窑和一座石灰窑进行了清理。[①]窑由火膛、窑门、窑室、烟道几部分构成。窑室前狭后宽呈马蹄形，形制与唐代的砖瓦窑相同。窑室内遗留兽面纹瓦当、黑釉瓦筒子、白瓷瓦等，与西夏陵区所出的相同，窑址分布区域也与陵区的南北范围一致。可见陵园修建时所需的大量建筑材料是就地烧制的。

## 九、西夏陵园特点

1. 西夏陵陵园基本结构呈"凸"字形，与宋陵的方形结构明显不同

西夏陵园的"凸"字形结构，由陵城、月城组成。据调查，西夏陵石像生每陵仅30尊左右。为使石像生更加集中紧凑，西夏陵将其集中列置于月城之内，从而缩短了陵园的纵向距离，改变了陵园的平面布局，形成了"凸"字形的基本结构。

2. 西夏陵园在前部增加了碑亭建筑，此为宋陵所没有

碑亭建筑建于鹊台之后，月城之前，是西夏陵一项重要的陵园建筑。它规模高大，地位突出，并在整体布局上起着一定作用。西夏陵将石像生移进月城后，陵园前部气势有所减弱，为弥补不足，陵园前面增筑了两座建筑。这不但增加了陵园前部的气势，突出了墓碑在陵园中的地位，而且使平面布局达到了更加均衡、平稳的效果。

3. 西夏陵取消了陵上建寝的制度

唐宋以来，陵园内礼仪性建筑均由献殿（又称下宫）、寝宫（又称上宫）组成。据《皇朝事实》卷十三载，北宋下宫一律建于陵园西北。西夏陵只建献殿，不建寝宫，取消了陵上建寝的制度，亦即取消了供奉陵寝的礼仪，这是陵寝制度方面一项重要变化。

4. 西夏陵的陵塔为宋陵所未见

西夏陵陵城的陵塔（陵台）为密檐式实心土塔，土塔体外装木构瓦顶檐，为中原地区陵墓所未见。它既不在陵园的中心或中轴线上，也不在墓室的正上方，而是偏居于陵城西北隅，墓室的正后方。

陵塔平地起建，夯土实心体，平面八边形。径37米、高21米，顶部有圆平

---

① 参见宁夏回族自治区博物馆. 银川缸瓷井西夏窑址 [J]. 文物, 1978（8）.

顶，中心立直径23厘米的圆柱，似乎与安装塔刹有关。塔身分七层，层层内收，层边原有瓦顶木檐，塔檐已经塌落，鸱吻、兽头、滴水、瓦当构件散落其下。属于密檐式实心土塔。有人依此称西夏陵园为"涅槃城"①。陵塔不在陵穴之上，而在其后，不是传统的墓上封土堆，仍有标识墓穴位置的作用；陵穴不在塔下，也不属于佛塔地宫，是陵主信佛的纪念性建筑。

西夏王室崇拜佛教，在敦煌莫高窟第409窟的壁画中有西夏王供养像（图9-11）。此壁画人物有回鹘和西夏党项两种观点。任怀晟考证供养人头戴白色毡子高尖顶筒冠（与回鹘的金属莲瓣形冠不同），身穿团龙纹长袍，面目无胡须（党项有拔胡须习俗），束发（回鹘披发）特征，是西夏王最具说服力②。

**图9-11　莫高窟409窟供养人西夏王像**

5．西夏陵的献殿、鱼脊梁（墓道）、墓室、陵塔，成一条轴线，或与陵园中轴线成一定夹角，或偏居其西侧

陵城的主要建筑偏离陵园的中轴线，这是西夏陵一种特殊的葬式，可能与其宗教观念有关。沈括的《梦溪笔谈》卷十八中就曾记载西夏人有避讳中间位置的习俗："盖西戎之俗，所居正寝，常留中一间，以鬼神，不敢居之，谓之'神明'，主人乃坐其傍，以此占主客胜负。"在佛教传入西夏以前党项人一直崇奉鬼神，上述沈氏的记载就反映了鬼神崇拜在西夏社会中的深刻影响。西夏人葬俗中不居中的做法，可能与鬼神崇拜的观念有关。③

① 参见孟凡人.西夏陵陵园形制布局研究［J］.故宫学刊, 2012（1）.

② 参见任怀晟.敦煌莫高窟409窟、237窟男供养人像考［J］.敦煌学辑刊, 2019（3）.

③ 宁夏文物考古研究所.西夏陵——中国田野考古报告［M］.北京：东方出版社, 1995: 151-153.

# 十、西夏陵出土遗物

## （一）建筑材料

西夏陵出土建筑材料以陶质材料为大宗，琉璃制品占一定比例，瓷质材料次之，石质构件数量较少。出土的建筑材料（图9-12）中有砖、瓦等普通建筑材料，鸱吻、脊兽等装饰性建筑材料，槽心瓦、白瓷瓦等瓷质特殊建筑材料，以及望柱、螭首、石刻、柱础等部分石质材料。

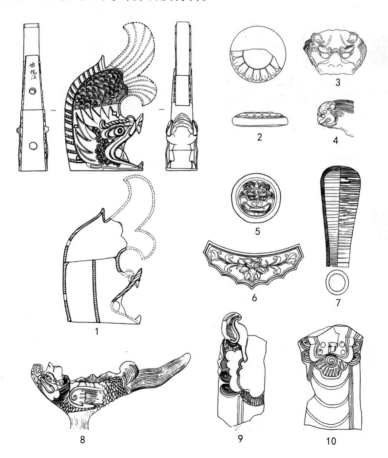

**图9-12　西夏陵出土建筑材料**

1.灰陶鸱吻　2.石柱础　3.石狮头　4.角兽石　5.琉璃兽面纹瓦当　6.琉璃石榴纹滴水

7.琉璃宝珠　8.琉璃龙首鱼　9、10.斜脊端头的琉璃兽头

### （二）随葬品

随葬品有大型明器、装饰品、武器及部分瓷片、丝织品残片等。陪葬墓随葬"铜牛"（图9-13）、"石马"（图9-14），一般在甬道两侧，其规格与墓葬的规模成正比。此外，墓室内还发现有大量动物骨骼，种类多为鸡、羊、狗等家禽、家畜。

图9-13　陪葬墓M177出土的铜牛

图9-14　陪葬墓M182出土的石马

瓷器有白瓷器和耀州青瓷，以白瓷为主，数量占总数的一半以上。有碗、盘、瓶、钵、盆等。以素面瓷为多，高圈足器较多，普通圈足器常"挖足过肩"（图9-15）。

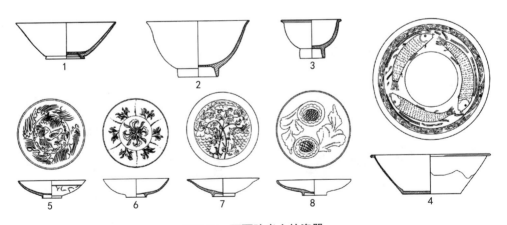

图9-15　西夏陵出土的瓷器

1.白瓷宽底碗　2.白瓷敞口大碗　3.灰瓷小碗　4.白瓷盆　5.青瓷浮鹅戏水纹盘
6.青瓷六格菊纹盘　7.青瓷牡丹纹盘　8.青瓷葵纹盘

## 第二节 西夏其他墓葬

目前发掘的西夏墓葬主要分布于宁夏银川附近和甘肃武威西郊。银川为西夏都城"兴庆府"（后改"中兴府"）所在地，武威为西夏"西凉府"所在地。银川地区主要有闽宁村西夏墓地[①]、银川新市区墓[②]等；武威地区主要有西郊林场墓[③]、西郊十字路口墓[④]、西关武警家属楼墓[⑤]、乡镇企业局楼房墓[⑥]、响水河煤矿家属院墓[⑦]等。

### 一、宁夏银川地区

闽宁村墓地是西夏国建立前后党项贵族野利氏家族墓地，共发掘8座，其中土葬墓3座、火葬墓5座。集中分布在闽宁村和贺兰山山前洪积扇上。墓葬由地上和地下两部分组成，地面有封土、墓垣，地下有墓道、过洞、天井、墓门、甬道和墓室等。墓葬形制皆为阶梯式墓道单室土洞墓，但大小不等。大者有高大的封土和墓园建筑，墓室底距地表近10米；小者封土很小，不见墓园建筑，墓室底至地表只有3～4米。

从残碑文字辨认得知，这里是西夏开国帝王李继迁、李德明、李元昊三代联姻，李元昊母后野利氏家族墓地。[⑧]从墓室的淤泥中清理出彩绘木俑7尊

① 参看宁夏文物考古研究所. 闽宁村西夏墓地 [M]. 北京: 科学出版社, 2004.

② 许成. 银川市新市区西夏墓 [C] //中国考古学年鉴 (1985). 北京: 文物出版社, 1985: 250.

③ 参见甘肃武威地区博物馆. 甘肃武威西郊林场西夏墓清理简报 [J]. 考古与文物, 1980 (3).

④ 参见孙寿龄. 西夏的葬俗 [J]. 陇右文博 (创刊号), 1996 (1).

⑤ 参见武威地区博物馆. 武威西关西夏墓清理简报 [J]. 陇右文博, 2001 (2).

⑥ 参见刘斌. 武威发现西夏砖室火葬墓 [J]. 丝绸之路, 2000 (1).

⑦ 参见甘肃武威地区博物馆. 武威西郊西夏墓清理简报 [J]. 陇右文博, 2000 (2).

⑧ 方春霞, 粟丹. 银川发现西夏野利氏家族墓地 [N]. 中国文化报, 2000-09-12 (2).

（具甲武士俑5尊、高冠文吏俑头2尊）、动物俑4尊、彩绘骨灰盒残迹等（图9-16）。

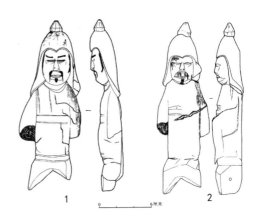

**图9-16　闽宁村西夏墓地出土武士俑**

## 二、甘肃武威地区

1. 西郊林场三座西夏墓，包括两座西夏晚期墓，为彭城刘氏家族墓地。M1是夫妻合葬墓，墓主刘仲达，其妻为死于天庆元年（1194）的李顺娇。M2墓主刘德仁。两座墓均为小型长方形单室砖墓，大卵石封门，结构基本相同，圆锥形墓顶，出土了29幅彩绘木版画和木条桌、木衣架、小木塔、木笔架、木缘塔等木器文物。

2. 西郊十字路口墓，西夏火葬墓，砖砌小型砖室墓，墓为拱顶，用砖叠砌而成，平砖铺地，大卵石封门。墓主人为韩氏与吕氏夫妇，出土灵骨匣2具、木板画2块和西夏文字木板（疑为买地券木牍）1块。木板画内容分别为五男侍、五女侍。

3. 乡镇企业局楼房墓为小型火葬砖室墓，单室砖墓，墓室坐北朝南，为正方形。墓室底部铺有青砖，墓室内部为砖砌下大上小、逐层缩小的塔形，顶部呈藻井形状。墓门位于墓室中部，朝南，边沿周围用竖砖排列，高70厘米、宽45厘米。墓主人为葬于天庆八年（1201）的唐奴儿。墓内出土有骨灰小木棺2具、木瓶2件、木板画数块、佛语木牌5件、灵牌1件。木板画内容分别为若干男侍、女侍和武士形象。灵牌上墨书墓主及其儿子的姓名、下葬年月，应为小木棺前挡（图9-17）。

**图9-17　乡镇企业局楼房西夏墓中发现的松木灵牌**

4.武威西夏墓反映出的西夏葬俗特点

（1）多种文化成分的有机融合，墓主人可能多为汉人，小型火葬墓。西郊林场西夏墓的葬俗，包含有古代羌人和佛教徒的火葬、汉族的土葬和佛教徒的塔葬三种文化因素。由于信仰佛教的程度不同，所以葬具不同；由于官民之别，贫富差异，所以随葬品的数量、质量大不一样。

（2）葬具的样式较为多样，有八边形木缘塔、六边形"灵匣"，梯形木棺作为葬具，较为罕见。随葬品是瓷器、木质明器、木板画和钱币，各墓多少不等，种类也不一定齐全。

（3）墓葬内均有木板画，在板画背面或侧面分别墨书题记，内容为墓主人生前生活的反映，突出其奴婢成群、生活富足、戒备森严、受人尊敬的情景。随侍所捧之物，除了武器之外，只有水壶、盆、浴巾、衣服、食盒、唾壶等，全是斋戒沐浴之物，加上太阳、星星、龙，整个葬俗表现的佛教影响，则又表明了墓主人想升天到佛的世界中去的愿望。①

---

① 蔡晓樱. 从武威的西夏墓看西夏葬俗 [C] // 西夏学（第七辑）. 上海：上海古籍出版社，2011：243-248.

第十章　元代墓葬

# 第一节 蒙元时期墓葬

## 一、帝陵

蒙古贵族有秘葬习俗，地上不留任何标记，蒙元皇帝的陵墓至今没有发现。《元史·太祖纪》载："葬起辇谷。"起辇谷在何地，至今不明。清末沈曾植的《蒙古源流笺证》载："起辇谷必在漠北创业之地""起辇谷亦怯绿连之合音也。"张相文认为这个解释非常合理，《元史》所说的"起辇谷"即"怯绿连河谷"。① 《元史》卷七十七《祭祀志六》载："凡宫车晏驾，棺用香楠木，中分为二，刳肖人形，其广狭长短，仅足容身而已。殓用貂皮袄、皮帽，其靴袜、系腰、盒钵，俱用白粉皮为之。殉以金壶瓶二、盏一、碗碟匙箸各一。殓讫，用黄金为箍四条以束之。舆车用白氈青缘纳失失为帘，覆棺亦以纳失失为之。"② 《马可波罗游记》记载："在把君主的灵柩运往阿尔泰山的途中，护送的人要将沿途遇到的一切人作为殉葬者。他们对这些人说：'请你离开凡间到阴间去吧，去服侍你们已经驾崩的领主吧！'"③ 《元史》史料来自实录。《马可波罗游记》来自当时官员们的传说。明代叶子奇《草木子》的《杂制篇》载："元朝官里，用梡木二片，凿空其中类人形小大，合为棺，置遗体其中。加髹漆毕，则以黄金为圈，三圈定，送至其直北园寝之地，深埋之，则用万马蹴平，俟草青方解严，则已漫同平坡，无复考志遗迹，岂复有发掘暴露之患哉！"④

## 二、蒙古人国俗墓葬

蒙古人原始本俗墓葬简单，土坑墓，以独木棺或简单的木棺为葬具，用金属条捆扎葬具，随葬使用车马具、弓箭和箭囊、金银器皿和首饰，有羊骨殉牲，

① 参见张相文.成吉思汗病殂时间地点及其葬地[J].鄂尔多斯学研究,2006(4).

② (明)宋濂,等.元史6[M].北京:中华书局,1976:1925-1926.

③ (意)马可波罗.马可波罗游记[M].鲁思梯谦,笔录;陈开俊,等译.福州:福建科学技术出版社,1981:61.

④ (明)叶子奇.草木子(外3种)[M].上海:上海古籍出版社,2012:47.

女子常有姑姑冠等，与海拉尔的室韦墓[①]有渊源关系。主要发现在蒙古高原及边缘地区，北起俄罗斯外贝加尔地区、蒙古国，向南到内蒙古、河北北部。

**（一）高等级贵族墓地**

1. 梳妆楼墓地

梳妆楼墓地位于河北张家口地区沽源县平定堡镇东7千米，此地处于元上都与大都之间的交通线上。传说是辽代萧太后的梳妆楼，多次被盗。1999—2000年，考古人员对梳妆楼墓地进行了发掘，确认是元代蒙古贵族墓地。其墓特点如下。

（1）墓上享堂"梳妆楼"是一座方体圆顶的伊斯兰建筑，没有夯土台基，仍能坚固矗立至今，可见建筑水平之高（图10-1）。

**图10-1　沽源县"梳妆楼"**

（2）楼内是一个大的土坑砖椁墓，土坑长4.8米、宽3.1米。地面建筑堆积发现残碑石块，填土出土大量琉璃构件残件，而建筑内外皆无琉璃装饰，可知在楼内竖立石碑，有小型祭祀建筑设施。

（3）距离墓口2米有砖砌筑墓室，中间用砖墙隔开，形成大小两室（图10-2）。主室两套木椁木棺，底铺砖，贴木椁顶上平铺砖（发掘时已被破坏，仍留部分），构成砖椁、木椁、木棺三重葬具，等级是迄今元墓中最高的。西室一个木棺，室底和顶部平铺砖保存完

**图10-2　沽源县"梳妆楼"内墓葬**

好，为砖椁、木棺两重葬具。砖椁盖面之上用三块大青石板盖上（石板被盗掘破坏成多块），避免填土的沉降压力对砖椁顶造成破坏。

---

① 赵越. 论呼伦贝尔发现的室韦遗迹 [C] // 内蒙古文物考古文集（第1辑）. 北京: 中国大百科全书出版社，1994: 598-600.

（4）平面位置上，男子居中，两侧是女子。中棺椁：木椁外用宽铁条横纵捆箍，铁条被盗墓者断开，仍保留原位，红松独木棺，挖凿成人形内腔，属于树棺葬，棺外有捆箍的痕迹，捆箍被盗走（棺箍疑为金条，所以被盗走），棺内为30岁男子骨架，一次葬。东棺椁：木椁外用宽铁条纵横捆箍。棺是长方形木板棺，女子骨架。西室砖椁内一个长方形的木板棺，棺外有提手，棺内底铺带北斗七星圆坑的木板，木板之下有宋金铜钱，棺内是60岁左右的老年女子骨架，掉下的牙齿还放在兜袋内保存。主室夫妻先下葬，修筑隔墙预留西侧之位给健在的女子。

木棺葬法表现出蒙元时期蒙古人葬俗，砖椁又源自金和南宋流行的椁式墓。

（5）中棺内是一位30岁左右的男子骨架。男子穿辫线袄袍，腰带正中的鎏金龙纹银带扣，正中镶嵌大宝石，4条龙戏宝珠环绕宝石，两侧月形边佩还有宝石金龙，这个镶嵌3块宝石，6条金龙的玉金带代表着特殊高贵的皇室身份。还随身配剑、石押印，显示具有实权官位。西室内女子衣服丝织品上有佛教梵文，表现出与男墓主不同的宗教信仰。

梳妆楼墓墓主是谁，有多种观点。发掘者任亚珊、张春长认为是蒙古贵族。[①]在清理建筑堆积时出土汉白玉石碑残边一条，仅存"襄阔里吉思"，以及"敕撰""翰""臣为"等汉字和维吾尔体蒙古文字。根据残石的形状分析，"襄阔里吉思"在右边第一行，阔里吉思应该是墓主。《元史》中记载有4个阔里吉思，王级者有两位。发掘者认为可能是驸马高唐王阔里吉思。阔里吉思，元代蒙古贵族元世祖忽必烈的外孙。是部落首领爱不花的长子，战功卓著，封高唐王，谥号"忠献"，追封赵王。先娶元世祖忽必烈太子真金的女儿忽答迭迷失公主，继室是忽必烈次孙元成宗铁穆耳的女儿爱牙失里公主。他被俘杀害，武宗至大三年（1310），其子寻找到遗体，回来安葬。因墓地不在汪古部领地，有些学者另寻他人。赵琦考证为晋宁王阔里吉思。元代著名文臣许有壬《晋宁忠襄王碑序》追封晋宁王谥忠襄。墓在滦京（上都城附近），地域大体相合，"晋宁忠襄王有功三朝，皇上闵劳，敕词臣铭其碑"[②]与墓碑的"敕"相合。[③]但是他是老

① 任亚珊, 张春长. 沽源萧后"梳妆楼"实为元代蒙古贵族墓[N]. 中国文物报, 2000-04-23（1）.

② 许有壬《至正集》卷三四《晋宁忠襄王碑序》, 新文丰出版公司《元人文集珍本丛刊》第七册影印宣统三年石印本, 台北, 1985年, 第175页. 转引自党宝海."江家奴"当为"汪家奴"——《辽史》附元朝"修三史"圣旨勘误及其他[J]. 西部蒙古论坛, 2019（2）.

③ 参见赵琦. 河北省沽源县"梳妆楼"元蒙古贵族墓墓主考[J]. 中国史研究, 2003（2）.

臣，碑序记载他55岁去世，与墓主牙齿年龄判断的约30岁不符。林梅村考证是安西王阿难答之墓，因为他信奉伊斯兰教，所以建有伊斯兰建筑。因与武宗海山争夺皇位被杀，死后葬在其父的封地察罕脑儿行宫附近。[①]但是争皇位被杀，皇帝还敕碑立在地面，不可思议。黄可佳论证察罕脑儿在鄂尔多斯，不在沽源，故认为梳妆楼墓地是元代掌管天象大臣爱薛之子，因为爱薛是西域人，不是蒙古人，信奉景教，曾经建造观天象建筑是圆顶的，有六个儿子，继承父业，可能是其中的一个。[②]这种观点与墓葬呈现的族属和身份不符。2013年7月20日，中央民族大学蒙古语系教授哈斯俄尔敦到沽源梳妆楼考察，从收集到的蒙古文碑文字中释读出"阔里吉思王""汪古""家"。[③]

比较以上4种观点，只有驸马高唐王之墓最为贴切，理由再补充如下。

（1）古代腰带有等级限制，驸马加高唐王身份与6条金龙环绕宝石的金银腰带相符。

（2）此墓有享堂和立碑，与蒙古皇室秘葬不让人知晓相悖，未葬封地，必有特殊事使然。阔里吉思战功卓著，多次受到皇帝嘉奖，《元史·列传第五》记载元大德二年（1298）阔里吉思平叛进军西域被俘，待之婿礼，以高官和女子为妻诱降，毅然说"吾帝婿也，非帝后面命，而再娶可乎！"，不屈而死。12年后他的儿子术安继承了汪古部族的王位，术安向武宗海山皇帝请求，前往西域卜罗迎回遗体安葬先茔，武宗皇帝批准请求，还选派19名将领和500士兵保护他寻找，可见皇帝对这件事的高度重视。他为国出战，被俘诱降不屈服，在卜罗之所"奠告启示，尸体如生，遂得归葬"，十年后遗体仍能"尸体如生"（实为木乃伊），这是皇室家族罕见的令人惊奇的特殊事件。为了表彰驸马为国捐躯，皇帝特敕不秘葬，立碑建堂于地面，没有埋葬在封地赵王城先茔，而是选择在两都之间的路旁，供来往大臣们观瞻敬仰以效其忠义。

（3）元人阎复的《驸马高唐忠献王碑》中记载其父爱不花是武襄王，多处使用"武襄"，如"武襄虽贵为帝婿""武襄尚齐国大长公主"，颂词中有"一门三将追武襄"。以往把残留的右边石认为是碑额，实际碑额标题在石碑

---

①　林梅村.松漠之间：考古新发现所见中外文化交流[M].北京：生活·读书·新知三联书店，2007：266-269.

②　参见黄可佳.沽源梳妆楼蒙元贵族墓葬墓主考略[J].草原文物，2013（1）.

③　刘静雅.沽源梳妆楼主人为阔里吉思王[N].燕赵都市报，2013-07-20（6）.

顶部，类似金代完颜希尹神道碑、完颜娄室神道碑的碑题在碑额。残留部分是碑正文的第一竖行，叙述出身家世。曾祖是忠武王，祖父是武毅王，父是武襄王。"——襄"是上句之尾字，即开首介绍曾、祖、父的名号，然后是墓主的名号，即句读为"——武襄。阔里吉思——"。"敕撰""翰""臣为"是碑左侧文尾，奉皇帝御旨撰碑人。

　　碑言："谨按家传，系出沙陀，雁门节度之后"[①]。阔里吉思的祖父、父亲都是蒙古帝国的驸马，他是忽必烈的外甥，有四分之三蒙古人血统，族属属于汪古部人，身份是驸马汪古部之王，他和两位公主的合葬墓按照蒙古传统葬俗埋葬。

　　（4）汪古部在阴山南北，其南邻安西王领地唐兀之地伊斯兰教盛行，汪古之地也受其影响，出现伊斯兰建筑、驸马后来改信伊斯兰教也有环境基础，建造伊斯兰建筑享堂也可以解释。

　　2001年又在梳妆楼的后部勘探发现土坑竖穴墓17座，没有石头标识，其多为男女合葬，少数为单人葬，独木棺，深墓穴，其形制、规格和随葬品规格较低，说明此处为一处保留浓厚蒙古本俗的家族墓地。后来又在东北钻探发现砖壁火葬墓5座，总计23座（图10-3）。

图10-3　沽源"梳妆楼"外的土坑独木棺墓葬

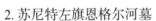

　　2. 苏尼特左旗恩格尔河墓

　　2001年，在内蒙古锡林郭勒盟苏尼特左旗恩格尔河管区，由于风沙吹袭，暴露出古墓葬一座，是土坑竖穴墓，墓上无标志。独木棺，外有金箍一道，棺内骨架一具，中年女性。随葬大量金银器，其中有透雕龙凤纹金马鞍饰件、马具金带饰、镶嵌宝石的金耳坠、虎首金手镯、金贝银贝10件、镶嵌宝石金花饰、金十字架、高足金杯、银勺、鎏金提梁银钵（图10-4）。另外有珍贵的玻璃器残片和铁剑等。高浮雕动物纹金银器有银盘和鎏金银瓶等，其中瓶的底部刻汉字"拾

---

① （元）苏天爵. 元文类 [M]. 上海：上海古籍出版社，1993：281-283.

贰两伍千（钱）重""关西四□郎赵永□""行在市称"[①]，《简报》推测"行在"是南宋临安，此件为南宋制品。从马鞍形制和南宋金器分析，年代在蒙古时期或元初。金带箍一件，总长187.5厘米，宽2.8厘米，总重量312.8克。金片制成，素面。使用金带做棺箍，等级很高，可能是下嫁汪古部的蒙古贵族。骑马挂剑，显示了草原蒙古女子特色。佩戴金十字架可能与信仰景教有关。

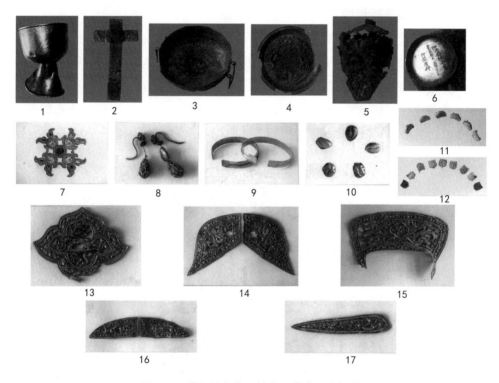

**图10-4 苏尼特左旗恩格尔河墓出土金银器**

1.金高足杯　2.十字架金饰件　3.提吊鎏金花卉纹银钵　4.高浮雕动物纹鎏金银盘

5、6.高浮雕动物纹鎏金银瓶以及瓶底　7.掐丝嵌宝石金花饰　8.包松石金耳饰

9.虎首金镯　10.金贝饰　11.半月形花卉纹马具饰　12.圭形花卉纹马具饰

13.龙纹后鞍桥中心饰　14.龙纹后鞍翅饰　15.双龙纹前鞍桥饰

16.龙纹前鞍翅饰　17.凤纹后鞍桥边饰

---

① 参见内蒙古自治区博物馆,锡林郭勒盟文物工作站.苏尼特左旗恩格尔河的元代墓葬[J].内蒙古文物考古,2005(2).

此外，内蒙古武川县五家村发现"监国公主铜印"①。1958年村民建房时，在地下挖出一块石板，石板下发现的一方铜印，顶端刻着"上""王"二字。印文九叠篆书"监国公主行宣差河北都总管之印"。按照《蒙古秘史》记载，监国公主指的就是成吉思汗的三女儿阿剌海别吉，嫁到汪古部。成吉思汗第一次西征时她负责留守监国。

### （二）普通贵族墓地

内蒙古乌兰沟墓地是蒙古本俗普通贵族墓葬的代表。②位于锡林郭勒盟镶黄旗宝格道郭勒苏木乌兰沟，距离元上都仅100多千米，M1 1988年秋被山洪冲出，2000年被盗后确认还有M2、M3。属于积石土坑竖穴墓，地面有石块方框为标记，无封土（图10-5）。M1墓葬有木棺，有卧鹿纹金马鞍桥包片、金高足杯、金手镯、金耳坠、铜镜、木梳、姑姑冠等（图10-6）。M3出土瓷罐、剪刀。

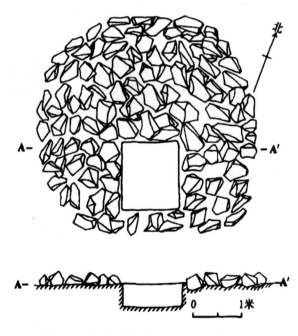

图10-5　乌兰沟墓地HBWM2平、剖面图

---

① 参见丁学芸.监国公主铜印与汪古部遗存［J］.内蒙古文物考古，1984（3）.

② 内蒙古博物馆，锡林郭勒盟文物管理站.镶黄旗乌兰沟出土一批蒙元时期金器［C］//内蒙古文物考古文集（第一辑）.北京：中国大百科全书出版社，1994：605-609.

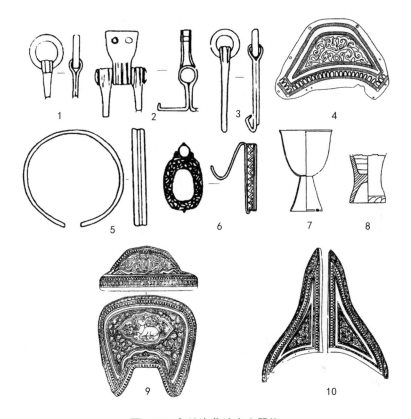

**图10-6　乌兰沟墓地出土器物**

1—3.鎏金银马鞍具　4.金马鞍后桥饰件　5.金手镯　6.金耳坠

7.金高足杯　8.黑釉长瓶（残）　9.金马鞍前桥饰件　10.金马鞍前翅饰件

### （三）平民墓地

1.元上都附近的墓地

蒙古平民墓地资料以魏坚的《元上都》内刊布最多，有一棵树、三面井、卧牛石、伊松敖包、博克敖包山等等。[①]

一棵树墓地位于元上都西北8千米的一处山坡上，共发掘26座。其中7座以自然石块砌筑墓茔墙，皆为单墓茔，茔墙平面以方形为主，椭圆形仅一例，皆不留门，包括M3、M4、M5、M6、M7、M8和M10。无墓茔墙的共19座，包括

---

① 魏坚.元上都[M].北京:中国大百科全书出版社,2008:601-686.

M1、M2、M9和M11—M26。墓葬皆为长方形或长梯形土坑竖穴墓，70%墓葬地表堆自然石块作为标记，多以木棺为葬具，木棺外多用三道铁箍和铁护角加固，头皆北向。出土器物有鞍桥、铁马镫、车具、铁镞、铁刀、银扁壶、银牌饰、金银首饰、铜镜、木梳、纺轮、瓷罐等（图10-7）。在死者头部或脚部随葬羊肩胛骨现象较普遍。

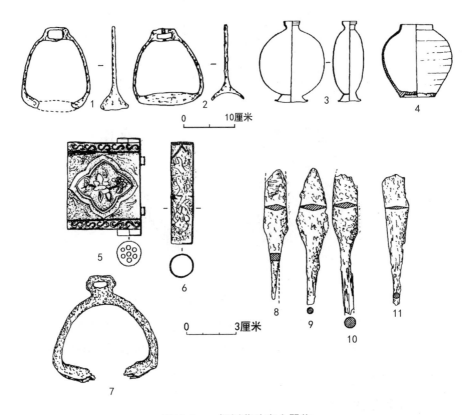

**图10-7　一棵树墓地出土器物**

1、2、7.马镫　3.银壶　4.瓷罐　5、6.铜管状器　8—11.铁镞

三面井墓地曾被盗，清理了10座墓，均为土坑竖穴墓，以梯形和长方形土坑竖穴墓为主，单人木棺或无棺，发现铁棺箍一条。尸骨头部垫有桦树皮器。其中有殉牲（羊四肢骨）的墓葬5座。出有铜镜、剪刀、铁刀、车辖、马镫、桦树皮囊、簪子等。其中M10出土一个姑姑冠，冠体下半部呈长方形直筒，上半部作喇叭口外侈，顶部两边长边平直，两短边作弧形，顶部略弧内凹。姑姑冠最里层

下半部用 3 个等距的长方形
竹圈，顶部用 1 个大竹圈，
四角用四根纵向竹条和中部
3 根纵向竹条加固成形，顶
部亦用竹条加固。竹条之外
用桦树皮包裹，桦树皮外
（最大层）用绢类织品包裹
缝合。从桦树皮包上残存的
多处铜锈痕迹判断，姑姑冠
上应装饰有铜饰件。高31厘

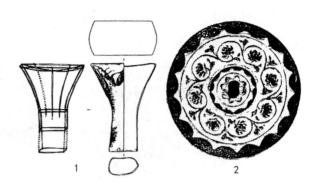

图10-8　三面井墓地出土器物

1. 姑姑冠　2. 铜镜

米，下口径长11厘米、宽6厘米，顶部径长24.5厘米、宽12厘米（图10-8）。

2. 白城兴隆山墓地

吉林省白城市博物馆2015年展出的兴隆山墓，土坑竖穴墓，长方形木棺，单人葬，棺内骨架旁有一金碗，棺外随葬桦树皮箭囊，元代梁穿式铁马镫一对。可见蒙古墓最东分布到松嫩平原。

3. 新疆盐湖洞穴墓①

新疆乌鲁木齐市南郊的盐湖M1山洞墓，木棺单人葬，穿棉布中单、裤子、黄色织金锦边袄，足穿缂丝面牛皮靴。有马鞍、马镫、弓箭随葬（图10-9）。黄色织金锦边袄织金有片金和捻金，图案有人物，腰部有13道辫线（用丝线扭结成辫，两根辫合成一根细绳）和钮结装饰，属于《元史·舆服志》记载的"辫线袄"，又称"腰线袄"，可能也是过往的蒙古人。

唐和唐以前蒙兀室韦部落分布在大兴安岭北端的黑龙江（两唐书称为望建河）上游地区。《蒙古秘史》和伊尔汗国的拉施特用波斯语撰写的《史集》记载成吉思汗祖先起源地是额尔古纳·昆，即黑龙江支流额尔古纳河。黑龙江向东流淌注入太平洋，当蒙古部落发展到扩张时期，没有顺着黑龙江水向东扩展，而是向西扩展进入平坦的大草原，成为追逐水草的游牧人。墓中马具、弓箭箭囊、羊骨是墓主对游牧射猎生活的反映。蒙古来源于室韦，室韦语意为森林。独木棺需

---

① 参见王炳华. 盐湖古墓[J]. 文物, 1973（10）.

要粗壮大树的树干，这在一望无际的蒙古草原上也是稀缺资源，固守下葬用树干独木棺习俗是蒙古部起源于额尔古纳河密林在葬俗中的记忆之痕。

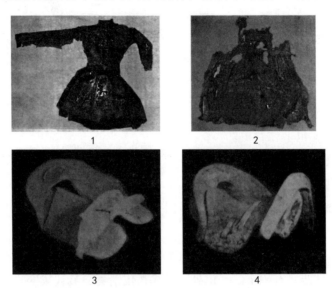

**图10-9　盐湖洞穴墓出土衣服和马鞍**

1.黄色油绢织金锦边袄子（背面）　2.棉布中单（衬袍）　3、4.马鞍

　　历史上，拓跋鲜卑也是从兴安岭北端山地走出进入大草原蜕变成强大部族的，在农耕区富饶文化的吸引下，沿着草原的边缘向南迁徙到长城沿线，快速吸收汉文化，建立北魏、三燕等。蒙古部落在草原上的扩张方向与鲜卑不同，一路向西在草原上驰骋，到达蒙古西部的阿尔泰山地草原。阿尔泰山，又称金山，黄金矿丰富，早在东周到西汉时期围绕阿尔泰山四周就有多支崇尚黄金饰品器皿的发达文化，如巴泽雷克文化等，使得庞大的阿尔泰地区成为欧亚草原丝绸之路的核心区。蒙古人继承了草原游牧人喜爱黄金白银的习俗，认为金银物品有吉祥保佑的功能，小墓也常有金银器随葬，元代衣服布料上加金的纺织技术发达，如著名的纳石失（纳失失），也与其有关。优先向西扩展，对蒙古早期文化塑造影响是巨大的，如在对去世亲人祭祀上接受了突厥的石人传统，创立回鹘式的蒙古文。女子姑姑冠也有阿尔泰巴泽雷克文化女子戴高柱形头饰的影子，高原风大，戴这种美丽高高的头饰并不方便，这是萨满教观念在草原世代相传的表现。因为

萨满教的宇宙观核心是宇宙树①，巴泽雷克文化的女子头饰高高如树，精灵鸟附在其上守护。

接触并吸纳南面的金宋文化，加快了蒙古历史进程，设立汗国都城（哈拉和林城址），掌握了当时世界上最先进的进攻武器火药与抛石机。1219—1225年成吉思汗西征灭掉中亚大帝国花剌子模，到达里海和黑海，草原丝绸之路更加畅通，其子孙又发动第二次和第三次西征。蒙古人对占领区的文化和宗教进行吸收，一部分人开始信仰伊斯兰教。后来在南下西进过程中不断吸收占领区的文化，但是元代蒙古的传统本俗文化始终存在。梳妆楼墓地是唯一所见元代蒙古王级别的墓地，已经到达元代中晚期，17座小墓皆恪守蒙古本俗，墓主和妻子保留人形独木棺、长方形木板棺、捆扎葬具的国俗。使用砖椁墓加石板盖，是汉俗的变体。墓上设置伊斯兰纪念性建筑，体现了男主人宗教信仰的复杂性。察合台汗国的蒙古人帖木儿建立了强大的帖木儿汗国（1370—1506），其陵墓之上建有伊斯兰纪念性建筑。②"梳妆楼"建筑体现了与西亚和中亚的文化联系。墓坑发现较多琉璃建筑构件和石围栏，可能是在墓坑之上建有琉璃装饰的墓碑台，明代盗掘时先把碑台毁掉才能挖墓坑。敕立石碑，供来往两都人员观瞻效仿其忠，是儒家统治的范式。西侧室女主人衣服上写着梵文佛经，木棺底板刻道教北斗七星，有着与男墓主不同的信仰。

## 三、高度汉化的无壁画墓

现今能辨识无误的无壁画墓只有赛因赤答忽墓。1990年发现于洛阳市北站。③墓葬由墓道、门楼、甬道、前室、过道、后室6部分组成（图10-10）。墓向正南，深穴双室砖墓。墓道为竖井式，墓口4.2米×2.8米。墓道深19.8米，墓道内是夯土。墓底垫白石灰一层。墓道中部填土中有一个放墓志的小砖屋。墓志和盖用铁箍捆绑。墓志盖上书："大元故太尉，翰林学士承旨，银青光禄大夫赛因赤答忽公之墓。"墓志记述他是蒙古人，出生于蒙古伯也台氏家族，以组建义军

---

① 参看冯恩学.俄国东西伯利亚与远东考古［M］.长春：吉林大学出版社，2002.

② （美）时代生活出版公司.伊斯兰的脚步［C］//人类文明史图鉴（第7册）.长春：吉林美术出版社，2000：49.

③ 参见洛阳市铁路北站编组站联合考古发掘队.元赛因赤答忽墓的发掘［J］.文物，1996（2）.

镇压造反的"贼"起家，官至太尉。元至正二十五年（1365）亡。元至正十一年（1351）红巾军起义造反，元至正二十八年（1368）朱元璋军队攻陷元大都，元朝灭亡。说明直到元末，长期在中原居住的蒙古人中，还保持一定的蒙古秘葬的习俗。

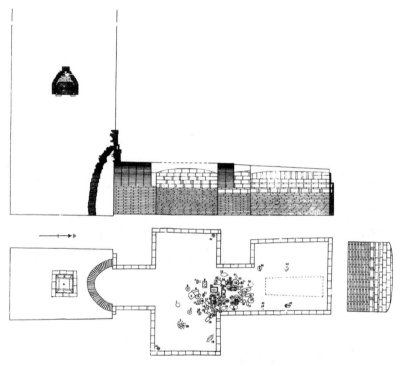

**图10-10　赛因赤答忽墓平、剖面图**

甬道，长方形，砖券顶，长1.7米。墓门是仿木构门楼建筑，高3.15米，三组斗拱，四个门簪（图10-11）。前室东西长4.8米，南北宽2.53米，四壁砌砖，土顶上凹，放器物。过道，长方形，砖券顶。后室四壁砌砖，土顶上凹，顺放棺木。陶器，磨光黑陶，表面模印纹饰。

**图10-11　赛因赤答忽墓墓门**

仿铜陶礼器有鼎、豆、壶、敦、象尊、驹尊、罐、爵、鸳鸯熏炉、四足方案、筒座圆面砚台、盘等（图10-12）。此外还有铁牛、铁猪和瓷器。

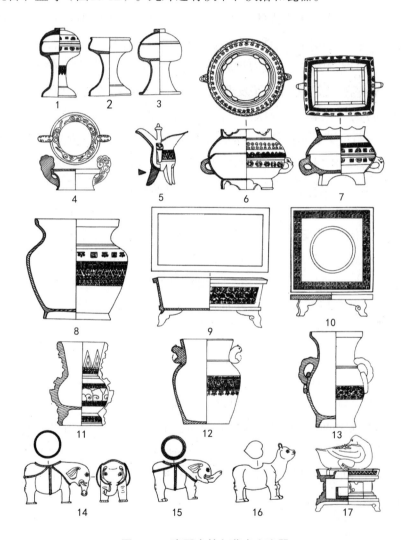

**图10-12　赛因赤答忽墓出土陶器**

1、2、3.豆　4.砚台　5.爵　6.敦　7.簋　8.大口罐　9.四足炉　10.四足方案

11.尊　12.罐　13.壶　14、15.象尊　16.驹尊　17.鸳鸯熏炉

这是汉化程度最深的蒙古墓。从墓葬可以看出元末时中原地区已经有部分蒙古人完全接受汉族文化习俗。

## 四、墓主蒙古人装束的壁画墓

壁画中的墓主人有蒙古人的发式，穿蒙古冠服，这类壁画墓主要见于辽西地区、北京、内蒙古、山西、陕西。为砖筑单室墓，有方形、八角形、圆形等，雕砖壁画为装饰，以壁画为主，这类墓葬族属具有复杂性，汉化蒙古人有之，汉人改蒙古族者也广泛存在，没有墓主文字发现，很难准确确定男女墓主的原本真实族属。

辽西地区的这类墓壁画反映了蒙古人习尚的装束、居家方式、狩猎、游乐、放牧、骑马出行、蒙古包内饰等生活场面。木棺，夫妇合葬。随葬品因皆被盗，组合面貌不全，有陶瓷器、铜和银首饰，还发现有铜镜、马镫、马鞍、殉狗等。

根据《元史》史料分析，蒙古民族自古有尚右习俗，终元一代从尊右到尊左有一个渐变的过程，这在《元史·祭祀志·宗庙上》中对太庙中神主位置的几次变化的记载中可以体现出来。书载："至元元年冬十月，奉安神主于太庙，初定太庙七室之制。皇祖、皇祖妣第一室，皇伯考、伯妣第二室，皇考、皇妣第三室，皇伯考、伯妣第四室，皇伯考、伯妣第五室，皇兄、皇后第六室，皇兄、皇后第七室。凡室以西为上，以次而东。"①反映了尊右传统。后又载"十一年，武宗即位，……太祖室居中，睿宗西第一室，世祖西第二室"反映了到武宗时，排位次序上虽然以中为尊，但仍然保留尚右习俗。英宗以后又改为"左昭右穆"，同书载泰定元年（1324）"四月……太祖皇帝居中南向，宜奉睿宗皇帝神主祔左一室，世祖祔右一室……从之"。到此时在太庙位次上基本接受中原传统。这一尊卑观念的转变也必然反映在日常生活和墓葬中，蒙古汉化导致早期尚右，晚期尚左的男女主位变化。②从《元史》记载分析，壁画中男主人居中应出现于武宗以后，而男主人居左形式均应出现于英宗以后。以此规律可以把壁画墓分为前后两期。

### （一）辽西地区

1. 早期的壁画墓

赤峰元宝山墓地③，发掘两座墓，相距5米。墓地位于赤峰市元宝山区的宁

① （明）宋濂，等.元史［M］.北京：中华书局，1976：1831-1832.

② 张晓东.蒙元时期的蒙古人墓葬［D］.长春：吉林大学，2006.

③ 参见刘冰.内蒙古赤峰沙子山元代壁画墓［J］.文物，1992（2）.

家营子村沙子山。1982年清理的M1，单室方形墓，墓道长5米，墓道有4个台阶，墓室边长2.5米、壁高0.95米、券顶高2米，墓顶压石板。北壁是墓主人夫妇对坐家居图，半侧面相对视状，男女侍奉恭敬站在身后（图10-13）。南壁绘奏乐场面，有居家观戏之意。墓主人头戴平顶帽，耳后垂发辫呈环状。男子一手放于胸前，一手按于腿上，是蒙古人表示尊贵的姿势。女主人在袍服之外穿一件半袖，袖手端坐。墓室内的棺床两端的壁面绘山水画屏风，右幅是一汉装男士骑着毛驴行于山间羊肠小道。左幅是一位隐士，盘坐于苍松之下岩石上，欣赏流水禽戏。这两幅画表现的是汉人隐士的闲情逸致，并非是主人生前实际生活写照。环顾这座墓室没有本地辽金墓流行仿木构建筑的雕砖或影作的痕迹，而是极力模仿豪华蒙古包内饰，正壁绘制突出男女主人的端坐像图，也是本地以往从未有过的安排，有着与以往不同的壁画设计追求。

1　　　　　　　　　　　　　　　　2

**图10-13　元宝山墓地M1壁画**

1. M1北壁对坐家居图　2. M1男主人与男侍者

M2，也是单室，砖砌筑。墓室平面正方形，边长2.3米、壁高1米、穹窿顶高2.3米。墓门朝东开。砖灰色，长34厘米、宽16厘米、厚6厘米。墓主人为男性，存头骨和盆骨。被盗。壁画较好。墓室的门两侧画门卫，分别持长柄骨朵、开山大斧，站立在门旁。墓顶以莲花为中心，环绕着6朵彩云、5只飞翔的仙鹤。北部偏东画直径16厘米的红太阳，内画展翅飞翔的三足乌。南部偏西画直径13厘米的月亮，内有玉兔在桂树下捣药。墓室侧壁的前段是备宴图。墓室侧壁的后段和正壁画屏风画，屏风内有闲居图、乐舞图等。

元宝山墓地M1的男主人和身后的男侍者（图10-13，2），不仅穿着蒙古服饰，梳着蒙古发辫，其面容蒙古人特点明显，与辽墓壁画中的契丹人、宋墓壁画中的宋人、《文姬归汉图》中的女真人的容貌特征都不同，与传世的忽必烈像的容貌特征最相似。判定男主人和男侍为蒙古人是合乎逻辑的。

元宝山墓地是木棺葬具，被盗严重，随葬品残存极少。保留有铜马鞍饰件、铁马镫、车辖、银耳环、铜镜，保留着蒙古人随葬车马器、金银器的传统。

辽宁凌源市富家屯M1[①]，单室石室墓，斜坡墓道长4米，墓门用泥板岩砌成，门外两侧有翼墙，下部砖砌，上部压石砌，墓室方形，石板砌成，边长约2.2米、高2.42米，石条分六层叠涩收顶，墓顶盖石板，石板下雕凸起的莲花，并有挂镜子的穿孔（图10-14）。墓底铺砖，墓室后部砖砌棺床。在建筑形式上保留有某些辽金旧制，如墓门在拱形券门上砌出额墙，墓门两侧又有翼墙，额墙上绘启门图（图10-15）。

壁画分布于墓门额墙、翼墙、墓室四壁及顶部。额墙上绘启门图，两侧翼墙对称绘侍女图。墓室内壁画以北壁为中心对称布局，北壁以墨线作边框，框内绘侍寝图（原报告称探病图）[②]，画中帷幔高悬，帐带低垂，木床前三女子作侍奉状。东壁绘野外小憩观舞图，其中墓主人端坐在圈背交椅上，头戴白沿绿色圆顶红缨帽，颈后垂发辫，身穿灰色长袍，披绿色云肩，腰间围带，脚穿高筒灰色皮靴，左手拄于膝上，右臂曲肘横于座椅扶手上，双目直视前方。其后站一仆人，头戴黑色圆顶帽，脑后垂发辫。墓主人左侧坐一琴师，头戴四方瓦楞帽，圆脸留须，脑后垂发辫，右膝上放三弦琴，前方一桌上置杯盘，桌前一人着红袍，作演唱状，旁有三匹鞍辔齐全的坐骑。东壁南段和东南壁（即抹角处）绘柳荫别墅图。西壁壁画脱落严重，北段为行猎图，南段与西南壁为放牧图，牲畜有牛、羊、马、驼。

墓室内壁画平面布局，北壁表现主人在家内或蒙古包内休息寝卧之处，两壁则表现游牧射猎的野外生活，野外生活占据主人生活的主要地位。主人和侍从为蒙古装束，在野外游猎中的娱乐生活，唯一的乐器类似后来蒙古乐器马头琴。小憩还要歌舞娱乐，反映蒙古人善于歌舞的民族习尚早在元代已经形成。圈椅不

---

① 辽宁省博物馆,凌源县文化馆.凌源富家屯元墓[J].文物,1985(6).

② 参见宇峰.关于凌源富家屯元墓壁画《探病图》[J].文物,1986(1).

仅在室内使用，出行时还作为主人的坐具而被携带，这与库伦1号辽墓出行图也画着仆人携带一把雕花椅子有着共同之处。壁画反映了辽西一带的蒙古人，已有定居生活，又保留放牧、射猎习俗。

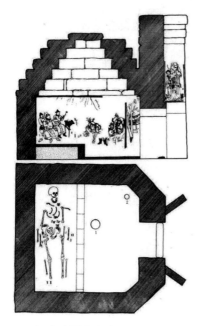

图10-14　辽宁凌源市富家屯M1平、剖面图

图10-15　辽宁凌源市富家屯M1墓门

2. 晚期壁画墓

晚期壁画墓以赤峰三眼井墓地为代表[①]。三眼井M2是方形墓室，边长2.5米，7级台阶墓道，长7米，墓门南向，券顶。北壁是正壁，绘宴饮图，三个相连的建筑，中间堂屋里男左女右并坐于桌后，侍者站在身后侍候。男主人头戴钹笠帽，脑后垂巾护颈。右侧厨房人在忙碌，桌案有酒坛。建筑之外两侧有马匹坐骑，暗示男女主人骑行。西壁的北部是主人在出猎途中于"春风馆"内小饮。西壁南部是围猎图，主人侍从驰马追逐狂奔的野兔，两只猎犬和猎鹰扑向野兔，气氛紧张。东壁是出猎后归来图，男主骑马，马鞍拴带猎获的兔子，犬鹰相随，又绘一只肥兔躲在大树后蜷缩警惕观望，此笔暗示了未来主人还要捕猎，博弈结果如何留下悬念。迎接队伍5人，列队奏乐相迎。三间歇山式顶建筑内，女侍正在

---

① 项春松，王建国. 内蒙昭盟赤峰三眼井元代壁画墓[J]. 文物，1982（1）.

为归来的主人准备酒菜。壁画展现了男主人嗜酒、酷爱射猎的生活特点，这也是蒙古人普遍具有的习俗（图10-16）。

1

2

3

**图10-16　三眼井M2壁画**

1.北壁宴饮图　2.西壁出猎图　3.东壁归来图

三眼井M1，土坑竖穴墓道，砖墓室，南向，平面长方形，券顶。壁画破坏严重，北壁残存建筑、鞍马等，东壁残存人物，南壁残存鞍马、侍者。内容大体与M2同。

**（二）晋陕地区**

1.早期壁画墓

以陕西省蒲城壁画墓[①]为代表。

---

① 参见陕西省考古研究所.陕西蒲城洞耳村元代壁画墓[J].考古与文物，2000（1）.

1998年偶然发现后清理，南北向。台阶墓道，墓门砖封被破坏，墓门到墓室之间是船篷形甬道，八角形砖室，东西最宽240厘米。券顶，中心留方形天窗，用3块方砖封堵（图10-17）。

墓室东北、北、西北壁合为一幅图，为主人堂中端坐图（图10-18）。墓主人夫妇身着蒙古族服装，男主人身穿蓝色蒙古袍，腰束红色绸缎带，脚穿红色蒙古靴。女主人身穿红色左衽蒙古袍，头饰贵族妇女常戴的"姑姑冠"。两人均坐在交椅上，身后置一屏风。座屏上部绘有横披式的山水图。主人左右两侧有男女侍从，男侍手持骨朵，女侍手捧梳妆用的红色三层漆盒。两侧均置有木条桌，桌上放置瓶花、玉壶春瓶、匜、盘、高足杯等器物。桌子底下铺有金银铤。

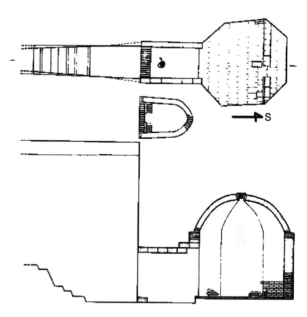

**图10-17　陕西蒲城洞耳村墓平、剖面图**

类似的图很多，考古简报中常称为"对坐图"或"家居图"。正壁上部画有四方形牌匾（图10-19），正中是男墓主"张按答不花系宣德州人"，右侧是女墓主"娘子李氏云线系河中府人"，左侧是"祭主长男闰童悉妇"。顶上横边有"大朝国至元六年岁次已己"，左边"二月清明日闲穴""蹍个真"。元代有两个"至元"年号，这个是前至元，即1269年，对应干支纪年为"己巳"（已己是己巳之误），距离南宋灭亡还有10年。妻子是汉人，着蒙古贵妇人的衣冠。简报定此为墓志，从"祭主"和格式分析，还具有祭祀的灵位牌的象征。男为主位，女为次主位，写上了祭主人和祭祀结束的日期（"闲"是"闭"之误）。蹍个真，从位置分析有可能是儿媳妇的名字。以此观之，正壁图的真正含义是墓主夫妇端坐享受祭祀，场面设计来源于生时的厅堂主坐场面，所以也反映了主人的家居生活。桌子下铺着银铤财宝，是祭祀之物，非日常厅内陈设。

**图10-18　蒲城县洞耳村墓墓主夫妇端坐图**　　**图10-19　蒲城洞耳村墓墨书**

西壁和西南壁为一幅图，是"行别献酒图"（图10-20，1）。两位仆从一手持玉壶春瓶，一手高举盘中的酒杯，为其钱行。后面有树和坐骑、犬。东壁和东南部为一幅图，是"醉归乐舞图"（图10-20，2）。三位艺人，一人弹四弦琴，一人击掌作节拍歌唱，一人手舞足蹈。主人由一仆人搀扶，一仆从手持玉壶春瓶，高举酒杯，期待主人接饮。后面是两匹马系于树。

甬道西壁放牧图，扬鞭牧人，三牛两骆驼。东壁是停车图，停放一车，车夫打盹休息，车旁有两只羊。墓葬被盗，仅存黑釉瓷瓶残片和铁削残片。

蒙元时期蒙古人有名无姓，男墓主是"张按答不花系宣德州人"，汉姓蒙古名，是汉人改为蒙古族。[1]蒙元时期汉人改蒙古名者甚多，原因也多样，其中之一是通过改姓名改变族属为蒙古人，效仿蒙古人的生活习惯，便于自己和后代升迁官职，享受蒙古人的待遇。[2]"蹩个真"是蒙古人名，是否也是汉人改族属不能确定。在古代一族突然兴盛扩张成霸主，被征服之人易容改族之事常见，如契丹灭渤海，渤海人高模翰先投靠高丽，后入辽。据《宋史·宋琪传》载"又有渤海首领大舍利高模翰步骑万余人，并髡发左衽，窃为契丹之饰"[3]。辽亡契丹人不再髡发，融入其他民族。元朝实行四等人政策，蒙古人、色目人、汉人和南

---

①　袁泉. 蒙元时期中原北方地区墓葬研究 [M]. 北京：文物出版社，2020：198.

②　参见那木吉拉. 元代汉人蒙古姓名考 [J]. 中央民族学院学报，1992（2）.

③　（元）脱脱，等. 宋史26 [M]. 北京：中华书局，1977：9126.

人在很多方面都不一样，如汉人不许收藏弓箭和从事射猎活动，升官的渠道狭窄，不能担任正职等。汉人改族属，获得官职现象在元代普遍，江西抚州黄泥冈傅希岩墓是土坑竖穴砖椁墓，墓志载墓主"前至元年间，以蒙古进身，充江州译史……"[①]，也是以这类方式获得官职。这类民间个人自发的行为，遍布元朝各地，不能形成统一的文化模式。

**图10-20　陕西蒲城洞耳村墓壁画**

1. 行别献酒图　2. 醉归乐舞图

这座墓壁画反映了墓主由汉人改为蒙古族，极力效仿蒙古贵族生活方式的情形，但是也有自身特点，如画中的马头颈高大，身体细小，比例严重失调，这是对坐骑的感情淡薄，对马像要求不高，画什么样都可以。再如重视出行归来的

---

① 参见程应麟,彭适凡.江西抚州发现元代合葬墓[J].考古,1964(7).

迎送礼节，上马送行画下跪敬酒，回归奏乐相迎中加侍从挽扶的情节。而没有蒙古人墓壁画中的射猎情节，没有带弓箭猎具，归来也没有猎物，看不到主人有射猎生活的迹象，只是效仿蒙古人出行骑马、喜欢喝酒歌舞。从醉酒挽扶上看，没有表现出蒙古人豪放勇敢的性格，而有东施效颦之感。

2. 晚期壁画墓

裴家山墓①，发现于山西交城县裴家山村，石砌八角形叠涩穹窿顶单室墓，墓中有至正十六年（1356）题记。墓顶雕莲花纹柱，壁面和拱眼壁均以线雕画装饰。甬道东壁线雕鞍马人物出行图，西壁为归来图，人物均头戴盔帽，着右衽袍服，做蒙古人装束。北壁线刻家居图；东北和西北壁刻备宴、备茶图；东西壁对称刻孝子图；东南和西南壁对称刻花卉图案。该墓正壁家居图男左刻"裴资荣"，女右刻"闫氏"，墓主之间刻一牌位，上书"宗祖之位"，男女墓主为汉人姓名，是追求蒙古化的汉人。

北峪口墓②，发现于山西文水县北峪口村，为石砌八角形仿木构单室墓，叠涩穹窿顶。墓室以线雕画装饰，北壁线雕墓主一男二女家居图，图中男女墓主左右并坐，中刻一方桌上置书"祖父之位"的牌位。东北和西北壁线雕备宴类图案，东西壁对称线雕夫妇骑马出行图、夫妇骑马归来图，甬道东西壁对称雕天王式门吏，拱眼壁和墓顶彩绘花卉装饰图案（图10-21）。

埠东村墓③，2001年8月发现于济南市历城区埠东村南。该墓为圆形石筑单室穹窿顶结构，墓门南向，由斜坡墓道、仿木结构二层楼阁式墓门和圆形穹窿顶墓室组成（图10-22）。

墓室装饰自上而下依次为穹窿顶中心浅浮雕藻井、浮雕古钱图案一周，下部有模仿蒙古包内壁的网格纹，再下是建筑梁枋和歇山顶建筑的山花，再下为第一层壁画。墓门洞（相当于短甬道）西壁绘牵马图，东壁不详。墓室内壁画为：北壁绘墓主人家居图，西北壁和东北壁分别绘屏风画，西壁绘仓库和建筑，东壁绘启门图，西南壁绘建筑及家禽，东南壁绘建筑及女侍。此层壁画之上石雕山花之间绘两层壁画，上为缠枝牡丹，下为11幅孝行图（图10-23）。

① 参见山西省考古研究所,交城县文管所.山西交城县的一座元代石室墓[J].文物季刊,1996(4).
② 参见山西省文物管理委员会,山西省考古研究所.山西文水北峪口的一座古墓[J].考古,1961(3).
③ 参见济南市文化局文物处,济南市历城区文化局.济南市历城区宋元壁画墓[J].文物,2005(11).

**图10-21　山西文水北峪口墓壁画**

1.北壁墓主夫妇对坐图　2.西壁骑马归来图　3.西北壁备宴图

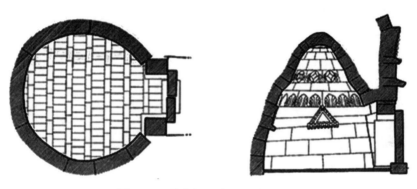

**图10-22　埠东村石雕壁画墓平、剖面图**

**图10-23　山东济南埠东村墓壁画展开图**

# 第二节　元大都色目人墓葬和北方汉人墓葬

## 一、元大都色目人墓葬

色目人墓葬发现极少。北京发现有铁可墓、铁可之父斡脱赤衣冠冢、耿完者秃墓，是在元大都为官的色目人之墓。

铁可墓（M1）位于东城区龙潭湖迤北吕家窑村，1962年发现。类椁式墓（图10-24）。墓室南北向，东西长3.9米、南北宽2.6米、高1.1米。墓室四壁以青石垒

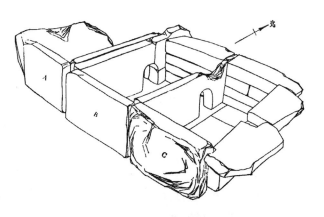

**图10-24　铁可墓石椁室透视图**

砌，室内又用石板作隔墙，分割为东、中、西三室，室内各置一木棺。铁可居中室，夫人冉氏、张氏居东西侧室。每道隔墙的北端均凿券形门洞，高60厘米、宽40厘米。墓底用大小不等的青石板平铺，墓顶以9块青石板封盖，每室3块，自南而北放置。墓顶部有盗洞，西室木棺、人骨已无存，随葬品仅1件瓷罐完整。中、东室存木棺残块，木棺内存头骨和少数肢骨。中室木棺残长1.6米、宽0.45米。东室木棺长约1.9米、宽约0.8米，其下放置三道等宽的铁箍。中室、东室出土有陶明器、铜镜、铜灯及钱币等。铁可石墓志一合，楷书1553字。

斡脱赤墓（M2），1963年发现。墓为砖甬道石室墓。墓室南北向，长2.7米、宽1.12米、高1米。墓室四壁各用一块大理石板砌筑，石板厚25厘米。墓底平铺石板5块，墓顶用青石封盖。墓室南接甬道，长3.5米、宽1.92米、高1米，用长方青砖垒砌。此墓早期被盗，墓室北端出斡脱赤神道碑一座，碑面镌刻"大

元忠遂国公神道之位"。墓内遗有影青瓷匜、青白瓷玉壶春瓶（福如东海、寿比南山）、青白瓷盘（福寿山海）、四系瓶、影青瓷碗、多穆壶等（图10-25）。铁可墓出土的铜镜上有佛之八宝纹和金刚杵的图案（图10-25，13）。

铁可，《元史》《新元史》有传。或写作铁哥、贴哥、贴可。铁可于定宗三年（1248）生于山西浑源，是巴基斯坦人，姓伽乃氏，先世是乞失迷儿贵族，笃信佛教。父斡脱赤，于元太祖十七年（1222）大军西征时，偕弟那摩东奔投元，为元初勋贵。那摩做了国师，总天下释教。斡脱赤封万户，娶汉人李氏做妻子，于宪宗元年（1251）回伽叶伊弥遇害。铁可于元皇庆二年（1313）夏四月"葬大兴县大师庄先茔之兆"[1]。

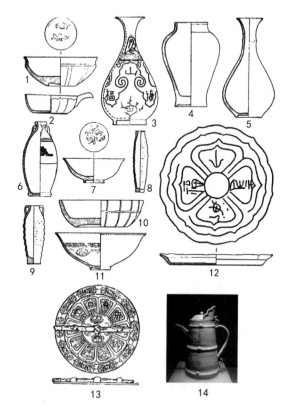

**图10-25　铁可父子墓出土瓷器**
1.青瓷洗　2.青白瓷匜　3.青白玉壶春瓶
4.青瓷罐　5.青瓷玉壶春瓶　6.白釉黑花四系瓶
7.青瓷碗　8.褐瓷鸡腿瓶　9.褐瓷双耳瓶
10.青瓷洗　11.青白瓷碗　12.青白瓷盘　13.铜镜
14.青白瓷多穆壶（2、3、6、11、12为M2出土，其余为M1出土）

耿完者秃墓，1990年发现于北京朝阳区南豆各庄。该墓建于天历二年（1329），墓室很小，石函由一块岩石凿成，长0.83米、宽0.8米、深0.48米、壁厚0.15米，石函中放入骨灰木匣和13件陶明器，墓志在石函外。墓志记载墓主为唐兀氏人。[2]

①　参见北京市文物研究所.元铁可父子墓和张弘纲墓[J].考古学报,1986(1).

②　北京市文物研究所.北京地区发现两座元代墓葬[C]//北京文物与考古（第3辑）,1992:219-223.

## 二、北方地区汉人墓

屋式墓为主，椁式墓有少量发现。屋式墓中，单室墓流行，双室墓很少，三室以上的墓极少，以砖墓为绝大多数，土洞墓很少。屋式砖墓中，雕砖壁画墓仍然流行。在蒙古人装束壁画墓注重模仿蒙古包内饰的新风尚影响下，传统的雕砖壁画墓仿木构的内容走向简化，特别是雕砖内容衰落更加明显，绘画增多。尸骨葬和火葬都流行。随葬品比金墓多，主要有首饰、家内日用的瓷器、铜镜等，家内使用的陶明器、陶礼器、陶俑，不见车马器和武器。

### （一）多室墓

元代早期元大都附近地区还存在辽墓遗风的墓葬。长墓道多墓室的大墓，以石家庄后太保村史氏家族墓地①M1为代表。北京的契丹人耶律铸墓②也属于此类型。随葬品丰富，也是沿用辽风。2022年新发掘的济南王张荣墓是独特的二门楼八室墓，前组三室一门楼，后组五室一门楼（图10-26），是目前发掘规模最大、结构最复杂的元代墓葬。

**图10-26　济南王张荣墓**

1. 石家庄后太保村史氏家族墓地

M1三室墓，由长斜坡墓道、甬道、墓门、八角形主室和左右圆形侧室构成（图10-27）。主室对边长在5米上下，侧室内径为3米左右。主室壁面转角处各

---

① 河北省文物研究所. 石家庄后太保村史氏家族墓发掘报告 [C]//河北省考古文集. 北京: 东方出版社, 1998: 344-369.

② 北京市文物考古研究所. 耶律铸夫妇合葬墓出土珍贵文物 [N]. 中国文物报, 1999-01-31（1）.

砌筑一角柱，每个柱头上承砖雕转角斗拱一朵，另有补间斗拱共八朵。没有壁画。M1出土龙泉青瓷匜、龙泉青瓷荷叶盖、高丽镶嵌青瓷梅瓶（图10-28）。M4史杠夫人木枕头发上还遗留插戴着的金、银、铜簪。

　　史氏家族墓地只有史杠墓出土墓志，发掘者根据《获鹿县志》把M1定为元朝宰相史天泽墓，刘化成根据《史丞相神道碑》等三通碑和《永清县志》资料考证史天泽葬在廊坊市永清县祖茔，真定府界内的后太保村的墓地是史天泽家族的另一支史天倪及其后人墓地。[①]谢明良从瓷器年代特征对墓地的年代也做了分析，确定一部分瓷器年代晚，对墓主身份提出异议。[②]

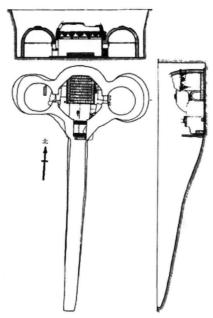

**图10-27　石家庄后太保村史氏家族墓地M1平、剖面图**

　　　　1　　　　　　　　　　　　2

**图10-28　石家庄后太保村史氏家族墓地出土器物**

1.高丽镶嵌青瓷梅瓶　2.龙泉青瓷荷叶形器盖

---

① 参见刘化成.廊坊市永清县发现的史天泽家族墓地碑[J].文物春秋,1995(3).

② 谢明良.对于史天泽墓的一点意见——兼评《石家庄后太保村史氏家族墓发掘报告》[C]//中国陶瓷史论集.北京:生活·读书·新知三联书店,2019:214-222.

### 2. 耶律铸墓

位于颐和园昆明湖东岸的耶律楚材家族墓地内。[①]墓南北向，为六室砖墓，由墓道、墓门、前室、前室的东西侧室、后室及后室的两个侧室组成。形状结构如辽代大墓，但是每个墓室都安葬一人，后正室是男主人，其余是妻妾，这在辽墓中是没有的，元代多室墓不代表等级高。

出土随葬品180余件。瓷器有影青玉壶春瓶、影青双鱼盘、卵白（枢府釉）瓷高足杯等。陶俑有手执立牌的十二时俑、捧持各类生活用器的男女仆役俑等，动物模型有龙、凤、马、骆驼等。石器有汉"白玉"石马、石狗等，一组8件玉石质明器有盘、碗、钵、盏托等。枢府釉瓷白王高足杯，据考证是耶律铸从景德镇浮梁瓷局定制的佛教供器。[②]汉白玉墓志记载耶律铸曾经任右丞相，卒于至元二十二年（1285）。

### 3. 张弘纲墓

位于朝阳区永定门外。由墓道、墓门、甬道、墓室组成（图10-29）。墓室南北宽3.8米、东西长4.8米。墓室全部砖砌，由主室和一个侧室组成。主室内后部铺一块大青石板，石板上有2个石棺，石棺是整石凿空而成，长113厘米、宽80厘米、高82厘米，内有骨灰。棺床前有一个石供桌，与宣化辽墓棺前放木供桌类似。侧室内有木棺1具。随葬品出一套小灰陶明器和瓷器、铜镜、铜杯（杯底有篆书"子子孙孙永宝用"）、墓志。小灰陶明器也

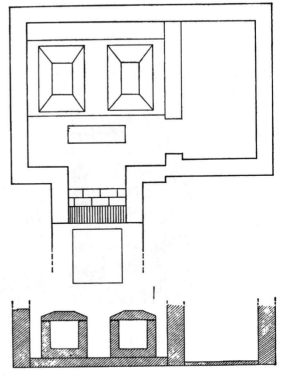

**图10-29　张弘纲墓平、剖面图**

---

① 北京市文物考古研究所.耶律铸夫妇合葬墓出土珍贵文物[N].中国文物报, 1999-01-31(1).

② 参见余金保,崔鹏.耶律铸夫妇合葬墓出土枢府瓷刍议[J].北方文物, 2012(2).

是沿用了辽代汉人墓的传统。

墓主人张弘纲是元初辅佐忽必烈的重臣（1237—1301）。另两人分别是夫人左氏、继室杨氏。墓志书写者是著名的书法家赵孟𫖯。[①]

**（二）单室墓**

有墓道墓门的类屋式墓中，绝大多数为单室墓，其中一部分是雕砖壁画墓。分布广泛。山西晋中南地区雕砖壁画墓仍然流行，还维持雕砖壁画墓的中心地位，但是雕砖表现手法已走向衰落，壁画和线刻技法越来越流行。河南、山东地区的雕砖壁画墓也常见。雕砖壁画内容以仿木构建筑、孝行故事、杂剧、宴饮、妇人启门、家具、花卉等宋金传统题材为主，墓室题匾记"堂"（寿堂、乐安之堂、时思堂等）常见。墓室内的雕砖壁画布局主要类型如下。

1. 前堂后寝为主轴的设计布局。前部展现厅堂生活的备茶、备酒、备食等壁画，是厅堂生前真实生活的再现。后部围绕棺床布置床挡画（床围屏画），画常有边框线（个别省略边框线），内容是模仿主人生前居室床三面围挡上的画，反映了主人的人生追求与审美爱好。

大同冯道真墓比较有代表性[②]。方形单室砖墓，四角攒尖顶（图10-30）。墓室南北长2.64米、东西宽2.84米、高

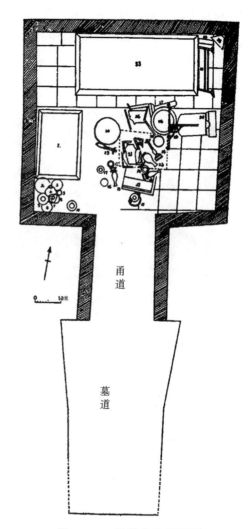

**图10-30　冯道真墓平面图**

---

① 参见北京市文物研究所. 元铁可父子墓和张弘纲墓［J］. 考古学报, 1986（1）.

② 参见大同市文物陈列馆, 山西云冈文物管理所. 山西省大同市元代冯道真、王青墓清理简报［J］. 文物, 1962（10）.

3.3米。在砖砌的棺床上横放大青石板，上置木棺，内停放男骨架一具，头向东，面向南，屈肢而卧；头上束发、戴元宝形道冠，枕黑砂玉枕；面覆盖黑乌纱，身穿道袍。北壁是山水画（高91厘米），棺床两端的壁面是论道图（高95厘米）（图10-31，1）和望溪水观鱼游图（高91厘米）（图10-31，2）。墓室前部则是备茶图（高118厘米）等。墓顶有仙鹤。随葬品有元钧釉瓷器11件，成为钧瓷断代的标准器。此外还有陶碗、玉枕、石砚台、龙纹墨、铜盆、螺钿花绘圆漆盒、道冠、道袍、木质家具等。墓内出碑形墓志。显示墓主为全真教的道官、龙翔万寿宫的宗主，至元二年（1265）下葬。

1　　　　　　　　　　　　　　　　2

**图10-31　冯道真墓棺床两端壁画**

1. 论道图　2. 望溪水观鱼游图

2. 正壁神位绘男女墓主并坐图，两侧壁配置生活图和行孝图等。这类设计把供养放在首位，其次是家内仓库财富，农庄经济的意识浓厚。

河北蔚县东坡寨墓，简报判定为辽，根据仿木构建筑使用菱角牙子和人物等特点定为金末元初[1]，六角形墓，正壁墓主夫妇并坐在榻上，男主人戴卷沿圆顶帽，右手持斗笠碗，左手扶腰带。女子顶小花冠用簪子横插固定，袖手怀抱莲花（图10-32）。左侧是假门、乐人、侍者，右侧是假窗和侍女，门两侧是门卫。

---

① 参见刘萨日娜, 张晓东. 试析蔚县东坡寨壁画墓的年代 [J]. 北方文物, 2022（1）.

河南尉氏县张氏镇元墓（今地名改为张市镇），根据仿木构简化等特征定为元代晚期[①]。该墓是方形墓，正壁是男女主人并坐在"后土之神"小龛两侧，左侧壁东仓小龛两侧绘收粮图和行孝图，右侧壁西库小龛两侧绘收账图和行孝图。

图10-32　东坡寨墓正壁墓主并坐图

3. 院落式布局，以仿木构建筑、桌椅家具为重要表现内容。北壁（正壁）假门，两侧壁也是假门，形成"四合院"式的空间氛围。北壁建筑外观的房檐山顶，侧壁是门窗或山顶，是象征两进或多组院落，形成院落重重的空间氛围。有的还有家内生活情景的图（包括墓主人端坐图、妇人启门、侍者备茶备酒食、奏乐等），行孝图等穿插其间，反映出深宅大院内的安逸、和睦、富足的其乐融融生活。

济南大官庄元墓（M2）[②]。圆形单室墓。墓室四角雕立柱。北壁砖雕建筑，歇山式顶，下部是面阔三间的建筑，格子门上的窗心眼是用彩色绘制的龟背纹（图10-33）。东壁砖雕灯檠，砖雕一桌二椅，彩绘帐幔，彩绘男女主

图10-33　济南大官庄墓（M2）
北壁仿木构建筑

人袖手端坐在椅子上。西壁砖砌一案一柜。被盗，出土4件白釉黑花碗。

济南章丘市茹庄墓（M3）[③]。正方形单室墓，墓室边长2.67米、高3.6米。门

---

① 参见刘未. 尉氏元代壁画墓札记[J]. 故宫博物院院刊, 2007（3）.

② 参见济南市文化局, 章丘县博物馆. 济南近年发现的元代砖雕壁画墓[J]. 文物, 1992（2）.

③ 参见济南市文化局, 章丘县博物馆. 济南近年发现的元代砖雕壁画墓[J]. 文物, 1992（2）.

楼高大，高3.82米（图10-34）。
砖铺地，墓室内砌有东西向的三
个并列棺坑，均长2.15米、宽0.6
米、深0.56米，棺坑隔墙有过洞。
坑内均有骨架，头向东。棺坑上
以长0.8米、厚0.11米、宽度不等
的石板盖住坑口。中间棺坑的盖
板有一块墨书"中二"两字。此
墓当为三人合葬墓。墓室四角雕
倚柱，柱头上承转角斗拱，五铺
作重拱。后部砖雕建筑，歇山式
顶，下部是面阔三间的建筑，格
子门上的窗心眼是用彩色绘制的
龟背纹。东壁砖雕灯檠，砖雕一
桌二椅，彩绘帐幔，彩绘男女主

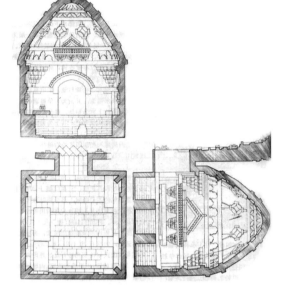

图10-34　济南茹庄元墓（M3）平、剖面图

人袖手端坐于椅子上。西壁砖砌一案一柜。墓室顶部由下而上以四周凸棱砖分隔
成四层，内有砖雕图案。第一层为云头形纹；第二层为8个古钱形装饰；第三、
四层为圆形藻井，内区为莲花，正中原应悬有一面铜镜，现仅存铁挂钩；外区为
一周叶瓣组成的连弧纹。南壁东侧有一砖雕灯檠，正中墓门拱形。上有滴水雕
饰。其上为一单檐歇山式建筑砖雕。两柱上承普柏枋，柱头斗拱和补间斗拱做法
为把头绞项造，其上为檐口、屋顶脊饰等（图10-35）。随葬器物有瓷瓶、罐、
碗、盘和铜钱。

　　济南元代郭氏家族墓地，2021年发掘12座（M7—M18）。墓葬规模有大
者，通长1.24～6.4米，均为南北向。其中11座为砖雕壁画墓，1座为石室墓，均
由墓道、墓门、甬道、墓室等部分组成，墓室方形、圆形。7座墓有纪年文字，
年代最早为泰定三年（1326），最晚为至正年间（1341—1368），墓主人包括郭
八公、郭十公、郭十一公、郭十二公、郭七翁母亲李氏、郭佳之父郭德，均无官
职。砖雕主要包括仿木结构建筑、桌椅、灯檠、衣架等。壁画主要包括歇山式建
筑、宴饮图、启门图、孝行故事图、云鹤图及花卉等。随葬品有瓷碗、瓷罐、瓷

瓶、瓷香炉、铜镜、铜钱等。

**图10-35　济南茹庄元墓（M3）砖雕壁画细部**

4. 装饰简单砖室墓，只有简化的仿木构部件代替仿木构架构，简单的灯擎、桌子等。

河北省保定市徐水区西黑山发掘62座小型金元时期墓葬，墓葬都是小型的单室墓（图10-36），为平民墓，墓地分为五区，其中四区分属郑、李、仇、杜四姓，每区下葬次序是从北向南排列。[①]墓葬以类屋式墓为主，少量土坑墓和土坑砖框墓。类屋式墓中圆形的砖室墓和石室墓是主要形式，另有方形墓、船形墓各一座，前圆后方形墓2座。方形墓（M29）是墓地中面积最大的墓，人骨检测碳十三和氮十五稳定同位素分析结果显示，其为全墓地营养级最高的。20座墓前地面保留地面石祭台，是很罕见的发现。随葬品有钧釉瓷碗、井陉窑瓷碗、青瓷碗、四系瓶、陶罐、铁犁、铜钱、铁钱等。

---

① 中国社科院考古所, 等. 徐水西黑山——金元时期墓地发掘报告[M]. 北京: 文物出版社, 2007: 373.

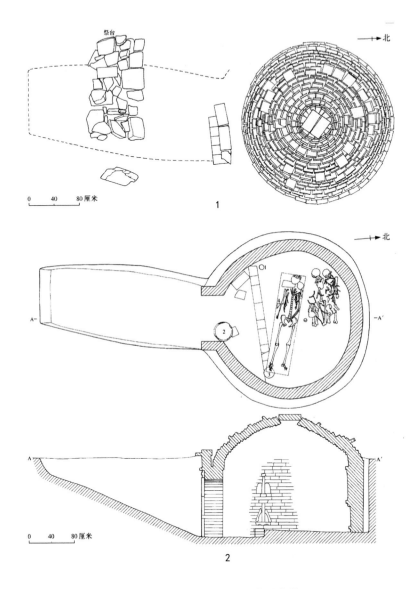

**图10-36 徐水西黑山墓地墓葬图**

1. M8祭台与坟丘平面位置图 2. M8平、剖面图

## （三）土洞墓

土洞墓主要在河南、陕西，有单室墓，也有前后双室墓。这类墓，除了有日常实用的器物外，还有大量的陶明器。陶俑较多，陶俑中有人物俑、家养动物

俑（猪狗骆驼鸡）、车马仪仗俑等。陶谷仓罐、陶仓、陶灶模型明器，代表粮仓与厨房。有仿古代青铜礼器的仿铜陶礼器。个别还有仿瓷器的陶器、陶牌位等。

西安孟村墓[①]，前后双室土洞墓（图10-37）。前室：前室带左右方龛。左龛是陶器皿，右龛是陶仓。后部：陶牌位之前是铜镜和纸灰，祭奠之处。中部：马、牛车、人俑和骆驼俑构成的出行仪仗（图10-38）。后室：木棺和方砖买地券（朱书，字迹不清），主人头朝西。

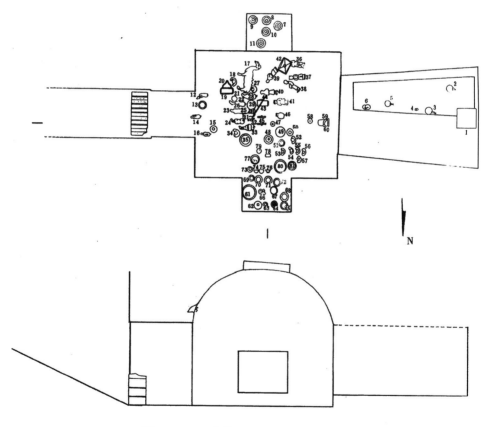

图10-37　西安曲江孟村元墓平、剖面图

---

① 参见陕西省考古研究所.西安市曲江乡孟村元墓清理简报［J］.考古与文物,2006(2).

**图10-38　西安曲江孟村元墓出土俑**

1.男立俑　2.女立俑　3.胡人俑　4.陶鞍马俑　5.陶骆驼俑

### （四）椁式墓

简单的椁式墓，一般是左右并列的双室，中间隔墙有空洞相通。官员和普通人都使用。

济宁张楷夫妇墓（1324）①，椁式墓，土坑，青石板砌成石椁，每个椁室长2.65米、宽0.95米左右，双室，隔墙有孔洞相通。墓主人张楷是元代前期山东的水利官员，对疏浚河道、治理漕运有很大贡献，政府赐其朝列大夫（从四品）大司农丞致仕。

邹城市李裕庵墓（1350）②，土坑石椁木棺墓，墓上保留有封土，土坑长3.7米、宽3.5米、深3.5米，石灰糯米汁拌花岗石碎块、石英石、沙粒垫底，上面放置整块石灰岩凿成的槽形石椁两个，一大一小，椁盖榫卯相接，椁外填充灰浆。

大石椁长2.6米、宽1.06～1.2米，椁盖上楷书刻字两行"有元裕庵李先生府君之墓""至正十年二月五日葬"。石椁内有六块楠木板榫卯拼合的木棺，两具骨架，一男一女，女性骨架捆绑下葬，是二次葬。棺内有大量防腐材料，出土了一批丝织品，另有铜钱等，墓主人口含银片加工的钱币。

小石椁长1.65米、宽0.63～0.7米，椁内有一具木匣，内有老年女性骨架一具，用破布包裹，似为迁葬时叠放于匣内。

---

① 参见济宁市博物馆.山东济宁发现两座元代墓葬［J］.考古，1994（9）.

② 参见山东邹县文物保管所.邹县元代李裕庵墓清理简报［J］.文物，1978（4）.

# 第三节　南方汉人墓

## 一、石藏子

苏州张士诚之母曹氏墓仿照南宋皇帝石藏子。[①]墓的时代是元至正二十五年（1365）。其时张士诚已称吴王，因此其母的葬制依宋陵之制。墓为正方形，无墓门、墓道。石圹边长3.79米，沿土坑四壁砌石壁，内用青砖和夯土起两道厢壁，厢壁中央置正方形石圹，圹内置两具木棺（图6-20）。在石壁、厢壁和石圹之间灌满三合土灰浆（石灰掺砂和糯米汁），上用石条封盖，使整个墓圹结为一体，非常坚固。由于其防潮性能好，曹氏尸体保存完好。随葬的丝织品、衣物、金冠、玉带及其他金、银、玉装饰品都保存很好（图10-39），还出土了阴刻填金的象牙哀册，男女各一部，每部册文由四十条象牙组成，四条象牙为一版，首末两版正面凸雕龙凤（图10-40）。

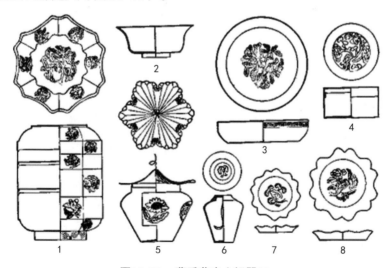

**图10-39　曹氏墓出土银器皿**

1. 奁　2. 碗　3. 托盘　4. 盒　5. 水盂　6. 小罐　7、8. 碟

---

①　参见苏州市文物保管委员会, 苏州博物馆. 苏州吴张士诚母曹氏墓清理简报［J］. 考古, 1965（6）.

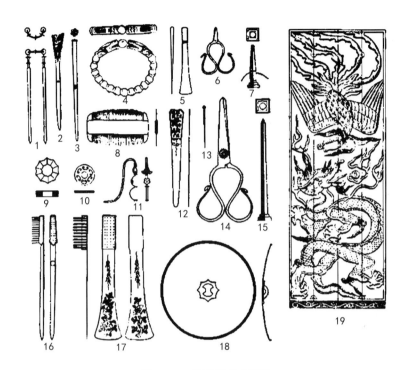

图10-40　曹氏墓出土器物

1. 金钗　2. 银簪　3. 金簪　4. 金镯　5. 银脚刀　6、14. 银剪刀　7. 玉座　8. 银篦　9. 玉环

10. 玉含　11. 金耳环　12. 银刮　13. 银针　15. 楠木座　16—17. 银刷　18. 银镜　19. 哀册

## 二、普通椁式墓

这一时期流行同坟异穴合葬的椁式墓，注重密封防腐。

安徽省安庆市棋盘山的范文虎墓[①]，墓室为砖筑，券顶，长4.5米、宽5米，双室并列，中间有隔墙。范文虎在东室，妻子陈氏在西室。东室木椁内有棺（里外涂漆），棺椁之间灌满松香。棺底以大木垫托，四角置铁牛各1只、前端两牛之间有一只铁猪。椁前三供组合是：椁前立有牌位性质的圹志石，两排字，正中竖排大字上边七个字已漫漶不清，下面可识字为"枢密院事提调诸卫屯田通惠河道漕运事范文虎之圹"，右排小字"大德五年六月吉日立"；志东放置铜香炉，

① 参见白冠西. 安庆市棋盘山发现的元墓介绍[J]. 文物参考资料, 1957(5).

内满炭灰和香灰；志西放置1瓷罐，内装铜钱10枚、竹刀1柄。椁外东侧和南侧还有三供台，方形台，椁外东台上面小木房子一座；东南台放1件青瓷罐，罐口倒扣青瓷碗，罐内只有清水（疑为酒）；椁南台放1件木柜，木柜内有多种金银饰品和金钱，金钱上有"金玉满堂""天下太平""早升天界"。棺内有鎏金花卉带扣、玉带板、青玉押等高等级物品。玉押则为皇帝特赐。陈氏有棺无椁，棺下用桐油拌石灰铺底，棺四周用石灰米汁灌浆，极其坚固。棺前亦立石墓志。棺内有金冠、金花、金饰和银钏等。范文虎是南宋降将，得到元朝重用，统帅水师攻打日本，船队抵达日本岛海岸准备进攻时，突遇台风，大多数船只因停靠过近相互撞击导致沉没，败回。沉船遗物被日本水下考古打捞出水。范文虎最后官职是尚书省右丞商议枢密院事。范文虎在大德五年（1301）六月下葬，其妻于大德九年（1305）去世。

上海任氏家族墓地①，1952年被破坏，形制不明。出土了一批南宋官窑瓷器、元代枢府瓷、影青瓷、龙泉瓷器，金银器，玉器。官窑器出于任明墓，有悬胆式瓶4件，投壶式瓶2件，双耳炉2件（图10-41）。景德镇枢府釉印花云龙高足碗1件。釉卵白色，碗敞口，高圈足，碗内壁印五爪行龙两条，碗心印朵花及变形莲瓣纹。出土6方墓志。墓葬系元代著名的水利专家和画家任仁发和他的家族墓，年代在1327—1353年之间。墓志所称的"上海县青龙镇新江乡松泽里郭巷径"为任氏祖茔。其中有钦察台守贞墓志，钦察台守贞是色目人，她是任仁发孙子任士文之妻，出生在"寓居高邮"的"世臣之家"，是荣禄大夫江浙等处行中书省平章政事完者都拔都之曾孙女。元代规定五爪龙为皇帝所用，故五爪龙碗可能来自皇帝赏赐。任仁发及其子曾经入宫作画，其子任贤能"大德皇庆间，入觐进画，赐金段旨酒"，有获得赏赐瓷器的可能。任明乃任仁发之侄，过继给姑父家，改称陈明，卒于元惠宗至正十一年（1351）。此墓出土具有南宋官窑特点的瓷器，具有明显的大开片，与老虎洞窑上层瓷片特征类似，也可能是元代民间仿南宋官窑烧造的哥窑器。

---

① 参见沈令昕,许勇翔.上海市青浦县元代任氏墓葬记述［J］.文物,1982（7）.

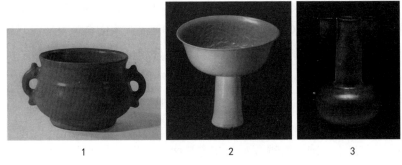

**图10-41  上海任明墓发现的瓷器**

1. 双耳炉  2. 高足杯  3. 贯耳瓶（投壶）

## 三、类屋式墓

长江上游地区流行类屋式墓中的长方形券顶砖室墓，形制沿用宋墓。随葬陶俑和三彩俑。如华阳皇庆二年（1313）的杨氏墓[①]、延祐三年（1316）的高文胜墓[②]。

四川简阳园艺场元墓[③]是单室的石板墓，没有墓门，平顶，墓室前部有一条排水沟（图10-42）。墓被破坏，堆积不明，清理后，追回器物，出土了525件瓷器，61件铜器，随葬器物之多，甚为罕见。瓷器有龙泉窑青瓷、景德镇青白瓷、定窑白瓷。铜器为仿古礼器。有汉代

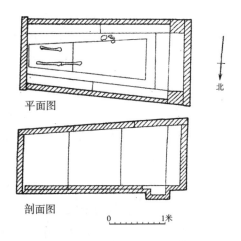

平面图

北

剖面图

0 _____ 1米

**图10-42  四川简阳园艺场元墓形制**

铜器、宋元瓷器、北宋钱币，可以确定龙泉荷叶盖罐是元代烧造的产品。有学者考证认为该遗迹初建为南宋墓葬，后在南宋晚期的宋蒙战争中、及明代中晚期分别被用作为窖穴埋藏贵重生活用品和商品。[④]

① 参见张才俊,袁明森.四川华阳县发现元代墓葬[J].考古通讯,1957(3).

② 参见张才俊,袁明森.四川华阳县发现元代墓葬[J].考古通讯,1957(3).

③ 参见四川省文物管理委员会.四川简阳东溪园艺场元墓[J].文物,1987(2).

④ 参见黄晓枫.四川简阳东溪园艺场遗迹性质与年代探讨[J].考古与文物,2013(3).

福建省将乐县光明乡元代壁画墓是罕见的发现。[①]墓形制是延续南宋当地的传统，为砖构券顶双室并列，平面长方形，两室隔墙前段有凸形龛洞相通，墓门朝西南（图10-43）。新出现后壁有以双重砖砌筑的一堵矮墙，矮墙中间有一对壁龛，龛为券形顶。墓室内满绘壁画。壁画有人物、灵兽仙人、天象图。右室壁画，左壁上有青龙，下有花瓶、雄鸡、汉装人物轿舆图；右壁有白虎、家犬，着蒙古服饰人物鞍马图。左室矮墙南龛壁中绘一瓦顶木板仓房，门上墨书"五谷仓"三字。后壁顶部高出矮墙的壁面绘"福、禄、寿三神仙图"。券顶绘天象图，有太阳、月亮、北斗七星，靠近墓门券顶绘一大鹰。墓

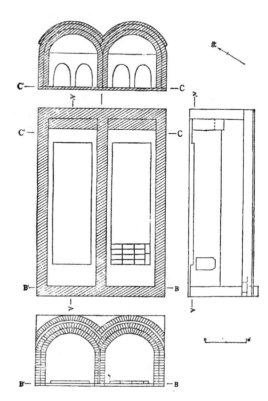

图10-43　福建将乐县光明乡元墓平、剖面图

葬被盗严重，室内没有发现遗物，门外发现崇宁重宝当十钱一枚。

# 第四节　汪古部墓葬

汪古部内流行景教。景教是基督教的一个分支，称为聂斯托利派。中亚起源，唐朝时流入我国，存《大秦景教流行中国碑》。元朝把其称为"也里可温教"。金元时期景教在我国北方草原十分流行，已经发现大量遗物遗迹。此外，还在扬州、泉州、赤峰、北京房山、鞍山等地发现了景教遗迹。汪古部景教教徒

---

① 参见福建省博物馆，等. 福建将乐元代壁画墓[J]. 考古，1995（1）.

墓的墓顶石，仿照诺亚方舟制作。其形制是方头长身，头高，尾低。头部三面（上面、左右侧面）浮雕十字架或花卉。身部浮雕着云纹、唐草、莲瓣等带形纹样。其背部缓缓倾斜，越往下越低。部分墓石背部阴刻着古叙利亚文墓铭。这种横卧式的棺形的墓石，可以说其棺是按照东方基督教会传说中的诺亚方舟制作的。其形制与头部高、尾部低、上部倾斜的中国棺相似。

作为汪古部景教墓石特征的十字架，其上下左右的长度都相等，末端稍微大一些，其臂腕末端大都向内侧弯曲，在十字架的四个空地方各有一圆点，是典型的所谓希腊式十字架。十字架之下，多数有莲瓣，这显然是受到佛教的影响，十字架的外围有伊斯兰建筑中常见的火灯窗形式的边缘，多数呈方形，也有以其他特殊装饰的边缘围绕着十字架的。

汪古部的景教墓石的十字架图样，虽说保留了基督教式样，但也融合了佛教、伊斯兰教等相当复杂的文化成分，当然也显示了汪古部景教系统特具的性质。

十字架形式的分类系统：一类是中亚—西亚式的，以十字架上加宝玉等装饰为特征；另一类是中国式的，也叫东亚式的。以十字架加莲瓣、莲台为特征。汪古发现的属于中国式的。受到中国传统佛教影响。

景教徒佩牌也有发现。额济纳旗曾发现铜十字架。建国前后，在内蒙古乌兰察布市和鄂尔多斯市，陆续发现过大批景教铜牌，是当年景教徒的佩带物。其样式多种多样，据初步分类，有鸟形牌、羽人牌、十字形牌、几何形牌、多角形牌、圆形牌、亚字形牌、葫芦形牌、双鱼形牌、鸭形牌、方形牌等，以十字形牌居多（图10-44，1）。这类佩带物，以准格尔旗和乌审旗为最多。说明在汪古地区周围景教徒也是很活跃的。

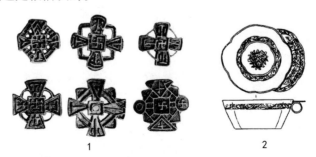

**图10-44　汪古部使用的器物**
1. 景教徒十字架佩饰（征集品）　2. 平底金杯（兴和县五甲地出土）

汪古人由于生前宗教信仰、社会地位和时代先后不同，在葬制上也有不同，现以发掘过的几个汪古部墓群为实例，说明汪古部的丧葬制度有复杂性。其中四子王旗塔布河流域的"王墓梁"景教徒陵园、沙井故城附近的墓群则可能是耶律氏一系汪古人的墓群；达尔罕茂明安联合旗旗艾不盖河（黑水）流域的毕其格图好来、敖伦苏木古城东北墓群等属于阿剌兀思一系汪古人的墓群；甘肃漳县徐家坪汪家坟是汪氏家族墓葬。

## 一、"王墓梁"景教徒陵园

四子王旗"王墓梁"耶律氏家族陵园，位于该旗西南大黑河乡丰收地村东北的高地上，在20世纪初西北科学考察团就调查过，发现了耶律公神道碑，并拍摄了墓地的景教墓顶石。

图10-45 墓顶石上的莲花托十字架纹

陵园四周土垣尚存，南墙中段设门。陵园平面正方形，边长75米。结合发掘情况和访问当地居民的情况可知，原四角立有石柱，其内有龟趺墓碑、翁仲、文官武吏各一个，石羊、石猪、石狮、石供桌、景教墓顶石17个。墓表上的遗物情况，为想象和复原当年的墓地情况提供了依据。从墓表石刻可知，当时墓顶是与地表等高的平地，以景教墓顶石作为墓的标志，墓顶石常有十字架标志，十字架的形态多样，有的带有圆珠（图10-45、图10-46）。放置方法是先放上板石，其上放置四周有凸棱的底座，座上放置墓顶石。现在的墓顶石都已移位。

1973年夏秋两季在陵园清理发掘古墓21座，墓的分布很密，而且排列有序，以陵园

图10-46 "王墓梁"景教墓顶石

中部一带为最多。古墓是南北方向，一行行整齐地排列着，分布井然有序，各墓之间没有相互叠压和打破现象。在21座古墓中，长方竖穴砖墓11座，长方竖穴土坑墓10座。墓东西向。葬具为木棺，多数为单棺，有两座墓为重棺，也可视作一棺一椁。大多数墓由于被盗，人骨扰动，故原来葬式不明，从未被盗的葬式看，多数为仰身直肢葬。

各墓随葬品位置有一定规律：女性死者头部放着姑姑冠，其上有的有金筒和云形铁片；铜镜放在头侧或腰侧；在铜镜上或腰部衣袋中，放着粉囊或木梳；耳上常有金或铜耳坠；手指上套着金约指；头巾上或帽子上，往往有各种样式、各具异彩的珠饰；螺蛳壳放在上肢；瓷灯碗放在腰部；钱币一般是随意乱放的。墓中出土的丝绸织物是死者的衣着；鞋后跟处，各垫一块三角形的桦树皮块，在一件保存较好的皮鞋后跟处，立放着一块完整的桦树皮块，据此可以知道这种桦树皮放置的位置和用途；车辖套在脚上或置于头侧。值得注意的是，在一座墓中，死者头右侧和左脚各置一卵石。有些随葬品，如滑石雕花、泥俑、瓷片、云纹骨饰片、烙铁及火炬形石刻、松石飞蝶等，由于墓内已经扰乱，原来放置和保存状态已不得而知了。有的在铜镜外，包有画纸。

根据陵园内"耶律公神道碑"，可见此陵园为耶律子春和耶律子成家的墓地，还提到耶律改姓曳剌、刘姓的情况。耶律楚材《湛然居士文集》就多次提到碑文中的"子春"，其中《寄移剌子春》有"说与沙城刘子春"[1]之句。

碑文中还提到死者先祖是"西域帖里薛人"，后被辽赐姓耶律氏，是与汪古部首领、马氏汪古、赵氏汪古并驾齐驱的世家大族。

## 二、毕其格图好来陵园

毕其格图好来陵园位于达尔罕茂明安联合旗白音敖包苏木毕其格图好来，在德宁路故城西北15千米。陵园内外墓的墓表悉用石块围成圆形，有些墓顶立着高大而扁平的尖石或石板，一般立石高可达1米左右，墓表直径5米左右。陵园中的死者是景教徒，但并未设置墓顶石，而是在墓旁立古叙利亚文石碑。

对陵园外北部的三座古墓发掘表明，三座墓均为土坑竖穴墓，单木棺葬

---

① （元）耶律楚材.湛然居士文集[M].北京：中华书局，1986：231.

具，仰身直肢葬。随葬品因盗掘所剩不多，其中一座墓出有桦皮鞋垫等随葬品。

北距陵园约0.5千米的山坡上有两座圆形石墓，对南面的一座进行了发掘，系竖穴砖室墓，出有铜镜、铜饰件、铜"大"形器和绿松石饰片各一件。铜镜上还有墨书符箓。

## 三、敖伦苏木古城东北墓群

在敖伦苏木古城（德宁路故城）的东北丘陵上散布着数以百计的石堆墓，这些古墓和德宁路故城存在着生居死葬的关系。墓表用大小不等的石块围成圆圈，直径3～6米不等。墓地上散置着不少大而扁平的板石，应是景教墓顶石的底部。还见有一块刻着十字架的古叙利亚文石碑。

1974年对其中的一座墓进行了发掘。该墓地表用石块围成圆圈，直径3.2米，墓北有一石碑，碑刻"亡化年三十六岁，泰定四年六月二十四日"两行字，碑旁有一残断墓碑，用汉、蒙、叙利亚三种文字写就。[①]据之可知死者为阿兀剌编帖木剌思，是汪古人，生前官职是怯连口都总管府副都总管。墓早年被盗，为长方形土坑竖穴砖室墓，随葬品已不存，在扰土中发现有桦树皮鞋垫。

## 四、汪世显家族墓群

1972—1979年，甘肃文物部门在甘肃漳县徐家坪清理发掘27座墓葬[②]，据出土墓志，此为汪世显家族墓群，这个墓群大约始建于蒙古海迷失癸卯年（1243），止于明万历丙辰年（1616），历经十四代三百七十多年。

《元史·汪世显传》记载"系出旺古族"。目前对汪世显家族的族属有汪古部、汉人、吐蕃三种观点，无论其血统来源如何，元朝统治者是把他们按照汪古人对待的，所以才能有三位驸马，世代高官。汪世显（1195—1243），巩昌盐

---

① 魏坚, 张晓玮. 阴山汪古与景教遗存的考古学观察 [C] //边疆考古研究（第14辑）. 北京: 科学出版社, 2013: 193-212.

② 参见甘肃省博物馆, 漳县文化馆. 甘肃漳县元代汪世显家族墓葬 [J]. 文物, 1982（1）.

川人，仕金，屡立战功，官至镇远军节度使，巩昌便宜都总帅。降元后仍任原职。元仁宗延祐七年（1320）加封陇西王。汪氏为金、元、明三代巩昌豪门。《元史》等有传者达30多人，有《汪氏族谱》传世。能确定墓主的有10座，其中M1是汪惟能墓，M26是汪惟正和妻子合葬墓。

元代墓葬形制基本相同，为带有长方形竖井式墓道的单砖室墓，坐西向东。墓室平面作方形或长方形，四壁下部垂直，并镶嵌模制人物、花卉、鸟兽纹等花砖，人物画多属"二十四孝"内容。墓顶作八角叠涩攒尖式，顶部中心悬镜。葬具以木棺为葬具，葬式多为仰身直肢葬。

M11为方形单砖室墓，由墓道、墓门、甬道、墓室构成（图10-47）。甬道两壁下部为模制花草纹砖，两侧上部施白灰，各绘丹顶鹤一只，四壁有模制，上部用砖雕砌出歇山顶建筑山面各一，檐上作出瓦，檐下有檐椽、斗拱。四角设柱。西、南、北三壁各镶嵌方形的减地浅浮雕人物等花砖七块，南北两壁中部设砖雕棂星门两扇，西壁正中为一砖雕人物坐像，东壁门内两侧各有砖雕立柱两根。四壁还装饰有模制如"童子闹莲"、荷花、狮子、虎等纹饰的花砖。此外还彩绘有带状忍冬、牡丹等。墓顶为叠涩八角攒尖式，全涂白色，顶端悬镜。

墓地出土遗物有灰陶明器、铜器、金银器、瓷器、木器、钱币、玉器、骨器、丝织服饰等。[1]铜器中仿古铜器主要有铜鼎、铜爵等，其中铜爵与铜盘并出。金银器以饰品及容器类为多。龙纹钗表现了墓主的高贵地位。葫芦形金耳环。八卦铜镜上有铭文"百炼（作）镜，八卦象备，卫神帝命，永镇阴精"，反映道家文化的因素。十字金刚杵帽顶饰是虔诚佛教徒之物（图10-48，2）。有姑姑冠出土，姑姑冠是来自蒙古联姻的女子佩戴的。

瓷器有定窑洗、龙泉窑莲瓣纹碗、釉里红高脚杯和青花盘等。有梅瓶、高足杯、执壶、盘、盏等。青花盘沙底。定窑芒口笔洗2件，口径14.8厘米、高3.6厘米和高4厘米。底都有刻款"复古殿""冬"（图10-48，1），是南宋宫廷复古殿用瓷。还有蓝色玻璃盏和托。

木器多为家具，其中M13、M26（汪惟正墓）各有一座木屋置于棺盖上。M13出土时置于棺盖上的一件木屋，长156厘米、宽31.5厘米、通脊高78厘米。屋为七间歇山顶，南、北门还分别彩绘有站立的侍女和坐在圈椅上的女主人。

---

① 参看甘肃省博物馆. 汪世显家族墓出土文物研究 [M]. 兰州: 甘肃人民美术出版社, 2017.

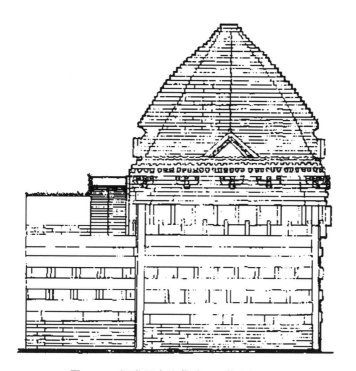

**图10-47　汪世显家族墓地M11墓室剖面图**

1　　　　　　　　　2

**图10-48　汪世显家族墓出土器物**

1. 定窑芒口洗（"复古殿""冬"）　2. 十字金刚杵帽顶饰

第十一章　宋辽金时期的瓷窑

宋代是我国制瓷业发展史上的繁荣时期。这一时期的主要特点有以下几点。

第一，瓷窑广布，竞争激烈，产品特点纷呈，名窑产品多被仿烧，形成很多窑系。

宋代瓷窑址分布于我国19个省市自治区的130个县。北方集中于河南、河北、山西、陕西，南方集中于浙江、福建、江西。瓷窑多，产品多，瓷器销售形成激烈竞争局面。一种瓷器在市场上受到欢迎，瓷窑主就会扩大窑场，增加该品种瓷器的产量，同时其他窑也会纷纷仿制走俏的产品。窑系是指以一个名窑为代表，各窑口生产相同品种或相近品种的瓷器，该名窑代表了该瓷窑系瓷器的一般特征。因为多数窑址是兼烧多个品种，常常有两个或三个窑系风格的器物共存。

瓷器产地俗称为"窑口"。在实际使用中，窑口可以是单一地点的窑址，也可以是相邻地点同一窑系窑址群的统称。同一窑系的每个窑口的同类瓷器在胎釉成份和可视特征、器型、装饰、制法、装烧工艺有所不同，而与其他窑口有所差异，也有不能区分者。

考古发掘和调查遇到的瓷器只有一小部分能确定窑口，多数只是确定窑系。窑系实质是瓷系，能把纷杂的瓷器品种分成主要大类，使研习者能很快明晰其脉络特征。

对于宋代瓷窑最有代表性的窑址，陶瓷研究和鉴赏界曾经流行两种说法：一是"宋代五大名窑"，即官窑、汝窑、哥窑、钧窑、定窑。二是八大窑系，即定窑系、磁州窑系、耀州窑系、钧窑系、越窑系、龙泉窑系、景德镇窑系、建窑系。宋代并无"五大名窑"之说。明代《宣德鼎彝谱》卷一中称，明内府所藏瓷器窑口有柴、汝、官、哥、钧，此书约于明代后期成书，代表了明末文人对于宋代瓷器代表窑口的看法。"官、汝、哥、钧、定"排序的"宋代五大名窑"体系出现于清末，并于20世纪50年代左右成为陶瓷学界的通用说法。"八大窑系"的说法则为冯先铭《三十年来我国陶瓷考古的收获》提出，现已深入人心。[①]今天关于这两种说法有较多的争议，较集中于两个方面，即对哥窑和钧窑是否是宋代的年代问题的争论上，同时对"窑系"一词的运用是否合适亦有争议。[②]

---

① 冯先铭.三十年来我国陶瓷考古的收获[J].故宫博物院院刊,1980(1).

② 刘涛.五大名窑·传统瓷学·陶瓷史著[M]//新编宋瓷笔记.北京:生活·读书·新知三联书店,2022:263-278.

第二，烧瓷技术有了很大提高，在产量和质量上都达到了一个新的历史高峰。

瓷器胎土质量技术的提高，使发挥釉色美与釉质美的技术都达到了历史高峰。宋代定窑、景德镇窑等在装烧方法上使用了覆烧法，提高了装烧量，降低了成本。各地瓷窑普遍应用"火照"（东晋时湖南窑场已经出现），检查烧制过程中窑炉的温度与气氛，以保证尽可能高的成品率。

第三，出现了官窑。

宋代皇宫朝廷用瓷的主要来源有官窑及民窑中部分受官府控制的窑场，以及土贡瓷等。宋代官窑是官府垄断的窑场，专门烧制宫廷用瓷，官窑产品追求类玉的素雅美，满釉裹足，造型规整，管理严格，不计成本。产品不进入商品流通领域。民窑是商品性生产，宋代商品经济发达，登封曲河窑的清代碑上就有"宋时窑场环设，商贾云集"的记载。民窑接受朝廷官府预定瓷器的任务，官府预定的瓷器一般不能出卖，有些窑中发现了"官"字刻款，意为官府定做器。官府监烧的瓷器，即官府监督民窑依据朝廷下发的图样要求制作，管理更加严格。土贡，把有特色的质量上乘器物作为供御品。


# 第一节　河北、山东和安徽北部地区的瓷窑


冀中豫北丘陵地区是我国北方地区白瓷制造业的重心。这一地区在北朝晚期即较为兴盛，隋代时达到了巅峰，邢窑、相州窑皆有质量较高的产品，邢窑透影白瓷是这一时期白瓷的巅峰。唐代中期邢窑更为兴盛，李肇撰写的《唐国史补·货贿通用物》载："内丘白瓷瓯，端溪紫石砚，天下无贵贱通用之。"[1]反映了唐代邢窑白瓷的产量巨大，行销全国。唐代末期定窑崛起，磁州窑亦开始发展，这一地区的瓷业发展格局奠定下来。

宋金时期盛烧的窑口有定窑、井陉窑、磁州窑、当阳峪窑、鹤壁集窑、淇县窑等，另外邢窑在这一时期亦烧制定窑风格器物。这一地区的瓷业生产传统可归纳为以定窑为代表的细白瓷生产传统及磁州窑为代表的化妆土白瓷传统。另

---

① 　（唐）李肇. 唐国史补 [M]. 北京: 中华书局, 1991: 156.

外，当阳峪窑除生产以上两种传统的瓷器外，尚在宋、金时期生产种类繁多的特殊工艺瓷器，如绞胎、孔雀蓝、酱釉等。

山东及安徽北部地区的窑业生产最早可追溯至北朝晚期，隋代盛烧，淄博寨里窑、泗水诸窑、枣庄中陈郝窑、安徽萧县欧盘窑皆有烧制，唐代山东诸窑亦有一定规模，如枣庄中陈郝窑仍在烧制，淄博磁村窑开始生产瓷器。宋金时期淄博地区窑业进入极盛，淄博磁村窑规模有所扩大，博山大街窑在北宋时期烧制，淄川坡地窑在金代始烧。宋金时期淄博地区流行化妆土白瓷，宋代流行三彩瓷及姜黄釉涩圈印花瓷，金代流行黑釉凸线纹瓷器（山东当地俗称"粉杠瓷"）。另外，安徽淮北烈山窑在宋金时期烧制低温釉陶、化妆土白瓷及白地黑花瓷器。

## 一、定窑

窑址在今河北省曲阳县涧磁村及东、西燕川村一带。涧磁村的窑业分布最广，面积约为117万平方米。

20世纪30年代陶瓷专家叶麟趾在河北曲阳发现了定窑遗址，50年代故宫博物院3次派人到曲阳县调查，证实曲阳县灵山镇涧磁村及东、西燕川村为北宋定窑遗址。1985年进行大规模发掘，发掘面积近2000平方米。揭露出窑炉、料场、水井、沟、灶、灰坑等遗迹和大量瓷器，仅出土瓷片就有30万片。[①] 2009年9月以来，考古人员对定窑遗址进行了持续性的发掘。[②]

### （一）定窑主要特点

定窑发挥优质白瓷土的资源优势，以烧制透明釉的薄胎白瓷为主，以无色透明的釉展现白胎洁净美，是定窑的一贯追求。最大宗的产品是划花、刻花、印花纹的碗盘盒类产品，纹道沟纹浅细，定睛细品才能得见全貌，有含蓄的隐秘之美。如海丰镇遗址出土的一件盘内壁满饰印花的遗物（图11-1）。定窑产品的釉

---

① 刘世枢. 曲阳县唐、宋定窑遗址 [C] //中国考古学年鉴 (1986). 北京: 文物出版社, 1988: 90-91.

② 参见河北省文物研究所, 北京大学考古文博学院, 曲阳县定窑遗址文保所. 河北曲阳县涧磁岭定窑遗址A区发掘简报 [J]. 考古, 2014 (2); 河北师范大学历史文化学院, 河北省文物研究所, 曲阳县定窑遗址文物保管所. 河北曲阳县定窑窑址调查报告 [J]. 华夏考古, 2018 (4); 北京大学考古文博学院, 河北省文物考古研究院, 曲阳县定窑遗址文物保管所. 河北曲阳北镇定窑遗址发掘简报 [J]. 文物, 2021 (1).

基本无色，部分釉含有杂质多者，在积釉处略显发黄。也发现极少的黑釉、酱釉、绿釉、粉釉产品，被称为"黑定""紫定""绿定""粉定"，但是其胎骨皆白而轻薄。定窑以白瓷驰名，有"白如玉、薄如纸、声如磬"之称，特别是碗盘等餐具，体型轻薄，轻便适用，造型周正，洁净雅致，广受欢迎，成为名窑。定窑白瓷的白色来自白色的胎体，釉是无色透明釉，俗称"白釉"是不准确的叫法，与真正的白色釉（如元代卵白釉）不同。定窑生产日用瓷器，造型丰富，也接受订做特殊器型瓷器，孩儿枕是定窑象生瓷艺术水

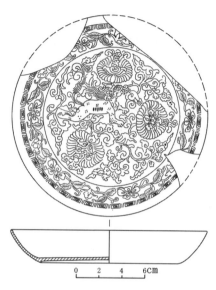

**图11-1 海丰镇出土金代定窑印花卧足盘**

平高超的代表（图11-2，1）。少数碗、盘、洗、瓶加装金扣、银扣（在口沿或圈足部位镶金边或银边）（图11-2，2）。有少量的刻铭款，如"官""新官"款；"定州公用"款；"孟""刘万立""朝真""乔位""李小翁"等姓名款（图11-2，3、图11-3）。

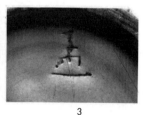

1　　　　　　　2　　　　　　　3

**图11-2 定窑生产用瓷**

1.故宫博物院藏孩儿枕　2.故宫博物院藏刻石榴纹碗　3.定窑直口碗"孟"字款

划花，传统装饰技法之一。在尚未干透的坯体表面用尖状工具浅划出的线条状花纹。刻花，用刀状工具在胚体上以倾斜角度刻削出花纹，其特点是纹沟宽深，花纹有层次。刻花常与划花技法结合运用，被称为"刻划花"。印花，在模子上刻好花纹，直接印于器物内壁。定窑印花有沟状的阴印花，也有突起的阳印花。

定窑碗盘类瓷器，在北宋早、中期仍主要使用传统的正烧法，晚期流行芒口覆烧法提高装烧量。

正烧法，装窑时器口朝上正放烧制，也称为仰烧法。

覆烧与正烧相对，也称反烧或伏烧，是把碗盘一类坯件反扣在窑具的支烧方法，分为釉口覆烧法和芒口覆烧法。芒口覆烧法最早见于江西南朝洪州窑对口烧，口部为防止粘连刮去釉，形成芒口。北宋芒口覆烧亦起源于定窑，分两种（图11-4）。第一种是多级垫钵覆烧法，即将碗或盘按照

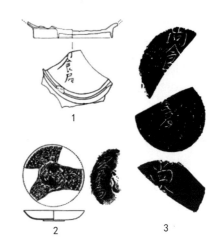

**图11-3　"尚食局"铭印花瓷片**

1. 印花碗残片　2. 印花盘残片　3. 印花盘残片

下小上大的次序依次倒置放入漏斗状多级垫钵内，口部防止与匣钵粘连而刮去釉，形成芒口。第二种是支圈覆烧法，直径等大的支圈叠落，把口径相等的碗或盘倒置在支圈隔边上，防止粘连，器口要刮去釉，形成芒口。这两种覆烧法的优点是能提高装烧量。金代定窑仍沿用覆烧法。

**图11-4　定窑两种覆烧法示意图**

1. 支圈覆烧法　2. 多级垫钵覆烧法

## （二）定窑分期

定窑始烧于晚唐，盛于北宋和金代，衰落于元。

北宋早期（宋太祖至宋真宗时期，约960—1022）的定窑，器类较丰富，既有实用器，也有佛前供器。胎质细白坚硬，精细白瓷的釉色多呈现出纯白或白色中闪青色调，与晚唐五代相比，胎、釉无明显变化。装饰手法有刻花、划花、印花、贴塑等。其中以浅浮雕刻花和细线刻花最具有时代特色。

在这一时期的墓葬、塔基中出土的定窑瓷器有很多都是浅浮雕式刻花莲瓣纹罐、碗、瓶等，如河北定州市静志寺（图11-5，1）、净众院塔基（图11-5，2），辽宁法库叶茂台辽墓等等，莲瓣纹重重相叠，一般有两三个层次。这种装饰与晚唐五代以来的越窑、耀州窑青瓷花纹很接近，是这个时代流行的纹样。这一时期的盘、洗、瓶等有的在口沿或圈足部位镶金。这种做法多数是为了装饰，在上层社会中使用较多，此时的装饰与覆烧无关系。"官""新官"款白瓷在北宋前期发现仍较多，但在宋真宗1022年以及辽圣宗1031年以后，再无此类定窑白瓷的发现。

**图11-5　早期定窑瓷器**

1.官字款对蝉纹碟（静志寺塔基）　　2.莲瓣纹盖罐（净众院塔基）

3.龙首流牡丹纹执壶

北宋中晚期（宋仁宗至宋钦宗，约1023—1127）的定窑继续盛烧，所产芒口素面平底盘流行于大江南北。装饰手法有刻花、划花、印花等。北宋中期出现了印花对蝶纹方盘、缠枝莲纹及缠枝牡丹纹碗，纹饰疏朗，北宋晚期印花工艺成熟起来，大量用于瓷器之上，缠枝纹饰较为盛行，纹饰繁缛，有缠枝菊纹、螭龙纹等。北宋中期浅浮雕花纹仍然较为流行。北宋晚期，刻划结合、深浅有致、生动流畅的装饰形成了独特的风格，定窑刻划花从此进入了独树一帜的成熟阶段，代表性纹饰有螭龙纹、缠枝牡丹纹、萱草纹、莲瓣纹等。这一时期酱釉瓷器比较流行，黑釉器有一定数量，酱斑为当时黑釉的代表性装饰。部分高等级酱釉、黑釉、白釉瓷器上有描金纹饰。部分瓷器上有款识，较有代表性的为外壁近口沿处刻"尚食局"字样横款的碗，口沿处横向刻"尚药局"款的盒，底足刻"乔位"款的螭龙纹盘，及底足印有"定州公用"款的盘，多为宫廷、官府款，亦有巧匠名记款。

金代定窑继续着北宋晚期的辉煌，出品量大。覆烧法仍然流行，新出现了

砂圈叠烧法烧制的碗、盘。刻花器大量流行，除
萱草纹仍然生产外，盘龙纹、团龙纹瓷器在金代早
中期大量生产（图11-6），供应东北地区的女真贵
族，农安窖藏[1]及金上京遗址都有出土。金代中晚
期大量出现水波鱼纹、折枝牡丹纹饰，刻划于碗、
盘心，另外外壁刻划莲瓣纹，内壁刻划水波游鱼纹
的大钵亦大量出现。白瓷印花器大量流行，多出土
于南宋境内，除缠枝菊纹、缠枝牡丹纹依然大量流
行外，水波鱼纹亦大量出现，双凤纹、仙鹤纹、开

**图11-6 金代白釉印花蟠龙纹盘**

**（上海博物馆藏）**

光竹石纹、博古图纹、人物纹等纹饰亦时有所见。部分印花摩羯纹瓷器底部刻划
"尚食局"款，显然为宫中所用，太子城金代行宫遗址即有出土[2]（图11-3），
纹饰种类相当丰富。这一时期较为精细的瓷器仍然胎质细腻，釉色白皙，但胎
壁多较厚，较为粗糙的瓷器则多釉色泛黄或泛灰，器表有明显的修胎痕（"竹
丝刷痕"）。这一时期定窑的款识种类亦较多，除"尚食局"外，尚有"东
宫""花"等款识，同一时期的南宋亦流行定窑
瓷器后刻款。

## 二、磁州窑

磁州窑中心窑址在今河北省邯郸市磁县的观
台镇与峰峰矿区的彭城镇一带，这一地区宋代属
磁州，故名磁州窑。

磁州窑的观台镇窑址1987年发掘[3]，中心分
布在观台镇艾口村和都党乡冶子村一带的漳河
两岸。发现的窑是半倒焰式马蹄形馒头窑（图
11-7）。

**图11-7 磁州窑窑炉照片**

---

① 吉林省博物馆, 农安县文管所. 吉林农安金代窖藏文物 [J]. 文物, 1988（7）.

② 黄信. 论定窑"尚食局"款瓷器的分期问题 [J]. 文物春秋, 2019（4）.

③ 北京大学考古学系, 河北省文物研究所, 邯郸地区文物保管所. 观台磁州窑址 [M]. 北京: 文物出版社,
1997: 6.

**（一）磁州窑主要特点**

磁州窑以化妆白瓷为主要产品。由于窑址匮乏白色瓷土原料，故使用白色化妆土层遮盖深色粗糙的胎体，然后上一层透明釉，烧成白瓷。与其他窑的化妆白瓷相比较，磁州窑的白瓷釉略肥厚而显光亮。俗称"白釉"并非釉是白色，磁州窑白瓷的白色来自白色化妆土层，所罩釉是透明釉。

磁州窑的装饰美学追求用花纹装饰吸引顾客眼球，纹饰要清晰醒目，图案要一望而知。在传统的划花、刻花基础上，创造白剔花技法。白剔花即先在施过白化妆土的器物上以尖状物划出纹饰，然后以铲状平刃刀剔掉纹饰以外的白化妆土，露出较深的胎色，再罩以无色透明釉（个别因为杂质导致釉色偏色并不是本意之作）。用这种方法做出的图案，具有很强的浮雕感。有时花叶上再用划花的方法划出花蕊叶筋，纹饰更显形象逼真，由于剔去的地通常呈黄褐色，与白色的化妆土形成鲜明的色彩对比和质感对比，这就使主题纹饰被更强烈地烘托出来。邯郸宋墓出土白剔花划花的盘口瓶（图11-8，1），辽宁法库叶茂台7号墓也出土了一件风格一致的白剔花盘口瓶[1]，刘涛考证该器产地是河南[2]。白地剔花中的珍珠

**图11-8　磁州窑北宋器物**

1. 白地剔划花盘口壶（邯郸宋墓）
2. 划花行炉（观台窑址）
3. 酱釉剔花小口折肩矮腹瓶（观台窑址）
4. 梅花点彩钵（观台窑址）

①　参见冯永谦. 叶茂台辽墓出土的陶瓷器[J]. 文物，1975（12）.

②　刘涛. 宋辽金纪年瓷器[M]. 北京：文物出版社，2004：35.

地装饰显然是效仿金银器的鱼子地装饰（彩页一，2）。在白剔花基础上又衍生
出黑剔花，即在上黑釉后，刮去花纹以外的黑釉层，黑花白地的纹饰更加醒目明
了（图11-8，3）。此后金代流行在白色化妆土层上用毛笔绘制花纹，烧成后形
成反差强烈的白地黑花器物。白地黑花出现后，未停留在装饰图案纹样上，还把
风景画、人物故事画、诗词警句移植到器物上。可见为了吸引顾客，用尽一切招
数。创烧的红绿彩瓷，令人赏心悦目，也是这一思维追求模式的产物。磁州窑面
向民间大众，绝大多数产品装饰是粗放型，即但求神似，不拘细节，这是因追求
生产效率导致忽视装饰质量的结果。少数精品具有艺术的震撼力，是磁州窑装饰
艺术的上乘之作（图11-9）。

**图11-9　磁州窑金代器物**

1.白地黑花缠枝芍药花口瓶（观台窑）　2.黑釉凸线纹双耳罐（观台窑）

3.素胎"龟鹤齐寿"盘印模（观台窑）　4.白地黑花梅瓶（河北献县）

5.白地黑花龙纹盆（观台窑）　6.黑釉花芯盘（观台窑）

### （二）观台窑分期

观台窑第一期年代为10世纪中叶到11世纪中叶，即北宋早期。器形以碗、盘、罐、灯、钵、盆、注壶、唾盂等小型器物占绝大多数，并未发现有陈设用途的大型瓷器。这一时期胎色一般较深，呈灰色、灰褐色或灰黑色。胎质细腻，但胎体上有肉眼可见的小气孔，在断面可见胎体呈有分层的现象。白瓷器约占90%，其次是黑瓷器和少量青瓷器。白瓷器胎为白中泛青灰色，使用白色化妆土覆盖胎体，其上罩透明釉，釉色晶莹光亮，有的白中泛绿黄，积釉处呈青绿色。黑釉器约占9.5%，釉色光亮漆黑。还有少量青瓷。

装饰技法有划、剔、刻、印、珍珠地、点绘（点彩）等。磁州窑白剔花装饰以小件钵、瓶、唾盂、碗及深腹盆为多。点绘虽有以毛笔为工具绘的三叶纹、涡纹、麦穗纹、圆点纹等，但多为釉上彩。有的以手摸之，有凸纹感的艺术效果。传统认识中的观台窑典型的装饰艺术——白地黑绘——此时尚未形成。划花装饰以灯、器盖、小盒等小件为主。刻花装饰仅见碗外壁的仰莲纹及小瓶肩部（残片）。白地绿斑装饰是唐代装饰的遗风，产品有小罐、小碗、灯、注壶等。

观台窑第二期前段年代为11世纪后半叶。这一时期的产品仍以日常生活用品为主，包括碗、盘、钵、注壶、盒、炉、瓶、罐、盆、枕等，出现了少量的围棋子、花盆等娱乐、陈设用瓷。这一时期胎色变浅，呈灰白、灰或浅褐色，胎质细腻，致密坚硬，肉眼一般看不见气孔，是观台窑胎质最好的阶段。产品以白瓷为主，黑瓷、酱釉瓷次之，这一时期开始烧造少量的不施化妆土的仿定窑精细白瓷，呈粉白，光润洁净。黑釉器制作精良，很像定窑的黑定或紫定。珍珠地划花仍然是主要装饰，珍珠地占据了画面的大部分区域，流行以双钩楷书文字书写吉祥语，出现了带有人物形象的图案和具有故事情节的画面。新出现了篦纹做地的划花装饰，此外还有白地绿彩、印花等，但白地绿彩数量减少。

观台窑第二期后段时间为12世纪前期，为北宋徽宗年间至金初海陵迁都之前。这一时期由于窑炉完成了由烧柴向烧煤的过渡，窑炉和火膛结构变化后已成定型，各种大、中、小型匣钵和支具逐渐规范，这标志着烧煤窑炉的成熟。这一时期瓷器仍以白瓷为主，釉色、胎质与前段基本相同。还有黑釉、绿釉等，典型装饰手法是白地黑花、白地黑剔花、绿地黑剔花。本期刻花装饰技法已基本消失，只在个别雕塑品上作为辅助手段使用。

观台窑第三期年代为12世纪中后期至13世纪前期，相当于金中后期。这一时期是观台窑制瓷业发展的鼎盛时期，亦是磁州窑装饰艺术发展的黄金时代。除了大量供应中下层民间生活用瓷外，新出现了诸多陈设用瓷，如白地黑花缠枝纹荷口大瓶，各种三彩方瓶、圆瓶等。还有宗教用瓷，如佛、菩萨、罗汉、力士等。出现了建筑脊饰、瓦饰，三彩迦陵频伽及大量脊饰的人物、动物等新的造型。固有的各种装饰工艺和装饰品种，都有了增加和发展，并新出现了制作精良的各种模印器、红绿彩瓷，其中红绿彩瓷以瓷俑为主（彩页一，5）。观台窑第三期最突出的发展和进步是其装饰艺术。最突出的是磁州窑典型的装饰品种白地黑花，在宋末初创后，金代有了长足的发展。这一阶段白地黑花内容更广泛，品种更多样，纹饰更流畅、更生动、更成熟、更复杂，器型亦更硕大。

### 三、山东淄博瓷窑

淄川磁村窑址位于淄博市淄川区西南10千米，窑址面积较大，村东、村内至村南2千米的范围内均有分布。1976年10月试掘。1976年、2006年、2013年调查，试掘出土两座馒头形窑址。第一次试掘者将窑址遗存分为五期，其中后三期年代相当于宋金时期。

第三期年代为五代至北宋早期，以白釉为主，有少量青釉。施护胎釉，但白度不高，一般均为乳黄色，或白中泛灰。装饰技法以白釉加绿点彩的做法较普遍。一般多施在碗的内壁。碗斜腹较浅，一般均为璧形足，不见圈足。

第四期年代为北宋中晚期，以白釉为主，白度较高。有少量黑釉。一般均为白胎。装饰技法出现划花和剔花。有的在黑釉碗上加一道宽的白边。数量均不多。支点一般为四枚，大碗有用五枚者，三枚少见。支痕较小。

第五期年代大约相当于金代，以白釉为主，其次为黑釉。酱釉、黄釉数量很少。白瓷白度很高，釉面光洁。胎骨白而坚致，胎薄而匀。制作规整。装饰技法丰富多彩，有划花、剔花、篦纹、白地黑花、加彩、黑釉粉杠（凸线纹）、白地粉杠、白地黑边、绞胎等，部分器物内底部有涩圈。[①]

坡地窑址位于淄博市淄川区西南15千米，1975年试掘。窑址出土遗物被分

---

① 山东淄博陶瓷史编写组. 山东淄博市淄川区磁村古窑址试掘简报［J］. 文物, 1978（6）.

为二期。第一期以白釉为主，其次为黑釉。酱釉、青釉数量很少。装饰技法有划花、剔花、篦纹、白地黑花、粉杠等。盛行涩圈叠烧工艺，有部分支圈覆烧、三足支钉垫烧。第二期盛行白地黑花，纹饰丰富多彩。窑具有匣钵、支圈等。发掘者认为第一期大约为金代早期，第二期大约为金代后期至元代。[①]

博山大街窑址位于淄博市博山区，东临峨眉山，西濒孝妇河，窑址沿河布列。早期器物以白瓷为主。碗、盘类内底普遍有三至四枚支钉痕，器外部多施半釉。晚期器物以青瓷为主，白瓷、黑瓷、酱瓷、低温三彩釉陶等次之。白瓷、黑瓷等基本上承袭了北宋晚期的特征，器形、装饰及烧造工艺等无明显变化。青釉瓷变化明显，器类增多，装饰技法丰富。数量最大的青釉印花碗和印花盘，内底多刮釉一周。发掘者认为该窑址早期年代为北宋晚期，晚期年代为金至元代。[②]近年于陆洋认为该窑址出土的部分器物年代为北宋时期。[③]

## 四、烈山窑

### （一）考古工作

烈山窑址位于安徽省淮北市烈山区烈山村。2017—2018年有两个年度的考古发掘，其中由于2017年是抢救性发掘，因此就2018年刊布发掘简报，2022年有报告出版。[④]2018年3月正式开始发掘，发掘面积700平方米，清理各类遗迹70余处，包括6座窑炉、52个灰坑、1条道路、14条灰沟、4座墓葬。

### （二）窑炉

唐末至北宋共清理窑炉三座，Y4是这几座窑炉中窑体最大的窑炉，面积近24平方米，保存较好，由操作间、火门、火膛、窑床构成，烟囱被破坏，窑床呈长半圆形，方向94°，最长4.5米，最宽5.3米。两侧局部保留了几层窑墙砖，由耐

---

① 淄博市博物馆.山东淄博坡地窑址的调查与试掘[C]//中国古代窑址调查发掘报告集.北京:文物出版社，1984:360-373.

② 参见淄博市博物馆.淄博市博山大街窑址[J].文物，1987(9).

③ 于陆洋.北方地区宋金瓷器断代问题研究——以器物品种中的北宋因素为中心[G]//两宋之际的中国制瓷业.北京:文物出版社，2019:125-136.

④ 安徽省文物考古研究所，淮北市文物局，淮北市博物馆.淮北烈山窑址[M].北京:文物出版社，2022.

火砖砌筑，残高约0.1～0.15米。窑床表面铺了多层耐火砂，可以推测窑炉使用率比较高。双烟道，呈长方形，现仅存遗存痕迹，均长1.38米，宽1.44米。火膛长3.7米，宽4.44米，呈圆弧三角形，范围较大，约10平方米。

金元时期窑炉有两座，属于短身龙窑。Y2由操作间、火门、火膛、窑床组成，窑床呈半圆形，最长3.34米，宽4.22米，窑床表面铺有耐火砂。火膛呈半圆形，长2.4米，宽2.6米，用窑柱和耐火砖砌筑而成，迎火墙两侧还增筑了护墙垛。火门呈长方形，两侧用竖砖砌筑。Y3是在Y2基础上改造再利用的，在空间上大部分结构是重合的，改造最大的部分是操作间和火膛两处。操作间是在Y2没有进一步清理至底部的基础上修造的，在东壁外围用窑柱等建材扩建。火膛同样未做清理就在外轮廓用窑柱修建一周耐火墙（图11-10）。

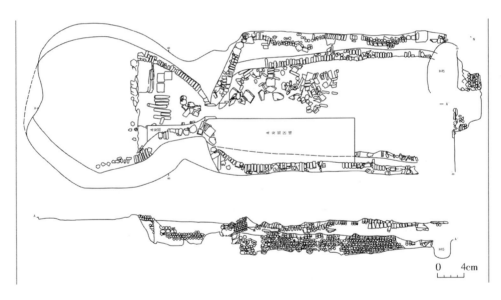

图11-10　烈山窑Y2和Y3平、剖视图

### （三）分期

烈山窑址的时代初步推测大致可以划分六期：第一期为东汉时期，第二期为唐代末期至五代，第三期为北宋早期，第四期为北宋晚期，第五期为金代晚期至元代早期，第六期为元代晚期。[①]

---

① 参见安徽省文物考古研究所.安徽淮北烈山窑遗址发掘简报［J］.中原文物, 2020（2）.

## （四）产品

烈山窑址出土瓷器种类繁多，有碗、盏、钵、罐、壶、盘、炉、盂、枕、盆、瓷塑、棋子等，以碗居多（图11-11）。其以烧造白瓷为大宗，也烧造黑釉、酱釉、青釉等釉色瓷器。另外还有白釉黑花、白釉褐彩、点绿彩、宋三彩、剔花、刻花、划花、刻字、绞胎、粉杠等特殊工艺，还有浅浮雕、高浮雕、圆雕等艺术手法。其吸收了当时著名的定窑、磁州窑、巩县窑、淄博窑等一批窑场的

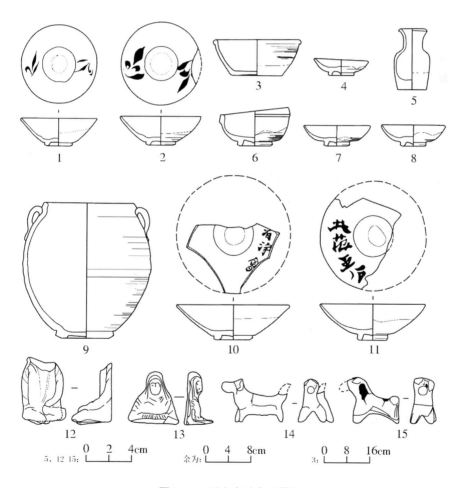

**图11-11 烈山窑址出土器物**

1—2.白釉褐彩碗　3.白釉盆　4.青釉盏　5.青釉瓷壶　6.白釉钵　7—8.白釉盏

9.白釉双系罐　10—11.白底黑彩碗　12—13.人物俑　14—15.犬俑

烧造工艺技术，熔多种风格于一炉，同时又有自己的特色产品。烈山窑址是宋元时期大运河通济渠沿线一处重要的瓷器产地，为南北窑业技术传播研究提供了重要的证据。其烧造技艺高超，少数产品较为罕见，也是国内极少数烧造宋三彩的窑址，与河南巩义市的三彩窑存在密切的技术交流。

# 第二节　陕晋豫地区的瓷窑

## 一、陕西地区窑业

### （一）耀州窑

耀州窑址位于陕西省铜川市黄堡镇。唐宋时属耀州，故名耀州窑。

共经过两次发掘：1958—1959年大规模发掘，1984—1997年发掘。前后陆续出版四部报告：《陕西铜川耀州窑》《唐代黄堡窑址》《五代黄堡窑址》和《宋代耀州窑址》[①]。

1. 作坊与窑炉

发现宋代作坊35座。在76号作坊内发现1件石碾槽，直径7.2米，专用于粉碎瓷土矿石。瓷土粉碎后放在淘洗池中，瓷土溶于水；杂质沉淀，泥浆从小孔流入沉淀池，在沉淀池内蒸发水分，成为胎泥。1号作坊最完整，由两孔窑洞组成，旁边还有1号瓷窑（图11-12）。面向漆水河。在2号窑洞拉坯，成型，1号窑洞施釉烘坯。在门外1号瓷窑烧成瓷器。

马蹄形窑炉，结构有通风道、燃烧室、落灰坑、窑室（床）、烟囱。通风道位于窑前地下，上面用石板棚盖，后部分有4个支道通入燃烧室。燃烧室内有炉桥、炉栅和窑床。一般炉桥和炉栅毁坏，只剩下窑床。62、67号窑还保留着炉栅——用长条形耐火砖横放在沟上，像炉箅子，灰从空隙处落下。第44号窑的遗迹组合最完整，有踩踏面、堆煤处、堆炉渣处、利用余热烘干坯件的烘干室。第

---

① 参看陕西省考古研究所.陕西铜川耀州窑[M].北京:科学出版社,1965;陕西省考古研究所.唐代黄堡窑址[M].北京:文物出版社,1992;陕西省考古研究所.五代黄堡窑址[M].北京:文物出版社,1997;陕西省考古研究所,耀州窑博物馆.宋代耀州窑址[M].北京:文物出版社,1998.

19号窑，保留着匣钵，有8行22个，根据密度推算，一层235件，高50层，达2.5米，一次能烧数千件瓷器。燃料都是煤。

发现2座烧釉料的窑。有通风道、圆形的窑室。窑室的底部是落灰坑，坑的中心立石柱一个，顶部支撑炉栅里端。发掘时有大量的石灰。

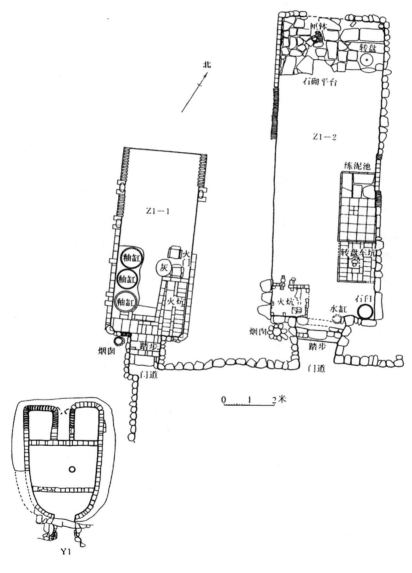

**图11-12　第1号作坊（84IT2③Z1）平面图**

2. 耀州窑产品主要特色

唐代中期始烧，唐代盛行黑釉瓷、茶叶末釉瓷及化妆土白瓷，青釉瓷较少。至五代时受越窑影响，青瓷成为主流产品。五代末到北宋早期，创烧天青釉瓷器，开启了名窑瓷系之路。至北宋中期，橄榄青釉瓷器才完全成熟（图11-13）。金代又出现姜黄釉、月白釉瓷器。

宋金耀州窑青瓷属于薄釉类青瓷，以橄榄青为特色。器类多，同一类器物造型多样，纹饰发达。花纹装饰追求明晰与立体感。刻花工整流畅，半刀泥刻痕宽深，沟纹内的釉色深浅变化增强了艺术性，减地深刻，有浅浮雕式的效果。器上贴捏塑仿生的兽面、龙体等手法广泛运用，也是器物追求立体感的体现。足跟露胎，部分可见"火石红"底。

**图11-13　耀州窑宋代产品**

1.青釉刻花盖罐　2.盘口双龙瓶　3.刻花瓶　4.提梁倒灌壶

3. 耀州窑分期

北宋早期的耀州窑在五代耀州窑的基础上迎来了飞跃式的发展，这一时期耀州窑出现了一批高质量的瓷器，釉色呈现出"天青"的效果，胎质白中微闪灰，颗粒较青灰胎和灰胎略粗疏，是耀州窑史上胎色最白的一类。黑胎青瓷仍施化妆土。灰白胎青瓷满釉，器型、纹饰风格的特点与五代至北宋早期越窑青瓷接近，多仿自越窑。减地深剔刻纹饰较为引人注目，有浅浮雕的效果。这一时期的耀州窑瓷器在辽代上层贵族墓中常有出土（图11-14），伴出的还有相当数量的定窑白瓷、越窑青瓷及少量景德镇窑青白瓷等名窑瓷器，应享有与其他名窑产品相当的地位。[①]

**图11-14　关山辽墓出土耀州窑瓷器**

1.青瓷盖罐　2.左侧罐之底部　3.青瓷碟

北宋中期耀州窑开始不再使用化妆土，胎色浅灰，颗粒细而均匀，胎釉结合紧密，胎釉之间可见白色反应层。这一时期青釉开始呈现稳定的橄榄青色。橄榄青色釉成为这一时期及以后的主流釉色。印花装饰开始流行，外壁刻划折扇纹的印花缠枝菊纹碗开始大量出现。北宋早期"减地"刻花纹饰由于费时费力，且只适合壶、罐等器物，难以扩展，走向消失。这一时期纹饰题材丰富。植物纹样以菊、牡丹为主，另有莲、梅、竹、柳。动物纹样以鱼、鸳鸯为主，还有摩羯、龙凤、孔雀等。人物纹样以婴戏最为常见，还有少见的飞天、罗汉及其他人物。另外，在蓝田吕氏家族墓地M9吕英墓还发现了仿西周青铜器的瓷簋。[②]

这一时期耀州窑瓷器开始大量销往南方和海外。[③]在日本、斯里兰卡等地均发现了这一时期的印花缠枝菊纹碗残片。耀州窑对当时的瓷窑业产生了重大的影响，不仅北方地区的临汝窑，广州西村窑和广西永福窑均受其直接或间接的影响。

① 参见易立.试论五代宋初耀州青瓷的类型与分期——以墓葬、塔基出土物为中心［J］.考古与文物,2009（2）；王小蒙.耀州窑天青釉瓷考［J］.考古与文物,2019（2）.

② 陕西省考古研究院,西安市文物保护考古研究院,陕西历史博物馆.蓝田吕氏家族墓园［M］.北京:文物出版社,2018:454-455.

③ 参见张凯.五代至元耀州窑青瓷的阶段特征及流布研究［D］.长春:吉林大学,2018;陈宁宁.略论耀州窑瓷器的外销［J］.文物春秋,2021（3）.

同时耀州窑被北宋宫廷选中成为"土贡"瓷器窑，比如带有年号款的器物就可能是专为宫廷烧造的。文献中也有耀州贡瓷的记载，如《元丰九域志》卷三陕西路耀州记："耀州，华原郡，感德军节度……土贡瓷器五十事。"①《宋史》卷八十七地理三陕西载："耀州，紧，华原郡。开宝五年，为感义军节度。太平兴国初，改感德军。崇宁户一十万二千六百六十七，口三十四万七千五百三十五。贡瓷器。"②

宋神宗元丰八年（1085）立于耀州窑土山神庙的德应侯碑是北宋时期北方地区最早记录土山神德应侯和传授工匠陶术的柏林信仰的重要石刻（图11-15）。其还被认为是我国现存最早的窑神碑，在中国陶瓷史上具有重要价值。③

**图11-15　《德应侯碑》拓本**

北宋晚期的耀州窑迎来了繁盛期。印花装饰出现，缠枝菊纹仍有发现，轮菊纹、交枝牡丹纹、海水游鱼纹等大量纹饰在这一时期新出现。具有耀州窑自身特色的"深刻划"花纹大量流行（图11-16，1；彩页四，2），刻划折枝牡丹纹、交枝牡丹纹在这一时期成为主流。在北宋徽宗时期，还出现了一类刻划草纹，使用"半刀泥"技法的缠枝牡丹纹、莲花纹瓷器。同时外壁刻划简笔牡丹纹的技法亦十分盛行，杜回村孟氏家族墓地宣和五年（1123）纪年墓中即出土了此类盘、钵。④线刻法在这一时期也迎来了新生，多见牡丹纹、海水纹等纹饰，纹饰复杂

---

①　（宋）王存. 元丰九域志 [M]. 魏嵩山，王文楚，点校. 北京：中华书局，1984：111.

②　（元）脱脱，等. 宋史7 [M]. 北京：中华书局，1977：2146.

③　陈宁宁. 宋代耀州德应侯庙及其影响——从《德应侯碑》谈起 [C] // 碑林集刊（第二十六辑）. 西安：三秦出版社，2021：126-138.

④　参见苗轶飞，张锦阳. 陕西长安杜回村发现北宋宣和五年耀州窑瓷器 [J]. 收藏，2021（1）.

且生动。文字装饰在这一时期亦有出现，"道情"碗在这一时期时有所见，宁夏海原临羌寨①、朝鲜开城皆有出土②。这一时期还出现了"熙宁""大观"（图11-16，2）、"政和"款瓷器，据窑址发掘者推测可能是专为宫廷烧造的。这一时期耀州窑盛行酱釉瓷器，其胎质细腻，胎色有灰白、白色两种，釉色酱红，可与当阳峪窑媲美。这一

**图11-16　耀州窑北宋晚期器物**

1.橄榄青深刻划花执壶（陕西西安杜回村

孟氏家族墓地M12出土）

2.印花"大观"款碗（耀州窑址出土）

时期受"斗茶"之风影响，出现了黑釉油滴盏及黑釉酱斑盏，酱斑多呈现由口沿向内底的长条形。

金代早期的耀州窑沿袭了上一时期的特征，仍大量生产内壁刻划缠枝牡丹纹、莲花纹瓷器，外壁刻划简笔牡丹纹的瓷器。北京广安门外出土了一批内壁印花龙、凤纹，外壁刻划简笔牡丹纹的瓷器残片，图案细致生动，修足利落，可能是这一时期进贡给皇家的瓷器。新出现了姜黄釉涩圈印花、刻花瓷器，纹饰较为多样，有水波游鱼纹、缠枝花卉纹等，一件刻花钵上有"大定二年"（1162）纪年，可以证明此类瓷器的生产年代上限。

金代中晚期的耀州窑进入了又一个繁盛期。这一时期耀州青瓷器从釉色、器型到纹饰都有了一些新变化。瓷器上釉色品种新出现了月白釉，胎釉普遍较厚，多素面，也有精美刻花器物（图11-17）。③新出现的长方盘、八方盘、直口玉壶春瓶、三足炉、狮座形器及带有民族风格的錾沿杯等都表明了时代风格的革新。碗盘类器物圈足修整得不甚干净，卧足器比较普遍，口沿出筋或凸唇类似一道箍是常见现象。纹饰主要以刻花为主，印花较少。题材主要有莲花、牡丹、菊

① 李进兴.探寻密纳克文明——临羌寨考记［M］.成都：四川大学出版社，2003：178-181.

② 参见金英美.韩国国立中央博物馆藏高丽遗址出土中国瓷器［J］.文物，2010（4）.

③ 薛东星.千年耀州窑［M］北京：文物出版社，2018：124-127.

花、葵花、落花流水、缠枝花草、婴戏以及鹿纹、鱼纹、鸭鹅戏水等动物纹饰。总之，金代中晚期耀州窑青瓷产品质量并没有降低，仍是官绅与民众日常大量使用的消费品。

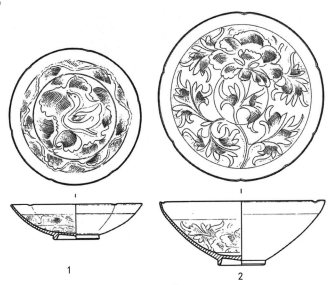

**图11-17　耀州窑金代器物**

山西晋城市郝匠金墓M1郭永坚夫妇墓出土[①]

## 二、晋中南地区的瓷窑

晋中南地区的窑业在隋代即出现。唐代晚期以后，以汾河谷地为中心的窑业迅速扩展。这一地区瓷器种类较为丰富，除生产素面化妆白瓷、细白瓷、黑釉瓷、酱釉瓷外，北宋时期还生产白地赭彩（黑花）、珍珠地划花，金代则大量流行白地黑花、黑地赭花，另外还有一些三彩、绞胎瓷。但其瓷器生产受周边地区影响较大，且较周边地区窑口存在着一定的滞后性。北宋时期晋南地区普遍流行三叉支具，以河津窑为代表。以介休窑为代表的晋中地区窑址则流行泥点支烧和砂粒支烧，部分窑址在北宋时期即流行涩圈叠烧，并在金代普及。北宋时期的代表性窑口有介休窑、河津窑、孟家井窑、交城窑、临汾窑等，金代时，除以上窑

---

① 参见山西博物院,晋城市文物研究所.山西省晋城市郝匠M1发掘简报[J].文物季刊,2022（2）.

口继续发展外，霍州窑亦较为繁盛。以下介绍三处。

### （一）介休窑

创烧于北宋，历金、元、明、清四代皆有延烧。北宋窑业主要集中于洪山窑，金代窑业则主要集中于介休城内的南街窑。北宋以白瓷为主，兼烧黑瓷、白地黑花及白、黄褐釉印花瓷等。其中白地赭彩、黑花在北宋中期即有烧制，康平辽代墓葬中出土了两件梅瓶，一件为白地黑花（彩页一，1），一件为白地赭彩，开创了白地黑花瓷的先河。另外，北宋细白瓷亦胎质轻薄，釉色白皙，细白瓷印花纹饰细腻，种类丰富，以花草纹为主，精细者可与定窑媲美。金代主要烧制化妆土白瓷、白地黑花瓷，细白瓷比例下降。其中的化妆土印花白瓷纹饰粗糙，不复宋时印花风采。[①]

### （二）霍州窑

中心窑场在霍州市陈村。1975年故宫博物院冯先铭等与临汾地区文化局调查霍县陈村瓷窑址，并确定为元代霍州窑址。1986年、1989年亦经调查，发现金代遗物。烧制瓷器以细白瓷最具代表性，精细者多光素无纹，金代流行印海水、荷塘、分区花卉纹，多采用刮圈支烧。霍州窑涩圈印花细白瓷盘在侯马H4M101出土一件，其上尚有"明昌三年十二月廿买一十个"纪年墨书[②]，由此可知其多流行于金代晚期[③]。

### （三）河津窑（附乡宁窑）

河津市共发现北午芹、古垛、固镇和老窑头四处瓷窑址，窑址的时代自北宋延续至清。河津窑宋金时期的烧造窑场，大体上为北午芹、古垛、固镇一带，呈东北—西南方向并列。

固镇瓷窑址位于河津市樊村镇固镇村，地处吕梁山南麓、清涧沿岸。2016年3月至9月，山西省考古研究所对该瓷窑址进行了系统的考古调查及勘探，并选择北涧疙瘩、上八亩和下八亩三个地点进行发掘。制瓷作坊多为窑洞式，作坊底面遗存保存较完整，有澄泥池、沾浆缸、灶址、石磨盘、石臼等遗迹、遗物，涵盖原料制备、制坯、晾坯等环节，比较全面地反映了该窑址的制瓷过程。瓷窑

① 孟耀虎. 宋金介休窑概论［M］//宋金介休窑. 太原：三晋出版社，2019：16-43.

② 张柏. 中国出土瓷器全集（山西卷）［M］. 北京：科学出版社，2008：86.

③ 参见陶富海. 山西霍州市陈村瓷窑址的调查［J］. 考古，1992（6）.

炉除Y1保存相对较好外，其余三座窑炉仅残存窑床部分，均由通风口、扇形火膛、窑床及双烟室组成，不同之处在于通风口的位置、窑床及烟室的结构及大小等，窑炉结构与形制上的差异可能与其烧造的产品种类有关。[①]

北宋时期固镇窑与古垛窑均有瓷业，其中古垛窑据调查材料显示，烧制化妆土白瓷，底足为宽圈足，全器施化妆土。固镇窑则烧制细白瓷，碗、盘类底足足跟略宽，足心直径较小，部分小盘为卧足，胎质白而细密、坚致，釉色白中泛黄，有较为细致的修胎痕（"竹丝刷纹"），绝大多数器表无纹饰。金代固镇窑则一枝独秀，烧制瓷器种类丰富。瓷器品类有粗白瓷、细白瓷、黑酱釉瓷及三彩瓷，装饰工艺有白地黑划花、剔花填黑彩、珍珠地划花、黑地白绘花及印花，题材以诗词、花草为主，纹样层次分明，流畅活泼，技艺娴熟。[②]

另外，河津窑以北十余千米处的乡宁县土垎堆窑，在宋、金亦有窑业，亦烧制珍珠地划花、黑釉划花及白地黑花，与河津窑特征相似，应属于同一窑场。金代烧造的白地黑花缠枝牡丹纹梅瓶、黑釉划花荷花纹梅瓶及白地划花"风花雪月"梅瓶颇有特色。

## 三、河南地区瓷窑

河南是北宋京城所在地，宋金时期在唐代制瓷业基础上走向辉煌，瓷窑密布，五大窑系争奇斗艳，产品纷杂。黄河以北的豫北地区瓷窑以化妆白瓷为主，典型的是鹤壁集窑等，属于磁州窑系。黄河以南的禹州市扒村窑、登封窑、密县窑也属于磁州窑系。焦作当阳峪窑也是磁州窑系的化妆白瓷盛行，定窑系有精细白瓷、酱釉瓷、黑釉瓷，还有独特的绞胎瓷器。以严和店窑为代表的临汝窑印花、刻花青瓷盛行，追求类玉美的乳浊釉青瓷，釉层较厚。御窑性质的汝窑代表北宋青瓷的最高成就，金代张公巷窑是汝窑的后继。民窑仿官汝派生出来钧窑系在金代崭露头角，铜红窑变为元代釉里红产生奠定了基础。文献记载的御窑性质的柴窑、汴京官窑还没有发现（《坦斋笔衡》中记载"政和间，京师自置窑烧造，名曰官窑"，可能北宋官窑不止一处。）。

---

[①] 参见山西省考古研究所，河津市文物局.山西河津市固镇瓷窑址金代四号作坊发掘简报[J].考古，2019（3）.

[②] 孟耀虎.河津市北宋瓷窑遗址调查报告[C]//山西河津窑研究.北京：科学出版社，2019：50-62.

**（一）汝窑（附张公巷窑）**

**1. 官汝新风**

北宋和南宋的文献都记载有汝窑。北宋徐兢《宣和奉使高丽图经》："狻
猊出香，亦翡色也。上有蹲兽，下有仰莲以承之。诸器惟此物最精绝，其余则
越州古秘色，汝州新窑器大概相类。"①南宋周辉《清波杂志》："汝窑宫中禁
烧，内有玛瑙末为油，唯供御拣退，方许出卖，近尤难得。"②

官汝瓷器是不透明的乳浊釉，釉层较厚。故宫传世的北宋宫廷使用的官汝
瓷以类青玉为雅尚，香灰色胎，天青色的釉，芝麻点支钉，基本没有花纹，追求
釉质与胎质之美，开启厚釉素面之新风，影响深远。

**2. 考古发现的民汝与官汝**

烧制汝窑瓷器的中心窑场清凉寺窑址位于河南省宝丰县清凉寺村南。面积
100万平方米，响浪河从遗址中部流过。1977年发现，1987—2000年期间6次发
掘，2001年和2002年、2011—2016年，又经过了八次发掘。③

清凉寺窑址分为民用烧制区及烧制天青釉汝瓷的中心产区（汝官窑区）。
民用烧制区始烧于北宋早期，白瓷为主，青瓷釉色不稳定，素面为主（图11-
22）。北宋中期仍以白瓷为主，青瓷增多，釉层均匀，纹饰增多。北宋晚期进入
鼎盛期。青瓷在数量上超过白瓷。釉色以豆青和豆绿为主，出现少量天青釉器。
装饰上增加印花龙纹、刻划牡丹和海水游鱼等。出现同件器物上印花和划花并
用，即器表划花和器内印花，并生产了珍珠地划花瓷，低温黄绿釉瓷，黑釉和酱
釉瓷等种类的瓷器。

2001—2002年的主要发掘区域在烧制天青釉汝瓷的中心产区。发现作坊、

---

①　（宋）徐兢. 宣和奉使高丽图经 [M]. 朴庆辉，标注. 长春：吉林文史出版社，1986：66.

②　（宋）周辉. 清波杂志校注 [M]. 刘永祥，校注. 北京：中华书局，1994：213.

③　河南省文物研究所，等. 汝窑的新发现 [M]. 北京：紫禁城出版社，1991；河南省文物研究所. 宝丰清凉寺
汝窑遗址的调查与试掘 [J]. 文物，1989（11）；郭木森，赵文军. 河南宝丰汝官窑遗址 [C]//2000年中国
重要考古发现. 北京：文物出版社，2001；赵宏，郭木森. 宝丰清凉寺汝窑 [C]//中国考古学年鉴（2012），
北京：文物出版社，2013；河南省文物考古研究院，等. 宝丰清凉寺汝窑遗址2014年发掘简报 [J]. 华夏
考古，2019（1）；赵宏. 汝窑2011—2016年新发现 [C]//梦韵天青——宝丰清凉寺汝窑最新出土器集粹.
郑州：大象出版社，2017：253-274；河南省文物考古研究院，等. 宝丰清凉寺 [M]. 北京：科学出版社，
2020.

澄泥池、过滤池、窑炉等生产遗迹，还发现有瓷片堆积。其中发现作坊遗迹3处。F1残存北墙体。活动面上堆积有釉料层，釉料层内和地面上出土有较多素烧残片。釉料层下沿北墙体内清理出一组釉料坑。作坊内和正前方分布15个陶瓮，与F1均属椭圆形连体窑炉配套设施。F2中西部贴近墙体处有较多青灰土和极少细白土，可能是制坯原料。四个柱洞呈"Z"字形分布，或许与晾坯架有关。

过滤池C1位于发掘区西南部，为东西宽1.8米、南北长3.4米的长方形坑，自然卵石砌成（图11-18）。池口东中部有一废弃残石碾槽，槽内残留厚约2厘米的青灰色细泥。池内堆满过滤后的青灰色泥渣。澄泥池C2为方坑，西距C1有6.7米，壁用废弃的匣钵垒砌。池底用砖铺。池底残留青泥。

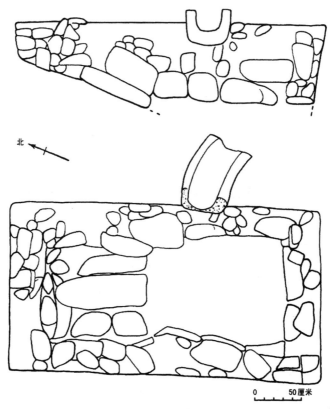

北

0    50厘米

**图11-18　过滤池C1**

马蹄形窑总长4.6米，窑床上有匣钵印痕，与F2、F3、C1、C2、C3使用时间一致，不晚于宋神宗元丰年间（1078—1085）。椭圆形窑炉与F1、陶瓮、辘轳坑、缸坑为同一时期综合性配套设施，使用时间为哲宗和徽宗时期。

　　发现有试烧插饼（俗称火照，图11-19）匣钵、支钉架、垫圈、垫饼、支烧、碾磕、抿子、印模、研磨器等。匣钵分筒状、平底盂状及漏斗状3种型式，用途各不相同。支钉架有三足、五足两种。支烧仅见1件，为亚腰形的圆柱体（图11-20）。垫饼呈圆饼状，烧结温度高，可能是用于烧制耐火度高的产品。抿子为修坯工具，质地分骨和银两种，皆为

**图11-19　试烧插饼**

扁平长条状，磨制光滑。碾磕为圆磕状，中间圆孔可供穿轴杆以便推动，两端面都刻有辐射状的九道凹线。研磨器用尖状工具在内底按捺出七圈排列有序的凹窝，形成蜂窝状，便于研磨。印模试掘中发现很多模印的花瓣、卧狮、小马、兽足、花栏等物件，同时发现骑马武士印模1件。武士面容严肃，身着盔甲，端坐马上，马头部残损不全（图11-20）。

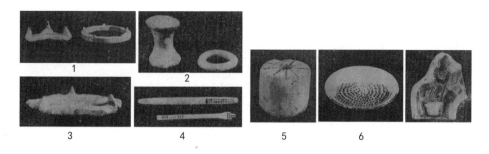

**图11-20　汝窑窑具**

1.支钉架　2.支烧与垫圈　3.支钉架　4.抿子　5.碾滚　6.研磨器　7.印模

汝窑中心产区初期阶段，约不早于宋哲宗元祐元年（1086）。产品总体比较精致，青釉瓷器物大多釉呈色稳定，施满釉，带有刻、划、印花装饰，制作精良，属于天青釉创烧阶段。此时汝窑产品面貌基本与汝州地区同期的其他窑场的生产面貌相同。生产面貌并不是贡御用的"汝官窑瓷器"，只是生产发展到北宋晚期时窑业扩大，新出现极少量天青釉瓷器，有可能是新创烧的产品。

汝窑成熟期，约相当于徽宗政和年间以后（1111—1127），产品面貌发生了巨大变化。天青釉瓷占99%，器物的造型与初期阶段及其他窑场相比有明显不同，与清宫旧藏汝瓷有诸多相似之处。香灰色胎，釉色以天青、淡天青为主，釉质匀净温润，釉层较厚，布满小块开片。器物造型十分规整，素面器物多，只有少量的刻、划花装饰，多数器物采用裹足支烧的方法烧制，等距离分布芝麻点支烧痕，少量为裹足刮釉垫烧，但均施满釉。器型有长颈瓶、折肩瓶、洗、盘、盏托、等等（图11-21）。采用匣钵单烧。金代初期的汝窑生产一类"类汝瓷"，釉色接近汝瓷，盘类居多，烧造年代晚于汝瓷。另外还发现了一批"素烧瓷"，多为仿铜礼器，亦有一部分生活用器。[①]

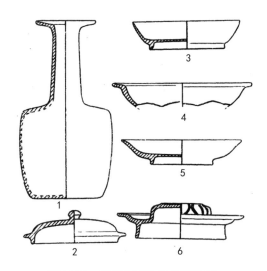

**图11-21　汝窑窑址发现的官汝器**

1. 折肩瓶　2. 器盖　3. 洗　4、5. 盘　6. 盏托

### 3. 汝窑的后继——张公巷窑

窑址位于汝州市区的张公巷，窑址中心面积3600平方米。2000年、2001年、2004年，河南省文物考古研究所先后三次对其进行发掘，发现了房址、灰坑、灰沟、水井等遗迹，其中有制瓷相关的过滤池一处，发现一批青釉瓷器和素烧瓷器埋藏坑，可能与官窑处理废弃品有关。出土一大批天青釉瓷器，釉色分为

① 参看河南省文物考古研究所. 宝丰清凉寺汝窑［M］. 郑州：大象出版社，2008.

卵青、淡青、灰青和青绿等。薄胎薄釉，二次烧成。器型与汝窑、官窑相同，裹釉支烧，小圆点支钉痕。匣钵外壁多涂耐火泥。另外在地层中出土有较多白釉瓷，还有黑瓷、红绿彩、三彩、白地黑花瓷和黑釉凸线纹罐等，年代部分为金代。[①]

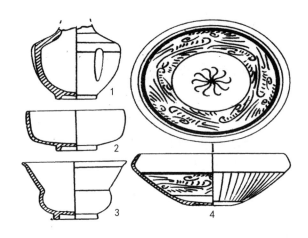

**图11-22 民用汝瓷**

1. 瓶 2、4. 钵 3. 盂

张公巷窑的年代有争议。因在地层中先后发现两枚"正隆元宝"及金代瓷器，故相当一部分学者认为其为金代窑址。发掘者郭木森认为其为北宋官窑。[②]唐俊杰则认为其为金海陵王为营建汴京而命汝州烧造瓷器的窑场，其时间约在金贞元元年（1153）至正隆六年（1161）前后。[③]秦大树则认为其年代总体为金元时期，元代至元年间成为为官府生产礼制性器物的官窑。[④]

**（二）钧窑址（附东沟窑）**

**1. 钧台窑**

窑址位于河南禹州市八卦洞和钧台附近。此地北宋属于禹州，金代大定年间（1161—1189）设立钧州，钧窑之名应该来自钧州。主张宋代有官钧窑者认为钧窑之名来自禹州钧台窑。

钧釉瓷厚胎厚釉，是蓝色调乳浊釉瓷，常有紫红色窑变。乳浊釉不透明，釉汁黏稠，多次上釉形成厚釉，釉内密集微小泡泡反射蓝光形成类玉之乳光，这种釉被称为钧釉。根据主色调深浅不同分别称为天蓝、天青、月白。精品釉面平

① 河南省文物考古研究所. 汝窑与张公巷窑出土瓷器 [M]. 北京: 科学出版社, 2009.

② 郭木森. 浅谈汝窑、官窑与汝州张公巷窑 [C]//中国古陶瓷研究（第7辑）. 北京: 紫禁城出版社, 2001.

③ 参见唐俊杰. 汝窑、张公巷窑与南宋官窑的比较研究——兼论张公巷窑的时代及性质 [J]. 故宫博物院院刊, 2010（5）.

④ 参见秦大树. 宋代官窑的主要特点——兼谈元汝州青瓷器 [J]. 文物, 2009（12）.

光，一般器物在釉面下边缘常见有流釉形成的一条横向隆起堆聚带，或向下形成多条长短不一的垂泪。钧釉瓷粗品釉面常见有气泡破裂形成的棕眼，元代尤甚。钧釉瓷崇尚素面，没有胎装饰和彩绘，以釉色变幻为特色。碗盘类器物釉汁流淌形成釉层上薄下厚，上下颜色自然出现深浅变化，口部胎色隐现，或黄或黑。钧釉成份复杂，成色剂含有铁，所以也属于广义的青瓷大类。

窑变是呈色矿物在窑火高温过程中流淌散开，分布、形状与浓淡色彩自然天成，一色入窑，出窑万千，故称窑变。钧窑窑变色斑属于铜红类，成色剂为铜。

对钧台窑址的年代仍然存在不同观点。20世纪50年代初，陈万里在实地调查河南禹州古窑址的基础上，提出"钧窑代汝而起"的观点，认为钧窑"是在北方金人统治之下以及元代的一百余年间的产物"[①]。1974—1975年发掘了钧台窑址，发现了与故宫收藏的钧窑瓷器类似器物，底部刻有一到十数目字和蚯蚓走泥纹，都与故宫收藏的传为北宋钧瓷特点相同。发掘简报和一些论著认为其代表器物为故宫收藏的"陈设类钧瓷"，包含花盆、出戟尊等器物，与北宋修建"艮岳"有关，年代在北宋晚期。[②]随后一些研究者论证钧窑始烧年代为金代中晚期，而"陈设类钧瓷"，其年代大致集中于明代早中期，不会早于元代。[③]

目前最早的金墓出土钧釉器是北京金山金墓出土的一批瓷器，有长颈瓶、碗、板沿洗等，满釉，圈足墙无釉，碗的外底也有釉，釉面均匀，没有垂泪，质量精良（彩页三，6），体现了源自北宋官汝器的风格[④]。其产地应在箕山周边地区。西安金代正大三年（1226）的李居柔墓出土2件钧窑碗，也是内外满釉，外底也有釉。

---

① 陈万里.中国青瓷史略[M].上海：上海人民出版社，1956：42.

② 赵青云.河南禹县钧台窑址的发掘[J].文物，1975（6）；赵青云.钧窑[M].上海：文汇出版社，2001；秦大树，赵文军，霍杰娜，李静.发掘禹州钧窑群确证钧瓷烧制期[J].文物天地，2002（3）.

③ 李民举.陈设类钧窑瓷器年代考辨——兼论钧台窑的年代问题[G]//考古学研究（三）.北京：科学出版社，1997：138-145；李民举.刘庄窑与"明昌样"（一）、（二）[J].许昌学院学报，2014（4）、2015（1）；郭学雷.钧瓷年代及相关问题研究[C]//故宫博物院八十八华诞钧窑学术研讨会论文集.北京：故宫出版社，2016：149-240；刘涛.近十年来钧窑考古与研究述评[J].故宫博物院刊，2017（3）.

④ 参见秦大树，王晓军.记一组早期钧窑瓷器及相关问题探讨[J].文物，2002（11）.

2. 早期钧窑址的考古发现

钧台窑址发掘的器物目前定名为"官钧"。元代钧瓷称为元钧。早于元代的称为早期钧窑器，早期钧窑址集中发现在箕山周边地区，在箕山山麓地带发现烧造早期钧窑器的窑址有25处之多。[①]早期钧窑器采用匣钵单烧，最早期的使用裹足支烧，后期则不使用。早期钧窑瓷器特征较为统一，如禹州刘家门、闵庄等窑口烧制的钧瓷，典型釉色为豆青色与天蓝色，部分为灰青釉、青黄釉、月白釉等，釉色莹润，釉层多较均匀，口沿施釉较薄处为黄色，底足多施褐色护胎釉，底心多施满釉，少有无釉者。器物以素面为主，装饰不常见，以紫红色彩斑出现频率最高，涂红面积通常较大且不规则，边缘多有晕散，与元代习见的小点点染或口沿处三至五块大红斑有别。器型多样，以敛口碗、盘为主，有花口碗、钵、方盘、折沿盘、匜、玉壶春瓶、梅瓶等器物。

3. 东沟窑

东沟窑位于汝州市大峪镇东五百米处的东沟村。1950年，陈万里在此调查，发现该处窑址。1958年、1964年先后调查，2005年开展抢救性发掘。青瓷和钧釉瓷是主要产品。金代总体以青釉瓷为主，至晚期钧釉瓷逐渐增多。分三期，分别为金、金末元初、元代。第一期以垫烧为主，支烧只有三支钉，有仿汝窑的芝麻钉痕，也有仿张公巷窑的小米粒钉痕。青瓷占70%，钧瓷占30%，产品都是满釉，圈足内有釉。釉层均匀，也有红斑窑变、开片，个别也有雨丝纹、蚯蚓走泥纹。器类丰富。出土南宋建炎通宝钱币（1127—1130）。第二期钧瓷上升为40%，器类减少，满釉支烧的器物极少。第三期钧瓷占50%，器类单一，只有碗，胎质粗糙，釉面棕眼多，半釉，皆垫烧。东沟窑的考古发掘资料证明陈万里早年提出的钧窑继汝窑兴起观点是符合实际的。北宋灭亡后，金代民窑仿汝窑类玉厚釉素面并有创新，形成独具风格的钧釉瓷。反映了金代以青瓷为主，钧瓷增多的现象。[②]东沟窑青瓷釉色青翠，釉层较厚，张家口太子城金代行宫遗址出土的青釉盒即为东沟窑产品[③]。

① 参见于陆洋.关于早期钧瓷产地与年代问题的再思考[J].中原文物，2019(3).

② 参见河南省文物考古研究所.河南汝州市东沟瓷窑址发掘简报[J].华夏考古，2009(2).

③ 河北省文物考古研究院，张家口市文物考古研究所，张家口市崇礼区文化广电和旅游局.金帝夏宫——崇礼太子城遗址考古发掘[M].北京：文物出版社，2022：132-133.

### （三）当阳峪窑

窑址位于河南修武城西北西村乡当阳峪村。20世纪30年代，英国人司瓦洛和瑞典人卡尔贝克首次发现，1951年、2008—2010年、2013年初分别调查，2003—2004年发掘，清理出各类遗迹百余处。作坊有五孔窑洞式建筑，从发掘情况来看，此处应是晾坯的地方。窑洞的西边有2处盛泥池，池内尚残留有做器物的泥料，池的附近有辘轳坑。窑洞东边分布有盛釉料的缸和瓮以及小灶。发掘窑炉7座，分为馒头形和方形两种。①

当阳峪窑有一块立于北宋崇宁四年（1105）的《怀州修武县当阳村土山德应侯百灵庙记》，现存于当阳峪村碑亭内，为现存仅有的几块宋代窑神庙碑之一。有"时惟当阳工巧，世利瓷器，埏埴者百余家。资养者万余户……"的记载，足以想见当年瓷器生产的盛况。

1. 分期

发掘资料分为北宋、金、元时期，产品品种多样，以白瓷数量最多。宋代以精细白瓷、酱釉瓷、绞胎瓷、三彩瓷为主，金元时期以粗胎化妆白瓷、白地黑花瓷为主，酱釉、绞胎、三彩减少，还出现了孔雀蓝釉。钧窑器只在元代层有，质地粗疏。

2. 产品特色

（1）仿定器（类定器）

当阳峪仿定系有三类，精细白瓷、酱釉瓷、黑釉瓷，皆为白胎，胎质细腻。精细白瓷主要是深腹的盏。黑定瓷，薄胎，黑如漆，黑度超过定窑产黑瓷，个别还描金线。酱釉瓷质量可与定窑相媲美，有碗（彩页一，3）、盘、罐、尊等，器型种类超过定窑，窑址外发现品多被定为定窑器。当阳峪酱釉瓷器除了仿紫定器（精细酱釉瓷）外，也有的是深色胎，如胎体厚重的酱釉瓷（粗瓷酱釉瓷）。

当阳峪酱釉偏红色，釉面光洁色调一致，当阳峪北宋崇宁四年（1105年）树立的 "德应侯百灵翁之庙记"碑文称其酱釉为"庆云紫"，古人认为带有霞光的庆云是祥瑞，庆云紫是吉祥之色。碑文记载江南提举程筠看到当阳烧造瓷器过程时撰写了诗歌并序，歌文"当阳铜叶真奇器，巧匠陶钧尤精致，成器曾将卞王

---

① 赵志文.修武当阳峪窑考古发掘主要收获［G］//中国当阳峪窑.北京:中国华侨出版社,2011:230-232.

呈，当时见者增羞愧。春风晓入青山谷，日运心劳机径速，陶钧一转侔造化，倏忽眼前模范足。即成坯器在红炉，三日不余方可熟，开时光彩为奇异，铜色如朱白如玉。……"。"铜叶"之"叶"字不清晰，最初报道是"药"字，是铜药，"铜色如朱"是钧窑铜红窑变的最早记载，是宋代烧造钧窑的证据，但是窑址发掘资料表明当阳窑在元代才有钧瓷片，酱釉成色元素是铁元素，所以是误解。罗勇在《当阳峪窑神碑释读及其他》一文正确认定是"叶"而非"药"（图11-23，1），"铜叶"解释为釉的雅称，铜器红斑绿锈，树叶秋红春绿[①]，解释牵强。开窑时"铜色如朱白如玉"，纯铜的颜色是紫铜色（即电线铜丝的颜色），紫定颜色与之相同，还有铜器之光泽，称为"铜色"很贴切。"叶"，窑址出土的斗笠碗胎薄如一片圆叶，故可知"铜叶"是紫定碗盘的称呼。制陶轮盘名"钧"。"卞王"，有人理解为制陶竞赛胜者为王，乃误。有人认为"卞"是汴京，正解。前四句可译为：当阳窑的铜叶器是真正的瓷器奇品，巧匠用陶轮制坯体大极薄不走形，规整精致，烧成成品曾经作为供御品奉呈给汴京城内的帝王，交付现场令共同观看贡品的其他窑进贡者增加了器不如人的羞愧之情。歌首四句是以当阳峪窑工引以为傲的铜叶碗供御现场被同行赞叹艳羡之事表示当阳峪窑的名气之大，接着的八句是对窑烧造过程的赞美。

（2）绞胎器、绞釉器

当阳峪窑绞胎器类花纹和器型种类比其他窑多，有独特的羽毛纹（彩页一，4），绿釉绞胎，绞釉如彩云等新创，卓尔不群，独步一时。

（3）属磁州窑系产品

胎质粗疏，使用白色化妆土覆盖，或用颜色釉掩饰。白釉剔花（图11-23，4）、白釉篦纹剔花、黑釉剔花盛行。白釉剔花的化妆土白度高于磁州窑，动物纹、缠枝、曲带纹样细节规整，错位方格纹流行，跳刀纹罕见（图11-23，2）。

绘花配剔花组合图案（图11-23，3）、彩色花朵配黑枝叶的切枝花都是具有特色的装饰。有些切枝花画风简洁，长条叶子稀疏几条，叶端头细长尖锐。

绿彩、红绿彩等和磁州窑类似。

---

① 罗勇.当阳峪窑神碑释读及其他［C］//中国当阳峪窑.北京:中国华侨出版社,2011:367.

**图11-23　当阳峪窑碑文和器物**

1. 碑文"当阳铜叶"拓片　2. 黑釉跳刀纹钵　3. 剔花彩绘罐　4. 白剔花罐

## （四）密县窑

密县窑主要窑场有西关窑、窑沟窑两处。

西关窑位于密县（今新密市）旧城西关。1961年、1962年调查，1993年发掘。始烧于唐代中晚期，宋代烧制瓷器以满施化妆土的白瓷为主，青釉、黑釉、酱釉瓷次之。以碗、盘为主，另外还烧制三彩器。以珍珠地划花瓷器为其最有代表性的特色，其年代上限为晚唐五代，宋代最为兴盛，为目前所知最早使用珍珠地划花工艺的窑口，珍珠地禽鸟和食草类动物（羊、鹿）等，是该遗址最富特色的典型装饰图案。[①]

窑沟窑位于密县（今新密市）东南窑沟，瓷器产品以白瓷为主，其次是黑釉、白地黑花、黄釉和珍珠地划花瓷。金代时烧制的白地黑花瓷最具特色，上下多组纹饰间多以宽窄相间的黑色条带间隔，以荷塘纹、草叶纹最具特色，如江西瑞昌宝祐五年（1257）冯士履墓出土的一对白地黑花荷塘纹梅瓶，即为窑沟窑制品[②]。

## （五）登封窑

登封窑始烧于唐代，宋金时期主要窑场有曲河窑、宣化窑、白坪窑等。

登封窑产品以化妆土白瓷最多，其次是白地褐彩珍珠地划花类。此外还有白地绿彩、白地刻花、白地黑花、玩具、黑釉、三彩、黄釉、青釉器物。典型装饰有珍珠地划花、白地刻线、白地深剔刻、褐釉镶嵌等几类。以白地深剔刻牡丹

---

① 参见郑州市文物工作队，密县文管所. 河南密县西关瓷窑遗址发掘简报［J］. 考古, 1995（6）.

② 参见刘礼纯. 江西瑞昌宋墓出土磁州窑系瓷瓶［J］. 文物, 1987（8）.

纹、细线划花牡丹纹最具特色，与北宋早期耀州窑的深剔刻、细线划花有异曲同工之妙。[1]褐釉镶嵌纹饰则出现较早，至少在北宋早期就有，秦大树认为可能与高丽镶嵌青瓷的起源有关。[2]金代白坪窑烧制钧窑类型瓷器，青灰釉、月白釉均有，质量较高。[3]

### （六）宜阳窑

位于宜阳县锦屏山西南藻水一带，1973年、1977年调查。瓷器釉色以青釉为主，白瓷次之，黑釉和黄釉较少，还有珍珠地划花和白地划花。纹饰以花卉为主，水波纹、鱼藻纹次之，整体风格接近耀州窑。制作方法以印花为主，刻花、划花次之，画花较少，刻、划兼作和划、剔地兼做更为少见。印花多凸起阳纹，题材多花卉。[4]

**图11-24 宜阳窑铭文梅瓶**

宜阳县西关窑址1985年出土黑釉梅瓶，口残，瘦长腹，隐圈足（卧足），残高47厘米。器腹竖向有刻划荷花牌匾和铭文"京西转运判官供奉酒"（图11-24），是负责官府运输事务的转运判官定做的盛装给朝廷贡酒的专用酒瓶。

# 第三节　辽境范围内的瓷窑

辽朝建国后大力发展瓷器制造业，五京皆开火烧瓷，奠定了辽境区域内瓷器制造业的基础。金承辽，诸窑继续烧造，没有开辟新窑区，金上京地区也没有瓷窑。

---

① 参看李景洲，刘爱叶.中国登封窑[M].北京:文物出版社,2011.

② 参见秦大树.高丽镶嵌青瓷与中国瓷器镶嵌装饰工艺的联系与传承[J].故宫博物院院刊,2020(9).

③ 参见嵩山钧瓷研究学会.登封白坪钧瓷窑遗址调查简报[J].中原文物,2007(4).

④ 河南省文物研究所.河南宜阳窑调查简报[G]//中国古代窑址调查发掘报告集.北京:文物出版社,1984:318-325.

## 一、缸瓦窑

缸瓦窑，又称赤峰缸瓦窑，辽中京地域内的主要瓷窑，也是东北最大的瓷窑，被誉为"草原瓷都"。缸瓦窑位于赤峰市松山区猴头沟乡的缸瓦窑村，窑址临近乌台图河。辽早期开始烧造，元代逐渐衰落。

遗址东西长约1500米，南北约1000米。该窑址已发现20多座马蹄窑和1座龙窑。窑门在东北方。

窑具有瓷胎和粗渣胎两种，瓷胎窑具有碗形带孔、钵状和筒形三种匣钵。窑具有线轴形、三爪形和三岔形三种支钉，不规则饼状和球状垫具，圆环形支圈和研磨工具。粗渣胎窑具有垫饼、垫球、窑柱和研磨工具等。值得一提的是，在20世纪八九十年代曾出土过带"官"字款的匣钵和"官""新官"款的窑柱（图11-25）。此外，还出土过划有契丹文款的窑柱。

缸瓦窑所烧瓷器品种较多，以烧白瓷为主，细白瓷少，粗白瓷多，并烧三彩器、仿磁州窑的瓷器和大量的缸胎茶末釉、黑釉瓷器。各种产品分窑烧造，马蹄窑以烧白瓷为主，兼烧单色、三彩釉陶和仿磁州窑瓷器及各色品

图11-25　缸瓦窑窑具上"官"和"新官"款拓片

种的小玩具等（图11-26）。龙窑则主要烧制黑釉和茶末釉等大型粗缸胎容器。

精白瓷胎壁较薄，胎质细白坚硬，釉面洁白光润，器形规整，制作精工，可与定窑白瓷媲美。

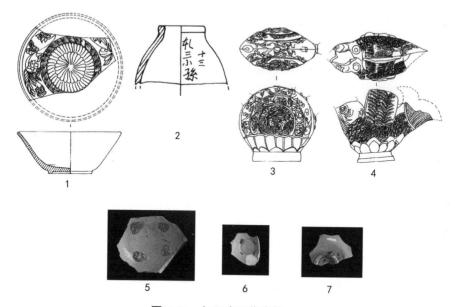

**图11-26　缸瓦窑辽代瓷器**

1. 白釉印花碗　2. 茶末绿釉牛腿瓶　3. 素胎扁壶　4. 素胎摩羯壶　5. 化妆白瓷片内底支钉痕

6. 细白瓷片内底支钉痕　7. 细白瓷外底足上粘接支钉痕

粗白瓷，胎多灰白或黄白色，胎质较粗涩坚硬，颗粒较大，常含黑或灰色的杂质，均施白色化妆土，多罩半釉，常有流釉现象。盘、碗类圆器采用叠烧法装匣内烧造，故其产品器内底和圈足常留有渣垫痕。以垫珠间隔叠烧，因此粗白瓷碗盘的器底常见三到四枚支垫痕迹，支垫痕迹多粘满粗砂，形状多为不规则椭圆形，器表多素面无纹，有少量器物为印花，器壁多为牡丹纹，亦有童子纹，器底则多莲瓣、轮菊纹。另有少量粗白瓷口沿有一圈黑彩。

釉陶数量较大，单色釉陶胎质较为疏松，胎色粉红，上施白色化妆土。三彩釉陶釉色以绿、白、黄为主。因主要使用带爪三叉支钉支烧，碗、盘类内底多有三枚圆点形支钉痕。

仿磁州窑的产品有白釉剔划花、白釉刻花、白釉绘褐花。金代又有白釉绘黑花、白釉刻花填黑彩等品种（图11-27）。白地黑花瓷纹饰较为简单，多

**图11-27　金代白釉刻花填黑彩**

**（白花填黑地）瓷罐**

以点状花卉纹为主，有部分瓷罐上为点状花卉纹及数道竖向条带纹间隔，缸瓦窑出土的一件瓷器盖上有金"泰和拾年"款。金代缸瓦窑开始使用涩圈叠烧。

新中国成立后，学者对缸瓦窑进行数次调查[①]。1995年、1996年和1998年，内蒙古文物考古研究所对其进行了3次大规模的考古发掘，揭露窑炉、作坊多处，出土大量陶瓷器。[②]

在绝大多数图录或论著中，都把白釉划花黑彩瓷器作为辽代陶瓷的一类特色作品加以介绍，也有个别学者认为，其年代是金元时期。彭善国、高义夫以考古材料为切入点，对这类瓷器进行器物形态比对，认为它们主要流行于金代，流布的地域在今内蒙古赤峰地区、辽宁西部以及吉林西部，烧造的窑场为赤峰缸瓦窑，是该窑对冀南豫北窑场磁州窑系白釉剔花装饰技法加以变革和创新而烧造的一类具有鲜明地域和时代特点的产品。[③]

## 二、江官屯窑

辽阳是辽东京城，江官屯窑位于辽阳市文圣区江官村，西距辽阳市区30千米，地处太子河南岸。该窑建窑时代可能早到辽末，金代兴盛，元代衰落。窑址附近的村民收集的瓷器中有黑釉髡发契丹人头像。

2013—2016年发掘。江官屯窑址发现的窑炉，属北方系馒头窑，形制大体相同，皆为马蹄形，由窑门、火膛、窑床、排烟口、烟囱和护墙组成，装烧活动面位于窑门外八字形护墙区域。窑址区沿用了较长时间，不仅曾拆除原有窑炉并在其上重新修建，局部改建窑炉也较为常见。金中晚期Y8的窑炉具有较为明显的先进特征：窑床采用炕洞铺底，部分热量通过窑床底部自出烟口散出，此种设计可能有益于窑炉均匀受热和有效提高瓷器烧成质量。江官屯窑址2013年发掘三处作坊，有加工原料的碾槽、附带碾轮，制坯烘干装置，晾晒作坊等。[④]

① 洲杰. 赤峰缸瓦窑村辽代瓷窑调查记［J］. 考古, 1973（4）；冯永谦. 赤峰缸瓦窑村辽代瓷窑址的考古新发现［C］//中国古代窑址调查发掘报告集. 北京：文物出版社, 1984：386-393.

② 彭善国, 郭治中. 赤峰缸瓦窑的制瓷工具、窑具及相关问题［J］. 北方文物, 2000（4）；郭治中, 苏东. 赤峰缸瓦窑遗址出土辽金瓷器举要［C］//中国古陶瓷研究（第11辑）. 北京：紫禁城出版社, 2005：14-29.

③ 参见彭善国, 高义夫. 所谓辽代白釉划花黑彩瓷器的年代及相关问题［J］. 故宫博物院院刊, 2018（5）.

④ 参见辽宁省文物考古研究所. 辽宁辽阳市江官屯窑址第一地点2013年发掘简报［J］. 考古, 2016（11）.

江官屯窑瓷器釉色品种多样（图11-28），仿定窑细白瓷很少，化妆白瓷为大宗，也有白地黑花、黑釉、酱釉、茶叶末釉、双色釉等。化妆土白瓷胎质粗松，胎色偏红或偏深灰，杂质较多，釉色偏黄或偏灰。其装烧方法主要有三种：支钉支烧、涩圈叠烧及涩圈+支钉组合叠烧。金代碗盘内底常有涩圈和支钉共存一器的独特现象。器上多有四枚支钉痕。器型多为碗、盘、钵、罐，也有梅瓶。白地黑花瓷与缸瓦窑类似，基本为点状花卉纹。黑釉瓷数量较大，胎色多红褐色且杂质较多，器型以坛、瓮、梅瓶、双系瓶、罐等为主，有猪形哨等小件器物。

**图11-28　江官屯窑出土瓷器**

1—2. 瓷罐　3. 瓷炉　4. 双系瓷壶

## 三、林东窑

巴林左旗林东镇发现三处窑址。南山窑址，烧造白釉、淡黄釉、淡青釉釉陶。釉陶胎为红色，质地疏松，胎装饰以刻划为主，釉装饰有白釉绿彩等。主要使用三叉支钉。红胎化妆白瓷绿彩器还见于阿鲁科尔沁旗宝山窑。据出土此类釉陶的上京周边墓葬及东三省地区辽代城址的年代来看，此类釉陶年代为辽代中期。[①]

巴林左旗白音高洛窑址则主要烧造茶叶末釉、褐釉鸡腿瓶，其胎质粗糙，主要使用"工"字支钉。[②]

辽上京城皇城内西山坡东北的窑址，自1939年发现，至1944年发掘。年代有辽

①　彭善国. 内蒙古阿鲁科尔沁旗辽代窑址的调查［C］//辽金元陶瓷考古研究. 北京：科学出版社，2013：49-54.

②　彭善国. 内蒙古巴林左旗白音高洛、南山窑址的调查［C］//辽金元陶瓷考古研究. 北京：科学出版社，2013：55-62.

代早期、辽代晚期、金代三说。瓷器有白瓷、黑瓷，还可能有一个三彩瓷窑炉。[①]

## 四、龙泉务窑

辽南京幽州地区最主要的窑址。龙泉务窑位于北京门头沟龙泉务村，1958年文物普查时被发现，1983年曾出土佛像3尊，同时出土的还有高足莲座和带辽"寿昌五"字样的三彩釉片。从1990年至1995年，共发掘1270平方米，出土各类器物共8000余件。[②]辽代烧造，金代延续。

龙泉务窑是一处以烧制中原风格瓷器为主的窑口，产品的造型具有典型的中原汉文化特征（图11-29），契丹游牧文化所特有的鸡冠壶、长颈瓶、海棠式长盘等器物一件未见。

白瓷是龙泉务窑主要的生产品种，具有烧造时间长、产品数量大、造型丰富多样的特点。器物有粗细两种，粗者胎体厚重，釉色白度差，外部施釉不到底，底心长条状支钉痕迹明显，以光素为主，部分碗外壁浮雕牡丹纹，造型以盘碗钵最为常见。细者胎轻体薄，釉面白润光洁，胎体极为细腻洁白，器外满釉，造型丰富，碗盘类器物底部亦有四枚长条状支钉痕，亦有部分器物上刻有精美的花纹，纹饰多以浅浮雕辅以刻划花为主，以莲瓣、牡丹最具代表性，制作精良，代表了辽代白瓷制作的时代水平。黑釉、酱釉中的上乘之作可与紫定、黑定相媲美，釉质润泽，釉面光亮如新，个别黑釉制品中成功地烧制出了油滴效果。辽代晚期文化层中出土的黑釉油滴碗残片，在光润明亮的釉面上布满银色的圆形颗粒，有如油滴悬浮其上，是结晶釉的成功之作。茶叶末釉，有一定数量的生产，但产品质地粗糙，鸡腿瓶是最常见的器物，除此之外也有碗、杯、砚、罐等，但为数不多。三彩，为辽代中、晚期出现的新品种，从大量的残片及三叉形支烧具可以看出，在当时曾经大量烧造，色彩以绿、黄两色为主，其中黄色泛赫红，具有明显的地区特征。制品主要有三种，以佛像及莲花座为主，器物中的方盘、灯、炉、盒、枕也较为常见。1983年出土的三彩佛像可视为辽代三彩高水平的代表（图11-29，5）。

① 陈泽宇.巴林左旗林东窑的发现与研究评述[J].北方文物，2021（5）.
② 参看北京市文物研究所.北京龙泉务窑发掘报告[M].北京：文物出版社，2002.

**图11-29　龙泉务窑瓷器**

1.白釉葵口盘　2.白釉刻花折肩罐　3.绿釉灯　4.酱釉炉　5.三彩佛像
6.白釉渣斗　7.三彩方盘　8.褐釉兽面埙

## 五、浑源窑

辽西京大同府及其周边地区瓷窑发达，有浑源窑、怀仁窑、青瓷窑等窑厂，以浑源窑影响最大，唐开始烧瓷，延续到元代。

浑源窑位于山西省大同市浑源县城以南约8千米处，窑口有古瓷窑、大瓷窑、青瓷窑、介庄窑等。早在唐代便烧制白瓷、黑酱釉、双色釉瓷及釉陶。辽金时代的浑源窑则烧制种类丰富的瓷器，以白瓷为主。兼有白釉、黑釉剔花及镶嵌瓷。辽代浑源窑白瓷以细白瓷为大宗，胎质细腻，胎色偏黄，釉色呈牙黄色。碗、盘内底皆有四至九枚椭圆形支钉痕。印花器较为常见，纹饰较为繁缛，以牡丹纹为主，亦有粗白瓷，胎色青灰，釉色泛黄，内底亦有数枚支钉痕。粗白瓷划花、剔花瓷及黑釉剔花瓷风格较为粗犷，亦颇具特色（图11-30）。

青釉镶嵌瓷则是这一时期浑源窑的重要成就。彭善国认为浑源窑镶嵌瓷器的技法是在刻划的纹饰线条轮廓上施以白色化妆土，之后施青釉烧成，形成青地白花的效果，与高丽镶嵌青瓷区别有三。第一，前者是刻划，后者是剔刻。第二，前者仅施白彩料，后者绝大多数施黑白两色彩料。第三，纹饰内容前者有轮菊、牡丹，后者多折枝菊或牡丹、蒲柳水禽、云鹤等。同是菊花，风格迥异。高丽的青瓷镶嵌，是从铜器上的金银镶嵌模仿而来；而浑源窑的"青地白花"，应属于该窑发达的剔刻花折枝技法的一种，两者源头各异，意匠内容亦各不相同，很难说是谁影响了谁。[1]刘毅认为浑源窑镶嵌青瓷的制作工艺是先在瓷

**图11-30　浑源窑瓷器**
1—2.青釉镶嵌花纹瓷片　3—6.白釉剔花罐

胎上刻划出线状花纹，再罩一层白色化妆土，然后再将化妆土刮去，最后罩釉烧成。成品刻划线条的图案部分呈白色，图案周围一般也都要留有一周白边，其余部位则透见胎色。另从图案内容来看，浑源窑镶嵌青瓷与高丽镶嵌青瓷也有明显的不同。就现有的研究资料来看，二者之间的关系可能并不密切。[2]秦大树在介绍宋金时期中国北方地区流行的镶嵌工艺的装饰技法后，认为高丽镶嵌青瓷从中国北方镶嵌工艺瓷器中所吸收和借鉴的，应主要是制造工艺。[3]

　　金代浑源窑、怀仁窑亦生产化妆白瓷及细白瓷，化妆白瓷胎色偏黄或灰，细白瓷胎色则较洁白，釉色多偏白，碗、盘类器物内底多有十二至十四枚支钉痕，器物多素面无纹，少数有印花。

　　金代大同青瓷窑则生产黑釉剔花瓷，其剔花纹饰较为细腻，层次感强。怀

①　参见彭善国.宋元时期中国与朝鲜半岛的瓷器交流[J].中原文物，2001（2）.
②　参见刘毅.中国发现的"高丽青瓷"研究[J].中原文物，2001（3）.
③　参见秦大树.高丽镶嵌青瓷与中国瓷器镶嵌装饰工艺的联系与传承[J].故宫博物院院刊，2020（9）.

仁窑的黑釉油滴瓷质量较高，以敛口盏为主，油滴呈银色，较为密集，底足露胎处多有褐色护胎釉，以模仿建窑。

# 第四节　西夏瓷窑

西夏的窑业始于西夏中期，这一时期窑址以贺兰山一带的插旗口、苏峪口窑址为代表。西夏中晚期西夏瓷器发生了剧烈变化，首先，黑（酱）釉瓷成为西夏瓷的主流产品；其次，剔花、印花、刻花等工艺出现；最后，西夏瓷的生产地域亦有所扩展，位于灵武地区（西夏大都督府）的灵武磁窑堡与回民巷地区成为西夏瓷的主要产区。武威塔尔湾窑亦开始生产黑、白釉瓷器，另外鄂尔多斯地区存在一批较为独特的黑釉瓷器，可能有一处窑址，惜未发现。[①]

## 一、苏峪口窑址

苏峪口窑址位于宁夏回族自治区贺兰县苏峪口国家森林公园内西北侧约10千米处的中缸窑子，东距银川市中心约40千米。2017年发现，面积4万平方米。2021年7—11月发掘面积500平方米，遗址内发现了多件"官"字款匣钵，是一处精细白瓷器为主的西夏官窑。

窑炉位于发掘区东南山坡上方，为马蹄形半倒焰馒头窑，窑顶残，采用条石垒砌，由风道、火膛、窑室、烟囱及两侧挡墙等组成。火膛位于前端下坡处，平面呈三角形，采用匣钵与耐火土烧制的粗大炉条搭置炉栅，低于窑室。窑室平面呈前窄后宽的梯形，底部平坦，铺有细沙。

作坊遗迹位于窑炉以北，主要由瓷土粉碎石、瓷土坑、贮泥池、辘轳坑、釉料缸等构成，基本可复原完整制瓷工艺流程。其中，在发掘区的西北角有两组安放平整、周边由石块砌护的大石块，表面有多个砸击形成的圆形凹窝，应是瓷土粉碎石，该区域应为瓷土粉碎区。此外，地层中还出土多块侧翻粉碎石与石杵等。

---

① 杭天.西夏瓷器[M].北京:文物出版社,2010:71-72.

成型区位于窑炉的北侧，有2处。成型区1偏北，采用南、北两道石墙与东边的山体断坎形成一个近于封闭的空间，内有辘轳坑1个、瓷土坑3个、配釉草木灰坑1个。辘轳坑旁边有以平整石板铺就的地面，表面残留有细腻的浅色土，当是瓷土堆放与拉坯成型区。此区出土有石臼、石杵与石磨棒等工具。成型区2位于成型区1南侧，紧邻窑炉，南、西侧各有一道石砌挡墙，其内采用石板铺面，表面残留较多瓷土与石英砂，有辘轳坑1个、瓷土坑1个、釉料缸1个，应是成型与上釉共用。

在窑炉及拉坯成型区的西侧自东向西（由上坡向下坡）有三道南北向石砌护坡，两两护坡之间用石块与匣钵隔成共7个近长方形的功能区。此区域发现坑6个，其中在H2与H3的底部发现有大量的细石英颗粒，判断这批坑的性质当是原料存储坑，作为作坊的重要组成部分，承担了原料存储、晾坯、仓储等功能。

窑炉的西南下坡处是废品堆积区，出土了大量的瓷器产品、窑具及烧结块、填塞块等。

苏峪口窑址出土的瓷器产品主要是细白瓷和少量青白瓷。胎色洁白，胎质细腻坚致。通体施釉，釉色洁白或白中泛青，尤其是积釉处呈湖绿色，釉层均匀，釉面莹亮，玻璃质感强。器类较丰富，以碗、盘、盏、碟等日用器为主，亦有花口瓜棱罐、圈足钵、盘口瓶、执壶、梅瓶、玉壶春瓶、香插、盒、瓦及骑马俑、马等。每种器类又有多种器形，如执壶以垂腹为主，亦有圆鼓腹、橄榄腹、瓜棱腹等多种造型。以素面为主，见有少量出筋、瓜棱及篦划等装饰。

窑具以匣钵与填塞块为主，其次是垫饼，偶见支烧具。匣钵均为直筒形，高矮、大小不一，胎色洁白，胎质较粗。填塞块形状不一，用于匣钵上下与左右的固定。垫饼均呈薄圆形，胎质较粗。支烧具呈直筒形。火照多呈钩状。器物使用匣钵装烧，碗、盘类器物多为匣钵内多件叠烧，即涩圈仰烧，器物内底有涩圈，最顶部一件满釉，质量亦最佳；瓶、壶、罐类高大器物则使用匣钵单件装烧。器物与匣钵之间均使用垫饼。匣钵之间用釉封口。

窑址内出土的典型器包括高圈足碗、瓜棱深腹罐等，在器形、装饰工艺、胎釉特征等方面均与北宋晚期至南宋早期的湖田窑、故可初步判定苏峪口窑址的年代上限为相当于北宋中晚期的西夏早中期。[1]

---

[1] 国家文物局. 2021中国重要考古发现 [M]. 北京: 文物出版社, 2022: 182-185.

## 二、宁夏灵武窑

灵武窑是西夏中晚期的主要瓷器生产地，有回民巷、磁窑堡两处窑场。

回民巷窑址位于宁夏回族自治区灵武市磁窑堡镇（今改宁东镇）回民巷村西侧的山梁上（俗称瓦碴梁），东为回民巷沟，北为307国道。窑址西距灵武市约35千米，南距磁窑堡镇4千米。

瓷器釉色以黑、褐、青居多，白釉次之，另有少量姜黄釉色，有的器物内外施两种釉色，但数量极少。纯黑釉的瓷器并不多，有的介于黑褐之间，有的发棕色。在白釉瓷中广泛使用化妆土。尽管如此，回民巷窑的白釉瓷纯白色的并不多，多呈淡牙黄色或灰白色。回民巷窑还出土双色釉瓷器，如内青外褐、内白外褐、内黑外褐的盆等。本次发掘中发现不少印花碗和印花瓷模，花纹为折枝牡丹或菊花，印花碗的纹饰位于器物内壁，均为单模压制而成。同时出土的还有六棱碗、六棱盘，即在一些黑、褐、青釉碗或盘的内壁用六条竖直棱将其分为六等份，这些棱应是手工贴于器表。此外，器表装饰还有点彩、刻釉、剔刻釉等，数量极少。回民巷窑在装烧中与磁窑堡窑一样，普遍采用顶碗覆烧法。施黑、褐釉后刮掉内底一圈釉（俗称涩圈），然后倒扣在顶碗上，依次倒扣数件乃至十几件，再装入平底筒状匣钵内烧制。白釉碗、盘施釉后，在内底粘一圈沙粒，形成沙圈，同样依次倒扣于顶碗上，再用匣钵装烧。此外，此窑还采用支圈正烧法、搭烧法等。

磁窑堡窑址在灵武市区东35千米处的一个小山丘上，距宁东镇（煤矿区）4千米。大河子沟河自南而北经其西侧蜿蜒流过，然后西北行注入秦渠。1984年发掘，共发现西夏窑炉3处。Y1在遗址南坡断崖处，西北距T1约5米。此窑受到严重破坏，仅保存半个火膛、部分窑床、后窑墙和烟囱。窑的平面呈马蹄形，尾部两侧各有一个烟囱。

灵武窑烧制的瓷器品种多样，既有生活用品，也有雕塑艺术品和建筑材料。

釉色主要以黑釉为主，并有白釉、青釉、褐釉、绿釉等，装饰工艺以刻花、剔花、点彩为主。

灵武窑瓷的装饰技法主要是采用剔刻花工艺，一般有两道工序。第一道工序是刻花。刻花不是在胎面上绘画，而是直接在上好釉的器体上，用刻刀刻绘花纹和图案的轮廓。刻花技术的高低直接影响器体纹饰的效果，所以要求工匠不但要有熟练的技术，还要有高超的绘画水平。第二道工序是第一道工序的延续，即剔釉。是将所要表现的花纹图案周围多余的釉剔掉或刮掉，露出胎体。这道工序的技术性很强，不但要熟悉所要表现的花纹图案和结构，而且剔釉不能剔得过深，过深会损坏器体。西夏瓷器上的剔刻构图常以花草为主，并饰以圆形、长方形、菱形、扇面形的边缘。在出土的西夏剔刻花中，以菱形开光的构图较多，尤以一花两叶的构图简洁美观。

灵武窑出土器物以用途来分有生活用具、娱乐用具、雕塑品、宗教用具、建筑材料等等。典型器物有白釉高圈足碗、花口瓶、青釉灯、黑釉瓷瓦件、白釉瓷瓦、刻花小口深腹瓶、经瓶、扁壶等。其中扁壶，大者正反两面的腹部均有圈足，背面的起放置平稳作用，正面的有对称和加固胎体的作用，器侧有两耳或四耳便于穿绳携带。小扁壶体态轻盈，适于随身携带（图11-31）[①]。

**图11-31　灵武窑瓷器**

1—2. 剔刻花扁壶　3. 刻花小口深腹瓶　4. 剔刻花经瓶

## 三、塔尔湾窑

塔尔湾窑是位于西夏中后期西北经略使（西经略司）治所凉州的西夏中晚

---

① 中国社会科学院考古研究所. 宁夏灵武窑发掘报告[M]. 北京: 中国大百科全书出版社, 1995: 187.

期窑址，窑址出土的一件茶叶末釉瓮有题记"光定四年四月卅日郭善狗家瓮"（图11-32）。这件产品没有从窑场交付给主人，推测是窑场遭到变故停产所致。

发现最大的瓮高57厘米，腹径40厘米。有一件剔花双系瓮，高51厘米，口径15厘米，腹径38厘米，足径17厘米。纵向残破一小半。在剔花的地上，墨书西夏文四行九字，汉译文为"斜毁，发酵有伤，下速斜，小"。意为这件小酝酿瓮，因为有裂伤，下部倾斜，使得容积比定做尺寸缩小，是报废品。[①]

**图11-32 光定四年四月卅日郭善狗家瓮**

# 第五节 浙江、福建、两广瓷窑

## 一、浙江地区的瓷窑

北宋时越窑窑系仍是主流，产品向北进贡宋廷，辽贵族墓也有出土。

南宋时以临安为都，给传统青瓷发展带来新的机遇和推动力，成为青瓷制作水平最高的地区。在产品风格和传承关系上，修内司窑和郊坛下窑都属于汝窑系，或称为宋官窑窑系。由于赵构南逃时没有携带祭祀礼器，朝廷大量祭祀礼器使用瓷器代替，需求量大。南宋时的御窑2座，规模小，产品不够朝廷使用，所以向制瓷水平高的景德镇窑、越窑、龙泉窑定做瓷器，釉色、形状、尺寸、重量都按照官窑器标准制作。

南宋没有下达民窑禁烧的诏令，所以民窑开始大量仿制类青玉的乳浊厚釉青瓷，装饰花纹和造型面向市场需求，形成新的窑系。龙泉瓷窑在类玉美学追求上

---

① 党寿山.武威文物考述［M］.武威:内部发行,2001.

不断进步，中心窑厂的精品达到青瓷的巅峰。质量高，产量大，产品远销国内外，成为青瓷窑业的龙头。龙泉窑系的快速发展，导致恪守烧造透明薄釉青瓷传统的越窑迅速被市场淘汰，南宋越窑仿官窑器质高量少，是越窑一抹最后的晚霞。

**（一）南宋官窑（老虎洞窑址、乌龟山窑址）**

南宋时期，宋高宗定都临安，在修内司营的辖区内设立一个窑场，以满足皇家瓷器需要，当时叫"内窑""修内司窑"。不久，又在郊坛下设立一个官窑。元陶宗仪《南村辍耕录》卷二十九"窑器"条引南宋人叶寘《坦斋笔衡》："政和间，京师自置烧造，名曰官窑。中兴渡江，有邵成章提举后苑，号邵局，袭故京遗制，置窑于修内司，造青器，名内窑。澄泥为范，极其精致。油色莹澈，为世所珍。后郊坛下别立新窑，比旧窑大不侔矣。"[①]《说郛三种》卷十八收录南宋顾文荐的《负暄杂录》亦有类似记载："宣政间，京师自置烧造，名曰官窑。中兴渡江，有邵成章提举后苑，号邵局，袭徽宗遗制，置窑于修内司，造青器，名内窑。澄泥为范，极其精致。油色莹澈，为世所珍。后郊下别立新窑，亦曰官窑，比旧窑大不侔矣。"[②]从记载看，修内司、郊坛下官窑属于专为皇宫生产的官窑，产品不对外销售，一般官僚和庶民无权使用。

宋代皇城区域发现两个窑址。凤凰山老虎洞窑址，位于宋皇城北城墙附近（相距不足百米）。乌龟山郊坛下窑址，位于宋城西南，两个窑相距500米。

1. 老虎洞窑址（修内司窑）

位于凤凰山与九华山之间的一条狭长的山沟内平地处。20世纪20年代，日本人米内山庸夫在杭州凤凰山一带发现了瓷片和窑具，认为南宋修内司官窑就在凤凰山一带。1998年由杭州市文物考古研究所发掘。在T18第2A层，出土一件青釉荡箍，上沿面有"修内司窑置庚子年□□匠师造记"的刻记，属于元代层，但是荡箍的特征与元代层其他荡箍不同，而与南宋层出土者相同，是南宋之物，证明南宋时已有"修内司窑"之名。

（1）遗迹

窑址规模很小，全部揭露后发现馒头窑4座，龙窑3座，作坊10座，澄泥池4个，辘轳车基座坑12个，釉料缸2口（图11-34），采矿坑2处，瓷片堆积坑24个

---

① （元）陶宗仪.南村辍耕录[M].李梦生，校点.上海：上海古籍出版社，2012：325.

② （明）陶宗仪，等，编.说郛三种（第一册）[M].上海：上海古籍出版社，1988：328.

（图11-33）。

图11-33 瓷片堆积坑　　　　　　　　图11-34 釉缸

馒头窑98LSY1，长1.8米、宽1.22米、残高89厘米。结构平面为马蹄形，由窑门、半圆形火膛、横长方形窑床、砖砌隔火墙、用砖分隔出的烟道、出烟室组成。窑室内发现大量素烧坯，可知该窑为素烧窑。素烧是南宋官窑烧制薄胎厚釉的一道特殊工序。将成型的未上釉的器坯先放入素烧窑进行低温焙烧，以提高坯体的强度，为多次上厚釉创造条件。这种结构与河南宝丰清凉寺的汝窑的窑炉相同。

瓷片堆积坑上皆覆盖一层致密的黄土。出土瓷片上万件，拼对出的器物有20多种器型，800件。瓷片坑的形状规整，瓷片上面覆盖一层黄土。瓷片基本能复原或拼对完整器。有的拼对后能看到打击点，说明是有意打碎的。可见官窑烧造管理严格。

（2）产品特征

器物主要出土于瓷片坑中，年代依地层关系可分为早、晚两期。器形可分为生活用器与仿铜礼器两种，礼器占比较多（图11-35），出现陈设用的花盆。胎色以灰褐色（通常也称香灰色）和褐黑色为主，也有少量黄白色胎。早期釉以粉青为主，釉层较厚，釉色淡雅光洁，滋润如玉，釉面布满大小不等的开片，大开片多呈长条状，金黄色，小开片无色，部分呈鱼鳞状，露胎部呈铁黑色，器物胎体多较薄，为"薄胎厚釉"。另有部分器物为青灰色釉，以青色为主，略泛灰，釉色莹润，釉面大多数有长条状大开片。此类器物多厚胎厚釉（彩页二，3），少量厚胎薄釉。晚期器物胎体变厚，以厚胎厚釉式为多。晚期碗盘类器物流行在外壁刻出规整的莲瓣装饰。早期碗盘类器物装烧方法以裹足支烧为主，少量大型的器物，如盆形碗、盏托、大件的礼器裹足刮釉，大型器可能裸烧。晚期器物则以垫圈支烧的为多，只有少量小件器物仍采用裹足支烧的方法，但支钉痕

的数量从5枚变成6枚。

（3）元代地层的"哥窑"风格之器

南宋灭亡后，当地民间继续烧造。元代地层瓷片多，显示出与南宋不同的管理制度。器物模仿南宋官窑器物遗风，但是出现鸟食罐等新的器类（图11-36，2），具有开片纹路大而明显等特点，属于传世哥窑瓷器风格。一件器底上还有"官窑"款（图11-36，1）。哥窑器只见于元代墓，因此不是宋代瓷窑，而是元代模仿南宋官窑的民窑。[1]

**图11-35 老虎洞窑南宋产品**

1.镂空套瓶 2.小鹅颈瓶 3.鼎式炉 4.鬲式炉 5.尊 6.洗 7.盏托

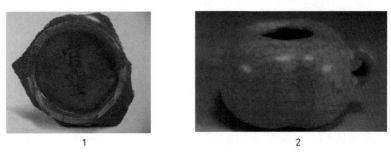

**图11-36 老虎洞窑上层瓷器**

1."官窑"款 2.鸟食罐

① 参看杜正贤.杭州老虎洞窑址瓷器精选［M］.北京：文物出版社，2002.

## 2. 乌龟山窑址（郊坛下窑）

位于杭州乌龟山之下，距离钱塘江500米，在南宋皇城西南2千米，即文献记载的郊坛下窑。

1985—1986年发掘，发现龙窑1座、素烧炉1座以及作坊（图11-37、图11-38）。

1988年冬，为配合南宋官窑博物馆建设工程，又对作坊遗迹进行了补充发掘。

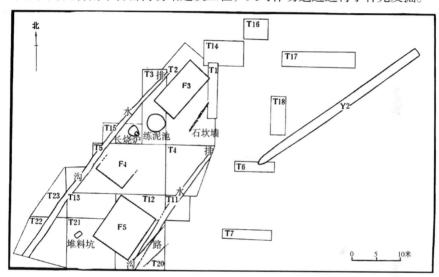

图11-37　官窑遗址发掘坑位及遗迹分布图

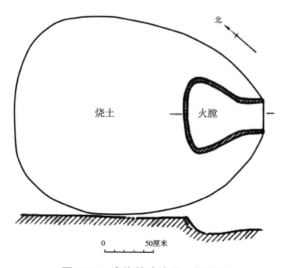

图11-38　素烧炉残迹平、剖面图

在出土瓷片中，完整及复原器形有23种，器型除出土量最多的碗、盘、瓶、罐、壶、盆等日常器皿外，有一批在宋代一般民窑中少见或不见的仿古礼器器形，如鼎式、鬲式、尊式、带乳钉的香炉、熏炉、琮式瓶等，属于皇家祭祀礼器（图11-39）。

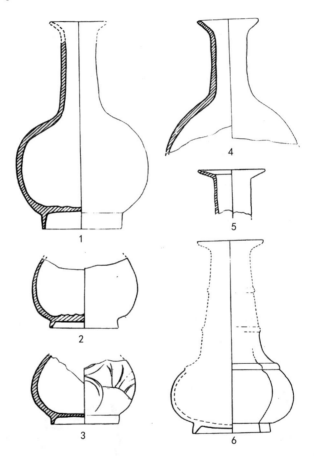

**图11-39　乌龟山窑址南宋官窑瓷瓶**

深色胎，胎质细腻，主要有厚胎薄釉与薄胎厚釉两类。部分器物有"紫口铁足"现象。釉色以粉青和米黄两色为正烧品的主要色泽，这类釉色的瓷器有滋润光泽的玉质感，但大部分出土的瓷片釉色以灰青、黄褐、土黄色居多。

装烧主要有支烧、垫烧两种方法，一般支烧器以薄釉居多，垫烧器以厚釉居多。此外还采用刮釉垫烧法以及套烧、合烧等方法。

早期部分器形与汝官窑和传世北宋官窑瓷器相同。由此证明南宋官窑是"袭故京遗制"，即承袭了北宋官窑的制瓷工艺。[①]

**（二）越窑**

越窑以厚胎薄青黄釉为特点，经历晚唐至吴越时期的繁荣，至北宋早中期时仍然繁盛，担负着为宫廷制造"土贡"瓷器的任务，如元德皇后陵中出土的龙、凤纹样越窑瓷器。北宋时期的越窑生产中心包括上林湖、东钱湖一带的窑场。北宋晚期越窑普遍衰落，瓷器粗糙。南宋时部分窑仿龙泉、官窑器，烧制乳浊釉天青色瓷器。

1. 东钱湖地区的郭童岙窑址

2007年开展抢救性考古发掘。揭露龙窑等遗迹11处，房址2处。出土各类瓷器、窑具2万余件，其中可复原完整器物1万多件。

北宋早中期器物流行外撇圈足，足端变尖，使得窑具上精细的垫圈数量较多，垫圈高度较之以前增高，器物底部变厚，造型更趋轻巧。釉色以青黄、青绿为主，一改以釉取胜的风格，盛行划花装饰，线条纤细，构图繁密。叠烧器物较少，单件装烧增多，同时较浅的"M"形匣钵增多，应该是为了适应单件器物的装烧和提高装烧量。在器物与匣钵之间有垫圈间隔，垫圈与器物之间用泥条间隔，也用二钵一凹底匣钵组合装烧法。北宋晚期器物胎壁厚重，粗器增多，釉色以青灰为主，刻划花装饰草率。装烧工艺上主要是明火裸烧、匣钵单件装烧为主，用明火叠烧，韩瓶数量较多，相对单件装烧精美的器物数量较少。[②]

2. 上林湖地区的寺龙口窑址

1998年至1999年进行发掘，出土各类瓷器、窑具5万余件，揭露龙窑遗迹1处，作坊遗迹2处，匣钵墙遗迹4处。

北宋早期的寺龙口窑址生产瓷器种类繁多，以碗、盘、盂等饮食器为大宗。仿金银器造型，圈足外撇。胎体趋于轻薄，釉以青黄、青绿、青泛灰最为常见，釉面多光莹。装饰突破了长期以来越窑以釉取胜的传统做法。常见细线划花技法。内容主要有双鹦鹉纹、对蝶纹、龟荷纹、花鸟纹等，还有少量的龙纹、凤

---

① 参看中国社会科学院考古研究所,浙江省文物考古研究所,杭州市园林文物局.南宋官窑[M].北京:中国大百科出版社,1996.

② 参看宁波市文物考古研究所.郭童岙:越窑遗址发掘报告[M].北京:科学出版社,2013.

纹等。线条细密流畅，构图严谨，布局讲究，均具有良好的装饰效果。部分碗、盘等器物还在外侧刻出具有浅浮雕效果的莲瓣纹。普遍流行匣钵装烧。粗瓷碗、盘均为一匣钵多件叠烧，两坯件之间以泥条间隔。细瓷，普遍采用匣钵单件装烧的方式，以垫圈支垫。匣钵叠接处，已不见以釉密封的现象。

北宋中期的寺龙口窑址瓷器胎体更为轻薄，造型较为清秀。装饰复杂化。技法有划花、刻花和刻划花等，流行刻划花。花纹内容丰富，主要有菊花纹、团花纹、摩羯纹、多重莲瓣、水波纹等，线条清晰，构图简洁。此前所见的具有浅浮雕效果的莲瓣纹消失。装烧方法以匣钵单件装烧方式最为常见，同时出现了明火叠烧方法，即将碗、盘等器物叠置于支具之上，两件坯件之间常以较长泥条间隔。北宋晚期瓷器质量下降，胎体仍多较薄，装饰技法和花纹内容基本与前一期相同，但纹样制作草率，并大量流行工艺简单、易制作的篦划纹和呈放射状的直线纹（俗称太阳纹）。①

另外，寺龙口、低岭头窑址在南宋早期开始烧造精细青釉瓷器，其釉层有厚薄之分，薄釉为一次上釉，厚釉为乳浊釉，为多次上釉，部分釉色有"天青釉"质感。器类除梅瓶、瓶、碗、盘、盂、杯、灯盏等日常生活用器之外，还有钟、觚、香炉、器座等祭器，造型端庄古朴。流行花纹装饰，装饰技法有刻花、划花、镂空等，器表装饰以刻划花为主，花纹有兰草纹、荷花纹、牡丹纹等，其中尤其以兰草纹最为常见，也最具特点。这类

1　　　　　　　　2

**图11-40　慈溪越窑乳浊釉器物**

1. 天青釉花盆　2. 天青釉觚

瓷器釉色、器型、纹饰与北方的汝窑相近，是南宋早期宫廷用瓷（图11-40）。②

---

① 参看浙江省文物考古研究所，北京大学考古文博学院，慈溪市文物管理委员会.寺龙口越窑址［M］.北京：文物出版社，2002.

② 参看浙江省文物考古研究所，慈溪市文物管理委员会办公室.慈溪南宋越窑址：2010—2018年调查发掘报告［M］.北京：文物出版社，2019.

### （三）龙泉窑

龙泉窑主窑场位于浙江省丽水市的龙泉市境内。宋元时期此地为处州，又称处州窑或处窑。

1. 产品特点

龙泉窑以类青玉之美为艺术追求，以烧制上乘精美的厚釉白胎青瓷为特色（彩页二，1），从宋至明代产量十分巨大，远销海内外。

（1）胎分白胎和黑胎两类，白胎青瓷是龙泉窑的特色，数量占90%。黑胎青瓷是龙泉窑仿南宋官窑的产品，数量很少，仅见于极少数窑址，胎壁较薄，质地坚硬，有的器物有开片（彩页二，2）。白胎厚釉青瓷在烧造工艺上，不但采用了南宋官窑烧造技术，而且还有所创新。如在胎料中加入少量的紫金土，使胎色白中带灰；圈足底部或佛像的脸、手等露胎处，呈红色。釉色光洁滋润，多数不开片。

（2）龙泉窑瓷器的乳浊釉的釉属于石灰碱釉。这种釉的特点是，黏性大，釉汁固着，极少流动。从瓷片断面上可以看到是多次敷釉，形成厚釉。有些釉层比胎骨还厚。虽然釉层厚，但器内器外的釉层均匀，没有垂流泪痕现象。色泽晶莹青翠，不起浮光。给人一种纯洁温润的美感。《中国陶瓷史》认为在釉色美和釉质美上，南宋龙泉青瓷达到了青瓷历史上的顶峰。一般釉的厚度在0.5～1毫米之间，梅子青的釉的厚度达到1.5～1.8毫米。

（3）白胎瓷器基本不见开片，有的器物有出筋现象（白胎器的边棱部分，因釉层薄，而使白胎隐现）。黑胎瓷普遍有开片，有紫口铁足。紫口是指口缘部分釉层薄，黑胎隐现而呈紫色。铁足是指足边无釉，黑胎外露，如铁生锈色。

（4）北宋时采用刻划花，南宋时则因釉层厚而使用浮雕、出筋、贴花、弦。浮雕莲瓣，瓣面丰满，中间起脊棱。宋末元初变为没有瓣脊。

（5）器类种类多，宋代器物体小而精致，缺乏大件器物。碗盘不超过30厘米。日用器皿有盘、碗、壶、瓶、炉（图11-41）。其中有贯耳瓶、凤耳瓶、吉字瓶、鱼耳炉、洗口瓶。有仿玉礼器的琮式瓶，有仿铜礼器的鬲、觚、觯。宋代龙泉窑开始以乳足或云头足代替以往常见的兽形足。

（6）采用垫烧工艺。铭文极少，发现有"河滨遗范"（图11-41，4）、"金玉满堂"等印章式铭文。

**图11-41　龙泉窑产品**

1.北宋刻花碗　2.北宋五管瓶　3.北宋盏托　4.南宋"河滨遗范"碗

5.南宋刻纹莲瓣碗　6.南宋炉　7.南宋弦纹瓶（程大雅墓出土）

**2.窑址的分期**

窑址可分为龙泉东区、南区两区。龙泉南区是指龙泉市南的小梅、查田、兰巨、剑池4个乡镇23个行政村的地域，共有窑址187处。大窑、金村和溪口为南区最为重要的三个窑址群。这一区域在北宋早中期即已创烧瓷器，南宋时期大窑窑场则较为繁盛，另外黑胎类官器亦于此区的溪口窑址群小梅瓦路、瓦窑垟等窑烧制。龙泉东区窑址包括龙泉市以东的龙渊、安仁、道太3个乡镇24个行政村以及龙泉市以东的云和县境内的一组窑场，共有窑址218处，主要分布在沿瓯江的两岸，以烧制民间用瓷为主。

**（1）北宋早中期龙泉窑**

以金村北宋中期前、后段的瓷器为代表。此期釉多为淡青色，釉较薄，积釉处呈湖绿色，且较为细腻。胎体白色，较厚重，圈足多，较粗矮，足壁较厚重且直，足端较为方平，缺少越窑常见的足端较圆而外撇的纤细圈足。早期装饰较为复杂，在技法上有细划花、粗刻花、堆塑、镂孔等，以刻花最为流行。刻花一般作单侧斜坡状的阴线刻划外轮廓线，内填以极细的茎络纹，整体纹饰清晰，线条明快。除轮廓线外，还使用各种地纹以衬托主体纹饰，整体上看内容繁密，布局严谨。晚期以素面为主，装饰者较为粗率。早期装烧方法以叠烧和满釉垫圈单件匣钵垫烧两大类。其中前者又包括满釉、半釉（外腹施釉不及底）多件直接叠烧，半釉直接叠烧，满釉垫圈直接叠烧，满釉与半釉多件混合直接叠烧等小类。

晚期泥质小圆饼代替瓷质垫圈成为主要垫烧工具，多数器物直接明火摞烧，以泥点为间隔。此类瓷器与越窑的瓷器特征较为接近。

（2）北宋晚期龙泉窑

以金村北宋晚期第一、二段及龙泉东区第一期一、二段的瓷器为代表。白胎，釉多为翠青色，釉层较厚。早期装饰发达，多为双面装饰，习称为"双面工"。以刻花技法占据绝对主流，题材主要是缠枝花卉、莲瓣纹、折扇纹，另有少量的蕉叶纹等。除主体纹饰外，还见有大量的篦划纹、篦点纹等作为地纹，纹饰层次分明，主次清晰。新出现的缠枝菊瓣纹被广泛使用，多朵组合布局，纹饰深而清晰，布局严谨。莲瓣纹则多不再鼓凸于器物表面，而以粗线刻划轮廓，内填以极细的茎络纹，多见于器物的外腹部。缠枝花卉与折扇纹一般组合出现，前者见于碗盘类器物的内腹，后者见于外腹部。篦划纹多作为粗刻划花的地纹。蕉叶纹则较前期略为简洁，大片状布局于碗类器物的外腹部。晚期最大的变化在于装饰方面。流行以篦点纹为底纹的刻花纹饰，前一时期常见的团花在这一时期更加简化，有部分仅剩寥寥数笔，且较杂乱，出现少量的内腹满布纹饰的装饰手法，外腹的折扇纹较为粗疏。装烧工艺亦由北宋早期的明火裸烧为主变成以一匣一器的匣钵单件装烧为主，几乎所有的器物外底部都不施釉，以泥质小圆饼垫烧。

（3）南宋早期龙泉窑

以金村南宋早期及龙泉东区第二期第三段的瓷器为代表。白胎，器物釉色没有北宋晚期青绿，除部分为较浅的翠青釉色外，亦有相当比例的青中略泛灰色釉与青黄色釉。外底不施釉。盛行双面工的装饰技法，碗、盘类器物的内腹为粗刻划花与篦划纹的组合纹饰，外腹多为折扇纹。折扇纹明显较北宋晚期更为粗疏，且略呈弧形。装烧方式基本为一匣一器、泥质小圆饼垫烧，匣钵以M形为主。

溪口窑址群之小梅瓦路、瓦窑垟等窑开始烧制类官窑瓷器，黑胎青釉为主要特点。瓦窑垟窑址多数器物为薄胎厚釉，部分器物甚至釉层较胎体为厚，造型纤巧规整，釉近玉状莹润，开片纹较大，具有典型的"紫口铁足"特征。部分器物采用了"芒口支圈仰烧"的方法，口部是"芒口"，同时又采用裹足刮釉的方法，足底有一圈露胎，露胎处还加施了褐色的护胎釉。

小梅瓦路窑址黑胎青瓷胎体很薄，有两种釉质，碎片纹玻璃质釉和粉青凝厚釉。碎片纹玻璃质釉青瓷的釉质玻璃化，较透明，釉层开片密集，釉色较深，主要有灰青色、灰黄色等。该窑址产品在胎釉和器形特征、装烧工艺等方面具有一定的早期性，上海博物馆的热释光测年结果显示其烧造年代在南宋早期。小梅瓦路窑址不仅是一个全新的地点，而且是一个全新的窑址类型，也是目前发现的唯一一处几乎纯烧黑胎青瓷的窑址。[①]

（4）南宋中期龙泉窑

以金村南宋中期及龙泉东区第二期第四段的瓷器为代表。胎体厚重，底部极厚，圈足矮宽。装饰方面，双面工技法基本不见，主要是内腹刻划莲荷纹。莲荷纹图案简洁，技法流畅，仅刻划轮廓线，图案内不再填以篦划纹，也不再以篦划纹为底纹。荷花与荷叶共同构成主题纹饰。简单的云气纹、花口出筋以及河滨遗范等印章铭文也有较多出现。其中云气纹多见于碗内腹，该类碗以S形线条将内腹等分成若干个相等的区域，各区域内饰云气纹。装烧方法仍采用泥质垫饼、一匣一器的方式。

（5）南宋晚期早段龙泉窑

以大窑Y2及T1—T3、金村南宋晚期的瓷器为代表，这一时期大窑的瓷器最为精美。器物从风格上可分成两类，一类较为粗放，一类较为精细。粗放类产品从南宋中期延续下来，胎体厚重，底厚而足宽，外底不施釉而以泥饼垫烧；内腹刻划花装饰基本消失，代之以外腹的粗凸莲瓣纹；釉色粉青或青黄，粉青色釉一般釉层较厚，呈失透的乳浊状，而青黄色釉则多为早期常见的透明状玻璃釉。精细类产品在大窑、金村皆有出土，主要有宽沿小盘、折腹小洗、莲瓣纹碗、莲瓣纹盘等，外腹多饰较宽的凸莲瓣纹，莲瓣纹有浮雕效果。此类器物整体上看胎质更细，胎体薄，器形多较小而精巧，圈足细薄。素面为主，少量器物外腹有凸莲瓣纹，莲瓣比粗放类的莲瓣碗修长，满釉，仅圈足的足端刮釉以垫烧。釉多呈粉青色，釉层厚，乳浊感强，质量极高，是龙泉窑的精品。装烧方式上，粗放类器物外底部不施釉，仍以泥质垫饼垫烧，主要以M形匣钵一匣一器装烧；精细类产品则施满釉，仅足端刮釉，使用较大的瓷质垫饼垫烧。

---

① 参见浙江省文物考古研究所.浙江龙泉小梅瓦窑路南宋窑址发掘简报[J].文物,2022(7).

（6）南宋晚期晚段龙泉窑

以龙泉枫洞岩第一期的瓷器为代表。此期器物胎壁较薄，胎质洁白细腻，釉层较厚，釉色以粉青为主色调，足端附近刮釉垫烧。最具特点的是圈足器的圈足均非常小巧，足壁截面呈倒梯形，足根比足端相对要宽，足端平整，外底心多数尖凸。器物多数光素，敞口碗、盖碗、折沿盘等外腹壁多浅浮雕莲瓣纹，莲瓣较瘦长，莲瓣外侧多刻单线，中凸脊。装烧使用的垫具以瓷质碟形垫具（A型）为多，此种垫具多数平底、弧边、支垫面平而中间平凹。另外还有钵形垫具（B型）用以装烧小型碟、洗等，部分垫具底部还粘有泥质垫饼，起到稳固作用。而圈足器足端刮釉垫烧，但刮釉的部位不仅限于足端，在足壁的下半部内外也都刮釉。[①]

**（四）金华、衢州地区窑址**

金华—衢州地区的窑址，北宋早期烧造越窑类型的瓷器，北宋晚期至南宋的陈大塘坑窑址烧制具有当地特色的"乳光釉"，其中，缸窑口窑址出土的青瓷器在造型、纹样、装烧等方面的特点与同时期的龙泉窑有较多的共同点。纹样方面，四叶篦划纹和内壁简单的刻划花纹为婺州窑地区独有，而含篦点的纹样外壁折扇形的刻划纹饰、内底团花的纹样等都与龙泉窑系的纹样制作方式基本相同。乌石岗脚窑址出土瓷器则包括青釉瓷、酱黑釉瓷、酱黄釉瓷、乳光釉瓷、灰白浊釉瓷（乳浊釉）和无釉素烧瓷六大类。多数器物施半釉，个别施满釉。胎内较多杂质。装烧以明火叠烧为主，也有匣钵多件装烧、单件装烧和对口装烧方式。较少使用纹饰装饰，装饰主要题材有花卉、盘龙等，装饰手法主要有刻划、雕塑等。[②]

南宋时期衢县两弓塘窑址烧制褐彩瓷器，分为施化妆土的青釉绘彩及不透明、不施化妆土的银灰色釉绘彩两种，纹饰多为折枝牡丹纹。[③]江山碗窑则盛行

① 朱伯谦. 龙泉大窑古瓷窑遗址发掘报告［C］//龙泉青瓷研究. 北京：文物出版社，1989：58-67；浙江省文物考古研究所. 龙泉东区窑址发掘报告［M］. 北京：文物出版社，2005；浙江省文物考古研究所，北京大学考古文博学院，龙泉青瓷博物馆. 龙泉大窑枫洞岩窑址［M］. 北京：文物出版社，2015；浙江省文物考古研究所，龙泉青瓷博物馆. 龙泉金村窑址群：2013—2014年调查试掘报告［M］. 北京：文物出版社，2019.

② 参看浙江省文物考古研究所. 武义陈大塘坑婺州窑址［M］. 北京：文物出版社，2014.

③ 浙江省文物考古研究所，等. 衢县两弓塘绘彩瓷窑［C］//浙江省文物考古研究所学刊建所十周年纪念（1980—1990）. 北京：科学出版社，1993.

青白瓷，胎体普遍细白，釉色青白泛灰。盛行印花装饰，常见折枝菊花、折枝荷花、折枝牡丹、团花等，也见有莲鱼、凤凰衔枝等主题纹饰。装烧方式以芒口覆烧为主。[①]

## 二、福建地区的制瓷业

宋代福建地区烧造的瓷器具有地域性，如闽北地区的建窑、遇林亭窑即烧造黑釉茶盏。建窑窑变名满天下，曜变瓷更是中国窑变瓷的巅峰，而遇林亭窑则在南宋时期流行黑釉描金银瓷器。而闽中、闽南地区的瓷窑在两宋时期多烧制以青白瓷、"珠光青瓷"（青黄釉瓷器）为主的外销瓷，如闽清义窑、德化窑即烧制青白瓷，同安窑、南安南坑窑、漳浦罗宛井窑则先后流行青白瓷及"珠光青瓷"。"珠光青瓷"流行时间大致在北宋末年至南宋中期。另外，晋江磁灶窑在两宋时期则烧制酱釉储物罐、青釉褐彩瓷器（以盆为主），在南宋时期还流行低温三彩瓷器。

### （一）建窑

建窑遗址在福建省南平市建阳区水吉镇，在池中、后井二村的东南。1977年对福建建阳的芦花坪遗址进行考古发掘[②]，发掘龙窑一座，出土瓷器主要为黑瓷盏，此外还有青釉和黄釉器。

1. 建盏胎体厚重坚致，胎色紫黑。胎骨包含少量的细沙，坚硬、厚重、致密。

2. 釉色呈紫黑色、有窑变。釉水呈垂流之势，由上到下逐步转黑，外壁近底部积成厚釉一周。窑变花纹较多兔毫纹，少量油滴纹（图11-42、彩页三，2），极少曜变（彩页三，1）。另有极少的人工点彩鹧鸪斑、黑釉酱彩。

釉面上往往呈现黄褐色或银灰色筋脉状花纹，即所谓"兔毫"（图11-42，1）。由于胎中的含铁量高达9%，在高温下，胎中有部分铁熔入釉里，釉层中产

---

① 参看浙江省文物考古研究所, 等. 江山碗窑窑址发掘报告 [C] // 浙江省文物考古研究所学刊. 北京: 长征出版社, 1997.

② 参见中国社会科学院考古研究所, 福建省博物馆, 建窑考古队. 福建建阳县水吉北宋建窑遗址发掘简报 [J]. 考古, 1990 (12).

生的气泡把这些铁质带到釉面，温度达到1300℃时，釉层流动，铁质流成条纹状，当冷却时就会从中析出赤铁矿小晶体，这样就形成了所谓的兔毫。由于窑变等因素影响，兔毫形状既有长短之分，粗细之别，颜色还有金黄色、银白色等变化，俗称"金兔毫""银兔毫"等。宋徽宗《大观茶论》："盏色贵青黑，玉毫条达者为上。"①

**图11-42　建窑瓷盏**

1. 黑釉兔毫盏　2. 油滴釉盏　3. 黑釉白斑（鹧鸪斑）盏

苏轼在《送南屏谦师》诗曰："道人晓出南屏山，来试点茶三昧手。忽惊午盏兔毛斑，打出春瓮鹅儿酒。"②就是对兔毫釉的赞赏。

3. 建盏按器形分为敞口、撇口、束口、敛口等几个类型。阔口小足，形如漏斗，胎体厚重，质地较粗糙，腹底部及足部露胎。

北宋晚期的建窑盏以撇口浅腹盏为主，蓝田吕氏家族墓地即出土有多件撇口浅腹建盏。北宋末期出现敛口深腹盏，至南宋时期则流行束口深腹盏，此类盏即为建窑瓷盏中最典型者。南宋庆元六年（1200）张孝祥嗣子张同之墓出土的兔毫盏③，及现存于日本静嘉堂文库和出土于杭州的曜变盏即为此型。

4. 有的盏底刻或模印铭文，如姓氏、数字以及表明御用性质的"供御""进盏"等（图11-42，3）。

黑釉茶盏兴于建窑，得益于建州茶业。五代以来，"建安茶甲于天下"。建安北苑所造腊茶（饼茶，入贡者微以香料和膏，选料精细，加工讲究，成为两

① （宋）赵佶，等. 大观茶论（外二种）[M]. 北京：中华书局，2013：33.

② （宋）苏轼. 苏轼诗集合注（第四册）[M]. （清）冯应榴，辑注. 黄任轲，朱怀春，校点. 上海：上海古籍出版社，2001：1528.

③ 参见南京市博物馆. 江浦黄悦岭南宋张同之夫妇墓[J]. 文物，1973（4）.

宋时期最主要的贡品，茶色呈白色），烹点腊茶不仅讲究茶饼质量，而且对烹茶技术的要求也很高，人们遂互斗试，一决高低，"斗茶"之风随之兴起。斗茶喜用黑盏，因为黑盏可衬托出茶汤之白，并便于验水痕（黏附在盏四壁的汤花，又谓之"咬盏"）。宋人记载了建州地区流行的斗试法，《古今事文类聚》续集卷十二所收蔡襄《茶录》："建安斗茶，以水痕先没者为负，俟久者为胜。"[①]在斗茶中，黑盏的长处是其他茶盏难以相比的，而兔毫等窑变纷乱花色有助于斗茶取胜，也增加了斗茶的乐趣与茶具的艺术性。

### （二）闽清义窑

福建闽清义窑位于闽清县东桥镇义由村、青由村一带，是福建省最重要的青白瓷窑场之一。该窑址20世纪50年代末调查发现，2015年由福建博物院发掘，对一处保存完好的长条形斜坡式龙窑进行解剖，基本了解了窑炉结构，此外还对窑炉旁边储泥池、沉淀池等遗迹进行局部清理解剖。[②]

北宋中晚期义窑，碗类主要可分为两类。一类厚唇、敞口微敛，斜弧腹，圈足挖足较浅；另一类，口沿微撇，弧腹，圈足较高，多为素面或外壁刻划细斜线纹。执壶器身修长，腹部多刻划粗或单凸棱纹。器物除炉外，多内施满釉，外施釉至腹下部或圈足外墙，足内无釉露胎。窑具多为福建唐宋以来常用的漏斗形匣钵和T底匣钵，多采用一匣一器，个别器形有套烧。

南宋中晚期义窑器物种类较为丰富，胎体大部分较厚重，器物以素面为多，纹饰较为简单。碗类多在内壁或内底刻划、模印花卉、双鱼、文字等图案，另有部分盏类器物内壁上刻划葵花纹，花叶内填充折枝花卉纹，如南海一号沉船上即出土大量此类器物。窑具除了传统的漏斗形、平底桶形匣钵之外，还出现龙泉窑系统的"M"形匣钵。装烧方法既有一匣一器，也有一匣多器。[③]

---

① （宋）祝穆.古今事文类聚（第三册）[M].上海：上海古籍出版社，1992：231.

② 福建博物院，闽清县博物馆.闽清下窑岗一号窑址发掘简报[J].福建文博，2018（2）；福建博物院.闽清义窑考古调查发掘报告[M].福州：海峡书局，2020.

③ 参看羊泽林.闽清义窑生产与外销[C]//福建陶瓷与海上丝绸之路：中国古陶瓷学会福建会员大会暨研讨会论文集.长春：东北师范大学出版社，2016.

### （三）晋江磁灶窑①

磁灶窑位于福建晋江市西北的磁灶镇，包括溪口山、溪墘山、印斗山、宫仔山、后壁山、后山、虎仔山、童子山、蜘蛛山、许山、土尾庵、金交椅山等窑址，以童子山、土尾庵、金交椅山窑址最具特色。

宋代磁灶窑瓷器年代可分为两期，即磁灶窑第三期、第四期，第三期年代为北宋晚期至南宋早期，第四期为南宋至元代。

第三期代表性的窑址为金交椅山窑址，其他还有印斗山、后壁山等窑址。本期青釉器仍然生产，酱黑釉器出现。青釉器的胎质较细，胎体较薄，胎色呈灰或浅灰；釉色以青灰、青绿、青黄为主，大多数釉面莹润。器物的品种更加多样，器形增加，有盒、瓶、炉、盏托、急须等。有的器形如执壶、水注、罐、器盖等，品种、规格多样，形成系列。器物的装饰除了葵口、瓜棱外，还出现了刻划、开光（屏风式）、雕花等技法与纹样。酱黑釉器的胎质与青釉器相同，釉色有黑、酱黑、酱褐等；大部分器形、装饰纹样与青釉器相同，但小口罐、梅瓶、高足杯等不见于青釉器。另外这一时期还出现了青釉酱彩瓷器，主要于童子山窑址生产，最迟在北宋后期开始生产，盛烧可能是到南宋中期。据其口沿可分为宽沿及圆唇两种，两个种类没有年代的差异。但是圆唇盆唇的形态由北宋中晚期的圆唇变成南宋时期口沿上端尖唇（断面呈菱形）。器物仍以垫座裸烧为主。由于烧造的器形增多，使用的窑具更加多样，除支钉、多种垫座外，还有垫饼、垫圈等。

第四期的陶瓷器，除了原有的青釉器、酱黑釉器、素胎器之外，又出现了黄绿釉器，并占有一定的比重。器物的品种更加多姿多彩，前期所未见的如军持等专为外销的产品纷纷出现。装饰纹样与技法也更丰富多样，传统与异域的图案交相辉映。磁灶窑陶瓷器的生产处于繁荣、鼎盛时期。黄绿釉器的器类繁多，与青釉器、酱黑釉器略有不同，多有异域风格。圆器已大量使用"M"形匣钵，多为单件装烧；琢器仍用垫座以及其他多类窑具裸烧，并使用支钉叠烧。②

---

① 参看福建博物院，晋江博物馆. 磁灶窑址——福建晋江磁灶窑址考古调查发掘报告［M］. 北京：科学出版社，2011.

② 参看福建博物院，晋江博物馆. 磁灶窑址——福建晋江磁灶窑址考古调查发掘报告［M］. 北京：科学出版社，2011.

### （四）德化窑

位于福建省泉州市德化县。发现的古窑遗址有35处。1976年福建省博物馆组织了德化窑的发掘，发掘地点包括两个，一是盖德碗坪仑窑址，一是浔中屈斗宫窑址。共揭露面积1102.25平方米。发掘出北宋、南宋和元代的遗迹、遗物甚多，计瓷窑窑床3座，瓷器及瓷片15000余件。

碗坪仑窑下层年代为北宋晚期至南宋中期。本期产品以白瓷和青白瓷为主。胎体质地细致，薄而坚硬，胎骨多呈白色。釉层均较薄，晶莹润泽。青白釉白中泛青或青中泛白，色调深浅不一，深者呈淡绿色，浅者近白色。器物总体特点是圈足器与平底器并行，卧足器较少，未见实足器，底足切削较为规整。花纹装饰主要是刻划和模印，刻划主要施于碗、盘内里，盛行卷草纹、篦纹、莲瓣、莲花、牡丹等纹饰。模印图案以盒类最为丰富多彩，盖面中心为主题装饰，纹样有莲花、牡丹、菊花、马兰花、茶花、海棠花、芦苇、浮萍、蜜蜂、游鱼等图案。碗、盘类器物以托座叠烧为主，间以垫饼、垫圈相隔。芒口器多为对口烧。

碗坪仑上层年代为南宋晚期至元代初期。本期产品以青灰釉为主，青白釉次之，还有酱褐釉等。瓷器胎釉均较前期略为粗糙。本期器物器形上的显著变化是种类有所增加，圈足器逐渐趋于宽矮并出现实足器，足外壁普遍向内斜切。装饰花纹在本期趋于简单草率。刻划或模印的纹样中，卷草篦纹、莲花、缠枝图案仍有所见，形态瘦长的莲瓣和在部分盘碗器壁内里压印的菊瓣纹是本期装饰的显著特色。装烧方法延续前期，仍以托座叠烧为主流。[①]

## 三、两广地区窑址

广东地区的制瓷业肇始于南朝，唐代兴盛，主要烧制青瓷。梅县水车窑的产品较为精细，釉色青绿，以新会官冲窑为代表的珠江三角洲地区则生产较为粗糙的青釉瓷。北宋时期广东瓷业得到空前发展，形成了潮州窑、广州西村窑及惠州窑等外销瓷窑，主要针对日本等地。南宋时期广东陶瓷业衰落，雷州半岛成为

---

① 参看福建省博物馆. 德化窑［M］. 北京：文物出版社，1990.

新兴瓷业的生产基地。广西地区的制瓷业则以漓江流域发展较早，桂林地区早在隋唐时期即烧造青瓷。两宋时期漓江流域以青瓷为主，盛行仿耀州窑的印花青绿釉瓷器，而西江流域则受到广东地区影响，烧造青白瓷。

### （一）潮州笔架山窑

潮州窑是我国宋代青白瓷窑系中的一个重要窑口，地处潮州城区韩江东岸，又称"笔架山窑""水东窑"。笔架山从南至北长约2千米，因形似笔架而得名。北宋窑火兴盛时期，这里有大小窑灶近百个，民间称其为"百窑村"。1958年正式发掘，清理了3座瓷窑。1974年，广东省文化局主办的省考古训练班在笔架山中段又清理了3座瓷窑。①

从胎体剖面看，胎质润实，呈灰白色或灰色，有少许的黑色杂质。胎体均匀且薄者为上品，胎质都较坚致，瓷化程度高，敲击之声音响亮清越。釉色可分白、青白、青、黄和酱褐五种。

装饰工艺以划花为主，线条较浅，简朴流畅。许多碗心、盘心以轮制弦线纹装饰，有的盘心轮制饰一凸圆点，炉、灯的底座多以凸弦线轮制而成。炉身、灯盘的莲花瓣雕刻工艺，刀法生辣，刻出的棱角锐利刚劲，这种成熟的雕刻工艺是该窑的典型特征。模印贴花，如二系壶的二系是先模印花卉纹样的泥片，再用泥浆粘贴在已成形的器物坯体上，然后施釉入窑焙烧。器盖的顶饰是以捏塑成动物或其他图形后用泥浆粘贴上的。有些莲花炉的炉身下部，分别贴上三层的莲瓣，更加形象逼真。堆塑工艺以釉料堆五出筋或六出筋纹于碗、盘、碟的内壁上。镂空技法，一些炉、灯的底座和灯芯孔，镂空成二孔、弧线三角形孔、多圆孔，立体感强。②

器物造型具有很高的艺术特色。例如点彩青白釉子母狮子枕，枕面被一只大狮子支撑，一只小狮子藏在大狮子后足和腹下，伸双爪抱球（图11-43，2），其工艺集划篦纹、雕刻、堆塑、点彩描绘于一体。鲤鱼壶，扁体鱼形，口朝上吐壶口，牙齿毕露（图11-43，1）。砚滴做成女童小心翼翼抱壶之状，背后有一小圆孔，用于调节水流，甚为奇巧（图11-43，5）。

① 黄玉质,杨少祥.广东潮州笔架山宋代瓷窑[J].考古,1983(6).

② 参看广东省博物馆.潮州笔架山宋代窑址发掘报告[M].北京:文物出版社,1981.

1922年潮州城西南五里的羊皮岗地下一小室出土4尊青白瓷佛像和1香炉，皆有题记。笔架山窑发掘获得类似题记佛像的瓷片，知为笔架山窑制作。录其中两件铭文如下。第一件，铭文正面：潮州水东中窑甲弟子刘扶；左侧：同妻陈氏十五娘发心塑释迦牟尼佛永充供养；后面：为父刘用母李二十娘阖家男女乞保平安治平；右侧：四年丁未岁九月卅日题匠人周明。第四件，铭文正面：潮州水东中窑甲女弟子陈；左侧：十五娘同男刘育发心塑造释迦尼佛散施永充；后面：供养奉为亡夫刘弟七郎早超生界延愿合家；右侧：男女乞保平安熙宁二年己酉岁正月十八日题匠人周明。经过检测，北宋瓷匠周明制作的青白釉佛像的冠、发、眉、睛、须是用高锰低铁国产钴料描绘的，钴料在釉下部分呈深浅不同的青褐色，未盖釉处如桂皮样黄黑色（彩页四，1）[①]。

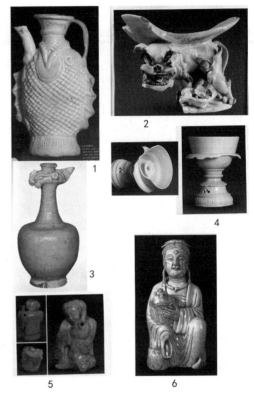

**图11-43　潮州笔架山窑产品**

1.青白釉鲤鱼壶　2.青白釉子母狮戏枕

3.青白瓷凤首瓶　4.青白釉瓷灯

5.青白瓷人形砚滴　6.麻姑敬酒像

## （二）广州西村窑

西村窑位于广州西北的西村增涉河东岸岗地上。南北长1千米多，残存废瓷堆积3处，其中以皇帝岗最大，是西村窑场的主要遗存。1952年发现，1956年进行发掘。从西村窑的产品来看，其年代为北宋时期。

西村窑的产品可分为青白瓷及青釉瓷两种。青白瓷胎质洁白，釉色白中泛青。青釉瓷胎骨发灰，断面略粗，有极细气孔，色调多呈青灰色，少数呈青黄色

---

① 参看李炳炎.宋代笔架山潮洲窑 [M].汕头：汕头大学出版社，2004.

或浅黄色。

西村窑的装饰方法有刻划花、印花、彩绘、点彩和镂刻等多种。除素面器外，刻划花器物最多。刻划纹饰被广泛地使用在各种类型的器物上，较多的是碗、茶盏、碟、盆和瓷枕。刻划的线条刚劲有力，纹样构图有简有繁，如条纹、图案纹、斜旋形菊瓣纹、莲瓣纹、折枝花纹、缠枝花纹、叶纹、云纹等。在各种花纹中以缠枝花式样较为复杂，也较工整细致。有一些小碟、茶盏的内壁随意刻划几笔草叶、流云等线纹，显得气韵生动，活泼清新。还有两种刻划纹的构图颇具特色：在刻花盆中，有一种周壁由划缠枝状的线条、圆圈、指甲痕组成的云朵纹饰；另一种是刻花碟，多数是碟心刻花草纹，周壁刻双层或三层的四至七瓣花纹。这两种刻花纹样，构图新颖，线纹舒畅自如，繁而不乱，是西村窑刻花器物中较有代表性的装饰。

釉彩绘在西村窑装饰中具有自身的特点。西村窑的彩绘装饰分釉上与釉下彩两种，纹饰以图案、云纹和缠枝菊、折枝牡丹等花卉为最多。一些花卉的写法是用浅色釉彩渲染上花瓣和枝叶，然后用深色釉彩勾勒边沿，构成浓淡掩映的画面。有必要特别指出的是那些在素盆、壶颈和大四耳罐上，淋漓几笔就勾画出一朵大菊大叶，作风豪放。有些是绘在四周有刻划花的大盆内底，以娴熟快速的笔调绘出枝繁叶茂的大牡丹，成为刻划、彩绘混合使用的装饰，为同时期别的窑器所未见。

点彩是西村窑器中运用较多的一种装饰手法。用黑酱色釉彩点饰在器物的唇沿或肩际，多见于高身杯、小罐、小壶等较小器型上。

西村窑的青釉印花器也不少，主要器形有碗、茶盏、碟、盆四种。器外刻斜直的菊瓣纹，器内印凸花，一般都是内底正中一朵团菊，周壁印缠枝花叶，多为六朵菊花。纹样构图与耀州窑的相同。耀瓷装饰印花、刻花并重，纹样构图是比较丰富多样的，但印花碗的成熟与盛行是在北宋中、后期。西村窑仿耀瓷的印花器，基本上仅见上述缠枝菊纹一种，也许与此窑年代稍早有关。[①]

---

① 参看广州市文物管理委员会, 香港中文大学文物馆. 广州西村窑 [M]. 香港: 香港中文大学中国考古艺术研究中心, 1987.

### （三）永福窑（窑田岭窑）

位于广西北部永福县永福镇南雄村方家寨至广福乡龙溪村大屯之间长约6千米的洛清江两岸缓坡岭上，包括窑田岭、塔脚、牛坪子、瓦屋背、鬼塘岭、徐水冲、木浪头等窑场窑址，分布区域为洛清江河谷走廊。窑址始烧于北宋，盛于南宋，衰于元代。

产品以灰白胎为主，还有少量褐胎，胎中多见细小石英砂粒。均施釉，釉色总体比较稳定，以青釉为主。其次为酱釉，数量不多，单色铜红釉数量极少，青中带有铜红斑瓷片较多。器物以圈足器为主，还有饼足、平底，圈足足跟普遍较小且低矮，挖足较浅，简单随意，二次加工较少。大部分器物内壁施全釉，外壁施半釉。装饰纹样以印花为主，有少量刻花、贴花、彩绘等。印花以菊花为主，主要为写实的缠枝或折枝的团菊或朵菊，牡丹其次，也有较多双鱼、水草、水波等。[①]

### （四）藤县中和窑

中和窑位于北流河下游的藤县藤州镇北流河东岸的中和村，烧造年代约在北宋晚期至元，鼎盛时期为南宋。

产品胎质细腻洁白，坚硬且薄，制作规整精致，釉以青白釉为主。装饰花纹以印花为主，题材广泛，有缠枝菊、缠枝莲、缠枝牡丹、海水摩羯、攀枝戏婴、飞禽、束莲等，但以各类缠枝花卉为主。[②]

## 第六节　安徽南部和江西地区的瓷窑

长江中下游地区以江西、安徽地区的制瓷业最为发达。东汉到唐代洪州窑青瓷闻名。受到北方白瓷业的影响，五代北宋时期创烧青白瓷，形成新的窑

---

① 参见广西文物保护与考古研究所，等. 广西永福县窑田岭Ⅲ区宋代窑址2010年发掘简报[J]. 考古，2014（2）.

② 广西壮族自治区文物工作队，广西藤县宋代中和窑[C]//中国古代窑址调查发掘报告集. 北京：文物出版社，1984：179-194.

系。南宋时期吉州窑制作的多种窑变釉、树叶纹、剪纸漏花等新品种，成为中国古瓷的奇葩。

## 一、繁昌窑

繁昌窑是安徽省繁昌繁阳镇及其附近地区分布的多处瓷窑的统称，具体有柯家冲、骆冲、张塘、半边街、柳街等数个地点，其中以柯家冲窑址规模最大，保存最好，是繁昌窑的中心窑址。2002年9—11月，考古人员对柯家冲窑进行了正式发掘，发掘面积500多平方米，共发现龙窑1座、作坊1座、澄泥池2个以及各类窑具、瓷片8万余件。[1]

### （一）窑炉和作坊

龙窑依山而建，斜长56.4米，水平长52.15米，头尾水平高差19.2米，根据山体走势坡度10°~24°。窑内都是窑壁和窑顶的坍塌物，具体可分为操作间、火膛、窑室、窑门等几部分。窑门6个，南北各3个。作坊位于山脚平地上，平面呈长方形，发掘了东南西三面墙基，东西8米，南北清理部分6.5米。钻探后北部并无墙基，应已完全被毁，作坊南面有门道，周围有一圈砖砌回廊，东面有一个圆形夯土面，直径0.45米，可能是制坯的轮盘基础。

### （二）产品特征

绝大多数为青白瓷，釉面光洁，玻璃化程度较好。器型有碗、温碗、盏、碟、盘、执壶、水盂、盒、盒盖、炉、罐、盏托等，绝大多数器物施釉不到底，在底部或圈足部位露胎（图11-44）。

制瓷工具有擂钵、碾轮、荡箍、陶拍等，装烧工具有匣钵（漏斗形、桶形、M形和平底形）和匣钵盖，有的匣钵和瓷器有刻字（"方""大""俞""十二"等），装烧间隔工具有垫饼，另有试烧插片和窑柱（支撑匣钵平衡的辅助用品）。

① 中国科学技术大学科技史与科技考古系, 安徽省文物考古研究所, 繁昌县文物管理所. 安徽繁昌县柯家冲瓷窑遗址发掘简报 [J]. 考古, 2006（4）; 杨玉璋, 张居中, 李广宁, 徐繁. 安徽繁昌窑遗址发掘与研究 [M]. 北京: 中国社会科学出版社, 2010: 8-11.

**图11-44 繁昌窑瓷器**

1. 碗 2. 盘 3. 碟 4. 隐圈足碟 5. 温碗 6. 盏 7. 炉 8. 执壶

### （三）分期

五代繁昌窑器物青白釉釉面光亮，釉色纯正，多数器物釉色偏白，接近白瓷，少数器物偏黄。胎体薄，胎色白，烧结度较高。碗、盏的叠唇多数较厚。壶嘴短直。出现卧足盘。匣钵装烧，一器一钵，使用垫饼和垫圈。

北宋早期青白釉除偏白和偏黄之外，出现了偏青，胎色也出现偏青的现象，碗、盏的叠唇减薄，碗的内底直径大于圈足直径。匣钵装烧，一器一钵，但全部使用垫饼。

北宋中后期绝大多数器物釉色偏青，有的接近青瓷，胎质较粗，也有部分器胎偏青，器型修整也不如前两期规整，做工粗糙。偏晚阶段用垫砂取代了垫饼，器底有很多烧结的砂粒。器物的叠唇减少，尖唇、圆唇类增多。很多材料显示，繁昌窑在北宋中期以后走向衰落。

## 二、景德镇窑

### （一）地点与考古工作

窑址位于江西省景德镇。景德镇有优质的高岭土，产于北部山区鹅湖镇高岭村边的高岭山。在兰田发现了唐代龙窑，烧造青瓷，属于越窑系。南宋人洪迈在其《夷坚志》补卷第十七中记载："饶州景德镇湖田市，乃烧造陶器处也。"[①]这

---

① （宋）洪迈.夷坚志（第四册）[M].何卓,点校.北京:中华书局,1981:1710.

是宋人较为明确的对湖田窑的记载。

景德镇窑址始烧于晚唐，烧制青瓷。入宋停烧灰胎青瓷，而主要烧青白瓷。湖田窑址为当时的中心窑场。经过调查景德镇南河流域银坑坞，亦有丰富的宋代制瓷遗存。考古发现揭示景德镇窑炉的演变，龙窑从晚唐开始，北方流行的马蹄形窑在五代开始出现，宋元二者都使用。元代晚期出现独特的葫芦窑，明代葫芦窑变短，清代改成炮弹形的"镇窑"。在湖田的南河北岸的印刷厂发现一座元代葫芦窑，有前后两个窑室，全长21.1米（图11-45）。

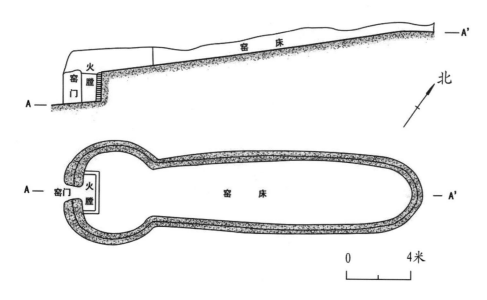

**图11-45　湖田发现的元代葫芦窑**

## （二）产品特点

景德镇宋代瓷器是白色薄胎的青白瓷。青白瓷之名是宋元时的称呼，清代开始有影青瓷等称呼[①]（图11-46）。

景德镇窑把定窑轻薄细白瓷的风格选定为追求的方向，但是定窑细白瓷的缺点是划纹、刻纹、印纹的纹沟不显、难辨，因此在釉中增加一点点青绿色，既能达到高度透明见胎之美，又能使纹沟釉厚发青，增加纹样辨识度。而后又采用

---

① 白焜. 宋·蒋祈《陶记》校注［J］. 景德镇陶瓷，1981（S1）；刘新园. 蒋祈《陶记》著作时代考辨——兼论景德镇南宋与元代瓷器工艺、市场及税制等方面的差异［J］. 景德镇陶瓷，1981（S1）.

半刀泥技法，使刻纹沟变宽，纹饰更能清晰些，线条颜色的深浅变化，增加了美感，也是这一思路求变的结果。

碗盘类使用支烧法，南宋时也用芒口覆烧法，芒口器常见，底薄足矮，器物更加轻薄（图11-46，7）。

**图11-46　景德镇窑青白瓷器和覆烧工艺**

1.北宋柳斗　2.北宋粉盒　3.北宋熏盒　4.北宋多子盒

5.北宋点彩壶　6.南宋梅瓶　7.覆烧碗装烧方法模拟

景德镇是民窑，日用瓷类、墓中龙虎堆塑瓶等明器都有烧造。此外，也接受南宋朝廷的定制，生产祭祀礼器和宫中用瓷。

景德镇开设窑厂较多，各家也存在销售竞争现象，出现商标记号，这是景德镇普遍重视产品质量的反映。如瓷盒底印戳作坊商标的有"吴家盒子记""段家盒子记""陈家盒子记""张家盒子记""许家盒子记""蔡家盒子记""汪家记"等十余家名号。底部仅戳印姓氏的还有"陈""蔡""许""张""蓝""朱""徐""程""潘""米"等。在江西都阳北宋政和元年（1111）熊本妻施氏墓出土的青白釉印花盒，盒为花瓣形，盖面印珍珠地花卉纹，盒底竖印"汪家记正"楷书阳纹款识[1]，意为是名牌正品真货。可见社会上对瓷盒需求量之大，也从一侧面看出当时瓷器销售竞争的激烈程度。

重创新、重质量使景德镇生产的青白瓷达到极致，有"饶玉"美誉（景德镇在宋代行政属于饶州），为下一阶段"瓷都"地位形成奠定了基础。

### （三）银坑坞北宋早期遗存

北宋早期的遗物不见于湖田窑报告所披露的遗存中，在银坑坞窑址群中可见北宋早期遗存，即银坑坞第2组、第3组遗存[2]。

第2组遗存均为青白釉，釉色纯白。器物类型增多，碗、碟多见五葵口配合压棱形式，圈足普遍较窄，足端旋修圆钝。装烧方式多样，一种采用密集支钉，仍置于足端叠烧；另一种采用五枚左右支钉，或置于足端或外底，采用匣钵装烧，多为单件垫烧，也有少数叠烧者。本组器物的特点是摒弃青釉而专注青白釉器物生产，引入匣钵装烧但未完全摆脱支钉叠烧。碗、碟圈足变窄后，足端支钉支烧往往导致圈足受压变形，是新形制与旧装烧相碰撞的过渡形式。本组年代推定为北宋初期。

第3组遗存釉色多数纯白，少数偏黄。器物类型以尺寸较小的敞口、唇口碗为主，圈足低矮，足墙内斜，足端斜削，以负荷足端四枚左右支钉支烧。也有少数器型较大的碗，外底垫环垫烧；窄圈足的折腹碟，仍见外底支钉支烧。所有器物均以漏斗形匣钵单件装烧，不见叠烧。相同器物类型在南河流域还见于三步园等多处窑址，但其余各处均使用垫环垫烧，而这里则更多采用旧式的支钉支烧法。如果将这些窑址与繁昌窑早期遗存相比较，不难发现两地窑具和器物形制都具有相当程度的相似之处，只是后者已经普遍采用垫饼垫烧。可以认为，这一时期南河流域的窑业技术受到了来自皖南地区窑场的强烈影响。本组年代推定为北宋早期。

### （四）湖田窑分期

湖田窑两宋时期的遗存可分为四期六段，即窑址报告所分的第二期前段至第五期。

---

① 参见范凤妹.江西出土的宋代瓷盒[J].文物,1988（3）.

② 江西省文物考古研究院,中国人民大学历史学院,北京大学考古文博学院.银坑坞：景德镇南河流域窑址考古调查报告之一[M].北京:文物出版社,2020:203-205.

第二期前段大致处于1004—1022年间。器物胎体较厚，胎质较粗，胎色灰黄，胎泥揉制不精，胎体断面可见清晰的空隙。施釉较薄，釉面稍微混浊而不透，釉色青白泛土黄，少数青白泛绿。因釉层较薄，可见器物外壁的利坯痕迹。碗、盘等圈足器内外及足墙外多数满釉，足墙内侧下半部分也刷釉，仅内底及内足墙上半部分露胎。一些圈足盘圈足及底部露胎，下腹部有刮釉现象。碗以墩式碗为多数，均圆唇、弧腹、宽圈足。装饰较简约，有大约一半的碗、盘内壁无装饰，仅在外壁用刮刀刮出几瓣折扇纹，在有装饰的碗、盘中，主要流行刻划折枝牡丹和刻划折枝花果两种图案，还见少量刻划折枝菊。刻划图案多为粗线刻划。刻划纹中的"半刀泥"技法在此时尚未发育。装烧具见漏斗状及桶状匣钵，垫烧具多见垫饼及泥条垫圈等。外观上观察，垫具材料完全与匣具材料一致。器物为单件仰烧，由于垫具含铁量较小，或者器物胎质本身较灰的原因，圈足及器物底部基本不见褐色的垫烧痕迹。

第二期后段大致处于1023—1063年间。器物多数胎质较细，质坚胎薄，少量胎黄质粗。施釉虽较前段稍厚，总体上还是显薄，釉多青白泛土黄，少量青白泛绿。新出现撇口碗，开湖田窑"斗笠碗"的先河。侈口碗也是本段的新器形。此段的侈口碗圈足较高，腹部较弧，多见花口，少见纹饰。还新出现高足薄胎花口碗。青白釉碗的表面装饰较少，仅在外壁刻划尖状或圆状莲瓣或缠枝菊花纹饰，花口碗有"出筋"及葵口装饰。圈足盘的装饰较丰富，在盘心、盘壁常刻划不同的纹饰组合，如盘心常刻划龙、水波、云气、牡丹、水草纹等，而盘壁常刻划折扇纹，也见三组或四组开光水波纹饰。本段开始流行琢器装饰，使得湖田窑的装饰逐渐形成自己的特点。对各类动物造型的枕、炉，使用了刻划、压印、雕塑、褐色点彩等多种技法装饰。新见褐色点彩装饰，多以圆点为主，随意性较强，不甚规则；梅花形点彩也较多见，花形分布均匀，布局有序。这一时期器物多为一匣一器单件仰烧。碗、盘等圈足器以圆形垫饼垫烧，有的底部残留有明显的褐色垫饼痕或垫饼残渣。圈足炉采用圆形垫圈或支钉垫烧。一些大件器物和多数琢器仍采用支钉作为间隔。

第三期前段年代基本处于1064—1100年间。器物多数胎质较细，质坚胎薄，特别是一些新见的盏、杯等小件器物，胎薄几可透光，釉色青翠欲滴。有的胎质较粗，釉色土黄。此段青白釉釉面相对较厚，器物下腹及腹足交接处可见积釉和垂釉现象。装饰纹样明显增多。开始流行使用"半刀泥"技法装饰器物，"半刀泥"技法使得花纹凹凸明显，花纹既显流畅又富有立体感。纹样的装饰仍集中于碗盘内底及内壁。飞禽、海涛、折枝花纹开始流行。碗内壁刻划牡丹、荷叶、云气纹，外壁刻划菊瓣、变形莲瓣纹等。盘内装饰有较明显的分区，即内底与内壁常装饰不同的纹样，有的内底刻划双凤纹、内壁刻四团鸾纹，有的内底内壁均刻三团鸾凤纹，有的内底刻荷叶纹、内壁刻牡丹纹，有的内底刻朵花、内壁刻四团缠枝花，有的内底刻三团鸾凤纹、内壁三开光内刻饰朵花，有的内底戳印印章款、内壁刻水波纹，还有的仅在内底刻篦地菊花、荷叶、三束莲、水菊、三团鸾凤、海涛纹等。缠枝菊花间饰以细密篦纹是本段的新流行纹饰，其线条细腻，篦纹流畅，是一种主纹与地纹相辅相成的纹饰，主次相间，与上述"半刀泥"手法的刻划效果迥异。在枕、炉等琢器上采用的雕刻、浅浮雕装饰技艺趋于成熟，线条流畅，工艺精湛。芒口器采用刻划或印花装饰。在盘、碟内底刻划规整的牡丹纹饰，深腹碗外壁刻划疏朗的缠枝莲花。印花装饰见于碗心、盘底或盒盖上模印鱼纹、朵花等。此段的印花技术刚开始发育，相对较少。垫烧具仍使用垫圈、垫饼及支钉（垫块）作间隔，小件器物用垫饼，大件器物多用垫圈，底大者或大圈足者用支钉等。由于器物胎色较洁白、釉色清亮，器物足部的垫烧褐色痕迹十分明显，有的器物底部还残留有垫饼渣痕。芒口器使用多级垫钵烧制，此类垫钵口大底小，多采用瓷土作胎，少量用一般匣钵土，内壁常等距离留有数道凹槽，根据凹槽直径大小，可以同时覆烧大小不等的多件器物。

第三期后段年代基本处于1101—1127年间。此段青白釉器物逐渐达到湖田窑瓷器生产的最高水平。器物品种大增，造型丰富多彩，制作规整，胎质细腻洁白、坚硬致密、胎釉结合良好，少见脱釉及釉面冰裂现象。釉色青翠，多数显露出影青之色。尖唇、斜直壁、内壁刻划花是本段碗类的最大特色。尖唇、斜腹、圈足缩小的高圈足"斗笠碗"增多。矮圈足碗流行，其腹壁逐渐斜直，碗内底心逐渐缩小，有的弧形内底逐渐演变成小圆圈内底；修足较规整，足墙平直，仍较高；由于胎体较薄，偶见塌底现象。碗盘类的装饰主要集中在内壁，除继续流行前段的装饰纹样外，还出现许多新的装饰纹样。碗大量刻划三团花、三团牡丹、三束莲、荷花、菊花、三团鸾、海涛纹，戳印"宋""占"等印章款识等。盘内壁刻有缠枝菊、缠枝牡丹、折枝花果、折枝菊、篦划三束莲、三团鸾、龙、云气、婴儿戏水、婴孩攀枝纹等，印花纹饰有三束莲、三团鸾、游鱼纹等。总体特征是刻划既细腻又奔放，构图活泼，线条流畅，充满浓郁的生活气息。芒口碗外壁刻划水草纹，内壁多模印水藻双鱼或凤穿牡丹纹饰。芒口盘主要在内底对称分组模印三、四组团花装饰或游鱼纹饰，不见繁密的印纹，构图疏朗、大方。

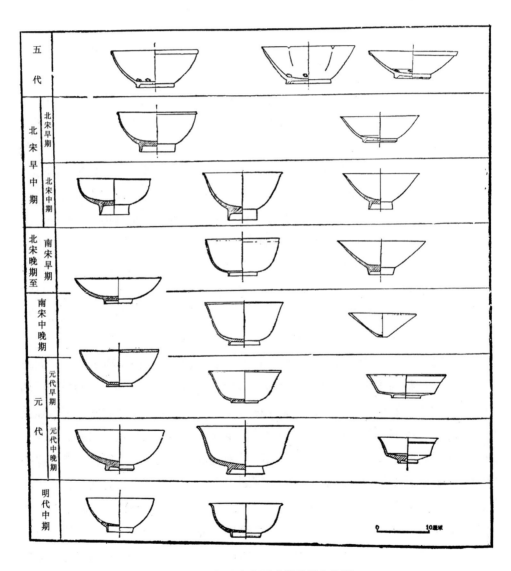

图11-47　湖田窑典型碗类造型变化图

第四期年代基本处于1127—1224年间。此期青白釉器物达到湖田窑瓷器生产的最高水平。器物品种骤增，不但继续大量烧造仰烧器物，而且覆烧芒口器也大量流行。胎质细腻洁白，坚硬致密，变形率低，胎釉结合良好，少见脱釉及釉面冰裂现象。釉色发色青翠，但由于使用了新的装烧工艺，部分青白釉色泛黄，胎薄，质较疏松。仰烧类碗以矮圈足碗占多数，此类碗坦口、尖唇、斜直腹壁，内底收缩成小圆圈底；圈足极矮，足墙也窄，足沿尖。本期青白釉器物盛行装饰：主要在碗、盘、盏、碟等器物的内底及内壁或刻划或模印或戳印各类纹饰，一些雕琢器物采用浅浮雕、镂雕等技法装饰。常见在碗内壁刻划纹饰，水波、水草纹继续流行，团鸾、双龙、婴儿戏水、婴儿攀枝纹尤其盛行。此外，牡丹、三束莲、菊花、荷叶、唐草（旋涡）、团鸾、螭龙等也很常见。碗外壁有时会刻划一些折扇纹、仰莲纹等。在芒口盏的底心戳印芦雁、牡丹、荷叶、朵梅、折枝梅等纹样，部分高足碗心模印"宋""吉""詹""酒""占""陆""黄""胡"等文字或灯笼图形。盒子底还见模印"陈家盒子记""段家盒子记"等款识。在芒口碗、盘内底及内壁多模印各种纹饰，内底常印开光内饰折枝梅、风穿牡丹、风穿荷塘、盆景山石、双龙、双鱼纹等，内壁常印缠枝花、仰莲、如意、回纹等。刻划纹饰题材生动，布局繁密，粗犷流畅，是最成熟的"半刀泥"手法；模印纹饰布局疏朗，题材寓意深刻，装饰严谨，印纹清晰，具有浓郁的生活情趣。组合式支圈覆烧具是本期新见窑具。此类窑具的使用，使器物的装烧量大增，器物的品种也因此开始相对单一化，产量批量化。但由于窑具本身的缺陷及模仿定窑的需求，釉色有趋于米黄的趋势。

第五期年代基本处于1225—1279年间。这一时期多数器物个体趋小，形体变矮，胎质相对疏松，胎体较薄，施釉稍厚，釉层较莹润，釉色青白闪绿或黄绿，微微失透。器物芒口部位刮釉平齐，不见垂釉现象，说明釉的黏度较大，与前期的釉的化学成分有较大不同。青白釉器中，仰烧器较少，覆烧芒口器占绝对多数。芒口碗占多数。芒口深腹碗外壁的仰莲装饰演变成刻划简单的仰莲，无立体感，施釉青绿微失透，多数碗微弧腹，矮小圈足，足内满釉，足端露胎，并泛火石红。芒口大圈足坦口碗最多，此类碗与仰烧碗造型接近，仅圈足大些，釉底平坦，口部与腹部厚度相当，多见内壁六出开光，内底平坦，划细线游鱼纹，釉色青绿微失透，纹饰若隐若现。器物装饰方面，刻划花较少，而印花类装饰丰富多彩。印花类多出现组合式印花纹样，往往在碗、盘内底心或下腹印凤穿牡丹、芦雁、游鱼等图案，而在器物口沿内壁印钱纹、牡丹、盆景等图案，芦雁、凤凰、梅花、寿桃、荷花纹等成为装饰的主要图案，有的器物内底还印双鱼、荷莲、菊花纹，外壁刻仰莲纹，口沿印连续回纹，纹样不甚清晰。新见杯、盏类器物内底心戳印朵梅、朵花等装饰。[①]

## 三、吉州窑

吉州窑是宋元时期一处综合性窑场，窑址位于江西省吉安县永和镇，窑址分布在赣江两岸数十千米范围内，主窑场有彭家窑、永和窑、临江窑、吴家窑等，其中永和窑规模最大，也最具代表性。1937年英国人仆蓝柯司东对吉州窑遗址进行过现场考察。1958年蒋玄佁调查吉州窑，出版了《吉州窑：剪纸纹样贴印的瓷器》，这是第一部比较系统研究吉州窑的著作。[②]

1980—2019年对吉州窑遗址多个地点进行了数次考古勘探、发掘[③]，发现了大量与瓷器制作、烧造、运输以及生活相关的遗迹，包括龙窑和马蹄窑。

曹门岭发现吉字款碗，碗内底有褐彩"吉"字。尹家山岭出土了"舒家记"瓷片（图11-48，2）。屋后岭出土褐彩"本觉"字碗，附近有本觉寺塔。斜家岭出土"陈家号记"瓷枕片（图11-48，1）。宋代已经形成以姓氏家族为单位的窑场。明代《新增格古要论》卷七记载吉州窑"宋时有五窑，舒公烧者最佳"[④]。清代《文房肆考图说》也记载"舒翁工为玩具，烧者最佳。翁之女号舒娇，尤善"[⑤]。舒家窑是最负盛名的窑场。

---

① 参看江西省文物考古研究所，景德镇民窑博物馆.景德镇湖田窑址[M].北京：文物出版社，2007.

② 参看蒋玄佁.吉州窑：剪纸纹样贴印的瓷器[M].北京：文物出版社，1958.

③ 参见江西省文物工作队，吉安县文物办公室.江西吉州窑遗址发掘简报[J].考古，1982（5）；江西省文物考古研究所，南开大学历史学院.吉州窑遗址近几年考古调查发掘的主要收获[J].中国国家博物馆馆刊，2014（6）.

④ （明）曹昭著，王佐增补.新增格古要论[M].杭州：浙江人民美术出版社，2019：252.

⑤ （清）唐秉钧.文房肆考图说[M].杭州：浙江人民美术出版社，2018：131.

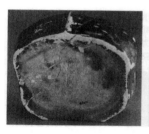

1　　　　　　　　　　　　　　　　2

**图11-48　铭文残片**

1."陈家号记"铭文底款及拓片　2."舒家记"铭文瓷片及拓片

### （一）北宋时期吉州窑

北宋时期是吉州窑的大发展时期。吉州窑逐渐减少五代较为粗糙的青瓷烧造，青白釉比例增加，器物质量提高。新增加黑釉、低温釉瓷器品种，生产量较大，形成了品类丰富的窑业格局。

北宋时期的吉州窑青白瓷胎质坚致细腻，胎色呈白色或灰白、黄白色，瓷胎淘洗精细，陈腐时间长，烧造温度较高。釉色延续五代的青白偏灰色，部分器物釉面玻璃光泽较强，多数釉面较涩。碗类多见高足叠唇碗，与赣州七里镇窑产品接近。不重视装饰，以点彩为主，偶见手捏、镂空、刻划花纹饰，纹样主要是莲瓣纹、弦纹。与吉州窑最具特色的黑釉瓷器相比，青白釉瓷器与同时期景德镇窑的青白釉瓷器相比，胎质和釉色略显粗糙，少数高档产品可与景德镇窑相媲美。

吉州窑烧造黑釉瓷始于北宋中晚期。黑釉瓷应该是在酱釉瓷的基础上发展起来的，其时黑瓷产品造型繁多，以执壶、碗、盏为主。黑瓷器胎质分为两类，一类较为粗糙，胎色较深，呈深灰色、灰色；一类与酱釉瓷器比较接近，较为细腻，胎体较薄，胎色较浅，以灰白为主。釉层虽然较薄，但釉面的玻璃光泽较强，多数釉泛酱黑色。不少器物外腹壁下部釉层较薄，釉泛酱色，为二次施釉的结果。当是先在坯上施一层富铁底色釉，再罩一层黑釉，目的是遮盖浅淡的胎色和粗糙的胎面。北宋时期的黑釉瓷几乎没有装饰，多为纯黑的素天目釉。北宋时期的黑釉盏多为与建窑类似的撇口浅腹盏，底部为矮圈足，足底呈"泥鳅背"状，圈足的这一特点在南宋时期得以延续。

低温釉瓷器品种多样，有绿釉、黄釉、三彩。胎质疏松，以灰白胎为主，也有灰白泛红色胎或灰红色胎，少量胎质坚致，多有剥釉和泛银现象。装饰技法有划花、刻花、篦划、戳印、印花、贴塑等，纹样有弦纹、莲瓣纹、波浪纹、圈点纹、四方形朵花纹、六方形朵花纹、折枝菊瓣纹、折枝莲花荷叶纹、缠枝牡丹纹等。

器物的装烧主要采用一件匣钵装烧一件坯件的方式，少量采用一件匣钵装烧多件器物的方式。匣钵分为漏斗状和圆筒状两种，多数品种坯件与匣钵之间采用圆环状垫圈间隔。绿釉、黄釉、三彩等低温瓷器，则采用圆锥状、柱状、方块等紫红色间隔具，多在器物底足留有垫烧痕，在枕类器物侧面留存紫红色支烧痕，独具特色，且其烧造采用两次烧成的方法，即先素烧，再在器物表面施一层釉，最后入窑烧成。

### （二）南宋时期吉州窑

南宋时期吉州窑进入鼎盛时期，吉州窑发展成为江南地区最具代表性和最富创造力的综合性窑场。南宋时期吉州窑较有特色的瓷器品种有低温绿釉、白釉、黑釉、黑釉彩绘以及白釉彩绘等。

低温绿釉瓷器的生产在北宋的基础上大为拓展，器形不仅有生活用器及供器，还有宗教题材的佛塔、佛像、建筑模型和建筑构件等。

白瓷在南宋较为兴盛，流行芒口大平底碗碟类器物。部分器物内底、外底足存细沙垫烧痕。整体胎质较粗，胎色灰白、灰黄。釉层较薄，釉面玻璃光泽较弱，釉泛米黄色。流行模印纹样，印花精致工整。纹样有缠枝花卉纹、海水游鱼纹、凤采牡丹纹、婴戏牡丹石榴纹、六格盆景纹以及回字纹等，偶见罐类腹部装饰剔刻折枝梅纹。白印花类器物应是仿北方名窑定窑的产物，但与定窑产品相比胎体较粗，也不及定窑的白净光亮。

黑瓷多数器物胎质疏松，胎色较浅，呈灰白或米黄色；少数胎质坚致，胎色较深，呈深灰、砖红色。胎体中普遍含有细砂粒。吉州窑黑釉瓷纯黑者少，多见黑中泛褐、泛紫、泛红等，釉面无浮光，整体釉层较薄，多数器物外腹下部见二次施釉痕。器类丰富，以盏的烧造量最大，以圈足敛口盏为主。装饰繁多奇巧，有剪纸漏花、木叶纹、鹧鸪斑、玳瑁斑、虎皮斑、剔花加彩等。剪纸漏花分为胎上漏花与釉上漏花两种。胎上剪纸漏花（又称剪纸剔花）是将剪纸纹样直接贴于不施化妆土的胎体之上，表面施一层黑釉，然后揭掉剪纸，漏出花纹（彩页三，3、图11-49，1）。釉上剪纸漏花（又称剪纸贴花）是先施黑釉作底，贴上剪纸，再吹一层黄和乳白混合的面釉，然后揭掉剪纸，烧成后彩釉中呈现黑色纹样（彩页三，4）。剪纸纹样有梅花、栀子花、朵云纹、折枝梅纹、折枝茶花纹、折枝栀子花、折枝莲花纹、喜上眉梢、凤纹、龙纹、蝴蝶纹，以及"长命富贵""金玉满堂""福寿康宁""福寿康荣""福寿荣昌"等吉语铭。木叶贴花是将经过发酵处理的一片树叶贴于黑色釉面上，直接入窑烧制，烧成后树叶融入底釉，木叶纹形态自然逼真，叶脉清晰（图11-49，2、3）。因为发酵处理后，树叶特征是局部有残缺。独具艺术特色的木叶纹和剪纸漏花在瓷器装饰上的运用，标志着我国陶瓷釉面装饰工艺已发展到一个新的阶段。

**图11-49　剪纸剔花带铭枝梅纹瓶和木叶纹盏**

1.剪纸剔花带铭枝梅纹瓶　2、3.木叶纹盏

　　南宋时期的吉州窑彩绘瓷分釉上彩绘与釉下彩绘两种，其中最为多见且颇具特色的是白地釉下彩绘（图11-50）。考古和纪年墓资料表明，白地釉下彩绘瓷在南宋中期开始出现并得到发展，由江西省新干县博物馆藏新干县界埠镇南宋淳熙十年（1183）曾照远墓出土的釉下彩绘跃鹿纹盖罐可以看出，此时吉州窑的釉下彩绘技术已经十分娴熟。南宋时期釉下彩绘瓷胎质、釉色与同时期的白瓷相同。纹样有弦纹、波浪纹、卷草纹、对蝶纹、梅竹纹、飞蝶纹、蕉叶纹、菊瓣纹、菊花纹、兰纹，其中奔鹿纹极富个性和时代特色，几乎不见于同时期其他窑口。吉州窑釉下彩绘瓷的装饰韵味独特，讲究意境情趣，突出画面构思，根据不

同的器形需要采用缠枝、折枝、对称等不同表现手法，以清新、明快的格调呈现出层次清晰、笔简意深、疏密有致的画面，展现了纤秀瑰丽、质朴自然、清新活泼的艺术魅力。吉州窑釉下彩绘最为独特的是开光形式的运用，在器物的显著部位以线条勾出各种各样的栏框，内

图11-50　吉州窑彩绘瓷器

1. 褐彩荷花纹三足炉　2. 白地卷草纹瓶

绘各种图案，以开光和边饰相结合的方式来突出主体纹样，突破了传统的刻花、印花、画花、捏塑等制瓷装饰工艺。

釉上彩绘瓷分为白地釉上彩绘和黑釉釉上彩绘，但两者数量不多，均不是主流产品。白地釉上彩绘器形主要有碗类，一般在内底褐彩书"吉""记""福""好""大吉""存菊""周店""盛菜碗"等铭款，有的"吉""记"款为先戳印、后彩绘。釉层较薄，胎色以灰白、灰黄为主，外腹壁见修坯痕，足沿和内底存黄色细沙垫烧痕。黑釉釉上彩绘瓷器物种类单调，有瓶和碗、盏。纹样装饰在瓶的外壁，碗、盏的内壁。纹样有如意纹、月梅纹、双凤纹、双蝶纹以及"供圣"铭款等。黑釉彩绘最为特殊的是黑釉描金银彩，是用胶或其他粘胶剂调金银彩直接在黑釉上描绘纹样，然后入窑低温二次烧成。

南宋时期吉州窑瓷器的装烧方式与北宋时期基本相同，主要是一件匣钵装烧一件器物，不同的是这一时期器物与匣钵之间的间隔具使用大于底足的紫红色垫饼，而不是小于底足的垫圈。白瓷多使用细沙间隔，一件匣钵装烧多件器物。晚期出现组合支圈覆烧的装烧方式。[①]

## 四、赣州七里镇窑

七里镇窑遗址位于江西省赣州市章贡区水东镇七里村与沿坝村。窑址沿贡

① 参看江西省文物考古研究院. 吉简吉美——吉州窑遗址出土瓷器集萃[M]. 北京: 文物出版社, 2020.

江北岸分布，长约2千米，宽约0.5千米。晚唐创烧以来，宋代达到鼎盛，到明初停烧。2014—2016年对七里镇窑周屋坞和赖屋岭两处窑业堆积进行了第三次考古发掘，揭露了三座龙窑遗迹。2017—2018年对七里镇窑址进行了全面的考古调查与重点勘探工作，并对勘探发现有作坊遗迹的殷屋对门作坊区进行了考古发掘。

赖屋岭窑包清理了从五代青瓷到北宋早期青白瓷的过渡地层堆积。其中出土的早期青白瓷的装烧方法有两种：一种是与五代青瓷一样，器内、器外都用泥团支钉间隔；还有一种是器心用4~7个泥团支钉、器底用垫圈或垫饼间隔。这时候已经使用了匣钵装烧，但仍用泥团支钉间隔，说明其与支柱裸烧的青瓷在装烧技术上有传承关系。且早期青白瓷器足的足墙一般都比较宽矮，胎骨都比较厚实，在器外壁流行雕刻莲瓣或压印竖条作瓜棱形的装饰。这些特征都是晚唐五代青瓷上常见的特征。

北宋后期，七里镇窑的产品主要以青白釉与酱釉瓷器为主，开始改用一器一匣烧造器心施釉并带装饰的高档瓷器。青白瓷瓷器的器形，特别是底足，明显变高，器壁也开始变薄。由于器壁变薄，北宋前期在腹壁浮雕莲瓣的装饰方法，开始向刻划花转变。南宋时期的赣州七里镇窑主要是采用一器一匣的垫饼支烧法烧造瓷器，青白瓷碗盘碟盏，器形变得更加矮小，特别是圈足足墙的高度大多在1厘米以下。

七里镇窑至少从北宋中期就开始烧造酱釉，与青白釉并驾齐驱，并因此烧造了一些内青白、外酱釉的双色釉瓷，在赖屋岭与周屋坞窑包考古发掘时，都发现有青白釉与酱釉碗盏交替叠放的匣钵柱。到南宋中期，酱釉瓷的烧造数量更是超过青白釉，成为七里镇窑的最主要品种。宋代酱釉瓷的器形类似宋代青白瓷，北宋的器形较高大，圈足也宽大；南宋的器形较矮小，器壁变薄，圈足变矮小。南宋时期七里镇窑盛行乳钉罐，这类罐敞口，直颈，鼓腹，圆底或平底。一是在颈部或肩部饰有一圈凸起的圆点纹（即乳钉），这种圆点既有白釉，也有青釉、酱釉，灵活应用于不同的釉面或胎面上；二是其器内到口沿外唇均施满釉，釉面均匀，光滑，器外却不一定施釉，有的在素胎上刻划旋涡状的柳斗纹，有的则素面无纹。[①]

---

① 参看江西省文物考古研究院. 赣州七里镇窑址出土瓷器［M］. 北京：科学出版社，2020；江西省文物考古研究院. 赣州七里镇窑址考古发掘报告：1985—2018［M］. 北京：科学出版社，2022.

### 五、南丰白舍窑

南丰县位于江西省东部，白舍为南丰县古镇，位于距县城西南27千米处。窑场近旁的古埠头是白舍窑瓷器产品销售的航运码头。1998—1999年考古人员对饶家山窑址进行抢救性发掘。[①]

饶家山出土瓷器以青白瓷为主，也有黑釉瓷与陶器。北宋中晚期瓷器釉色基本泛白，或白中略带黄，碗盘类有折沿、侈口、少量花口，盏类圈足较高。在碗、盘、盏等器壁内底刻划花卉、云气、篦点纹样。北宋末至南宋初采用涩圈叠烧，在器物口沿内侧装饰酱釉边，更主要的是开始出现泛青（或青灰）的瓷器品种，胎质多泛灰，圈足较矮等碗盘类器物多侈口内敛，矮圈足流行。从窑业堆积的规模上看，产量显然不如北宋中晚期。南宋中晚期青白瓷釉色泛青或灰青的进一步增多，矮圈足流行。黑釉瓷形成了一定的生产能力。流行白釉剔刻月影梅纹瓷器。装烧方法仍以一匣一器的仰烧为主，虽采用涩圈叠烧、套烧等工艺提高产量，但效果显然不如景德镇的芒口覆烧工艺。

# 第七节　湖北、湖南、四川、重庆的瓷窑

## 一、两湖地区

宋代湖北湖南地区瓷业并不兴盛，湖泗窑在五代至宋初烧造青白瓷，湖南中部地区烧制青白瓷，湖南南部的衡山窑烧制粉地绘花瓷。

### （一）武汉湖泗窑

湖泗窑址主要分布于武汉市江夏区南部的梁子湖与斧头湖之间地区。地势蜿蜒起伏，港汊曲折交错，蕴藏丰富的高岭土制瓷原料。在湖沿岸的丘陵之上，

---

① 参看江西省文物考古研究所, 南丰县博物馆. 江西南丰白舍窑——饶家山窑址 [M]. 北京: 文物出版社, 2008.

分布着大大小小数以百计的古代制瓷遗址堆积，包括梁子湖沿岸湖泗、舒安、保福、土地堂、贺站所发现的青白瓷系窑址和斧头湖沿岸安山、法泗、范湖所发现的青瓷系的窑址，两个瓷系其年代上起唐末五代，主要造烧在宋代，下至元明时期。

梁子湖窑以青白瓷为主要特色。胎质多呈灰白胎、白胎。少数器物胎呈灰褐色，多杂质气泡。釉色多为青白色，白中闪青，釉层较薄。釉厚的产品或有些产品积釉的部位釉色润泽，呈现翠青色、湖青色。多数产品釉质润泽透明，极富光泽，釉面多开细小冰裂纹。装饰手法有刻划法和画线法。浅刻双线弦纹装饰，多用于执壶的肩腹部外壁。以刀刻线作轮廓，其间饰篦纹，多用于碗、盘等器内壁。题材有卷草纹、折枝荷花、菊花、菊瓣、梳篦水草纹或波浪纹，还有蝴蝶、婴戏等纹饰。[①]

### （二）益阳羊舞岭窑

湖南省羊舞岭古窑址位于益阳市赫山区龙光桥街道早禾村、石笋村和沧水铺镇交界处的山丘和坡地上。目前羊舞岭窑已发现的窑址有高岭窑址、杨泗庙窑址、蜈蚣塘窑址、瓦渣仑窑址等，是一处南宋至明清时期的窑址群。根据考古发现，各窑场均以某一釉色产品为主，兼烧少量其他釉色产品，如青白瓷、青瓷、青花瓷、黑釉色瓷等。2013年8月—2014年7月，考古队对施工路线穿过的羊舞岭瓦渣仑古窑址进行了抢救性考古发掘。

羊舞岭窑南宋中期以涩圈叠烧法开始烧制青白瓷，此时的青白瓷胎体厚而坚实，釉色偏黄，釉层乳浊。南宋晚期羊舞岭窑在江西景德镇窑青白瓷窑业技术的直接影响下，开始烧制仿景德镇窑青白瓷，引入支圈覆烧法并大量使用。与之相适应，青白瓷胎体变薄，釉色由青黄变为青白，由乳浊变得莹润透明。同时羊舞岭窑还间接吸收了定窑、龙泉窑的技术，在器物造型、纹样方面模仿制作精细青白瓷，从而使羊舞岭窑仿烧的青白瓷迈入了一个新的阶段。[②]

① 湖北省文物考古研究所. 武昌青山瓷窑遗址发掘简报 [J]. 江汉考古, 1991（4）；武汉市博物馆. 武汉市梁子湖古瓷窑址调查 [J]. 江汉考古, 1998（4）；武汉市博物馆, 武汉市江夏区博物馆, 武汉大学考古学系. 湖北武汉江夏王麻窑址1988—1996年的发掘 [J]. 考古学报, 2000（1）.

② 湖南省文物考古研究所, 益阳市文物管理处. 湖南益阳羊舞岭瓦渣仑窑址Ⅱ区发掘简报 [C]//湖南考古辑刊（第11集）. 北宋: 科学出版社, 2015: 142-162.

## 二、川、渝地区的瓷窑业

四川、重庆地区的早期窑业开始于南朝，在成都青羊宫窑即发现了南朝至隋代青瓷遗存，唐代邛崃十方堂窑烧造乳浊釉瓷及三彩釉陶。两宋时期，四川地区的古陶瓷可以按青瓷、黑瓷和白瓷划分为三个生产传统，即以邛窑为代表的乳浊青瓷，以涂山窑、广元窑、金凤窑为代表的黑瓷及以磁峰窑为代表的白瓷。另外在南宋时期金凤窑、广元窑还出现了少量白釉褐彩瓷，在达州瓷碗铺窑还发现了酱釉涩圈印花瓷，均受到了山西地区瓷业的影响。

### （一）成都琉璃厂窑

琉璃厂窑，又称"琉璃场窑"或"华阳窑"，旧址位于成都市中心东南约7千米外的琉璃场老镇内。目前，该地属于锦江区锦华路街道琉璃社区管辖，窑址核心区南临三环路琉璃立交段，东临锦华路，西临洗瓦堰河（小沙河），再往西距府河约1千米，北临科创路，再往北距成昆铁路约800米，其中部被老成仁公路（今琉璃路）南北向穿越。2018—2019年，为配合基础建设，成都文物考古研究院再次对位于锦江区柳江街道琉璃村六组、包江桥村一组的琉璃厂窑址区进行了考古勘探和发掘。

五代至元琉璃厂窑的陶瓷遗存可分为三期，即琉璃厂窑一至三期。

琉璃厂窑第一期年代为五代至北宋早期。产品主要以日常生活用瓷为主。釉色以青釉为主，酱釉次之。器物多胎体厚重、器形丰满者。碗、盘、钵等器类饼足流行；注壶、罐腹部最大径偏上，流行短直流；炉兽面蹄足捏制生动形象。青釉产品除素面外，装饰技法以酱釉、青釉进行釉下彩绘为最流行。点彩、卷草纹、草叶纹都是本期流行的纹饰，常绘于碗、盆等器物内壁，钵、炉等口沿，罐、壶肩腹部。刻划纹配合釉下彩也较为常见，主要运用于盆内壁及注壶腹部，这些刻划纹主要有卷草纹、荷叶纹、双鱼纹、鸟纹。酱釉器则普遍素面。装烧方式有支钉叠烧、无间隔具直接叠烧、对口烧以及套烧等，以叠烧使用频率最高。绝大部分碗、盘、盏、盆采用支钉叠烧。

琉璃厂窑第二期年代为北宋中晚期至南宋中期。这一时期琉璃厂窑产品仍以生活用品占大宗，另外还生产艺术陈设器、宗教用器、丧葬明器及建筑构件。本期碗、盏、盘流行圈足；罐不见上一期流行的双股竖系；壶、瓶腹部更为瘦长，弯曲形长流取代了上一期的短直流；炉足部变短小；出现大量体型较小的器物，如小罐、小瓶、小壶、小杯、小碟等。釉色以酱釉为主，青釉产品次之，且新出现一定数量的黑釉、白釉、绿釉及低温釉产品。酱釉产品以素面居多，带纹饰者多以化妆土施于釉下。如碗、盏类器物流行以化妆土于内壁釉下绘制草叶纹、出筋纹、口沿描白边；瓶、罐流行以化妆土于肩腹部绘制斜线纹、网格纹、卷草纹；壶、急须流行以化妆土于肩部釉下绘团彩。另有少量盏于内壁模印花草纹、团菊纹等。青釉器的装饰则继续流行以酱釉或绿釉绘制草叶纹，圈足碗、盏内壁及壶肩腹部多见此类纹饰，也有部分圈足碗、盏于口沿装饰一周酱釉边，或以化妆土于器底绘制出多角星纹的装饰方法。黑釉者除腰鼓流行剔釉划花外，皆素面。白釉器以素面居多，碗盘类器物流行口沿处装饰一周青釉或酱釉边，瓶以酱釉或绿釉于腹部绘花草纹。绿釉碗有个别于外壁模印莲瓣纹。此外碗、盏类器物圈足内多模印文字等窑工记号。装烧方法丰富，第一期流行的支钉叠烧以及无间隔具直接叠烧继续存在。第一期使用较少的对口烧，本期广为应用。另外新出现了石英砂叠烧法及垫环叠烧法。

第三期年代为南宋晚期至元代。这一阶段琉璃厂窑产品器类急剧减少，只有碗、盘、盏等少数几种生活用品，流行宽圈足器。胎体十分厚重，一部分呈砖红色。以无纹饰的黑釉占据了主导，且多数无光泽、发木光。器底模印窑工记号。器物全部采用石英砂垫烧，大部分在石英砂上增加垫圈以增强承重力。[①]

### （二）重庆涂山窑

涂山窑主要分布于重庆南岸区南山与涂山之间的宽谷地带，巴南、荣昌、合川、铜梁、九龙坡等地，水系发达，共发现窑址29处。涂山窑始烧于北宋晚期，南宋是其盛烧期，到元代逐渐衰落。20世纪80年代以来，重庆市博物馆、重庆市文化遗产研究院（前重庆市文物考古所）等单位做了大量的调查、发掘工作。

涂山窑以烧制黑釉瓷器为主，兼烧白瓷器。白瓷烧制规模不大，持续时间也不甚长。黑釉瓷器器型以碗、盏为主，盘、碟、瓶、壶、罐等次之。釉色见黑、黑褐、青褐、柿色等，以黑、黑褐釉为主，青褐、柿色次之。多施釉不及

---

① 参看成都文物考古研究院. 成都琉璃厂窑址：2018—2019年考古发掘报告［M］. 北京：文物出版社，2021.

底，釉色光莹润泽。釉面装饰以二次施釉为主，多以柿色釉为底，上施黑釉，因施釉厚薄不同及对烧成温度的控制，烧成釉色极具变化。胎色以灰白为主，见灰黄、灰、灰黑胎。白瓷器型以碗、盘为主。釉色见白釉泛黄、白釉泛青两种，釉下装饰多以酱色颜料绘制草叶纹。

遗物可分为三期。第一期年代为北宋晚期至南宋早期。瓷器多深灰色砂质胎，以黑釉为主，釉色不稳定，结晶釉纹饰少且不规整。盏腹部较深，以侈口为大宗。出现了少量青白瓷，少见印花；器类较少，器形较单一，生烧器占相当比例。

第二期年代为南宋中晚期。瓷器多灰白色砂质胎，胎质更为致密、细腻。侈口盏明显减少，敛口数量陡然增加并成为主流。黑釉瓷更加丰富，黑褐釉、柿色釉的比例明显上升，结晶釉纹饰数量增多，变化多样，有兔毫纹、黄釉斑花瓣纹、放射状的菊花纹、玳瑁纹等。

第三期年代为南宋末期至元代。黑釉瓷色彩单一，结晶釉纹饰数量减少。器物形制不如前期丰富，盏以敛口为主，少见侈口，新出现了一种喇叭形高圈足青瓷杯。[①]

### （三）彭州磁峰窑

磁峰窑位于彭州市西北40千米的磁峰镇（今桂花镇），因地名称之为磁峰窑。窑址地处龙门山脉与成都平原交界的山前深丘地带，背山临水，附近盛产瓷土、原煤、釉料，并且有丰富的石英石、长石和耐火土等资源。2000年，成都市文物考古研究所、彭州市博物馆对该窑土溪河东岸瓷库坪区域进行考古发掘。

磁峰窑产品在烧造时的间隔方式有三：一是圆点状瓷土颗粒间隔，系将烧制瓷器的坯土制成规则、大小基本相等的圆球，依据器物的大小在装烧时放置5～6个瓷石圆球在器物内底；二是用石英砂、细砂等间隔，装烧时放置5～8堆，砂粒不等；三是用垫饼或垫圈间隔。

该窑址产品可分为三期。第一期年代为北宋中期。器物表面的装饰较少，以素面和较为简单的出筋装饰为主，几乎都在碗盘等器物的内壁，以六出筋最为常见，为了增加釉面的白度，釉下多施化妆土，器物造型以敞口、斜腹、圈足为

---

① 参看重庆市文物考古所.重庆涂山窑[M].北京:科学出版社,2006.

主，明显受到定窑产品的影响，但相比之下胎体较为厚重。第二期年代，据发掘者考证认为是北宋晚期至南宋早期。白瓷生产发展最为迅速、产品多样化程度最高的时期，装饰手法多样，除第一期的出筋类花纹装饰外，碗、盘类器物大量流行各类刻划、篦划花纹，开始出现并迅速流行模印花纹，水波双鱼纹、莲瓣纹、大雁穿花纹是最常见的纹样，刻划莲瓣纹出现在器物的外壁；器物造型以撇口或侈口、斜弧腹或斜直腹、圈足为主，这个时期刻划花纹多采用刀锋偏斜的刻划技法，模印花纹则布局工整，各种纹饰、装饰手法都与定窑极为相似。第三期年代为南宋中晚期。与前期造型差异不大，刻划花纹装饰略有减少，更为流行模印花纹装饰，且以模印六分格图案纹饰最为常见，六分格的各单元花纹以不同题材的花草为主，而碗心纹样则多为首尾相对的双鱼。大雁穿花的纹样继续流行。[①]

①　成都市文物考古研究所, 彭州市博物馆. 2000年磁峰窑发掘报告 [G] //成都考古发现 (2000). 北京: 科学出版社, 2002: 167-221; 黄晓枫. 磁峰窑与四川盆地宋代白瓷生产 [C] //故宫博物院八十七华诞定窑学术研讨会论文集. 北京: 故宫出版社, 2014: 435-456.

# 第十二章　元代瓷窑和宋元港口沉船

# 第一节 元代瓷窑

## 一、北方地区

北方元代窑业整体呈衰落的趋势，定窑细白瓷在这一时期已停止生产，耀州窑也已经衰落，只生产质量较低的刻花、印花青瓷。当时流行于北方的是较为简朴粗放的白地黑花瓷（以磁州窑为代表）及钧釉瓷。霍窑烧造的细白瓷，在这一时期是北方少见的细瓷。

### （一）磁州窑

磁州窑在元代的主要窑场由观台转移到了彭城。

观台窑的8号窑最为典型，总长8.35米、宽6.5米，比宋金时期窑室更大、更高，是观台窑最大的窑炉。由于窑室加高，容量加大，匣钵叠高，第四期的匣钵普遍加大加厚，每窑装烧的碗、盘数量也随之增多。元代层未发现仿定窑器。黄绿釉三彩器也迅速减少，除白地黑花装饰产品外，宋金时代丰富多彩、多种釉色的剔、刻、划、印等装饰品种，均急剧减少，这说明元代磁州观台窑的衰落。到元代中晚期器物的支烧支具也发生了明显变化，新出现以"沙堆"支烧的工艺。"沙堆"支烧成本降低，省工、省料、省时，但在"沙堆"支烧的碗、盘内底留下了三片沙粘的疤痕，这与前期以小三角支钉支烧留下的疤痕有明显的区别。民用粗瓷外壁半白釉碗、盘大量增加。碗、盘绘双环，环内书字，以"王"字最多，其次是"元""张""赵""杨""羊""山""水"等数十个不同的草字。有的碗、盘绘简单的小花，还有盘内草书"酒"或"一色好酒"。黑釉器以碗为主，瓶、罐较少，但时代特征明显。黑釉碗以黑釉酱斑碗为典型，是用漏斗小匣钵单件烧成，故内底光洁，内壁均装饰两排竖线状酱斑，其外壁为半釉，下部露粗胎，圈足有明显的"鸡心突"。

彭城窑在邯郸市西南37千米的峰峰矿区南部，滏阳河右岸。它地处彭城盆地正中，四周环山，地下煤及其伴生的制瓷原料蕴藏十分丰富，早年冶铁和铁器制造业亦很发达。滏阳河及三条支流水源充足，水运便利。这里的制瓷业始于宋金，到元代窑业更发达，明代后成为北方民用制瓷业的中心。1999年对彭城窑址进行了考古发掘，出土器物为彭城窑的分期研究提供了科学的依据。[①]彭城窑元代白地黑花瓷十分丰富，以白地黑花枕为代表。元代彭城窑瓷枕装饰和造型多为白地黑花长方枕，这种长方枕不仅数量上占绝对优势，而且绘画技艺高超，绘画内容广泛，绘画场面宏大，如有的枕上竟画八九个人物。描绘题材多为佛道教化、历史故事、山水风景、二十四孝、元杂剧等，如"李逵负荆""唐僧取经""单鞭救驾""柳毅传书""八仙过海""僧稠降虎""赵抃入蜀""司马题桥"等等。书法装饰内容以元散曲为主，也有唐诗、宋金诗词赋、民谣等文体。如元散曲《红绣鞋》《朝天子》《落梅风》《山坡羊》《庆东原》《喜春来》等等。所书字体，真、草、隶、篆、行、楷均有。

　　另外，元代磁州窑较有代表性的器物尚有绘制龙、凤纹及花卉纹的大罐、四系瓶，内底绘鱼游水草纹的大盆等大型器物，此类器物在绥中三道岗沉船、元大都、东北地区及大运河沿途均有广泛出土（图12-1）。

1　　　　　　　2　　　　　　　　3　　　　　　　　　　4

**图12-1　元代磁州窑器物**

1. "仁和馆"四系瓶　2. 舟上钓鱼纹梅瓶　3. 龙凤纹罐　4. 高士观一落叶纹枕

### （二）庞大的钧窑系

　　钧釉瓷在这一时期的北方地区广泛生产，形成窑系。除豫西以箕山地区为中心的窑场外，当阳峪窑、大同地区窑场、汾阳窑等窑口亦有生产。产量大，窑

---

① 邯郸市文物保护研究所, 峰峰矿区文物保管所. 彭城盐店磁州窑遗址发掘简报 [C]//河北省文物研究所. 河北省考古文集（五）. 北京: 科学出版社, 2014: 282-320.

口多，胎和釉色的质量颜色参差不一。蒙元初期的钧釉瓷尚有少量较为精细的产品，如许昌文峰路M3出土的钧釉瓷洗即为满釉支钉烧，冯道真墓出土的部分元代钧釉瓷底足满釉。元代中晚期的钧釉瓷则较为粗糙，以碗、盘等日用器皿为主，亦有炉等宗教器。元代钧釉瓷碗多为敛口、侈口碗，碗型较大，胎质粗厚，釉色有月白、天青等多种，器物装饰以红斑为主，碗多为内底施小块不规则红斑，亦有部分器物内壁近口沿处施五块酱斑，外壁施釉多不及底，垂泪明显。元代钧釉瓷产量巨大，出土极为广泛，在元朝疆域内的各地几乎都有发现。其中呼和浩特出土的钧瓷花瓶及香炉[①]代表了元代钧瓷高档瓷的艺术水平（图12-2）。

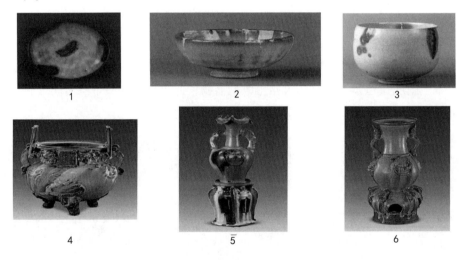

**图12-2　元代钧瓷器**

1.钧釉紫红斑盘　2.钧釉紫红斑钵　3.钧瓷碗　4."小宋自造"炉

5.钧釉紫红斑双耳连座瓶　6.钧瓷双耳连座瓶

### （三）霍州窑

在元代仍然烧造细白瓷，但装烧方法由金代的涩圈叠烧演变为支钉支烧，因此在碗、盘等器物内底多有五处细小的支钉痕，足跟或有粘连的瓷土制圆锥形支钉。这一时期的霍州窑器型多为较小的碗、盏、碟，有匜、高足杯、玉壶春瓶。其中高足杯足多为竹节形，胎体轻薄，胎质细腻，胎色洁白，釉色纯净，装

---

① 李作智.呼和浩特市东郊出土的几件元代瓷器[J].文物,1977（5）：75-77，97.

饰较少，部分折沿盘、碟内底有印花纹饰，匜耳有模制纹饰。霍州窑的流布范围较钧窑为窄，集中于我国北方地区及蒙古高原，这可能与其胎质轻薄，不耐长途运输有关（图12-3）。

**图12-3　元代霍州窑瓷器**

1.折沿碗　2.折沿印牡丹纹盘　3.竹节纹高足杯

## 二、南方地区元代瓷窑

元代南方地区的窑业生产则较为繁盛，景德镇窑及龙泉窑这一时期极为繁盛，大量输出海外。龙泉窑在14世纪的海外贸易瓷中占据主流地位。元代景德镇窑以多样创新奠定瓷都地位，创烧了釉里红、青花等高温釉下彩瓷及铜红釉、钴蓝釉等高温单色釉瓷。德化窑、磁灶窑、南平茶洋窑、莆田庄边窑等福建地区窑场也烧造了大量外销瓷器。吉州窑在这一时期仍然有所烧造，但多延续了南宋时期的特点。

### （一）景德镇窑

元世祖忽必烈至元十五年（1278）在景德镇设立浮梁瓷局，这是元朝唯一的管理瓷窑烧造的机构。景德镇既有专供宫廷的御土窑，也存在面向市场的大量民窑，产量大，内销外销皆旺。在元朝统治者对各种文化与宗教实行兼收并蓄、共存发展之制下，景德镇开启了探新求变、追求卓越的发展之路，新品迭出，成为瓷都。

1.青白瓷与卵白瓷（枢府瓷）

（1）青白瓷生产技术水平仍然较高。胎体普遍变厚，造型厚重饱满。装饰出现兽环铺首、串珠纹、点彩、S形双耳、器下连座等手法。元大都遗址出土的青白瓷菩萨像、多穆壶、炉为这一时期青白瓷的代表作。

（2）卵白釉瓷（枢府瓷）。元代中晚期，卵白釉瓷大量生产，成为景德镇窑的主流产品。其胎体厚重，釉为失透状，色白微青，类于鹅蛋颜色。器类以盘、高足碗、折腰碗等小型器为主。折腰碗敞口、折腹、厚圈足，有鸡心突，足边缘常有小砂粒。卵白釉瓷装饰多为胎装饰，以印花为主，如印花缠枝云龙纹、凤纹、缠枝菊纹、缠枝西番莲纹、云鹤纹、菊瓣纹等。至元代晚期出现刻划花，如外刻划水波纹、莲瓣纹等。部分卵白釉瓷上还有点彩纹饰及褐彩彩绘纹饰，如韩国新安沉船出水的折枝花卉纹盘及苏州太仓樊村泾元代仓库遗址出土的缠枝花卉纹高足杯。[①]部分卵白釉瓷器在印花纹饰中间印有"枢府"二字，又被称为"枢府瓷"。也有"太禧"款，这是专给负责祭祀皇帝的"太禧宗禋院"定烧的。"太禧"盘外壁是莲瓣纹，内壁是佛教八宝纹，盘内底五爪团龙纹（图12-4）。

**图12-4　"太禧"盘**

值得注意的是，有极少量的卵白釉加彩贴金瓷器，这类瓷器以内蒙古西白音元代窖藏出土的高足杯为代表。[②]该高足杯撇口，深弧腹，竹节形高足。杯外壁饰以牡丹花纹，高足颜色脱落严重不可辨，杯口沿内侧饰以缠枝梅纹，内底饰以牡丹花一束。彩色脱落较为严重，可以辨别的是部分牡丹花叶子和梅花心及高足足端采用了绿色，部分牡丹花瓣边缘和梅花花瓣轮廓采用了红色，在牡丹花和梅花花瓣中间贴金装饰。从彩色脱落情况来看，上述颜色是附着在一个事先勾勒好的粉本上，即存在一个类似于没有任何颜色的底稿图案，而不是直接绘在器物上。

① 参见苏州市考古研究所.江苏太仓樊村泾元代遗址［J］.大众考古,2017（12）.

② 参见尹建光,谢玲.内蒙古西白音元代窖藏出土珍瓷［J］.收藏,2014（10）.

2.釉里红与铜红釉瓷

（1）釉里红瓷。元代景德镇窑还出现了釉里红瓷器。釉里红实质上是釉下红彩，指以铜料在胎上绘画，罩以透明釉，在高温还原焰气氛中烧成。已知最早元代釉里红出土的实例出水于元至治三年（1323）沉没的韩国新安沉船上，为一件椭圆形盘，内以釉里红饰两片叶子，叶内题写诗文"流水何太急，深宫尽日闲"。[①]另外，在江西丰城市发现的釉里红楼阁式仓、塔式盖罐皆有"大元至元戊寅（1338）"款，为已知唯一的釉里红纪年款器。[②]另外，在江西高安窖藏亦出土了4件元代釉里红瓷器。[③]保定窖藏[④]中还出土了一件青花釉里红开光贴塑盖罐，该罐造型丰满，大罐盖顶雕塑坐狮钮，腹部饰以双线贴塑菱纹开光，内饰以雕塑堆花。大罐雕塑工艺精湛，装饰层次鲜明，集绘、雕、塑、堆、贴等多种工艺技法于一体。故宫博物院收藏的釉里红扁壶，其龙纹是白色，但以红色为衬底（彩页三，5）。元代釉里红的花纹不是纯红色，当时的技术还不能烧出纯红色花纹，到明宣德和清康熙时才烧出最好的釉里红器，但元代釉里红很少见，故珍贵。

（2）铜红釉瓷。将一定量的含铜物质作为着色剂，掺入釉中，高温烧成后便得到红釉瓷。元代只有小件器物上有铜红釉瓷，如碗、盘、印盒，器底无釉，只在元大都出土过。元代铜红釉色不纯正，到明初才烧成纯正的铜红釉瓷，称"永乐鲜红"。

3.钴蓝色瓷

钴蓝釉在唐三彩中已出现，但那是在低温铅釉中的呈色。元代景德镇能烧制出高温蓝釉瓷。保定出土了蓝釉金彩匜（图12-5）、盘。

图12-5　钴蓝釉金彩匜

4.青花瓷

（1）青花瓷的定义与名称

青花瓷是应用钴料在白色胎上绘画，然后上透明釉，在1300℃高温下一次

---

① 参见冯先铭.南朝鲜新安沉船及瓷器问题探讨[J].故宫博物院院刊,1985(3).

② 参见杨后礼,万良田.江西丰城县发现元代纪年青花釉里红瓷器[J].文物,1981(11).

③ 刘金成.高安元代窖藏瓷器[M].北京:朝华出版社,2006:7-8.

④ 穆强.保定窖藏元青花探秘[J].东方收藏,2015(10):115-118.

烧成，呈现蓝色花纹的釉下彩瓷器。广东潮州窑北宋熙宁二年（1069）佛像（彩页四，1）和杭州的至元丙子年（1276）墓出土三件观音像，是采用钴料做彩绘装饰①，但是呈现黑色或深褐色，还不能称为青花。

1980年景德镇落马桥元代窑址出土一件柱形窑具上用青花写"頭青"两字。②即头等青料，这是当时已经把烧成的蓝花色的称青色花，才能把钴料称为青料。明初洪武二十年（1387）的《格古要论》中记载"有青色及五色花者，且俗甚矣"③，可见元代已经把这种蓝色花纹称为青色花、青花。

马文宽认为元代《岛夷志略》记载航海与岛国土著进行贸易品中的"青白花瓷器""青白花碗""青白花器"是指青花瓷，非青白瓷。④《岛夷志略》中记载与诸岛屿居民进行交换的瓷器名称还有青瓷器、青器、青瓷、青瓷花碗、处州瓷、处器、处瓷器、青处器、青白瓷、青白碗、粗瓷、粗碗、瓷器盘、瓷壶瓶。⑤元代青花瓷中既有青花，也有白花（反青花）（见彩页四，3），是青、白两色成花，故马文宽的解读是正确的，可知元代人把青花瓷也称为青白花瓷。

（2）元青花的认识历程回顾

20世纪初，古董界和研究者一般认为我国在明代才有青花。

首先提出元有青花实证的是英国人霍布森（R. L. Hobson）。1929年在《古董家具》（*Old Furniture*）的杂志上发表《明代以前的青花瓷器》（*Blue and White before Ming*），刊布了一件有纪年铭文的元代青花云龙纹象耳瓶⑥。这件器物现藏于英国伦敦大学大维德中国艺术基金会（The Percival David Foundation of Chinese Art）。还有一件完全相同的姊妹瓶。瓶高63.6厘米，青花发色浓艳，白釉泛青。直口，长颈，颈部两侧附有象鼻形双耳，溜肩，深腹，颈部内收，至圈足处又外撇。通身上下自口至足共有八个层次的图案纹饰，分别为缠枝扁菊、蕉叶、飞凤、缠枝莲、云龙、海涛、缠枝牡丹和覆莲杂宝（图12-11，1）。气势雄

---

① 李炳炎. 宋代笔架山潮洲窑 [M]. 汕头：汕头大学出版社，2004；张浦生. 关于元代青花瓷研究的几个问题//中国古陶瓷研究（第11辑）[C]. 北京：紫禁城出版社，2005：157-161.

② 江建新. 元青花与浮梁磁局及其窑场 [J]. 中国国家博物馆刊，2013（6）：76-86.

③ （明）王佐. 新增格古要论 [M]. 杭州：浙江人民美术出版社，2019：254.

④ 参见马文宽. 中国青花瓷与伊斯兰青花陶 [J]. 中国历史文物，2003（1）.

⑤ （元）汪大渊. 岛夷志略校释 [M]. 北京：中华书局，1981：427-434.

⑥ 参见R.L.Hobson，*"Antique Furniture"*，*American Art Association*，1929.

伟，花纹精美，该瓶的重要之处还在于其颈部蕉叶纹空白处有6行62字的青花楷书题记：

> 信州路玉山县顺城乡德教里
>
> 荆塘社奉圣弟子张文进
>
> 喜舍香炉花瓶一付
>
> 祈保阖家清吉子女平安
>
> 至正十一年四月良辰谨记
>
> 星源祖殿胡净一元帅打供

"至正十一年四月"即1351年4月26日至5月25日这段时期（元末）。"信州路玉山县"即今江西省上饶市玉山县。内容为张文进定烧了一对青花花瓶（可能还有一座香炉），施舍给当地的某座道教神殿——星源祖殿，以求家人能够平安吉祥。

系统认识元青花的是美国学者波普（John Alexander Pope）。1952年，他发表了《14世纪青花瓷器：伊斯坦布尔托布卡普宫博物馆所藏一组中国瓷器》（*Fourteenth-Century Blue-and-White: A Group of Chinese Porcelain in the Topukapu Sarayi Muzesi, Istanbul*），1956年又出版《阿德比尔寺所藏中国瓷器》（*Chinese Porcelains from the Ardebil Shrine*）。波普利用大维德基金会青花云龙纹象耳瓶为标准器，对照土耳其和伊朗两馆藏品深入研究，与象耳瓶相类的都划为"14世纪青花瓷器"。这样就在传世的中国早期青花瓷器中辨认出大批14世纪青花来，后来的学者在波普研究的基础上，把这批瓷器进而定为"至正型"，作为典型的元青花。

中国学者在考古发现了元代青花器物后，才确信元有青花瓷器。这样出现了三个持续开展的工作：一是考古在发掘与研究中对元青花特别重视；二是博物馆或收藏家针对藏品辨识出一批元青花；三是文物买卖市场买卖元青花并带动复制元青花（据说是1984年景德镇开始仿制，以前没有仿制品）快速发展。

（3）元青花的源头

青花瓷始于唐代。1975年，扬州唐城遗址出土了一块青花瓷片，1983年扬州又陆续发现一些青花瓷残片。冯先铭结合其胎釉特征，以及唐代巩县生产的唐三彩中也使用过钴料的事实，又进一步把唐青花的产地定为巩县窑，再结合唐青花纹饰的阿拉伯风格，唐代扬州是一个国际贸易城市的时代背景以及8到10世纪很多国家都进口我国瓷器（其中包括唐青花）并大量仿制的事实，又进一步确定唐青花当时主要是为外销而生产，随着巩县窑的衰落而中断。印度尼西亚黑石号沉船上有6万件长沙窑唐代瓷器，3件青花瓷。2003年在河南郑州市上街区唐墓中发现白地青花瓷器，说明青花瓷器也为个别本土人士使用。唐代的青花纹饰具有明显的阿拉伯风格。①

元青花起源是重要的课题，讨论热烈，有多种观点，在此仅举两例。河南巩义市黄冶窑发现唐青花，从而证明，青花瓷器最早在中国唐代发明。随后有人提出唐代青花瓷器、三彩瓷器传入中东地区，花纹受到当地人的喜爱，当地生产钴料，与波斯陶结合，生产出阿拉伯风格青花瓷器——一种花纹繁缛，图案成组，多层次的青花艺术。成吉思汗军队把当地的一些工匠抢掠到中国，所以元代突然大量出现成熟的青花瓷器。②

马文宽2003年发表的《中国青花瓷与伊斯兰青花瓷》③，认为元青花是在内外环境下瓷业发展的必然结果，中东伊斯兰的熔块胎青花陶是在元青花的影响下产生的。

（4）元代青花瓷创烧时间与创烧过程

景德镇窑元青花的创烧时间和创烧过程仍是一个待解决的重要课题。

江西省九江市延祐六年（1319）墓出土彩绘牡丹塔式盖瓶（图12-6），白釉开片，瓶肩部附加狮子和白象首没有开片，是文殊菩萨和普贤菩萨的坐骑，是镇墓之器。报道认为是青花器④，同类器在湖北黄梅县西池窑厂的延祐纪年墓也有出土⑤。于是有人提出"延祐青花"概念，即早期元青花。经上海博物馆检测不是青花，是铁料成色，属于釉下铁褐彩绘瓷器。彩绘图案布局和纹

**图12-6　被误认为是"延祐青花"的釉下铁褐彩绘**

① 参看郑州市文物考古研究所. 河南唐三彩与唐青花［M］. 北京: 科学出版社, 2006.

② 参见袁南征, 王蔚波, 郭木森. 冯先铭与唐青花［N］. 中国文物报, 2003-05-07.

③ 参见马文宽. 中国青花瓷与伊斯兰青花陶［J］. 中国历史文物, 2003（1）.

④ 参见九江市博物馆. 元代青花牡丹塔盖瓷瓶［J］. 文物, 1981（1）.

⑤ 参看王红星, 李建毛. 中国出土瓷器全集13　湖北湖南［M］. 北京: 科学出版社, 2008.

样都属于磁州窑系的风格，是景德镇装饰得益于磁州窑彩绘滋养的证明。

唐代黄冶窑已经生产白地蓝花的青花器[①]，除了外销阿拉伯之器外，在郑州上街窝峡唐墓的白色塔式罐上也有蓝花图案[②]，青花瓷器在中唐已经出现，窑工已经认识和掌握了用钴料绘画的基本技术。在从唐到元长达五百年里，白瓷和影青瓷窑址很多，青花始终是零散的极少量的发现状态，说明白地蓝花之美在国内市场不被认可，各地白瓷、青白瓷窑厂没有规模生产青花的动力。究其原因，概因为宋代上流社会崇尚瓷器"类玉"的釉质美，器表装饰繁缛明艳的蓝花影响对釉质美的展现。下层社会普遍接受磁州窑系黑绘花是因为有盛行水墨画审美意识的支撑，蓝花则属于另类，明代早期的《格古要论》还认为青花甚俗气。

元代中晚期青花突然兴盛繁荣有两个主要驱动。

第一个是外来的伊尔汗国上层的订购高档蓝花瓷器需求，得到元朝皇帝官府支持，这是比唐朝时期阿拉伯人对青花商品的需求更大的驱动力，才能使用高超技艺画工、外国画工参加到瓷器花纹的制作工作。元代在景德镇设置了浮梁瓷局，为皇宫和官府提供高质量的瓷器，追求开发新品种，推动景德镇窑变革创新。美丽生动的元青花的突然创烧成功并能够广泛流行，是元朝官方特别重视伊尔汗国宫廷贵族订购需求有直接关系。伊尔汗国把伊斯兰教奉为国教，伊斯兰艺术的特点是崇尚白蓝两色，花纹繁密，纹饰以植物纹、几何纹、变幻的阿拉伯文字为主，动物纹很少，排斥人物造型，多种元素混合运用，结构的繁复与内容和装饰单元的简单重复抵消，繁缛不乱，营造出轻松、优美的情感氛围，没有神秘感和压抑感。伊尔汗国人到景德镇订购阿拉伯风格瓷器，还带来 "苏麻泥"或"苏来麻尼" 青料，产自伊朗的卡尚市附近的拉杰瓦德矿山格哈默沙村钴矿。[③] "苏麻泥青"为天然矿物料，所含的成分相当复杂，但主要特点是高铁低锰并且含有砷等其他微量元素。国产青料都是高锰低铁型，不含砷等微量元素。由于订货商与以往普通的商业市场需求不同，是来自元世祖忽必烈之弟旭烈兀建立的伊尔汗国上层，元朝管理机构浮梁瓷局给予特殊重视，不仅要做出具有伊斯

---

① 河南省文物考古研究院,中国文化遗产研究院,日本奈良文化财研究所.巩义黄冶窑(上) [M]. 北京:科学出版社,2016: 311.

② 参见郑州市文物考古研究院,郑州市上街区文化新闻出版局.郑州上街窝峡唐墓发掘简报[J].文物,2009(1).

③ 许明.土耳其、伊朗馆藏元青花考察亲历记[M].上海:上海人民出版社,2012: 52.

兰艺术风格白地蓝花，还要做成精美的图案花纹。这样促使技术改革，繁缛风格的艺术水平高的青花器被创烧成功。

景德镇生产的外销高档元青花主要供应伊斯兰世界。伊朗博物馆和土耳其博物馆收藏很多的元青花瓷器，国外数量远远多于国内，其品类不仅有白地青花器，还有青地白花器（我国古陶瓷研究中称"反青花""青花留白"）。土耳其托普卡帕皇宫博物馆收藏的青地白花大碗有着多层次的繁缛的纹饰，还体现了伊斯兰装饰图案的抽象、繁密、有规律、均衡、和谐统一的艺术特征，一周莲花瓣抽象成变形草叶合抱成外框的图案是运用伊斯兰艺术花草抽象表现的手法，每个瓣叶框内加元代流行的象征吉祥的杂宝（彩页四，3），重复中又有变化产生韵律感，巧妙表现了两大文明艺术的交叉交融。

新安海底沉船是1323年通往日本的商船，船上有大量龙泉瓷，没有青花瓷。因为早期元青花的外销区域是通往阿拉伯地区的沿线地带，日本并不在这个交通路线区域内，所以不能以此做为此时元代还没有元青花的可靠证据。马文宽根据《岛夷志略》记载推算元代商船出海始航时间应在泰定四年（1327）左右，元青花至少在在泰定时期（1324—1328）已形成规模生产并大量向外输出。[①]

景德镇红卫影院工地曾出土元青花瓷，该遗存叠压于出土典型元青花的地层及元代青白瓷的地层下，经复原有15件高足碗。[②]均为圆唇，敞口微敛，弧腹，竹节状高圈足，胎中铝的含量较高，杂质极少，釉质莹润，聚釉处泛青（图12-7）。出土地层上叠压地层出土的青白瓷高足杯则与西安后至元三年（1337）刘逵墓出土的青白瓷高足杯样式相同，故其年代不晚于1337年。

2011年发掘的西安后至元五年（1339）张达夫墓出土的青花瓷匜是目前已知元青花的最早纪年器之一（图12-8）。芒口，唇和外底露胎，泛火石红色。外壁饰变形仰莲瓣纹，内壁饰卷草纹，内底绘人物故事图[③]，一人头戴冠，怀抱一长拍板，旁边立一仙鹤，周围有树、石、草，为道教八仙中的蓝采和[④]。这件

---

① 参见马文宽.中国青花瓷与伊斯兰青花陶[J].中国历史文物, 2003（1）.

② 参见黄薇, 黄清华.元青花瓷器早期类型的新发现: 从实证角度论元青花瓷器的起源[J].文物, 2012（11）.

③ 参见西安市文物保护考古研究院.西安曲江元代张达夫及其夫人墓发掘简报[J].文物, 2013（8）.

④ 参见杜文.张达夫墓出土元青花人物图匜的再探讨[J].文物天地, 2018（6）.

器物反映了把传统的人物故事绘画运用到青花瓷器装饰上从青花初创时期就已经开始。

 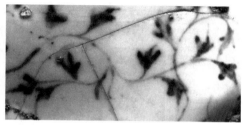

1                 2

**图12-7 景德镇红卫影院工地出土的元青花瓷**

1.早期元青花高足杯    2.早期元青花纹饰细部

　　1998年清理被盗的张弘略墓（M2），在前室发现可复原71件瓷器中的一个瓷盘是青花[①]。张弘略墓志记载去世和下葬时间是元成宗元贞元年（1295），"夫人二，皆姓王氏，咸有淑德，先公卒，今附之"。该墓是四室墓，前室放器物是厅堂，后室和两个侧室都有一个棺椁坑穴和石板椁。当时清理时未留下任何文字和照片资料，2011年二次清理墓葬时根据当年亲历者回忆，后室有骨架一具，东侧室有骨架一具，西侧室有"蔡国夫人李氏"墓志砖，而张

**图12-8 青花瓷匜**

弘略墓志文中没有记载李氏夫人。西侧并列的M3出土墓志记载她是第4位夫人花氏，活到97岁，死于至正元年（1341），与夫君异穴而葬。花氏夫人在张弘略墓志中也未提及。所以墓志只交待了与张弘略合葬的夫人，两位健在夫人没有记述。李氏是二次开启墓门后葬进墓内，而花氏因为去世时间与张弘略墓封闭相距46年。有学者考证出土的青花盘是明代洪武时期产品。[②]

① 参见河北省文物保护中心、保定市文物管理所、满城县文物管理所.元代张弘略及夫人墓清理报告[J].文物春秋，2013（5）.

② 伍秋鹏.元代张弘略墓出土的青花瓷盘年代考——兼论元代青花瓷器创烧的时间[C]//中国古陶瓷研究第二十七辑——元明景德镇窑业与技术交流.北京：科学出版社，2022：12-19.

　　景德镇红卫影院工地出土的元青花瓷高足碗，青花发色总体较浅淡，但在笔触聚集的部位则又显得浓艳。经测试，青花料中铁的含量较高而锰的含量较低，是从西亚进口的钴料。这些高圈足碗均以青花为主体装饰，局部点缀釉里红。外壁纹饰以缠枝花纹占绝大多数，有14件，仅1件的外壁为缠枝花纹结合葡萄叶纹；内壁纹饰有缠枝花纹、莲池纹、莲池芦雁纹，其中有5件为缠枝花纹，8件为莲池纹，1件为莲池芦雁纹；外壁口沿纹饰中可辨认的有卷草纹，有4件，另有7件在外壁口沿有文字；内壁口沿纹饰以卷草纹为主，有10件，仅1件的内壁口沿饰青花钱纹。青花的画法与至正型元青花不同，均为线描，甚至在缠枝叶片的浓厚处也是多次用线加工而成；釉里红亦为线描，特别是在缠枝花纹的花朵部分有画龙点睛的作用。此外，这些高圈足碗内壁和外壁口沿的圈线也是青花和釉里红的混合装饰，只是由于烧成温度偏高，故多数口沿的圈线只显示青花的颜色。

　　在15件早期元青花高圈足碗中有7件的外壁口沿有一周青花文字和釉里红小花朵装饰，经辨认为波斯文字。对现有的7件早期元青花高圈足碗的文字进行比对，可以肯定这些文字为波斯四行诗。翻译如下："……掉进了酒杯里，百合花……落入水里，……心爱的人（或每一位喝醉的人）含情脉脉的眼睛，……已经醉了。"仔细观察纹饰会发现，其线条均为侧锋用笔，运笔速度慢，所用绘画工具与坯体之间有较大的摩擦力，线条多断续而重新连接，没有连笔的痕迹。从用笔的着力点、力度以及起笔、收笔的效果看，这些早期元青花瓷器的纹饰不是用软笔而是用硬笔所画。古代波斯人有使用硬笔的习惯，而除了西域及敦煌地区外，我国并无使用硬笔的习惯，可知这些早期元青花器为波斯画工参与制作。在伊朗国家博物馆的元青花瓷器上有波斯工匠的签名（图12-9）。

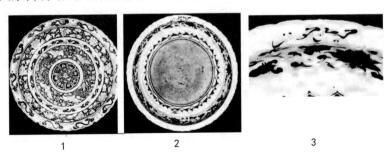

　　　　　1　　　　　　　　　2　　　　　　　　3

**图12-9　伊朗国家博物馆收藏元青花瓷器上的波斯工匠签名**

1.俯视内壁　2.底视外壁　3.外壁边沿下的签名

第二个驱动力，是来自国内市场需求。蒙古皇帝和贵族在审美上具有多元包容性，没有宋朝皇帝和贵族推崇的类玉至上的固执观念，兼容并蓄的态度使得各种文化、宗教都能并存传播。元朝外来的色目人在国内地位较高，蒙古西征曾把大批西亚、中亚工匠东迁到我国境内，伊斯兰教在我国传播形成回族，这些促成伊斯兰文化审美观在国内得到传播，与蒙古人、汉人的审美观发生融合，青花之美被逐渐接受，磁州窑、吉州窑等传统的彩绘题材（包括植物花卉、人物故事）和技法移植到青花装饰上，形成新的时尚。杭侃认为元青花在元早期就已经开始烧造，其驱动力不是元朝皇帝的喜好，而是西北宗王的穆斯林化。其使用者是穆斯林和其友善人群。[①]青花瓷是在国外市场需求和国内市场需求的双轮驱动下，在元代中期迅速发展起来。了解这个过程有助于理解元青花的艺术特征。

（5）元青花瓷的特点

在景德镇窑址发掘出土的元青花筒形罐和鼓形罐上都发现了五爪龙图案，说明这些是为元朝皇宫烧制的器物，青花瓷也受到元朝皇帝青睐。云南[②]、新疆伊犁窖藏[③]和内蒙古额济纳旗黑城子均出土元青花[④]，偏远地区的发现则反映了元青花在元朝晚期国内陆上流通已经很广泛。元青花瓷器大致有以下特点。

第一，胎体厚重，器型尚大。这和蒙古族的审美和习尚有关。技术上元代的制胎原料经过了改进，采用"二元配方"——瓷石加高岭土。高岭土中三氧化二铝含量多，提高了烧成温度，减少了在焙烧过程中的变形，因此有利于烧制大件器。高岭土中含铁较多，烧成后胎体不洁白。

第二，透明釉脱胎于青白釉，有时还泛青影。

第三，青花浓艳青翠，料浓处有金属结晶斑，呈铁锈色，凹陷明显。使用了进口钴料。使用高像素微观相机距离表面半厘米拍摄，获得清晰的釉色青花的微观特点是自然形成的，层次丰富，黑斑呈线性分布。

第四，外削足。修理时在底足足端外壁斜削一刀。

第五，沙底。圈足内的器底不施釉，可见旋削纹。明初洪武时期，景德镇

①　参见杭侃.元青花起源之我见[J].中国文化,2020(1).

②　参见杨大申.关于云南禄丰县元墓出土青花瓶的一点看法[J].考古,1982(4).

③　参见新疆博物馆.新疆伊犁地区霍城县出土的元青花瓷等文物[J].文物,1979(8).

④　参见内蒙古文物考古研究所,阿拉善盟文物工作站.内蒙古黑城考古发掘纪要[J].文物,1987(7).

青花瓷器经历了圈足内的无釉、刷薄釉、荡平釉三个技术变化阶段①。

第六，器型有盘、碗、钵、高足杯（图12-10）、盏托、罐、梅瓶、玉壶春瓶、象耳瓶、蒜头瓶、葫芦瓶、执壶、扁壶、炉等。大件器为多，梅瓶、罐等大型器物实行分段拉坯，拼接合成，有的在内壁可以看到接茬痕。东南亚出土的元青花，常见小罐、小碗、小注等小件器，高度多数在5～7厘米左右。

1                               2

**图12-10　元青花器物**

1.青花扁壶（新疆伊犁哈萨克自治州霍城县出土）　2.青花龙纹盘（内蒙古林西县窖藏出土）

元青花的器型可以说具有较明显的时代特点。盘，主要分菱花口和圆口两种。菱花口盘，仿金银盘造型，宽折沿，菱花式口，弧壁，盘心坦平，圈足。一般口径在45厘米以上，最大的甚至有57厘米，40厘米以下的很少。圆口盘，折沿，弧壁，圈足。一般口径在40厘米左右，45厘米以上的极少。元青花梅瓶除圆形外，还有一种特殊的八棱形。1964年河北保定元代窖藏出土有青花八棱海水龙纹梅瓶，通身从盖至底均为八棱形。②这种多棱形器物制作难度较大，所以在元代青花中比较少见。大口罐，配荷叶盖，口大于底。小口罐，口径小于底径，肩部多有兽头装饰，覆盆式盖。高足杯或高足碗，仿蒙古人喜爱的金银高足杯制作的新器类，杯身和柄分别制作，用泥粘接，柄多有竹节式弦纹。

第七，花纹。"至正型"元青花纹饰繁密、主辅结合、绘画精美，但元青花还有一路粗率的风格（图12-11）。东南亚出土小件元青花瓷器的纹饰十分简略，以简笔花草为主，笔法比较粗犷。所谓"纹饰繁密"，是说器体空间被充分

① 参见欧阳世彬. 从景德镇官窑的书款制度看岱吉屯"至正年制"款彩瓷碗的年代及其他[J]. 文物, 1997(5).
② 参见杨洁. 幽蓝神韵 悦目赏心——河北保定元代窖藏青花瓷品赏[J]. 文物鉴定与鉴赏, 2014(11).

利用，纹饰遍布全身。最常
见的是多层次布局。利用多
层装饰带，不是平均分割，
而是把主题纹饰和辅助纹饰
结合起来，器物表面引人注
目的重要位置如盘碗内心、
瓶罐腹部等描绘主题纹饰，
其他地方则根据器型填上不
同宽度的辅助纹饰带，有时
即使一些狭小或者不易被看
到的区域也不放过，如玉壶
春瓶的口沿、盘子的外壁。
另一种处理是层次虽然很

1　　　　　　　　2

**图12-11　至正年的青花器**

1. 至正十一年（1351）铭的龙纹象耳瓶

2. 至正十一年（1351）墓出土的三足连座炉

少，但却把一整幅主题纹饰布满器身，具有同样茂密效果。

元青花的主题纹饰主要有三类。

第一类是以整幅画作主题。比如莲池和莲池水禽图（"满池娇"来源于皇帝御衫上的刺绣纹饰）、鱼藻图、芭蕉竹石图、人物故事图。

第二类是动物纹。常见的有龙、凤凰、孔雀、狮子、麒麟、天马，以龙、凤居多。龙纹有云龙、海水龙，凤纹有凤穿牡丹、凤穿菊花、凤穿莲花以及云凤等。

第三类是植物纹，以缠枝牡丹和缠枝莲最多，缠枝花卉多见于八棱器及扁壶。

元青花的辅助纹饰为规整的图案风格，典型的有卷草、莲瓣、缠枝花、海涛、古钱、蕉叶、回纹、杂宝、斜方格、云肩纹，等等。

莲瓣纹最具特点，无论大小器，各瓣互相分开，不借用边线。缠枝莲叶尚阔叶，有葫芦形叶。蕉叶纹的内部不填色。

若与后代青花瓷器相比，元青花精品器绘画笔法令人震撼，非一般工匠所为。它不含蓄，锋芒可能太露，不太讲究细节，一笔点划往往越出边线，花叶边缘内也常没有涂抹严实，留下空白。但其沉着痛快、爽利劲健却为后世青花不及。元龙造型和细节处理彰显威猛活力的气质，与明清龙绵软气质不同。鱼藻图中的鱼是静态鱼，与金代摇头摆尾吐泡泡的游动鱼艺术取向不同，一条大鱼静静潜伏在水底，令观者不忍出声惊扰，水藻叶飘荡，使人感觉水在流淌（图12-12）。

第八，元青花的款识有题记或铭文，无规矩款。"至正年制"款是明代仿前朝款。

图12-12　元代青花纹饰

1. 莲池纹玉壶春瓶　2. 鱼藻纹大口罐

### （二）龙泉窑

从出土资料看，元代龙泉青瓷从东洋到西洋皆受欢迎，外销量巨大，促使窑业扩大，仿龙泉瓷窑址在浙闽一带发现有二三百处之多，形成庞大的龙泉窑系，进入鼎盛时期。与南宋相比，此时有些变化。龙窑长度变短，更容易控制火候。继续沿用垫烧工艺，外底常见部分露胎。仍然保留南宋龙泉厚胎厚釉青如玉的主调风格，光泽较强，釉层半透明。胎体厚重，胎色为白中带灰或淡黄。器型尚大，出现高大的瓶、罐，大口径的盘、碗。器类多样化，新增加高足杯、荷叶形盖罐、菱口盘等器型。装饰增多。装饰手法多种多样，有刻、划、印、贴、塑等，以划花为主，花纹简略，线条奔放，纹饰以云龙、飞凰、双鱼、八仙、八卦、牡丹、荷叶等为多见。莲瓣纹细长，瓣中间的脊线变得不明显。此外，还出现汉文和八思巴文字款铭。

元代龙泉窑的代表性遗存为龙泉大窑枫洞岩第二期遗存。[①]器型明显厚重，胎质也相对较粗。釉层相对较薄，釉色以浅青、梅子青为主色调。多数器物器形较大，但器小壁薄者仍占一定比例。碗、盘等圈足器足壁较高较直，截面呈长方形，中大型器足端无釉，小型器类足端和外底多未施釉。胎体较粗厚，釉层相对较薄。新出现一种卧圈足盘，仅出现在较大的折沿盘中，这种圈足外壁内曲，和

---

① 浙江省文物考古研究所，北京大学考古文博学院，龙泉青瓷博物馆. 龙泉大窑枫洞岩窑址［M］. 北京: 文物出版社，2015: 543-548.

盘腹相接处有明显凹凸，足内壁微内斜，足端和足端附近内外足壁无釉，这种圈足盘型很快成为元明龙泉窑主流盘型之一。蔗段洗、菊口大碗、管足鼎式炉等为第二期特有产品（图12-13）。

1　　　　　　　　　　2　　　　　　　　　　3

**图12-13　元龙泉窑器物**

1. 蔗段洗　2. 菊口大碗　3. 管足鼎式炉

　　装饰技法主要为贴花和刻花以及镂空、雕塑、点彩等。刻划纹饰主要为莲瓣纹、菊瓣纹、变形莲瓣纹、荷花纹、牡丹纹、缠枝莲纹、卷草纹、回纹、折线弦纹、"长命富贵"等。碗、盘外壁浮雕莲瓣纹较宽肥，莲瓣外侧多刻双线，中凸脊。贴花题材主要有梅花、葵花、四爪龙、鱼、乳丁、牡丹、"福寿"字样等。开始大量使用戳印方法。戳印法就是将需要表现的题材预先刻在泥模上，入窑烧成印模，然后在器物坯体干到一定程度时印在器坯中即成。本期的戳印纹饰以阳纹印花为多，纹饰主要有双鱼纹、牡丹纹、金刚杵纹、荷花纹、茶花纹、菊花纹、折枝莲纹、风纹等，双鱼纹中间有"号""上"、八思巴文字等。

　　器物多采用"M"形匣钵装烧。垫具继续使用碟形窑具，但碟形窑具体积变大，增加了瓷质小型柱形垫具，样式繁多，造型较规整。套烧、叠烧的器物都采用外底垫烧的方法，因此也有很多圈足器的外底无釉，比如盖碗、盅、杯等常置于樽炉内底叠烧。开始出现外底刮釉一圈垫烧特征的器物，大型圈足器足壁较宽，足端斜削裹釉，小型圈足器足端也裹釉但不斜削，足壁也不厚。刮釉的位置相对靠近足壁，且刮釉的宽度相对较窄。这些器物胎质相对较为精细，釉色多为较深的梅子青色，釉层较薄。以上特征出现的根本原因是装烧用具有了新的发明。新出现的钵形垫具有大小两种不同形状：大型垫具胎体厚重，呈瓷质，内平外圈，仅边缘上翘呈钵型，钵口较平，多用于支托大型盘、盆等器；小型垫具瓷质、粗砂瓷均有，外底凸出，使用时需以泥圈固定，多用于支托碗和小型盘、洗等器。

### （三）茶洋窑址

位于福建省南平市延平区太平镇葫芦山村茶洋自然村北部，西北距南平市约25千米，西南邻闽江。窑址主要分布在大岭干、马坪、生洋、碗厂和安后山5处地点，遗物分布面积约7万平方米。1995年至1996年，福建省博物馆对茶洋窑址进行了抢救性考古发掘。[①]2016年12月，南平市博物馆对茶洋窑进行了十余日的实地踏查。[②]

茶洋窑在元代烧制青白瓷及黑釉瓷（图12-14）。其中黑釉瓷以黑釉盏为代表，口部特征有束口、敛口和侈口，有的口沿还施一道白釉，腹部有深腹和浅腹之别，足部挖足较浅，腹足交界处常见斜削稍折现象。这类黑釉盏在日本被称为"灰被天目"，最早烧造于12至13世纪，14世纪中后期复烧，琉球首里城址二阶殿即有大量出土，被认为是向日本出口的仿建窑瓷器。[③]

**图12-14　茶洋窑器物**

1.青白釉敛口碗（马坪采：2）　2.黑釉束口盏（马坪采：9）

### （四）莆田庄边窑址

位于莆田市庄边镇附近，窑址于1958年被发现，此后又历经多次调查[④]。元代庄边窑产品有青白瓷和青瓷，青白瓷釉多呈灰青、灰白色，内壁多有涩圈。器型有碗、盘、碟、罐、洗、炉、执壶、器盖、高足杯等。装饰技法以模印为主，

---

① 参见福建省博物馆.南平茶洋窑址1995年—1996年度发掘简报[J].福建文博，2000（2）.

② 参见南平市博物馆，南平市延平区文化体育新闻出版局.福建南平市茶洋窑址2016年调查简报[J].福建文博，2018（1）.

③ 参见[日]长江秀利.濑户天目陶瓷[J].福建文博，1996（2）.

④ 参见李辉柄.莆田窑址初探[J].文物，1979（12）；柯凤梅、陈豪.福建莆田古窑址[J].考古，1995（7）.

饰有菊花、荷花、双鱼等（图12-15）。

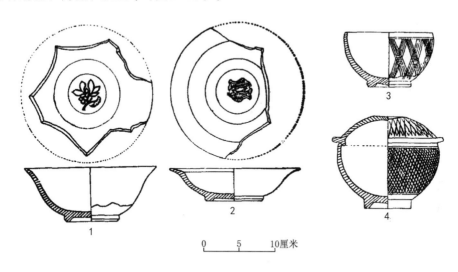

0　　　5　　　10厘米

**图12-15　莆田庄边窑器物**

1.撇口碗　2.双鱼洗　3.划花罐　4.敛口盖罐

# 第二节　宋元瓷器贸易港口遗址与沉船

## 一、北方瓷器贸易主要港口遗址

渤海湾和胶州湾的宋元时期海港的体系因朝代更替和战争格局的变化发生过转换。[①]就瓷器贸易港而言，北宋和金代是以胶州湾青岛的板桥镇为主港，金代时渤海湾的东营市垦利区海北遗址、黄骅市海丰镇港口兴起，元代天津的直沽港成为元大都进出海上贸易的主要港口。在直沽发现大量元代的磁州窑瓷器，主要通过内陆河流及运河运输而来（图12-16）。

---

① 参见吴敬.宋元时期北方地区海港体系的考古学观察［J］.社会科学，2018（6）.

**图12-16　渤海湾与胶州湾的港口分布图**

## （一）青岛板桥镇

板桥镇遗址位于胶州湾北岸，在今胶州城以东，现胶州市的内河云溪河可以直通入海。2008年经考古勘探确认，宋金时期的板桥镇遗址位于胶州市城区云溪河北岸至郑州路之间的湖州路至广州路一带，并在湖州路近云溪河区域探明了一处砖铺平台式建筑，推测其极有可能为宋金时期的货运码头遗迹。2009年发现了北宋时期成组的院落址、10多吨宋代铁钱以及数以万计的瓷片，推测遗址可能与北宋板桥镇的市舶司衙署有关，并在废弃后成为金元时期普通居民的生活区。①

宋元祐三年（1088）设立板桥镇市舶司，处理海上贸易，抽取关税。金熙宗皇统二年（1142）开胶西榷场（即北宋板桥镇所在地），海陵王正隆四年

---

① 王磊，周丽静，张晶. 山东胶州板桥镇遗址考古发现及相关问题［C］// 齐鲁文化研究（第九辑）. 济南：泰山出版社，2010：197-205.

（1159）罢置，世宗大定四年（1164）又重开。此时的板桥镇港已成为宋金两国南北贸易的榷场码头。

板桥镇遗址中出土瓷器最多，瓷器窑口有淄博窑、景德镇窑、龙泉窑、定窑、钧窑、吉州窑、耀州窑等。其中磁州窑系、景德镇窑、龙泉窑、定窑、钧窑瓷器数量较多，其他窑口瓷器较少。

**（二）海丰镇遗址**[①]

海丰镇东侧海滩是历代海盐场，海丰镇遗址2000年和2003年经历过两次抢救性发掘，发现了连间的商铺遗迹，伴生密集的瓷片（图12-17），瓷片没有使用的擦痕，而陶器等其他遗物很少。2013年吉林大学冯恩学整理时提出海丰镇遗址是金元时期最北的丝绸之路海港遗址后，引起重视。河北文研所在对渔民走访和沿海水下考古调查时发现了相同的瓷器，之后连续多次在周围进行考古调查和发掘，发现了柳河古道等遗迹。黄骅海丰镇遗址的出土器物以金代瓷器为主，瓷器种类繁多，窑口复杂，有磁州窑、定窑、井陉窑、耀州窑、龙泉窑、钧窑、景德镇窑、霍州窑、临汝窑等多个窑口器物（图12-18），其中占比最多的为磁州窑、定窑、井陉窑瓷器。这里是金代河北三大窑的主要转运港口。

**图12-17　海丰镇遗址的商铺房址遗迹**

1. T1F1　2. F3南部

**（三）海北遗址**

垦利海北村遗址位于今黄河入海口之南，2006年该地区在一次施工过程中

发现了数以万计的宋金时期瓷
片，清理者初步判断该遗址为
一处宋金时期的贸易码头。[①]
虽然遗址中已难觅遗迹现象，
但是其瓷器数量之大与黄骅海
丰镇遗址较为相似。

出土瓷器时代主要为宋金
时期，窑口以淄博窑（磁州窑
系）数量最多，景德镇窑、定
窑、耀州窑等也大量存在（图
12-19）。

**图12-18　海丰镇遗址出土瓷器**
1. 磁州窑虎形枕　2. 黑釉凸线纹瓶
3. 磁州窑白地黑花罐　4. 耀州窑青瓷刻花碗残片

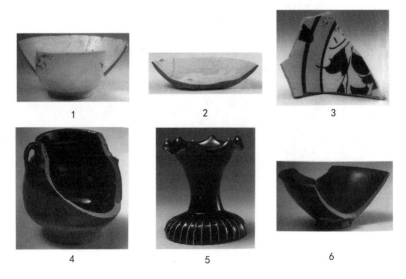

**图12-19　海北遗址出土淄博窑瓷器**
1. 淄博窑白瓷碗　2. 淄博窑白瓷盘　3. 淄博窑白地黑花盆
4. 淄博窑黑釉罐　5. 淄博窑黑釉凸线纹瓶　6. 淄博窑酱釉盏

① 参见徐波，柴丽平. 山东垦利县海北遗址新发现［J］. 华夏考古，2016（1）.

## 二、南方地区瓷器贸易主要港口遗址

　　福建、广东、广西目前港口遗迹发现很少。江浙地区港口有关遗迹发现最多[①]，是宋元时期最主要的对外贸易和南北方国内瓷器贸易的港口。据文献记载，北宋时期（咸平二年九月，999）"庚子，令杭州、明州（宁波）各置市舶司，听蕃客从便"[②]。到了元代，升明州为庆元路。《元史》载，"杭州、上海、澉浦、温州、庆元、广东、泉州置市舶司凡七所"[③]。宋元时期曾出现过杭州（今浙江杭州）、明州及庆元（今浙江宁波）、青龙镇（今上海青浦区白鹤镇）、上海镇（今上海黄浦江西侧）、刘家港（今江苏太仓）、温州（今浙江温州）、澉浦（今浙江海盐澉浦镇）、台州（今浙江台州）等多个港口（图12-20）。

### （一）上海港遗迹

　　目前，上海地区发现四处港口码头类遗迹，分别是青龙镇遗址、奉贤瓷器堆积、封浜古代船码头以及塘郁元明时期码头遗址，主要分布在吴淞江以及黄浦江沿岸。

　　青龙镇遗址位于上海市西部的青浦区白鹤镇。2010年至2015年，上海博物馆考古研究部对青龙镇遗址先后进行三次考古发掘。2010年，发现了唐宋时期的房基、水井、灰坑等遗迹；2012年，发现唐宋时期的建筑基址、水井、灰坑、铸造作坊、砖砌炉灶等遗迹；2015年，发现了隆平寺塔基、房址、墓葬等遗迹。经三次考古发掘，出土了大量不同窑口的瓷器，从考古上证实青龙镇是唐宋时期海上丝绸之路重要的贸易港口。[④]上海青龙镇遗址出土了大量瓷器，以碗、盘、碟、壶等日用瓷为主。早期以唐代越窑、长沙窑、德清窑为主；北宋时期，以越窑、义窑和景德镇窑瓷器为主，另有少量龙泉窑、建窑和吉州窑的产品；南宋时期，以龙泉窑、景德镇窑和义窑产品为主，另有少量的吉州窑、东张窑以及茶洋

① 付亚瑞. 长江下游地区宋元时期沿海港市遗存的考古学研究——以出土瓷器为中心[D]. 长春：吉林大学，2019：8-26.

② （宋）李焘. 续资治通鉴长编·卷四十五·真宗咸平二年[M]. 北京：中华书局，2004：963.

③ （明）宋濂，等. 元史1[M]. 北京：中华书局，1976：372.

④ 参见上海博物馆考古研究部. 上海市青浦区青龙镇遗址2010年发掘简报[J]. 东南文化，2012（2）；青龙镇考古队. 上海市青浦区青龙镇遗址2012年发掘简报[J]. 东南文化，2014（4）；上海博物馆. 千年古港·上海青龙镇遗址考古精粹[M]. 上海：上海书画出版社，2017.

窑的产品。整体来看，该遗址出土的瓷器主要来自福建、浙江、江西等地窑口。

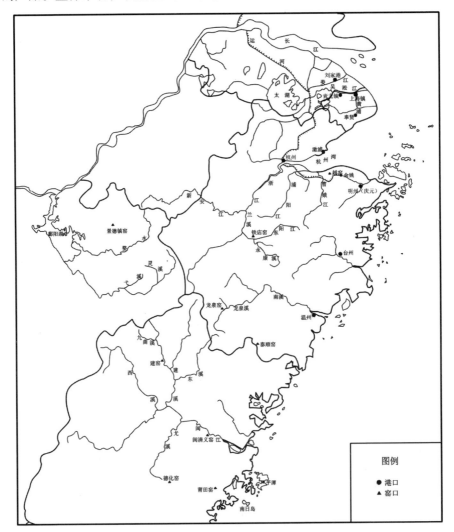

**图12-20 江南沿海地区港口和主要瓷窑分布图**

　　1977年，在上海奉贤县（今奉贤区）发现800余件瓷器，主要是碗。在这批瓷器的不远处，还发现了大铁锅和砂陶钵各一件，但附近并未发现沉船等遗迹，推测此处当时很可能为一处贸易中转点。这批瓷碗出土时，大部分碗口朝上且集中堆放在一个椭圆形坑内，有些碗底下面发现柳条形编织物痕迹，可能为装碗的箩筐，碗原用稻草捆扎，每扎十件。这些瓷碗与浙江南部和福建北部地区烧造的宋代瓷器特点类似。

1998年，在上海青浦区东南部的环城镇发现了塘郁遗址，遗址位于古河道岸边，东岸有两处木构建筑遗迹（图12-21），上面残存大量元代的瓷器。[1]根据遗迹和出土瓷器等，发掘者推断其为元代的简易码头，沿用到明代（图12-22）。

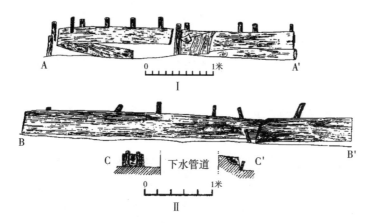

**图12-21 塘郁码头木构建筑遗迹Ⅰ和木构建筑遗迹Ⅱ局部图**

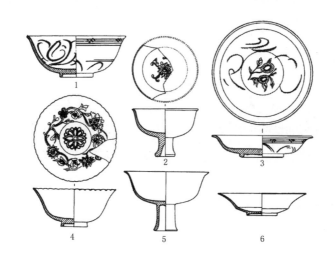

**图12-22 塘郁码头遗址出土的元代瓷器**

1.龙泉窑青瓷碗 2.龙泉窑青瓷高足杯 3.龙泉窑青瓷盘

4.景德镇枢府瓷碗 5.景德镇枢府瓷高足碗 6.景德镇窑青白瓷盘

① 参见上海博物馆考古研究部.上海青浦区塘郁元明时期码头遗址 [J].考古, 2002（10）.

### （二）江苏太仓樊村泾元代遗址

遗址位于苏州太仓市，2016年至2017年经考古发掘认为遗址的年代为元代中晚期。考古发掘发现了大型仓储遗存、居住基址、道路、桥梁基址等遗迹。[①]该遗址出土以龙泉窑青瓷为主的遗物150余吨（图12-23）。此外，这里也发现了能与港口相对应的仓储遗址。遗址性质应为元代朝廷在江南地区经营的一处瓷器贸易集散地及仓储遗存。瓷器器型非常丰富，有碗、盘、盏、杯、罐、瓶、高足杯、渣斗、灯盏、砚滴等。产品以龙泉窑青瓷为主，景德镇窑瓷器次之，另有少量定窑、磁州窑、铁店窑、东张窑、庄边窑、磁灶窑等窑口的产品。95%以上没有使用痕迹。大批量、同一窑口、未使用过的瓷器在当时汇集在此的唯一目的应是作为商品贩卖，那么此港口很可能为转运港口。

图12-23　太仓樊村泾遗址瓷器堆积图

### （三）杭州港口码头类遗迹

1997年，杭州文物考古研究所发掘了卷烟厂南宋船坞遗迹，发掘者推测其很可能为南宋朝廷设立的专为皇室运送货物的码头。[②]

---

① 苏州市考古研究所, 太仓博物馆.大元瓷仓重现太仓 海丝申遗又添新证——太仓樊村泾元代遗址重大考古收获[N].中国文物报, 2017-12-15(6-7).张志清, 张照根.江苏太仓樊村泾元代遗[J].大众考古, 2017(12).

② 参见梁宝华.杭州卷烟厂南宋船坞遗迹发掘报告[J].杭州文博, 2005(1).

**（四）宁波的港口遗迹**

宁波地区港口相关遗迹发现数量最多。1973年至1982年，宁波市文管会前后调查和发掘了明州唐宋时代姚江码头的渔浦城门基址与城外沿江造船厂遗址、东门口码头遗址、明州市舶司、甬东司码头以及宁波天后宫遗址。[①]2006年对渔浦码头遗址进行发掘，发掘者推断该遗址是南宋时期为供船舶进出和贸易往来的码头遗迹。[②]

东门口码头遗址。1978年在"三江口"西侧的东门口地带发现了海运码头3处、古船1艘，码头Ⅰ和码头Ⅱ仍残存木桩、条石等，码头Ⅲ存在条石、块石、木桩、石片等（图12-24）。该遗址出土了大量南方窑口瓷器。出土瓷器主要为宋、元两个时期，另还有少量唐代越窑青瓷，说明东门口码头遗址在唐代时期已兴起，宋元时期继续沿用。

码头Ⅰ北角布桩情况　　　　　　　码头Ⅲ前的成排木桩

**图12-24　东门口码头Ⅰ和码头Ⅲ遗迹图**

出土的宋代瓷器主要有龙泉窑青瓷、越窑青瓷、景德镇青白瓷，另还有少量婺州窑青瓷。出土的元代瓷器以龙泉窑青瓷和景德镇青白瓷为主，另有少量的吉州窑白地黑彩瓷和磁州窑系的黑釉瓷器。

1995年在东渡路和新街地块发现了市舶司遗址，清理出宋元市舶司仓库基址、地坪，并出土了大量瓷器。市舶司遗址出土的宋代瓷器有越窑青瓷、龙泉窑青瓷、高丽青瓷和景德镇青白瓷。元代瓷器以龙泉窑青瓷为主，还有少量的景德

① 参看林士民.再现昔日的文明——东方大港宁波考古研究[M].上海：上海三联书店，2005.

② 参见浙江省宁波市文物考古研究所.浙江宁波南宋渔浦码头遗址发掘简报[J].南方文物，2013（3）.

镇青白瓷和建窑黑釉瓷器。

永丰库遗址位于宁波市海曙区市中心，属于元代庆元路一处重要的仓储遗址。2001年配合基本建设对该遗址进行了两次抢救性考古发掘，揭露出建筑规模宏大、布局相对完整的宋元明时期大型衙署仓储遗址。出土瓷器有越窑、龙泉窑青瓷，景德镇窑系的影青瓷、枢府瓷，福建产的影青瓷、白瓷，定窑、德化窑白瓷，建窑的黑釉盏、兔毫盏，以及磁州窑、磁灶窑和吉州窑等产品。[①]另外还有珍贵的唐代波斯釉陶片。有两方元代残碑，明确记有曾任浙东道宣慰使司都元帅"苫思丁"的名字，不失为元代庆元路的重要实物史料。

### （五）温州朔门古港遗址

温州，古称东瓯，宋元时期，随着市舶管理机构的设置，温州一跃成为"百粤三吴一苇通"[②]、海上丝绸之路上的重要港城。2021年，温州鹿城区在望江东路启动望江路下穿工程，浙江省文物考古研究所与温州市文物考古研究所组成联合考古队，展开基本建设考古勘探与发掘工作。至2022年，在逾400米长、15～18米宽的工程范围中，温州朔门古港遗址被确认。遗址位于温州古城朔门外，由此，遗址命名为温州朔门古港遗址。遗址南靠古城，北邻瓯江，经考古发掘，揭露了大量与古港、古城相关的重要遗存，年代从北宋延续至民国，以宋元时期为主。发掘区可分为瓮城、水门头、江岸码头群（图12-25）三部分。[③]

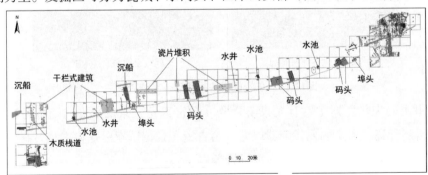

**图12-25　温州港江岸码头群发掘区的主要遗迹分布图**

① 参看宁波市文物考古研究所. 永丰库: 元代仓储遗址发掘报告 [M]. 北京: 科学出版社, 2013.

② 北京大学古文学研究所. 全宋诗 第47册 [M]. 北京: 北京大学出版社, 1998: 29260.

③ 浙江考古. 城市、港口、航道三位一体，海上丝绸之路的绝佳阐释——温州朔门古港遗址考古发掘 [EB/OL]. （2022-09-28）[2023-01-06]. http://www.zj.gov.cn/art/2022/9/29/art_1639077_59019593.html.

　　水门头发掘区遗迹种类丰富，时代跨度较大。发掘区内年代最早的遗迹为北宋时期的石砌江堤以及斜坡顺岸式码头1座，江堤与码头边界清晰，共同勾勒出北宋时期水门头西侧瓯江江岸的范围。码头以东，奉恩水门河自南向北从城内注入瓯江，河道两侧南宋时期的石砌河岸依旧可见，还保留了同时期的桥梁与陡门等遗迹。南宋晚期以后，北宋江岸一带淤积成陆，瓯江岸线正在逐步北移，那些建于元明清时期的石砌堤坝、新水门桥、陡门闸以及台阶式码道等遗迹正是这段岸线变迁史的历史实证（图12-26）。

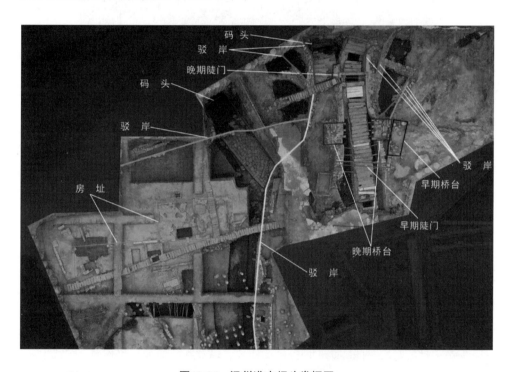

**图12-26　温州港水门头发掘区**

　　江岸码头区发掘区内主要的码头样式为木石混筑的长方形突堤式码头，推测为台阶状，建筑方式皆为木桩筑底，再铺设木板，木板上修筑石块包边、泥芯填土的长方形码头，石块包边外再辅以长木柱加固（图12-27）。此类码头已发现6座。两艘结构尚为清晰的沉船更引人注目，其中北宋沉船因台风季节等因素，未全面揭露，南宋沉船已清理完成，根据结构分析，原为一艘长达20米的福船。

**图12-27　温州港南宋码头遗迹**

## 三、内河沉船

宋元内陆河道港口沉船、海港和海洋沉船发现较多。内河船是平底船，便于浅水行驶。

### （一）天津静海北宋沉船

1978年6月，在天津静海县（今静海区）东滩头公社元蒙口村清理了一艘北宋沉船。[①]残长14.6米，底板从船首直贯船尾，船尾封以横向的木板。船体由铁钉和榫卯相结合建造，以十二组横梁支撑，无隔舱。船尾有一较完整的平衡舵，舵杆残高2.19米，舵叶呈三角形，底边长3.9米，最大高度为1.14米（图12-28）。

船内遗物较少，在前半部舱底有一段麻绳和残存的席片，后半部有杂草、麦秸、少量苇秆。发现一些陶碗、白瓷碗的残片，以及开元通宝、政和通宝等钱币。

**图12-28　静海元蒙口北宋沉船船体出土现场**

---

① 参见天津市文物管理处. 天津静海元蒙口宋船的发掘[J]. 文物, 1983（7）.

### （二）河南滑县北宋沉船

2011年2日，河南滑县新区一处建筑工地发现两艘沉船，相关部门随即对遗址进行抢救性发掘。[①]船体方首，方尾，平底，船底板与舷板皆为单层木结构，船底为纵向单板平铺。残留的舷板布满排钉，船舷为单板上下拼接，板与板之间用铁钉从外向内斜向钉入加以固定，缝隙间填桐油灰（图12-29，1、2）。

船内出水遗物有瓷器（以白瓷为主），陶器、铁器、磨石和钱币等共31件（图12-29，3—6）。

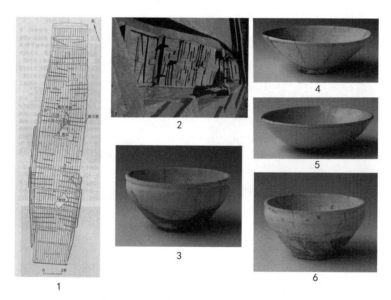

**图12-29 河南滑县北宋沉船出水遗物**

1—2.船体构造 3—6.白瓷碗

### （三）河南沁阳沁河一号船

2012年在河南沁阳市沁河主河道东岸码头的中部区域发现了三艘沉船，当年便对其中一艘已经完全暴露且无法就地保护的沉船进行了抢救性清理，编号2012QQCC1。[②]船体首尾上翘，两侧船舷上宽下窄，底部两侧向上倾斜，呈两面弧形。船舷上部有八道横梁，部分已残缺不全。经复原后，船体残部实测长7.2

---

[①] 参见安阳市文物考古研究所，滑县文物保护管理所.河南滑县宋代古船的发掘[J].考古，2013（3）.

[②] 沁阳市文物局，沁阳市文物工作队.沁阳沁河码头与沉船田野考古发掘报告[M].郑州：中州古籍出版社，2018：3-6，43-49.

米，宽3.92米，两侧船舷高约0.5米。首尾呈圆弧形，弧底。底部船舷内收，宽约2米，距弧底约0.2米。

船内清理出的遗物较少，以瓷片（磁州窑、耀州窑产品）为主，其余还有铜钱、陶片。

### （四）河北沧州东光县码头桥金代沉船

1998年5月，东光县南运河码头遗址发现一条金代沉船。[①]沉船残长6米，宽4米。船内出水了大批成摞的金代磁州窑产品，白釉荷花纹碗10个一摞，出水时捆绑的绳痕依稀可见。另外还发现磁州窑缸胎大盆4件、白釉器盖4件、北宋铜钱75枚，以及铁釜、石锚、压舱石各一件。[②]在发掘过程中，在船体周围淤沙堆积层还出土有多个窑口的瓷器、红陶钵、金代铁权、元代铜权、骨刷柄、铁钩、铁刀、钱币等金代至清代的遗物（图12-30）。

1 2

**图12-30 河北沧州东光县沉船出水遗物**

1. 金代磁州窑刻划花纹白瓷碗　2. 金代磁州窑黄釉鱼纹盆

### （五）上海嘉定封浜南宋沉船

1978年2月，上海市嘉定县（今嘉定区）封浜河工程施工时，在封浜公社杨湾生产队发现一艘南宋沉船。[③]船身因受压稍变形，船身后部断缺，残长6.23米，约为全船长度的三分之二。船体为平底、方头，两侧有半圆长木（双龙骨，或称"橄"）。船内尚存7个舱。舱内有1块不规则的石块，上有绳索捆缚的痕迹，可能是停船用的石碇。

船内发现大量建筑材料以及少许日常生活用品。建筑材料以瓦片为主，放

---

① 沧州年鉴编纂委员会.沧州年鉴2000卷[M].石家庄:河北人民出版社,2001:308.

② 沧州市文物局.沧州文物古迹[M].北京:科学出版社,2007:143.

③ 参见倪文俊.嘉定封浜宋船发掘简报[J].文物,1979(12).

置近千片于船的第6、第7舱，另有少量砖条置于第2舱。生活用品包括米黄釉瓷碗、铁锅、菜刀、行灶等，其中的一件米黄釉矮足覆烧瓷碗具有较典型的南宋特征，因此该沉船被判断为南宋时期的货船。

### （六）江苏太仓半泾河宋元沉船

2014年8月，江苏太仓市城厢镇半泾河万丰村段发现一艘元代沉船并进行了抢救性发掘。[①]船体残长17.4米、宽4.8米。平面略呈柳叶形，前端横剖面V形，后端横剖面U形，共11个隔舱、双桅，形制上属于江浙近海货船（图12-31）。

依据船型，结合太仓本地的元代史料记载，推测古船废弃年代应不晚于元代，可能是一条内陆、近海两用的中小型船舶。

**图12-31　江苏太仓半泾河宋元沉船船体发掘现场**

### （七）山东菏泽元代沉船

2010年10月，菏泽沉船发掘于菏泽市中华路与和平路的西南夹角，由于身处工地基槽内，船的左舷部分已严重腐朽，但底部和右舷基本保存完好，并且发现了保存较好的舵、锚、桅座。该船船体残长21米，宽4.82米，高1.8米。方舟首、方尾、平底，是一艘平底沙船。船板的材质包括柏木和楸木。该船由12个隔舱板分为13舱，这其中包括船首船尾两舱、10个船舱、1个用于排水的独立舱（图12-32，1）。[②]

---

① 杭涛. 太仓市万丰村半泾河元代古船［C］//中国考古学年鉴（2015）. 北京：中国社会科学出版社，2016：152.

② 顾志洋. 山东菏泽沉船的考古学研究［D］. 北京：北京大学，2016；山东省文物考古研究所，菏泽市文物事业管理处. 山东菏泽元代沉船发掘简报［J］. 文物，2016（2）.

出土遗物共240余件，其中瓷器53件，陶器27件，铜器119件，铁器13件，钱币11件，漆器4件，金器1件，其他遗物12件，均来自船舱内。瓷器种类多，包括典型的元青花与龙泉青瓷，以及细白瓷、卵白瓷（图12-32，2—7）。

**图12-32　山东菏泽元代沉船出水遗物**

1. 现存船体　2. 青花龙纹梅瓶　3. 青花雁纹盘　4. 青白釉玉壶春瓶

5. 青白釉堆塑龙纹高足杯　6. 青釉印花牡丹纹盘　7. 青釉单耳杯

### （八）河北磁县南开河元代沉船

磁县南开河元代沉船[①]，1975年7月打捞，共发现元代木船6艘，其中仅2号船保存较为完整。以保存较完整的2号船为例，其全长10.08米、体宽3.02米，船体隔成六舱，底板由十一块拼成，用铁钉钉合，接缝间嵌油泥。船呈倾侧或翻覆

---

① 参见磁县文化馆.河北磁县南开河村元代木船发掘简报[J].考古,1978(6).

状的交错叠压，还遗有尸骨，推断是停泊中偶遭大风以致沉没。在4号船尾两侧船板上，刻有"彰德分省粮船"铭文，可知沉船是用于漕运的货船。

除已翻覆的三艘外，其余的木船船体中还残留有瓷器、陶器、石器、铁器、铜器、木器等近五百件。以瓷器的数量最多，达397件，多为磁州窑产品，也有少量来自景德镇窑或龙泉窑。从器形看，以碗盘为多，次为罐、盆、瓶、盂之属。次要的出水遗存还有铁器，主要为各种工具和衣具，也有4枚铁权。出土的铜钱共计39枚，有2枚是元代八思巴文大元通宝，其余多为北宋或南宋所铸。

### （九）河北献县元代沉船

1997年，河北献县发掘出一条元代沉船[①]，船上装有磁州窑瓷器，可能为观台窑址产品。献县是滏阳河与滹沱河合流为子牙河之地，船可能是顺滏阳河北上天津途中遇难沉没的。

### （十）北京南方庄元代沉船

1988年10月，在北京城东南的方庄小区基建工地距地表8.7米深处发现了一艘长14.6米，宽4米，残高0.4米，保留基本完整的内河漕运木船。[②]未发现船中其他遗物。

### （十一）山东聊城元代运河沉船

2002年4月，聊城市在疏浚京杭运河聊城段的过程中发现一艘元代沉船残骸[③]，沉没地点位于聊城市古城东1千米的闸口北100米处。该船现存部分呈长条状，多是船底，底长16.2米，从残留的船底木板上看出，沉船的两端窄，中间宽，船头宽2米，尾宽1.62米，沉船中间宽2.8米。

随船出土大量瓷片，可辨器形有杯、碗、盅和韩瓶等，共43件，4件较为完整的瓷器出于船底舱内，都具有典型的元代特征。

### （十二）山东德州北厂沉船

沉船位于山东省德州市德城区二屯镇西南街北300米的运河北岸，1998年发现，船上载有宋、元时期瓷器和铜钱若干。[④]

①　参见马小青.河北境内磁州窑的内河运输[J].文物春秋,2005(5).

②　孙玲.北京首次发现元代木船[N].中国文物报,1988-12-2(2).

③　参见陈清义,刘超,孙晶,魏聊.聊城元代运河沉船的发掘与复原[J].运河学研究,2020(1).

④　德城区地方史志办公室.北厂沉船遗址[M]//德城年鉴(2015).北京:中国文史出版社,2015:79.

### （十三）江苏太仓城东半泾湾元明沉船

1993年2月，在太仓城东半泾湾发现一艘沉船，船全长19.5米，宽4.6米，共有13个船舱，为平底沙船（图12-33）。①出土时船头及船尾部分残损。沉船内遗物稀少，仅有零星的宋元青瓷片和明代青花瓷片。

**图12-33　江苏太仓城东半泾湾元明沉船船体发掘现场**

### （十四）北京市通州区潞城镇郝家府村元明沉船

1998年11月在潞城镇郝家府村南运河北岸发现元代沉船，船体只剩少许底板及右侧部分船舷残存。残长17.5米，残宽约1.6米，共有9个船舱。②船沉于运河弯转处的浅滩，船头向上游，表明沉船满载货物驶向通州，因避旋涡而靠北岸前行并不幸搁浅。在沉船周边淤沙中清出金、元、明瓷片数百件。典型器物有缸胎鸡腿瓶、丰肩鸡腿罐等。

## 四、海底沉船

海船都是尖底船，抗击风浪冲击。考古发现商贸海船，有国内贸易船只，如绥中海底元代沉船，瓷器窑口比较单一，主要是磁州窑的瓷器。在福建海域发

---

① 参见吴聿明.郑和下西洋与太仓元明沉船之研究[J].上海造船，2005（2）.

② 北京市通州区文化委员会，北京市通州区文学艺术界联合会.通州文物志[M].北京：文化艺术出版社，2006：336.

现的平潭大练岛元代沉船，装载瓷器被断定只有龙泉窑青瓷。[①]

有的是外贸船只，货物多样，其中瓷器窑口复杂，以南海一号南宋商船、新安海底元代沉船为最重要。目前发现的主要的外贸商船遗迹还有：在印度尼西亚附近海域发现的北宋晚期西村勿里洞沉船，该沉船装载有福建地区以及广东地区窑口的产品[②]；南宋末期到元初的华光礁一号沉船，有景德镇窑、龙泉窑以及闽清义窑、松溪垌场窑等福建窑口的瓷器[③]。

### （一）南海一号南宋沉船

1987年发现，2001年精确定位，开始下海打捞文物，2007年整体打捞，搬迁到"水晶宫"博物馆，开始博物馆内的发掘考古研究。"南海一号"是一艘宋代商船，沉没于广东阳江海域水下20米深处，被2米厚的淤泥所覆盖。整艘商船约长30米、宽10米，是目前发现的最大宋代船只（图12-34）。这艘沉没海底近千年的古船船体保存相当完好。[④]

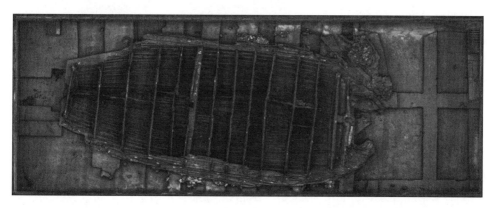

**图12-34　南海一号沉船**

①　参看中国国家博物馆水下考古研究中心, 福建博物院文物考古研究所, 福州市文物考古工作队. 福建平潭大练岛元代沉船遗址 [M]. 北京: 科学出版社, 2014.

②　参见刘未. 中国东南沿海及东南亚地区沉船所见宋元贸易陶瓷 [J]. 考古与文物, 2016 (6).

③　参看中国国家博物馆水下考古研究中心, 海南省文物保护管理办公室. 西沙水下考古 (1998—1999) [M]. 北京: 科学出版社, 2006.

④　参看国家文物局水下文化遗产保护中心, 等. 南海Ⅰ号沉船考古报告之一: 1989—2004年调查 [M]. 北京: 文物出版社, 2017; 国家文物局水下文化遗产保护中心, 等. 南海Ⅰ号沉船考古报告之二: 2014—2015年发掘 [M]. 北京: 文物出版社, 2018.

水下考古队曾对"南海一号"进行小规模试掘，打捞出金、银、铜、铁、瓷类文物数千件。整船文物可能达到6万~8万件。到2019年已经出水18万件文物。以铁器、瓷器为大宗。铁器130吨。其中瓷器13000余件套、金器151件套、银器124件套、铜器170件，铜钱约17000枚。还有少量的朱砂、水银和剔犀、剔红漆器等。其中福建地区生产的瓷器最多，有德化窑、磁灶窑、义窑、青窑、东张窑等，推测由福州港或泉州港始发。景德镇青白瓷、龙泉瓷等数量较多。有广东的南海的奇石窑和文头岭窑瓷器，第9、10号舱放满了各种酱釉四系罐，早前发现其中一些大罐肩部还戳有"丙子年""酒墱""玉液春""吴字号"等印文和印花装饰（图12-35）。随着发掘工作的推进，又出现了戳有"梁宅""邱宅号"等印文的酱釉罐。这种酱釉罐胎质较粗松，胎釉结合较差，釉层多有脱落，釉色以青黄、青绿、酱褐、酱黑为主，有些在肩耳部划写文字或戳印花卉、印章铭记等。有"乾道直号"和"淳熙十年"纪年款奇石窑酱釉罐。

1                    2

**图12-35　"南海一号"出土的"玉液春"印文酱釉罐**

罐内化验有乙醇。确定是该船到过广东港，在这里装载了广东瓷器、酒等货物。

南宋朱彧的笔记《萍洲可谈》一书里也记载了北宋末年广州商船大量出口瓷器的情况："舶船深阔各数十丈，商人分占贮货，人得数尺许，下以贮物、夜卧其上。货多陶器，大小相套，无少隙地。"[①]

船上还有鲜明的阿拉伯风格的金饰品、瓷器，棱角分明的酒壶，喇叭口的大瓷碗，是宋代接受海外订货"来样加工"的瓷器。戒指、手镯、臂钏、项链等金制饰品以及金页、玉件、银铤、漆器等应属于非贸易性质的个人携行物品。这些说明船内应搭载了一定数量的商人、旅客等。

---

① （宋）朱彧.萍洲可谈 [M].郑州：大象出版社，2019：25.

### （二）新安海底元代沉船

1976年，由韩国文化遗产管理局和韩国海军组成的水下联合考古队，正式进入新安海域，经过多次的海底考古打捞，发掘出22040件瓷器。包含了青瓷、白瓷、黑釉、杂釉和青白釉几大种。从窑口上来分类，包含了中国古代的龙泉窑、景德镇窑、定窑、吉州窑、建窑和磁州窑等窑口瓷器，其中龙泉窑瓷器数量最多。[①]在一件龙泉青瓷盘的外底部，刻有"使司帅府公用"的文字（图12-36）。这件官府定做的瓷器也被卖给出口商。

**图12-36　新安海底沉船发现"使司帅府公用"瓷器**

1982年开始对沉船体进行切割后打捞，到1984年为止，新安沉船共打捞出720块船板，两千多件船体碎片。至此整个船体已经打捞出水。历时九年的11次海下发掘，也终于画上了句号。[②]

纪年遗物中，发现了一件古代青铜秤砣，上面铸有"庆元"和"庚申"的汉字铭文。综合这些发现，人们判断，这艘沉船的出发港是中国的宁波，时间为中国的元代后期，在1320年到1368年之间。

瓷器之下是铜钱层，有800万枚之多，重量达到了惊人的28吨。铜钱之下是珍贵的紫檀木，1017根，最长的有2米，直径70厘米。而且，这些紫檀木都没有经过加

**图12-37　新安海底沉船出土瓷器与檀香木**

---

① 参看沈琼华. 大元帆影——韩国新安沉船出水文物精华[M]. 北京: 文物出版社, 2012.

② 参见崔光南. 东方最大的古代贸易船舶的发掘——新安海底沉船[J]. 郑仁甲, 金宪镛, 译. 海交史研究, 1989（1）.

工，处于原木状态（图12-37）。

1983年，在第九次海底考古打捞中，考古队终于发现了重大线索，从海底遗物中发现了一批木简，上面的墨迹虽然历经了数百年岁月，却依旧清晰可辨。这些木简大多是货物标识，用以记录货物主人的情况。在这些文字中，人们发现了这样一行字——"至治三年六月二日"，至治三年即1323年。木简上有"东福寺""钓寂庵""筥崎宫""聚集宫"等日本寺社名，"东已三郎""七今二郎""卫门次郎""本七今二郎""协冲二郎""又三郎"等日本人名。28吨铜钱可以作为贸易流通货币，也可以重新熔化后铸成铜佛像，紫檀木可以制作焚香、打造家具，也可制作佛珠。沉船中也发现了大量佛教用器如木雕佛像等。因此可以推测目的地是日本九州的博多港。

这是韩国，也是当时的亚洲发掘的最大、保存最完好的沉船。从船头方向可以非常明显地看出，船体上宽下尖，呈V字形。之所以采用这种构造，是为了减少船只在水中行驶的阻力，提高航行速度，增强抗浪性能，以便更适合于远洋长途航行。船底端贯穿首尾的长木就是龙骨，它相当于船的脊柱，是船体最主要的承重结构（图12-38）。

1　　　　　　　　　　　　　2

**图12-38　复原沉船形状与结构**

新安沉船所具有的一切特征都与中国的福船一样。福船是福建、浙江一带海船的通称。V字形的船底让船体吃水更深，是一种专门为了远洋航行而设计的船型。正在韩国考古专家破解新安沉船的谜题时，一艘宋代福船在泉州湾出土，它的形态与韩国新安沉船几乎完全一样。与此同时，考古人员在龙骨上发现了由7枚铜钱和1面铜镜组成的"七星伴月"。就是在船艉部分的龙骨结合处凿有9孔，其中7个孔内各塞入一枚"太平通宝"，并用木盖封盖。这是典型的福建造船传统，俗称"七星伴明月"。

在花费了大量的时间与资金之后，人们终于初步解开了新安沉船船体的秘密。这是一艘14世纪初由中国建造的福船样式的贸易商船，长约34.8米，宽约11米，吃水约3.75米，载重量约200吨。

新安沉船不但具有强大的外部结构，它的内部结构也显示了古代船舶高超的科技和手艺。在新安沉船的船体内，有七个仓壁横格，把船舱分为八个相对密封的部分，属于水密隔舱。中国在唐代就开始应用这种船体结构，而欧洲最早引进中国的水密隔舱技术要比新安沉船的沉没晚将近五百年。在水密隔舱中还设计有巨大的淡水仓，可以储存大量淡水，用于长途航行。

### （三）辽宁绥中三道岗元代沉船

1991年，辽宁省绥中县三道岗海域在渔业作业中偶然发现沉船遗迹后，随即于当年开始调查。[①]调查持续到1994年，于此期间一直筹备遗物的完整打捞工作。正式发掘打捞在1995年、1997年展开，共出水600余件遗物，但该沉船的木质船体已经基本朽烂，被包裹在淤沙中无法取出。

出水器物以瓷器为主，从器型及数量判断，应属于货船上大宗商品。瓷器分白釉、黑釉、翠蓝釉三类。多数白瓷用化妆土，绘有白地黑花或白地褐花装饰，具有明显的元代磁州窑特征。翠蓝釉瓷数量很少。

### （四）山东蓬莱元明沉船

1984年山东蓬莱县（今蓬莱市）在蓬莱小海水域组织大规模清淤工程，于水域西部和西南部共发现8处沉船遗迹，其中有两艘船体保存相对完整，当年即发掘了一号船。[②]该船体残长28.6米，船体最狭处残宽1.1米，最宽处残宽5.6米，残高1.2米，头尖尾方，底部两端上翘，横断面呈圆弧形，有十四个舱。此次打捞出水的遗物以瓷器为大宗，历次共发现200余件，元、明时期的遗物最多。有北方的磁州窑以及江南的龙泉窑、景德镇窑或地方窑口产品。

2005年省市文物研究保管单位再次组织联合发掘，打捞了二、三、四号船。[③]以三号船为例。该船仅残存底部，残长17.1米、宽6.2米，有8个舱。整体船身较

① 参看张威.绥中三道岗元代沉船 [M].北京：科学出版社，2001.

② 参看山东省文物考古研究所，烟台市博物馆，蓬莱市文物局.蓬莱古船 [M].北京：文物出版社，2006.

③ 国家文物局考古研究中心.中国沉船考古发现与研究 [M].北京：科学出版社，2021：41.

宽，船底较平，船底与船外板构成口形。船板一侧或两侧交错采用粗肋和细肋抱梁肋骨加固。保存有前桅座，与船板之间有船钉连接。该船建造技术较有特点，不见龙骨，取而代之的是采用龙骨板的形式，船体底部中线处以三块粗壮木板构成龙骨板，由17支木栓将三块龙骨板贯穿连接，外板采用鱼鳞搭接方式，边缝处以木钉、铁钉连接。学界一般认为这是高丽船的传统造船方法（图12-39，1）。

1 2

**图12-39　山东蓬莱沉船出水遗物**

1.蓬莱三号船船体发掘现场　2.茧形壶

蓬莱三号沉船的船舱内出土遗物较稀少，仅有26件，以瓷器及残片为主，主要包括碗、瓷、瓶、缸、罐、船形壶等日用器具，有龙泉窑、景德镇窑、山东地方窑口的元明时期产品。虽然遗物不丰富，但其中却发现生长于朝鲜半岛海域的象牙光角贝，以及明显高丽舶来品的船形壶、陶缸和高丽青瓷（图12-39，2）。进一步证明该船来自朝鲜半岛的推断。

### （五）福建连江定海白礁一号沉船遗址

由于渔船作业经常在福建连江定海的礁石处打捞出瓷器，于1989—1990年展开水下调查。1995年、1999年、2000年组织正式发掘。[1]沉船船体除部分龙骨外多已朽烂无存，已无法提取。但整体遗物集中分布在长22米、宽6米的范围内，成为复原船体长、宽的依据。

瓷器是出水遗物的大宗，共打捞2200余件，主要分为黑釉盏和青白瓷碗两类，类型单纯，可说明其商品属性。黑釉瓷盏符合宋元时期建窑系产品的典型特征，推测可能产自福建福清的南宋东张窑。青白瓷碗也是福建仿龙泉窑系的产品，可能产自临近窑口福建闽清义窑（图12-40）。[2]

---

① 参看赵嘉宾，等. 福建连江定海湾沉船考古 [M]. 北京: 科学出版社, 2011.

② 国家文物局考古研究中心. 中国沉船考古发现与研究 [M]. 北京: 科学出版社, 2021: 67-69.

图12-40 福建连江定海白礁一号出水遗物

1、2.黑釉盏 3.青白瓷碗

## （六）宁波东门口宋代沉船

宁波东门口遗址位于余姚江、奉化江和甬江的三江汇合处，1978—1979年在当地古代码头地层中发现三个古代造船码头遗址和一艘沉船遗址。[①]船体保存比较完整，残长9.3米、高1.14米、推测宽度4.32米。头桅底座和中桅底座保存良好，中桅底座用一条扶长木加固舱板和中桅，一个舵底座残件发现于船尾。整体来看这是一艘尖头、尖底、方尾的三桅外海船。主龙骨残长7.34米，三段木接合，有两个长方形"保寿孔"，孔内埋藏北宋早期铜钱。艏柱断面呈三角形，用杉木制作，与主龙骨榫合，以长参钉为卯。残存6个舱，其中第2舱体积最小，第5舱体积最大，隔舱与船体间通过肋骨衔接，用参钉固定。

沉船被东门口一号码头遗址所叠压，部分遗物可能存在晚期扰动，能明确界定为沉船内出水的遗物不多，但考古人员于龙骨与艏柱相接处方孔中发现12枚北宋早期铜钱，因此判断海船的时间为宋代。

## （七）福建平潭大练岛元代沉船

该沉船为2006年福建沿海水下考古调查项目所发现，2007年展开抢救性发掘工作。[②]由于此前沉船遗址屡遭盗捞、破坏，船体损毁严重。待正式发掘时，仅残存二道隔舱板和一道隔舱板的痕迹，揭露的船壳板残长7米、残宽5.5米。

① 林士民. 宁波东门口码头遗址发掘报告 [C] //再现昔日的文明 东方大港宁波考古研究. 上海: 上海三联书店, 2005: 172-211.

② 参看中国国家博物馆水下考古研究中心, 福建博物院文物考古研究所, 福州市文物考古工作队. 福建平潭大练岛元代沉船遗址 [M]. 北京: 科学出版社, 2014.

沉船出水遗物绝大部分是瓷器，其中以青瓷为主，约600件，均属于浙江龙泉窑产品，其器形主要有碗、大盘、洗、小罐等（图12-41）。

**图12-41　福建平潭大练岛元代沉船出水元代龙泉窑青瓷大盘**

### （八）福建泉州湾南宋沉船

1974年8月，在福建省泉州市东南郊的后渚港打捞出水了一艘宋代沉船，被定名为泉州湾宋代海船。[①]船体自舭部以上结构和桅、舵等构造均已无存，残存部分皆属船身的水下部分。残长24.2米，宽9.15米，平面扁阔近椭圆形，船底尖。船内有十二个舱，包括船尖舱，每舱都保存了肋骨。船壳用二层或三层船板叠合。第一舱和第六舱保留了桅杆座，艉部保存了舵承座，艏部有艏柱（图12-42，1、2）。

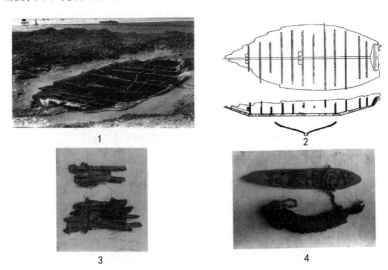

**图12-42　福建泉州湾南宋沉船出水遗物**

1.沉船发掘现场　2.沉船平、剖面图　3.成捆香料木　4.墨书木签

---

① 参看福建省泉州海外交通史博物馆.泉州湾宋代海船发掘与研究（修订版）[M].北京:海洋出版社,2017.

船内遗物颇丰富，除了零散的木船构件之外，有香料药物、木货牌签、铁器、陶瓷器、铜钱、铁钱等器类。香料药物中有降真香、沉香、檀香和胡椒、槟榔、乳香、龙涎、朱砂、水银、玳瑁等，作为船货放置于各舱中。木牌、木签共96件，上面多有墨书文字，绝大多数夹在各舱残存货物或腐蚀质沉渣之中，有的出土时还结有细绳残段，它们和货物关系密切，应是货牌货签（图12-42，3、4）。出土铜钱共504枚，其中唐钱33枚，北宋钱358枚，南宋钱71枚，残碎钱42枚。另收集到一些瓷器残片，集中发现于船头与船尾舱，分为青釉、黑釉、白釉和影青四类，器形以小碗为主。这批瓷器的产地较复杂，窑口繁多，有建窑、龙泉窑和泉州地方窑口的产品。

### （九）海南西沙群岛华光礁一号沉船

西沙群岛位于中国大陆、海南岛、东沙与南沙群岛、中南半岛、南洋群岛之间，古称"九乳螺洲""万里石塘"，是古代中国通往南洋各国及至印度洋地区的重要航道枢纽。该水域至迟在晚唐五代时期已成为通往东南亚地区的南海航道要冲，但是因为岛礁林立、海况复杂，致使沉船事故频发。时至今日，西沙群岛已成为中国著名的水下文化遗产重点区域。这里也是较早尝试系统化水下考古调查的地方，早自20世纪80年代起，针对该地沉船曾接连开展过多个调查项目[①]，其中以华光礁一号的调查、试掘工作最具代表性，也是该水域内目前唯一尝试过部分打捞的沉船。

沉船位于西沙群岛永乐群岛南部的华光礁内侧，1996年被发现，后来曾遭到盗掘，沉船遗址破坏严重，于1998—1999年做了一次初步调查和试掘，明确沉船上的叠压地层，打捞出水遗物共849件，绝大多数都是瓷器，以青白瓷最多，占四分之三，青瓷次之，酱褐釉器最少。器形主要有碗、盘、碟、盏、瓶、壶、粉盒、罐、钵、军持等。青白瓷产品大部分近似于泉州地区窑口如德化窑、南安窑，也有少部分属于典型的宋代景德镇湖田窑器。青瓷则可能来自南安窑、闽北窑口、龙泉窑以及磁灶窑（图12-43）。

---

① 参看中国国家博物馆水下考古研究中心，海南省文物保护管理办公室. 西沙水下考古（1998—1999）[M].
北京：科学出版社，2006.

1　　　　　　　　2　　　　　　　　3

图12-43　西沙群岛华光礁一号的主要船货

1、2.青白釉碗　3.青釉划花碗

2007年、2008年又再次重启华光礁水下考古项目，特别针对船体展开发掘。[①]船体残长18.4米、宽9米，舷深3～4米。残存10道隔舱板，船舱进深多在1.1～1.5米之间。此次出水遗物近万件，产品面貌与第一次试掘的结论相同，唯其中发现一件珍贵纪年材料，为一青白釉碗刻铭"壬午载潘三郎造"，据此判断此船沉没时间为南宋早期。

## 五、海外发现的宋代瓷器遗址点

连接中国与东洋、南洋、印度洋的海上丝绸之路形成之后，中外海上贸易逐渐繁荣并在宋元时期达到空前鼎盛的局面。作为中外经济文化交流的重要媒介之一，商品瓷器在东北亚、东南亚、南亚乃至中东及东非的众多沿海遗址中多有发现，这些遗址也成为宋元时期中国对外贸易的鲜活证据。以下列举五个不同区域具有代表性的宋元瓷器遗址点加以介绍。

### （一）日本福冈博多遗址群

博多自8世纪开始成为九州岛进口中国货物最重要的港口，一直见证着中日

---

①　国家文物局考古研究中心.中国沉船考古发现与研究［M］.北京:科学出版社,2021:173-183.

贸易的发展，直到13世纪。1977年，随着博多地区地铁工程的开展，开始了长达数十年断续的发掘调查项目，现已发现200多个遗址点，出土巨量品种丰富的中国瓷器，其中包括一处大量瓷器同时被废弃的灰坑遗迹群，应该是在航海途中，或在卸货、保管时损坏的，因此具有贸易据点中转的特征。博多遗址群出土的不同时期瓷器明显反映了贸易的阶段性特征，大致分成三个阶段：①北宋后期，福建白瓷占压倒性多数，主要是来自闽清义窑或闽江流域窑口的产品；②南宋前期，福建白瓷仍占多数，但龙泉窑、福建地方窑口产的篦划纹青瓷开始逐渐增加；③南宋中期，福建地方窑口、龙泉窑产的青瓷猛增，成为主要商品。福建白瓷仍然继续进口，但总体比例下降不少。①

### （二）印尼苏门答腊岛洛布图阿遗址

洛布图阿遗址位于苏门答腊岛西岸，今印尼巴鲁斯市的西北部，夹在两条溪流之间的宽约2千米的狭长地带。遗址面向大海连接一处悬崖，它的中心有一座堡垒，且因为遗址未留下任何生活用品，推测这里是印度及阿拉伯商人的一处沿海贸易据点。②遗址共发掘出土17000件瓷器，生产年代从9世纪中叶延续至12世纪初。其中包括越窑青瓷、广东窑口（如西村窑）青瓷、白瓷、褐釉陶器，等等。

### （三）斯里兰卡阿莱皮蒂遗址

阿莱皮蒂遗址位于斯里兰卡贾夫纳地区的凯茨岛，西临保克海峡，距现在海岸线约160米。1977年初次发现，并在10平方米的密集范围内采集出大量中国瓷器残片。2018年，上海博物馆与斯里兰卡方的机构组成联合考古队，对该遗址进行科学发掘，出土遗物总计650多件瓷片，几乎都产自中国，以广东窑口为主，西村、潮州窑为大宗，器形有碗、盘、盆、碟、壶等，另有部分青釉罐、盆。数量较多的还有一类青白瓷唇口碗，可能为广东或福建窑口产品。此外，还发现少量的耀州窑青釉碗残片和景德镇窑青白釉刻划花碗。③这批货物可能从广

---

① 田中克子. 日本福冈博多遗址群出土中国陶瓷器及其流通. 章灵, 译 [C] //上海文博论丛（第51辑）. 上海：上海辞书出版社, 2021: 65-83.

② 森本朝子. スマトラ西岸バールスのロブテュア遺跡 [J]. 金大考古第55号, 2006: 1-11.

③ 上海博物馆考古队, 斯里兰卡中央文化基金会, 凯拉尼亚大学. 斯里兰卡贾夫纳阿莱皮蒂遗址2018年发掘简报 [C] //考古学集刊（第23集）. 北京：社会科学出版社, 2020: 297-313, 24-34.

州出发转运到三佛齐的某一港口，经斯里兰卡运往阿拉伯地区销售，在途经阿莱皮蒂时，遇到突发事故。根据瓷器组成推测这批遗物的废弃年代大约在北宋中晚期。

### （四）埃及福斯塔特遗址

福斯塔特是埃及伊斯兰时期历史上一座非常重要的城市，是穆斯林在埃及建立最早的城市，并成为这一地区的政治和经济中心。而后法蒂玛王朝在将行政中心北移的过程中，在福斯塔特临近地方建立了都城，福斯塔特则扮演配套的工商业中心的角色，直到13世纪因战争没落。由于遗址面积庞大，发掘工作从最早的1912年开始，20世纪60年代至80年代都有多次不同团队组织的发掘，累积发现了超过两万件的中国瓷器遗物[1]。

遗址中发现的宋元瓷器可分为三个王朝统治时期。①法蒂玛王朝时期（969—1168），主要有越窑青瓷、景德镇或南方窑口的白瓷和影青瓷，还有少量早期龙泉青瓷。北方窑口的产品则有一定数量的定窑、磁州窑及耀州窑器。②阿尤布王朝时期（1169—1250），发现的主要是龙泉青瓷、景德镇和其他南方窑口产的白瓷和影青瓷，越窑和北方地区的瓷器基本上没有发现。③巴赫里王朝时期（1250—1382），这一时期埃及进口的瓷器主要是来自龙泉窑、景德镇的白瓷和青花瓷，也包括其他南方窑口的白瓷，如遗址末期德化窑白瓷开始出现。

### （五）肯尼亚乌瓜纳遗址

乌瓜纳遗址位于肯尼亚北部海岸地区，南面印度洋，以西2千米处为今天肯尼亚第一长河塔纳河的河口。乌瓜纳可能曾是塔纳河口的城镇，作为一个连接肯尼亚内河与海上交通的枢纽，沟通非洲内陆和其他文明。据中国学者统计，遗址共出土299件中国瓷器，包括从南宋至清代的产品，来自浙江龙泉、江西景德镇、福建、广东等地窑口。[2]元代至明早期和明代晚期是该地区两个交易中国商品的高潮阶段，而龙泉窑产品是乌瓜纳遗址发现的元代最有代表性的外销瓷。

---

① 参见秦大树.埃及福斯塔特遗址中发现的中国陶瓷[J].海交史研究,1995(1).

② 参见丁雨,秦大树.肯尼亚乌瓜纳遗址出土的中国瓷器[J].考古与文物,2016(6).

第十三章　金属器、漆器、玉器等手工业

宋元时期手工业遗迹和遗物众多繁杂，本章仅选取部分重要遗物做简要介绍，每节各有侧重。

# 第一节　宋代金属器、漆器和纺织品

## 一、宋镜

### （一）宋镜的自名

宋代纪商标铭号铜镜背面刻铸的铭文，对铜镜的称呼不一。

（1）称"监子"或"照子"。如"湖州石十三郎自照青铜监子"，南宋私家商标铭号镜大多称"照子"。这是因为宋人避讳甚严，宋太祖赵匡胤之祖父名叫"赵敬"，为避"镜"讳，故改为"照子"或"监子"。

（2）"镜"或"镜子""照子"并称。"湖州仪凤桥石家真正一色青铜镜"，"湖州真正石家青铜镜子，炼铜照子每两六十文"，但这种实例不多。

《宋史》载："（绍兴）三十二年正月（1162），礼部、太常寺言：'钦宗祔庙，翼祖当迁……以后翼祖皇帝讳，依礼不讳。'诏恭依。"[1]按绍兴三十二年的规定可以不避此讳。但《宋史》志第六十一记载："绍熙元年四月（1190）诏：'今后臣庶命名，并不许犯祧庙正讳。如名字见有犯祧庙正讳者，并合改易。'"朝廷规定不避讳，民间依旧避讳，是可以理解的。反之，朝廷规定要避讳，民间绝不敢造次，何况是刻铸在公开出售的铜镜上。因此可以这样认为，凡是刻有"镜子"字样的铜镜，其时代当在绍兴三十二年（1162）朝廷规定不避讳之后，绍熙元年（1190）重新颁布禁令之前。同一镜子铸"镜子"，又铸"照子"也应该是这个时期的产品。

（3）称为"鉴"。南宋在湖州设立湖州铸鉴局，铜镜铭文上就有"湖州铸鉴局"。唐太宗言："夫以铜为镜，可以正衣冠；以古为镜，可以知兴替；以人

---

① （元）脱脱. 宋史8［M］. 北京：中华书局，1985：2609.

为镜，可以明得失。"①

### （二）宋代铜镜特点

（1）有官府铸造的官工镜。现已发现有"湖州铸鉴局""临安府小作院监造官王宝""饶州铸鉴局""婺州官铸监造"等官府铸造机构。

（2）也有私家作坊所铸的民间镜。

（3）体小，量轻。形状多样，是历代铜镜样式最多的。形状有圆形、方形、菱花形、葵花形、钟形、心形（桃形）、带柄形、鼎形、鬲形、云托月等。鼎形镜于四川绵阳出土，纹饰特殊，上部有五铢钱，中部有二龙戏珠，珠下有三足香炉，炉下有龟。云托月形镜于四川绵阳出土，纹饰主题是鬲，底纹云雷纹、水波纹，篆书铭文"子子孙孙永宝用"（图13-1）。

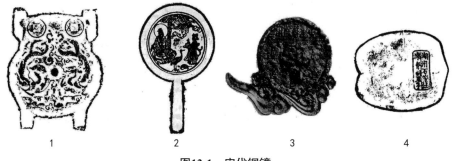

**图13-1　宋代铜镜**

1.鼎形镜拓片　2.带柄神仙镜拓片　3.云纹八卦铭文镜　4.心形镜拓片

（4）纹饰浅浮雕，数量少，素面为主。纹饰主要有八卦纹、花草纹、双龙纹、双鱼纹、双凤纹及神仙人物故事题材等。龙纹发生变化。

（5）铭文发达。特别是素面镜中大量出现具有商标性质的纪名号铭文镜。从铭文表现形式看，既有后刻上去的文字，又有铸造的纪铭，其中又以铸造铭文为多。其铭文的内容有以下几种。

第一，美好愿望类用语——提倡忠孝，以德修身；祈求长寿，富贵吉祥。山东聊城所藏的一面铜镜铸有"忠孝之家""长命富贵，家和永昌"内容的铭文。其他铜镜还见有"千秋万岁""千年万岁""长命富贵""福寿家安""千秋长命，永用大吉"等铭文。这是封建社会儒家忠孝、明德等思想在社会生活中

---

① 　（后晋）刘昫.旧唐书（第八册）[M].北京：中华书局，1975：2561.

的折射，也反映了人们祈求长寿、追求幸福、祝愿吉祥的强烈愿望。另发现一枚八菱形镜，平顶圆钮，钮外有刻铭"安阳县官押"，内圈铭文为"福寿家安"，每字之间填一喜字图案，外区铭文为"清素传家，永用宝鉴"。

第二，类似广告，宣传质量。宋代镜匠有的会用"菱芳耀目，冰光照室""浮阳清碑，湛素传家"来形容铜镜，把铜镜比喻成冰光、太阳，以宣传其镜之明净。山东济宁所藏的莲花当眉镜上铸的"练形神冶，莹质良工，如珠出匣，似月停空，当眉写翠，对脸传红，绮窗绣幌，俱含影中"三十二字，运用这些动人心弦的词句宣传铜镜之质量，具有现代广告词的特点。

第三，捐钱铸造献给佛寺的镜子，刻铸施者人名。如发现于浙江东阳市北宋南寺塔中的圆素镜，其上刻"婺州东场县太平乡郭内宣政保弟子金景晖为亡妻李氏九娘舍入中兴寺宝塔内永充供养，辛酉建隆二年九月廿五日记"铭文，记载了宋太祖建隆二年（961）时金景晖为纪念妻子而把铜镜供入塔中，作供养的事件。《中国铜镜图典》还载有一面双龙镜，上有"嘉熙戊戌吴氏淑静"铭，这表明此镜铸造时间不会早于南宋理宗嘉熙二年（1238），而吴淑静其人显然为一妇女，宋代制造镜的工匠是男子。

第四，表述整理衣冠之用。此类铭文多为"正其衣冠，尊其瞻视""炼铁为鉴，衣冠可正"等，四川、江西、湖南等地均有发现。

第五，辟邪镇妖。此类铭文镜在宋镜中所占比例也不小。常见的有八卦镜、双剑纹镜等。有宣扬道家理念的，也有宣扬佛教思想的，甚至还有两教合一的内容。

八卦镜是宋墓中出土较多的镜类之一，形制多样，主题纹饰有八卦、八卦十二生肖、八卦四神等。八卦镜上所列铭文有"水银呈阴精，百炼得为镜，八卦寿象备，卫神永保命"，"七星朗耀过三界，一道灵光伏万魔"，"四月贞明，天地含为，写规万物，洞鉴百灵"。

双剑纹镜，指的是主题纹饰为并列的双剑，往往中间有一炼丹炉及烟云，两侧有铭文的铜镜。铭文篆书有"安明贵富，弗剑而镜"，"安明贵宝，弗剑而镜"。双剑和丹炉均为典型的道家法器，有的铭文中虽然没有典型的宗教迷信色彩，但镜背还铸有"李道人造"一款，可见此类镜与道教有密切的联系。此镜可能直接出自李道人之手，也可能是镜匠委托李道人所造，用来标榜避邪驱魔的功能。

　　湖南、江苏均出土过一种轩辕耕牛纹镜，多为桃形，有"人有十口，前牛无角，后牛有口，走""避祸去邪""轩辕维法造丹药，百炼成得者身昌"等铭文和"北斗七星""三足炉""一牛吃草"等纹饰。第一句铭文有两种解释，一是"人有十口"即"古人"，"前牛无角"即"手"，"后牛有口"为"告"字，加上"走"字为"造"字，合为"古人手造"；另一种是"人有十口"为"甲"字，"前牛无角"为"午"字，加上"造"字合为"甲午造"（图13-2）。

**图13-2　轩辕耕牛纹镜**

　　江苏北宋葛闳夫妇墓曾出土过一面轩辕耕牛纹镜。葛闳为北宋仁宗皇祐元年（1049）进士，这就为此类镜的铸造使用年代提供了重要依据，由此可见北宋时期道家思想是有相当可观的市场的，百姓居家必备的铜镜上都铸上道家法器或箴言以图避邪趋祥。

　　第六，镌刻诗词，借物抒情。有镌刻回文诗的铜镜，诗文内容为"河澄皎月，波清晓雪""河澄皎月，清波晓云"。另有镜背铸有整整一首《满江红》词，93字。由此可见，宋代铜镜上铸刻的铭文题材是相当丰富的。

　　第七，官工镜的机构名称。有的铜镜是由官府直接制作或收购民间铜镜统一铸上管理机构名称的。常见到的有"湖州铸鉴局""临安府小作院监造官王宝""饶州铸鉴局""婺州官铸"等南宋铜镜铸作管理机构名称出现。由于宋朝出现铜荒，用于铸造铜钱的铜不够用，所以设立"湖州铸鉴局""饶州铸监局""临安府小作院监"等机构专门管理铜镜的生产、流通和收购，这是前所未有的。

　　南宋"赣州铸钱院"葵形铜镜。该镜作六瓣葵花形，鼻形钮，完好无损，镜面较乌黑透亮，少见锈迹，这在宋镜中是较为少见的。个体也较大，圆径达26.3厘米。在镜背鼻钮左侧竖铸有四行铭记：

　　赣州铸钱院铸造□

匠人刘三刘小四王念七等

作头陈七秤典朱傅刘章

保义郎王□□铸钱院□刘□□

铭文中的赣州在绍兴二十三年（1153）始称赣州，位于赣江上游地区。作头为工匠头。秤典是负责称量铜的重量的管理者，铜镜大小重量都有规格，必须货真价实。保义郎为武职官名，旧称右班殿直，南宋有品的武官官阶分为52阶，保义郎属于第49阶。这一官职属于铸钱院下设铸镜院的总头，所以列在铸钱院之后。赣州铸钱院位于赣州市郊，遗址冶炼铸造废渣厚达2米。

北宋由官府铸造的铜镜没有南宋多，却都制作精美、图案华丽。见到的官府机构往往也不是专门从事铸镜的机构名称。如山东所藏的"文思院造"方镜，上铸"文思院置场到造崇宁乙酉岁官匠行人张用"十八字。文思院是宋代掌管金银犀玉制造，以供宫廷官府所需仪仗、典服等器用的官署。此镜应当在北宋徽宗崇宁乙酉岁（1105）监造而成。

另有一面铸有"咸平三年庚子东京铸钱监铸造"的铜镜，应当为北宋真宗咸平三年（1000）由东京（今河南开封）的铸钱监铸造。《金石录》收录一面铜镜，上有"政和元年正月十一日益都官工都元造"十六字，此镜当为北宋徽宗政和元年（1111）由益都的官府工匠都元所制造。这些明确标有年代和机构的铭文为宋代铜镜的断代研究及两宋机构设置研究提供了可靠的信息。

第八，私家镜铭文标明商号，宣传质量。在铜镜上刻铸商号招牌出现于北宋晚期，盛行于南宋。最早出土此类镜子的纪年墓是浙江衢州北宋建中靖国元年（1101）墓，出土的镜子刻有"湖州真石家念二叔照子"。浙江新昌绍兴二十九年（1159）墓出土的"湖州石十五郎炼铜照子"。其中，第一面出于建中靖国元年墓的镜子就有"真"字，说明商号镜铭文是北宋晚期商业竞争激烈的产物。

铭文为长方形印章式，方框内竖写一行或多行铭文，铸有州名、工匠姓氏、店铺所在地，有的还有明码标价。不少的铭文中都注明"真""真正一色""无比""元本"等字样，属于广告性质。

当时著名的铸镜产地是湖州。湖州镜是迄今为止发现数量最多、分布地域最广、铭记最复杂的门类。其中最著名的是"湖州石家"镜。从已见的湖州镜铭文可以看出，湖州私家铜镜作坊的业主姓名，石家的有石念二叔、石二郎、石三郎、石四郎、石十二郎、石十三郎、石十五郎、石十六郎、石十八郎、石三十郎、石六十郎、石五十一郎、石念二郎、石念四郎、石念五郎等（图13-3）。

　　宋代男子称某某郎，妇女称某某娘。南宋湖州石家作镜多为子继父业、世代传艺。这不仅从上述众多的石家名号可看出，还可以从镜铭中直接找到实例，如四川发现的"湖州祖业真石家炼铜镜"、浙江发现的"湖州石十五郎男四十郎炼铜照子""湖州石念二叔男十八郎照子""湖州承父石家十二郎照子"。石念二叔和石家十五郎都是当时的铸镜名家，所以子孙开设镜铺用父名标榜以招揽生意，"承父"就是继承父业的意思。

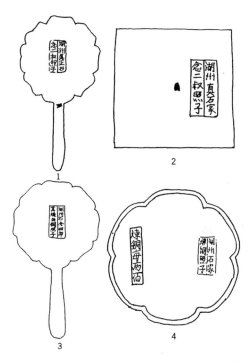

图13-3　湖州"石家"铭文镜

　　此外还有"湖州陆家""湖州徐家""湖州李家"等。除湖州镜外，各地私家做坊商号还有"饶州叶家""饶州许家""饶州周家""杭州高家""杭州钟家""杭州大陆家""衢州徐家""衢州郑家""婺州季家（金华）""苏州缪家""明州夏家（宁波）""真州孙家（仪征）""秀州黄家（嘉兴）""建康苑家""建康石家""抚州曾家""常州蒋家""临安王家""越州戴家（绍兴）""袁州杨家（宜春）""成都龚家""东遂何家清（青）铜照子""东京沈家"。从铭文看出，以两浙路为铸造镜子中心。

## 二、宋代金银器

### （一）分布地区

　　宋代金银器出土以四川为最多，其次是福建、江苏、湖南。窖藏和墓葬都

有较多发现。

1. 四川地区

四川地区的宋代金银器窖藏有近十处，出土金银器加上各地方博物馆收藏的，总数约500件，占全国发现的宋代金银器总数的一半以上。这些金银器器形多样、造型精美、工艺复杂，代表了宋代金银器制造的最高水平，是对四川地区宋代繁荣的金银制造业最好的反映。①

目前发现的四川地区宋代金银器窖藏有彭州宋代金银器窖藏②、绵阳宋代银器窖藏③、德阳宋代银器窖藏④、平武宋代银器窖藏⑤、绵阳魏城宋代银器窖藏⑥、什邡宋代银器窖藏⑦、崇庆宋代银器窖藏⑧、南江宋代银器窖藏⑨、蓬安宋代银器窖藏⑩等。

2. 江苏地区

江苏是我国宋代金银器出土的重要地区之一，唐代晚期南方金银器制造业在宋代得以持续发展。目前在江苏地区发现的宋代金银器出土地主要有连云港海清寺阿育王塔地宫⑪、南京幕府山宋墓⑫、江苏吴县藏书公社⑬、江苏镇江甘露寺铁塔基⑭、江浦黄悦岭南宋张同之夫妇墓⑮、武进村前南宋墓⑯、溧阳平桥宋代银

① 谢涛. 四川地区宋代金银器研究 [C]. 成都考古研究（一）. 北京: 科学出版社, 2009: 584-603.

② 参看成都市文物考古研究所, 彭州市博物馆. 四川彭州宋代金银器窖藏 [M]. 北京: 科学出版社, 2003.

③ 参看绵阳市博物馆. 绵阳市出土宋代窖藏银器、钱币 [C]//四川考古报告集. 北京: 文物出版社, 1998.

④ 参见沈仲常. 四川德阳出土的宋代银器简介 [J]. 文物, 1961 (11).

⑤ 参见平武县文物保管所. 四川平武发现两处宋代窖藏 [J]. 文物, 1991 (4).

⑥ 参见陈显双. 绵阳魏城公社出土的宋代窖藏银盘 [J]. 文物, 1974 (4).

⑦ 参见郑绪滔. 四川什邡出土宋代银碗 [J]. 四川文物, 1986 (2).

⑧ 参见陈显双. 四川崇庆县城出土宋代银碗 [J]. 考古与文物, 1983 (1).

⑨ 资料暂未发表, 实物现藏于南江县文物管理所.

⑩ 资料暂未发表, 实物现藏于蓬安县文物管理所.

⑪ 参见连云港市博物馆. 连云港海清寺阿育王塔文物出土记 [J]. 文物, 1981 (7).

⑫ 参见南京市博物馆. 南京幕府山宋墓清理简报 [J]. 文物, 1982 (3).

⑬ 参见叶玉奇, 王建华. 江苏吴县藏书公社出土宋代遗物 [J]. 文物, 1986 (5).

⑭ 参见江苏省文物工作队镇江分队, 镇江市博物馆. 江苏镇江甘露寺铁塔塔基发掘记 [J]. 考古, 1961 (6).

⑮ 参见南京市博物馆. 江浦黄悦岭南宋张同之夫妇墓 [J]. 文物, 1973 (4).

⑯ 参见陈晶, 陈丽华. 江苏武进村前南宋墓清理纪要 [J]. 考古, 1986 (3).

器窖藏（图13-4—13-6）[①]等。出土地大部分位于江苏南部，出土的金银器以南宋时期为主。

3.其他地区

其他地区出土金银器数量较少，目前有福州茶园山南宋许峻墓[②]、福建邵武故县银器窖藏[③]、福建泰宁银器窖藏[④]、河北定县（今定州市）塔基地宫[⑤]、浙江瑞安县（今瑞安市）慧光塔[⑥]等遗址。

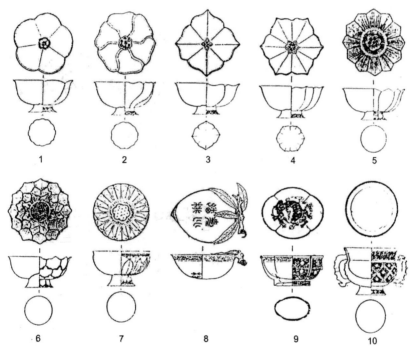

**图13-4　溧阳平桥宋代银器窖藏银盏**

1.五曲梅花鎏金银盏　2.六曲秋葵鎏金银盏　3.八曲方口四瓣花鎏金银盏
4.十二曲六角栀子花鎏金银盏　5.单瓣莲花银盏　6.重瓣莲花银盏　7.复瓣莲花银盏
8.蟠桃鎏金银盏　9.乳钉纹鎏金夹层银盏　10.双兽首耳乳钉纹鎏金夹层银盏

① 参见肖梦龙, 汪青青. 江苏溧阳平桥出土宋代银器窖藏[J]. 文物, 1986(5).

② 参见福建省博物馆. 福州茶园山南宋许峻墓[J]. 文物, 1995(10).

③ 参见王振镛, 何圣庠. 邵武故县发现一批宋代银器[J]. 福建文博, 1982(1).

④ 参见福建省三明市文物管理委员会. 福建泰宁窖藏银器[J]. 文物, 2000(7).

⑤ 参见定县博物馆. 河北定县发现两座宋代塔基[J]. 文物, 1972(8).

⑥ 参见浙江省博物馆. 浙江瑞安北宋慧光塔出土文物[J]. 文物, 1973(1).

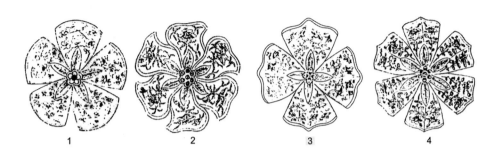

**图13-5　溧阳平桥宋代银器窖藏鎏金银盏纹饰打开图**

1. 五曲梅花鎏金银盏　2. 六曲秋葵鎏金银盏

3. 八曲方口四瓣花鎏金银盏　4. 十二曲六角栀子花鎏金银盏

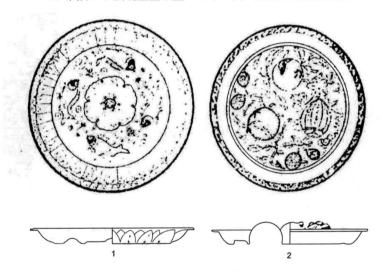

**图13-6　溧阳平桥宋代银器窖藏银盘**

1. 凸花龟伏荷叶鱼藻图银盘　2. 凸花瑞果图鎏金银盘

## （二）宋代金银器的类型与特点

考古发现宋代金银器种类繁多，主要有以下三类：饮食器皿为多，有盏、盘、壶、渣斗等；佩带装饰和化妆用品，有钗、簪、盒、耳坠；宗教用器，如普通信徒使用的香炉，也有寺庙供养使用的。如定县（今定州市）出土的金棺、银塔、银净瓶。浙江慧光塔塔基出土的鎏金舍利瓶、银龛、银神像等。

宋代金银器造型多样化主要表现在以下方面：出现大量艺术水平高的仿生

器物，如桃形盏、瓜形盏；出现夹层器物。这是仿青铜礼器的需要出现的，器类和装饰也多为古式，簋形盏、鼎炉、蟠螭纹盏（图13-7）；出现仿漆器花纹、仿瓷器的作品；出现风格统一的成套器物；出现高凸花工艺；出现小景画纹饰，把风景画艺术移植到金银器装饰上（图13-8）。

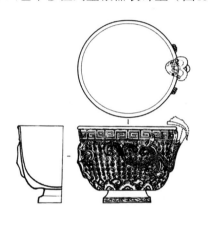

图13-7　蟠螭纹夹层银杯

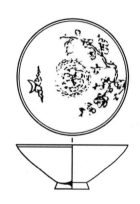

图13-8　小景画装饰银盏

## （三）铭文

以商号多见。如张壹郎、张十二郎记、汪家造十分、王家十分、周家打造十分银、低银刘打、庞家造洛阳子昌、齐、董、董宅、吉、绍熙改元、舜字号等铭文。

魏晋南北朝以前我国日用器皿很少见金银器，南北朝开始，金银器皿增多，但多具有异域风格，且多为达官显贵所使用。唐代前期仍然具有很强的西域风格，比如粟特式、萨珊式金银器皿，唐代后期金银器的铸造开始中土化。到了宋代，金银器的造型和纹饰都彻底摆脱外来金银器的影响，形成独特的宋元金银器的风格。

### （四）宋代金银器使用的背景

宋代每年用于制造器皿首饰的金银达十万两以上。为了控制金银的使用，宋王朝不断发出限制使用金银器的禁令。《宋史》载："大中祥符元年（1008），三司言：'窃惟山泽之宝，所得至难，倘纵销释，实为虚费，今约天下所用，岁不下十万两……自今金银箔线、贴金、销金、泥金、蹙金线装贴什器土木玩用之物，并请禁断，非命妇不得以为首饰。冶工所用器，悉送官。诸州寺观有以金箔饰尊像者，据申三司，听自赍金银工价，就文思院换给，从之。二年（1009），诏申禁熔金以饰器服。"这就是说只有有官阶封号的妇女才能以金银作首饰。命妇泛称受有封号的妇女。命妇享有各种仪节上的待遇，一般多指官员的母、妻而言，俗称为"诰命夫人"。其他广大人民都不得持有金银器。

大中祥符七年（1014），"禁民间服销金……"。八年（1015）诏："内庭自中宫以下，并不得销金、贴金、间金、戗金、圈金、解金、剔金、陷金、明金、泥金、楞金、背影金、盘金、织金、金线捻丝，装著衣服，并不得以金为饰。"①

## 三、宋代钱币

### （一）非年号宝文钱

宋元通宝：宋太祖建隆元年（960）铸造的开国钱，八分书，直径2.6厘米，重3.6克。

大宋元宝：南宋理宗宝庆年间（1225—1227）铸造，小平钱、折二钱，背文"元"表示元年铸造。

大宋通宝：南宋理宗宝庆年间（1225—1227）铸造，背有"当十"，直径5.2厘米，重31克。

皇宋通宝：北宋仁宗皇祐元年（1049）开始铸造，至少到至和元年（1054）一直都有铸造，跨度时间长，也是目前考古发现和传世较为常见的宋代铜钱。直径2.5厘米，重3.7克，钱文：真书、篆书。

圣宋元宝：北宋徽宗建中靖国元年（1101）开始铸造，小平钱直径2.5厘米，重3.8克，钱文：篆书、行书，真书少见。折二钱直径3厘米，重7.4克。

皇宋元宝：南宋理宗宝祐年间（1253—1258）铸造，直径2.45厘米，重2.75克，钱文：真书。折二钱直径2.8厘米，重5.5克。

### （二）年号宝文钱

北宋太宗：太平通宝——太平兴国年间（976—984）铸造，钱文：真书。

---

① （元）脱脱. 宋史11［M］. 北京：中华书局，1977：3574-3575.

淳化元宝——淳化年间（990—994）铸造，钱文：真书、行
　　　　书、草书。

至道元宝——至道年间（995—997）铸造，钱文：真书、行
　　　　书、草书，御书钱。

北宋真宗：咸平元宝——咸平年间（998—1003）铸造，钱文：真书。

景德元宝——景德年间(公元1004—1007)铸造，有小平钱，折
　　　　二，折五（铁钱）等版式。

祥符元宝——大中祥符年间（1008—1016）铸造。

北宋徽宗：崇宁通宝和重宝——崇宁年间（1102—1106）铸造，钱文：真
　　　　书、瘦金体，御书钱。分小平钱、当五
　　　　钱、当十钱。

大观通宝——大观年间（1107—1110）铸造，钱文：瘦金体。

南宋宁宗：嘉定通宝、嘉定元宝，有小平钱、折二钱、当十钱。小平钱直径
2.5厘米，重3.8克，钱文：真书。折二钱直径2.8厘米，重5.8克，
钱文：篆、行书，真书少见。当十钱直径5.2厘米，重30克。

## （三）其他钱币

宋代钱币多样，除了主要货币铜钱外，还有铁钱、加锡钱、金银铤、金银
钱，此外还出现了纸币。

铁钱钱文与铜钱相同。

北宋晚期，崇宁二年（1103），有大臣进言，西夏和辽国以北宋所铸的铁钱
熔作兵器。如果在铁钱中夹杂铅锡，就可以使兵器变脆，所铸造的夹锡钱可以当
三、十铁钱来用。既有夹锡铜钱，也有夹锡铁钱，夹锡钱的成本略高于铁钱，因
此统治阶级可以提高夹锡钱的比价，转移铜源不足的问题，这是北宋末年蔡京推
行的弊政之一，引起人民的抵制。

夹锡钱扰乱了北宋商品货币的正常流通，破坏了币制，造成物价暴涨，通
货膨胀，导致北宋王朝内部的瓦解。但是夹锡钱的铸造一直延续到南宋孝宗淳熙
年间。

金银铤（锭）：宋代的银锭以呈亚腰形的最为常见。

银钱：多政和、宣和时铸造。

宋代的纸币印刷，自宋仁宗天圣元年（1023）决定收归官办之后，前后二百五十多年，先后发行了交子、钱引、小钞、关子、公据、会子，以及地区性的两淮交子、湖北会子、银会子等多种。其中流通时间最长的是交子，发行量最大的是会子。交子、钱引和小钞发行于北宋，关子、公据和会子发行于南宋。

起于民间，后归官办。主要在四川流通，后曾一度扩行于陕西、河东、京西北路、淮南等地。是北宋时期的主要货币。官办交子世称"官交子"，在四川设有"益州交子务"，天圣二年（1024）开始分界发行。第一界发行一百二十多万贯。按政府发行交子的规定，三年为一界，界满以旧换新，每界发行均照上数。但实际上屡屡超额发行。

## 四、宋代衡器

### （一）度量衡三者的内在关系

汉代时开始用律管做计量的基元，具有准确性、恒定性、复现性。在世界科学史上是个创举。律管是校正标准音高所用的定音管，也叫"黄钟律管""黄钟"。

《汉书》中的《律历志》："度者，分、寸、尺、丈、引也，所以度长短也……度之九十分，黄钟之长。""量者，龠、合、升、斗、斛也，所以量多少也，本起于黄钟之龠。""权者，铢、两、斤、钧、石也，所以称物平施，知轻重也，本起于黄钟之重：一龠容千二百黍，重十二铢。"[①]

它们的换算关系是：黄钟律管长度是九寸，容积是一龠，一龠可以容纳1200粒的黍粒，这些黍粒的重量是十二铢，即半两。

据孙机研究[②]，汉代的黄钟律管的直径是0.782厘米，合3.385分，一龠的容积是9.985毫升（即10毫升，这是当时允许的误差范围）。

西汉的墓葬出土的尺有铜尺、骨尺、木尺、铁尺，实测西汉尺的尺长21.35～23.7厘米。东汉尺逐渐加长，达24厘米余。辽阳三道壕壁画墓出土的骨

---

① （汉）班固.汉书（第三册）[M].北京：中华书局，1964：966-969.
② 参见孙机.汉代黄钟律管和量制的关系[J].考古，1991（5）.

尺[①]和绍兴出土的铜尺长24厘米。长沙出土的尺长24.5厘米。[②]唐承隋制，每尺长约30厘米。

北宋三司使负责征收布帛用的尺称"三司尺""三司布帛尺"。

1956年武汉十里铺宋墓出土木尺，长约31厘米。[③]1964年南京北宋墓出土木尺长31.4厘米，有10个刻度，楠木，宽2.4厘米、厚0.8厘米。[④]伴出木墓志、陶瓶、铜镜半面、影青盒、景德元宝钱。1973年江苏苏州出土木尺，长31.7厘米。[⑤]此外，中国历史博物馆所藏宋代铜尺，长31.6厘米，与此尺长度十分接近。

明清尺度大抵相同，明朝嘉靖牙尺长32厘米，清高宗钦定权度尺长32.05厘米。

### （二）宋代标准铜砣

秦汉权量值基本统一，每斤重约250克。

据《宋史·历律志》记载，北宋初年，由于权衡失准，在使用时弊端丛生，宋太祖下诏："详定秤法，著为通规。"但根据今天已发现的宋代多枚铜权实际重量测算，其每斤的量值各不相同，高低相差很大，高的每斤达653克，低的每斤仅571克，反映了改革并没有使宋代权衡量值得到统一。宋代一斤的量值究竟是多少，仍不得而知。故我国度量衡学界为了研究宋代权衡之需，遂取有自重铭刻的瑞安出土的熙宁铜砣和湘潭出土的嘉祐铜则，实测重量的平均值633克，定为宋代每斤的标准量值。

北宋熙宁铜砣（图13-9，2），1972年瑞安仙降新江垟坑村出土。[⑥]铜砣造型别致美观，环钮、腹作六瓣瓜棱形，上端铸刻大小相间葵花12瓣，底作覆盆状，表面亦铸刻大小相间葵花12瓣。通高33厘米，腹围73.5厘米、腹径23.5厘米、底径21.5厘米，重62.5千克。砣腹瓜棱瓣上，刻有铭文"池州永丰监，淮州帖指挥淮州置衙牒，取到广德军建平县钱库省样铜砣一副，前来本监依样铸造壹佰斤铜

① 参见东北博物馆.辽阳三道壕两座壁画墓的清理工作简报[J].文物参考资料，1955（12）.

② 参见罗张.长沙北郊东汉墓中出土的铜尺[J].考古，1959（12）.

③ 参见湖北省文化局文物工作队.武汉市十里铺北宋墓出土漆器等文物[J].文物，1966（5）.

④ 参见南京市博物馆，管玉春.南京市孝卫街北宋墓出土木尺[J].文物，1982（8）.

⑤ 参见姚世英，徐月英.苏州出土宋代浮雕木尺[J].文物，1982（8）.

⑥ 参见俞天舒.浙江瑞安发现北宋熙宁铜权[J].文物，1975（8）.

砣贰拾副。今已铸造讫，熙宁口巳正月八日。铸匠宁照、江旨，秤子刘衡，池州防御推官知贵池县事较定蒋，西头供奉官兵马监作权监曹，太子右赞善大夫监永丰监同较定吕，尚书屯田郎中通判军州事汪，尚书驾部员外郎知军州事刘，江浙等路提点铸钱尚书庑支朗中刘，江淮制置发运副使张，江淮制置发运使罗"。铭文大意是：池州（今安徽省池州市贵池区，是北宋全国四大铸钱中心之一）永丰监，根据淮州官衙文书，取到存在建平县钱库的标准铜砣，依样铸造百斤铜砣二十枚，以及参与铸造这批铜砣的有关官员及工匠的姓氏。据铭文所载这枚铜砣重100斤，实测重125斤，从使用角度看，它应是一枚砝码。熙宁铜砣，是迄今为止我国已发现的从先秦到明清的铜权中，铭文最多的一枚。

北宋嘉祐铜则（图13-9，1），1975年湖南省湘潭县（今湘潭市）出土[①]，高30厘米、厚20厘米，重64千克。铜则是官府颁发的标准衡器，相当于砝码。这件铜则通体刻细团花，前后两面刻有铭文，一面是"嘉祐元年丙申岁造"，即1056年造，一面是"铜则重壹佰斤黄字号"。根据实测重量推算，当时每斤合640克。

图13-9　北宋标准衡器
1.嘉祐铜则　2.熙宁铜砣

## 五、宋代漆器

### （一）漆器花纹品种

由于宋朝严格限制漆器的装饰等级，装饰华丽的漆器器皿、表里皆朱红的漆器为皇宫使用，宋代民间漆器出现装饰简单的面貌，以黑色漆器或黑红两色漆器为主，唐五代最高级的金银平脱漆器消失。

宋代漆器纹饰装饰有剔红、堆红、戗金、螺钿、填漆、描金、犀皮等工

---

① 参见周世荣.湘潭发现北宋标准权衡器——铜则[J].文物,1977(7).

艺。宋代漆器工艺发展的一个突出成就是雕漆的兴起。剔红工艺，无疑是宋代漆器作出的最大贡献，它的出现使漆器迈向更精湛的艺术境界。

戗金，即在罩漆完成的漆器上用针或雕刀刻出线条或细点进行纹饰，在刻痕内填金漆，或再贴入金箔、粘敷金粉后轻拍，使金箔、金粉深入凹槽，令刻在漆器上的花纹呈现金色。如江苏常州武进区南宋墓出土的漆奁是朱红地戗金花卉仕女图。直径19.2厘米、高21.3厘米。此奁是妇女梳妆用具的匣子，分成四层，每层放置不同的物件。莲瓣形，木胎髹朱漆，口沿处包镶银。盖面戗刻"园林仕女图"。在朱红色的漆地上戗刻金纹，人物、山石、花卉无不精致高雅，繁丽绚烂，具有极佳的装饰效果。图中描绘仕女二人，身着花罗直领对襟衫，长裙曳地，发髻高耸，手执团扇、折扇，相挽款款而行。一旁有女童捧瓶而立。园中山石、柳树、花径，并设藤墩，环境宜人。奁身十二棱间细刻莲花、牡丹等折枝花卉，密丽华美。

描金，即在漆器表面用金粉描绘花纹。

堆漆，即用漆或漆灰在器表堆出花纹。

剔犀，即在胎骨上先用一种颜色漆刷若干道，积成一个厚度，再换另一种颜色漆刷若干道，有规律地使两种色层达到一定厚度，然后用刀雕刻纹饰，由于在刀口的断面显露出不同颜色的漆层，与犀牛角横断面层层环绕的肌理效果极其相似，故名"剔犀"。

### （二）铭文

铭文中出现的出产地有：杭州、温州、湖州、四明（宁波）、江宁、常州、苏州、歙州（徽州，现在皖南赣北地区黄山、绩溪、婺源）。

孟元老《东京梦华录》："景灵南门（宣德门）大街以东，南则唐家金银铺、温州漆器什物铺。"[①]明代黄成《髹饰录·弁言》："北宋名匠多在定州，如刻丝、如瓷、如髹，靡不精绝。靖康以后，群工南渡，嘉兴髹工，遂有取代定州之势。"[②]常州黑漆盏托底部朱书铭文："苏州真大黄二郎上辛卯"（图13-10）。其他器物还有"癸丑 陈伯修置""杭州胡""杭州元本胡上牢""胡

---

① （宋）孟元老. 东京梦华录笺注［M］. 伊永文，笺注. 北京：中华书局，2007：81.

② 王世襄. 髹饰录解说［M］. 北京：文物出版社，1983：15.

真""胡真上牢一两""并满盖柒两"。武汉十里铺北宋墓出土漆器朱书"乙丑襄州邢家造真上牢"①。杭州老和山201号墓出土漆器有"壬午临安府符家真实上牢"。②

图13-10 "苏州真大黄二郎上辛卯"铭文②

"牢""真"铭文是对漆器质量的标示,"牢"指坚牢耐用,"真"指真材实货,"上"指上等品。③《唐律疏议》:"诸造器用之物及绢、布之属,有行滥、短狭而卖者,各杖六十(不牢谓之行,不真谓之滥。即造横刀及箭镞,用柔铁者亦为滥)。疏议曰:凡造器用之物,谓供公私用,及绢、布、绫、绮之属,行滥,谓器用之物不牢、不真,短狭,谓绢匹不充四十尺,布端不满五十尺,幅阔不充一尺八寸之属,而卖,各杖六十。"④

## 六、宋代纺织品

从目前的考古发现看,宋代纺织品出土材料丰富,研究内容和成果也不断丰富。从考古学上来讲,宋代纺织业的发展有如下特点。

第一,宋代纺织业的生产,尤其是丝织业,均集中在南方地区,尤以江浙、福建、四川地区为主。

无论是据考古发现,还是据文献记载,南方地区都是宋代纺织业的生产中心。《南宋全史》⑤中编录了许多南宋时期纺织业的相关史料,指出四川和两浙地区是南宋时期丝织业生产的两大基地,所产丝绸颇负盛名。棉织业从岭南向福建、两浙地区推进,南方各地麻纺业持续发展。⑥

① 参见湖北省文化局文物工作队.武汉市十里铺北宋墓出土漆器等文物[J].考古,1966(5).
② 参见陈晶.常州北环新村宋墓出土的漆器[J].考古,1984(8).
③ 参见余国江.漆器"牢""真"铭文考辨[J].考古,2021(8).
④ 岳纯之,点校.唐律疏议[M].上海:上海古籍出版社,2013:425.
⑤ 葛金芳,等.南宋全史(六):社会经济与对外贸易(卷下)[M].上海:上海古籍出版社,2016:55.
⑥ 参见宫紫娟,韩敏.近十年来宋代纺织史研究综述[J].服饰导刊,2020(6).

第二，宋代纺织业技术发达，最明显的是织机的发展。

山西高平开化寺宋代壁画有一幅《纺织图》（图13-11），图中织女上身袒露，下着长裙，坐于机尾的长凳上，手搬纬牌，足踏折板，正在织布，织机一侧置有木板，板上置夜间照明灯盏。[①]表明宋代织妇夜晚也是不停织布的，这也是宋代家庭纺织业的一个缩影。

**图13-11　山西高平开化寺宋代壁画《纺织图》[③]**

第三，工艺繁杂，做工考究。

从出土的考古实物来看，宋代纺织品已达到相当高的水平。成果最为丰富的当为福州黄昇墓出土的丝织品和服饰，品种多样，纹样繁多。如墓中出土的二经绞花罗、三经绞花罗，此外还有纹纬六枚提花缎，是目前所见最早的实物。印花、彩绘、刺绣方面也是技法精湛。绝大多数服饰的花边运用彩绘、印金、贴金与填彩相结合、刺绣等不同工艺技巧制作出花纹图案，内容丰富，形式多样，为已出土的南方丝织品所少见。

第四，宋代早期出土纺织品，风格趋于清雅简朴，晚期（包括北宋晚期和南宋晚期）出土纺织品则多华丽精美。

赵宋王朝为巩固其统治，屡次诏令属下，提倡节俭。宋初，"衮冕缀饰不用珠玉"[③]，限定士庶、商贾、伎术"只许服皂、白衣"，"禁民间服销金及钹遮那缬"，"内廷自中宫以下，并不得销金、贴金……装著衣服"，"非命妇之家，毋得以真珠装缀首饰、衣服"。[④]然而宋徽宗时，这个规定就被打破了，官贵士庶

①　参见张亚洁, 张康宁. 山西高平开化寺宋代壁画[J]. 文物世界, 2011(2).

②　参看山西省古建筑保护研究所. 开化寺宋代壁画[M]. 北京: 文物出版社, 1983.

③　（元）脱脱. 宋史11[M]. 北京: 中华书局, 1977: 3478.

④　（元）脱脱. 宋史11[M]. 北京: 中华书局, 1977: 3575-3576.

之间竞相豪奢，奢靡成风。南宋朝廷初期虽然均申令"参酌时宜，务从省约"[①]，但后期亦是追求享受，奢侈成风。

黄昇墓的年代为南宋晚期，出土的大量各式服饰在剪裁形式、缝缀加工方面表现得十分富丽讲究，这些正是宗室贵妇拥有政治权势和骄奢生活的实证。而同样是南宋晚期的江苏金坛周瑀墓和武进村前南宋墓，亦出土绫、罗、纱等各种丰富精细的丝织品，印金、贴金等工艺也被运用在丝织品上。这些珍贵文物的出土，一定程度上代表了南宋丝织品的特点，对研究南宋晚期的政治、经济、文化具有重要意义。

# 第二节　辽代金属器、玉器

## 一、铜铁器

### （一）兵器与马具

#### 1. 辽代兵器

契丹是我国古代北方草原地区一个能征善战的民族，依靠其强大武力，建立了辽王朝。在辽代城址、墓葬中发现了大批兵器。辽代兵器类型众多，较常见的有剑、刀、矛、镞、鸣镝、骨朵等，绝大部分出土器物为铁质。

出土兵器中最常见的是箭镞，出土箭镞均为铁制品。箭镞形制多样，有燕尾形、铲形、三棱锥形、桂叶形等。据《辽史》记载，契丹人不仅在游猎和行军作战时携带弓箭，在射柳仪等众多礼仪仪式中也使用箭，因此不同样式的箭镞会有不同的实用功能。箭镞中锋部为平刃（图13-12，1）或铲形（图13-12，2）的镞很可能是射柳仪所使用的"横箭镞"，其在射柳仪中被用以求雨。这类箭镞杀伤面积大，易造成猎物放血，也应是狩猎所用箭镞的主要类型。三棱锥形（图13-12，3）、桂叶形（图13-12，4）等箭镞整体呈流线型，刃部锋利，穿透力

---

① （元）脱脱. 宋史11[M]. 北京: 中华书局, 1977: 3478.

强，主要作为作战时刺穿兵士铠甲的破甲镞。

鸣镝为射出时带响的箭镞，由箭镞和鸣管组成，发现数量同样较多。根据鸣管形状的不同可划分出多种类型，鸣管有椭圆状（图13-12，5）、半椭圆半三棱或四棱状（图13-12，6）、直管状（图13-12，7）等。鸣镝多见于北方草原民族活动的区域，《史记·匈奴列传》中就记载有鸣镝的使用。鸣镝最早作为发布命令的信号出现，在辽代其基本功能依然为传递信息和报警。

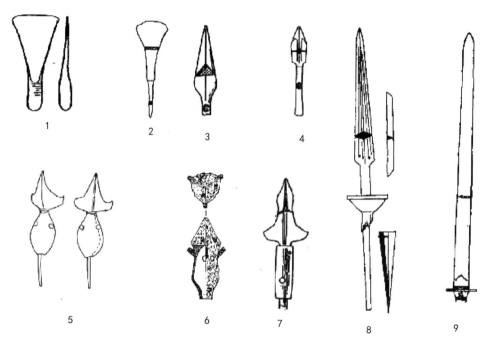

**图13-12　辽代兵器**

1. 平刃箭镞（沙子沟M1）　　2. 铲形箭镞（安辛庄辽墓[①]）　　3. 三棱锥形箭镞（七家子辽墓[②]）
4. 桂叶型箭镞（沙沟子M1）　　5. 鸣管为橄榄形鸣镝（安辛庄辽墓）
6. 鸣管为半椭圆状半三棱状鸣镝（二林场辽墓[③]）　　7. 鸣管为直管状鸣镝（沙子沟M1）
8. 错金银铁矛（驸马赠卫国王墓）　　9. 银格铁剑（沙子沟M1）

---

① 参见北京市文物研究所, 顺义县文物管理所. 北京顺义安辛庄辽墓发掘简报 [J]. 文物, 1992 (6).

② 参见阜新市博物馆筹备处. 辽宁阜新县契丹辽墓的清理 [J]. 考古, 1995 (11).

③ 参见张柏忠. 内蒙古通辽县二林场辽墓 [J]. 文物, 1985 (3).

骨朵是一种带圆首的长柄武器，首为蒺藜或苽首状，是辽代一种非常有特色的兵器。按骨朵头的形制不同，可分为圆首素面（图13-13，1）、圆首椭圆状螺旋纹装饰、球状或椭圆状瓜棱式装饰、圆首椭圆状器表布满小刺整体呈蒺藜状等。根据文献和墓葬壁画分析，其可以作仪卫、武器、刑具等用。骨朵来源于敲砸工具，被契丹人改变形态为兵器，随着契丹的崛起，骨朵传入中原和南方，并被以后历代继承。除实用性的兵器外，还发现有其他性质的兵器。如南皂力营子一号辽墓①规模较小，墓主是一位女子，遗物中出土有瓷质骨朵（图13-13，2），该遗物不具有征战兵器的性质，应是礼仪用具。

辽驸马赠卫国王墓②出土了错金银的铁矛（图13-12，8）。沙子沟M1③出土的铁剑，剑格为花瓣形银格，靠近格的剑身下端及柄上端均有银皮包裹（图13-12，9）。二者都是装饰精美华丽的高级兵器，彰显了墓主的高贵身份。

2. 马具

游牧民族对马匹的依赖性较强，日常生活迁徙、狩猎时需要依靠马，发生战争时作战、传递信息等也需要依靠马匹，因此马在契丹社会中占有重要地位。马具也是辽代墓葬中常见的随葬品，辽墓中不仅出土有大量镫、衔、镳、牌等金、石质马具构件，还发现有皮革等马具中难以保存的部分。

辽代马具制作精美（图13-14），贵族墓出土了使用鎏金的鞍具包片罩在前

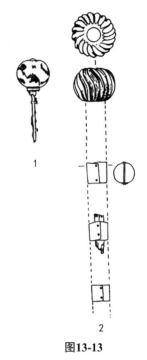

**图13-13**

1. 圆首素面骨朵（耿延毅墓③）
2. 瓷骨朵（南皂力营子M1）

---

① 参见辽宁省文物考古研究所，阜新市文物组. 阜新南皂力营子一号辽墓［J］. 辽海文物学刊，1992（1）.

② 参见前热河省博物馆筹备组. 赤峰县大营子辽墓发掘报告［J］. 考古学报，1956（3）.

③ 参见敖汉旗文物管理所. 内蒙古敖汉旗沙子沟、大横沟辽墓［J］. 考古，1987（10）.

④ 朝阳地区博物馆. 辽宁朝阳姑营子辽耿氏墓发掘报告［C］//考古学集刊（第3集）. 北京：中国社会科学出版社，1983：168-195.

后鞍桥和鞍板前后翘。五代时契丹士兵也以银包片装饰马鞍，被称作"银鞍契丹直"。《资治通鉴》卷二百八十胡三省注记载："赵德钧在幽州，以契丹来降之骁勇者置银鞍契丹直。"[①]

衔含于马口，镳位于衔之两端，二者配合使用。目前发现的辽代衔、镳基本为铁质，仅驸马墓发现有铜马镳和"木包银"镳各一副。从衔和镳的形制和结合方式，可以分为复孔式衔，长体镳，镳穿于衔（A类，图13-14，1）；单孔式衔，长体镳，衔穿镳（B类，图13-14，5）；复孔式衔，圆环镳（C类，图13-14，6）；单孔式两节衔，外端穿孔套接大活环（D类，图13-14，2）等四类。辽代契丹墓出土的复孔衔都是垂交复孔式，不见绞索纹，具有鲜明的时代和地域特点。

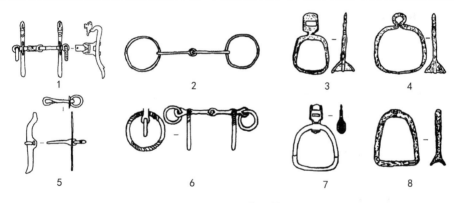

**图13-14　辽代马具**

1. A类衔镳（陈国公主墓[②]）　2. D类衔镳（西山村M4[③]）　3. 短柄镫（海力板辽墓[④]）
4. 环柄镫（小塘土沟M2[⑤]）　5. B类衔镳（大横沟M1）　6. C类衔镳（北岭M1[⑥]）
7. 转柄镫（陈国公主墓[⑦]）　8. 梁穿镫（敖瑞山墓[⑧]）

① （宋）司马光. 资治通鉴（卷二百八十）[M]. 北京: 中华书局, 1956: 9152.

② 内蒙古自治区文物考古研究所，哲里木盟博物馆. 辽陈国公主墓[M]. 北京: 文物出版社, 1993: 112.

③ 孟建仁，钱玉成. 突泉县西山村辽墓[C]//内蒙古文物考古文集（第一辑）. 北京: 中国大百科全书出版社，1994: 542-547.

④ 参见辽宁省文物考古研究所，等. 阜新海力板辽墓[J]. 辽海文物学刊, 1991（1）.

⑤ 参见内蒙古文物考古研究所. 宁城县小塘土沟辽墓[J]. 内蒙古文物考古, 1991（1）.

⑥ 参见武家昌. 喀左北岭辽墓[J]. 辽海文物学刊, 1981年创刊号.

⑦ 内蒙古自治区文物考古研究所，哲里木盟博物馆. 辽陈国公主墓[M]. 北京: 文物出版社, 1993: 112.

⑧ 参见赤峰市博物馆考古队，阿鲁科尔沁旗文物管理所. 赤峰市阿鲁科尔沁旗温多尔敖瑞山辽墓清理简报[J]. 文物, 1993（3）.

除个别身份特殊的大墓外，辽代马镫基本为铁质素面。一般镫通高约20厘米左右，柱截面为圆形，椭圆形突面踏板，踏板背面往往有一至三条加强筋。辽代马镫可分为短柄镫（图13-14，3）、环柄镫（图13-14，4）、转柄镫（图13-14，7）、梁穿镫（图13-14，8）等。辽代马镫中短柄镫发现数量最多，该类马镫是唐代马镫的延续，但较唐代马镫也有所变化，而转柄镫和梁穿镫则由短柄镫改进而来，前者的产生应出于对马镫灵敏适用的追求。

辽代马具处于古代马具演变的转变期。[1]早期马衔镳结构复杂，是杆状镳。晚期流行结构简单的大环镳。早期马镫为继承唐镫的柄穿式，而晚期则兴起梁穿马镫。

### （二）铜镜与铜钱

#### 1. 铜镜

辽代铜镜发展进入衰落期，考古材料也相对薄弱。但随着考古材料的积累，我们对于辽代铜镜的认识逐渐清晰。

辽代铜镜形状以圆形为主，还见有亚字形、葵花形、八角形、菱花形等形状，没有特殊形式。辽镜花纹简单，以花卉、花鸟（图13-15，1）、连球纹（图13-15，2、4、5）、云纹、连珠纹等为装饰，还见有龙纹铜镜。耶律羽之墓[2]出土的龙纹铜镜（图13-15，6），龙的造型风格与辽龙、宋龙的造型风格不同，而与唐代团龙相同，是唐代龙纹镜在辽早期仍然使用的实例。大安市发现的辽代契丹文镜[3]边缘有金代刻款（图13-15，3），可见部分辽代铜镜沿用至后代。

---

① 冯恩学. 辽代契丹马具探索［G］//考古学集刊（第14集）. 北京: 文物出版社, 2004: 441-464.

② 内蒙古文物考古研究所, 赤峰市博物馆, 阿鲁科尔沁旗文物管理所. 辽耶律羽之墓发掘简报［J］. 文物, 1996（1）.

③ 陈述. 跋吉林大安出土契丹文铜镜［J］. 文物, 1973（8）.

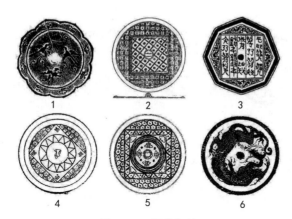

**图13-15 辽代铜镜**

1. 对鸟驯兽纹镜（沙沟子M1） 2. 连球纹镜（大横沟M1）

3. 契丹文镜（大安永和屯小学校） 4. 龟背纹镜（北岭M1）

5. 四蝶织锦纹镜（西水地村辽墓①） 6. 龙纹镜（耶律羽之墓）

## 2. 钱币

辽代主要使用宋钱、汉五铢钱以及唐开元通宝钱等货币，本身铸钱极少，据《辽史·食货志》载，岁铸仅五百贯。从巴林右旗上石匠山辽代窖藏②、内蒙古林西三道营子窖藏③、河北张家口下花园镇（今下花园区）辽代窖藏④、北京南郊辽代赵德钧墓⑤等窖藏与墓葬的铜钱情况，可见当时一般使用唐钱或北宋钱，辽钱数量较少。

辽钱中，"统和元宝"（983—1012）以前诸钱，如"天赞通宝""天显通宝""天禄通宝""应历通宝""保宁通宝"等极为稀少。而"统和元宝"以下各钱，如"重熙通宝""清宁元宝""清宁通宝""咸雍通宝""大康元宝""大康通宝""大安元宝""寿昌元宝""乾统元宝"等较易见（图13-16）。总体上来说，辽与宋共存时期的辽钱较多，易于得到，而宋开国以前的辽钱绝少，难以觅见。

---

① 参见于海燕.赤峰市红山区西水地发现一座辽墓[J].内蒙古文物考古,1992(Z1).

② 参见韩仁信.巴林右旗上石匠山辽代窖藏古钱清理报告[J].中国钱币,1986(1).

③ 参见吴宗信.三道营子窖藏古钱清理简报[J].中国钱币,1986(2).

④ 参见孟宪成.张家口下花园镇发现北宋时代遗址[J].文物参考资料,1958(2).

⑤ 参见北京市文物工作队.北京南郊辽赵德钧墓[J].考古,1962(5).

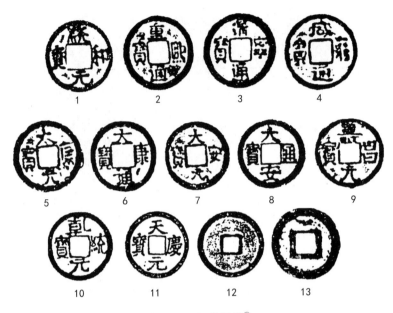

**图13-16　辽代铜钱**①

1.统和元宝　2.重熙通宝　3.清宁通宝　4.咸雍通宝　5.大康元宝　6.大康通宝

7.大安元宝　8.大安通宝　9.寿昌元宝　10.乾统元宝　11—13.天庆元宝

此外，辽朝虽有自己的文字，但钱币所书皆为汉文，书法比较古拙，钱币面文多为右旋读（亦称环读或顺读）。辽钱铜色红而质软，制作粗糙，钱背常常错范。

## 二、辽代金银器

辽代金银器制造发达，目前已发现百余座有金银器随葬墓葬或塔基。整体上来看，辽代金银器出土数量大，种类多，类型丰富。

辽代金银器可依据功能不同，分为人体装饰品、工具、马具、容器、葬具等类型。金银装饰品又可分为头饰、耳饰、项饰、戒指、手镯和带具。金银器马具在辽代契丹墓葬中比较习见，以鎏金银质、银质、鎏金铜质多见，偶有包银铁

---

① 李如森. 中国古代铸币[M]. 长春: 吉林大学出版社, 1998: 256-260.

质、错银铁质者，鲜有纯金者。

因辽代统治者没有强制采取契丹化或汉化的措施，使得契丹文化在国俗、汉俗以及胡俗的融合中衍生出更多的新内涵，契丹文化因素、唐宋汉文化因素、宗教文化因素、西域胡文化因素、鲜卑文化因素在辽代金银器上均有体现。如金银器中反映契丹渔猎生活的刺鹅锥（图13-18，2）、臂鞲、

**图13-17　耶律羽之墓出土行孝图银鎏金折肩罐**

号角、刀等器物，反映契丹特色服饰的捍腰及契丹特有的T形饰和心形饰的组合配饰，反映佛教文化因素的摩羯纹金耳坠（图13-18，5）等。耶律羽之墓出土的银质鎏金罐具有中亚银罐的造型，主体纹饰是儒家文化的8幅行孝故事图（图13-17）。

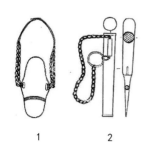

1　　　　2　　　　　　3　　　　　　4　　　　　　　5

**图13-18　辽代玉器与首饰**

1. 玉臂鞲（陈国公主墓）　2. 玉柄银锥（陈国公主墓）

3. 带"T"形、心形坠的璎珞（陈国公主墓）　4. 带"T"形、心形坠的璎珞（耶律羽之墓）

5. 摩羯纹金耳坠（木头营子M2）

### 三、辽代玉器

辽代玉器主要出土于墓葬及佛塔之中。就墓葬而言，绝大部分是契丹高级贵族墓，其次是高级汉人官僚及契丹皇室的墓葬，而且职位越高，随葬的玉器相对越多，制作亦更精致。《契丹国志》记载："天庆九年（1119）夏，金人攻陷上京路……木叶山之世祖殿、诸陵并皇妃子弟影堂，焚烧略尽，发掘金银珠玉。"[①]由此可见，玉器在辽代是非常珍稀的，它是拥有者地位的标志。

辽朝玉器使用分为朝廷用玉、日常用玉、赏赐贡奉朝聘往来用玉、佛教用玉、丧葬用玉等方面。

辽代玉器从其所反映的文化特征而言，可分为四类。第一类为具有契丹民族特色的玉器。如金链玉臂韝（图13-18，1）、带T形和心形坠饰的项饰（图13-18，3-4）、胸饰、臂饰、嘎拉哈，圆雕动物的熊、天鹅、雁，首次被用来作为玉器题材的蝎子、蛇、蟾蜍、猴子等；第二类是仿自中原的造型，如玉带、圈足碗、圈足杯，以及龙、凤、鸳鸯、鸟、蝴蝶、兔、龟、鱼、荷花等纹饰或造型；第三类是具有西方文化特征的玉器，如四曲海棠花式杯、玛瑙花式碗、四曲水晶杯以及孔雀、狮子等造型；第四类是渊源于佛教的造型，如飞天、摩羯、海螺、塔、金刚杵、法轮、斧。总之辽代玉器包含了契丹文化、中原文化、佛教文化、西方文化的诸多因素。

## 第三节　金代金属器

### 一、铜镜

金代铜镜发现数量较多，其主要特征如下。

1. 金代铜镜经科学检测分析有两类。一类是高锡青铜镜，铜含量正常，质量好。另一类是低锡铅青铜镜，质量低劣，硬度低，亮度差，呈黄色，是铜含量

---

① （宋）叶隆礼. 契丹国志［M］. 贾敬颜, 叶荣贵, 点校. 北京: 中华书局, 2014: 133.

过高的结果。有些铜镜的淬火工艺被有意减掉，所以花纹不清楚。其原因是人们到宋金时期对铜镜的重视程度开始减弱，特别是对铜镜背面花纹的艺术欣赏的兴趣越来越淡漠。淬火工艺是把烧红了的铸件往水或油或其他液体里一浸立刻取出来，用以提高合金的硬度和强度。

2. 金代铜禁甚严，铜镜的制造和流通都必须经过官府的验记（图13-19，1）。唐宋辽旧镜在金代也有使用，需要官府验记。验记的文字和符号押记都錾刻于镜的边缘。验记的文字以官府为主，如上京宜春县、上京巡院、北京验记。也有的刻上验记官员的官职和姓，甚至铸造的工匠、监管制造的机构等[①]，如"承安四年上元日，陕西东路运司官局造，作匠杨林，监官录事任，提控所转运使高"。

辽镜被金代利用。如1973年出土于喀喇沁旗遗址，契丹文是契丹小字"寿长福德"，背面左下方有阴刻"宝坻官"，宝坻是金代大定十二年（1172）设置的县，在今天津（图13-19，2）。

宋镜被金代利用。长治市博物馆1988年收藏了一件北宋"隆德府"铸造的八卦纹方镜。[②]边长14厘米、缘厚0.4厘米，重365克。圆钮、花瓣纹钮座，主纹饰八卦，从乾位起铸有"隆德府程家青铜监"铭，素宽缘。镜缘刻金代官方验记和押记"潞州录事官（押）"（图13-19，3）。

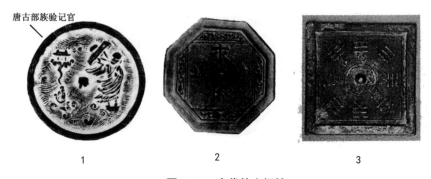

唐古部族验记官

**图13-19　金代铭文铜镜**

1. 带验记铜镜拓片　2. "寿长福德"镜　3. "隆德府"八卦纹方镜

---

①　参见丁勇.达摩渡海人物故事纹铜镜[J].北方文物,1997(1).

②　崔利.北宋"隆德府"铸造的八卦纹方镜[N].中国文物报,2003-12-03(7).

宋代长治称潞州。宋徽宗崇宁三年（1104）改为隆德军，不久又改为隆德府，府治在今长治市。金代为潞州，州治亦在长治市。金太宗天会六年（1128）于潞州置节度使兼潞州观察处置使。因此可以断定，这件铜镜铸于北宋徽宗年间，是隆德府程家铸造的产品，并且经过金代官方的检验。

"隆德府"八卦纹方镜具有显著的地方特点，是该地区目前发现的唯一铸有"隆德府"字样的铜镜。

3. 金代铜镜的镜形较宋镜简单，以圆形镜为主，花形镜、带柄镜少量（图13-20）。

4. 纹饰题材较广泛，有花卉、动物、人物等。其中有特色的题材是双鱼镜、童子攀花镜（图13-20）。

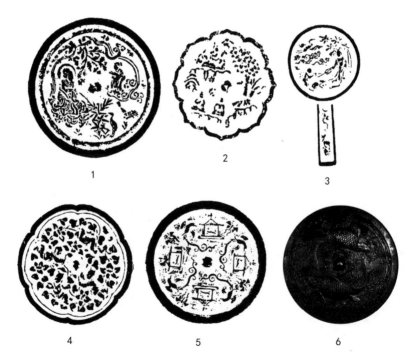

图13-20　金代铜镜

1. 仙人龟鹤齐寿镜　2. 人物故事镜　3. 人物故事有柄镜　4. 童子攀花镜

5. 飞凤亭内抚琴镜　6. 双鱼镜

童子攀花镜有童子攀花、五童子攀花，每个童子各持一枝芙蓉花，取童子举花戏财、五子荣华之意。金代还出现以大定通宝钱为底纹的铜镜。双鱼镜的双鱼肥大而灵活，摇头摆尾充满活力，双鱼空隙处有水纹，表现的是双鱼追逐嬉戏场面，如阿城新华镇出土，直径43厘米。

## 二、钱币

### （一）金代铸造铜钱常见者有以下几种。

正隆元宝：正隆三年（1158）铸造。直径2.5厘米，3.4克。

大定通宝：大定十八年（1178）始铸造，直径2.5厘米，3.4克，背面有"申"或"酉"干支纪年字。

泰和重宝：章宗泰和四年（1204）铸造，当十钱。直径5.1厘米，4.5克。

泰和通宝：章宗泰和年间（1201—1208）铸造，小平钱直径2.4厘米，3.6克。折三钱直径3.2厘米。折十钱直径4.4厘米。

### （二）金代银锭

作束腰形，正面有铭文和标重，底面呈蜂窝状，俗称麻点。如陕西出土的银锭正面的铭文是"邠州，进奉正隆二年分，金吾卫上将军静难军节度使臣完颜宗垣进上，正旦银壹铤重伍拾两"。

### （三）承安宝货银币

金章宗即位后，加紧备战，军费与日俱增，财政入不敷出，政府为了消除财政危机，解决交钞、铜钱日益贬值等种种矛盾，于承安二年（1197）将"旧例银每铤五十两"改铸为便于流通的承安宝货银币，自一两至十两，分为五等，每两折钱二贯。《金史·食货志》载："（承安四年）时私铸承安宝货者多杂以铜锡，寝不能行，京师闭肆。五年十二月，宰臣奏：比以军储调发，支出交钞数多，遂铸宝货，与钱兼用，以代钞本，盖权时之制，非经久之法，遂罢承安宝货。"[1]这种白银货币只发行了三年，至承安五年（1200）即废止。

---

① 　（元）脱脱.金史4［M］.北京：中华书局，1975：1077.

金上京历史博物馆现藏的一枚承安宝货，是1985年在阿城市杨树乡（今阿城区杨树街道）富勒村的一古代墓葬中被发现。这枚承安宝货银币，仿银铤形制，长4.7厘米，上首和下首宽3厘米，腰宽2.1厘米，总重量为59.3克。[①]呈砝码形，两侧边内凹。正面规整，有数道水波纹，上部右起契刻"承安"两字，字下竖书两行"宝货壹两半""库""部"，背面布满蜂窝状的气孔痕迹，无錾刻痕（图13-21）。

图13-21　承安宝货银币

### （四）金代发行纸币

金代立国百余年间，曾发行纸币交钞、贞祐宝券、兴定宝券、元光重宝、元光珍宝等多种纸币。其中应用最久的是交钞，印钞史上首创的是绫币（丝织品上印刷），考古上没有发现元光珍宝。

金贞元二年（1154），金政府决定设立"交钞库"印发纸币"交钞"。

金哀宗天兴二年（1233）十月，临近金朝灭亡之时，金政府在蔡州发行了金朝最后一种纸币"天兴宝会"。面值有一钱、二钱、三钱、四钱四种。此币以银两为单位，规定同现钱流转。不数月，即随金朝的灭亡而消失。

金朝的交钞，由中央政府统一印制，分路管辖发行，通行长达六十年之久。为加强纸币印制与发行的管理，中央政府设置了"印造钞引库"和"钞库"，同时还设有"钞纸房"，生产钞引专用纸，由印造钞引库兼管。在发行方面，各路均设有转运司。以上两库和钞纸房，均设有"使、副、判各一员，都监二员"等官职，隶属于中央政府尚书户部。可见，金朝的纸币印制与发行的机构设置和管理是比较严密和先进的。然因金钞既不分界，又经常印发新钞，钞名亦不断更新。这样，各种不同名称的旧钞、新钞在市场上同时流通，其数量越积越多，其价值自然越来越低，到元光元年（1222），万贯交钞换不到一张饼。再后，金钞几乎变成废纸。

1978年在山西新绛出土一件制作贞祐宝券的铜钞版，面额50贯，上面有官

---

① 参见韩峰.承安宝货银币[J].北方文物，2003（1）.

府的印章和奏准使用的文字[①]，还
有"伪造者斩，赏宝券叁百贯"，
这是《金史·食货三·钱币》载
"伪迁交钞者斩，告捕者赏钱叁百
贯"的省文（图13-22）。

**图13-22　贞祐宝券及铜钞版**

## 三、衡器

金代衡器，史无记载。考古
上发现的衡器实物，是研究金代
衡器的宝贵资料。

俄罗斯的滨海边区赛加城发掘出土了一批铜衡器，有5件秤杆，1件秤盘，3
件秤钩，9件秤砣。完整的秤杆长18.6厘米和23厘米，称盘直径4.1厘米，高0.6厘
米。这批器物是金代戥子秤的遗物（图13-23）。

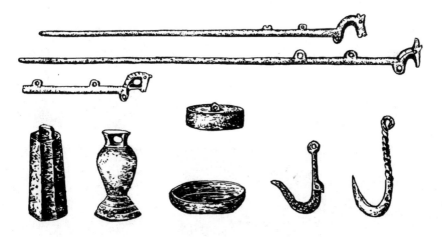

**图13-23　赛加城出土权衡器**

北京复兴门外出土的大定十五年（1175）铜砝码呈鼓形，正面有铭文"大
定十五年造曲字号""尚方署"，可知是金代标准的计量器具。背有铭文"壹百

---

① 　张国维. 金代"贞祐宝券"铜钞版[J]. 文物, 1986（10）: 94-95.

两"，经测量重3962.58克，按自铭合每斤重634克，这与宋代标准权衡器"嘉祐铜则"的折合数640克只差6克，说明金承宋朝计量制度。

河南内黄县发现一枚金代铜权，高10.5厘米，腹围17厘米，底径4厘米，重850克，正面刻有"大定"字样，背面刻有"十二年"和"官"字。

山西吉县结子沟金代窖藏也出土1件铜砝码，与复兴门的大定十五年铜砝码形态花纹相似，背面有"育"字，也是按千字文编排序号。正面铭文是"伍两"，高2.1厘米，面径4.1厘米。经测重量为198克，每斤折合633.6克。

## 四、农业工具

金代东北中部和东部的农业空前发展，所以在东北经常有含农业工具的窖藏，在金代古城中，也常能发现金代的农业工具。种类有鱼形铡刀、锄头、铧、垛叉、镰刀、手锯、矛、冰穿等。

值得注意的是，与农业工具伴出的器物中常有铁镣，这是强制奴隶从事劳作的工具，如辽宁新民法哈牛窖藏，就有铁镣与农具、铁锅共出（图13-24）[①]。

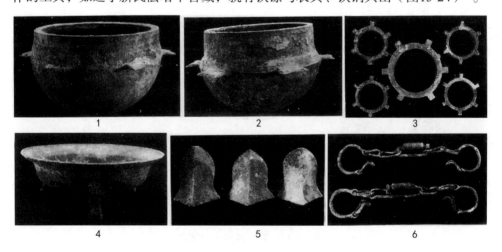

**图13-24　新民市法哈牛金代窖藏铁器**

1、2.六鋬耳釜　3.车辖　4.三兽足浅腹釜　5.犁头　6.脚镣

---

① 参见佝俊岩，林茂雨，刘焕民.新民法哈牛金代窖藏铁器[J].辽海文物学刊，1997（2）.

# 第四节　元代金属器

## 一、铜镜

元代出土的铜镜少，质地粗，多素面。纹饰有双龙、双凤牡丹、花叶纹和人物故事、仙佛故事等。仙佛思想所占比重较大，有十二生肖二十八宿图镜、八卦星相镜、梵文镜、汉梵咒文佛字镜、仙山多宝镜、观音镜、八仙过海镜。

## 二、钱币

元朝建立前蒙古已发行大朝通宝钱，有铜、银两种。钱文分真、篆。

通宝钱中的至元通宝、元贞通宝、大德通宝、大元通宝兼用汉文、八思巴文。至正通宝背穿上模铸蒙古文地支。

元宝钱有中统元宝、皇庆元宝、延祐元宝。

江苏句容出土的元代银锭之正面有"元宝"铭文，背面有"平准至元十四年银伍拾两"。

## 三、秤砣（权）

元代秤砣上常有铭文，因而容易确定其年代，故考古发表的较多。秤砣有铜质和铁质两种，方钮，高座。秤砣体分为上大下小的心形和上小下大的六面体形两种。

器身铭文以铸刻汉字为主，值得注意的是，少数还刻有汉字、波斯文、回鹘蒙古文和八思巴文[1]等文字（图13-25）。元代铜权还有"南京""南京皇甫"

---

① 国家计量总局, 中国历史博物馆, 故宫博物院. 中国古代度量衡图集[M]. 北京: 文物出版社, 1984: 161.

铭文，这里的南京是元大都的别称。①有的权上有"同""较同"和"较勘相同"的铭文，意为符合国家统一规定的衡制校验，允许上市使用。如山东微山县出土的铜权，权高11.5厘米，重764克。方纽有圆孔，权身六棱六面，上窄下宽，束腰形台阶式座，底呈六角形。正面阴刻"泰定二年"，背面阴刻"较勘相同"，左侧面有"日"字。泰定二年即1325年。②北京发现过铭文为"保定路较勘相同"的大德元年（1297）铜权。③

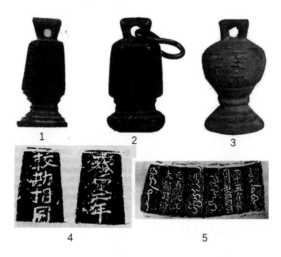

**图13-25　元代铜权**

1. 微山县铜权　2. 元代"大德十年"铜权器身阴刻铭文（辽宁省博物馆藏）
3. 元代"至元二十年"铜权器身阳铸铭文（湖南省桃江县出土）　4. 微山县铜权铭文拓片
5. 元代铸有四种文字的铜权铭文拓片（内蒙古乌盟兴和县出土）

元朝统一全国后，颁行统一的权衡制度。元世祖至元二十三年（1286）刑部的禁令，据《元典章》刑部十九卷载："禁私斛斗秤尺……遍行各路，文字到限六十日，令各路总管府验所辖司县街市民间合用斛斗秤度，照依省部元降样制成造。委本路管民达鲁花赤长官较勘相同，印烙讫，发下各处，公私一体行用。"④

---

① 参见刘铮. "皇甫权"铭文"南京"地望新考 [J]. 北方文物, 2018 (4).

② 参见微山县文化馆, 杨建东. 山东微山县出土元代铜权 [J]. 文物, 1992 (5).

③ 参见高桂云, 张先得. 记北京发现的元代铜权 [J]. 文物, 1987 (11).

④ 陈高华, 等校. 元典章（第三册）[M]. 天津：天津古籍出版社；北京：中华书局, 2011: 1940-1941.

## 四、窖藏金银首饰

蒙古人承继欧亚草原地带的民族崇尚金银器的传统，故元代金银器发达。墓葬中常有日用的杯碗盒罐壶等器皿、金银首饰和带具等出土。

内蒙古敖汉旗5个窖藏出土一批金银首饰、带具和器皿，有手镯、簪、钗、项圈、耳环、耳勺、盒等。首饰最引人瞩目。手镯上有连珠形二龙戏珠。钗的装饰最复杂，有荔枝纹、龙花纹、鸡冠花纹、竹节纹（三家）、穿钱纹、绞花纹（太吉合）、龙穿花纹（南大城）等多种形式。簪上有石榴纹、椰树纹、凤纹、梅花纹穿珍珠首、银丝绕成珍珠形（三家）。敖汉旗窖藏有大量的金银首饰，如图13-26、图13-27，反映了元代蒙古人对金银首饰的珍视[①]。

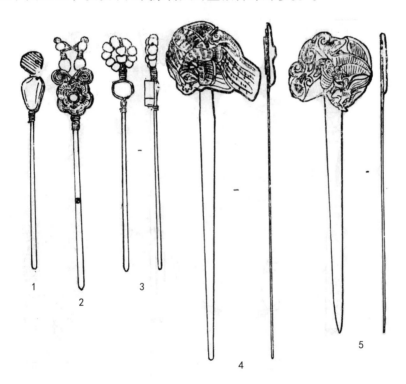

**图13-26 敖汉旗三家窖藏银簪**

① 参见敖汉旗博物馆. 敖汉旗发现的元代金银器窖藏[J]. 内蒙古文物考古, 1991（1）.

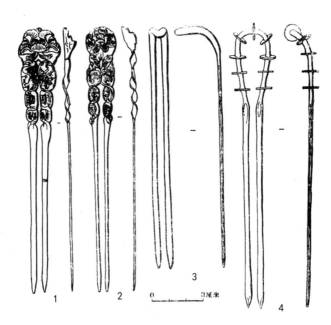

**图13-27　敖汉旗太吉合窖藏银头饰**

1、2.双龙牡丹花纹钗　3.弯头形钗　4.竹节式钗

## 五、关防印

　　1983年湖南宁远县出土一元代印章。[①]铜制，长21.4厘米、宽7.4厘米，方钮。正中阳刻八思巴文"关防课税条印"，上刻"宁远务"，两侧边阳刻"如无此印""便同匿税"（图13-28）。"关防"一词，原有核查、查验之义，以防诈伪，此处用为动词，与后世用作名词者不同。元代文书习用于核查商务和税务。"务"系元代课税机构，官员称为"务官"。宁远县，元属湖广行省道州路。宁远务即设于宁远县的关防课税官司。

**图13-28　元代宁远务关防课税条印拓片**

---

① 参见蔡美彪.元宁远务关防课税条印音释[J].文物,1995(7).

## 六、牌符

元代发现的牌符数量和种类是历代考古之最，不仅国内偶有发现，俄罗斯境内也有发现，是研究古代传令制度的珍贵资料。陈永志对牌符的分类和历史背景做过细致的研究。[①]

### （一）传达圣旨的长牌

长牌发现数量多，每个牌子都以发现地命名。

索伦牌符是1961年在洮儿河索伦河谷的一段沙滩上取沙石时发现的，后经过传奇式的多次波折辗转入藏到内蒙古大学。牌符发现时还伴出一件卷装圣旨的长筒，由筒身和筒帽扣合组成。牌符和圣旨筒在一个已破损严重的皮袋中，皮袋多数地方已烂掉，只有皮袋外面用金属丝穿连的部分还连接着。牌符长方形，四角呈弧形，长25.7厘米、宽8.1厘米、厚0.1厘米。金、银合金，含金58.4%，含银41.3%，其他杂质0.3%。重量360克。两面镌刻计五行（一面三行另一面两行）双勾体八思巴文。翻译意为"靠长生天的气力，皇帝名号是神圣的。谁若不从，问罪至死"。索伦金牌的一端有一个直径2厘米的用于系带用的能够转动的装饰圈，装饰圈的一面已破损，另一面装饰圈完好无损。在其外侧边缘处阴刻有每个约5毫米大的六个汉字"张字九十六号"（图13-29，1）。圣旨筒扁圆柱形、质地白金（合金），长33.3厘米，在一端8.5厘米处可抽开。抽开处两侧各有一个直径1厘米的环形孔，其中较短一侧的环形孔已脱落，长筒周身錾刻精美细致的纹饰。满珍珠地，以钱文为界隔，正面是三条龙纹，筒身正面二龙戏珠纹，龙五爪，筒帽是一条行龙，背面佛教吉祥八宝纹（彩页四，5）。[②]

下城湾牌符，是内蒙古自治区文物考古研究所在清水河县下城湾征集到的一枚长牌，银质，鎏金。首部有一圆孔式环形纽，环纽一侧面刻划有"丁字八十号"五个汉字，长牌正面阴刻双勾体八思巴字三行，反面两行，长30厘米、宽8厘米、厚0.1厘米（图13-29，2）。

---

① 参见陈永志. 蒙元时期的牌符［J］. 内蒙古大学学报（人文社会科学版），2003（1）.

② 刘振春. 索伦牌符的发现与研究［D］. 长春：吉林大学，2008.

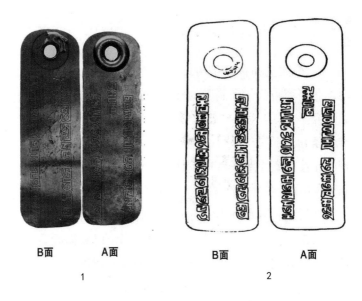

B面　　　A面　　　　　　　　B面　　　A面

1　　　　　　　　　　　　　2

**图13-29　传达圣旨的金长牌**

1.索伦牌符　2.下城湾牌符

## （二）圆形牌符

2000年洛阳出土5枚圆形除伪防奸令牌。[①]令牌均为铜质，质地厚重，制作规整。牌分正面和背面，都是由三部分构成：上端为椭圆纽，中心有一孔，以供系带；纽下正面为一覆莲，叶脉清晰可辨，中间莲叶翘起，镶一火珠，其背面为一两眼圆睁、展翅欲飞的雄鹰，其形正好设计在莲叶背面的轮廓内，覆莲或雄鹰下面是圆形的牌面。令牌正面圆形牌面部分有近方形框，方形框长6厘米、宽5.9厘米。方框里阳刻一大字"令"，字体规矩、方正，其上部有两个梅花状的纹饰，其左右两边各阳刻6个汉字，自右至左联读，右为"除伪防奸不许"，左为"借带违者治罪"，共计12字，遒劲有力。在0.7厘米的边廓右侧阴刻汉字的编号，依次为天字肆拾肆号、捌拾玖号、地字十三号、四十八号、七十五号。令牌背面圆形牌面部分也有近方形框，长6.3厘米、宽6.2厘米，框内铸有八思巴文、蒙古畏兀文、波斯文三种文字。方框外都饰以花草纹。铜牌通高13厘米、宽10.8厘米、厚0.3厘米（图13-30）。

---

① 参见韩建华.河南洛阳市出土5枚元代"防奸"铜令牌[J].考古,2003（9）.

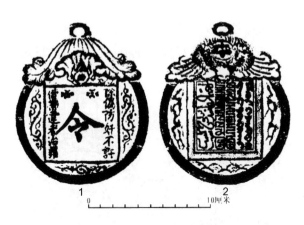

**图13-30　元代防奸铜令牌拓本**

1. 正面　2. 背面

　　牌背面方框内铸有三种文字：正中两行为八思巴文，自左至右读；右边两行为蒙古畏兀文，也是自左向右读；左侧为波斯文，横写，自右向左读。三种文字意思基本相同，其中八思巴文和蒙古畏兀文音义完全相同。牌面八思巴文字可译为"明令：觉察（防）奸恶"或"明令防奸"，与正面汉字意思相同。传世此牌右行"除"字磨勒，曾被拟释为"关"。洛阳出土令牌字划清晰，可确知为"除伪防奸"。除伪之"伪"，为元代律科专名。伪造省印敕牒为首者处死，伪造盐引、茶引者也处死，伪造宝钞者处以重刑。防奸之"奸"乃是一切奸恶的泛称。防奸之"奸"包括民间的盗贼，也包括反抗元朝统治的民众。

　　此种令牌当是由地方官府发给应役的巡防弓手或应捕人，执行捕盗之用。应捕人是由民户轮换充役而并非编管的兵丁，需有凭验才能执事。令牌是官府的明令，也是发给应役者的凭证。牌正面铸写"不许借带，违者治罪"，正由于是发给应役的民户，故有不许借带的规定。

　　1985年，兴安盟科尔沁右翼中旗杜尔基苏木色音花艾里发现一枚圆形牌符，[①]铜质，首部饰莲花式纽，纽下部有一颗横额，额两边刻有八思巴字，圆牌正面雕饰三重圆圈，小圆圈内有"元"字。小圈外围环雕有藏文和汉文，汉文为"天字拾二號夜巡牌"，在外圈雕饰一圈云朵纹。圆牌反面亦雕饰两重圆圈，里

---

① 参见照那斯图. 内蒙古科右中旗元代夜巡牌考释［J］. 民族语文，1994（4）.

圈内自右至左雕刻有竖排波斯文、八思巴文、畏兀儿蒙古文三行，外围雕饰有缠枝纹。此牌通高16.3厘米，直径11.3厘米，厚0.6厘米，重725克（图13-31）。

图13-31　色音花牌符

# 第十四章　庙寺塔基

# 一、山神庙遗址

## （一）辽代黑山祭祀址

辽黑山是巴林右旗索博力嘎苏木庆州城北十三里的赛汗罕乌拉（罕山），海拔1928米，为附近最高峰。山顶为一长阔约2千米的较平缓的高原，其中有一座天池，清澈的泉眼散布其间。《辽史·营卫志中》记载："黑山在庆州北十三里，上有池，池中有金莲。"[①]宋人沈括亦记"黑山在大幕之北，今谓之'姚家族'，有城在其西南谓之庆州。予奉使尝帐宿其下。山长数十里，土石皆紫黑似今之磁石"[②]。

《契丹国志·岁时杂记》中"冬至条"载："冬至日，国人杀白羊、白马、白雁，各取其生血和酒，国主北望拜黑山，奠祭山神。言契丹死，魂为黑山神所管。又彼人传云：凡死人，悉此山神所管，富民亦然。契丹黑山，如中国之岱宗。云北人死，魂皆归此山。每岁五京进人、马、纸物各万余事，祭山而焚之。其礼甚严，非祭不敢近山。"[③]

1981年在山之南麓的黄花沟发现辽代石碑和建筑遗迹8处，1983年发掘部分建筑遗迹（图14-1）。[④]

F3是祭殿建筑（图14-2），墙由石块垒砌外包砖面，平面为长方形，面阔3间，南向，东西长14.65米，南北宽9.9米。室内正中偏北，砖石砌有一座"凹"字形祭台，基长5.4米，宽2.1米。

F2是碑亭，仅存西砖墙长3.5米，残高16厘米，有脊兽和瓦件。F1在F2之西54米，长方形石墙建筑，东西向长7.7米，宽2.8米，残高1米，室内空间面积9.6平方米，也有板瓦和兽面瓦当。

F4为一组庭院式建筑，由主体建筑、东厢房和院墙组成。主体建筑为面阔5间，进深3间，中部是厅，设有火墙，两侧有火炕，应为祭祀时休息的场所和看

① （元）脱脱，等.辽史2［M］.北京：中华书局，2016：424.

② （北宋）沈括.梦溪笔谈［M］.北京：中国书店出版社，2019：411.

③ （南宋）叶隆礼.契丹国志［M］.贾敬颜，叶英贵，点校.北京：中华书局，2014：284.

④ 参见内蒙古自治区文物工作队，巴林右旗文物馆.内蒙古巴林右旗罕山辽代祭祀遗址发掘报告［J］.考古，1988（11）.

守人员住房。厢房是制作祭祀食品的厨房，有火炕，且配备双灶。

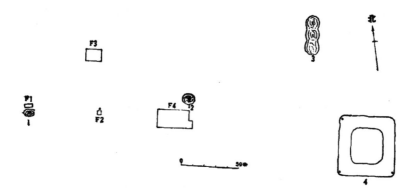

图14-1　黑山祭祀址遗迹分布图

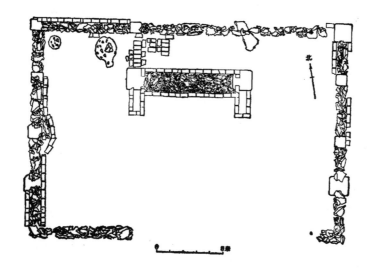

图14-2　祭殿（F3）

## （二）金朝长白山神庙遗址

长白山神庙遗址位于安图县二道白河镇宝马村，原名为宝马城遗址，2013—2019年进行了考古发掘[①]。《金史》载"大定十二年（1172），有司言：长白山在兴王之地，礼合尊崇……奏奉敕旨封兴国灵应王……明昌四年（1193）

---

[①]　参见吉林大学考古学院,吉林省文物考古研究所.吉林安图金代长白山神庙遗址2015年发掘简报[J].文物,2021（3）.

十月，备衮冕、玉册、仪物……复册为开天弘圣帝"①。《大金集礼》卷三十五长白山载大定"十四年（1174）六月，建毕正殿三间"②。可知长白山于1172年封王，1174年建成神庙，又在1193年封帝。考古出土有"金""癸丑"等字的汉白玉玉册残件（图14-4），证实此神庙是金朝将长白山视同五岳级别的圣山进行国家祭祀的山神庙。③

遗址保存完整，由庙墙、神厨、神殿区院落组成，神殿区院落由山门、前殿、后殿和回廊廊庑构成，前后殿之间有甬道连接，构成工字殿（图14-3，1）。中轴线对着长白山主峰，晴天可以望见主峰（图14-3，2）。神庙建筑布局与《大金承安重修中岳庙图》中的核心院落格局基本相同（图14-5）。

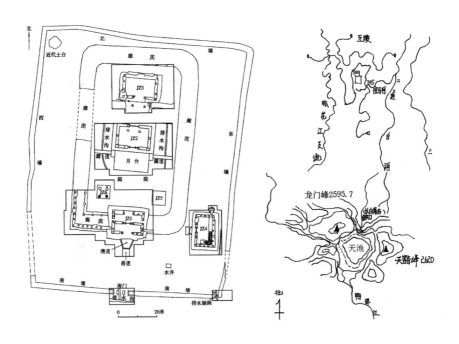

**图14-3　长白山神庙遗址平面与位置图**

1.遗址建筑基础分布实测图　2.位置图④

① （元）脱脱.金史3［M］.北京：中华书局，1975：819-820.

② 张昳.大金集礼［M］.杭州：浙江大学出版社，2019：343.

③ 参见赵俊杰，张晓超，王子奇.金代长白山神庙遗址平面格局的初步研究［J］.文物，2021（3）.

④ 王薇.长白山金代皇家神庙遗址复原研究［D］.长春：吉林建筑大学，2018.

1　　　　　　　　　　2　　　　　　　　　3

**图14-4　长白山神庙出土遗物**

1. 玉册残片　2. 前殿顶上的武士像　3. 山门顶上的迦陵频伽像

## 二、佛寺遗址与佛塔发掘

宋元时期佛教遗迹遍布全国各地，数量众多。保留下来的佛寺建筑、古塔很多，对其研究、保护、维修属于古建筑学科。考古机构进行的工作是对残存的建筑遗址和塔基遗址进行发掘。

宋代佛寺遗址经考古发掘的主要有巩义宋陵的禅院、安阳韩琦墓地墓前建筑、四川邛崃龙兴寺、福建福鼎市太姥山国兴寺、甘肃泾州古城寺庙址、重庆市云阳县明月坝唐宋寺庙址、泉州清净寺、天津市药山寺、曲阳修德寺等等几处。辽金时期佛寺址发掘的有辽上京西山坡佛寺址、辽中京外城西南隅山坡佛寺、吉林省城四家子城址内佛寺址、呼和浩特郊区佛寺址等等。遗迹主要是建

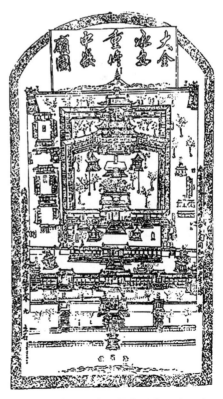

**图14-5　大金承安重修中岳庙图碑拓片**

筑基址，遗物有建筑构件、造像、陶瓷器、经幢等。

塔基有地宫。地宫，也称为"龙宫"或"龙窟"。在古印度，舍利并不深埋地下，而是直接藏于塔内。佛教传入中国后，逐渐与中国传统的埋葬制度结合起来，便产生了瘗埋舍利的地宫。地宫是佛塔的重要组成部分，一般位于塔心部位的塔基下方，用以座藏佛祖舍利、供养法器及善男信女施舍的财宝。

在我国南北朝时期，北魏孝文帝发愿修建的河北定州太和五年（481）塔基，用夯土筑成，舍利石函直接埋于土中，是目前所知最早的纪年舍利塔基。可见早期并没有地宫。隋代佛塔塔基与北魏时有所不同，开始在舍利石函的四周砌护石和砖墙，不像北魏时那样直接将石函埋在夯土内。唐代，仿墓室的地宫正式形成。在甘肃泾川武周延载元年（694）的大云寺塔基中，地宫已出现，同时还使用了金棺银椁，直接仿效中国古代墓葬葬俗，这是舍利瘗埋制度划时代的变革。唐代仿墓室的地宫出现之后，南北地宫形制就逐渐出现分野。宋代北方地宫多仿自带斜坡墓道的土洞墓式样，外观呈横穴式。南方地宫则多仿自竖井状土坑墓，外观呈竖穴式，以砖石搭建。辽金塔基地宫这两种形式都有。

### （一）竖穴式地宫塔基

1. 杭州雷峰塔塔基

雷峰塔因为坐落在雷峰山而得名，五代吴越国最后的国王钱俶在位时期修建。宋太祖开宝四年（971）建造（发掘出土的砖上有"壬申"字样），978年完工。雷峰塔落成仅一年左右，吴越即亡国，雷峰塔并没能保佑虔诚的主人平安归来。北宋晚期方腊军队攻陷杭州城，撤军时火烧雷峰塔。南宋时曾修整，但后来的一场大灾使得雷峰塔再也没有修复。塔残破而有蛇居住。南宋《淳祐临安志辑逸》著录的《庆元修创记》记载，南宋初年有人意欲毁塔，塔中蹿出巨蟒，人们仓皇逃散，文学以此演绎出民间传说故事，明编宋话本《西湖三塔记》《白娘子永镇雷峰塔》等使其成为名声远扬的名塔。1924年倒塌。

为重建雷峰塔，2000年2月—2001年7月，浙江省文物考古研究所发掘了塔基，确认属"套筒式"仿楼阁塔。[①]五代遗迹由保存较为完好的塔基、副阶、地宫及残存的部分塔身构成，南宋及以后重修的外围建筑则有僧堂、道路、散水

---

① 参见浙江省文物考古研究所.杭州雷峰塔五代地宫发掘简报［J］.文物，2002（5）.

等。雷峰塔塔身下方有高大的塔基，平面呈等边八角形，主体部分为生土台基，四周砌有磐石基座，最外一圈边长17米，对径达43米。雷峰塔为安奉"佛螺髻发"而建，地宫内藏佛发金棺、象征"金棺银椁"的阿育王塔。阿育王塔有佛祖降生成佛的本生故事雕刻。

2. 镇江甘露寺铁塔[①]

甘露寺铁塔位于北固山后峰东部甘露寺长廊入口处。塔的平面作八角形，原本七级，现存三级。1960年4月里对塔基进行发掘，出土文物两千多件。地宫平面呈长方形，深3.42～4.22米，东西长97厘米、南北宽86厘米、高80厘米，由十九层长29厘米、宽14厘米、厚3.5厘米的青砖平铺构成，底铺石板（图14-6）。地宫内，放一长方形大石函，作东西向，函盖上覆"润州甘露寺重瘗舍利塔记"石刻，顶上散置40枚铜钱，函盖上也有一些铜钱。大石函四周还有空隙，在南北两面放置着唐代的石刻，南面中间是李德裕重瘗禅众寺舍利的手记石刻一方，其东，是记建塔的石刻一合；其西，是较小的石刻一对；北面靠东，是另一对较小的石刻；靠西，是李德裕重瘗禅众寺舍利时所用的石函盖子一个。根据出土石刻可知，最早在唐时李德裕建"石塔"，后来石塔大约在乾符年间倒塌。至北宋熙宁二年（1069）于其地大兴土木时，挖出李德裕所葬遗物，由焦巽出钱200万铸造铁塔，熙宁九年（1076）五月开工，元丰元年（1078）四

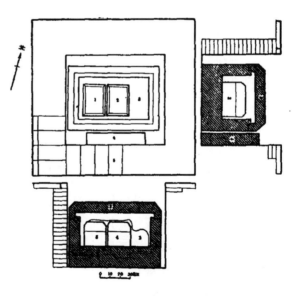

图14-6　甘露寺铁塔塔基地宫平、剖面图

月完成，重瘗这批唐代遗物，但又加入了一批宋代的东西。这次出土的实物，澄

① 参见江苏省文物工作队镇江分队,镇江市博物馆.江苏镇江甘露寺铁塔塔基发掘记[J].考古,1961(6).

清了铁塔本身的历史。

　　大石函盖内有宋人刻字，石函口沿上粘着几枚铜钱。函内用锦绣襆包着小石函两个，银函、银盒两个，漆盒一个，还有许多灵骨和400枚左右的铜钱。西面一个小石函内有银椁和金棺，是瘗禅众寺舍利的；东面一个小石函内有银椁、金棺和小金棺，是瘗长干寺舍利的。在这个石函的东面，是一个漆盒，内盛木轴和银牌。漆盒顶上北面，是一件圆银盒，内盛木函、琉璃瓶、舍利、灵骨等。更北是长方银函一件，内盛舍利。

　　3. 江苏南京长干寺塔基地宫[①]

　　南京大报恩寺遗址位于江苏省南京市主城正南门外的古长干里地区。大报恩寺遗址建寺、建塔的历史极为悠久，屡经毁建，在中国佛教史上有重要地位。北宋大中祥符年间（1008—1016），高僧可政于隋唐废置的寺址基础上重建长干寺，并建九层砖塔。2007年11月，南京市考古研究所在大报恩寺遗址北区中轴线上发现一座塔基，其中心发现一个开口为圆形的地宫。塔基平面呈正八边形，由五层结构环绕而成，除中心处的地宫外，其余四环平面皆呈八边形。第五环即塔基中心，为圆形地宫开口，直径2.32米，地宫未遭盗掘。地宫形制为圆形竖穴土圹，从山体土中垂直下挖而成（图14-7）。

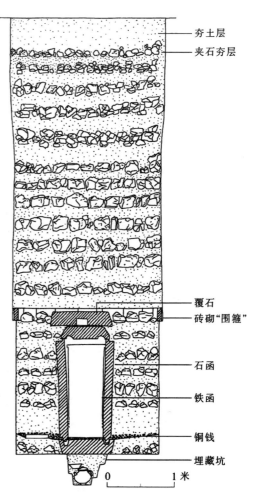

图14-7　江苏南京长干寺塔基地宫剖面图

────────────

① 参见南京市考古研究所. 南京大报恩寺遗址塔基与地宫发掘简报［J］. 文物, 2015（5）.

地宫底部至现存地表6.74米，是目前国内发现的最深的舍利塔地宫。距地表4.28米的地宫中心部位，发现一块边长约0.9米、厚0.2米的近方形覆石。覆石加工较粗糙，底部中心处凿有方孔。与覆石近乎同深度，紧贴地宫壁，有砖砌"围箍"。其下为圆形生土二层台，地宫直径由此收缩至2.13米。覆石直接叠压在其下的方柱状石函上，石函高1.83米，内藏铁函。石函下，有一平面近圆形的小型埋藏坑，坑底放置一只青瓷壶，壶嘴朝西，与大报恩寺遗址北区中轴线的方向一致。壶内装有一枚水晶球，壶口倒扣一只白瓷碗为盖，旁边正放一只青瓷碗。由于出土了《金陵长干寺真身塔藏舍利石函记》和大量文字材料，地宫的时代与性质较为清楚，即它是建于北宋大中祥符四年（1011）的长干寺真身塔地宫。

地宫出土器物种类丰富、数量众多。除6000余枚铜钱外，还清理出金、银、铜、铁、陶、瓷、玉、玛瑙、水晶、玻璃、丝绸、香料等各种质地的器物236件（份）。根据地宫出土碑文记载，地宫瘗藏舍利共三种，分别为"佛顶真骨舍利""感应舍利"和"诸圣舍利"。金银器中一件七宝阿育王塔，以佛本生故事进行装饰（图14-8，1）。长柄莲花宝子香炉造型精美奇巧（图14-8，2）。铜器中一件舍身饲虎题材的铜牌值得注意，似有古希腊柱殿风格。

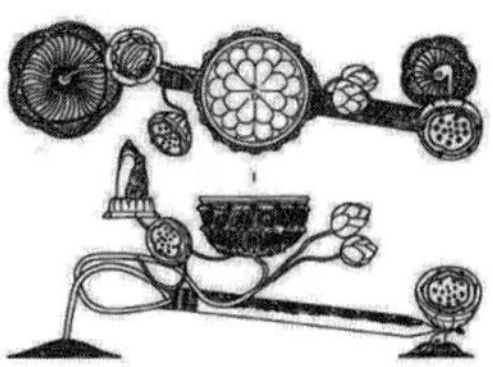

**图14-8　长干寺塔基地宫出土金银器**

1.阿育王塔　2.长柄莲花宝子香炉

## （二）屋式地宫

### 1.静志寺塔基与净众院塔基①

1969年，河北定县（今定州市）博物馆先后发掘了静志寺塔基与净众院

---

① 参见定县博物馆.河北定县发现两座宋代塔基[J].文物, 1972（8）.

塔基地宫。这两处地宫不仅都在定县县城内，且形制相近，所出遗物类型相近，年代也都在宋初。

静志寺塔基地宫呈不规则的方形，地宫门在南侧，为砖砌拱券式，宽0.63米。地宫边长在2.1～2.2米，壁高1.1米。地宫内有仿木构砖雕壁画装饰，地宫顶口盖一歇山式石屋顶。屋顶底部残留的一段铁环与后来在地宫内发现的菱花铜镜镜纽中的铁环吻合，说明屋顶应悬镜。塔基全高2.34米。塔基内饰有壁画与建筑彩画。南壁在券门左右各绘一天王像，东西两壁绘礼佛图，东为梵王，西为帝释，形象仿照当时上层社会人物。北壁中部绘一莲花座，上托一灵牌，铭曰"释迦牟尼真身舍利"。两侧各有五个僧人。此外，在四壁上还写满了施舍人的姓名和施舍的器物名，并记有年月。据静志寺塔基内铭文和墨书题记可知，此塔基是北宋太平兴国二年（977）所建。而静志寺在隋就已存在，前身可能在后燕时期就已建立，中间曾两次被毁。经唐会昌灭佛被毁后又再次重建，到五代北汉天福十二年（947）再度被毁，而最后一次重建便是北宋太平兴国二年（977）。

静志寺塔屡废屡建的历史，在其出土遗物中也有体现。如石函、石棺等舍利容器上的刻铭表明它们各自分属于北魏、隋、唐三朝。而有些容器内还装有宋代遗物。这是历代重建塔基时将上次置入地宫中的遗物一并埋入所造成的，很多地宫都有这种现象。对此类地宫中的出土遗物年代应加以辨析，不能一概以最后一次瘗埋年代断代。

净众院塔基地宫呈方形，圆顶。地宫门在南侧，有两扇石门，门上有铺首、铁锁（已腐朽脱落）。门洞券顶。地宫边长约在2.6～2.7米，壁高1.54米，通高3.07米。地宫中部砌一须弥座以承石函，座四面均有彩绘图案，地宫顶亦见悬镜做法。地宫东、西、北三壁绘有壁画。北壁为释迦牟尼涅槃像，东西两壁绘戎装乐队，地宫顶用黑线条绘飞天和凤凰。长方形大石函放置在地宫中央的砖砌须弥座上。地宫门两侧各有一石塔，塔内装有一瓷瓶，里面装满了舍利。净众院塔基的年代是据塔基西部6米处发现的一块宋代石碑和地宫出土的石函上刻铭确定的，净众院塔基是北宋至道元年（995）为葬义演等人所建的塔基。

两个塔基出土金银器器型多样。可分为舍利容器和日常用器两大类。舍利容器以金棺、鎏金银钿花棺、银椁为代表。日常用器有瓶、盒、盘、碗等。定窑瓷器甚多，是确定定窑早期的标准器。

2. 山西临猗双塔寺西塔塔基[①]

双塔寺位于临猗县城北隅。创建时代无考,据清理出土的塔宫宫碑记载,该寺在北宋前名"永福院",宋代名"妙道寺",康熙年间更名"雁塔寺",后又名"双塔寺",为当地名刹。今寺院已毁,仅存双塔。

1995年1月,西塔地宫被盗掘,文物部门对西塔地宫进行抢救性清理。

西塔塔基为7米×7米正方形,深5米。以一层黄土一层瓦砾的方式夯打。地宫位于西塔基下1米多深处,塔与地宫上下垂直。地宫坐西向东,平面方形,四角攒尖顶,地面方砖铺陈。宫室长、宽均1.68米,宫顶至地面高1.73米。宫室东面壁墙正中,辟一拱券门洞,高98厘米、宽61厘米,门洞内用长方形砖堵封。从砖隙缝探测,进深约70厘米。

门洞两侧壁墙上以白灰覆涂,左右各用黑线条绘画护法天王像。南、北、西三面壁墙上,各雕饰两根倚柱和一门两窗。门雕出门簪、门扉。南边的一扇中间向内推进2厘米,为半开之势,透过门隙可看到深处内墙,绘一组朱色曲线,似佛光照射。窗为破子棂窗,上方有一条白灰带,绘缠枝牡丹。倚柱为六角形,柱顶为砖雕斗拱,斗拱间雕云栱,均施建筑彩画(图14-9)。宫室四角均装置有角栱,彩画与斗栱基本相同。地宫宫顶正中用白灰粘一铜镜。塔宫中央,坐西向东,以砖、泥浆砌筑一长方形束腰须弥座,高50厘米、宽78厘米、长113厘米。

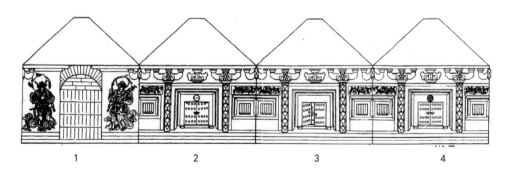

**图14-9　山西临猗双塔的西塔地宫四壁装饰图**

1. 东壁　2. 西壁　3. 南壁　4. 北壁

---

① 参见乔正安.山西临猗双塔寺北宋塔基地宫清理简报[J].文物,1997(3).

宫室内的器物未被扰动和盗窃，摆放位置保存明确。石函置于须弥座上，函内供放一具银棺，棺上覆盖两层黄绫绢。银棺前和左右两侧，于函内壁各倚立着一枚铜镜，四周供养佛骨舍利，其上散撒钱币。银棺内满盛舍利子，正中供养一枚"佛牙"和两个彩色玻璃葫芦，内盛舍利子。石函前须弥座边沿上，摆放钱币93枚。座前倚立宫碑一通。碑前供养一长40厘米、直径3厘米的佛骨。其前为白瓷碗，碗中满盛灰迹。石函南侧，平排堆放着两摞方砖，其上供奉一具描金木质椁棺。棺内又供放三具小木棺，其内供养6枚佛骨。描金棺前，供有两座小木塔。椁外有一黑釉长颈舍利瓶。

根据宫碑铭文推断双塔寺西塔为熙宁二年（1069）所建。